회사에서 바로 통하는

엑셀 2010
함수 이해&활용

한빛미디어

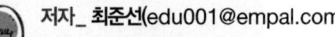
저자_ 최준선(edu001@empal.com)

현재 마이크로소프트사의 엑셀 MVP로, 엑셀 강의 및 기업 업무 컨설팅과 집필 활동을 활발히 하고 있습니다. 네이버 엑셀 대표 카페인 '엑셀..하루에 하나씩(http://cafe.naver.com/excelmaster)'에서 체계적인 교육 프로그램인 '엑셀 마스터 과정'을 운영하고 있습니다. 주요 저서로는 《엑셀 함수&수식 바이블》(한빛미디어, 2015), 《엑셀 2013 바이블》(한빛미디어, 2013), 《회사에서 바로 통하는 엑셀 실무 데이터 분석》(한빛미디어, 2012), 《회사에서 바로 통하는 엑셀 2010 함수 이해&활용》(한빛미디어, 2012), 《엑셀 매크로&VBA 바이블》(한빛미디어, 2012), 《엑셀 2010 바이블》(한빛미디어, 2011) 등이 있습니다.

회사에서 바로 통하는 엑셀 2010 함수 이해&활용

초판 발행 2012년 9월 20일
4쇄 발행 2016년 12월 28일

지은이 최준선 / **펴낸이** 김태헌
펴낸곳 한빛미디어(주) / **주소** 서울시 마포구 양화로 7길 83 한빛미디어(주) 실용출판부
전화 02-336-7129 / **팩스** 02-336-7124
등록 1999년 6월 24일 제10-1779호 / ISBN 978-89-7914-963-0 13000

책임편집 임규근 / **기획** 서형철 / **편집** 송찬수
디자인 표지 여동일, 내지 김연정
영업 김형진, 김진불, 조유미 / **마케팅** 박상용, 송경석, 조승모, 변지영

이 책에 대한 의견이나 오탈자 및 잘못된 내용에 대한 수정 정보는 한빛미디어(주)의 홈페이지나 아래 이메일로 알려주십시오. 잘못된 책은 구입하신 서점에서 교환해 드립니다. 책값은 뒤표지에 표시되어 있습니다.
한빛미디어 홈페이지 www.hanbit.co.kr / 이메일 question@hanbit.co.kr

Published by HANBIT Media, Inc. Printed in Korea
Copyright © 2012 최준선 & HANBIT Media, Inc.
이 책의 저작권은 최준선과 한빛미디어(주)에 있습니다.
저작권법에 의해 보호를 받는 저작물이므로 무단 복제 및 무단 전재를 금합니다.

지금 하지 않으면 할 수 없는 일이 있습니다.
책으로 펴내고 싶은 아이디어나 원고를 메일(**writer@hanbit.co.kr**)로 보내주세요.
한빛미디어(주)는 여러분의 소중한 경험과 지식을 기다리고 있습니다.

머리말

함수를 잘 사용하려면 어떻게 해야 하나요?
함수를 공부하는 사용자 대부분은 단순하게 사전 방식으로 정리된 자료를 이용하거나 필요할 때마다 인터넷에 정리된 자료를 참고하면서 공부합니다. 이런 방법으로 공부하면 순간적으로는 함수를 제대로 사용할 수 있을 것 같지만 지나면 금방 잊어버리기 때문에 계속해서 동일한 과정을 반복해야 하는 악순환에 빠집니다. 그러므로 각 함수의 원리를 이해하고, 해당 함수를 어디에 어떻게, 그리고 어떤 함수와 함께 사용해야 하는지를 학습하면 시간을 단축하고 공부한 내용도 머릿속에 오래도록 남길 수 있습니다.

함수의 이해와 활용
함수는 엑셀의 기본이며, 엑셀로 처리하는 거의 모든 업무에 사용되므로 업무 시간을 효율적으로 줄여나가기 위해서는 반드시 익혀야 합니다. 엑셀은 400여 개의 함수를 제공하는데 현업에서 모든 함수를 사용하는 사람은 없습니다. 그러므로 이 책 역시 모든 함수를 설명하기보다는 실제 업무에서 자주 사용하는 함수 100여 개를 집중적으로 설명합니다. 또한 업무 상황별로 새롭게 정리된 함수 분류 방법을 통해 연관 함수를 빠르고 쉽게 익힐 수 있도록 구성되어 있으며, 함수와 함께 사용하면 좋은 엑셀의 기능에 대해서도 빠짐없이 설명합니다. 그리고 배운 함수를 활용해 업무를 자동화하는 방법까지 다루었기 때문에 실제 업무에서 함수를 사용할 때 빠르게 적응하고, 응용할 수 있습니다.

그래도 함수는 어렵다?!
다양한 데이터를 사용하다 보면 다양한 문제 상황을 만날 수 있습니다. 이런 문제 상황을 해결하는 방법에 대해 책에서 배울 수 있지만, 그래도 여전히 해결되지 않는 골치 아픈 문제들이 있을 수 있습니다. 그럴 때 제가 운영하는 '엑셀..하루에 하나씩 카페(http://cafe.naver.com/excelmaster)'에 방문해서 문의하면 해결 방법에 대한 명쾌한 해답을 얻을 수 있을 것입니다.

인사말
이 책이 발행될 때까지 많은 분이 수고를 아끼지 않으셨습니다. 먼저 서형철 과장님을 비롯한 한빛미디어 관계자 여러분께 진심으로 감사드립니다. 그리고 늘 제 옆에서 지지해 주는 아내 동령과 두 딸 하나, 하얀에게 사랑한다는 말을 전하고 싶습니다. 끝으로 이 책을 선택해 주신 분들이 이 책을 통해 엑셀 함수를 쉽고 효율적으로 배울 수 있길 바랍니다.

2012. 9. 최준선

이 책의 구성

이 책에서는 엑셀 수식과 함수를 이용해서 자동화 서식을 만드는 방법을 체계적으로 설명하고 있습니다. 수식과 함수에 대한 기본 개념과 기초 함수부터 실무 문서를 만드는 프로젝트까지 다루고 있어서 방대한 엑셀 업무를 효율적으로 처리하는 데 도움이 됩니다.

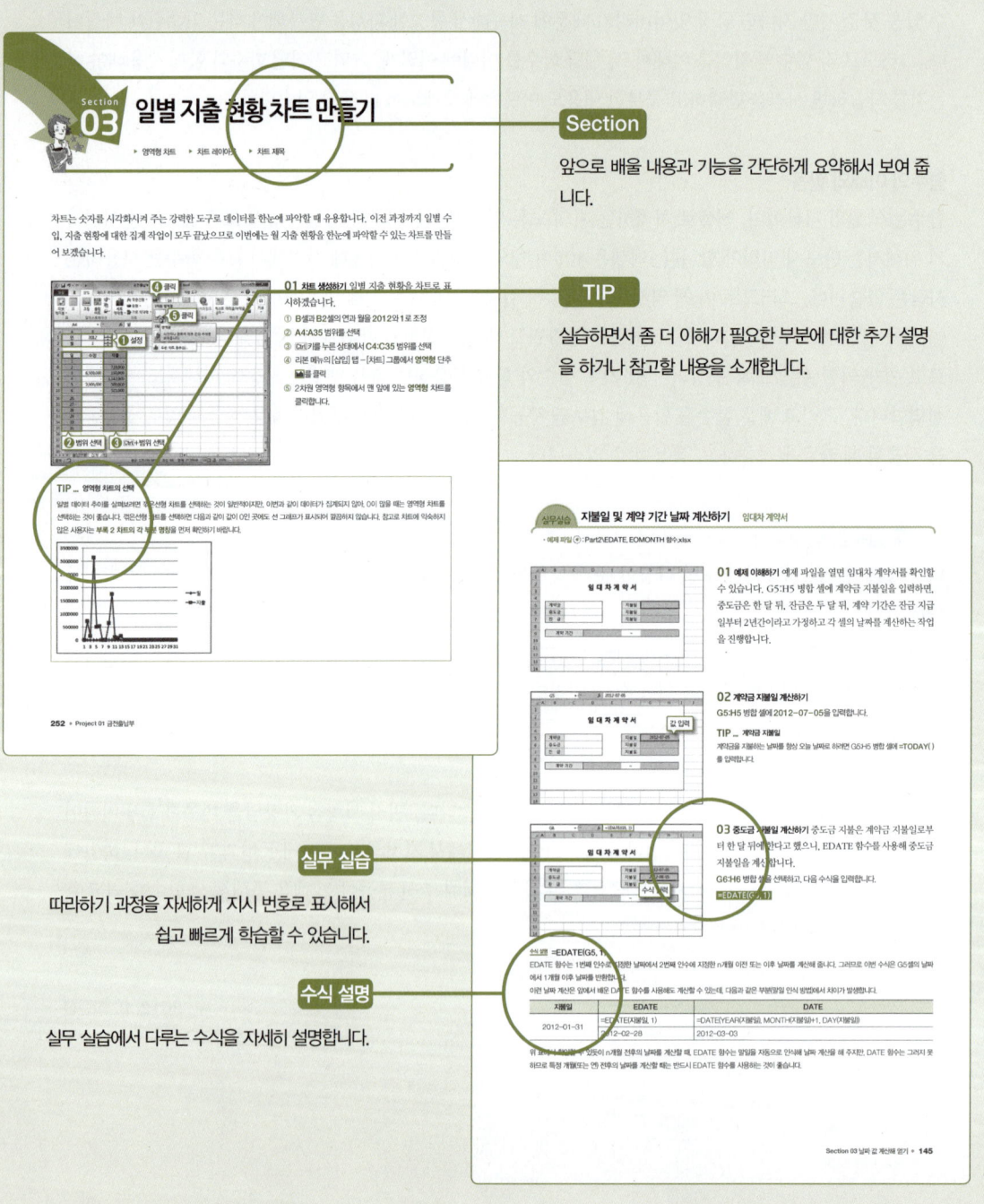

Section
앞으로 배울 내용과 기능을 간단하게 요약해서 보여 줍니다.

TIP
실습하면서 좀 더 이해가 필요한 부분에 대한 추가 설명을 하거나 참고할 내용을 소개합니다.

실무 실습
따라하기 과정을 자세하게 지시 번호로 표시해서 쉽고 빠르게 학습할 수 있습니다.

수식 설명
실무 실습에서 다루는 수식을 자세히 설명합니다.

본문 예제 다운로드 방법

본문에서 쓰인 예제는 한빛미디어 웹사이트의 자료실에서 쉽게 다운로드할 수 있습니다. 그럼 예제를 다운로드하는 방법을 알아보겠습니다.

01
한빛미디어 웹사이트(www.hanbit.co.kr)로 접속합니다. 화면 오른쪽 아래에 있는 [부록/학습자료] 버튼을 클릭합니다.

02
부록/학습 자료 페이지에 있는 검색 창에 도서명(회사에서 바로 통하는 엑셀 2010 함수 이해&활용)을 입력하고 [도서 검색] 버튼을 클릭합니다. 입력한 도서가 나타나면 오른쪽에 있는 [다운받기] 버튼을 클릭합니다.

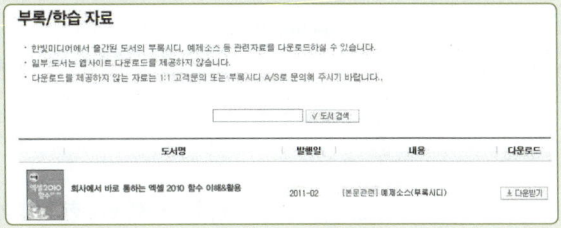

03
회원이라면 아이디와 비밀번호를 입력하고 [로그인] 버튼을 클릭합니다. 비회원은 [비회원 인증] 항목에 이메일 주소를 입력하고 [확인] 버튼을 클릭합니다.

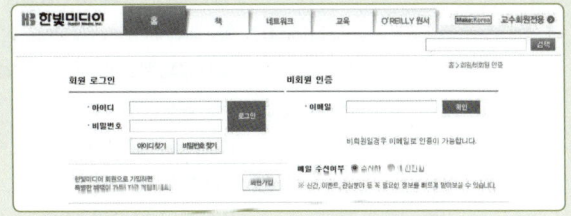

04
자료 다운로드 화면에서 책 표지 아래 있는 [다운받기] 버튼을 클릭하면 본문 예제 소스가 다운로드됩니다.

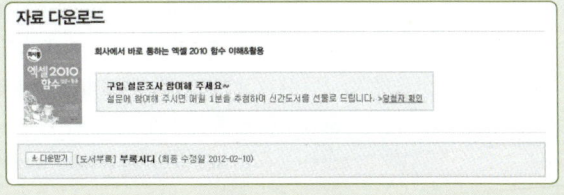

이 책의 차례

Part 01 함수의 기본

Chapter 01 함수 사용에 필요한 엑셀 개념 · 013
- Section 01 함수와 수식 · 014
- Section 02 엑셀의 데이터 형식 · 015
  - [실무 실습] 다양한 데이터 형식 경험하기 : 출근 기록부 · 015
- Section 03 날짜와 시간 · 018
  - [실무 실습] 날짜와 시간 형식의 실제 값과 표시 변경 방법 이해하기 : 건강 검진 진료표 · 019
- Section 04 참조 · 022
  - [실무 실습] 다른 위치의 값 참조하기 : 매출 집계표 · 023
- Section 05 연산자 · 026
  - [실무 실습] 연산자를 사용한 수식 작성하기 : 매출 비교표 · 027
- Section 06 수식 오류 값 · 030
  - [실무 실습] 오류 발생 상황 및 오류 값 파악하기 : 급여표 · 030
- Section 07 배열 수식 · 034
  - [실무 실습] 배열 수식으로 계산하기 : 매출 집계표 · 035

Chapter 02 함수 사용에 필요한 엑셀 기능 · 037
- Section 01 수식 입력줄 · 038
  - [실무 실습] 수식 입력줄 사용 방법 익히기 · 038
- Section 02 함수 마법사 · 041
  - [실무 실습] 함수 마법사로 수식 작성하기 : 분기별 판매량 집계표 · 041
- Section 03 자동 채우기 기능과 참조 방식 · 044
  - [실무 실습] 자동 채우기 기능으로 수식 복사하고, 참조 방식 이해하기 · 044
- Section 04 수식 계산 기능 · 050
  - [실무 실습] 수식 계산 기능으로 수식의 계산 과정 살펴보기 : 직원 명부 · 050
- Section 05 이름 정의 · 053
  - [실무 실습] 이름 정의 기능으로 참조 범위 지정하기 : 직원 급여 내역서 · 053
- Section 06 엑셀 표 · 056
  - [실무 실습] 데이터 범위를 엑셀 표로 변환하고, 구조적 참조 이용하기 : 재고 관리표 · 056
- Section 07 목표값 찾기 · 060
  - [실무 실습] 목표값 찾기로 할인율 조정하기 : 견적서 · 060

Part 02 실무 함수 배우기

Chapter 01 판단 함수 063
Section 01 상황 판단에 따른 결과 반환하기 064
[실무 실습] IF 함수를 이용해 판매 실적 우수자 표시하기 : 사원 집계표 065
[실무 실습] 오류 값을 다른 값으로 대체해서 반환하기 : 집계표 066
Section 02 복잡한 판단과 그에 따른 결과 반환하기 067
[실무 실습] 불량 판정 및 합격 여부 표시하기 : 제품 불량 검사표 068
Section 03 일련번호를 반환하는 조건에 따른 결과 반환하기 070
[실무 실습] 주민등록번호에서 출생지를 확인하기 070

Chapter 02 편집 함수 071
Section 01 셀에 입력된 값 중 일부분 잘라내기 072
[실무 실습] 주민등록번호에서 출생연도, 월, 일 잘라내기 073
Section 02 특정 문자 위치를 인식해 일부분 잘라내기 075
[실무 실습] 전체 문자에서 일부분 분리하기 076
Section 03 셀에 입력된 값 중 일부를 변경하기 078
[실무 실습] 특정 문자열 삭제하고 정렬하기 : 고객 목록 078
Section 04 입력된 값을 원하는 형태로 변환하기 080
[실무 실습] 합계 금액을 한자와 통화 형식으로 표시하기 : 견적서 081
Section 05 여러 셀의 값을 하나로 합치기 083
[실무 실습] 주문한 제품 목록을 별도의 셀에 정리하기 : 견적서 084

Chapter 03 집계, 통계 함수 087
Section 01 숫자 변환하기 088
[실무 실습] 분류별 판매액의 합계 구하기 : 집계표 088
Section 02 건수 세기 090
[실무 실습] 각종 항목 집계하기 : 월 주문 내역 091
Section 03 합계 계산하기 095
[실무 실습] 각 조건에 맞는 매출액 집계하기 : 월 주문 내역 096
Section 04 평균 계산하기 100
[실무 실습] 월별 평균 판매 수량 구하기 : 제품 판매량 집계표 101
Section 05 최대, 최소, n번째 큰 값, 작은 값 구하기 103
[실무 실습] 최대, 최소값, 큰 값, 작은 값을 순서대로 나열하기 104
Section 06 순위 계산하기 106
[실무 실습] 담당자별 매출 순위 구하기 : 매출 집계표 107
Section 07 반올림, 올림, 내림 처리하기 110
[실무 실습] 제품에 마진율을 적용한 판매 가격 산출하기 : 판매 가격 산정표 ... 112
Section 08 몫과 나머지 구하기 114
[실무 실습] 목표 금액을 채우기 위한 화폐 단위별 개수 구하기 : 급여 내역 ... 114

Section 09	숨겨진 셀을 제외한 데이터 요약하기	117
	[실무 실습] 화면에 보이는 셀만 계산하기 : 주간 판매 내역	118
Section 10	오류가 발생한 셀을 제외하고 요약하기	121
	[실무 실습] 오류 값을 제외한 판매 수량의 합계 구하기	122
Section 11	색상을 구분해 데이터 요약하기	124
	[실무 실습] 색상으로 구별된 단종 제품과 관리 제품 수 파악하기 : 제품 목록	124
Section 12	미래 예측하기	129
	[실무 실습] 내년 상반기 매출 예상하기 : 월 매출 집계표	129

Chapter 04 날짜, 시간 함수 131

Section 01	오늘 날짜와 현재 시간 구하기	132
	[실무 실습] 오늘 날짜와 현재 시간 기록하기 : 입출고 내역표	133
Section 02	날짜와 시간 데이터를 올바른 형식으로 변환하기	136
	[실무 실습] 잘못된 날짜와 시간 값을 올바른 날짜와 시간 형식으로 변환하기	136
Section 03	날짜 값 계산해 얻기	140
	[실무 실습] 매월 시작일과 종료일 계산하기	141
	[실무 실습] 주간 날짜 계산하기 : 주간 계획표	143
	[실무 실습] 지불일 및 계약 기간 날짜 계산하기 : 임대차 계약서	145
Section 04	시간 값 계산해 얻기	147
	[실무 실습] 30분 간격으로 시간 계산하기 : 일 업무 계획표	148
Section 05	두 날짜의 차이 계산하기	150
	[실무 실습] 입사일과 기준일 차이로 근속일 계산하기	152
	[실무 실습] 주말을 제외한 예상 배송일과 배송 소요일 계산하기 : 주문 배송표	154
Section 06	시간 차이 계산하기	157
	[실무 실습] 아르바이트 일당 계산하기 : 아르바이트 일람표	157
Section 07	날짜 분류하기	159
	[실무 실습] 날짜를 연, 반기, 분기, 월, 주, 일, 요일로 분류하기	159
Section 08	시간 분류하기	163
	[실무 실습] 12시간 제와 24시간 제로 분류해 표시하기	163

Chapter 05 참조 함수 165

Section 01	셀 주소로 원하는 값 참조하기	166
	[실무 실습] 전반기 판매 수량 보고서 작성하기 : 분기별 집계표	166
Section 02	행 방향 표에서 조건에 맞는 값 참조하기	171
	[실무 실습] 직위와 근속 연수별로 차등한 보너스 계산하기 : 보너스 지급 대장	172
Section 03	열 방향 표에서 조건에 맞는 값 참조하기	175
	[실무 실습] 제품 분류와 수량에 따라 할인율 적용하기 : 거래 내역서	175
Section 04	열과 행이 교차하는 표에서 조건에 맞는 값 참조하기	178
	[실무 실습] 조건에 따른 마진율로 판매 단가 계산하기 : 판매 단가 계산표	179
Section 05	다중 조건을 처리하는 참조하기	183
	[실무 실습] 모델 번호와 색상을 이용해 단가 참조하기 : 견적서	183

| Section 06 | 행, 열을 바꿔 참조하기 | 185 |
| [실무 실습] 행과 열 머리글 자동으로 구성하기 : 집계표 | | 186 |

Chapter 06 데이터베이스 함수 189

Section 01	데이터베이스 함수로 건수 세기	190
[실무 실습] 지정한 조건에 맞는 제품 수 세기 : 제품 재고표		191
Section 02	데이터베이스 함수로 합계와 평균 계산하기	195
[실무 실습] 지정한 월의 평균 단가와 매출 합계 구하기 : 거래 내역서		196
Section 03	데이터베이스 함수로 최대, 최소 구하고 값 참조하기	198
[실무 실습] 지정한 일자의 최대, 최소값과 제품명 참조하기 : 거래 내역서		199

Chapter 07 기타 함수 201

Section 01	홀수와 짝수를 구분해 작업하기	202
[실무 실습] 홀수 행과 짝수 행을 구분해 집계한 후 교차 서식 지정하기		202
Section 02	지정한 횟수만큼 반복 표시하기	206
[실무 실습] 숫자를 단위별로 자르고, 막대 그래프로 숫자 크기 표시하기		206
Section 03	필요한 정보를 반환받기	211
[실무 실습] 현재 시스템과 파일에 대한 정보 구하기		212
Section 04	페이지 번호 계산하기	216
[실무 실습] 인쇄하기 전에 표 오른쪽 빈 셀에 페이지 번호 표시하기 : 고객 목록		216
Section 05	텍스트 값을 참조로 변환하기	220
[실무 실습] 유효성 검사용 목록 만들기		220
Section 06	하이퍼링크 설정하기	223
[실무 실습] 이미지 위치로 이동하는 하이퍼링크 설정하기		223
Section 07	배수로 반올림, 올림, 내림 처리하기	226
[실무 실습] 근무 시간을 1시간 간격으로 조정해 급료 계산하기		227
Section 08	상위, 하위 n% 데이터 추출하기	230
[실무 실습] 상위 또는 하위 n% 데이터 추출하기 : 판매량 집계표		230
Section 09	임의의 수 만들기	235
[실무 실습] 이벤트 신청자 중에서 5명의 당첨자 선별하기		236

Part 03 함수를 사용한 자동화 서식

Project 01 금전출납부 239

Section 01	금전출납부 구성하기	241
Section 02	집계표 만들기	245
Section 03	일별 지출 현황 차트 만들기	252
Section 04	선택 월 요약하고, 차트 생성하기	256

Project 02 실적 보고서 – 월 ... 267
- Section 01 거래 내역표 관리하기 269
- Section 02 집계표 만들기 273
- Section 03 차트 구성하기 284

Project 03 실적 보고서 II – 달력 ... 291
- Section 01 거래 내역 데이터 관리하기 293
- Section 02 일별 실적 집계하기 295
- Section 03 달력에 실적 정리하기 301
- Section 04 선택한 실적이 표시되는 자동화 차트 구성하기 312

Project 04 실적 보고서 III – 상위 10 제품 ... 321
- Section 01 데이터 관리하기 324
- Section 02 제품별 판매량 집계표 만들기 327
- Section 03 실적 보고서 구성하기 334
- Section 04 판매량 순위를 차트로 표시하기 342
- Section 05 매크로로 부족한 부분 채우기 346

Project 05 재고 관리 ... 351
- Section 01 입출고 내역 관리하기 354
- Section 02 재고 관리하기 356
- Section 03 입출고 현황 분석하기 362
- Section 04 차트로 입출고 현황 표시하기 370

Project 06 근태 관리 ... 377
- Section 01 근태 내역 관리하기 380
- Section 02 만년 달력으로 근태 관리표 만들기 384
- Section 03 차트로 근태 현황 표시하기 400

Project 07 라벨 인쇄 ... 407
- Section 01 고객 명단 정리하기 410
- Section 02 레이블 인쇄 마법사 추가 기능으로 라벨 인쇄하기 417
- Section 03 라벨 서식을 만들어 인쇄하기 422

Project 08 급여명세서 ... 437
- Section 01 급여 대장 완성하기 440
- Section 02 급여명세서 서식 만들기 453

Project 09 견적서 ... 471
- Section 01 견적서 작성에 필요한 표 준비하기 474
- Section 02 견적서 입력 표 준비하기 478

Section 03	견적서 서식 가져와 사용하기	489
Section 04	견적서 메일로 발송하기	497

Project 10 설문지 **499**

Section 01	설문 참가자 데이터 정리하기	502
Section 02	설문지 만들기	505
Section 03	설문지 DB 만들기	515
Section 04	설문지 통계내기	520

부록

부록 1	TEXT 함수의 서식 코드	528
부록 2	차트의 각 부분 명칭	530
부록 3	한글 자음에 할당된 특수 문자표	531

찾아보기 **534**

Part 1.
함수의 기본

엑셀은 수치를 분석하는 표 계산(Spreadsheet) 프로그램입니다. 이런 엑셀을 이용하면 입력된 값을 참고해 여러 가지 계산 작업을 진행할 수 있습니다. 이러한 기능을 제공하는 유사 프로그램은 많지만 그 중에서 유독 엑셀이 인기 있는 이유는 바로 함수 때문입니다. 함수(Function)는 스프레드시트 프로그램에서 자주 사용하는 계산 식을 미리 정의해 놓은 것으로, 계산에 필요한 값을 받아 사용자가 원하는 계산 작업을 빠르게 처리해 줍니다. 이러한 함수를 적재적소에 활용할 수 있다면 관련 업무를 빠른 시간 내에 해결할 수 있습니다. PART 1에서는 함수 활용의 기본 지식 및 기본 기능에 대해 설명합니다.

Chapter 1.
함수 사용에 필요한 엑셀 개념

함수 사용을 위해서 반드시 이해해야 하는 기본적인 지식에 대해 설명합니다. 가볍게 읽고 넘어갈 수 있는 내용이지만, 함수를 좀 더 효과적으로 다루고 싶다면 정독하길 권합니다.

Section 01 함수와 수식

▶ 함수 ▶ 수식 ▶ 인수 ▶ 연산자 ▶ 상수

엑셀 사용자 대부분이 함수(Function)와 수식(Formula)을 구분하는 데서 혼란을 겪습니다. 함수는 그 자체로 계산 식(수식)이면서, 수식 내에서 사용됩니다. 반면, 수식은 함수뿐만이 아니라 다양한 연산자와 상수로 구성되며, 항상 등호(=)로 시작하는 특징을 갖습니다. 다시 말해서 함수는 마이크로소프트사에서 제공하는 계산 식이며, 수식은 사용자가 구성하는 계산 식입니다. 그러므로 수식 내에서 함수를 사용해 수식을 간결하게 구성할 수 있습니다.

다음은 연도를 반환하는 함수의 예입니다.

YEAR(날짜) : 인수로 전달된 날짜 값의 연도를 반환하는 함수입니다.
　❶　　❷

❶ **함수명** : 마이크로소프트사에서 제공하는 계산 식의 이름으로, 함수명이 틀리면 #NAME! 오류가 발생합니다.
❷ **인수** : 사용하는 함수에 따라 계산에 필요한 값을 의미합니다.

수식은 항상 등호(=)로 시작하며 함수, 연산자, 상수 등을 사용해 원하는 결과 값이 반환되도록 구성합니다. 수식 내에서 사용되는 함수는 사용자가 자주 사용하는 계산 식을 정의해 놓은 것으로 수식을 간결하게 하는 효과가 있습니다. 다음은 YEAR 함수를 사용해 나이를 구하는 수식 작성 예입니다.

=YEAR(TODAY( )) − 출생년도 + 1
　　　❶　　　　❷　　❸　❷❸

❶ **함수** : 미리 정의된 계산 식으로, 오늘 날짜를 반환하는 TODAY( )와 날짜 값에서 연도를 반환하는 YEAR( ) 함수를 중첩해 올해 연도를 반환합니다.
❷ **연산자** : 수식에서 특정 연산을 의미하는 문자로 +는 덧셈을, −는 뺄셈을 의미합니다.
❸ **상수** : 계산에 필요한 값을 의미합니다.

Section 02 엑셀의 데이터 형식

▶ 텍스트 ▶ 날짜 ▶ 시간 ▶ 논리값 ▶ 숫자

엑셀을 MS 워드 또는 아래 한글 등과 비교할 때 가장 큰 차이점은 숫자를 계산할 수 있다는 점입니다. 엑셀에서는 숫자를 계산하기 위해 입력 값의 데이터 형식을 다음과 같이 구분합니다.

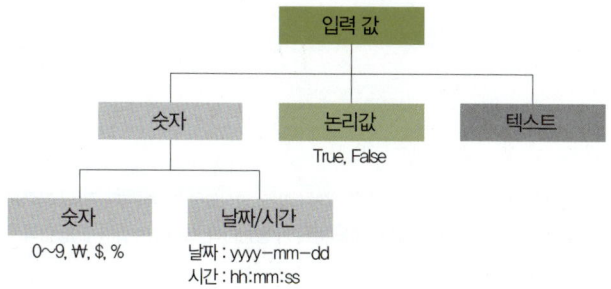

위 다이어그램에서 확인할 수 있듯이 엑셀은 입력 값의 데이터 형식을 크게 3가지로 구분합니다. 이 중에 숫자와 논리값은 연산을 통해 계산할 수 있지만, 텍스트 값은 계산할 수 없습니다. 또한 데이터 종류에 따라 셀에서 정렬되는 방향이 달라지는데, 숫자는 오른쪽, 논리값은 가운데, 텍스트는 왼쪽으로 맞춰집니다. 실습을 통해 데이터 입력 및 인식 방법에 대해 자세하게 확인해 보겠습니다.

실무실습 다양한 데이터 형식 경험하기 출근 기록부

• 예제 파일 ⦿ : Part1\출근기록부.xlsx

01 예제 이해하기 예제 파일을 열면 출근 기록부 표를 확인할 수 있습니다. 이 표에 여러 가지 데이터 값을 입력하여 어떻게 인식되는지 확인해 보겠습니다.

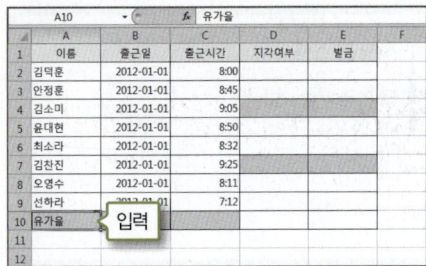

02 텍스트 형식 이해하기

A10셀에 직원 이름을 입력합니다. 텍스트 형식으로 입력한 값은 셀 왼쪽에 맞춰 표시됩니다.

유가을

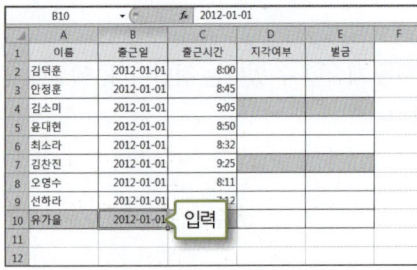

03 날짜 형식 이해하기

B10셀에 출근일을 입력하면 그림과 같이 자동으로 **yyyy-mm-dd** 형식으로 표시됩니다. 날짜 형식은 숫자로 인식되어 셀 오른쪽에 맞춰 표시됩니다.

2012-1-1

> **TIP ... 날짜의 올바른 입력**
>
> 날짜는 년, 월, 일을 의미하는 3개의 숫자를 하이픈(-) 또는 슬래시(/) 기호로 구분하여 입력해야 정확한 날짜 데이터 형식으로 인식됩니다. 그 외 자주 사용하는 마침표(.) 등의 구분 기호를 사용하면 숫자가 아닌 텍스트로 인식되어 정확한 숫자 계산을 처리할 수가 없습니다. 그러므로 날짜 값을 입력할 때는 **yyyy-mm-dd** 또는 **yyyy/mm/dd** 형식으로 입력하는 것이 좋습니다.

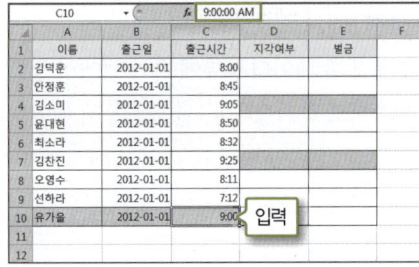

04 시간 형식 이해하기

C10셀을 선택하고, 시간을 입력합니다. **수식 입력줄**에 보여지는 것과 같이 시간 형식으로 인식되며, 셀 오른쪽에 맞춰 표시됩니다.

9:00

> **TIP ... 시간의 올바른 입력**
>
> 날짜는 시, 분, 초(생략 가능)를 의미하는 3개의 숫자를 콜론(:)으로 구분해 입력해야 정확한 시간 데이터 형식으로 인식됩니다. 시간 역시 마침표(.) 등의 잘못된 구분 기호를 사용하면 텍스트 형식이나 숫자 형식으로 인식되기 때문에 정확한 시간 계산을 할 수 없습니다. 그러므로 시간을 입력할 때는 **h:m** 또는 **h:m:s** 등의 형식으로 입력하는 것이 좋습니다.

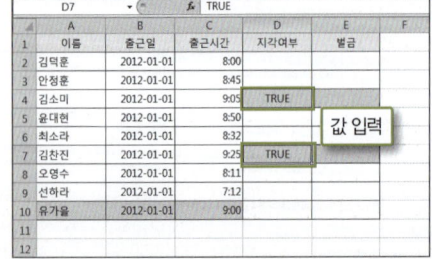

05 논리 형식 이해하기

지각한 직원을 체크하기 위해 **D4**셀과 **D7**셀을 각각 선택하고, 다음 값을 입력합니다. 다른 값과는 달리 셀 가운데로 맞춰 표시됩니다.

True

TIP ... 논리값의 올바른 입력

논리값에는 TRUE, FALSE 두 가지 값이 존재하며, TRUE는 참을, FALSE는 거짓을 의미합니다. 논리값은 대/소문자를 구분하지 않지만 논리값으로 인식되면 자동으로 대문자로 표시됩니다.

06 숫자 형식 이해하기

지각한 직원들의 벌금을 표시하기 위해 **E4**셀과 **E7**셀에 다음 값을 입력합니다. 숫자 값은 날짜, 시간 형식과 같이 셀 오른쪽에 맞춰 표시됩니다.

TIP ... 숫자 값의 올바른 입력

엑셀에서는 다음과 같은 문자가 셀에 입력될 때 숫자로 인식합니다.

문자	설명	입력 예	문자	설명	입력 예
0 ~ 9	숫자	1234	,	천 단위 구분 기호	1,234
-	음수	-1234	%	백분율	12%
.	소수점 구분 기호	12.34	₩, $	통화 기호	₩ 1234

TIP ... 셀에 표시되는 위치로 데이터 형식 확인하기

셀에 표시되는 데이터의 위치는 사용자가 직접 지정할 수 있습니다. 그러므로 앞선 실습에서 설명한 것과 같이 셀에 표시된 데이터의 위치만으로 데이터 형식을 파악하기 어려울 수도 있습니다. 이런 경우에는 리본 메뉴에서 [홈] 탭의 [맞춤] 그룹에 있는 가로 맞춤 단추 3개를 확인할 필요가 있습니다.

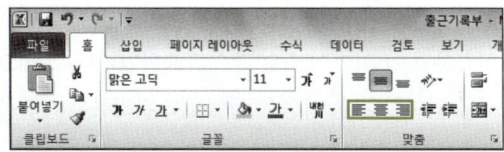

가로 맞춤 단추 중의 어느 하나가 활성화되어 있다면 셀에 입력된 값이 데이터 형식과는 무관하게 표시되고 있다는 것을 의미합니다. 본래 데이터 형식에 맞게 표시하려면 활성화된 단추를 클릭해 비활성화시켜 주면 됩니다. 만약 다음 그림과 같이 [왼쪽 맞춤] 단추가 클릭되어 있다면 해당 단추를 한 번 더 클릭해 비활성화시킵니다.

Section 03 날짜와 시간

▶ 날짜 일련번호   ▶ 시간 값   ▶ 셀 서식

엑셀에서 관리하는 데이터 중에서 가장 헷갈리는 것이 바로 날짜와 시간입니다. 엑셀에서 날짜와 시간을 관리하는 방법이 우리가 인식하는 날짜나 시간과는 다르기 때문입니다. 엑셀에서는 날짜를 정수 형태로 관리합니다. 즉, 1900년 1월 1일을 1로 인식하며 하루가 지날 때마다 1씩 증가시킵니다. 그러므로 엑셀에서 날짜는 1, 2, 3, 4, … 와 같은 일련번호 형식을 가지며, 이런 일련번호를 [날짜 일련번호]라고 합니다.

엑셀에서 관리하는 날짜는 1900년 1월 1일부터 9999년 12월 31일까지로 이것을 막대 그래프로 표시하면 다음과 같습니다.

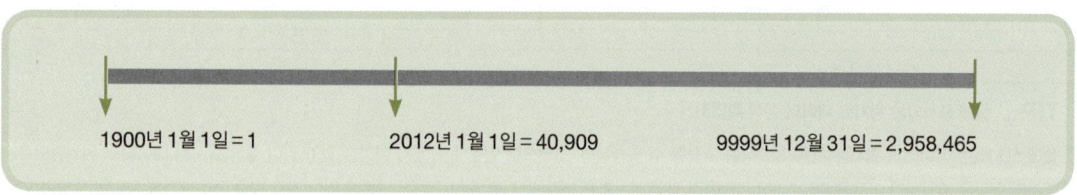

날짜와 달리 시간은 소수 형태로 관리합니다. 날짜는 하루가 지날 때마다 1씩 증가하고, 하루는 24시간입니다. 그러므로 1시간은 계산 식 1/24로 표시할 수 있습니다. 즉, 시간은 0~1 사이의 소수 값으로 표현됩니다. 그러므로 엑셀에서 숫자 0은 오전 12시와 같으며, 0.5는 오후 12시를 의미합니다. 다음은 엑셀에서 관리하는 시간을 원형 그래프로 표시한 것입니다.

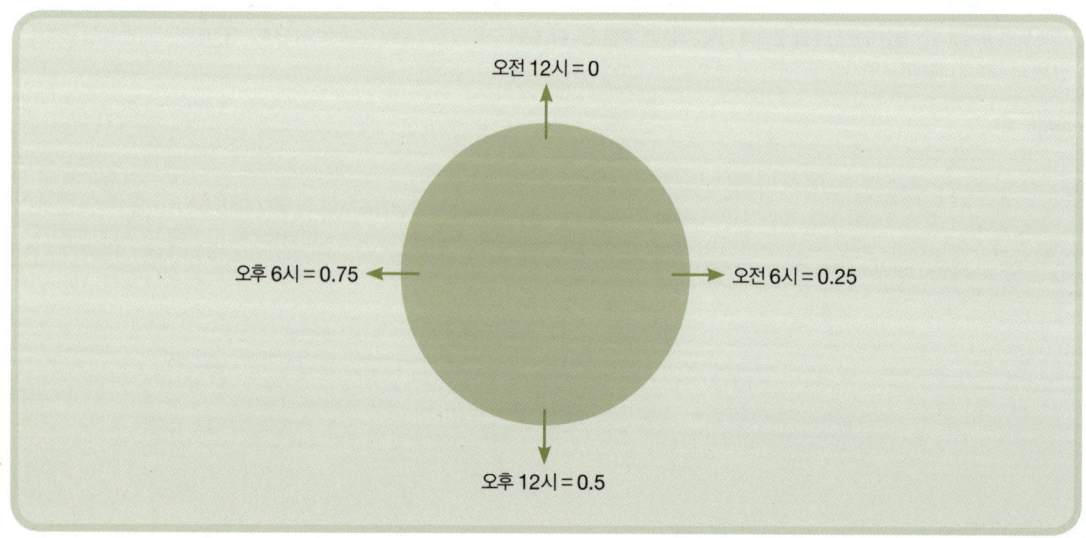

 **날짜와 시간 형식의 실제 값과 표시 변경 방법 이해하기** 건강 검진 진료표

• 예제 파일 ⊙ : Part1\건강검진진료표.xlsx

01 예제 이해하기 예제 파일에는 각 직원의 건강 진료일과 예약 시간이 입력되어 있습니다. 입력된 날짜와 시간 값을 조정해 엑셀에서 날짜와 시간 관리하는 방법을 알아보겠습니다.

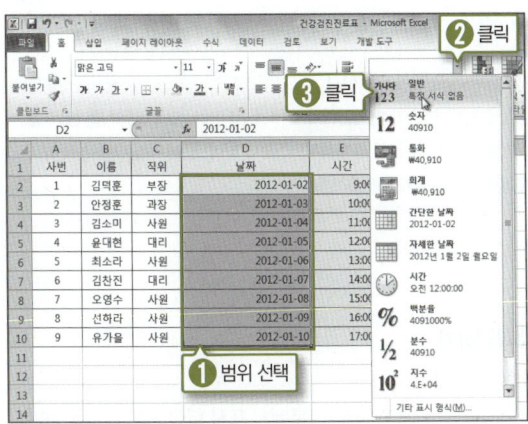

02 날짜 일련번호 확인하기 D열의 표시 형식을 일반으로 변경해 날짜 일련번호를 확인해 보겠습니다.

① **D2:D10** 범위를 선택
② 리본 메뉴의 [홈] 탭 - [표시 형식] 그룹에서 **표시 형식** 콤보 상자의 **옵션** 단추를 클릭
③ **일반** 형식을 클릭합니다.

TIP … 일반 표시 형식
일반 표시 형식은 셀 값을 저장된 그대로 확인할 때 사용합니다.

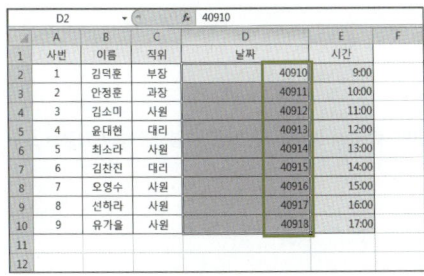

03 날짜 형식이 그림과 같이 정수 형태로 변경되는데, 이것으로 날짜 형식이 날짜 일련번호로 관리된다는 점을 확인할 수 있습니다.

TIP … 날짜 일련번호

D2셀의 40910 값은 해당 날짜(2012년 1월 2일)가 1900년 1월 1일부터 40910번째에 해당하는 날짜라는 것을 의미합니다. 이처럼 날짜는 날짜 일련번호로 저장되며, 셀에 표시될 때는 사람이 인식할 수 있는 yyyy-mm-dd 형식으로 표시됩니다. 그러므로 날짜를 계산할 때 올바른 형식으로 입력하지 않으면 날짜 일련번호로의 변환 작업이 이뤄지지 않아 연차, 근속일 등의 날짜 연산을 할 수 없습니다.

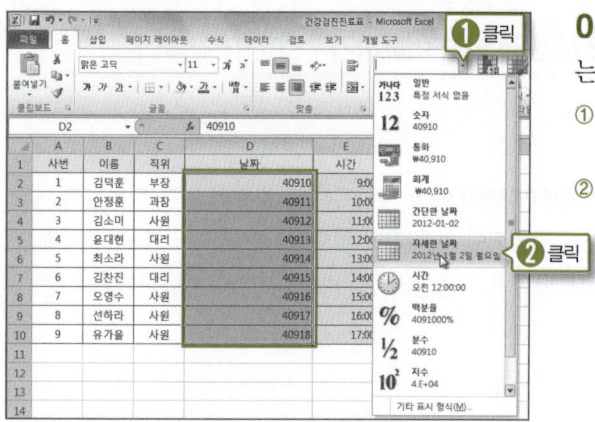

04 날짜 표시 형식 변경하기 다시 사람이 이해할 수 있는 날짜 형식으로 변경하겠습니다.

① D2:D10 범위가 선택된 상태에서 리본 메뉴의 [홈] 탭 – [표시 형식] 그룹에서 **표시 형식** 콤보 상자의 **옵션** 단추를 클릭

② **자세한 날짜** 형식을 클릭합니다.

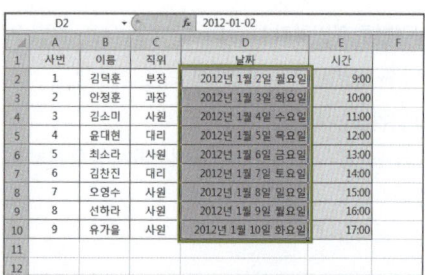

05 그림과 같이 yyyy년 m월 d일 aaaa 형식으로 표시됩니다.

TIP ... 다양한 날짜 표시 형식 선택하기
다양한 날짜 형식을 선택, 변경하려면 범위가 선택된 상태에서 Ctrl+1 키를 눌러 셀 서식 대화상자를 호출합니다. 셀 서식 대화상자의 [표시 형식] 탭에서 날짜를 선택하고 오른쪽 형식 목록에서 원하는 날짜 형식을 선택합니다.

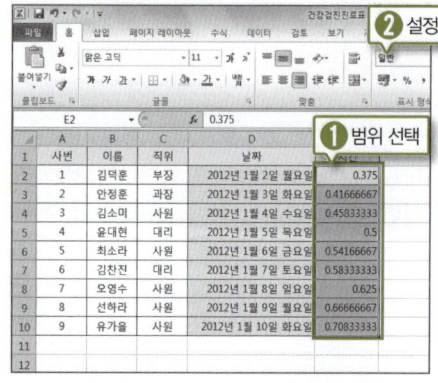

06 시간 값 확인하기

① E2:E10 범위를 선택

② 리본 메뉴의 [홈] 탭 – [표시 형식] 그룹에서 **표시 형식** 콤보 상자를 **일반**으로 설정

선택한 범위가 소수 형태로 표시됩니다.

TIP ... 시간 값
시간은 0과 1사이의 소수 값이므로 표시 형식을 일반으로 변경하면 셀에 저장된 소수 값이 표시됩니다.

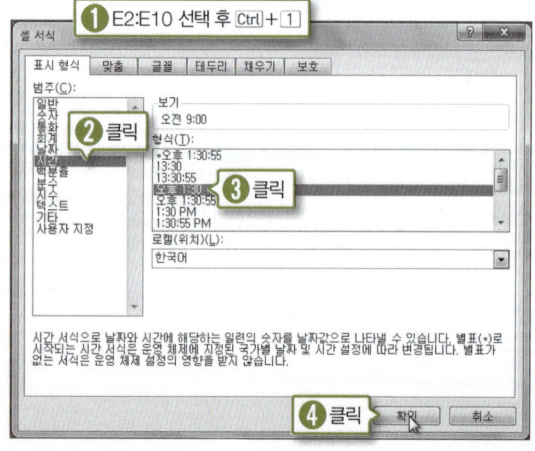

07 시간 형식 변경하기 소수 형태의 시간 값을 다시 시간 형식으로 변경하겠습니다.

① E2:E10 범위가 선택된 상태에서 Ctrl+1 키를 눌러 셀 서식 대화상자를 호출

② [표시 형식] 탭의 범주 목록에서 **시간** 형식을 선택

③ 형식 목록에서 오후 **1:30** 형식을 선택

④ 〈확인〉 버튼을 클릭합니다.

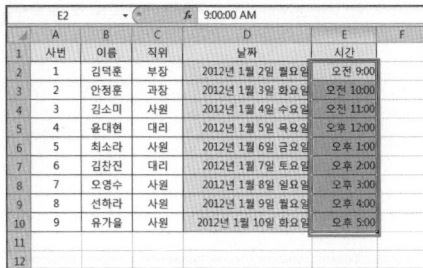

08 선택한 시간 형식에 맞게 시간 값이 표시되는 것을 확인할 수 있습니다.

TIP ... 두 자리 연도 입력 방식

연도를 입력할 때는 2012-1-1과 같이 네 자리로 입력하는 것이 좋지만, 12-1-1과 같이 입력하는 사람도 꽤 많습니다. 연도를 두 자리로 입력하면 현재 시스템의 설정 값에 따라 연도가 다르게 인식됩니다.

[두 자리 연도의 인식]
- 00~29 사이의 연도는 2000년에서 2029년으로 인식됩니다. 예를 들어 12-1-1과 같이 입력하면 2012년 1월 1일로 인식됩니다.
- 30~99 사이의 연도는 1930년에서 1999년으로 인식됩니다. 예를 들어 90-1-1과 같이 입력하면 1990년 1월 1일로 인식됩니다.

이런 설정은 시스템 설정에 따른 것으로 제어판에서 변경할 수 있습니다.

[시스템 연도 변경 방법] _ Windows Vista 또는 7
① 윈도우 시작 버튼을 클릭한 다음 [제어판] 메뉴를 클릭
② [국가 및 언어 옵션] 아이콘을 클릭
③ [형식] 탭에서 〈이 형식 사용자 지정〉 또는 〈추가 설정〉 버튼 클릭
④ [날짜] 탭을 클릭하고, [달력] 그룹에 있는 연도를 조정

[시스템 연도 변경 방법] _ Windows XP
① 윈도우 시작 버튼을 클릭한 다음 [제어판] 메뉴 클릭
② [국가 및 언어 옵션] 아이콘을 클릭
③ [국가별 옵션] 탭을 클릭하고 〈사용자 지정〉 버튼을 클릭
④ [날짜] 탭을 클릭하고 [달력] 그룹에 있는 연도를 조정

Section 04 참조

▶ 파일 연결   ▶ 보안 경고   ▶ 연결 편집

엑셀에서는 셀 단위로 값을 입력하고 계산하는데, 셀에 한 번 입력한 값은 다른 셀에 다시 입력할 필요 없이 셀 주소를 이용해 입력된 값을 읽어와 사용할 수 있습니다. 이렇게 다른 위치의 셀 값을 읽어와 사용하는 것을 참조라고 합니다. 여기서 다른 위치는 다음과 같이 3가지를 의미합니다.

- 현재 워크시트의 다른 위치에 존재하는 셀
- 다른 워크시트에 존재하는 셀
- 다른 통합문서(파일)의 셀

위와 같은 다른 위치의 셀 값을 읽어와 사용하기 위해서는 다음과 같은 수식을 사용합니다. 이 중에서 다른 통합문서의 셀 값을 읽어 오는 것은 현재 파일과 해당 파일이 연결된다는 것을 의미합니다. 이렇게 파일이 연결되면 파일을 닫고 다시 열 때 [보안 경고] 메시지 줄이 나타납니다.

참조 종류	수식 형태
현재 워크시트의 다른 셀 값을 참조	=셀 주소
다른 워크시트의 셀 값을 참조	='워크시트명'!셀 주소
다른 통합문서의 셀 값을 참조	='[전체 경로₩파일명.xlsx]워크시트명'!셀 주소

다른 위치의 값 참조하기   매출 집계표

• 예제 파일 ⓞ : Part1\연간매출집계표.xlsx, 하반기매출집계표.xlsx

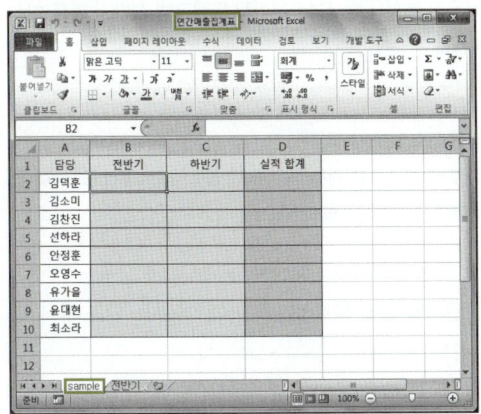

01 예제 이해하기 [연간매출집계표.xlsx] 파일을 열고 [sample] 시트 탭을 클릭하면 집계표를 확인할 수 있습니다. 이 집계표는 다른 시트와 다른 통합문서의 셀 값을 참조해 완성합니다.

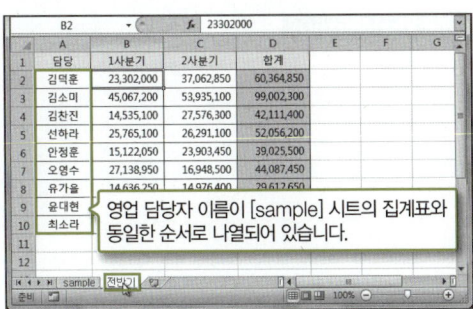

02 [전반기] 시트 탭을 클릭하면 영업 담당자 별 1, 2사분기 매출 집계표를 확인할 수 있습니다.

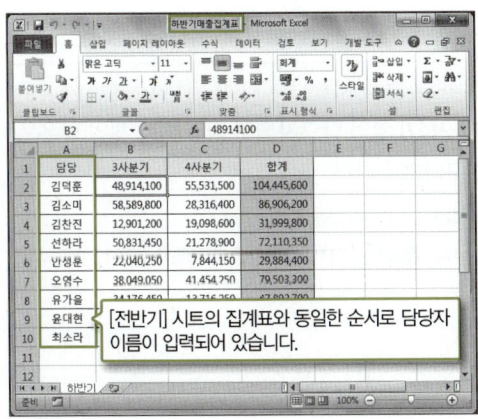

03 두 번째 예제 파일인 [하반기매출집계표.xlsx] 파일을 열면 영업 담당자 별 3, 4분기 매출 집계표를 확인할 수 있습니다.

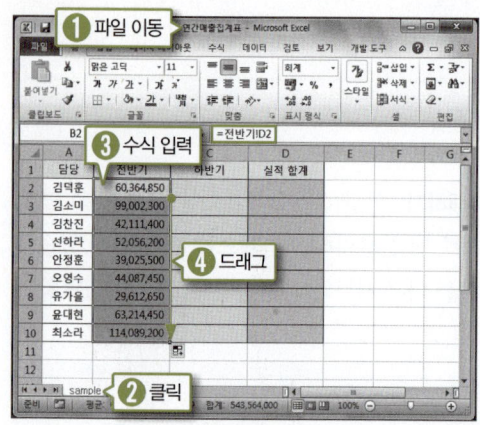

04 다른 워크시트의 셀 값 참조하기

① Ctrl+Tab 키를 눌러 **연간매출집계표.xlsx** 파일로 돌아옵니다.
② [sample] 시트 탭을 클릭
③ B2셀을 선택하고, 다음 수식을 입력
④ B2셀의 **채우기 핸들**을 B10셀까지 드래그해 전반기 매출 실적을 참조합니다.

`=전반기!D2`

TIP ... 참조할 셀 주소 쉽게 입력하기

다른 위치를 참조할 때 셀 주소를 쉽게 입력하려면 참조할 위치에서 등호(=)를 입력한 다음 참조될 셀 위치를 마우스로 클릭합니다.

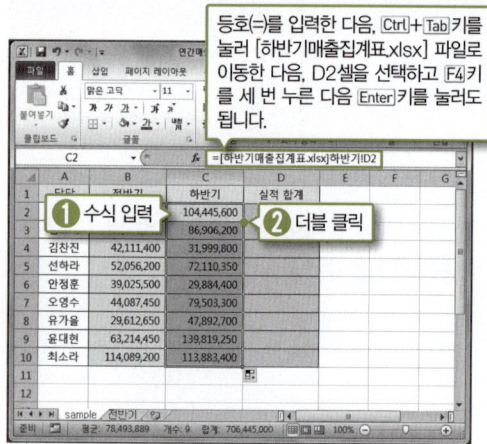

05 다른 통합문서의 셀 값 참조하기
하반기 매출을 참조해서 채워 보겠습니다.

① C2셀을 선택하고, 다음 수식을 입력
② C2셀의 **채우기 핸들**을 더블 클릭해 수식을 복사합니다.

`=[하반기매출집계표.xlsx]하반기!D2`

TIP ... 단축키 설명

● Ctrl+Tab : 열려 있는 다른 파일로 이동합니다.
● F4 : 참조 방식을 변경합니다. 참조 방식은 Part 1〉Chapter 2〉Section 3 자동채우기 기능과 참조 방식을 참고합니다.

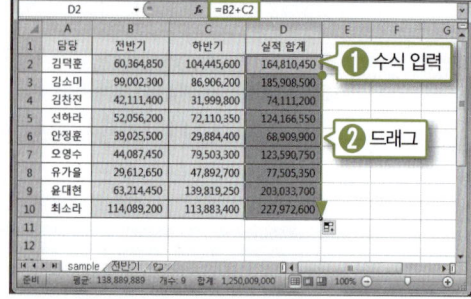

06 매출 합계 구하기
영업 담당자별로 참조해서 채워 넣은 실적의 합계를 구하겠습니다.

① D2셀을 선택하고, 다음 수식을 입력
② D2셀의 **채우기 핸들**을 D10셀까지 드래그해 수식을 복사합니다.

`=B2+C2`

07 보안 경고 메시지 이해하기 실적 합계 작업을 끝낸 후 Ctrl +Tab키를 눌러 변경된 사항을 저장하고 모든 파일을 닫습니다. 그런 다음 [연간매출집계표.xlsx] 파일을 다시 열면 리본 메뉴 아래쪽에 보안 경고 메시지 줄이 표시됩니다. 〈콘텐츠 사용〉 버튼을 클릭해 파일을 엽니다.

TIP ... 보안 경고 메시지 해결하기

수식을 이용해 외부 파일의 값을 참조한 경우 파일을 닫은 후 다시 열면 [보안 경고] 메시지 줄이 표시됩니다. [보안 경고] 메시지 줄에서 〈콘텐츠 사용〉 버튼을 클릭하면 신뢰할 수 있는 문서로 분류되어 더는 표시되지 않습니다. 대신 다음과 같은 업데이트 경고 창이 표시됩니다.

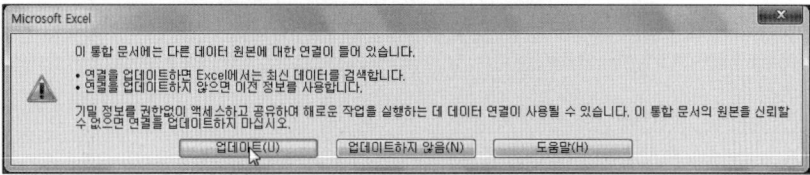

업데이트 경고 창이 더 이상 뜨지 않도록 하려면 다음 방법 중 한 가지를 선택합니다.

첫째, 계속 연결을 유지해야 한다면 옵션을 변경해 해당 메시지 창이 더 이상 표시되지 않도록 합니다.
① 리본 메뉴 [데이터] 탭 – [연결] 그룹에서 [연결 편집] 단추를 클릭
② 연결 편집 대화상자가 표시되면 〈시작할 때 확인 메시지 표시〉 버튼을 클릭

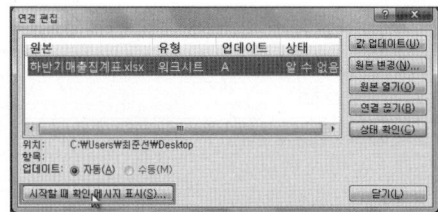

③ 시작할 때 확인 메시지 표시 대화상자에서 [알림 표시 없이 연결 업데이트] 옵션을 선택하고 〈확인〉 버튼을 클릭

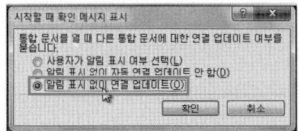

둘째, 참조한 값을 다시 읽어 들일 필요가 없으면 참조 수식을 값으로 변경하는 것이 편리합니다.
① 리본 메뉴 [데이터] 탭 – [연결] 그룹에서 [연결 편집] 단추를 클릭
② 연결 편집 대화상자에서 연결된 파일을 선택하고 〈연결 끊기〉 버튼을 클릭
③ 경고 메시지 창이 열리면 내용을 읽고 〈연결 끊기〉 버튼을 클릭

Section 05 연산자

▶ 참조 연산자 ▶ 산술 연산자 ▶ 연결 연산자 ▶ 비교 연산자 ▶ 연산자 우선순위

수식에서는 필연적으로 다양한 연산자를 사용해야 합니다. 수식에서 사용하는 연산자는 성격에 따라 참조 연산자, 산술 연산자, 연결 연산자, 비교 연산자 등으로 구분됩니다.

구분	연산자	이름	의미
참조 연산자	:	콜론	왼쪽과 오른쪽 셀의 연속된 데이터 범위를 참조
	,	쉼표	왼쪽과 오른쪽 셀(또는 범위)을 각각 참조
	" "	공백	왼쪽과 오른쪽 범위의 중첩 범위를 참조
산술 연산자	+	플러스	더하기
	−	마이너스	빼기 or 음수
	*	별표	곱하기
	/	슬래시	나누기
	%	퍼센트	백분율
	^	캐럿	거듭제곱
연결 연산자	&	앰퍼샌드	왼쪽과 오른쪽 값을 하나로 합친 결과를 반환
비교 연산자	=	같다	왼쪽 값과 오른쪽 값이 같다
	>	보다 큼	왼쪽 값이 오른쪽 값보다 크다
	>=	크거나 같음	왼쪽 값이 오른쪽 값보다 크거나 같다
	<	보다 작음	왼쪽 값이 오른쪽 값보다 작다
	<=	작거나 같음	왼쪽 값이 오른쪽 값보다 작거나 같다
	<>	같지 않음	두 값은 다르다

하나의 수식에 여러 개의 연산자가 사용될 경우 계산되는 순서가 정해져 있습니다. 예를 들어 수식 =1+2*5에서는 곱하기(*) 연산자가 먼저 계산되고, 더하기(+) 연산자가 나중에 계산되어 계산 결과로 11을 반환합니다. 이처럼 수식에서 연산자의 우선순위를 정해 놓은 것을 [연산자 우선순위]라고 합니다. 다음 표에서 연산자 우선순위를 확인합니다.

우선순위	연산자	이름	구분
1	:	콜론	참조
2	" "	공백	

3	,	쉼표	
4	–	음수	
5	%	퍼센트	
6	^	캐럿	산술
7	*, /	곱하기, 나누기	
8	+, –	덧셈, 뺄셈	
9	&	앰퍼샌드	연결
10	=, <, <=, >, >=, <>	비교	비교

만약 연산자 우선순위를 따르지 않고 우선적으로 계산할 부분이 있다면, 해당 부분을 괄호( )로 묶습니다. 예를 들어 수식 =1+2*5에서 더하기(+) 연산자를 먼저 계산하려면 덧셈 부분을 괄호로 묶어 =(1+2)*5와 같이 수식을 입력합니다.

실무실습 연산자를 사용한 수식 작성하기 — 매출 비교표

• 예제 파일  : Part1\매출 비교표.xlsx

01 예제 이해하기 예제 파일을 열면 연도별 집계표를 확인할 수 있습니다. 다양한 연산자로 수식을 작성하여, 담당자별 실적을 분석해 보겠습니다.

02 참조 연산자 활용하기 연도별 매출 합계를 구하겠습니다.
① B12셀을 선택하고, 다음 수식을 입력
② B12셀의 **채우기 핸들**을 C12셀까지 드래그해서 수식을 복사합니다.

=SUM(B3:B11)

수식 설명 =SUM(B3:B11)
이 수식은 전년 매출 합계를 구하기 위한 것으로, 계산에 필요한 모든 셀(B3셀에서 B11셀까지)을 SUM 함수에 전달하기 위해 참조 연산자인 콜론(:)을 사용했습니다. 이처럼 콜론(:) 연산자는 연속된 데이터 범위를 참조할 때 사용하며, 참조할 범위의 왼쪽 위 첫 번째 셀(B3)과 오른쪽 아래 마지막 셀(B11)을 연결해 구성합니다.

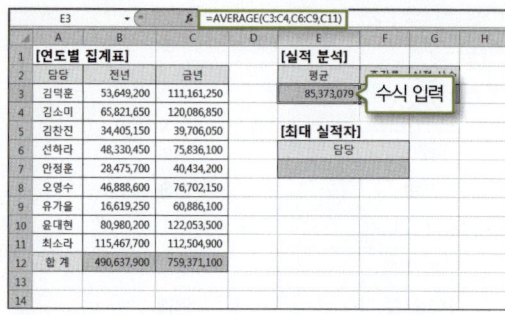

03 계속해서 최고 실적과 최저 실적을 제외한 금년 매출의 평균을 구하겠습니다.

E3셀을 선택하고, 다음 수식을 입력합니다.

=AVERAGE(C3:C4, C6:C9, C11)

수식 설명 =AVERAGE(C3:C4, C6:C9, C11)

이 수식에서는 C3:C11 범위의 매출 실적에서 최고 실적인 C10셀과 최저 실적인 C5셀의 값을 제외하기 위해 AVERAGE 함수와 참조 연산자 쉼표(,)를 사용했습니다. 쉼표(,) 연산자는 떨어진 범위를 참조할 때 사용하는데, 이번 수식에서는 쉼표와 콜론 연산자를 사용해 떨어져 있는 범위 3개를 참조했습니다.

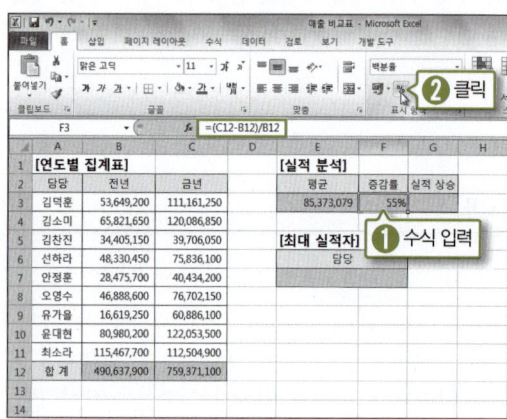

04 산술 연산자 활용하기 이번에는 전년 대비 증감률을 구하겠습니다.

① **F3**셀을 선택하고, 다음 수식을 입력
② 리본 메뉴의 [홈] 탭 – [표시 형식] 그룹에서 **백분율 스타일** 단추 %를 클릭

계산된 값이 백분율로 표시됩니다.

=(C12-B12)/B12

수식 설명 =(C12-B12)/B12

이 수식은 증감률을 구하기 위한 것으로, 계산 식은 **실적의 차이/전년 실적**입니다.

실적의 차이는 전년 대비 매출 증감률을 구한다고 했으니, 금년 실적에서 전년 실적을 빼줍니다. 그러므로 마이너스(-) 연산자를 이용해 두 값의 차이(C12-B12)를 구한 다음, 전년 실적(B12)으로 나눴습니다.

수식에서 사용한 산술 연산자(-, /)는 연산자 우선순위에 의해 슬래시(/) 연산자가 먼저 계산됩니다. 그러므로 실적의 차이가 먼저 계산되도록 괄호를 이용해 묶어 준 것입니다.

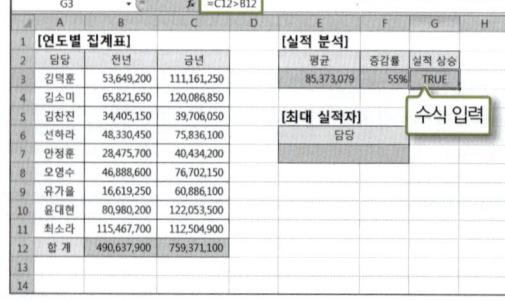

05 비교 연산자 활용하기

G3셀에 다음과 같은 수식을 입력하여 전년 대비 매출의 증가 여부를 확인합니다.

=C12>B12

수식 설명 =C12>B12

이 수식은 전년 대비 매출 증가 여부를 확인하기 위한 것으로 비교 연산자 보다 큼(>)을 이용해 C12셀과 B12셀의 값을 비교합니다. 비교 연산자를 사용하면 수식의 결과 값으로 논리값 TRUE 또는 FALSE가 반환됩니다. 그러므로 조건에 만족하는지 여부를 쉽게 확인할 수 있습니다.

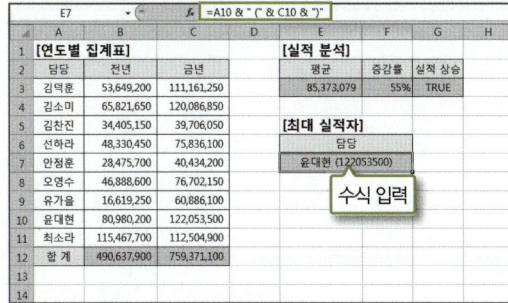

06 연결 연산자 활용하기

마지막으로 **E7:F7** 병합 셀을 선택하고, 다음 수식을 입력하여 금년 실적 중에서 최대 실적자의 이름과 실적을 표시합니다.

=A10 & " (" & C10 & ")"

수식 설명 =A10 & " (" & C10 & ")"

이 수식은 금년 실적 중에서 최대 실적을 달성한 윤대현 씨의 이름과 실적을 한 셀에 표시하기 위해 연결 연산자인 앰퍼샌드(&) 연산자를 사용했습니다.
B2셀과 C2셀의 값을 묶을 때 두 셀의 데이터 형식이 다르므로 괄호를 이용해 매출 실적을 괄호 안에 표시합니다.
괄호 안의 숫자 값에 C10셀처럼 천 단위 구분 기호(,)를 표시하려면 TEXT 함수를 사용해 다음과 같이 수식을 구성해야 합니다.
=A10 & " (" & TEXT(C10, "#,###") & ")"

TEXT 함수의 서식 코드는 **부록 1 TEXT 함수의 서식 코드**에 자세하게 설명되어 있습니다.

Section 06 수식 오류 값

▶ #DIV/0! ▶ #N/A ▶ #NAME? ▶ #NULL! ▶ #NUM! ▶ #VALUE! ▶ #REF! ▶ #########

함수를 사용해 수식을 작성하다 보면 예기치 못한 오류 상황이 발생하고, 오류 값이 반환됩니다. 이렇게 반환된 오류 값을 통해 사용자는 수식에 어떤 문제가 있는지 파악할 수 있습니다. 다음 표를 통해 수식을 작성할 때 나타날 수 있는 오류 값의 종류와 발생 상황을 정리합니다.

오류 값	발생 원인	해결 방법
#DIV/0!	0 값으로는 나눌 수 없다는 오류	나눗셈 연산의 분모 값이 0인지 확인
#N/A	찾는 값이 존재하지 않을 때 발생하는 오류	VLOOKUP, MATCH와 같은 참조 함수에서 찾는 값이 지정한 범위 내에 존재하는지 확인
#NAME?	사용한 함수명이 정확하지 않을 때 발생하는 오류	함수명이 올바른지 텍스트 값을 큰따옴표("") 없이 입력했는지 확인
#NULL!	참조할 대상 범위가 존재하지 않을 때 발생하는 오류	쉼표(,) 연산자가 생략되어 있지는 않은지 확인
#NUM!	수식의 계산 결과 값이 너무 작거나 큰 경우에 발생하는 오류	거듭제곱을 의미하는 캐럿(^) 연산자의 오른쪽 계산식(또는 값) 부분을 확인
#VALUE!	계산할 수 없을 때 발생하는 오류	함수의 인수에 잘못된 데이터 형식을 사용하지 않았는지, 숫자와 텍스트 값을 계산하지 않았는지 확인
#REF!	참조한 셀 자체가 삭제된 경우에 발생하는 오류	참조했던 범위(또는 셀)가 삭제되지 않았는지 확인
########	셀 환경이 수식 결과를 표시하기 적합하지 않은 경우에 발생하는 오류	열 너비가 충분한지, 셀 표시 형식이 잘못되어 있지 않은지 확인

실무실습 오류 발생 상황 및 오류 값 파악하기   급여표

• 예제 파일 ⦿ : Part1\수식 오류 값.xlsx

01 예제 이해하기 예제 파일을 열면 급여표를 확인할 수 있습니다. 임의로 오류가 발생하는 상황을 만들어 반환되는 오류 값을 확인해 보겠습니다.

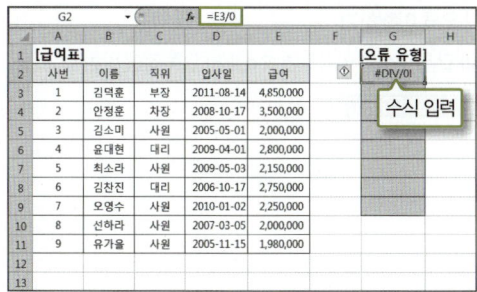

02 #DIV/0! 오류 이해하기

G2셀에 다음과 같은 수식을 입력하면 #DIV/0! 오류 값이 반환됩니다.

=E3/0

TIP ... #DIV/0! 오류

이 오류는 나눗셈 연산의 분모가 0일 때 발생합니다. 그러므로 다음과 같이 IF 함수나 IFERROR 함수를 사용해 오류 대신 반환할 값을 지정해 줘야 합니다.

=IF(분모=0, 0, 분자/분모) : 분모가 0일 때, 결과 값으로 0이 반환됨
=IFERROR(분자/분모, 0) : (분자/분모)의 결과로 오류가 발생하면 0이 반환됨

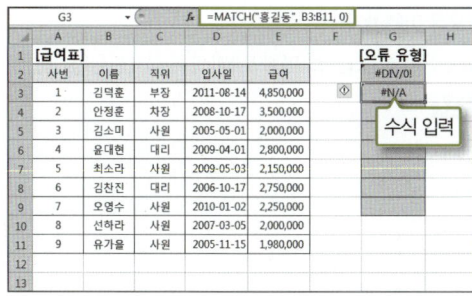

03 #N/A 오류 이해하기

G3셀에 다음과 같은 수식을 입력합니다.

MATCH 함수의 첫 번째 인수(홍길동)를 B3:B11 범위에서 찾지 못해 #N/A 오류가 반환됩니다.

=MATCH("홍길동", B3:B11, 0)

TIP ... #N/A 오류

이 오류는 주로 MATCH나 VLOOKUP 함수에서 발생하며, #N/A 오류가 발생하면 MATCH나 VLOOKUP 함수의 첫 번째 인수 값을 두 번째 인수인 범위에서 찾을 수 없다는 뜻이므로 첫 번째 인수 값이 두 번째 인수 범위 내에 존재하는지 확인해야 합니다.
MATCH 함수와 VLOOKUP 함수는 **Part 2 > Chapter 5. 참조 함수**에서 자세하게 설명합니다.

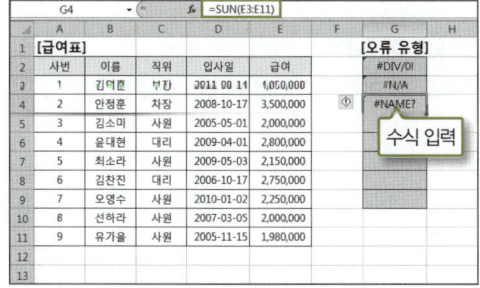

04 #NAME? 오류 이해하기

G4셀에 다음과 같은 수식을 입력하면 #NAME? 오류 값이 반환됩니다.

=SUN(E3:E11)

TIP ... #NAME? 오류

이 오류는 함수명을 잘못 입력했거나, 텍스트 값을 큰따옴표(" ") 없이 입력할 때 주로 발생합니다. 이번 실습은 함수명 SUM을 SUN으로 잘못 입력한 경우입니다.

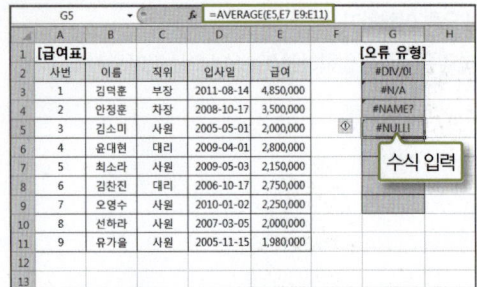

05 #NULL! 오류 이해하기

G5셀에 다음과 같은 수식을 입력하면 #NULL! 오류 값이 반환됩니다.

=AVERAGE(E5, E7 E9:E11)

TIP ... #NULL 오류

이 오류는 참조할 범위가 없을 때 발생하며, 참조 연산자인 공백(" ") 연산자를 사용한 경우에 주로 발생합니다. 공백(" ") 연산자는 왼쪽과 오른쪽 범위에서 중첩된 범위(교집합)를 반환합니다. 실습에서 E7셀과 E9:E11 범위에는 중첩된 부분이 없어 #NULL 오류가 발생한 것입니다. 의도적으로 공백(" ") 연산자를 사용한 것이 아니라면, 쉼표(,) 연산자가 생략된 경우가 대부분입니다. 여기서도 E7셀과 E9:E11 범위 사이에 쉼표(,) 연산자를 추가해서 오류를 해결합니다.

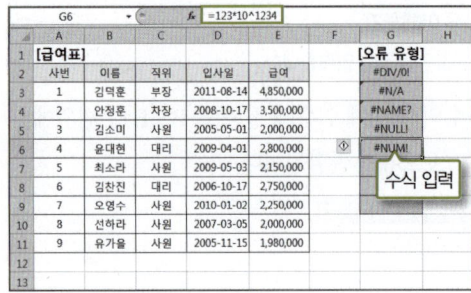

06 #NUM! 오류 이해하기

G6셀에 다음과 같은 수식을 입력하면 #NUM! 오류 값이 반환됩니다.

=123*10^1234

TIP ... #NUM! 오류

#NUM! 오류는 잘못된 숫자를 인수로 지정했을 때, 계산 결과 값이 너무 작거나 클 때 발생합니다. 예를 들어 수식 =WEEKDAY(DATEVALUE("2012-01-01"), 4)는 WEEKDAY 함수의 2번째 인수 값으로 사용할 수 없는 4를 사용했기 때문에 #NUM! 오류가 발생합니다. 실습에서는 수식의 결과 값이 엑셀에서 표현할 수 있는 -10^308 ~ 10^308 범위를 벗어났기 때문에 #NUM! 오류가 발생합니다. 캐럿(^) 연산자를 사용할 때 주로 발생합니다.

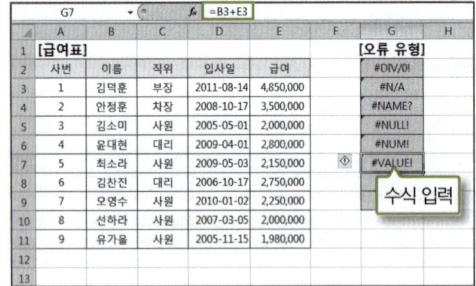

07 #VALUE! 오류 이해하기

G7셀에 다음 수식을 입력하면 #VALUE! 오류 값이 반환됩니다.

=B3+E3

TIP ... #VALUE! 오류

#VALUE! 오류는 서로 다른 데이터 형식끼리 연산을 하거나 함수에 잘못된 데이터 형식을 전달할 때 발생합니다. 예를 들어 =SUM(1, "가")와 같이 숫자와 텍스트를 더하는 수식에서 #VALUE! 오류가 발생합니다. 그러므로 이런 오류가 발생하면 사칙 연산에 텍스트 형식이 포함되어 있는지를 확인하고, 확인된 부분을 수정하여 해결합니다.

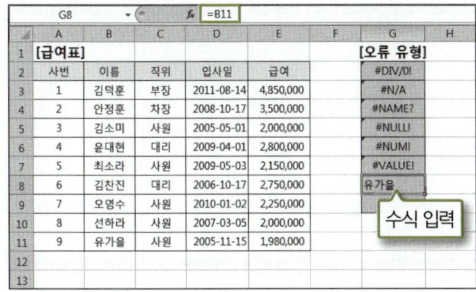

08 #REF! 오류 이해하기

G8셀에 다음 수식을 입력합니다. 그러면 G8셀에 B11셀 값이 반환됩니다.

=B11

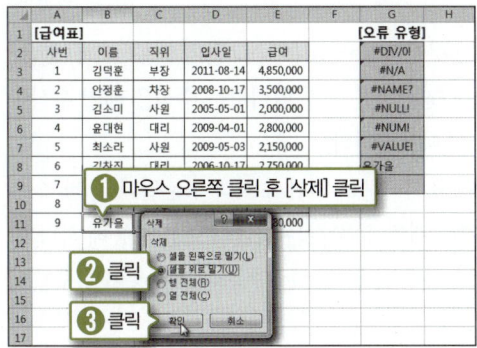

09

#REF! 오류를 반환하기 위해 G8셀에서 참조한 셀을 삭제하겠습니다.

① B11셀에서 마우스 오른쪽 버튼을 클릭한 후 단축 메뉴에서 **삭제** 메뉴를 클릭
② 삭제 대화상자에서 **셀을 위로 밀기** 명령을 선택
③ 〈확인〉 버튼을 클릭하면 G8셀에 #REF! 오류 값이 반환됩니다.

TIP ... #REF! 오류

#REF! 오류는 참조한 셀이 삭제된 경우에 주로 발생합니다. 이런 경우를 제외하고는 =INDEX(A1:A10, 11)과 같은 수식에서도 발생할 수 있습니다. 이 수식은 A1:A10 범위에서 11번째 행의 값을 참조하는 수식인데, A1:A10 범위는 10개의 셀로 구성되어 있으므로 11번째 셀이 없습니다. 이처럼 잘못된 위치를 참조해도 #REF! 오류가 발생합니다. 그러므로 #REF! 오류 값이 반환되는 수식에서는 참조 위치가 삭제됐는지 확인하거나 잘못된 위치를 참조하고 있는지 확인합니다.
INDEX 함수는 **Part 2 〉 Chapter 5. 참조 함수**를 참고합니다.

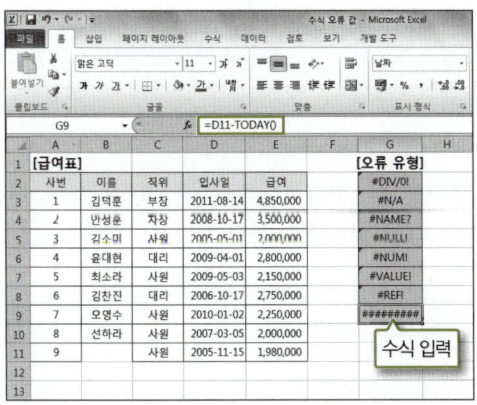

10 ######## 오류 이해하기

G9셀에 다음 수식을 입력하면 ######## 오류 값이 반환됩니다.

=D11-TODAY()

TIP ... ######## 오류

이번 수식에서 D11셀의 날짜 값은 오늘 날짜를 반환하는 TODAY( ) 함수의 날짜 값보다 과거 날짜이므로 빼기 연산을 하면 음수 값이 반환됩니다. 현재 셀의 표시 형식은 [홈] 탭 – [표시 형식] 그룹의 [표시 형식] 콤보 상자에서 확인할 수 있듯이 [날짜] 형식입니다. 표시 형식이 날짜, 시간으로 설정되어 있을 때는 음수 값을 표현할 수 없으므로 ######## 오류 값이 반환됩니다. 다른 경우로는 결과 값을 표시하기에 열 너비가 충분하지 않을 때 발생하며, 이 경우에는 열 너비를 적당하게 넓혀주면 됩니다.

Section 07 배열 수식

▶ 배열 ▶ 배열 상수 ▶ 배열 함수 ▶ 배열 수식 ▶ 논리 값

엑셀에서 수식을 입력할 때 수식을 작성한 다음 Enter 키를 누르는 것이 일반적입니다. 그런데 Ctrl+Shift+Enter 키를 눌러 수식을 입력하는 방법도 있습니다. 이렇게 Ctrl+Shift+Enter 키를 눌러 입력하는 수식을 배열 수식이라고 하며, 일반 수식으로 계산할 수 없는 다양한 계산 작업을 할 때 사용합니다.

배열 수식으로 인식되면 수식 입력줄의 수식이 중괄호({ })로 묶여 표시되므로 일반 수식과 구분됩니다. 배열 수식은 결과 값이 늘 하나인 일반 수식과 달리, 범위 내의 값이나 여러 개의 값을 갖는 집합의 연산을 통해 하나 또는 여러 개의 결과 값을 반환합니다. 이러한 배열 수식을 제대로 이해하기 위해서는 다음과 같은 용어를 구분할 수 있어야 합니다.

용어	설명
배열	표의 형태로 표시할 수 있는 여러 개의 값을 갖는 집합
배열 상수	중괄호({ })를 이용해 묶은 값 집합 열은 쉼표(,) 연산자로 구분하고, 행은 세미콜론(;) 연산자로 구분합니다.
배열 함수	함수 중에서 배열을 이용해 계산할 수 있는 함수
배열 수식	계산 식 내 범위를 배열로 변환해 계산하는 수식

TIP ... 워크시트와 배열
엑셀에서 워크시트에 데이터를 기록할 때는 열과 행이 교차하는 위치인 셀을 사용하므로 기본적으로 2차원 배열의 구성을 갖습니다.

논리값은 비교 연산자를 이용한 조건식의 결과로 반환되기 때문에 수식에서 굉장히 중요한 의미를 갖습니다. 그러므로 배열 수식을 이해할 때도 이러한 논리값의 연산 결과에 대해 이해하고 있어야 합니다.

조건1	조건2	곱하기	더하기
TRUE	TRUE	1	2
TRUE	FALSE	0	1
FALSE	TRUE	0	1
FALSE	FASLE	0	0

배열 수식으로 계산하기   매출 집계표

• 예제 파일 ⓘ : Part 1\매출장.xlsx

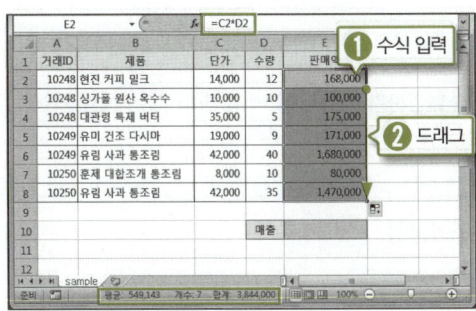

01 예제 이해하기 예제 파일을 열면 제품별 거래 내역이 정리되어 있습니다. 배열 수식을 이용해 E10셀에 전체 제품의 매출액을 계산하겠습니다.

02 판매액 계산 수식 입력하기 먼저 거래별 판매액을 구하겠습니다.

① E2셀에 다음 수식을 입력
② E2셀의 **채우기 핸들**을 E8셀까지 드래그해 수식을 복사합니다.

=C2*D2

TIP ... 자동 요약 기능

수식을 복사하고, 상태 표시줄을 보면 선택된 범위의 값에 대한 평균, 개수, 합계 값이 나타납니다. 여기서 합계 값인 3,844,000을 확인할 수 있으며, 이 값이 배열 수식으로 구하려는 E10셀의 매출 값입니다.

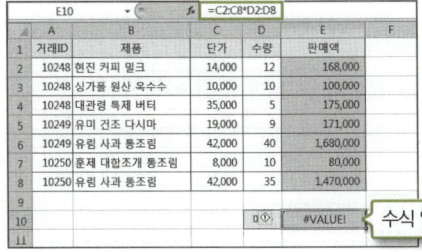

03 범위 연산 작성하기 E2:E8 범위에서 구한 판매액을 더하지 않고, 한 번에 계산하려면 범위 연산을 해야 합니다.

E10셀에 다음과 같이 입력합니다. 그런데 이렇게 수식을 입력하면 #VALUE! 오류가 표시됩니다.

=C2:C8 * D2:D8

수식 설명 =C2:C8 * D2:D8

이번 수식은 E2셀에 작성한 수식과는 달리 여러 개의 값을 갖는 C2:C8 범위를 통째로 계산하려는 생각으로 작성했습니다. 하지만 일반 수식으로는 이런 범위 연산을 할 수 없기 때문에 결과로 #VALUE! 오류 값이 반환됩니다. 이런 경우 배열 수식으로 범위를 값 집합(배열)으로 변환해 계산하는 작업을 수행해야 합니다.

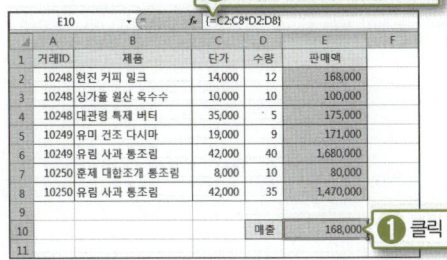

04 범위 연산을 배열 수식으로 처리하기

① E10셀을 선택하고, F2키를 누름
② 수식 편집 모드가 되면 Ctrl+Shift+Enter 키를 눌러 범위 연산을 배열 수식으로 입력합니다.

TIP ... 배열 수식의 입력과 계산 과정

수식을 작성하고 Ctrl+Shift+Enter 키를 눌러 입력하면 배열 수식으로 처리됩니다. 배열 수식으로 처리하면 수식 입력줄에 중괄호({ })로 묶여서 표시됩니다. 실습에서 작성한 배열 수식의 계산 과정은 다음과 같습니다.

14,000	×	12	=	168,000
10,000	×	10	=	100,000
35,000	×	5	=	175,000
...	×	...	=	...
8,000	×	10	=	80,000
42,000	×	35	=	1,470,000
C2:C8		D2:D8		E10

배열 수식이 제대로 계산되면 E2:E8 범위의 값이 반환됩니다. 하지만, 여기서 반환될 셀은 E10셀 하나이므로 가장 첫 번째 값인 168,000만이 셀에 표시됩니다.

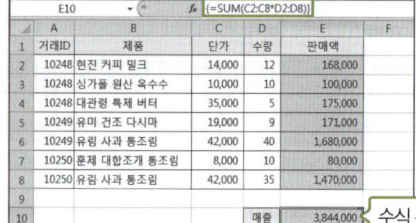

05 배열 수식의 결과 확인하기 E10셀에 여러 개의 값이 포함되어 있는지 확인해 보겠습니다.

E10셀의 수식을 다음과 같이 수정하고, Ctrl+Shift+Enter 키를 누릅니다.

=INDEX(C2:C8 * D2:D8, 2)

수식 수정 후 Ctrl+Shift+Enter

수식 설명 **{=INDEX(C2:C8 * D2:D8, 2)}**

INDEX 함수는 지정된 범위 또는 배열에서 n번째 값을 반환하는 함수입니다. 그러므로 이번 수식은 C2:C8 * D2:D8 연산으로 반환된 배열에서 2번째 값을 반환하라는 의미입니다. 이 수식의 결과 값은 E3셀의 결과 값과 일치합니다.

INDEX 함수에 대한 자세한 설명은 **Part 2 〉 Chapter 5. 참조 함수**를 참고합니다.

06 배열 수식으로 매출 구하기 E10셀에 전체 판매액의 합계를 구하기 위해 C2:C8 * D2:D8 연산과 SUM 함수를 이용합니다.

E10셀의 수식을 다음 같이 수정하고 Ctrl+Shift+Enter 키를 누릅니다.

=SUM(C2:C8 * D2:D8)

수식 수정 후 Ctrl+Shift+Enter

TIP ... 배열 수식의 장점

배열 수식을 이용하지 않는다면 E2:E8 범위의 판매액을 계산한 다음, SUM 함수로 E2:E8 범위를 더하면 됩니다. 하지만 배열 수식을 사용하면 굳이 E2:E8 범위의 판매액을 계산할 필요 없이 E10셀에 위의 같은 배열 수식을 작성하여 원하는 결과를 한 번에 얻을 수 있습니다.

배열 수식을 사용하면 불필요한 계산 과정을 생략할 수 있는 장점이 있지만, 배열로 변환하는 과정이 계산 속도를 떨어뜨리기 때문에 꼭 필요한 곳에서만 사용할 것을 권장합니다.

Chapter 2.
함수 사용에 필요한 엑셀 기능

엑셀에는 함수 사용에 도움을 주는 다양한 기능이 포함되어 있습니다. 이러한 기능들의 특성을 제대로 이해하고 활용한다면 수식 작성 능력 역시 향상될 것입니다.

Section 01 수식 입력줄

▶ 수식 입력줄 크기 조정 ▶ 숨김 ▶ 시트 보호

수식을 작성할 때 셀에 직접 수식을 입력하는 것이 일반적입니다. 하지만 수식이 길 때는 수식 입력줄을 사용하는 것이 편리합니다. 수식 입력줄은 셀보다는 긴 편집 공간을 제공하므로 수식 작성은 물론 수식 수정이나 긴 내용의 데이터를 확인할 때 활용하면 편리합니다.

실무실습 수식 입력줄 사용 방법 익히기

• 예제 파일 ⊙ : Part1\수식 입력줄.xlsx

01 예제 이해하기 예제 파일을 열면 직원 명부를 확인할 수 있습니다. F열에 입력된 수식처럼 긴 수식을 입력하거나 편집할 때 수식 입력줄을 이용하는 방법에 대해 설명합니다.

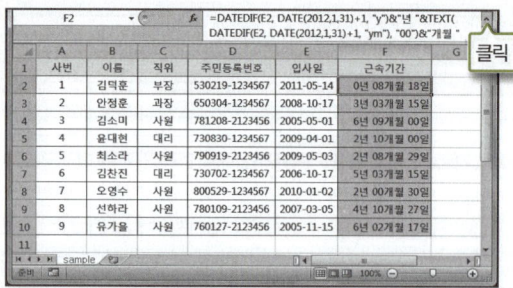

02 수식 입력줄 확장하기
수식 입력줄 오른쪽의 **확장** 단추를 클릭하거나 Ctrl + Shift + U 키를 눌러 수식 입력줄에 전체 수식을 표시합니다.

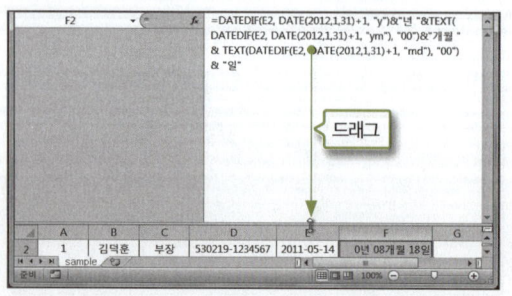

03 수식 입력줄 최대 확장하기
확장 단추로도 모든 수식이 표시되지 않으면 **수식 입력줄** 아래쪽 테두리에 마우스 포인터를 가져다 놓고, 마우스 포인터가 **세로 양방향 화살표**로 변경되면 아래 방향으로 최대한 드래그합니다.

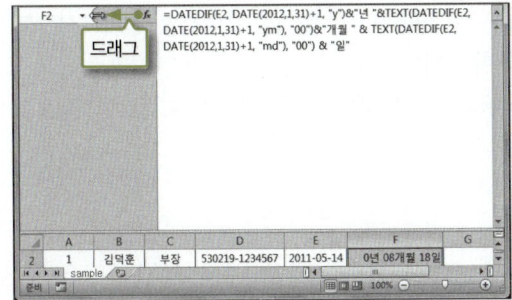

04 수식 입력줄 열 방향 확장하기

이름 상자 오른쪽에 움푹 패인 부분에 마우스 포인터를 가져다 놓고, **가로 양방향 화살표** ↔로 변경되면 왼쪽으로 드래그합니다.

수식 입력줄이 왼쪽 방향으로도 확장됩니다.

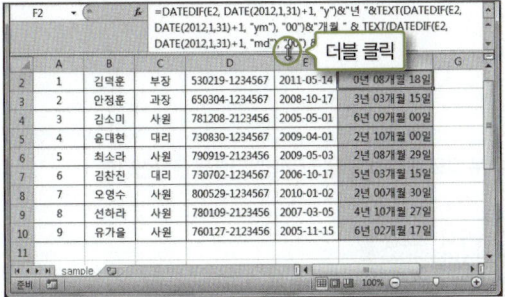

05 수식 입력줄 크기 자동 조정하기

수식 입력줄 아래쪽 테두리에 마우스 포인터를 가져다 놓고, **세로 양방향 화살표** ↕로 변경되면 더블 클릭합니다.

수식 입력줄이 수식의 길이에 맞게 조정됩니다.

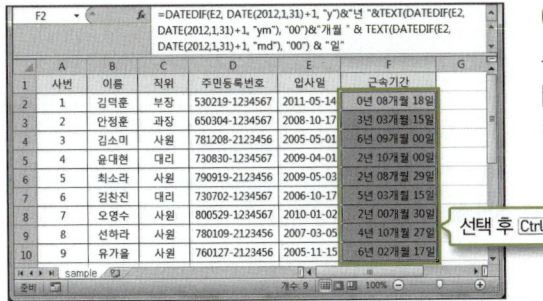

06 수식 입력줄에서 수식 감추기

수식이 입력된 **F2:F10** 범위를 선택한 후 Ctrl+1 키를 누릅니다. [홈] 탭 – [셀] 그룹에서 **서식** 단추를 클릭한 후 **셀 서식** 메뉴를 클릭해도 됩니다.

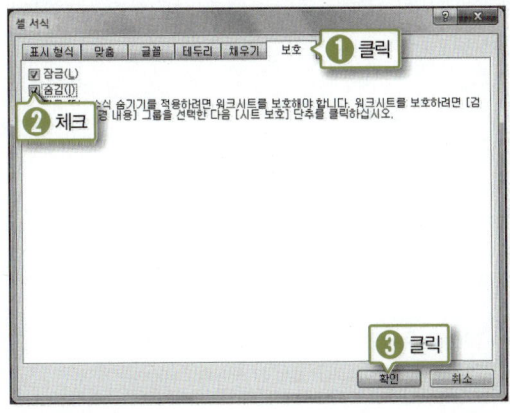

07

① 셀 서식 대화상자에서 [보호] 탭을 클릭
② **숨김** 확인란에 체크
③ 〈확인〉 버튼을 클릭합니다.

TIP ... 숨김 옵션은 선택한 셀의 수식을 숨기기 위한 옵션으로, 이 옵션을 설정했다고 해서 바로 숨겨지는 것은 아닙니다. [시트 보호] 명령과 함께 사용해야 설정된 옵션이 적용됩니다.

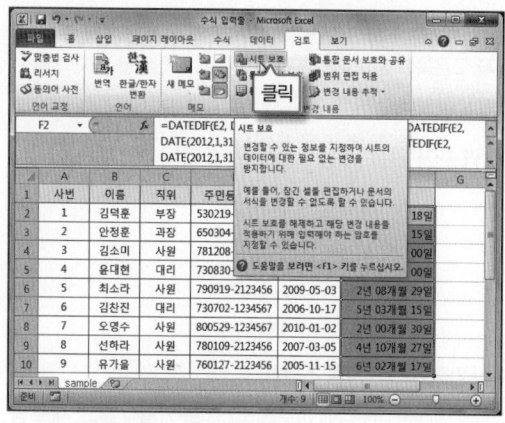

08 숨김 설정한 셀에서 수식을 감추기 위해 워크시트를 보호해야 합니다.

리본 메뉴의 [검토] 탭 – [변경 내용] 그룹에서 **시트 보호** 단추를 클릭합니다.

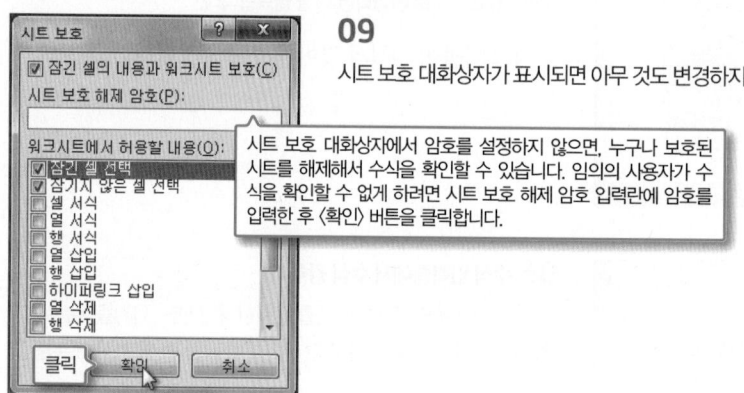

09 시트 보호 대화상자가 표시되면 아무 것도 변경하지 않고 〈확인〉 버튼을 클릭합니다.

시트 보호 대화상자에서 암호를 설정하지 않으면, 누구나 보호된 시트를 해제해서 수식을 확인할 수 있습니다. 임의의 사용자가 수식을 확인할 수 없게 하려면 시트 보호 해제 암호 입력란에 암호를 입력한 후 〈확인〉 버튼을 클릭합니다.

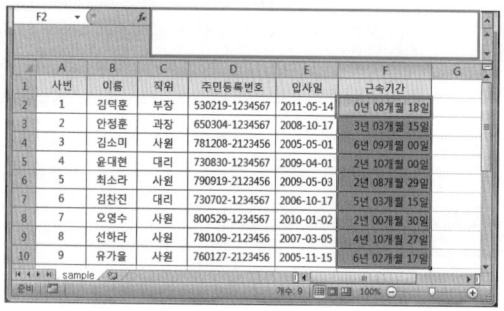

10 결과 확인하기 수식 입력줄을 보면 F2셀의 수식이 표시되지 않는 것을 확인할 수 있습니다.

TIP ··· 수식 다시 표시하기

[검토] 탭 – [변경 내용] 그룹에서 [시트 보호 해제] 단추를 클릭하면 감춰진 수식이 다시 표시됩니다.

Section 02 함수 마법사

▶ 함수 삽입 단추   ▶ 함수 인수 대화상자

함수를 잘 사용하고 싶다면 함수별로 어떤 인수를 어떻게 사용해야 하는지를 이해해야 합니다. 아쉽게도 대부분의 엑셀 사용자는 함수의 인수 구성에 어려움을 느낍니다. 이럴 때 함수 마법사를 이용하면 매우 편리합니다. 함수 마법사는 함수에 대한 도움말과 인수의 구성, 인수에 대한 도움말, 함수의 결과를 한눈에 파악할 수 있도록 구성되어 있어 유용합니다.

실무실습 | 함수 마법사로 수식 작성하기 분기별 판매량 집계표

• 예제 파일 ⊙ : Part1\함수 마법사.xlsx

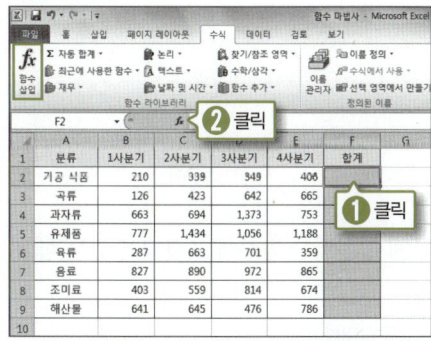

01 예제 이해하기 예제 파일을 열면 제품 분류의 분기별 판매 수량 집계표를 확인할 수 있습니다. 함수 마법사를 이용해 제품 분류별 합계 수식을 완성해 보겠습니다.

02 함수 마법사 실행하기
① 함수를 사용할 **F2셀을 선택**
② **수식 입력줄** 왼쪽에 있는 **함수 삽입** 단추 fx 를 클릭하거나 [수식] 탭 – [함수 라이브러리] 그룹에서 **함수 삽입** 단추를 클릭합니다.

TIP ... 함수 마법사 호출 단축키
Shift + F3 키를 눌러도 함수 삽입 단추를 클릭한 것과 동일합니다.

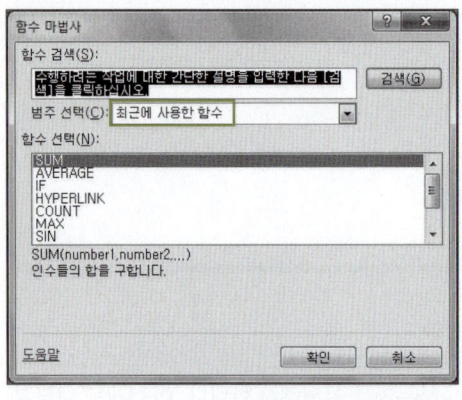

03 최근 사용한 함수에서 선택하기 최근에 사용한 함수를 다시 사용할 때는 함수 마법사 대화상자에서 범주를 최근에 사용한 함수로 설정한 후 함수 선택 목록에서 필요한 함수를 선택하면 됩니다.

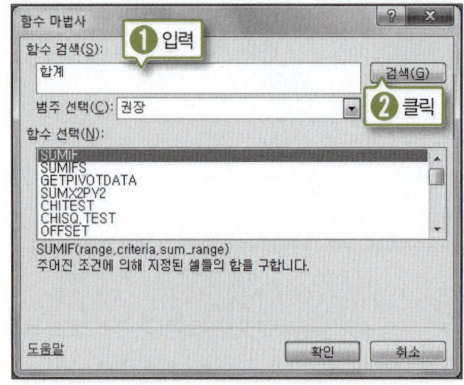

04 검색을 이용해 함수 선택하기 최근에 사용한 적이 없다면 검색 기능을 이용합니다.

① 함수 검색란에 관련 키워드를 입력
② 〈검색〉 버튼을 클릭하면 관련된 함수 목록이 표시됩니다.

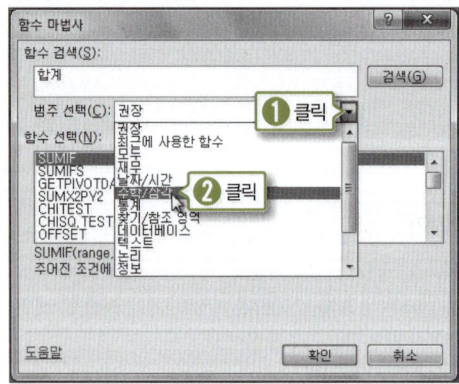

05 범주 선택으로 함수 선택하기 검색으로도 찾을 수 없다면 범주 선택을 이용합니다.

① **범주 선택** 콤보 상자의 **옵션** 단추를 클릭
② 범주 목록에서 SUM 함수가 있는 **수학/삼각** 명령을 클릭합니다.

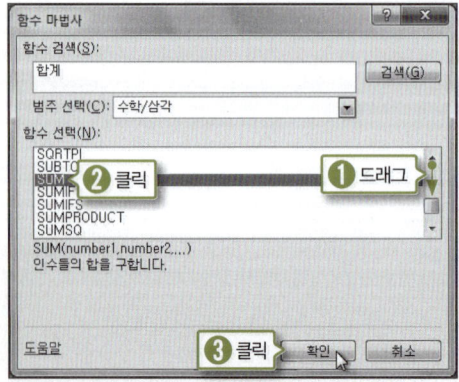

06 함수 선택 목록에서 선택한 범주에 포함되어 있는 함수 목록이 표시됩니다.

① 함수 선택 목록의 스크롤 막대를 아래로 내림
② SUM 함수를 선택
③ 〈확인〉 버튼을 클릭합니다.

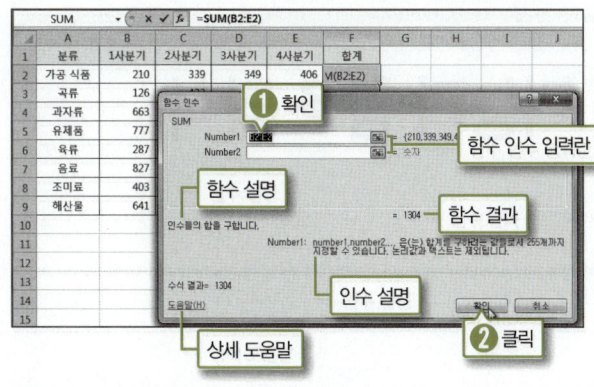

07 함수 인수 대화상자 구성하기 SUM 함수 인수 대화상자에서 Number1 인수란을 보면 집계할 범위가 자동으로 표시됩니다.

① 집계할 범위(B2:E2)를 확인
② 〈확인〉 버튼을 클릭합니다.

집계할 범위가 틀리면 Number1 인수란을 클릭하고 집계할 범위(B2:E2)를 선택한 다음 〈확인〉 버튼을 클릭하면 됩니다.

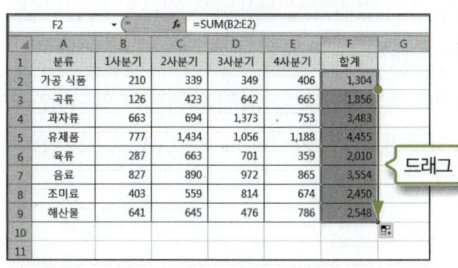

08 수식 복사하기 함수 마법사를 이용해 작성한 수식이 F2셀에 입력되어 결과 값이 표시됩니다.

F2셀의 **채우기 핸들**을 **F9**셀까지 드래그하여 수식을 복사합니다.

TIP ... 함수 인수 대화상자를 빠르게 호출하기

함수명을 알고 있다면 함수 마법사 대화상자를 거치지 않고 곧바로 함수 인수 대화상자를 호출할 수 있습니다. 방법은 다음과 같습니다.
① 셀에 등호(=)를 입력하고 함수명과 왼쪽 괄호(()까지 입력합니다. 예. =SUM(
② [함수 삽입] 단추를 클릭하거나 Ctrl+A 키를 누릅니다.

Section 03 자동 채우기 기능과 참조 방식

▶ 상대참조 ▶ 절대참조 ▶ 혼합참조

엑셀에서 작성한 수식 대부분은 하나의 셀에서만 사용하지 않고 연속된 범위에서 사용하는 경우가 많습니다. 이런 경우 자동 채우기 기능을 이용해 수식을 복사하면 수식을 매번 입력하지 않아도 되기 때문에 매우 편리합니다. 단, 이렇게 수식을 복사할 때 수식에서 참조한 셀의 주소가 자동으로 변한다는 점에 주의해야 합니다. 예를 들어 복사하기 전 수식에서 A1셀을 참조하고 있을 때 수식을 복사하면, A1셀의 주소가 A2, A3, … 또는 B1, C1, … 등과 같이 변경될 수 있습니다.

그러므로 수식에서 다른 셀을 참조할 때는 수식 복사 여부에 따라 참조 위치가 변경되도록 할 것인지, 고정되도록 할 것인지를 결정해야 합니다. 다음 표를 통해 수식 내에서 셀을 참조하는 3가지 방식을 정리합니다.

참조 방식	설명	사용 예
상대참조	수식을 복사하는 방향에 따라 참조한 셀 주소가 변경됩니다.	=A1
절대참조	수식을 복사해도 참조한 셀 주소는 변경되지 않습니다.	=$A$1
혼합참조	수식을 복사하는 방향에 따라 참조한 셀 주소가 변경될 수도 있고, 변경되지 않을 수도 있습니다.	=$A1 =A$1

실무실습 자동 채우기 기능으로 수식 복사하고, 참조 방식 이해하기

• 예제 파일 ⓞ : Part1\자동 채우기 및 참조 방식.xlsx

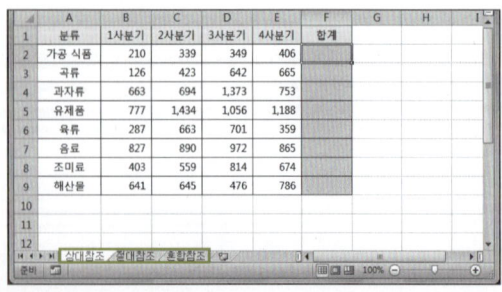

01 예제 이해하기 예제를 열면 [상대참조], [절대참조], [혼합참조] 이렇게 3개의 시트가 있습니다. 시트별로 판매 수량의 합계, 수정된 합계, 내년 목표를 작성해 보겠습니다.

044 • Chapter 02 함수 사용에 필요한 엑셀 기능

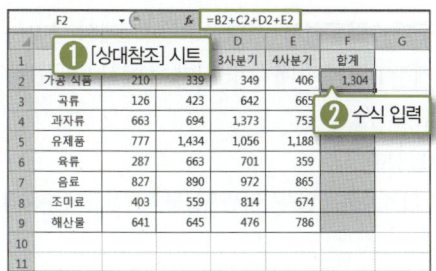

02 합계 구하기

① [상대참조] 시트 탭을 클릭
② F2셀을 선택하고, 다음 수식을 입력합니다.
=B2+C2+D2+E2

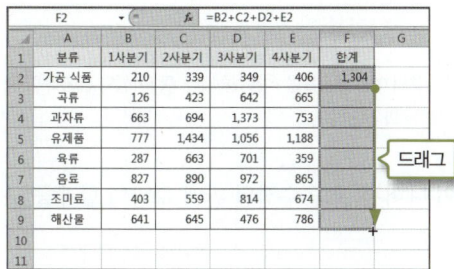

03 자동 채우기 기능으로 수식 복사하기 F열은 모두 동일한 계산 식을 사용하므로 F2셀에 작성한 수식을 복사해 사용합니다.

F2셀이 선택된 상태에서 **채우기 핸들**을 F9셀까지 드래그합니다.

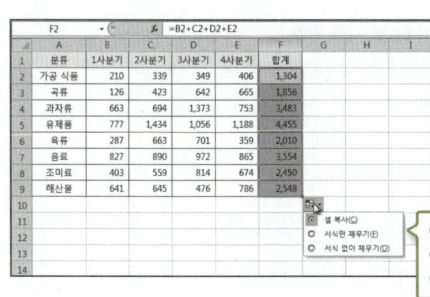

04 자동 채우기 옵션 이해하기 자동 채우기를 실행하면 [자동 채우기 옵션] 단추가 표시되며, 몇 가지 옵션을 선택할 수 있습니다.

- 셀 복사 : 원본 셀의 수식과 서식을 모두 복사
- 서식만 채우기 : 원본 셀의 서식만 복사
- 서식 없이 채우기 : 원본 셀의 수식만 복사

> **TIP ... 상대참조**
>
> F2셀의 수식을 복사한 후 F3:F9 범위에서 각 셀의 수식을 살펴보면 F2셀에서 작성한 수식의 셀 주소가 다르다는 것을 확인할 수 있습니다. 이렇게 수식을 복사할 때 참조한 셀 주소가 변경되는 방식을 상대참조라고 합니다.

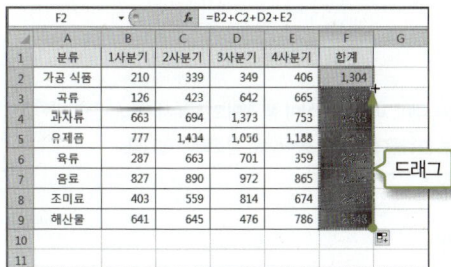

05 자동 채우기를 이용한 복사 취소하기 자동 채우기 기능을 이용해 수식을 복사한 경우, 복사한 반대 방향으로 드래그하면 수식 복사가 취소됩니다.

F2:F9 범위가 선택된 상태에서 **F9셀**의 **채우기 핸들**을 F2셀까지 드래그합니다.

> **TIP ... 단축키를 이용한 수식 복사하기**
>
> 다음과 같은 단축키로 수식을 복사할 수 있으며, 단축키를 이용해 수식을 복사하면 자동 채우기 옵션 단추는 표시되지 않습니다.
> Ctrl+D : 행 방향으로 수식을 복사할 때 사용
> Ctrl+R : 열 방향으로 수식을 복사할 때 사용

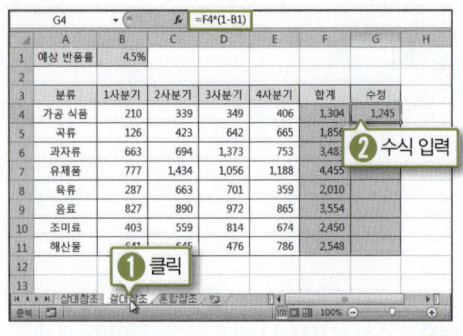

06 반품률 적용한 판매 수량 구하기 [절대참조] 시트에서 구하는 수정된 판매량 합계는 F열의 판매 수량 합계에 예상 반품률을 적용해 계산합니다.

① [절대참조] 시트 탭을 클릭
② G4셀을 선택하고, 다음 수식을 입력하여 반품율을 적용한 판매 수량의 합계를 계산합니다.

`=F4*(1-B1)`

수식 설명 `=F4*(1-B1)`
예상 반품률을 반영하여 판매량 합계를 구하는 수식으로, F열에 있는 판매 수량의 합계에 B1의 예상 반품률을 적용했습니다. 즉 F4셀의 판매 수량 합계와 반품률을 뺀 순 판매 비율(100% - 반품률)을 곱해 계산합니다. 수식에서 사용한 1은 100%와 같습니다.

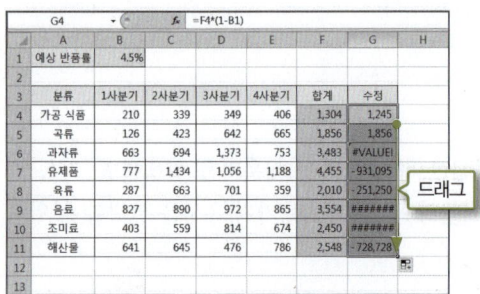

07 수식 복사하기 나머지 셀도 수정된 판매 수량의 합계를 구합니다.

G4셀의 **채우기 핸들**을 G11셀까지 드래그해서 수식을 복사합니다.

TIP ... 채우기 핸들을 사용하는 다른 방법
채우기 핸들을 더블 클릭하면 왼쪽 열에 입력된 범위를 인식해 값이 입력된 범위만큼 자동으로 수식이 복사됩니다.

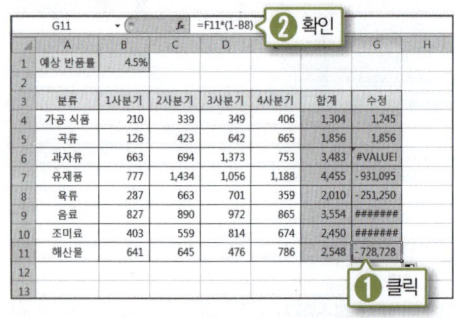

08 복사한 수식 확인하기 자동 채우기 기능으로 복사한 각 셀의 결과 값이 제대로 반환되지 않습니다. 이것은 참조되는 셀 주소가 자동으로 변경됐기 때문입니다.

① 문제를 확인하기 위해 **G11**셀을 선택
② **수식 입력줄**의 수식을 확인합니다.

TIP ... G11셀의 수식 확인
G5셀의 수식을 보면 예상 반품률이 입력된 B1셀을 참조하지 않고 B8셀을 참조하고 있습니다. 이것은 수식이 행 방향으로 복사되면서 참조되는 셀 주소도 변경됐기 때문입니다. 반품률이 입력된 셀 주소는 변경되지 않아야 하므로 셀 또는 범위를 절대참조 방식으로 참조해야 합니다.

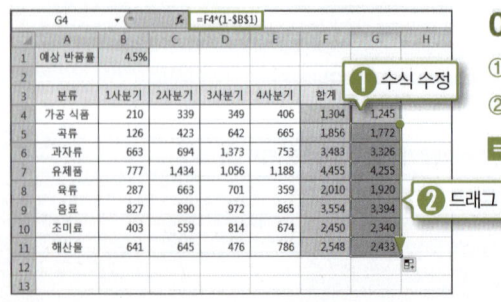

09 수식 수정하기
① G4셀의 수식을 다음과 같이 변경
② G4셀의 **채우기 핸들**을 G11셀까지 드래그합니다.

`=F4*(1-$B$1)`

> **TIP ... 절대참조와 F4키**
> 셀 주소는 열을 의미하는 주소와 행을 의미하는 주소로 구성됩니다. 예를 들어 A1셀은 A열, 1행에 있는 셀을 의미합니다. 절대참조는 열 주소와 행 주소 앞에 $(절대참조 기호)를 입력해 놓은 것으로, 이렇게 하면 수식을 복사해도 해당 셀 주소는 변경되지 않습니다.
> $를 셀 주소에 입력할 때는 직접 입력하거나 셀 주소를 선택하고 F4키를 누릅니다. F4키는 참조 방식을 변경할 때 사용하는 토글키로, 원하는 셀을 선택하고 누를 때마다 참조 방식이 [절대참조] → [혼합참조1] → [혼합참조2] → [상대참조] → [절대참조] 순으로 반복해서 변경됩니다.

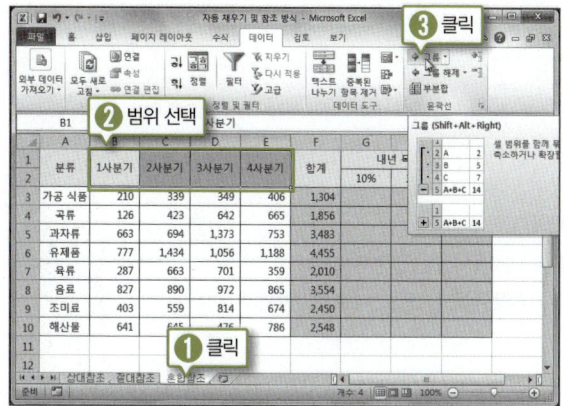

10 그룹 기능으로 표 축소하기 계산된 판매 수량 값에서 10%, 20%, 30% 증가된 내년 목표를 계산할 예정입니다. 그 전에 열 방향으로 긴 표를 보기 좋게 정리합니다.

① [혼합참조] 시트 탭을 클릭
② B1:E2 병합된 셀 범위를 선택
③ 리본 메뉴의 [데이터] 탭 – [윤곽선] 그룹에서 **그룹** 단추 ➡를 클릭합니다.

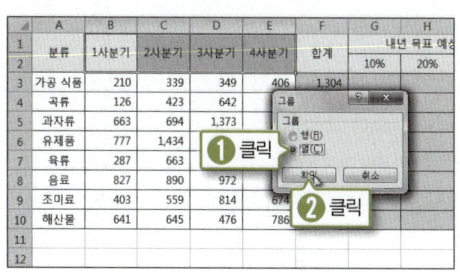

11 선택한 범위의 열과 행이 모두 1개 이상이므로 어떤 방향을 기준으로 그룹 기능을 사용할지 결정해야 합니다.

① 그룹 대화상자에서 **열** 옵션을 선택
② 〈확인〉 버튼을 클릭하여 열 방향으로 그룹을 설정합니다.

> **TIP ... 그룹 기능 해제하기**
> 그룹으로 설정한 범위(B1:E2)를 선택하고 [데이터] 탭 – [윤곽선] 그룹에서 [그룹 해제] 단추 ➡를 클릭합니다.

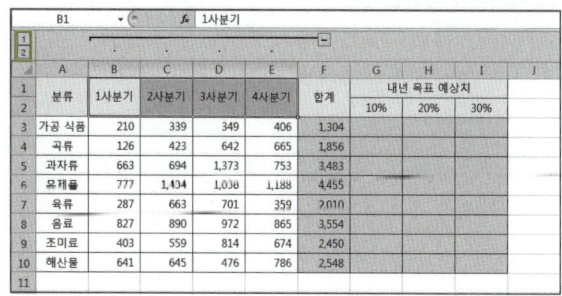

12 그림과 같이 이름 상자와 열 머리글 사이에 윤곽 기호가 표시됩니다. 윤곽 기호에서 1 단추 **1**를 클릭하면 1~4분기 자료가 숨겨지고, 2 단추 **2**를 클릭하면 자료가 다시 펼쳐집니다.

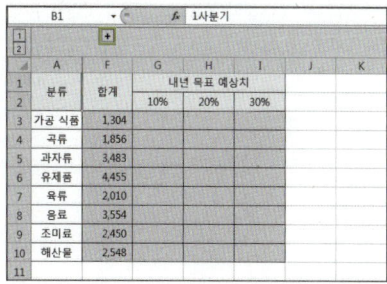

13 축소/확대 단추 ➖/➕를 클릭해도 자료를 숨기거나 펼칠 수 있습니다.

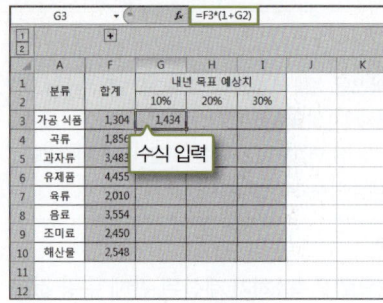

14 내년 목표 계산하기 내년 목표를 예상하기 위해 F열의 판매 수량을 기준으로 각각 10%, 20%, 30% 성장한 판매 수량을 계산합니다. G3셀을 선택하고, 다음 수식을 입력합니다.

=F3*(1+G2)

수식 설명 =F3*(1+G2)
이 수식은 F열의 판매 수량 합계에 각각 10%, 20%, 30% 등의 증가율을 반영해 내년도 목표를 계산하기 위한 것입니다. 그러므로 판매 수량 합계(F3)와 G2셀에 있는 증가율을 반영한 비율(1+G2)을 곱해 계산합니다.

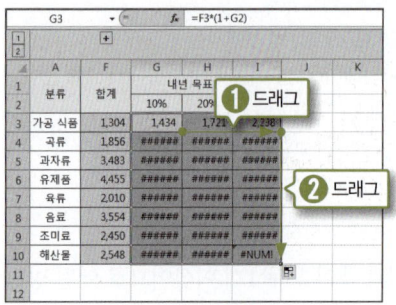

15 수식 복사하기
① G3셀의 **채우기 핸들**을 I3셀까지 드래그
② I3셀의 **채우기 핸들**을 I10셀까지 드래그합니다.

TIP ... 수식 오류 이해하기
여기서 발생하는 오류는 #####과 #NUM!입니다. ##### 오류는 결과 값을 표시하기에 열 너비가 충분하지 못해 발생했으며, #NUM! 오류는 결과 값이 너무 커서 발생했습니다. F열의 값에서 10%, 20%, 30% 증가된 수치는 오류가 발생할 정도로 큰 값이라고는 생각할 수 없으므로 수식이 잘못된 위치를 참조하고 있다고 생각할 수 있습니다.

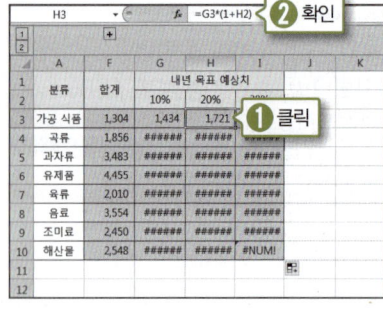

16 열 방향으로 복사된 수식 확인하기
① 오류 원인을 파악하기 위해 **H3**셀을 선택
② **수식 입력줄**에서 수식을 확인하면 다음과 같은 같습니다.

=G3*(1+H2)

수식 설명 =G3*(1+H2)
H3셀은 F3셀의 판매 수량과 H2셀의 증가율을 반영해서 계산해야 합니다. 하지만, 복사된 수식에는 F3셀 대신 G3셀이 참조되고 있음을 확인할 수 있습니다. 그러므로 F3셀의 셀 주소가 변경되지 않도록 고정해야 합니다. 이번 수식은 열 방향으로 복사한 후 행 방향으로도 복사되므로 행 방향으로 복사된 수식을 확인해 봐야 정확하게 참조 방식을 결정할 수 있습니다.

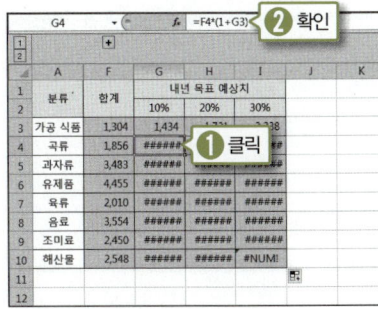

17 행 방향으로 복사된 수식 확인하기

① G4셀을 선택
② **수식 입력줄**에서 수식을 확인하면 다음과 같습니다.

=F4*(1+G3)

TIP ... G4셀 수식과 혼합참조

G4셀의 수식을 보면 H3셀의 수식과는 달리 판매 수량인 F4셀은 제대로 참조하지만, G2셀의 증가율은 제대로 참조하지 못하고 있습니다. H3셀과 G4셀에 복사된 수식에서 보듯이 복사되는 방향에 따라 참조 위치가 잘못 적용된다면 전혀 엉뚱한 결과가 나타날 수 있습니다. 여기서는 셀 주소 중 행 또는 열만 고정해 참조하는 혼합참조 방식을 사용해야 한다는 것을 생각할 수 있습니다.

H3셀과 G4셀 수식에서 확인할 수 있는 것은 수식에서 참조하는 셀에서 각각 F열과 2행의 위치가 고정돼야 한다는 점입니다. 그러므로 G3셀의 수식을 작성할 때 복사될 수식을 고려하여 F3셀과 G2셀을 참조할 때 $F3과 G$2와 같이 셀 주소 중 열 주소와 행 주소만 고정하는 혼합참조를 사용해야 합니다.

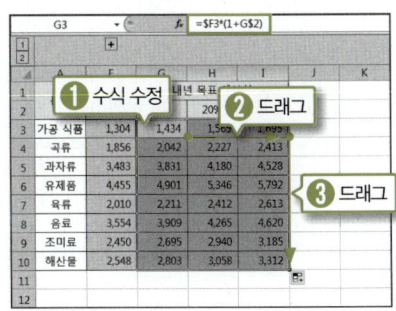

18 수식 수정하기

① G3셀을 선택한 후 다음과 같이 수식을 수정
② G3셀의 **채우기 핸들**을 I3셀로 드래그
③ I3셀의 **채우기 핸들**을 I10셀까지 드래그해서 수식을 복사합니다.

=$F3*(1+G$2)

Section 04 수식 계산 기능

▶ 참조되는 셀 ▶ 참조하는 셀 ▶ 연결선 제거 ▶ 수식 계산

다른 사람이 작성한 수식이 잘 이해되지 않는다면 수식 계산 기능을 활용합니다. 수식 계산 기능으로 수식의 계산 과정을 살펴본다면 해당 수식을 이해하는 데 많은 도움이 됩니다.

실무실습 수식 계산 기능으로 수식의 계산 과정 살펴보기 직원 명부

• 예제 파일 ⊙ : Part1\수식 계산.xlsx

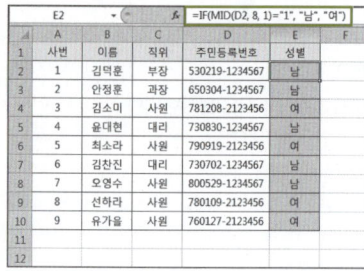

01 예제 이해하기 예제 파일을 열면 직원 명부를 확인할 수 있습니다. E열의 성별은 수식으로 구한 값으로, E2셀을 선택하고 수식 입력줄을 보면 작성된 수식을 확인할 수 있습니다. 수식 계산 기능으로 E2셀의 수식이 계산되는 과정을 살펴봅니다.

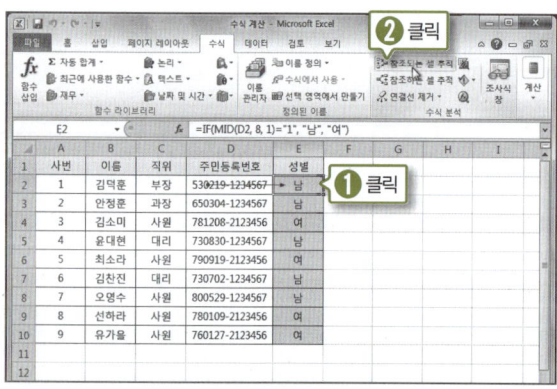

02 참조되는 셀 확인하기 E2셀에 작성한 수식에 참조된 셀을 찾아보겠습니다.
① E2셀을 선택
② 리본 메뉴에서 [수식] 탭 – [수식 분석] 그룹의 **참조되는 셀 추적** 단추를 클릭합니다.

그림과 같이 파란색 연결선으로 참조된 셀이 표시됩니다.

TIP ... 수식 연결선 이해하기

수식이 입력된 셀에서 [참조되는 셀 추적] 단추를 클릭하면 위와 같이 파란색 화살표 연결선이 표시됩니다. 연결선에서 ● 부분은 수식 계산에 참조된 셀이며, 화살표 끝 부분은 수식이 입력된 셀을 가리킵니다. 반대로 [참조하는 셀 추적] 단추를 클릭하면 선택한 셀을 참조한 수식이 있는 셀을 연결선으로 표시합니다.

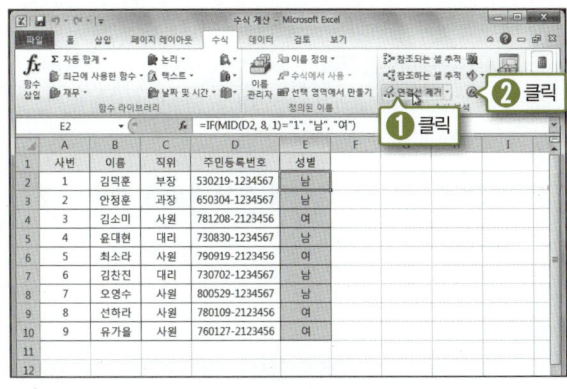

03 연결선 제거하기 수식에서 참조되는 셀 또는 참조하는 셀을 확인한 후에는 수식 연결선을 제거합니다.

① 리본 메뉴의 [수식] 탭 – [수식 분석] 그룹에서 **연결선 제거** 단추를 클릭
② 계속해서 **수식 계산** 단추를 클릭해 수식 계산 대화상자를 호출합니다.

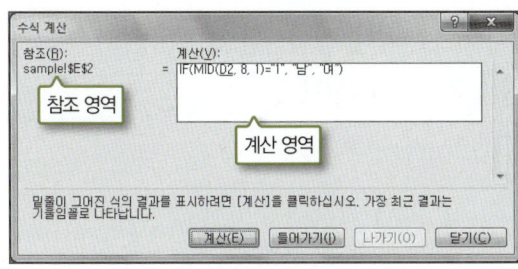

04 수식 계산 과정 살펴보기 수식 계산 대화상자는 그림과 같이 구성되어 있습니다.

> **TIP ... 수식 계산 대화상자 살펴보기**
> 수식 계산 대화상자에서 참조 영역에는 수식이 입력되어 있는 셀 주소가 표시되며, 계산 영역에는 전체 수식에서 단계별 계산 과정이 밑줄(_)로 구분되어 표시됩니다.
> 〈계산〉 버튼을 클릭하면서 밑줄로 표시된 단계를 진행하고, 밑줄로 표시된 단계가 셀 주소나 셀 값일 때 그 값을 직접 보기 위해서는 〈들어가기〉 버튼을 클릭합니다. 〈들어가기〉 버튼을 클릭하여 셀 주소나 셀 값을 확인한 후 다시 계산 과정으로 돌아갈 때는 〈나가기〉 버튼을 클릭합니다.

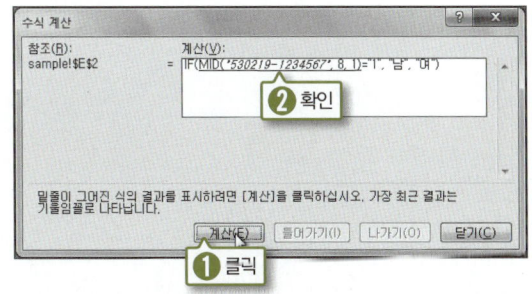

05 〈계산〉 버튼을 클릭할 때마다 밑줄(_) 부분의 수식이 계산됩니다.

① 〈계산〉 버튼을 한 번 클릭
② D2셀의 값이 수식에 나타납니다.

06

① 다시 〈계산〉 버튼을 클릭
② MID 함수의 결과로 수식이 대체됩니다.

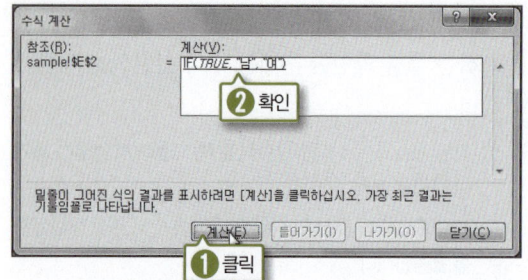

07

① 다시 〈계산〉 버튼을 클릭
② '1'="1" 논리식의 결과가 반환되며, IF 함수를 사용한 수식으로 단순화됩니다.

다시 〈계산〉 버튼을 클릭해 계산 작업을 계속 진행합니다.

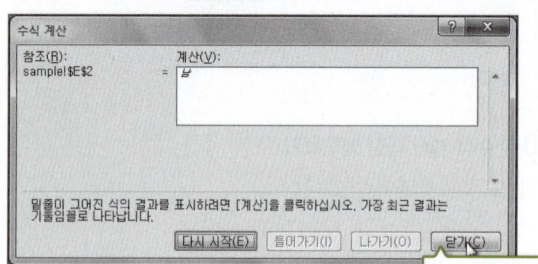

08

마지막까지 계산 과정을 확인하면서 수식을 파악한 후에는 〈닫기〉 버튼을 클릭합니다.

〈다시 시작〉 버튼을 클릭하면 계산 과정을 처음부터 다시 실행할 수 있습니다.

Section 05 이름 정의

▶ 이름 상자   ▶ 이름 정의 규칙

함수를 사용하다 보면 셀 또는 범위를 참조할 때가 많습니다. 이렇게 작성한 수식을 한참 후에 보거나 다른 사용자가 보면 왜 이 셀을 참조해 계산하는지 이해가 되지 않을 때가 종종 있습니다. 이런 경우를 예방하기 위해 참조할 셀 또는 범위를 누구나 이해하기 쉬운 이름으로 정의해 놓으면 효과적입니다.

실무실습 이름 정의 기능으로 참조 범위 지정하기 직원 급여 내역서

- 예제 파일 ⓞ : Part1\이름 정의.xlsx

01 예제 이해하기 예제 파일을 열면 직원별 급여 내역을 확인할 수 있습니다. 기본급의 60%를 보너스로 지급한다고 가정하고, 지급할 보너스 금액을 계산하겠습니다.

02 보너스 계산하기
① G2셀을 선택하고, 다음 수식을 입력
② G2셀의 **채우기 핸들** 을 더블 클릭해 수식을 복사합니다.

=C2*0.6

수식 설명 **=C2*0.6**
보너스 금액은 기본급에 보너스 지급률인 0.6(60%)을 곱해서 구합니다. 이 수식에서 0.6대신 60%를 곱하여 **=C2*60%** 형태로 작성해도 됩니다.

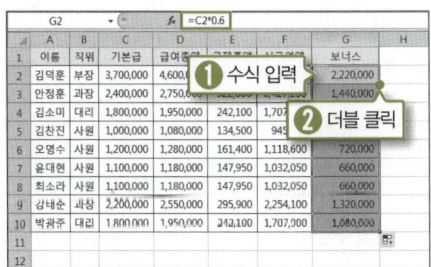

03 이름 정의하기 보너스 금액을 계산하기 위해 사용한 기본급 범위를 이름으로 정의하겠습니다.
① 기본급이 입력된 **C2:C10** 범위를 선택
② **이름 상자**에 **기본급**이라고 입력하고 Enter 키를 눌러 이름으로 정의합니다.

Section 05 이름 정의 • **053**

> **TIP ... 이름 상자의 활용**
>
> 데이터 범위를 선택하고 [이름 상자]에 원하는 이름을 입력하는 방법은 이름 정의 방법 중 가장 간단한 방법입니다. [이름 상자]는 이름을 정의하는 용도 외에도 이름으로 정의된 데이터 범위로 빠르게 이동하고 싶을 때도 사용합니다. 방법은 [이름 상자] 오른쪽에 있는 [옵션] 단추를 클릭하고 목록에서 정의된 이름을 선택하면 됩니다.

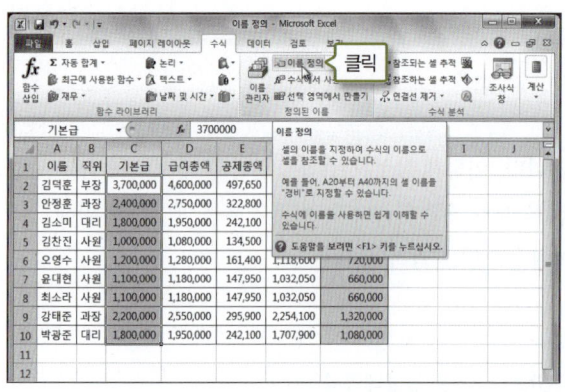

04 보너스 지급률인 0.6과 같은 상수 값도 이름으로 정의할 수 있습니다.

리본 메뉴의 [수식] 탭 – [정의된 이름] 그룹에서 **이름 정의** 단추를 클릭합니다.

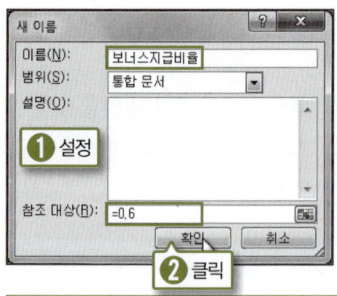

05
① 새 이름 대화상자에 다음 각 항목을 입력
② 〈확인〉 버튼을 클릭합니다.

이름 : 보너스지급비율
참조 대상 : =0.6

> **TIP ... 이름 정의 규칙**
>
> 이름을 정의할 때는 다음과 같은 규칙을 지켜야 합니다.
>
> 첫째, 이름은 항상 문자(영어, 한글)나 밑줄(_)로 시작해야 합니다. 예를 들어 123은 이름으로 사용할 수 없으며, _123과 같이 변경해야 합니다.
>
> 둘째, 이름은 간결할수록 좋으며, 공백 문자(" ")를 사용할 수 없습니다. 예를 들어 영업 1부는 이름으로 사용할 수 없으며, 영업1부 또는 영업_1부, 영업.1부와 같이 변경해야 합니다.
>
> 셋째, A1과 같이 셀 주소와 동일한 이름을 사용할 수 없습니다.

06 정의한 이름 사용하여 수식 수정하기 정의한 이름을 활용하여 보너스를 계산하는 수식을 다시 작성하겠습니다.

① G2셀을 선택하고, 다음 수식을 수정
② G2셀의 **채우기 핸들**을 더블 클릭해 수식을 복사합니다.

=기본급*보너스지급비율

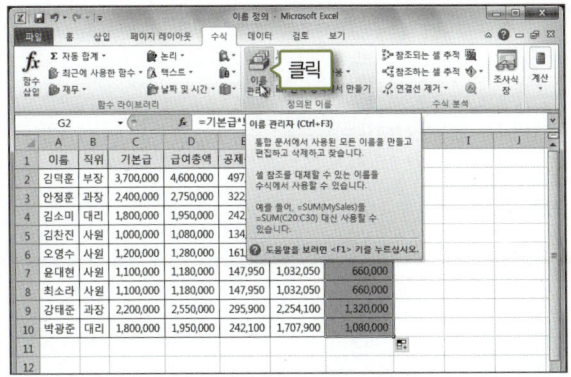

07 이름 수정하기 보너스 지급률이 60%에서 50%로 조정된다면 정의된 이름만 수정하면 됩니다.

리본 메뉴의 [수식] 탭 – [정의된 이름] 그룹에서 **이름 관리자** 단추를 클릭합니다.

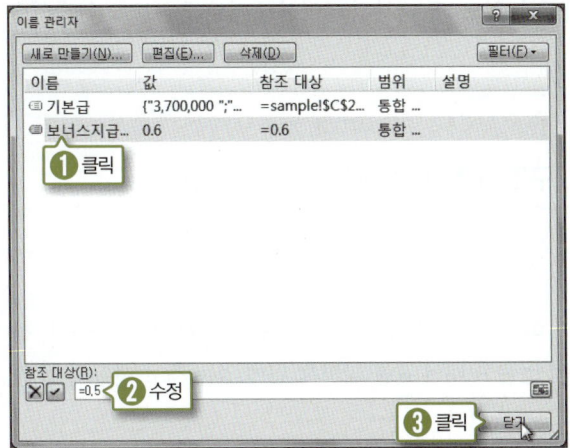

08
① 이름 관리자 대화상자에서 **보너스지급비율** 이름을 선택
② 참조 대상의 값을 **=0.5**로 수정
③ 〈닫기〉 버튼을 클릭하고, 변경 사항 저장 여부를 묻는 대화상자가 나타나면 〈예〉 버튼을 클릭하여 내용을 변경합니다.

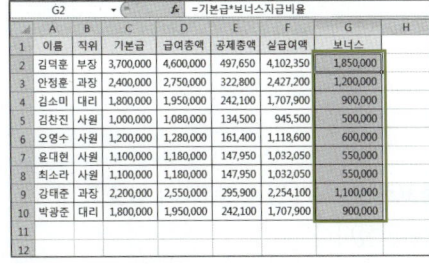

09 결과 확인하기 수정한 보너스 지급률에 따라 G열의 보너스 금액이 곧바로 재계산된 것을 확인할 수 있습니다.

> **TIP ... 상수를 이름으로 정의하기**
> 수식 계산에 필요한 상수 값을 이름으로 정의해 관리하면 상수 값이 변경될 때 이름 관리자 대화상자에서 정의한 이름의 값만 고치면 전체 파일의 수식에 일괄 적용되므로 편리합니다.

Section 06 엑셀 표

▶ 구조적 참조   ▶ 머리글   ▶ 표 이름

이름 정의는 분명 편리한 기능이지만 이름을 일일이 정의해야 하는 번거로움이 있습니다. 엑셀 표 기능을 이용하면 이러한 번거로움 없이 효과적으로 데이터를 관리할 수 있고, 표 내부의 데이터를 빠르게 참조할 수도 있습니다.

실무실습 데이터 범위를 엑셀 표로 변환하고, 구조적 참조 이용하기   재고 관리표

• 예제 파일 ⊙ : Part1\엑셀 표.xlsx

01 예제 이해하기 예제 파일을 열면 재고 관리표가 있습니다. 창고1, 2의 입출고 내역 표를 참고해 위에 있는 재고 현황의 빈 칸을 채워 보겠습니다.

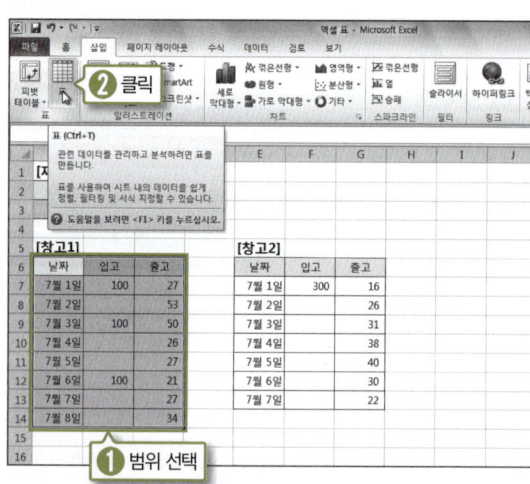

02 범위를 표로 변환하기 먼저 창고1의 입출고 내역을 엑셀 표로 변환합니다.

① A6:C14 범위를 선택

② 리본 메뉴의 [삽입] 탭 – [표] 그룹에서 **표** 단추를 클릭합니다.

TIP ... 엑셀 표와 구조적 참조

사용자 데이터를 효과적으로 관리, 분석하기 위한 기능으로 2003 버전에서는 목록이란 명칭으로 불리다가 2007 버전부터 표라는 명칭으로 변경됐습니다. 엑셀에는 원래 표 기능이 있기 때문에 이와 구분하기 위해 앞으로 엑셀 표라고 지칭합니다.

엑셀 표 기능을 이용하면 워크시트에 있는 다른 범위와는 별개로 데이터가 관리되며, 표 이름과 열 머리글을 이름처럼 사용할 수 있습니다. 그러므로 일일이 이름을 정의해야 하는 번거로움 없이 효과적으로 원하는 범위를 참조할 수 있습니다. 이런 참조 방식을 구조적 참조라고 하는데, 구조적 참조는 표 내부에서 참조할 때와 외부에서 참조할 때의 방식에 차이가 있습니다.

표 내부에서 다른 열을 참조해 계산할 때는 참조하려는 표의 열 머리글을 대괄호([])로 묶어 **=[열 머리글]** 형태로 입력합니다. 표 외부에서 표에 있는 데이터를 참조할 때는 표 이름을 먼저 입력하고, 열 머리글을 대괄호([])로 묶어 **=표 이름[열 머리글]** 형태로 입력합니다.

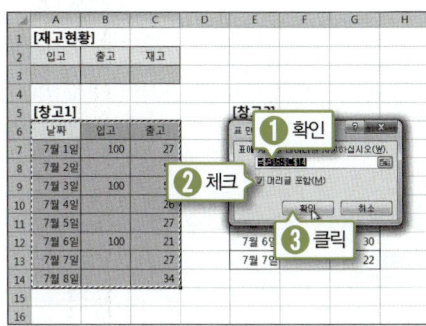

03
① 표 만들기 대화상자에서 표로 만들 데이터 범위(A6:C14)가 맞는지 확인
② **머리글 포함** 옵션에 체크
③ 〈확인〉 버튼을 클릭합니다.

TIP ... 머리글 포함 옵션 이해하기

머리글은 표의 첫 번째 행에 입력된 제목(열 머리글)을 의미합니다. 이 옵션은 표의 첫 번째 행에 표의 열 머리글(제목)이 입력되어 있는지 여부를 확인하기 위한 것으로, 체크되어 있지 않으면 열 머리글이 없는 것으로 인식해 열1, 열2, 열3, …과 같은 열 머리글이 삽입됩니다.

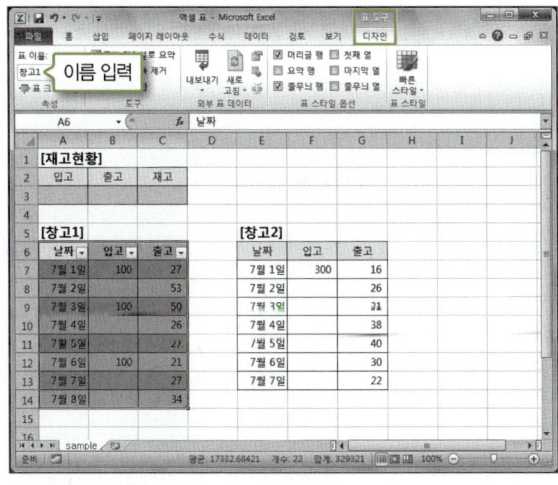

04 선택된 범위가 엑셀 표로 변환되고, 리본 메뉴에서는 [표 도구〉디자인] 탭이 선택되어 있습니다.

[디자인] 탭의 [속성] 그룹에서 **표 이름**을 **창고1**로 수정합니다.

TIP ... 표 이름 이해하기

엑셀 표의 이름은 변환한 순서대로 표1, 표2, 표3, … 이 부여됩니다. 표 이름은 구조적 참조를 사용할 때 중요한 역할을 하므로 데이터 범위를 표로 변환한 다음에는 반드시 이해하기 쉬운 명칭으로 변경합니다.

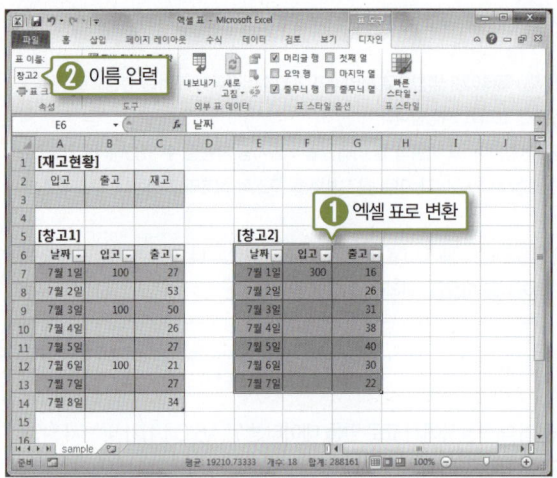

05

① 2~4번 과정을 참고하여 E6:G13 범위도 엑셀 표로 변환
② 리본 메뉴의 [디자인] 탭 – [속성] 그룹에서 **표 이름**을 **창고2**로 수정합니다.

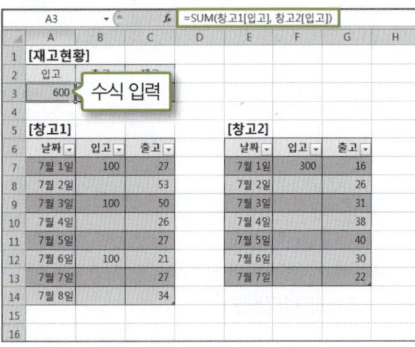

06 입고 수량 집계하기

A3셀에 다음과 같은 수식을 입력하여 두 창고의 입고 수량을 집계합니다.

=SUM(창고1[입고], 창고2[입고])

수식 설명 =SUM(창고1[입고], 창고2[입고])

이 수식은 표 외부에서 데이터를 참조하는 것이므로 **=표 이름[열 머리글]** 형태로 입력하여 수식을 작성했습니다. 창고1에서 입고 열(B7:B14)의 합계와 창고2에서 입고 열(F7:F13)의 합계를 구하는 수식입니다.

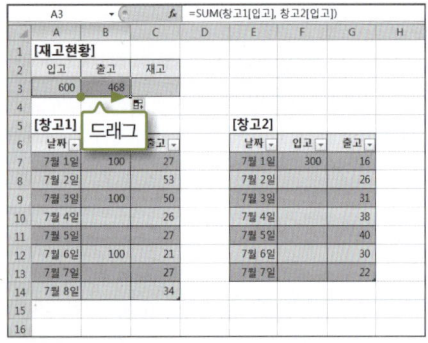

07 출고 수량 집계하기

A3셀의 **채우기 핸들**을 B3셀까지 드래그해 수식을 복사해 사용합니다

TIP ... 구조적 참조를 이용한 수식 복사

엑셀 표의 구조적 참조는 상대참조 방식으로 동작하므로 수식을 열 방향(오른쪽)으로 복사하면 열 머리글이 자동으로 변경됩니다. A3셀에는 구조적 참조를 이용한 수식 **=SUM(창고1[입고], 창고2[입고])**가 입력되어 있으므로 수식을 복사한 방향에 따라 입고 열 바로 오른쪽에 있는 출고 열이 참조됩니다. 그러므로 B3셀에는 **=SUM(창고1[출고], 창고2[출고])**의 결과 값이 반환됩니다.

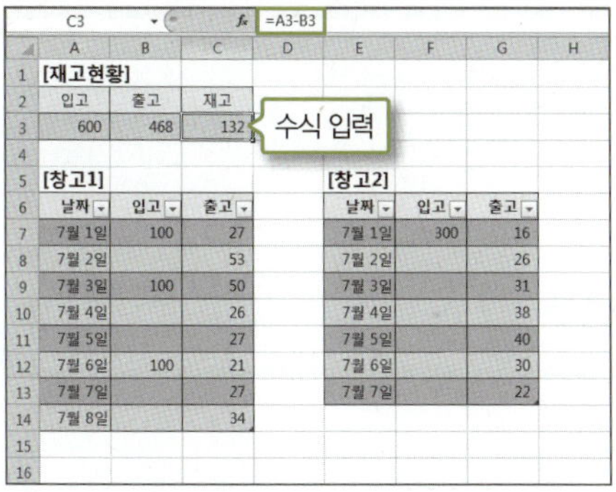

08 재고 수량 구하기

C3셀에 다음 수식을 입력합니다.

`=A3-B3`

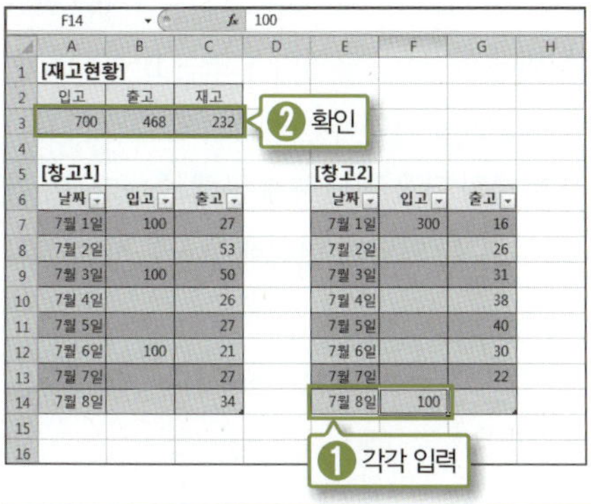

09 데이터 추가하고 집계 값 확인하기
엑셀 표의 바로 아래 행이나 오른쪽 열에 데이터를 추가하면 엑셀 표의 범위가 자동으로 확장됩니다.

① **E14**셀과 **F14**셀에 각각 다음 데이터를 입력
② **A3:C3** 범위의 집계 값을 확인합니다.

`E14 : 7월 8일`
`F14 : 100`

> **TIP ... 엑셀 표의 자동 확장 기능**
>
> 엑셀 표는 워크시트의 데이터 범위와는 달리 표 바로 아래쪽이나 오른쪽에 데이터를 추가하면 자동으로 감지하여 표의 범위로 인식합니다. 이런 특징은 구조적 참조를 사용할 때 동적으로 변화하는 범위를 참조할 수 있도록 되어 있어 편리합니다. 이처럼 동적 범위를 참조하는 작업은 2003 버전까지는 OFFSET과 COUNT 계열 함수를 활용한 이름 정의 방법을 사용했습니다. 하지만 2007 버전부터는 엑셀 표의 구조적 참조를 이용하여 복잡한 이름 정의 없이도 동일한 효과를 누릴 수 있게 되었습니다.

Section 07 목표값 찾기

▶ 가상 분석 ▶ 수식 셀 ▶ 찾는 값 ▶ 값을 바꿀 셀

수식은 구성된 계산 식을 연산한 다음, 결과 값을 반환합니다. 예를 들어 =A+B 라는 수식은 C라는 결과를 반환합니다. 하지만 C라는 결과 값 대신 D라는 결과 값을 얻으려면 어떻게 해야 할까요? 당연히 A 또는 B의 값을 수정해야 합니다. 간단한 수식이라면 이런 작업을 쉽게 해결할 수 있지만 복잡한 수식이라면 원하는 답을 구하기가 쉽지 않을 겁니다. 엑셀에는 목표값 찾기라는 기능이 제공되는데 이런 문제의 답을 간단하게 구해 줍니다. 이 기능은 결과 값(C)을 목표하는 값(D)으로 변경하고자 할 때 인수 값(A 또는 B)을 어떻게 변경해야 하는지 계산할 때 사용합니다.

실무실습 목표값 찾기로 할인율 조정하기   견적서

· 예제 파일 : Part1\목표값 찾기.xlsx

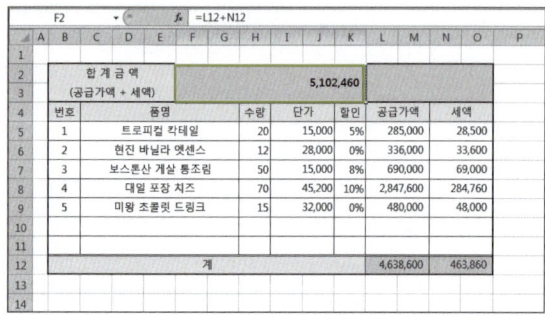

01 예제 이해하기 예제 파일을 열면 견적서를 확인할 수 있습니다. 현재 주문 내역은 510만 원 정도 금액이 나옵니다. 목표값 찾기 기능을 이용해 할인율을 조정하여 500만 원 정도로 조정해 보겠습니다.

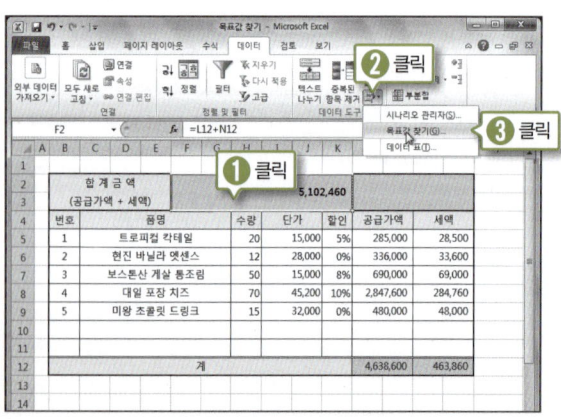

02 목표값 찾기 설정하기
① 결과 값이 표시된 **F2:K3** 병합 셀을 선택
② 리본 메뉴의 [데이터] 탭 – [데이터 도구] 그룹에서 **가상 분석** 단추를 클릭
③ **목표값 찾기** 메뉴를 클릭합니다.

03

① 목표값 찾기 대화상자에 다음 값을 입력
② 〈확인〉 버튼을 클릭합니다.

수식 셀 : F2
찾는 값 : 5000000
값을 바꿀 셀 : K8

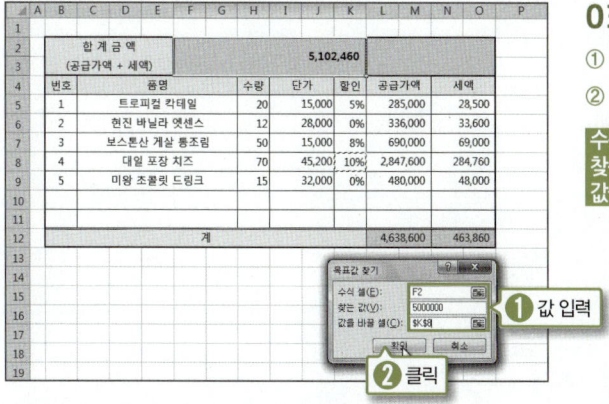

TIP ... 목표값 찾기 대화상자 설정 이해하기

견적서에서 목표값인 합계 금액을 계산하는 방법은 다음과 같습니다.

- 합계 금액 = 공급가액의 합계 + 세액의 합계
- 공급가액 = 수량*단가*(1-할인율)
- 세액 = 공급가액*10%

위와 같은 방법으로 계산된 결과 값(합계금액)이 500만 원이 되어야 합니다. 계산에 사용된 인수 중 수량이나 단가는 고정된 값이므로 할인율을 조정해 합계 금액을 500만 원으로 변경합니다. 여기서는 할인율이 가장 높은 대일 포장 치즈 제품의 할인율을 조정할 수 있다고 가정하여 목표값 찾기 대화상자를 구성했습니다.

- 수식 셀 : 수식으로 계산되어 결과 값을 반환하는 셀을 지정합니다. 합계금액은 F2:K3 병합 셀이므로 이 셀을 지정하면 됩니다. 참고로 병합된 셀의 주소를 직접 입력할 때는 첫 번째 셀 주소(F2)만 입력합니다.
- 찾는 값 : 수식 셀의 계산 결과로 얻어야 하는 값인데, 500만 원이 되어야 한다고 했으므로 5000000을 입력합니다.
- 값을 바꿀 셀 : 수식 셀 값을 얻기 위해 참조한 값 중에서 하나를 선택하는데, 이번에는 할인율을 조정한다고 했으므로 조정할 값이 입력되어 있는 K8셀을 선택합니다. 목표값 찾기 기능은 수식 셀의 결과를 얻기 위해 하나의 셀 값만 조정할 수 있습니다. 만약, 다양한 범위 내 값을 수정하려면 해 찾기 기능을 이용합니다.

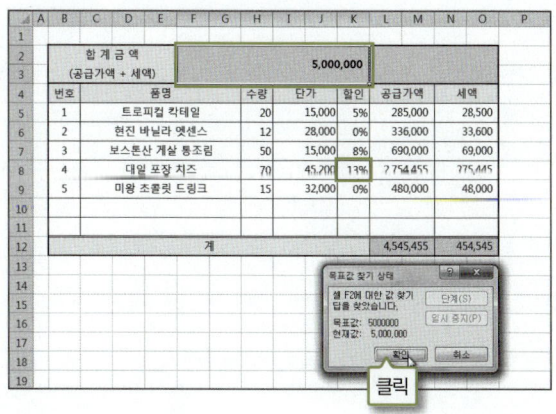

04 구하려던 합계 금액(500만 원)과 수정된 할인율이 F2:K3 병합 셀과 K8셀에 표시됩니다.
목표값 찾기 상태 대화상자에서 〈확인〉 버튼을 클릭합니다.

Part 2.
실무 함수 배우기

엑셀에서 제공하는 함수는 400여 개입니다. 이 중에서 초보자 수준의 사용자가 사용하는 함수는 10개 내외이며, 어느 정도 엑셀을 잘 활용한다는 사용자라면 50개 정도의 함수를 응용해 사용합니다. 엑셀에서 제공하는 모든 함수를 다 알고 사용하면 좋겠지만 그러기엔 한계가 있습니다. 그래서 이 책은 실제 업무에서 주로 사용하는 함수 100여 개를 선정해 실무 예제와 함께 설명합니다. 특히, 연관성 있는 함수를 함께 묶어서 소개함으로써 함수의 이해도를 높이고 함수를 손쉽게 배울 수 있도록 돕습니다.

Chapter 1.
판단 함수

판단 함수에서 판단이란 조건이 옳고 그른지를 확인하는 것입니다. 그러므로 판단 함수란 판단 결과에 따라 서로 다른 값(또는 계산 식)을 반환하도록 할 때 사용하는 함수를 지칭합니다. IF, IFERROR, IS 계열 함수들이 대표적인 판단 함수입니다.

Section 01 상황 판단에 따른 결과 반환하기

▶ IF ▶ IFERROR ▶ ISERROR

상황 판단에 따른 결과를 반환한다는 것은 시험 성적이 70점 이상(상황 판단)이면 '합격', 아니면 '불합격'을 표시(결과)하는 것과 유사합니다. 이런 작업의 대표적인 함수가 IF 함수입니다. 엑셀 2007 버전부터는 수식에 오류 값이 발생하는 경우에 대처할 수 있는 IFERROR 함수도 추가되었습니다.

이번에 배울 함수

IF (조건, TRUE인 경우 반환, FALSE인 경우 반환)

조건이 TRUE인 경우에 반환할 값과 FALSE인 경우에 반환할 값을 달리 지정할 수 있습니다.

구문	• **조건** : TRUE, FALSE 값을 반환하는 값 또는 계산 식 • **TRUE인 경우 반환** : 조건의 값이 TRUE일 때 반환할 값 또는 계산 식 • **FALSE인 경우 반환** : 조건의 값이 FALSE일 때 반환할 값 또는 계산 식

IFERROR (식, 식이 오류인 경우 반환)

계산 식이 오류 값을 반환할 때 오류 값을 대체해 반환할 다른 값을 지정할 수 있습니다.

구문	• **식** : 값 또는 계산 식 • **식이 오류인 경우 반환** : 식이 오류 값을 반환할 때 대체해서 반환할 값 또는 계산 식
버전	엑셀 2007 버전부터 지원, 엑셀 2003 이하 버전에서는 다음과 같은 수식으로 대체합니다 =IF(ISERROR(식), 식이 오류인 경우 반환, 식)

ISERROR (식)

식(계산 식)이 오류 값을 반환하면 TRUE, 아니면 FALSE 값을 반환합니다.

구문	• **식** : 값 또는 계산 식

실무실습 | IF 함수를 이용해 판매 실적 우수자 표시하기 — 사원 집계표

• 예제 파일 : Part2\IF 함수.xlsx

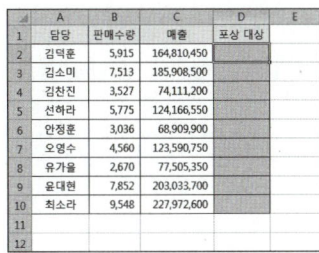

01 예제 이해하기 예제 파일을 열면 사원 집계표를 확인할 수 있습니다. IF 함수를 이용해 B, C열의 판매 수량과 매출 값을 기준으로 D열에 포상 대상자임을 나타내는 문구를 표시합니다.

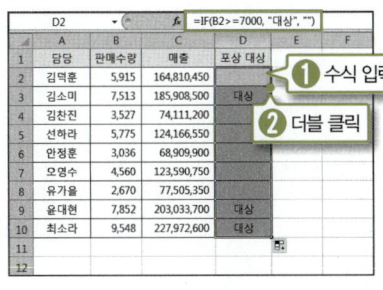

02 포상 대상자 선별하기 포상 대상자는 B열의 판매 수량이 7,000개 이상인 사원이라고 가정합니다.

① D2셀에 다음 수식을 입력
② D2셀의 **채우기 핸들**을 더블 클릭해 수식을 복사합니다.

=IF(B2>=7000, "대상", "")

수식 설명 =IF(B2>=7000, "대상", "")

B2셀의 값이 7000보다 크거나 같은지(=>) 판단한 후 판단 결과가 TRUE이면 "대상" 텍스트 값을 표시하고, FALSE이면 공백 문자열(" ")을 반환하는 수식입니다. 공백 문자열을 FALSE 반환 값으로 지정하면, 판매 수량이 7000 미만일 때 셀에 아무것도 표시되지 않습니다.

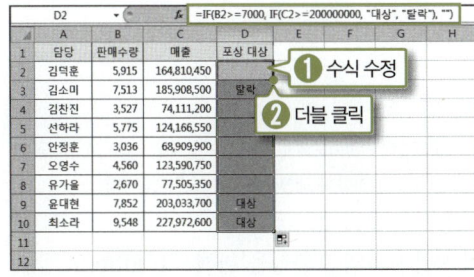

03 포상 대상자 기준이 판매 수량 7,000개 이상이면서 매출 2억 이상인 사원으로 변경되었다고 가정합니다.

① D2셀의 수식을 다음과 같이 변경
② D2셀의 **채우기 핸들**을 더블 클릭해 수식을 복사합니다.

=IF(B2>=7000, IF(C2>=200000000, "대상", "탈락"), "")

수식 설명 =IF(B2>=7000, IF(C2>=200000000, "대상", "탈락"), "")

앞선 2번 과정에서 작성한 수식에는 IF 함수의 조건이 B2>=7000 하나였습니다. 하지만 이번 수식에서는 매출 2억 이상이란 조건이 추가되었습니다. 그러므로 2번 과정에서 작성한 수식에서 사용한 IF 함수의 2번째 인수인 "대상" 텍스트 값이 반환되는 부분을 다음과 같이 수정합니다.

IF(C2>=200000000, "대상", "탈락")

이렇게 함수 내에서 다시 함수를 사용하는 것을 중첩한다고 하며, 중첩은 엑셀 2010 버전에서 최대 64회까지 할 수 있습니다.

오류 값을 다른 값으로 대체해서 반환하기 집계표

• 예제 파일 : Part2\IFERROR 함수.xlsx

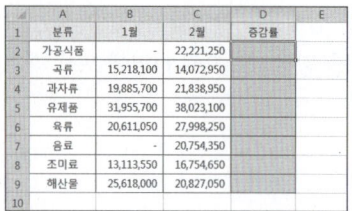

01 예제 이해하기 예제 파일을 열면 집계표를 확인할 수 있습니다. B열과 C열의 매출로 D열의 증감률을 계산하는 작업을 진행하고, 오류 값을 반환하는 경우 0으로 대체하겠습니다.

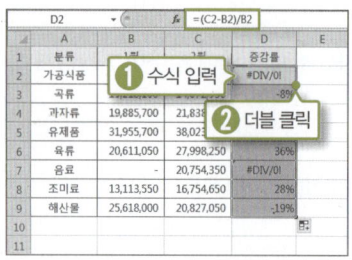

02 수식 작성해서 증감률 구하기
① D2셀에 다음 수식을 입력
② D2셀의 **채우기 핸들**을 더블 클릭해 수식을 복사합니다.

=(C2-B2)/B2

수식 설명 **=(C2-B2)/B2**
증감률을 구하는 계산 식은 **=실적의 차이/전월 실적**입니다. 증감률 계산 식에 대한 자세한 설명은 **Part1〉Chapter1〉Section5〉실무 실습**을 참고합니다.

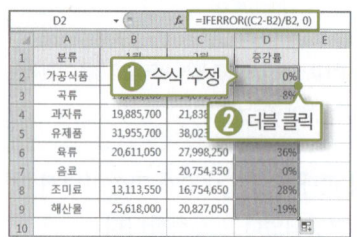

03 오류 값을 0으로 대체하기 오류 값 대신 0이 반환되도록 수식을 수정하겠습니다.
① D2셀의 수식을 다음과 같이 수정
② D2셀의 **채우기 핸들**을 더블 클릭해 수식을 복사합니다.

=IFERROR((C2-B2)/B2, 0)

수식 설명 **=IFERROR((C2-B2)/B2, 0)**
증감률 구하는 수식의 결과 값 중에서 오류 값(#DIV/0!)이 발생했습니다. 그러므로 오류 값 대신 0이 반환되도록 IFERROR 함수를 사용하여 수식을 변경했습니다. IFERROR 함수의 1번째 인수에 증감률 계산 식을, 2번째 인수에 계산 식이 오류 값을 반환할 때 대신 반환할 값을 지정합니다.

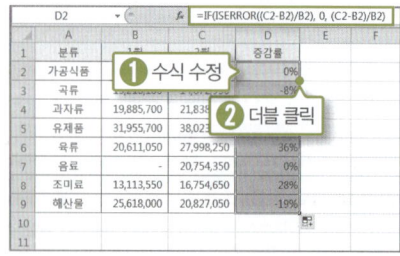

04 엑셀 2003 버전 사용자와의 호환성을 위해서 IFERROR 함수 대신 IF 함수와 ISERROR 함수를 중첩한 수식으로 수정하겠습니다.
① D2셀의 수식을 다음과 같이 수정
② D2셀의 **채우기 핸들**을 더블 클릭해 수식을 복사합니다.

=IF(ISERROR((C2-B2)/B2), 0, (C2-B2)/B2)

수식 설명 **=IF(ISERROR((C2-B2)/B2), 0, (C2-B2)/B2)**
IFERROR 함수는 엑셀 2007 버전부터 사용할 수 있으므로, 엑셀 2003 이하 버전에서는 사용할 수 없습니다. 그러므로 호환성을 고려하여 IFERROR 함수를 대체할 수 있는 IF 함수와 ISERROR 함수를 중첩하는 수식으로 변경했습니다.
증감률 계산 식이 오류 값을 반환하는지 파악하기 위해 ISERROR 함수를 사용합니다. 즉, ISERROR((C2-B2)/B2)와 같이 작성하여 증감률 계산 식에서 오류가 반환되는지 여부를 TRUE, FALSE로 확인할 수 있습니다. 여기에 더해 TRUE인 경우에는 0 값을 반환하고, FALSE인 경우에는 증감률을 계산하도록 IF 함수를 사용합니다. 그러므로 이번 과정에서 작성한 식은 ISERROR((C2-B2)/B2) 증감률 계산 식에 오류가 있으면 0을 반환하고, 오류가 없으면 (C2-B2)/B2를 이용해 증감률을 구합니다.

Section 02 복잡한 판단과 그에 따른 결과 반환하기

▶ AND ▶ OR ▶ NOT

IF, IFERROR 함수는 한 가지 조건을 처리하는 데 특화되어 있습니다. 물론 IF 함수를 중첩해서 사용하면 여러 조건을 처리할 수는 있습니다. 하지만 수식이 복잡해지기 때문에 좀 더 간편하게 여러 조건을 처리할 수 있는 함수가 필요합니다. 여기서는 좀 더 복잡한 판단을 손쉽게 구성할 수 있는 함수의 종류와 사용 방법에 대해 설명합니다.

이번에 배울 함수

AND (조건1, 조건2, …)
조건이 모두 참(TRUE)인 경우에만 TRUE를 반환, 그 외에는 FALSE를 반환합니다.

구문	• **조건** : TRUE, FALSE 값을 반환하는 값 또는 계산 식
특이사항	• 모든 조건을 만족하는 판단이 필요한 경우에 주로 사용합니다. • 엑셀 2003 버전에서는 30개의 조건을, 엑셀 2007 버전부터는 255개의 조건을 처리할 수 있습니다.

OR (조건1, 조건2, …)
조건이 모두 거짓(FALSE)인 경우에만 FALSE를 반환, 그 외에는 TRUE를 반환합니다.

구문	• **조건** : TRUE, FALSE 값을 반환하는 값 또는 계산 식
특이사항	• 조건 중에서 하나만 맞아도 되는 판단에 주로 사용합니다. • 엑셀 2003 버전에서는 30개의 조건을, 엑셀 2007 버전부터는 255개의 조건을 처리할 수 있습니다.

NOT (조건)
조건 결과의 반대 값을 반환, 즉 조건이 참(TRUE)이면 FALSE를, 거짓(FALSE)이면 TRUE를 반환합니다.

구문	• **조건** : TRUE, FALSE 값을 반환하는 값 또는 계산 식

실무실습 불량 판정 및 합격 여부 표시하기 제품 불량 검사표

• 예제 파일 ⊙ : Part2\AND, OR, NOT 함수.xlsx

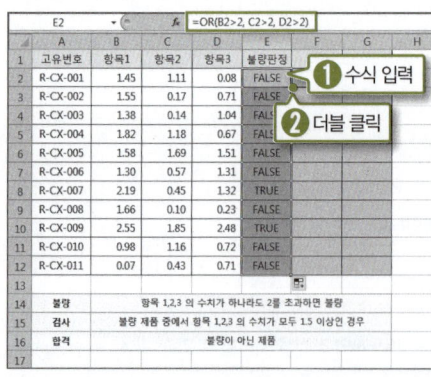

01 예제 이해하기 예제 파일을 열면 다음과 같은 표를 확인할 수 있습니다. A14:G16 범위에 정리된 내용은 다음과 같습니다.

- 불량 : B, C, D열의 값 중 2를 넘는 값이 있으면 불량
- 검사 : 불량 중에서 측정 값이 모두 1.5 이상이면 검사
- 합격 : 불량이 아닌 제품

02 불량 판정 수식 작성하기 불량은 B, C, D열의 항목 값이 하나라도 2 이상인지를 확인하는 것이므로 OR 함수를 사용할 수 있습니다.

① **E2**셀에 다음 수식을 입력
② **E2**셀의 **채우기 핸들**을 더블 클릭해 수식을 복사합니다.

=OR(B2>2, C2>2, D2>2)

수식 설명 =OR(B2>2, C2>2, D2>2)
OR 함수는 인수로 전달된 조건을 판단해 하나라도 참(TRUE)이면, 결과 값으로 TRUE를 반환합니다. 그러므로 B, C, D열의 각 셀 값 중에서 하나라도 2 이상이면 TRUE를 반환하고, 이런 제품은 불량 제품이라고 판단할 수 있습니다.

03 검사 항목 수식 작성하기 불량 항목 중에서 모든 항목의 값이 1.5 이상인 것을 검사 대상으로 분류해야 합니다.

① **F2**셀에 다음과 같은 수식을 입력
② **F2**셀의 **채우기 핸들**을 더블 클릭해 수식을 복사합니다.

=AND(B2>=1.5, C2>=1.5, D2>=1.5, E2)

수식 설명 =AND(B2>=1.5, C2>=1.5, D2>=1.5, E2)
AND 함수는 인수로 전달된 모든 조건이 참(TRUE)인 경우에만 TRUE를 반환합니다. 그러므로 AND 함수에 전달해야 하는 조건은 B, C, D열의 각 셀이 1.5 이상인지를 확인하고, E열에서 불량 판정(TRUE)을 받았는지를 검사해야 합니다.
IF 함수를 사용하여 다음과 같이 작성할 수도 있습니다.
=IF(E2=TRUE, AND(B2>=1.5, C2>=1.5, D2>=1.5), FALSE)

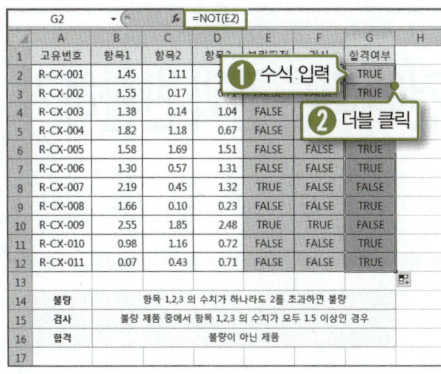

04 합격 여부 수식 작성하기 합격 여부는 불량 판정을 기준으로 분류합니다.

① G2셀에 다음과 같은 수식을 입력
② G2셀의 **채우기 핸들**을 더블 클릭해 수식을 복사합니다.

=NOT(E2)

수식 설명 =NOT(E2)

NOT 함수는 논리값의 반대 값을 반환하는 함수입니다. 이번과 같이 불량이 아닌 제품이 합격이라고 규정한다면, 불량 판정을 하는 E열의 셀 값을 인수로 전달해 계산하면 됩니다.

05 IF 함수로 정리하기 앞선 과정에서 사용한 함수로 구분 작업을 끝냈지만 결과를 한눈에 알아보긴 쉽지 않습니다. E, F, G 열의 수식에 IF 함수를 중첩해 수식을 구성하면 그림과 같이 결과를 쉽게 확인할 수 있습니다.

TIP ... IF 함수로 원하는 값 표시하기

AND, OR, NOT 함수는 TRUE, FALSE 값을 반환합니다. 여기에 IF 함수를 중첩해 각각의 논리값을 원하는 값으로 표시할 수 있습니다. IF 함수를 중첩하여 수정한 E, F, G열의 수식은 다음과 같습니다.

* E2 : =IF(OR(B2>2, C2>2, D2>2), "불량", "")

　　IF 함수를 이용해 TRUE 값 위치에 "불량" 문구가 나타나게 합니다.

* F2 : =IF(AND(B2>=1.5, C2>=1.5, D2>=1.5, E2="불량"), "검사", "")

　　AND 함수의 마지막 인수가 E2에서 E2="불량"으로 변경된 것은 E열의 수식이
　　IF 함수를 이용한 것으로 변경되었기 때문입니다.

* G2 : =IF(NOT(E2="불량"), "합격", "")

　　NOT 함수의 조건이 변경된 것은 E열의 수식이 변경됐기 때문입니다.

Section 03 일련번호를 반환하는 조건에 따른 결과 반환하기

▶ CHOOSE   ▶ 일련번호   ▶ 출생지 파악

이번에 배울 함수

CHOOSE (일련번호 조건, 값1, 값2, …)

일련번호 조건에서 반환하는 숫자의 값을 반환합니다.

구문	• **일련번호 조건** : 1,2,3,… 등의 일련번호 값을 반환하는 계산 식 • **값** : 반환할 값 또는 범위로 최대 244개까지 지정 가능
특이사항	수식의 결과 또는 셀 값의 일부가 1,2,3, … 등과 같은 일련번호를 갖고 있을 때, 일련번호 값이 의미하는 다른 값으로 대체하려고 할 때 사용하면 좋습니다.

실무실습 주민등록번호에서 출생지를 확인하기

• 예제 파일 ⊙ : Part2\CHOOSE 함수.xlsx

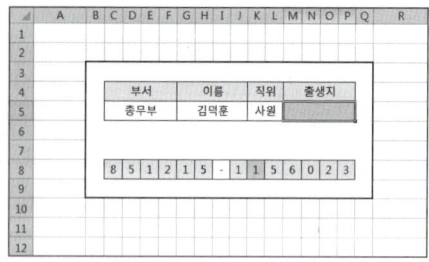

01 예제 이해하기 예제 파일을 열면 그림과 같은 표를 확인할 수 있습니다. C8:P8 범위에 입력된 주민등록번호에서 8번째 숫자 (K8셀)로 출생지를 확인합니다.

TIP … 주민등록번호 8번째 숫자가 의미하는 것

출생지를 의미하는 숫자로 0~9까지입니다. 각 숫자는 순서대로 서울, 경기, 강원, 충북, 충남, 전북, 전남, 경북, 경남, 제주도를 의미합니다.

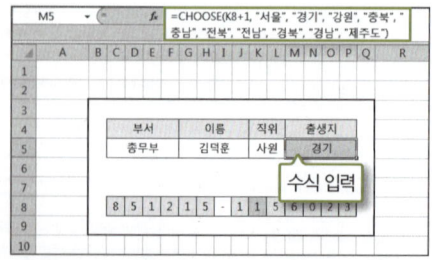

02 주민등록번호로 출생지 확인하기 주민등록번호에서 출생지를 표시하기 위해 CHOOSE 함수를 사용합니다.

M5:P5 병합 셀에 다음과 같은 수식을 입력합니다.

=CHOOSE(K8+1, "서울", "경기", "강원", "충북", "충남", "전북", "전남", "경북", "경남", "제주도")

수식 설명 **=CHOOSE(K8+1, "서울", "경기", "강원", "충북", "충남", "전북", "전남", "경북", "경남", "제주도")**

주민등록번호 8번째 숫자(K8셀)는 0~9사이의 값입니다. 그러므로 CHOOSE 함수를 사용하기 위해 K8셀의 값에 1을 더해서 1~10사이의 값이 반환되도록 한 다음, CHOOSE 함수의 2번째 인수부터 각 숫자를 대체할 값(지역)을 순서대로 입력합니다.

Chapter 2.
편집 함수

편집 함수는 셀에 입력된 데이터를 가공할 때 사용하는 함수입니다. 데이터 가공에는 셀에 입력된 값의 일부분을 잘라내기, 셀 값을 수정하거나 삭제하기, 여러 셀의 값을 하나로 연결하기 등이 있습니다.

Section 01 셀에 입력된 값 중 일부분 잘라내기

▶ LEFT ▶ MID ▶ RIGHT

셀에 입력된 값 중에서 일부분을 잘라낼 때는 LEFT, MID, RIGHT 함수를 사용합니다. 데이터 값의 왼쪽, 중간, 오른쪽부터 지정한 문자 개수만큼 잘라내는 함수들입니다. 이러한 함수는 데이터 관리에서 자주 사용합니다.

이번에 배울 함수

LEFT (문자열, 문자 개수)

문자열의 왼쪽에서부터 지정된 문자 개수만큼 잘라낼 때 사용합니다.

구문	• **문자열** : 잘라낼 값을 포함하는 전체 문자열 • **문자 개수** : 문자열에서 잘라낼 문자의 수로, 음수를 사용할 수 없으며 생략하면 1로 인식

MID (문자열, 문자 위치, 문자 개수)

문자열에서 지정한 문자 위치부터 문자 개수만큼 잘라낼 때 사용합니다.

구문	• **문자열** : 잘라낼 값을 포함하는 전체 문자열 • **문자 위치** : 문자열에서 잘라낼 첫 번째 문자가 몇 번째 문자인지를 나타내는 위치 값 • **문자 개수** : 문자열에서 잘라낼 문자의 수로, 음수를 사용할 수 없으며 남아 있는 문자 개수보다 크면 문자 위치 다음의 모든 문자를 반환, 생략하면 1로 인식

RIGHT (문자열, 문자 개수)

문자열의 오른쪽에서 지정된 문자 개수만큼 잘라낼 때 사용합니다.

구문	• **문자열** : 잘라낼 값을 포함하는 전체 문자열 • **문자 개수** : 문자열에서 잘라낼 문자의 수로, 음수를 사용할 수 없으며 생략하면 1로 인식

 **주민등록번호에서 출생연도, 월, 일 잘라내기**

• 예제 파일 ⊙ : Part2\LEFT, MID, RIGHT 함수.xlsx

01 예제 이해하기 예제 파일을 열면 그림과 같은 표를 확인할 수 있습니다. B열의 주민등록번호에서 출생연도, 출생월, 출생일을 잘라내겠습니다.

02 왼쪽부터 6자리 잘라내기 주민등록번호에서 앞 6자리 숫자는 생년월일을 의미합니다.

① C2셀에 다음 수식을 입력
② C2셀의 **채우기 핸들**을 더블 클릭해 수식을 복사합니다.

=LEFT(B2, 6)

수식 설명 =LEFT(B2, 6)
주민등록번호에서 생년월일 부분을 잘라내기 위해서는 LEFT 함수를 이용해서 주민등록번호의 왼쪽부터 문자 6개를 잘라내면 됩니다. LEFT 함수에서 2번째 인수는 잘라낼 문자의 개수를 의미하므로 6을 지정합니다.

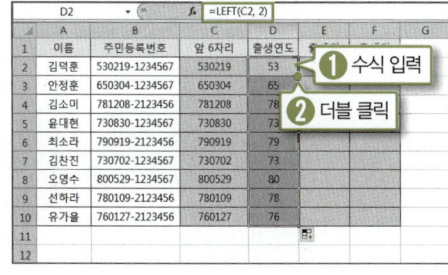

03 출생연도 잘라내기 C열의 값에서 출생연도만 다시 잘라내겠습니다.

① D2셀에 다음 수식을 입력
② D2셀의 **채우기 핸들**을 더블 클릭해 수식을 복사합니다.

=LEFT(C2, 2)

수식 설명 =LEFT(C2, 2)
C열의 값 중에서 출생연도는 앞 2자리 숫자이므로 LEFT 함수를 사용합니다.

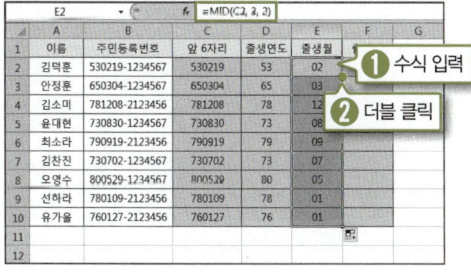

04 출생월 잘라내기

① E2셀에 다음 수식을 입력
② E2셀의 **채우기 핸들**을 더블 클릭해 수식을 복사합니다.

=MID(C2, 3, 2)

수식 설명 =MID(C2, 3, 2)
출생월은 생년월일의 3번째 자리부터 2개의 문자입니다. 그러므로 MID 함수를 사용해 C열 값의 3번째 자리부터 2개의 문자를 잘라내야 합니다.

05 출생일 잘라내기

① F2셀에 다음 수식을 입력
② F2셀의 **채우기 핸들**을 더블 클릭해 수식을 복사합니다.

=RIGHT(C2, 2)

수식 설명 =RIGHT(C2, 2)

출생일은 생년월일의 마지막 2자리 숫자입니다. 그러므로 RIGHT 함수를 사용해 C열의 값 중에서 오른쪽 2개 숫자를 잘라냅니다. 만약 B열의 주민등록번호에서 출생일을 잘라내려면 셀 값의 중간부터 잘라내야 하므로 =MID(B2, 5, 2) 형태로 수식을 작성합니다.

TIP ... 잘라낸 년(年), 월(月), 일(日) 값을 이용해 날짜 값 만들기

LEFT, MID, RIGHT 함수를 사용해 잘라낸 값을 연결하면 날짜 값을 만들 수 있습니다. 그러기 위해서는 DATE 함수를 사용합니다. 빈 셀에 다음 수식을 입력하고 복사하면 날짜 형식으로 표시된 생년월일을 확인할 수 있습니다.

=DATE(D2, E2, F2)

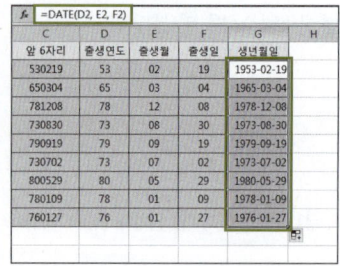

DATE 함수는 연, 월, 일에 해당하는 숫자 값을 인수로 받아 날짜 일련번호를 반환하는 함수입니다. DATE 함수에 대한 자세한 설명은 Part 2〉 **Chapter 04. 날짜, 시간 함수** 부분을 참고합니다.

Section 02 특정 문자 위치를 인식해 일부분 잘라내기

▶ FIND ▶ SEARCH ▶ LEN ▶ 와일드카드 문자

셀 값 중 일부를 잘라낼 때 정해진 문자 개수 말고 특정 문자 위치에 따라 가변적으로 값을 잘라내야 하는 경우가 있습니다. 예를 들면 자릿수가 일정하지 않은 전화번호에서 지역번호를 잘라내거나 전체 주소에서 우편번호용 주소를 잘라내는 등의 작업이 대표적입니다.

▌이번에 배울 함수

FIND (찾을 문자, 문자열, 시작 위치)

찾을 문자를 문자열에서 찾아 몇 번째에 해당 문자가 존재하는지 반환합니다.

구문	• **찾을 문자** : 문자열에서 찾으려고 하는 문자(열) • **문자열** : 찾을 문자를 포함하는 전체 문자열 • **시작 위치** : 문자열에서 찾을 문자를 찾기 시작할 위치로, 생략하면 처음부터 찾음
특이사항	찾을 문자 인수에 입력된 문자(열)은 영어의 대/소문자를 구분합니다.

SEARCH (찾을 문자, 문자열, 시작 위치)

찾을 문자를 문자열에서 찾아 몇 번째에 해당 문자가 존재하는지 반환합니다.

구문	• **찾을 문자** : 문자열에서 찾으려고 하는 문자(열) • **문자열** : 찾을 문자를 포함하는 전체 문자열 • **시작 위치** : 문자열에서 찾을 문자를 찾기 시작할 위치로, 생략하면 처음부터 찾음
특이사항	찾을 문자에 와일드카드 문자(*, ?, ~)를 사용할 수 있으므로, 찾을 문자를 모두 몰라도 위치를 확인할 수 있습니다.
참고	와일드카드 문자란 전체 문자 중에서 하나 또는 다수의 문자를 알지 못할 때 해당 문자를 대신해 사용하는 문자로 ?, *, ~ 등이 있습니다. • **?** : 한 개의 문자를 대체하며, "EXCEL"인지 "EXCEK"인지 모를 때 "EXCE?"과 같이 사용합니다. • ***** : 여러 개의 문자를 대체하며, "EXCEL"인지 "EXCELLENT"인지 모를 때 "EXCEL*"와 같이 사용합니다. • **~** : ?, * 등을 와일드카드 문자가 아니라 일반 문자로 인식시킬 때 사용합니다. 예를 들어 "3~*4"와 같이 ?나 * 바로 앞에 사용합니다.

LEN (문자열)

문자열의 문자 개수를 반환합니다.

구문	• **문자열** : 문자 개수를 셀 전체 문자열
특이사항	Space Bar 키를 눌러 입력한 공백 문자(" ") 역시 하나의 문자로 취급합니다.

전체 문자에서 일부분 분리하기

- 예제 파일 : Part2\FIND, SEARCH, LEN 함수.xlsx

01 예제 이해하기 예제 파일을 열면 그림과 같은 표를 확인할 수 있습니다. B열의 전화번호에서 지역번호와 전화번호를 D열과 E열에 나누는 작업을 진행합니다.

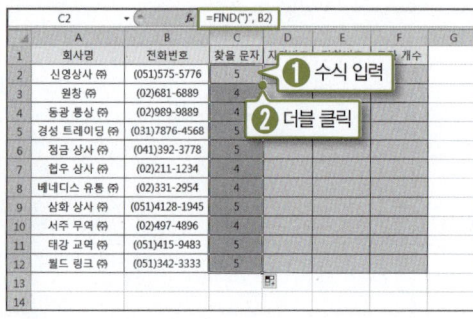

02 특정 문자 위치 확인하기 지역번호와 전화번호를 분리하기 위해 오른쪽 괄호()) 위치를 확인합니다.

① C2셀을 선택하고, 다음 수식을 입력
② C2셀의 **채우기 핸들**을 더블 클릭해 수식을 복사합니다.

=FIND(")", B2)

수식 설명 =FIND(")", B2)

B열의 전화번호를 보면 지역번호가 괄호( ) 안에 들어가 있으며 2~3자리 숫자로 구성되어 있습니다. 그러므로 괄호 안의 숫자만 자르면 지역번호를 구분할 수 있으며, 전화번호는 오른쪽 괄호()) 뒤의 문자를 잘라내면 됩니다. 만약 지역번호와 전화번호의 개수가 일정하다면 MID 함수를 사용하여 다음과 같이 지역번호와 전화번호를 잘라낼 수 있습니다.

지역번호 : =MID(B2, 2, 3) / 전화번호 : =MID(B2, 6, 8)

하지만 지역번호가 3자리인 경우도 있고, 2자리인 경우도 있어 위 수식만으로는 문제를 해결할 수 없습니다. 그러므로 FIND 또는 SEARCH 함수로 잘라낼 문자가 입력된 위치를 파악할 필요가 있습니다. 이번에 작성한 수식은 오른쪽 괄호())가 B2셀에서 몇 번째 위치에 있는지 찾아 줍니다. 이번 수식을 SEARCH 함수로도 작성할 수 있으며, 함수명만 FIND에서 SEARCH로 변경하면 됩니다.

=SEARCH(")", B2)

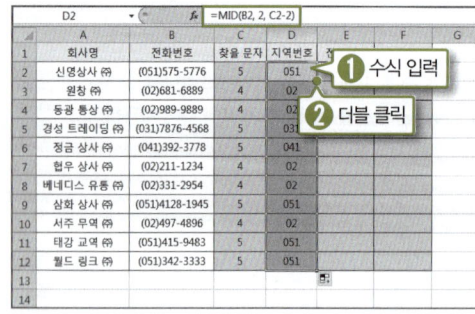

03 지역번호 잘라내기 MID 함수를 사용해 지역번호를 잘라냅니다.

① D2셀에 다음 수식을 입력
② D2셀의 **채우기 핸들**을 더블 클릭해 수식을 복사합니다.

=MID(B2, 2, C2-2)

수식 설명 =MID(B2, 2, C2-2)

MID 함수를 이용해 지역번호를 잘라내려면 B2셀 값의 왼쪽 괄호(() 바로 뒤에서부터 원하는 문자 개수만큼 잘라내야 합니다. 즉, 2번째 위치의 문자부터 오른쪽 괄호()) 바로 전까지 잘라내야 합니다. 그러므로 MID 함수의 시작 위치 인수는 2를, 문자 개수 인수는 오른쪽 괄호 위치에서 오른쪽 괄호와 왼쪽 괄호 문자 두 개를 뺀 C2-2를 입력합니다.

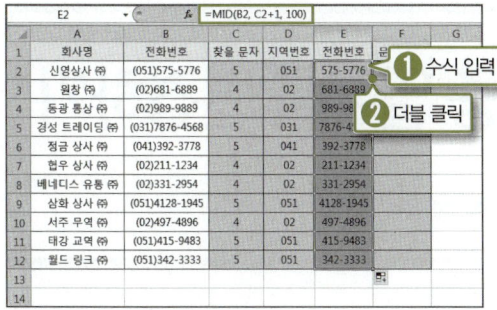

04 전화번호 잘라내기 D열의 지역번호를 배제한 전화번호를 잘라냅니다.

① E2셀에 다음 수식을 입력
② E2셀의 **채우기 핸들**을 더블 클릭해 수식을 복사합니다.

=MID(B2, C2+1, 100)

수식 설명 =MID(B2, C2+1, 100)

지역번호를 배제한 전화번호는 오른쪽 괄호()) 다음부터 모두 잘라내면 됩니다. 중간부터 잘라내므로 MID 함수를 사용하고, 오른쪽 괄호 위치를 찾은 C열의 값보다 1 큰 위치부터 100개의 문자를 잘라냅니다. 이때, 100개의 문자가 없다면 존재하는 문자만 반환합니다. 이런 인수 구성 방법은 특정 문자 위치에서 끝까지 잘라낼 때 자주 사용하는 방법이므로 잘 기억해 놓길 바랍니다.

05 잘라낸 문자 개수 확인하기 문자 개수로 전화번호를 잘라내기 위해 D열에 잘라낸 지역번호의 문자 개수를 셉니다.

① F2셀에 다음과 같은 수식을 입력
② F2셀의 **채우기 핸들**을 더블 클릭해 수식을 복사합니다.

=LEN(D2)

06 전화번호 잘라내기 지역번호의 문자 개수를 이용해 전화번호를 잘라낼 수도 있습니다.

① E2셀에 다음 수식을 입력
② E2셀의 **채우기 핸들**을 더블 클릭해 수식을 복사합니다.

=MID(B2, F2+3, 100)

수식 설명 =MID(B2, F2+3, 100)

이 수식은 4번 과정에서 작성한 수식과 유사한 것으로, 2번째 인수인 F2+3은 전화번호를 잘라낼 시작 위치를 지정하는 것입니다. B열에서 지역번호는 괄호( ) 문자로 묶여 있습니다. 그러므로 F열에서 계산한 문자 개수에 괄호 문자 2개를 포함시키면 지역번호와 괄호 문자의 개수가 구해집니다. 전화번호는 그 다음 문자부터 잘라내야 하므로 1을 추가해 F2+3 형태로 입력합니다.

Section 03 셀에 입력된 값 중 일부를 변경하기

▶ SUBSTITUTE ▶ 특수 문자 입력 ▶ 자동 고침 옵션

셀에 입력된 값 중에서 일부 문자(열)을 수정하거나 해당 문자(열)을 지워야 할 때가 있습니다. 이런 경우 엑셀의 바꾸기 기능을 이용하거나 SUBSTITUTE 함수를 사용합니다.

이번에 배울 함수

SUBSTITUTE (텍스트, 바꿀 문자(열), 새 문자(열), n)

텍스트에서 바꿀 문자(열)을 찾아 새 문자(열)로 대체합니다

구문	• **텍스트** : 변경할 값을 포함하고 있는 텍스트 또는 셀 • **바꿀 문자(열)** : 텍스트 내에서 변경할 일부 문자(열) • **새 문자(열)** : 바꿀 문자(열)을 대체할 문자(열) • **n** : 바꿀 문자(열)이 텍스트에서 여러 번 나오는 경우 몇 번째 문자(열)을 변경할 것인지 지정. 생략하면 모든 바꿀 문자(열)을 새 문자(열)로 변경

 특정 문자열 삭제하고 정렬하기   고객 목록

• 예제 파일 ⊙ : Part2\SUBSTITUTE 함수.xlsx

01 예제 이해하기 예제 파일을 열면 고객 목록을 확인할 수 있습니다. 회사명에서 주식회사를 표시하는 ㈜ 문자를 지우고, 가나다 순으로 회사명을 정렬합니다. A열에서 바로 문자를 지우면 정확한 회사 명칭을 알 수 없게 됩니다. 그러므로 별도의 열을 추가해 ㈜ 문자를 지우고, 지운 열을 기준으로 정렬하는 것이 좋습니다.

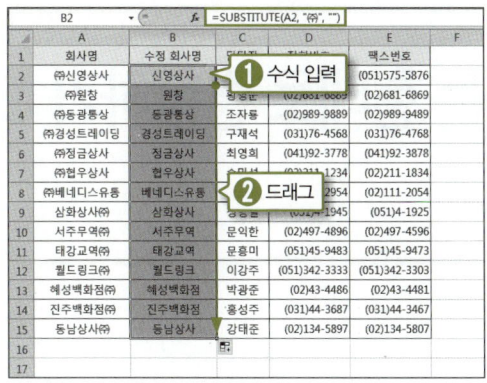

02 문자 삭제하기

① B2셀을 선택하고, 다음 수식을 입력
② B2셀의 **채우기 핸들**을 B15셀까지 드래그해 수식을 복사합니다.

=SUBSTITUTE(A2, "㈜", "")

수식 설명 =SUBSTITUTE(A2, "㈜", "")

이 수식은 A2셀의 ㈜ 문자를 찾아 삭제하라는 의미입니다. 4번째 인수를 생략했으므로 모든 ㈜ 문자를 찾아 삭제합니다. 이처럼 텍스트에서 일부 문자(열)을 지우려면 3번째 인수의 값을 공백 문자(" ")로 설정합니다.

TIP … 자동 고침 옵션 확인하기

㈜ 문자는 (주)와는 다른 특수 문자로, 수식을 작성할 때 자동으로 변환됩니다. 이것은 엑셀의 자동 고침 기능이 활성화되어 있기 때문입니다. 이런 변환 작업이 제대로 이뤄지지 않는다면 자동 고침 기능이 꺼져 있다고 판단할 수 있습니다. 다음 과정을 통해 자동 고침 기능 옵션을 확인합니다.

① 리본 메뉴의 [파일] 탭에서 [옵션] 메뉴를 클릭합니다.
② Excel 옵션 대화상자에서 [언어 교정] 탭을 클릭하고 〈자동 고침 옵션〉 버튼을 클릭합니다.
③ 자동 고침 대화상자에서 [자동 고침] 탭을 클릭하고 [다음 목록에 있는 내용대로 자동으로 바꾸기] 옵션에 체크한 후 〈확인〉 버튼을 클릭합니다.

TIP … 특수 문자 쉽게 입력하기

㈜ 문자와 같은 특수 문자를 쉽게 입력하려면 다음 과정을 참고합니다.

① 한글 자음인 ㅁ을 입력합니다.
② 한자 키를 누른 다음, Tab 키를 눌러 특수 문자 목록에서 사용할 문자를 선택합니다.

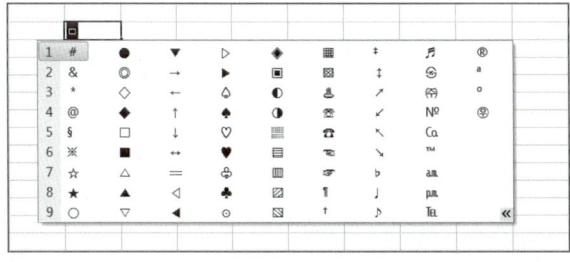

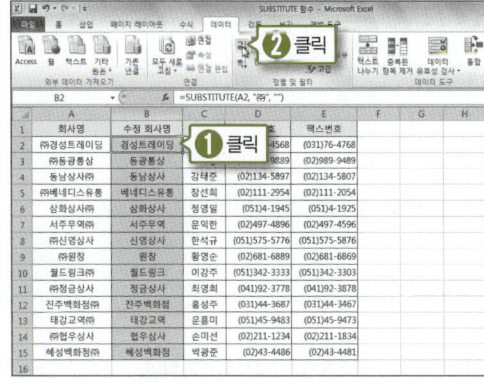

03 회사명 정렬하기

① B2셀을 선택
② 리본 메뉴의 [데이터] 탭 – [정렬 및 필터] 그룹에서 **오름차순 정렬** 단추를 클릭합니다.

B열의 수정한 회사명이 가나다 순으로 정렬됩니다.

Section 04 입력된 값을 원하는 형태로 변환하기

▶ TEXT ▶ NUMBERSTRING ▶ WON

셀에 입력된 값을 고치지 않으면서 셀에 표시되는 형태만 변경할 수 있습니다. 셀 서식의 표시 형식을 이용하면 이런 작업이 가능한데, 예를 들면 1234와 같은 숫자를 일천이백삼십사와 같이 표시할 수 있습니다. 엑셀 함수에는 셀 서식과 같은 역할을 하는 TEXT, NUMBERSTRING, WON 등의 함수를 제공하는데 이 함수들을 사용하면 셀 값을 원하는 형태로 변환할 수 있습니다.

이번에 배울 함수

TEXT (값, 서식 코드)

값을 지정한 서식 코드에 맞게 변환하여 반환합니다.

구문	• **값** : 변환할 숫자 값 • **서식 코드** : 값을 변환할 서식 코드로 셀 서식에서 사용하는 숫자 서식 코드와 동일 　　　　　서식 코드는 큰따옴표("")로 묶어 사용
특이사항	개별 서식 코드는 [부록1 TEXT 함수의 서식 코드]에 별도로 정리되어 있습니다.

NUMBERSTRING (숫자, 변환 옵션)

숫자를 지정한 변환 옵션에 맞게 변환하여 반환합니다.

구문	• **숫자** : 변환할 숫자 값 • **변환 옵션** : 숫자를 변환하는 데 사용하는 옵션 값으로 1~3 사이의 값을 지정 　　　　　　1 : 한글 금액 (1,234 → 일천이백삼십사) 　　　　　　2 : 한문 금액 (1,234 → 壹阡貳百參拾四) 　　　　　　3 : 한글 숫자 (1,234 → 일이삼사)
특이사항	• 엑셀에서 정식으로 제공하는 함수가 아니므로 도움말이 제공되지 않습니다. • NUMBERSTING 함수는 다음과 같이 TEXT 함수로 대체할 수 있습니다. 　NUMBERSTRING(1234, 1) = TEXT(1234, "[DBNUM4]") 　NUMBERSTRING(1234, 2) = TEXT(1234, "[DBNUM2]") 　NUMBERSTRING(1234, 3) = TEXT(1234, "[DBNUM4]#")

WON (숫자, 반올림 위치)

숫자 값을 통화 형식으로 변환하여 반환합니다.

구문	• **숫자** : 변환할 숫자 값 • **반올림 위치** : 소수점 이하 자리를 의미합니다. 음수 값을 입력하면 소수점 왼쪽 위치에서 반올림되며, 　　　　　　　생략하면 2로 지정
특이사항	셀 서식 대화상자의 [표시 형식] 탭에서 통화 형식을 지정한 것과 동일합니다.

실무실습 합계 금액을 한자와 통화 형식으로 표시하기 견적서

• 예제 파일 ⊙ : Part2\TEXT, NUMBERSTRING, WON 함수.xlsx

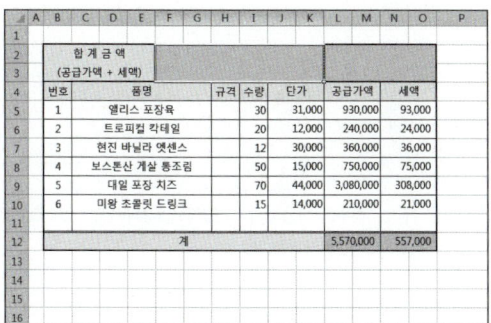

01 예제 이해하기 예제 파일을 열면 견적서를 확인할 수 있습니다. L12:O12 범위에 집계된 공급가액과 세액의 합계를 F2:K3 범위에는 한문으로, L2:O3 범위에는 통화 형식으로 표시합니다.

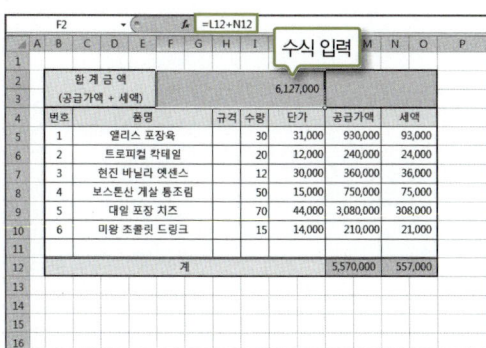

02 합계 구하기
F2:K3 병합 셀을 선택하고, 다음 수식을 입력합니다.
=L12+N12

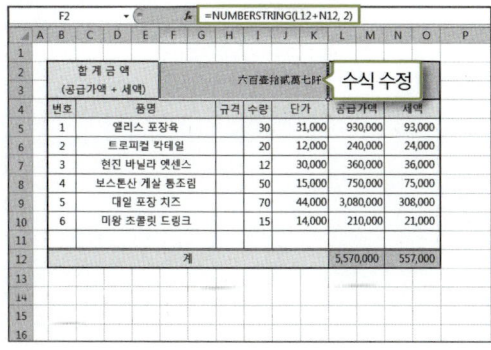

03 합계를 한문으로 변환하기
F2:K3 병합 셀을 선택하고, 수식을 다음과 같이 수정합니다.
=NUMBERSTRING(L12+N12, 2)

수식 설명 =NUMBERSTRING(L12+N12, 2)
NUMBERSTRING 함수의 2번째 인수를 2로 설정하면 선택한 셀의 결과 값을 한문으로 변환할 수 있습니다. 이 수식은 TEXT 함수를 이용하여 =TEXT(L12+N12, "[DBNUM2]") 형태로 작성해도 됩니다.
한글로 표시하려면 NUMBERSTRING 함수의 2번째 인수 값을 1로 변경하여 =NUMBERSTRING(L12+N12, 1) 형태로 작성합니다.

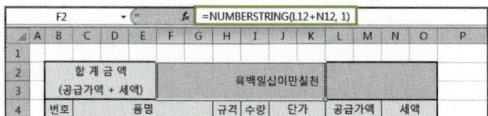

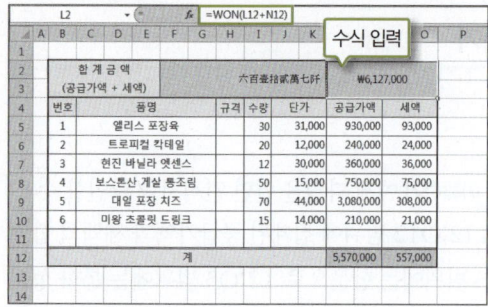

04 합계를 통화로 변환하기

L2:O3 병합 셀에 다음과 같은 수식을 입력합니다.

=WON(L12+N12)

수식 설명 **=WON(L12+N12)**

합계 금액(L12+N12)을 통화 형식으로 표시하기 위해 WON 함수를 사용합니다. 이 수식은 TEXT 함수를 사용해서 =TEXT(L12+N12, "₩#,###") 형태로 작성해도 됩니다. TEXT 함수의 "₩#,###" 서식 코드에 대해서는 **부록1 TEXT 함수의 서식 코드**를 참고합니다.

Section 05 여러 셀의 값을 하나로 합치기

▶ CONCATENATE ▶ PHONETIC ▶ 윗주 문자

여러 셀에 나눠 입력된 값을 하나로 연결할 때 연결 연산자인 앰퍼샌드(&)나 CONCATENATE 함수를 사용합니다. 또한 여러 개 셀 값을 구분 문자 없이 연결할 때는 윗주 문자를 반환하는 PHONETIC 함수를 사용할 수 있습니다.

이번에 배울 함수

CONCATENATE (문자열1, 문자열2, …)

인수로 전달된 모든 문자열을 하나로 합쳐 반환합니다.

구문	• **문자열** : 하나로 합칠 문자열 또는 문자열이 입력된 셀
참고	CONCATENATE 함수 대신 & 연산자를 이용해도 동일한 결과를 얻을 수 있습니다. 아래는 두 가지 방법으로 동일한 결과 값을 얻는 예입니다. ="A" & "B" & "C" → ABC =CONCATENATE("A", "B", "C") → ABC

PHONETIC (참조)

지정한 셀 또는 범위의 문자열에서 윗주 문자를 추출합니다.

구문	• **참조** : 윗주 문자를 포함하는 문자열이 위치한 셀 또는 범위
특이사항	지정한 범위에 윗주 문자가 없고, 셀에 입력된 값이 텍스트 형식이면 지정한 범위의 값을 모두 연결해 반환합니다. 단, 셀의 값이 숫자나 수식의 결과인 경우는 값을 반환하지 못합니다
참고	윗주 문자는 본문의 위쪽에 표시하는 주해 또는 참조를 의미합니다.

 **주문한 제품 목록을 별도의 셀에 정리하기** 견적서

• 예제 파일 ⊙ : Part2\CONCATENATE, PHONETIC 함수.xlsx

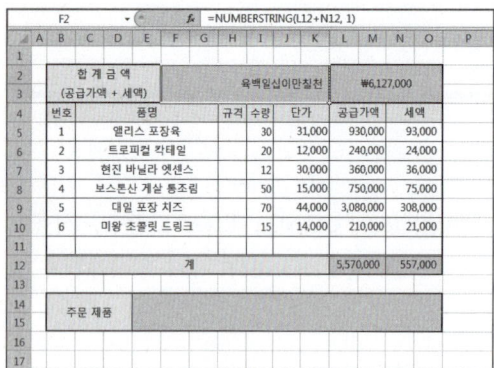

01 예제 이해하기 예제 파일을 열면 견적서를 확인할 수 있습니다. 견적서의 합계 금액을 보기 좋게 정리하고, 주문한 제품 목록을 E14:O15 병합 셀에 쉼표(,)로 구분하여 표시하는 작업을 진행합니다.

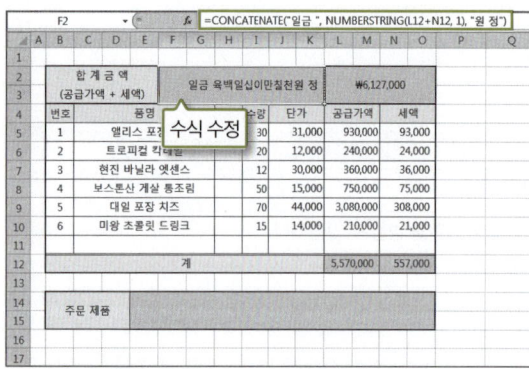

02 표시 형식 수정하기 F2:K3 병합 셀에 표시된 한글 금액 앞뒤로 일금, 원정이란 문자열을 연결합니다.
F2:K3 병합 셀의 수식을 다음과 같이 수정합니다.
=CONCATENATE("일금 ", NUMBERSTRING(L12+N12, 1), "원 정")

수식 설명 =CONCATENATE("일금 ", NUMBERSTRING(L12+N12, 1), "원 정")
이번 수식은 기존의 NUMBERSTRING 함수를 사용한 수식 결과 앞뒤에 특정 단어를 추가하기 위해 CONCATENATE 함수를 중첩한 것입니다. CONCATENATE 함수는 전달받은 인수를 모두 연결하는 함수이므로 "일금 " 뒤에 NUMBERSTRING 함수 결과를 표시하고, 다시 뒤에 "원 정"을 연결하여 반환합니다.

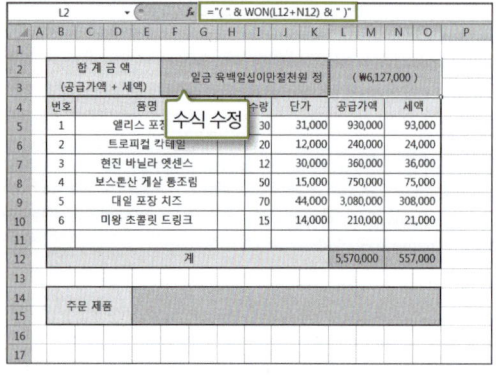

03 통화 형식 합계 금액을 괄호로 묶기
L2:O3 병합 셀의 수식을 다음과 같이 수정합니다.
="(" & WON(L12+N12) & ")"

수식 설명 ="(" & WON(L12+N12) & ")"
이번 수식은 기존의 WON 함수 부분에 & 연산자를 이용해 괄호를 연결해 표시한 것입니다. CONCATENATE 함수나 & 연산자는 동일한 결과를 반환하므로 상황에 맞게 편한 방법을 선택해 작업합니다.

04 제품 목록 표시하기

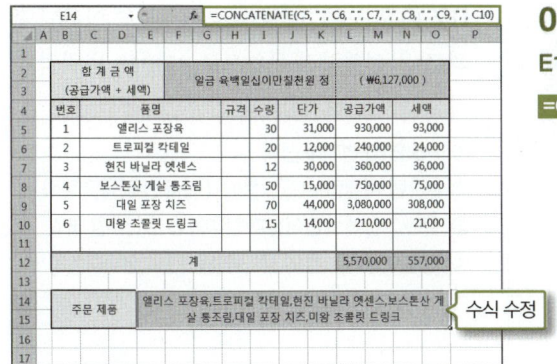

E14:O15 병합 셀에 다음과 같은 수식을 입력합니다.

=CONCATENATE(C5, ",", C6, ",", C7, ",", C8, ",", C9, ",", C10)

수식 설명 =CONCATENATE(C5, ",", C6, ",", C7, ",", C8, ",", C9, ",", C10)

C5:C10 범위에 입력된 모든 제품명을 하나로 연결해 표시하려면 & 연산자나 CONCATENATE 함수를 사용하면 됩니다. 이 때, 제품명 사이에 구분 문자 쉼표(,)를 추가해 각 제품명이 구분되도록 합니다.

이번 수식에서 보듯 & 연산자나 CONCATENATE 함수를 이용할 때 연결할 값이 많으면 수식을 입력하기가 까다롭습니다.

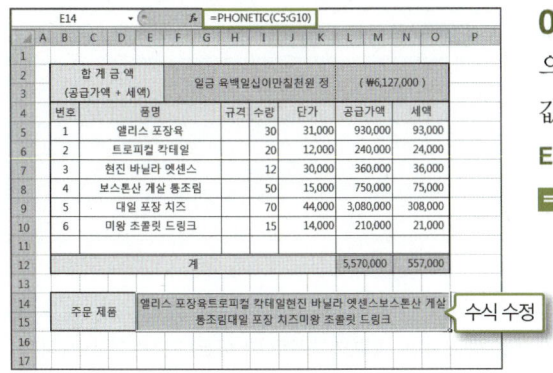

05 PHONETIC 함수는 인수로 전달한 셀에 윗주가 없으면 셀 값을 반환합니다. 이런 특성을 이용해 여러 셀의 값을 하나로 합치는 데 사용할 수 있습니다.

E14:O15 병합 셀의 수식을 다음과 같이 수정합니다.

=PHONETIC(C5:C10)

수식 설명 =PHONETIC(C5:C10)

PHONETIC 함수는 인수로 전달된 C5:C10 범위의 셀에서 윗주만 찾아 반환합니다. 범위의 셀에는 윗주가 없으므로 셀 값이 그대로 반환됩니다. 단, 결과 화면에서 볼 수 있듯이 셀 값이 그대로 연결되기 때문에 각각의 제품명을 구분하기가 쉽지 않습니다.

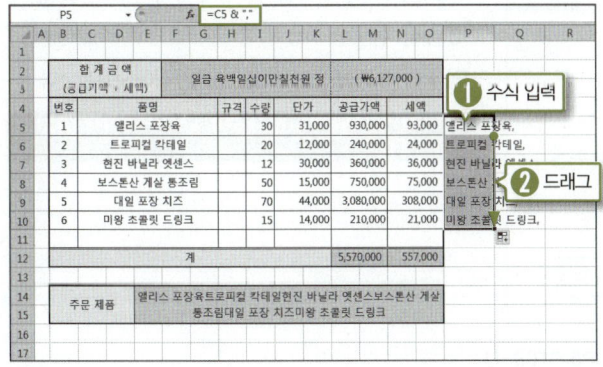

06 연결할 제품명을 구분하기 위해 연결하기 전에 구분 문자를 추가합니다.

① P5셀에 다음 수식을 입력
② P5셀의 **채우기 핸들**을 P10셀까지 드래그해 수식을 복사합니다.

=C5 & ","

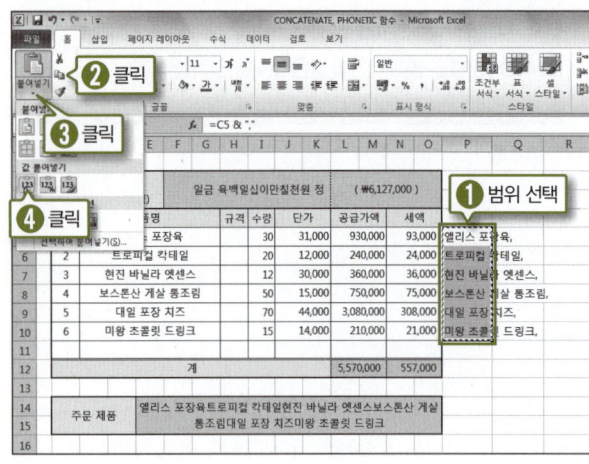

07 PHONETIC 함수는 수식으로 입력된 셀의 값을 연결하진 못하므로 P5:P10 범위의 수식을 값으로 변경합니다.

① P5:P10 범위를 선택
② [홈] 탭 – [클립보드] 그룹에서 **복사** 단추를 클릭
③ 같은 그룹에서 **붙여넣기** 단추의 **옵션** 단추를 클릭
④ 값 붙여넣기 그룹의 **값** 단추를 클릭합니다.

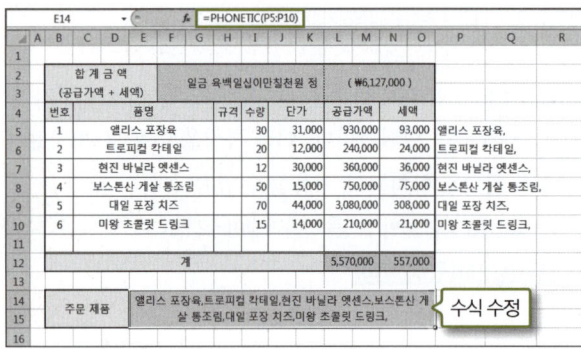

08
E14:O15 병합 셀의 수식을 다음과 같이 수정합니다.
=PHONETIC(P5:P10)

수식 설명 =PHONETIC(P5:P10)
P5:P10 범위의 값이 연결되면서 쉼표(,)로 각 제품명이 구분됩니다. 하지만 마지막 제품명 뒤에도 쉼표(,)가 표시됩니다. 이 문제는 6번 과정에서 마지막 제품명까지 쉼표(,)를 연결했기 때문입니다. 다음과 같은 방법으로 해결할 수 있습니다.
첫째, 6번 과정에서 수식을 복사할 때 P10셀의 수식만 =C10이 되도록 고치고 이후 과정을 진행합니다.
둘째, 9번 과정에서 설명하는 방법으로 LEFT, LEN 함수를 사용합니다.

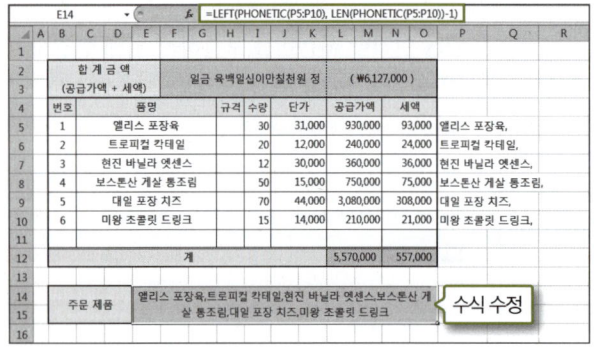

09 E14:O15 병합 셀의 마지막 쉼표(,)를 없애겠습니다.
E14:O15 병합 셀의 수식을 다음과 같이 수정합니다.
=LEFT(PHONETIC(P5:P10), LEN(PHONETIC(P5:P10))-1)

수식 설명 =LEFT(PHONETIC(P5:P10), LEN(PHONETIC(P5:P10))-1)
이번 수식에서 원래의 PHONETIC 함수 부분을 축소해 보면 다음과 같이 정리할 수 있습니다.
=LEFT(PHONETIC(…), LEN(PHONETIC(…))-1)
즉, LEFT 함수를 사용해 PHONETIC 함수로 반환받은 값을 왼쪽부터 잘라냅니다. 이때 잘라낼 문자 개수는 LEN 함수를 이용해 PHONETIC 함수로 반환받을 전체 문자 개수를 세고 그 값에서 1을 뺀 개수입니다.
이런 수식 구성 방법은 전체 문자열에서 마지막 1개 문자를 잘라낼 때 자주 사용하는 패턴이므로 잘 기억해 두길 바랍니다.
=LEFT(문자열, LEN(문자열)-1)

Chapter 3.
집계, 통계 함수

집계, 통계 함수는 데이터를 요약하고 분석하는 데 사용하는 함수들로, 숫자를 다루기 위해 만들어진 엑셀의 특성상 가장 기본적인 함수라고 말할 수 있습니다. 여기에서 설명하는 함수는 개수, 합계, 평균, 최대, 최소값을 구하거나 반올림, 올림, 내림 처리할 때 사용하는 함수, 순위를 구하는 함수, 숨겨진 셀을 제외하고 값을 집계하는 함수, 오류 값을 제외하고 값을 집계하는 함수, 색상을 구별해 값을 집계하는 함수, 마지막으로 과거 데이터로 미래 값을 예측하는 함수들입니다.

Section 01 숫자 변환하기

▶ VALUE   ▶ 자동 합계

워드나 파워포인트에서 입력한 값은 모두 텍스트 값으로 인식되기 때문에 계산 작업을 하기가 쉽지 않습니다. 하지만 엑셀에서는 숫자, 날짜, 시간, 논리값, 텍스트 등 다양한 데이터 형식을 구분해 인식하기 때문에 손쉽게 계산 작업을 할 수 있습니다. 그러나 숫자 값을 텍스트 형식으로 기록하거나, 외부에서 입력된 데이터를 가져올 때는 숫자도 텍스트 형식으로 인식될 수 있습니다. 그렇게 되면 숫자 계산 작업을 원활하게 진행할 수 없기 때문에 올바른 숫자 데이터 형식으로 변환하는 방법을 익혀 둘 필요가 있습니다.

이번에 배울 함수

VALUE (텍스트)
텍스트 형식의 숫자를 계산할 수 있는 숫자 값으로 변환합니다.

인수	
인수	• **텍스트** : 텍스트 형식으로 구성된 날짜, 시간, 숫자 값
특이사항	VALUE 함수를 사용하여 계산할 수 있는 값으로 변환하는 작업은 좀 더 간결한 연산으로 대체할 수 있습니다. 다음은 VALUE 함수와 동일한 결과를 얻는 계산 식입니다. =1*텍스트 → 1을 곱하는 연산은 텍스트 형식의 숫자를 계산할 수 있는 숫자 형식으로 바로 변환시켜 줍니다. =--텍스트 → 마이너스(-) 기호를 앞에 두면 -1을 곱하는 연산과 동일합니다. 즉 =-1*-1*텍스트와 같은 결과이므로 텍스트 형식의 숫자를 변환할 수 있습니다.

실무실습 분류별 판매액의 합계 구하기 집계표

• 예제 파일 ⓘ : Part2\VALUE 함수.xlsx

01 예제 이해하기 예제 파일을 열면 집계표를 확인할 수 있습니다. B열의 매출액은 텍스트 형식의 숫자로, SUM 함수 등을 이용해 집계하면 올바른 결과가 반환되지 않습니다. 그러므로 숫자 데이터 형식으로 변환해 주는 작업을 먼저 진행한 다음, 집계 작업을 처리합니다.

	A	B	C	D
1	분류	매출	변환	
2	가공 식품	14,555,700		
3	곡류	17,586,000		
4	과자류	36,944,700		
5	유제품	48,457,300		
6	육류	31,019,250		
7	음료	30,029,900		
8	조미료	19,139,100		
9	해산물	35,270,500		
10	합계			
11				
12				

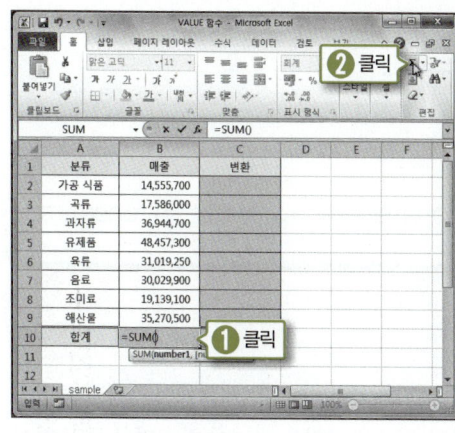

02 합계 구하기 B열의 숫자 집계가 제대로 되는지 확인해 보겠습니다.

① B10셀을 선택
② 리본 메뉴의 [홈] 탭 – [편집] 그룹에서 **자동 합계** 단추(Σ)를 클릭합니다.

TIP … 자동 합계

자동 합계 기능은 선택할 셀의 위쪽 또는 왼쪽에 있는 숫자 데이터를 자동으로 인식합니다. 이번 과정에서는 위쪽에 숫자 값이 존재하지만, 데이터 범위로 인식되지 않았습니다. 즉, 위쪽의 숫자 값이 계산에 적합하지 않은 텍스트 형식이기 때문으로 이해할 수 있습니다.

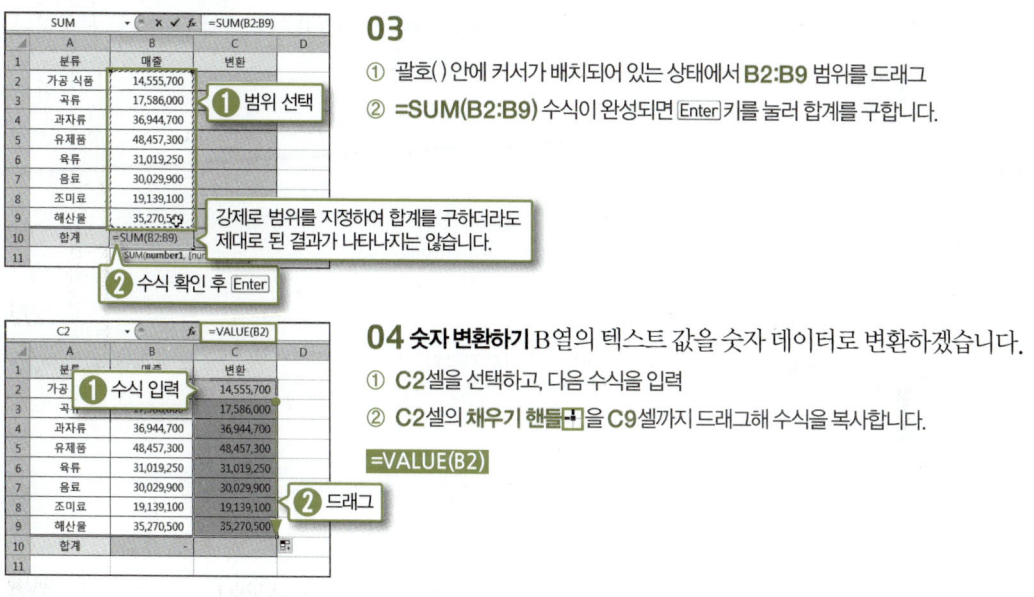

03

① 괄호( ) 안에 커서가 배치되어 있는 상태에서 **B2:B9** 범위를 드래그
② **=SUM(B2:B9)** 수식이 완성되면 Enter 키를 눌러 합계를 구합니다.

04 숫자 변환하기 B열의 텍스트 값을 숫자 데이터로 변환하겠습니다.

① C2셀을 선택하고, 다음 수식을 입력
② C2셀의 **채우기 핸들**을 C9셀까지 드래그해 수식을 복사합니다.

=VALUE(B2)

수식 설명 **=VALUE(B2)**

VALUE 함수는 텍스트 형식으로 입력된 숫자를 계산할 수 있는 숫자 형식으로 변경해 줍니다. 그렇다고 모든 텍스트 형식의 숫자 값을 변환할 수 있는 것은 아닙니다. 숫자 값의 앞뒤로 공백 문자(" ")가 입력된 경우나 웹 상에서 첨부된 공백 문자는 VALUE 함수를 이용하더라도 변환되지 않습니다. 그러므로 공백 문자가 포함된 경우 다음과 같은 과정을 통해 공백 문자를 삭제합니다.

① 텍스트 형식의 숫자 값이 입력된 셀을 선택하고 수식 입력줄에서 값의 앞뒤에 공백 문자와 같이 눈에 보이지 않는 문자(유령 문자)가 있는지 확인합니다.
② 유령 문자가 확인되면 마우스로 드래그해 선택한 다음 Ctrl + C 키를 눌러 복사합니다.
③ 텍스트 형식의 숫자 값이 입력된 범위를 모두 선택합니다.
④ Ctrl + H 키를 누르거나 리본 메뉴의 [홈] 탭 – [편집] 그룹에서 [찾기 및 선택]바꾸기] 명령을 클릭합니다.
⑤ 찾기 및 바꾸기 대화상자의 찾을 내용 입력란에서 Ctrl + V 키를 눌러 2번 과정에서 복사한 내용을 붙여 넣고, 〈모두 바꾸기〉 버튼을 클릭하여 유령 문자를 모두 삭제합니다.

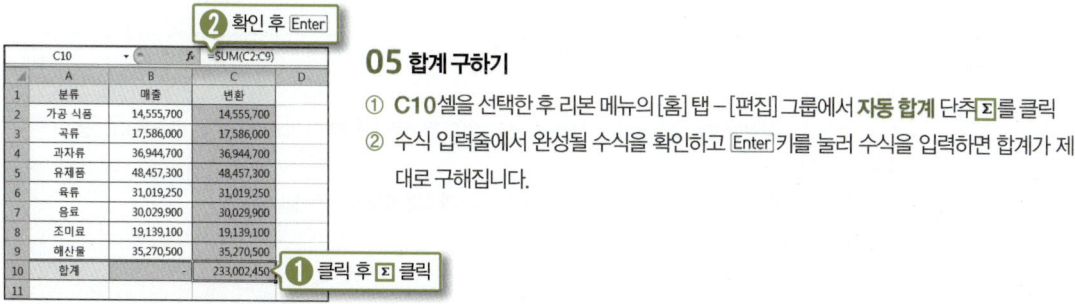

05 합계 구하기

① C10셀을 선택한 후 리본 메뉴의 [홈] 탭 – [편집] 그룹에서 **자동 합계** 단추(Σ)를 클릭
② 수식 입력줄에서 완성될 수식을 확인하고 Enter 키를 눌러 수식을 입력하면 합계가 제대로 구해집니다.

Section 02 건수 세기

▶ 계열 함수 ▶ COUNT ▶ COUNTA ▶ COUNTBLANK ▶ COUNTIF ▶ COUNTIFS

건수(개수)를 센다는 것은 지정한 범위에 원하는 값이 몇 개 있는지 센다는 의미입니다. 엑셀에서 제공하는 함수 중에서 건수를 구하는 함수는 모두 COUNT로 시작합니다. 이처럼 유사한 작업을 하면서 함수명이 특정 단어로 시작하는 함수를 계열 함수라고 합니다. 그러므로 건수를 세는 함수들을 COUNT 계열 함수라고 부릅니다. COUNT 계열 함수에는 다음과 같은 것들이 있습니다.

이번에 배울 함수

COUNT (값1, 값2, …)
지정한 값에서 숫자 값이 몇 개인지 세어 반환합니다.

구문	• 값 : 개수를 구할 개별 값 또는 범위로 최대 255개까지 지정 가능

COUNTA (값1, 값2, …)
지정한 값에서 빈 셀을 제외한 셀의 개수를 세어 반환합니다.

구문	• 값 : 개수를 구할 개별 값 또는 범위로 최대 255개까지 지정 가능

COUNTBLANK (범위)
지정한 범위에서 빈 셀의 개수를 세어 반환합니다.

구문	• 범위 : 빈 셀의 개수를 셀 데이터 범위

COUNTIF (범위, 조건)
지정한 범위에서 조건에 맞는 셀의 개수를 세어 반환합니다.

구문	• 범위 : 개수를 셀 데이터 범위 • 조건 : 범위에서 확인할 조건으로 비교 연산자와 와일드카드 문자를 사용할 수 있으며 조건은 큰따옴표("")를 이용해 묶어서 표시

COUNTIFS (범위1, 조건1, 범위2, 조건2, …)
지정한 다중 범위에서 조건에 맞는 셀의 개수를 세어 반환합니다.

구문	• 범위 : 개수를 셀 데이터 범위 • 조건 : 범위에서 확인할 조건으로 비교 연산자와 와일드카드 문자를 사용할 수 있으며 조건은 큰따옴표("")를 이용해 묶어서 표시
버전	엑셀 2007 버전부터 제공되는 함수로 하위 버전에서는 다음과 같은 수식을 사용합니다. =SUMPRODUCT((범위1=조건1)*(범위2=조건2)*…)

TIP ... COUNT 계열 함수 쉽게 이해하는 방법

함수명	설명
COUNT	집계 함수 중에서 계열 함수를 대표하는 함수로, 숫자 데이터만을 인식해 작업합니다. 그러므로 COUNT는 지정된 범위 내 숫자 값을 갖는 셀이 몇 개 있는지 세어 줍니다.
COUNTA	계열 함수 중에서 A가 붙으면 입력된 데이터 전체를 의미합니다. 그러므로 COUNTA는 지정된 범위 내 값이 입력된 셀이 몇 개 있는지 세어 줍니다.
COUNTBLANK	BLANK 함수명은 A와 반대되는 역할을 합니다. COUNTBLANK는 지정된 범위 내 빈 셀이 몇 개 있는지 세어 줍니다.
COUNTIF	IF가 붙으면 사용자가 지정한 조건에 맞는 셀이 몇 개 있는지 세어 줍니다.
COUNTIFS	IF에 S가 붙어 복수형을 의미하며, 다중(여러 개) 조건을 모두 만족하는 셀이 몇 개 있는지 세어 줍니다.

실무실습 각종 항목 집계하기 — 월 주문 내역

- 예제 파일 ⊙ : Part2\COUNT 계열 함수.xlsx

01 예제 이해하기 예제 파일을 열면 월 주문 내역을 확인할 수 있습니다. 아래쪽의 거래 내역을 참고하여 위쪽 집계표의 각 항목을 COUNT 계열 함수로 채워 보겠습니다.

02 숫자 개수 세기 첫 번째 항목은 판매된 전체 건수를 세는 작업입니다.

C2셀을 선택하고, 다음 수식을 입력합니다.

=COUNT(A9:A137)

수식 설명 =COUNT(A9:A137)

전체 판매 건은 거래 내역 건수를 모두 세면 되는데, 어느 열에서 개수를 셀 것인지가 중요합니다. 이런 경우 빈 셀이 포함되지 않은 열을 세는 것이 일반적이며, 세려고 하는 열에 숫자만 입력되어 있으면 COUNT, 텍스트가 포함되어 있으면 COUNTA 함수를 사용합니다. A열(거래ID)에는 숫자 데이터만 있으므로 개수를 세려고 COUNT 함수를 사용한 것입니다. 만약 B열의 제품명으로 전체 판매 건을 구하려고 했다면 COUNTA 함수를 사용하여 =COUNTA(B9:B137)과 같이 입력합니다.

03 빈 셀을 제외한 셀 개수 세기 두 번째 항목은 입금이 완료된 건수를 세는 작업입니다.

C3셀에 다음 수식을 입력합니다.

=COUNTA(H9:G137)

수식 설명 =COUNTA(G9:G137)

G열은 o 문자와 빈 셀로 구성되어 있습니다. 그러므로 입금 완료 건은 COUNTA 또는 COUNTIF 함수를 이용해서 G열에 o 문자가 입력된 셀을 세면 됩니다. 이번 수식에서 사용한 COUNTA 함수는 빈 셀을 제외한 셀의 개수를 세어 주므로 H9:H137 범위에서 값이 입력된 셀의 개수를 셀 수 있습니다. 만약 COUNTIF 함수를 이용하려면 **=COUNTIF(G9:G137, "=o")** 또는, 같음(=) 연산자를 생략하고 **=COUNTIF(G9:G137, "o")**와 같이 입력합니다.

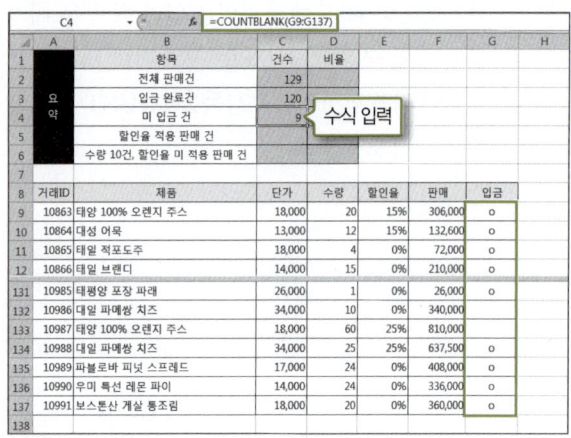

04 빈 셀의 개수 세기 세 번째 항목은 미입금된 건수를 세는 작업입니다. 3번 과정에서 설명했듯이 입금이 완료되지 않은 거래는 G열에서 빈 셀입니다. 그러므로 COUNTBLANK 함수를 이용해 빈 셀의 개수를 셉니다.

C4셀에 다음 수식을 입력합니다.

=COUNTBLANK(G9:G137)

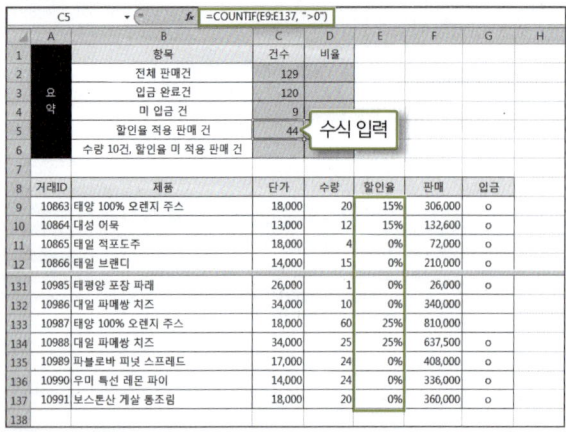

05 조건에 맞는 셀의 개수 세기 네 번째 항목은 할인율이 적용된 판매 건수를 세는 작업입니다.

C5셀에 다음 수식을 입력합니다.

=COUNTIF(E9:E137, ">0")

수식 설명 =COUNTIF(E9:E137, ">0")

할인율이 적용된 판매 건을 세기 위해서는 E열의 데이터에서 할인율이 0보다 큰 건을 세야 합니다. 그러므로 COUNTIF 함수를 사용하고, 2번째 인수인 조건은 보다 큼(>) 연산자를 0과 연결한 후 큰따옴표("")로 묶어 지정합니다.

06 여러 조건에 맞는 셀의 개수 세기 다섯 번째 항목은 수량이 10건 이상인 것 중에서 할인율이 적용되지 않은 판매 건수를 세는 작업입니다.

C6셀을 선택하고, 다음 수식을 입력합니다.

`=COUNTIFS(D9:D137, ">=10", E9:E137, 0)`

수식 설명 `=COUNTIFS(D9:D137, ">=10", E9:E137, 0)`

수량이 10건 이상이면서 동시에 할인율이 적용되지 않아야 합니다. 즉, 조건이 둘인 건수를 세는 작업을 진행해야 하므로 엑셀 2007 버전부터 제공하는 COUNTIFS 함수를 사용합니다.

첫 번째 조건은 D열(수량)의 값이 10 이상인 조건(">=10")을 구성하고, 두 번째 조건은 E열(할인율)에서 0과 같다는 조건("=0")을 구성합니다. 이 때, 같음(=) 연산자는 생략할 수 있기 때문에 "=0" 은 "0"과 같이 변경할 수 있으며, "0" 에서 0은 숫자이므로 큰따옴표("")를 생략해 0으로 조건을 구성할 수 있습니다.

> **TIP ... 함수명 뒤에 IF가 붙는 함수의 조건 작성 규칙**
>
> 첫째, 큰따옴표(" ")를 이용해 조건을 묶어야 합니다.
> 둘째, 같음(=) 연산자는 생략할 수 있습니다.
> 셋째, 같음(=) 연산자를 생략한 경우 남은 값이 숫자일 때는 큰따옴표(" ")도 생략할 수 있습니다.

07 SUMPRODUCT 함수 활용하기 하위 버전 사용자를 위해 COUNTIFS 함수를 SUMPRODUCT 함수로 대체해 보겠습니다.

C6셀의 수식을 다음과 같이 수정합니다.

`=SUMPRODUCT((D9:D137>=10)*(E9:E137=0))`

수식 설명 `=SUMPRODUCT((D9:D137>=10)*(E9:E137=0))`

6번 과정에서 사용한 COUNTIFS 함수 결과를 엑셀 2003 버전에서 구하려면 SUMPRODUCT 함수를 사용합니다. SUMPRODUCT 함수를 사용할 때는 COUNTIFS 함수의 범위와 조건 인수를 다음과 같이 하나로 합친 다음, 두 조건을 서로 곱해 주는 연산을 하면 됩니다.

D9:D137, ">=10" → (D9:D137>=10)
E9:E137, 0   → (E9:E137=0)

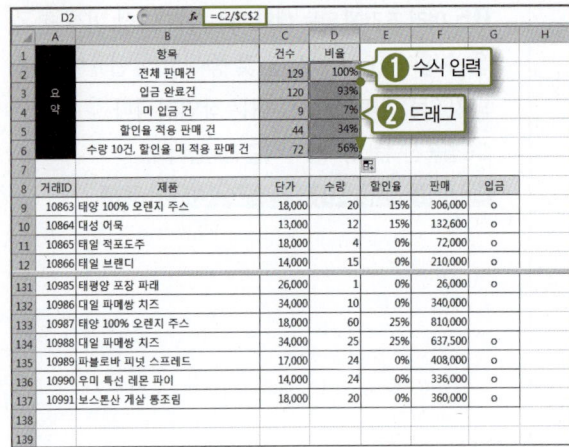

08 비율 구하기

① D2셀을 선택하고, 다음 수식을 입력
② D2셀의 **채우기 핸들**을 D6셀까지 드래그해 수식을 복사합니다.

`=C2/$C$2`

수식 설명 `=C2/$C$2`

C2:C6 범위의 각 값을 비율로 나타내려면 **=비율로 표시할 값 / 전체 값**과 같은 수식을 작성합니다. D2셀에서 수식을 작성할 때는 분자와 분모 값이 동일하므로 =C2/C2와 같은 수식이 되는데 분모에 위치한 C2셀은 수식을 복사해도 셀 위치가 변경되면 안되므로 절대참조 방식을 사용합니다.

Section 03 합계 계산하기

▶ SUM ▶ SUMIF ▶ SUMIFS ▶ SUMPRODUCT

지정한 범위의 모든 숫자를 더하거나, 지정한 조건에 만족하는 숫자만 더하는 등의 합계와 관련된 함수가 있습니다. 합계와 관련된 함수는 모두 SUM으로 시작하는 SUM 계열 함수입니다.

이번에 배울 함수

SUM (값1, 값2, …)
지정한 값 중에서 숫자 값을 모두 더해 반환합니다.

구문	• 값 : 합계를 구할 값 또는 범위로 최대 255개까지 지정 가능

SUMIF (범위, 조건, 합계 범위)
지정한 조건을 만족하는 범위와 같은 행에 위치한 합계 범위의 값을 모두 더해 반환합니다.

구문	• 범위 : 조건을 확인할 데이터 범위 • 조건 : 범위에서 확인할 조건으로 비교 연산자 및 와일드카드 문자를 사용 가능 • 합계 범위 : 조건을 만족하는 범위와 같은 행에 있는 합계를 구할 범위
특이사항	합계 범위는 생략할 수 있으며, 생략하면 범위가 합계 범위가 됩니다.

SUMIFS (합계 범위, 범위1, 조건1, 범위2, 조건2, …)
다중 범위에서 지정한 조건에 만족하는 같은 행에 위치한 합계 범위 내의 값을 모두 더해 반환합니다.

구문	• 합계 범위 : 합계를 구할 범위, 합계 범위는 생략 가능 • 범위 : 조건을 확인할 데이터 범위 • 조건 : 범위에서 확인할 조건으로 비교 연산자 및 와일드카드 문자를 사용 가능
특이사항	SUMIF 함수와는 합계 범위 인수의 위치가 다릅니다. SUMIF 함수는 3번째 인수로 합계 범위를 지정하지만, SUMIFS 함수는 1번째 인수로 합계 범위 인수를 지정합니다.
버전	엑셀 2007 버전부터 제공되는 함수로, 엑셀 2003 이하 버전에서 동일한 작업을 하려면 다음과 같은 형태로 수식을 입력합니다. =SUMPRODUCT(합계 범위, (범위1=조건1)*(범위2=조건2)*…)

SUMPRODUCT (배열1, 배열2, …)
배열의 각 요소를 서로 곱한 다음, 곱한 값을 모두 더해 반환합니다.

구문	• 배열 : 값 집합 또는 범위

참고: 예를 들어 {1,2,3}과 {4,5,6} 이 두 개의 배열을 SUMPRODUCT 함수의 인수로 전달하면 다음과 같은 계산 과정을 거쳐 32를 반환합니다.

=SUMPRODUCT({1,2,3}, {4,5,6})

1	×	4	=	4	
2	×	5	=	10	} SUM 32
3	×	6	=	18	

TIP ... SUM 계열 함수를 쉽게 이해하는 방법

SUM 계열 함수	설명
SUM	COUNT 함수와 마찬가지로 SUM 계열 함수의 대표적인 함수로 인수로 전달된 값 중 숫자 값의 합계를 구합니다.
SUMIF	COUNTIF 함수와 같이 함수명에 IF가 붙어 사용자가 지정한 조건 하나를 만족하는 범위 내 숫자 값의 합계를 구합니다.
SUMIFS	IF 뒤에 S가 붙어 복수형이므로 다중 조건을 모두 만족하는 범위 내 숫자 값의 합계를 구합니다.
SUMPRODUCT	PRODUCT 함수는 곱셈 계산을 하는 함수로, SUM 함수와 결합해 인수로 전달된 범위 내 값을 하나씩 곱한 다음, 곱한 값의 합계를 구합니다.

실무실습 각 조건에 맞는 매출액 집계하기 월 주문 내역

• 예제 파일 ⊙ : Part2\SUM 계열 함수.xlsx

01 예제 이해하기 예제 파일을 열면 월 주문 내역을 확인할 수 있습니다. 아래쪽 표에 있는 거래 내역을 바탕으로 위쪽 집계표의 각 항목을 채워 보겠습니다.

02 합계 구하기 첫 번째 항목은 총 매출액을 구하는 것입니다. 총 매출은 F열 판매액의 합계를 구하면 됩니다. C2:D2 병합 셀을 선택하고, 다음 수식을 입력합니다.

=SUM(F8:F136)

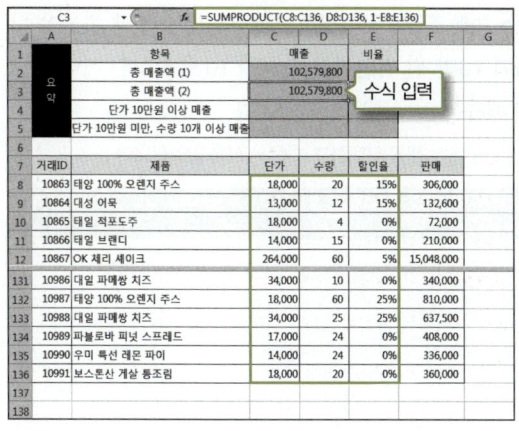

03 SUMPRODUCT 함수로 합계 구하기 두 번째 항목은 F열의 판매액이 없다고 가정하고 총 매출액을 구하는 것입니다.

C3:D3 병합 셀을 선택하고, 다음 수식을 입력합니다.

=SUMPRODUCT(C8:C136, D8:D136, 1-E8:E136)

수식 설명 **=SUMPRODUCT(C8:C136, D8:D136, 1-E8:E136)**
SUMPRODUCT 함수는 SUM 함수와 PRODUCT 함수가 결합된 것으로 인수로 전달한 범위 내 각 셀의 값을 곱한 다음, 곱한 값을 모두 더하는 함수입니다. F열의 판매액은 **=단가*수량*(1-할인율)** 형태로 수식을 작성했으므로 SUMPRODUCT 함수의 각 인수에 개별 계산 항목을 전달합니다.

C8:C136	×	D8:D136	×	1-E8:E136	=	PRODUCT	=	SUM
18,000		20		85%		306,000		
13,000		12		85%		132,600		102,579,800
...		...		...		...		
18,000		20		100%		360,000		

> **TIP ... PRODUCT 함수**
> PRODUCT 함수는 SUM 함수와 사용 방법이 동일합니다. 다만, 덧셈 대신 곱셈 연산을 하는 함수입니다.
> **=PRODUCT(값1, 값2, ...)**

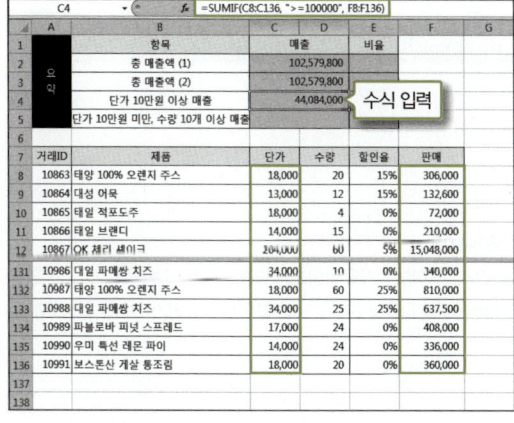

04 조건에 맞는 값의 합계 구하기 세 번째 항목은 단가가 10만 원 이상인 거래 내역에 대한 매출의 합계를 구하는 것입니다.

C4:D4 병합 셀을 선택하고, 다음 수식을 입력합니다.

=SUMIF(C8:C136, ">=100000", F8:F136)

수식 설명 **=SUMIF(C8:C136, ">=100000", F8:F136)**
SUMIF 함수는 COUNTIF 함수의 인수 구성에 합계 범위 인수를 하나 더 추가한 것에 불과합니다. 그러므로 단가가 10만 원 이상인 거래 내역의 합계를 구하려면 3번째 인수로 합계 범위를 지정하여 **=SUMIF(C8:C136, ">=100000", F8:F136)**와 같이 수식을 작성합니다. 이렇게 하면 C8:C136 범위에서 10만 원 이상인 셀을 찾아 F8:F136 범위의 같은 행에 위치한 숫자 값의 합계를 반환합니다. 단가가 10만 원 이상인 거래 건수만 세려면 합계 범위 인수를 빼고 **=COUNTIF(C8:C136, ">=100000")**와 같이 수식을 작성하면 됩니다.

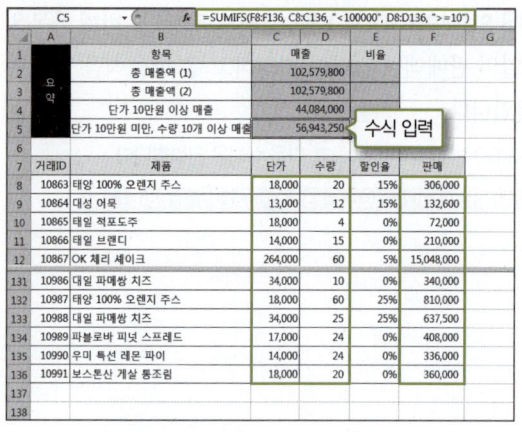

05 여러 조건에 맞는 값의 합계 구하기 네 번째 항목은 단가가 10만 원 미만이고 수량이 10개 이상인 거래 내역의 매출을 집계하는 작업입니다.

C5:D5 병합 셀을 선택하고, 다음 수식을 입력합니다.

=SUMIFS(F8:F136, C8:C136, "<100000", D8:D136, ">=10")

수식 설명 =SUMIFS(F8:F136, C8:C136, "<100000", D8:D136, ">=10")
SUMIFS 함수는 SUMIF 함수에서 다중 조건을 처리할 수 있도록 기능을 확장시킨 함수로 엑셀 2007 버전부터 제공됩니다. SUMIF 함수와 SUMIFS 함수를 잘 이해하기 위해서는 합계 범위 인수의 위치에 주의합니다.

=SUMIF(범위, 조건, 합계 범위)

=SUMIFS(합계 범위, 범위1, 조건1, 범위2, 조건2, …)

위에서 보듯이 SUMIFS 함수는 SUMIF 함수에 비해 보다 많은 조건을 처리하기 위해 합계 범위 인수를 첫 번째 인수로 지정합니다. 이런 차이만 구별할 수 있고, SUMIF 함수를 한 번이라도 사용해 본 사용자라면 SUMIFS 함수의 구성도 쉽게 이해할 수 있습니다. 이번 수식은 C8:C136 범위에서 10만원 미만이고, D8:D136 범위에서 10개 이상인 행을 찾은 다음, F8:F136 범위의 같은 행에 위치한 숫자 데이터의 합계를 반환합니다.

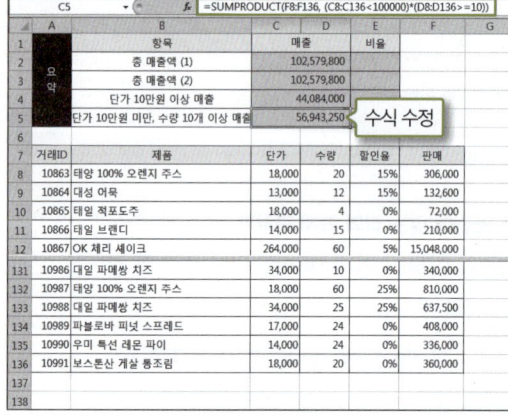

06 SUMPRODUCT 함수로 여러 조건의 합계 구하기 엑셀 2003 이하의 버전에서 사용할 수 있도록 SUMIFS 함수를 SUMPRODUCT 함수로 대체하여 수식을 작성해 보겠습니다.

C5:D5 병합 셀을 선택하고, 다음과 같이 수식을 수정합니다.

=SUMPRODUCT(F8:F136, (C8:C136<100000)*(D8:D136>=10))

수식 설명 =SUMPRODUCT(F8:F136, (C8:C136<100000)*(D8:D136>=10))
SUMIFS 함수는 엑셀 2003 이하 버전에서는 사용할 수가 없으므로, 다중 조건을 모두 만족하는 합계를 구하는 작업을 하려면 SUMPRODUCT 함수를 사용해야 합니다. SUMPRODUCT 함수를 사용할 때는 SUMIFS 함수의 범위와 조건을 다음과 같이 하나로 합친 다음 곱하기 연산을 실행하면 됩니다.

C8:C136, "<100000" → C8:C136<100000
D8:D136, ">=10" → D8:D136>=10

07 비율 구하기

① E2셀을 선택하고, 다음 수식을 입력
② E2셀의 **채우기 핸들**을 E5셀까지 드래그해 수식을 복사합니다.

`=C2/$C$2`

Section 04 평균 계산하기

▶ AVERAGE   ▶ AVERAGEIF   ▶ AVERAGEIFS

합계를 개수로 나눈 값을 산술 평균이라고 하며, 엑셀에서는 AVERAGE 함수를 이용해 구할 수 있습니다. 엑셀 2007 버전부터는 단일 조건과 다중 조건을 처리하는 AVERAGEIF 함수와 AVERAGEIFS 함수가 추가되었습니다. 이 두 함수는 SUMIF 함수와 SUMIFS 함수의 사용법과 동일합니다.

이번에 배울 함수

AVERAGE (값1, 값2, …)
지정한 숫자 값의 산술 평균을 구합니다.

구문	• 값 : 평균을 구할 숫자 값 또는 범위로 최대 255개까지 지정 가능

AVERAGEIF (범위, 조건, 평균 범위)
지정한 조건을 만족하는 범위와 같은 행에 위치한 평균 범위 값의 평균을 구합니다.

구문	• 범위 : 조건을 확인할 데이터 범위 • 조건 : 범위에서 확인할 조건으로 비교 연산자 및 와일드카드 문자를 사용 가능 • 평균 범위 : 평균을 구할 범위로, 조건을 만족하는 범위와 같은 행에 있는 값
특이사항	평균 범위는 생략할 수 있으며, 생략하면 범위가 평균 범위가 됩니다.
버전	엑셀 2007 버전부터 제공되는 함수로 엑셀 2003 버전을 포함한 하위 버전에서는 다음과 같은 형태로 작성한 후 Ctrl + Shift + Enter 키를 눌러 배열 수식으로 입력합니다. =AVERAGE(IF(범위=조건, 평균 범위))

AVERAGEIFS (평균 범위, 범위1, 조건1, 범위2, 조건2, …)
다중 범위에서 지정한 조건에 만족하는 같은 행에 위치한 평균 범위 값의 평균을 구합니다.

구문	• 평균 범위 : 평균을 구할 범위로 생략 불가 • 범위 : 조건을 확인할 데이터 범위 • 조건 : 범위에서 확인할 조건으로 비교 연산자 및 와일드카드 문자를 사용 가능
버전	엑셀 2007 버전부터 제공되는 함수로 엑셀 2003 버전을 포함한 하위 버전에서는 다음과 같은 형태로 작성한 후 Ctrl + Shift + Enter 키를 눌러 배열 수식으로 입력합니다. =AVERAGE(IF((범위1=조건1)*(범위2=조건2)*…, 평균 범위))

TIP ... AVERAGE 계열 함수 쉽게 이해하는 방법

AVERAGE 계열 함수	설명	유사한 함수
AVERAGE	인수로 전달된 숫자 값의 평균을 구합니다.	SUM
AVERAGEIF	사용자가 지정한 조건 하나를 만족하는 숫자 값의 평균을 구합니다.	SUMIF
AVERAGEIFS	사용자가 지정한 다중 조건을 모두 만족하는 숫자 값의 평균을 구합니다.	SUMIFS

실무실습 월별 평균 판매 수량 구하기 제품 판매량 집계표

• 예제 파일 ⓒ : Part2\AVERAGE 계열 함수.xlsx

01 예제 이해하기 예제 파일을 열면 각 제품의 월별 판매량 집계표를 확인할 수 있습니다. 각 월의 평균을 구할 때, 조건이 있는 경우와 없는 경우를 구분해 작업해 보겠습니다.

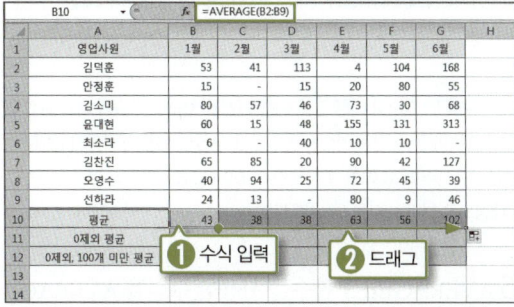

02 월 평균 구하기
① B10셀을 선택하고, 다음 수식을 입력
② B10셀의 **채우기 핸들**을 G10셀까지 드래그해 수식을 복사합니다.

=AVERAGE(B2:B9)

03 0을 제외한 평균 구하기 0 값을 제외하고 평균을 구하기 위해 조건을 처리할 수 있는 AVERAGEIF 함수를 사용합니다.
① B11셀에 다음 수식을 입력
② B11셀의 **채우기 핸들**을 G11셀까지 드래그해 수식을 복사합니다.

=AVERAGEIF(B2:B9, "<>0")

수식 설명 **=AVERAGEIF(B2:B9, "<>0")**
AVERAGEIF 함수는 엑셀 2007 버전부터 지원하는 함수로, 평균을 구할 때 조건 하나를 처리할 수 있습니다. 이번 수식은 범위, 조건 이렇게 2개 인수만 있고, 3번째 인수인 평균 범위를 지정하지 않았습니다. 3번째 인수를 생략하면 **=AVERAGEIF(B2:B9, "<>0", B2:B9)**와 동일합니다. 즉, B2:B9 범위가 1번째와 3번째 인수로 사용될 경우에는 3번째 인수를 생략할 수 있습니다. 참고로 "<>" 연산자는 다르다는 것을 의미하는 비교 연산자입니다.

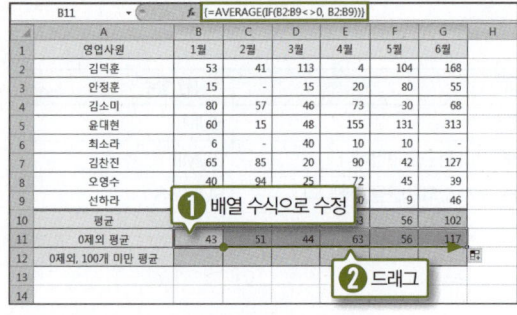

04 3번 과정의 수식을 AVERAGE 함수와 IF 함수를 중첩한 배열 수식으로 변경합니다.
① B11셀의 수식을 다음과 같이 수정하고 Ctrl + Shift + Enter 키를 누름
② B11셀의 **채우기 핸들**을 G11셀로 드래그해 수식을 복사합니다.

=AVERAGE(IF(B2:B9<>0, B2:B9))

수식 설명 {=AVERAGE(IF(B2:B9<>0, B2:B9))}
AVERAGEIF 함수는 엑셀 2007 버전부터 사용할 수 있으므로 엑셀 2003 이하 버전에서도 이런 식의 작업을 수행하기 위해서 AVERAGE 함수와 IF 함수를 중첩하여 배열 수식으로 작성했습니다. AVERAGE 함수와 IF 함수를 중첩하는 배열 수식은 **=AVERAGE(IF(범위=조건, 평균 범위))**와 같이 작성합니다. 범위=조건에서 같음(=) 연산자는 조건 인수에서 사용하는 비교 연산자가 없을 때 사용하며, 조건 인수에서 사용하는 비교 연산자가 있다면 해당 연산자를 사용합니다.

05 다중 조건의 평균 구하기 0을 제외하고 100개 미만인 판매량의 평균을 구하는 작업을 진행합니다. 조건이 둘이므로 AVERAGEIFS 함수를 사용합니다.
① B12셀에 다음 수식을 입력
② B12셀의 **채우기 핸들**을 G12셀로 드래그해 수식을 복사합니다.

=AVERAGEIFS(B2:B9, B2:B9, "<>0", B2:B9, "<100")

수식 설명 =AVERAGEIFS(B2:B9, B2:B9, "<>0", B2:B9, "<100")
AVERAGEIFS 함수 역시 엑셀 2007 버전부터 사용할 수 있는 함수입니다. AVERAGEIF 함수와 다른 점은 다중 조건을 처리하기 위해 평균 범위 인수가 맨 앞에 온다는 점입니다. 이번 수식을 보면 AVERAGEIF 함수 때와는 달리 범위와 평균 범위 인수가 동일한데, 평균 범위를 생략하지 않았습니다. 이것은 평균 범위가 AVERAGEIF 함수 때와는 달리 1번째 인수 값이기 때문입니다. 그러므로 이번 수식은 순서대로 B2:B9 범위의 평균을 구하는데, B2:B9 범위의 값이 0이 아니고(<>0), 100 미만의 값인 경우(<100)의 숫자만 대상으로 한다는 것을 의미합니다.

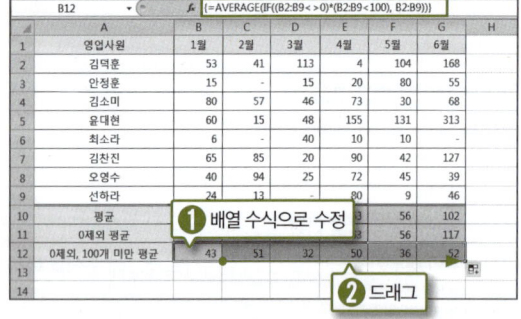

06 AVERAGEIFS 함수를 사용한 수식을 AVERAGE 함수와 IF 함수를 중첩한 배열 수식으로 변경합니다.
① B12셀의 수식을 다음과 같이 수정하고, Ctrl + Shift + Enter 키를 누름
② B12셀의 **채우기 핸들**을 G12셀로 드래그해 수식을 복사합니다.

=AVERAGE(IF((B2:B9<>0)*(B2:B9<100), B2:B9))

수식 설명 {=AVERAGE(IF((B2:B9<>0)*(B2:B9<100), B2:B9))}
AVERAGEIFS 함수는 엑셀 2007 버전부터 지원되므로 엑셀 2003 이하의 버전에서는 사용할 수 없습니다. 그러므로 하위 버전과의 호환성이 필요한 경우에는 AVERAGE 함수와 IF 함수를 중첩한 배열 수식으로 작성합니다. AVERAGEIFS 함수 구성을 AVERAGE 함수와 IF 함수를 사용한 배열 수식으로 변경하려면 **=AVERAGE(IF((범위1=조건1)*(범위2=조건2)*…, 평균 범위))**와 같이 작성합니다. 이번 수식은 배열 수식이므로 Ctrl + Shift + Enter 키를 눌러 입력해야 하며, 제대로 입력되면 수식 입력줄의 수식 앞뒤로 중괄호({ })가 표시됩니다.

Section 05 최대, 최소, n번째 큰 값, 작은 값 구하기

▶ MAX ▶ MIN ▶ LARGE ▶ SMALL

최대, 최소값은 범위 내에서 가장 큰 숫자 값과 가장 작은 숫자 값을 의미하며, 엑셀에서는 MAX와 MIN 함수를 이용해 구할 수 있습니다. 최대, 최소값 이외에도 전체 범위에서 n번째로 큰 값 또는 작은 값을 구할 수도 있는데, 이런 작업은 LARGE 함수와 SMALL 함수를 사용합니다.

이번에 배울 함수

MAX (숫자1, 숫자2, …)
지정한 숫자 값에서 가장 큰 값을 반환합니다.

구문	• 숫자 : 최대값을 구할 숫자 또는 데이터 범위로 최대 255개까지 지정 가능

MIN (숫자1, 숫자2, …)
지정한 숫자 값에서 가장 작은 값을 반환합니다.

구문	• 숫자 : 최소값을 구할 숫자 또는 데이터 범위로 최대 255개까지 지정 가능

LARGE (배열, n)
지정한 값 집합에서 n번째로 큰 값을 반환합니다.

구문	• 배열 : 숫자 데이터로 이뤄진 배열 또는 데이터 범위 • n : 배열에서 구하려는 큰 값의 순위, 예를 들어 1을 지정하면 MAX 함수와 동일한 결과를 반환
특이사항	배열에 중복 값이 있더라도, 중복 값을 구분하지 못합니다. 예를 들어 LARGE 함수로 100, 200, 200, 300 중에서 3번째로 큰 값을 찾으면 200이 반환됩니다.

SMALL (배열, n)
지정한 값 집합에서 n번째로 작은 값을 반환합니다.

구문	• 배열 : 숫자 데이터로 이뤄진 배열 또는 데이터 범위 • n : 배열에서 구하려는 작은 값의 순위, 예를 들어 1을 지정하면 MIN 함수와 동일한 결과를 반환
특이사항	LARGE 함수와 마찬가지로 배열에 중복 값이 있어도 구분하지 못합니다.

TIP ... MAX, MIN, LARGE, SMALL 함수간의 관계

구분	함수	함수
최대값	=MAX(범위)	=LARGE(범위, 1)
최소값	=MIN(범위)	=SMALL(범위, 1)

실무실습 최대, 최소값, 큰 값, 작은 값을 순서대로 나열하기

• 예제 파일 ⊙ : Part2\MAX, MIN, LARGE, SMALL 함수.xlsx

01 예제 이해하기 예제 파일을 열면 집계표를 확인할 수 있습니다. 위쪽의 영업사원 실적 집계표에서 판매 수량의 최대, 최소값과 매출 순위를 정리해 보겠습니다.

02 최대값 구하기

B11셀을 선택하고, 다음 수식을 입력합니다.

=MAX(B2:B8)

수식 설명 **=MAX(B2:B8)**
MAX 함수는 최대값을 구하는 함수이므로 B2:B10 범위에서 가장 큰 값을 반환합니다. MAX 함수 대신 LARGE 함수를 사용하여 **=LAREG(B2:B8, 1)** 형태로 작성해도 됩니다.

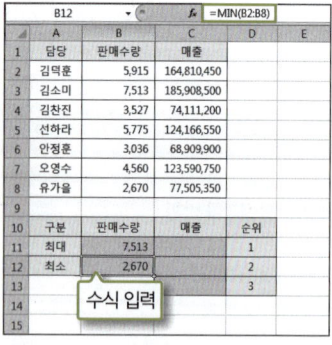

03 최소값 구하기

B12셀을 선택하고, 다음 수식을 입력합니다.

=MIN(B2:B8)

수식 설명 **=MIN(B2:B8)**
MIN 함수는 최소값을 구하는 함수이므로 B2:B8 범위에서 가장 작은 값을 반환합니다. MIN 함수 대신 SMALL 함수를 사용하여 **=SMALL(B2:B10, 1)** 형태로 작성해도 됩니다.

04 n번째로 큰 값 구하기 매출 상위 3개 금액을 순서대로 구하는 작업을 진행합니다.

① C11셀을 선택하고, 다음 수식을 입력
② C11셀의 **채우기 핸들**을 C13셀까지 드래그해 수식을 복사합니다.

=LARGE($C$2:$C$8, D11)

수식 설명 **=LARGE($C$2:$C$8, D11)**
LARGE 함수는 n번째로 큰 값을 구하는 함수입니다. D11:D13 범위에 입력된 순위를 사용해 C2:C8 범위의 1~3번째 큰 값이 반환되도록 합니다. 이런 수식을 작성할 때는 수식을 복사해 사용할 것에 대비하여 매출 데이터 범위인 C2:C8 범위를 절대참조로 참조합니다.

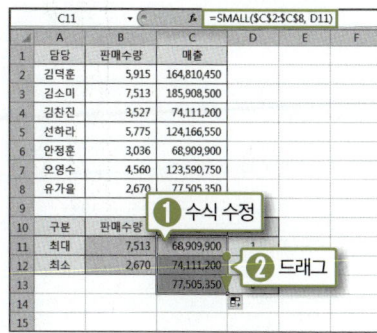

05 n번째 작은 값 구하기 매출 하위 3개 금액을 순서대로 표시하는 작업을 진행합니다.

① C11셀의 수식을 다음과 같이 수정
② C11셀의 **채우기 핸들**을 C13셀까지 드래그해 수식을 복사합니다.

=SMALL($C$2:$C$8, D11)

수식 설명 **=SMALL($C$2:$C$8, D11)**
SMALL 함수는 n번째 작은 값을 구하는 함수입니다. LARGE 함수와 사용법이 동일하므로 4번 과정의 수식 설명을 참고합니다. 이처럼 셀 주소나 함수 명만 수정하고자 할 때는 Ctrl+H 키를 눌러 바꾸기 기능을 이용하면 편리합니다.

Section 06 순위 계산하기

▶ RANK ▶ COUNTIFS ▶ RANK.EQ ▶ RANK.AVG

순위는 해당 값이 포함된 범위 내에서 몇 번째인지를 나타냅니다. 엑셀에서 순위를 구할 때는 RANK 함수를 사용하면 되는데, 엑셀 2010 버전부터 RANK.EQ, RANK.AVG 함수가 추가로 제공됩니다.

이번에 배울 함수

RANK (숫자, 범위, 정렬 방법)

숫자가 범위 내에서 몇 번째 값인지를 나타내는 순위를 반환합니다.

구문	• **숫자** : 순위를 구할 수
	• **범위** : 숫자가 포함된 데이터 범위
	• **정렬 방법** : 순위 결정 방법을 지정하는 정렬 옵션
	  – 0 또는 생략 : 큰 값에서 작은 값 순으로 순위를 지정
	  – 0 이외의 값 : 작은 값에서 큰 값 순으로 순위를 지정

특이사항	순위는 지정한 숫자보다 큰 값이 몇 개인지를 세어 +1을 합니다. 그러므로 COUNTIF 함수를 이용해 다음과 같이 순위를 구할 수 있습니다. RANK(숫자, 범위) = COUNTIF(범위, ")" & 숫자) + 1 RANK(숫자, 범위, 1) = COUNTIF(범위, "(" & 숫자) + 1

COUNTIFS (범위1, 조건1, 범위2, 조건2, …)

지정한 다중 범위에서 조건에 맞는 셀의 개수를 세어 반환합니다.

구문	• **범위** : 개수를 셀 데이터 범위 • **조건** : 범위에서 확인할 조건으로, 순위를 구할 때는 ")숫자"와 같은 형식을 취함

RANK.EQ (숫자, 범위, 정렬 방법)

숫자가 범위 내에서 몇 번째 값인지를 나타내는 순위를 반환합니다.

구문	• **숫자** : 순위를 구할 수
	• **범위** : 숫자가 포함된 데이터 범위
	• **정렬 방법** : 순위 결정 방법을 지정하는 정렬 옵션
	  – 0 또는 생략 : 큰 값에서 작은 값 순으로 순위를 지정
	  – 0 이외의 값 : 작은 값에서 큰 값 순으로 순위를 지정

버전	엑셀 2010 버전에서 새롭게 추가된 함수입니다.

RANK.AVG (숫자, 범위, 정렬 방법)

숫자가 범위 내에서 몇 번째 값인지를 나타내는 순위를 반환하는데, 동점자가 있으면 평균 순위를 반환합니다.

구문
- **숫자** : 순위를 구할 수
- **범위** : 숫자가 포함된 데이터 범위
- **정렬 방법** : 순위 결정 방법을 지정하는 정렬 옵션
  - 0 또는 생략 : 큰 값에서 작은 값 순으로 순위를 지정
  - 0 이외의 값 : 작은 값에서 큰 값 순으로 순위를 지정

버전 엑셀 2010 버전에서 새롭게 추가된 함수입니다.

TIP ... RANK.EQ, RANK.AVG 함수 구분하기

엑셀 2010 함수	설명
RANK.EQ	순위를 구하는 함수로 RANK 함수와 동일한 결과를 반환합니다. RANK 함수는 하위 버전과의 호환성을 위해 사용되며, 이후에는 RANK.EQ 함수로 대체됩니다.
RANK.AVG	순위를 구하는데 동일한 순위가 존재할 경우 평균 순위를 반환합니다.

TIP ... 새 기준을 사용해 순위를 조정하고 싶을 때 대체 수식

구분	함수	대체 수식
순위	RANK RANK.EQ	=COUNTIF(범위, ")" & 값) + 1
동 순위 (평균)	RANK.AVG	=RANK(값, 범위)+(COUNT(범위)+1-RANK(값, 범위)-RANK(값, 범위, 1))/2
동 순위 (새 기준)	없음	=RANK(값1, 범위)+COUNTIFS(범위, 값1, 새 범위, ")" & 값2)

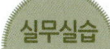 **담당자별 매출 순위 구하기** 매출 집계표

• 예제 파일 ⊙ : Part2\RANK, COUNTIFS 함수.xlsx

	A	B	C	D	E	F	G	H
1	담당	상반기	하반기	합계	순위	순위 (평균)	순위 (동점자)	
2	김덕훈	58,351,900	55,531,500	113,883,400				
3	김소미	58,589,800	28,316,400	86,906,200				
4	김찬진	12,901,200	19,098,600	31,999,800				
5	선하라	50,831,450	21,278,900	72,110,350				
6	안정훈	22,040,250	7,844,150	29,884,400				
7	오영수	38,049,050	41,454,250	79,503,300				
8	유가을	34,176,450	13,716,250	47,892,700				
9	윤대현	93,741,250	46,078,000	139,819,250				
10	최소라	79,428,750	34,454,650	113,883,400				
11								
12								

01 예제 이해하기 예제 파일을 열면 집계표를 확인할 수 있습니다. D열의 실적 합계 금액으로 E:G 열에 순위를 각각 구합니다.

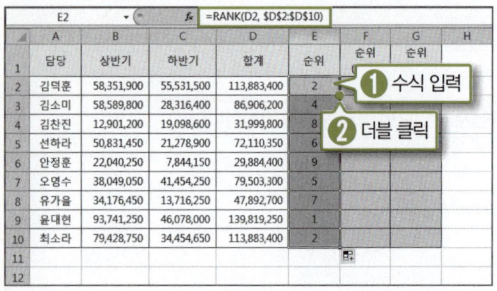

02 RANK 함수로 순위 구하기 D열의 실적 합계 값을 기준으로 순위를 구합니다.

① E2셀을 선택하고, 다음과 같은 수식을 입력
② E2셀의 **채우기 핸들**을 더블클릭해 수식을 복사합니다.

=RANK(D2, $D$2:$D$10)

수식 설명 =RANK(D2, $D$2:$D$10)

RANK 함수에서 3번째 인수를 생략하면, 큰 값 순으로 순위를 매깁니다. 그러므로 이번 수식은 D2셀의 값이 D2:D10 범위에서 몇 번째로 큰 값인지를 반환합니다. D2:D10 범위를 절대참조 방식으로 참조한 것은 E2셀의 수식을 E10셀까지 복사하기 때문입니다. 참고로 작은 값 순으로 순위를 매기려면 RANK 함수의 3번째 인수로 0 이외에 값을 지정해 **=RANK(D2, $D$2:$D$10, 1)** 형태로 작성합니다.

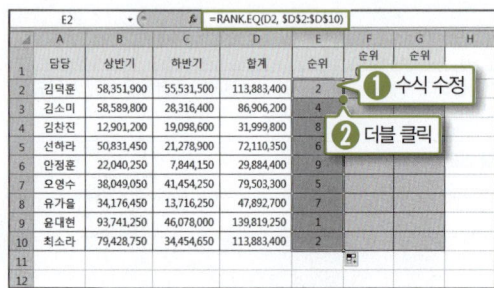

03 RANK.EQ 함수로 순위 구하기

① E2셀의 수식을 다음과 같이 변경
② E2셀의 **채우기 핸들**을 더블클릭해 수식을 복사합니다.

=RANK.EQ(D2, $D$2:$D$10)

TIP ... RANK 함수와 RANK.EQ 함수

RANK.EQ 함수는 RANK 함수를 대체하기 위해서 엑셀 2010 버전부터 제공된 함수로 RANK 함수와 동일한 결과를 반환합니다. 엑셀 2010 버전부터 추가된 함수는 함수명을 명명하는 규칙이 달라졌는데, 대표 함수명에 마침표(.)를 찍고 함수 특성을 의미하는 약어를 붙입니다. 엑셀 2010 버전에서 평균 순위를 반환하는 RANK.AVG 함수가 제공되면서 순위를 구하는 함수는 모두 RANK.으로 시작하려고 RANK.EQ 함수를 추가로 제공한 것입니다. 이러면서 RANK 함수는 엑셀 2010 버전부터 자연스럽게 하위 버전과의 호환성을 위해 제공되는 함수로 분류됩니다. 이렇게 하위 버전과의 호환성을 위해 제공되는 함수는 함수 목록의 아이콘에 노란색 경고 아이콘이 작게 표시됩니다.

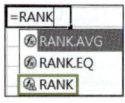

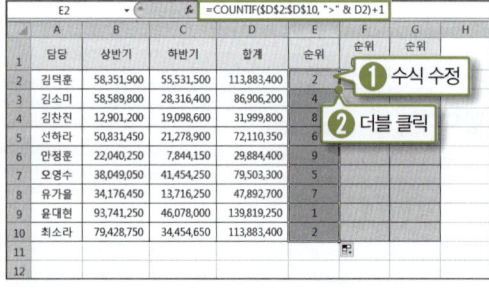

04 COUNTIF 함수로 순위 구하기

① E2셀의 수식을 다음과 같이 수정
② E2셀의 **채우기 핸들**을 더블클릭해 수식을 복사합니다.

=COUNTIF($D$2:$D$10, ">" & D2)+1

수식 설명 =COUNTIF($D$2:$D$10, ">" & D2)+1

COUNTIF 함수를 이용해서 지정한 값보다 큰 값이 몇 개나 있는지 센 다음 1을 더하면 RANK 함수로 구한 순위와 동일한 결과를 얻을 수 있습니다. COUNTIF 함수로 구한 결과에 1을 더하는 이유는 자신보다 큰 값이 하나도 없으면 1위이기 때문입니다. COUNTIF 함수의 2번째 인수에 조건을 구성할 때, 특정 셀 값을 조건으로 이용할 때는 이번과 같이 & 연산자를 이용해 비교 연산자와 연결해야 합니다. 작은 값 순으로 순위를 구할 때는 비교 연산자인 보다 큼(>)을 보다 작음(<)으로 변경하면 됩니다.

05 RANK.AVG 함수로 순위 구하기 동일한 값이 있을 때 평균으로 순위를 구하겠습니다.

① F2셀을 선택하고, 다음 수식을 입력
② F2셀의 **채우기 핸들**을 더블 클릭해 수식을 복사합니다.

=RANK.AVG(D2, $D$2:$D$10)

<u>수식 설명</u> =RANK.AVG(D2, $D$2:$D$10)
RANK.AVG 함수는 RANK 함수와 사용 방법이 동일하고, 동 순위자가 존재할 때 순위의 평균 값을 반환한다는 점만 다릅니다. 이번 수식의 결과를 보면 2 순위자가 두 명(E2, E10) 존재하므로 2위와 3위의 평균인 2.5가 반환됩니다. RANK.AVG 함수 역시 작은 값 순으로 순위를 표시하려면 3번째 인수 값을 1로 지정하면 됩니다. 2003, 2007 버전에서 RANK.AVG 함수와 동일한 결과를 얻으려면 다음과 같은 계산 식을 입력합니다.
=RANK(D2, $D$2:$D$10) + (COUNT($D$2:$D$10)+1−RANK(D2, $D$2:$D$10)−RANK(D2, $D$2:$D$10, 1))/2

06 COUNTIFS 함수로 동점 순위 조정하기 동점자가 있을 경우 4사분기 실적이 더 높은 사람을 상위 순위로 만드는 수식을 작성합니다.

① G2셀에 다음 수식을 입력
② G2셀의 **채우기 핸들**을 더블 클릭해 수식을 복사합니다.

=E2+COUNTIFS($D$2:$D$10, D2, $C$2:$C$10, ">" & C2)

<u>수식 설명</u> =E2+COUNTIFS($D$2:$D$10, D2, $C$2:$C$10, ">" & C2)
동 순위자가 존재할 때 새 기준을 추가해 동 순위자를 구별하려면 =RANK(숫자1, 범위1)+COUNTIFS(범위1, 숫자1, 범위2, ">" & 숫자2) 형태로 수식을 작성하면 됩니다.
이번 수식에서 COUNTIFS 함수의 1, 2번째 인수는 합계가 같다는 조건이고, 3, 4번째 인수는 하반기 실적이 내 실적보다 높은 사람이 있는지 세는 것입니다. 그러므로 동점자가 있을 때 하반기 실적이 나보다 높은 사람이 없으면 순위에 더해지는 값이 없어 순위가 유지되고, 하반기 실적이 높은 사람이 있으면 그 수만큼 내 순위에 값이 더해져 순위가 조정됩니다.

07 SUMPRODUCT 함수로 동점 순위 구하기 COUNTIFS 함수를 사용할 수 없는 하위 버전에서는 SUMPRODUCT 함수를 사용합니다.

① G2셀의 수식을 다음과 같이 수정
② G2셀의 **채우기 핸들**을 더블 클릭해 수식을 복사합니다.

=E2+SUMPRODUCT(($D$2:$D$10=D2)*($C$2:$C$10>C2))

<u>수식 설명</u> =E2+SUMPRODUCT(($D$2:$D$10=D2)*($C$2:$C$10>C2))
COUNTIFS 함수는 엑셀 2007 버전부터 제공되기 때문에 하위 버전과의 호환성을 위해서는 COUNTIFS 함수를 SUMPRODUCT 함수로 변경하는 수식을 작성했습니다. 이것은 건수를 세는 COUNT 계열 함수에 대해 설명할 때 자세하게 설명했으므로, 수식이 잘 이해되지 않으면 **Part2〉Chapter3〉Section2〉실무 실습**의 07번 과정을 참고합니다.

Section 07 반올림, 올림, 내림 처리하기

▶ ROUND ▶ ROUNDUP ▶ ROUNDDOWN ▶ TRUNC ▶ INT

계산된 결과를 필요에 따라 반올림하거나 올림, 내림 등의 작업을 해야 하는 경우가 종종 발생합니다. 이럴 때는 ROUND 계열 함수를 사용합니다. ROUND 계열 함수 중에서 내림을 처리하는 ROUNDDOWN 함수는 INT, TRUNC 등의 함수로 대체할 수도 있습니다.

이번에 배울 함수

ROUND (숫자, 소수점 위치)

반올림을 처리하는 함수로 지정된 소수점 위치의 오른쪽 자리 숫자 값이 5 이상일 때 왼쪽 자리 숫자를 1 증가시키고, 나머지 값을 모두 버립니다.

구문	• **숫자** : 반올림 처리할 숫자 • **소수점 위치** : 숫자 내에서 반올림 처리할 소수점 위치로 소수점에서 n번째 위치를 의미
특이사항	소수점 위치가 양수이면 소수점 아래(왼쪽) 자리에서, 음수이면 소수점 위(오른쪽) 자리에서 반올림 처리합니다. 소수점 위치 값에 따라 다음과 같은 위치의 값이 반올림됩니다. | 음수 || 양수 || | 소수점 위치 | 반올림 값 | 소수점 위치 | 반올림 값 | | -1 | 십 | 0 | 일 | | -2 | 백 | 1 | 소수점 아래 첫째 숫자 | | -3 | 천 | 2 | 소수점 아래 둘째 숫자 | | -4 | 만 | 3 | 소수점 아래 셋째 숫자 | | -5 | 십만 | 4 | 소수점 아래 넷째 숫자 | 예를 들어 1234.5678 숫자 값을 소수점 위치 -3에서 반올림하면 소수점 위치가 왼쪽으로 3번째 위치로 옮겨지므로 1이 반올림 대상이 되며, 아래 2가 반올림 기준 값이 됩니다. 그러므로 1000.0000 값이 반환됩니다. 1234.5678 다시 1234.5678 숫자 값을 소수점 위치 3에서 반올림하면 소수점 위치에서 오른쪽으로 3번째 위치로 옮겨 지므로 7이 반올림 대상이 되며, 아래 8이 반올림 기준 값이 됩니다. 그러므로 1234.5680 값이 반환됩니다. 1234.5678

ROUNDUP (숫자, 소수점 위치)

올림 처리하는 함수로, 지정된 소수점 위치의 아래 값이 0보다 크면 왼쪽 자리 숫자를 1 증가시키고 나머지 값을 모두 버립니다.

구문	• 숫자 : 올림 처리할 숫자 • 소수점 위치 : 숫자 내에서 올림 처리할 소수점 위치로 소수점에서 n번째 위치를 의미
특이사항	소수점 위치가 양수이면 소수점 아래(왼쪽) 자리에서, 음수이면 소수점 위(오른쪽) 자리에서 올림 처리합니다.

ROUNDDOWN (숫자, 소수점 위치)

내림 처리하는 함수로, 지정된 소수점 위치의 아래 값을 모두 버립니다.

구문	• 숫자 : 내림 처리할 숫자 • 소수점 위치 : 숫자 내에서 내림 처리할 소수점 위치로 소수점에서 n번째 위치를 의미
특이사항	소수점 위치가 양수이면 소수점 아래(왼쪽) 자리에서, 음수이면 소수점 위(오른쪽) 자리에서 내림 처리합니다.

TRUNC (숫자, 소수점 위치)

숫자에서 지정한 소수점 위치 아래 값을 모두 버립니다.

구문	• 숫자 : 소수점 이하 값을 버릴 실수 • 소수점 위치 : 숫자에서 버릴 값이 위치한 소수점 자릿수로 기본 값은 0이며, 0인 경우에 소수점 이하 값을 버리기 때문에 INT 함수와 동일한 값을 반환

INT (숫자)

숫자에서 소수 값을 기준으로 가장 가까운 정수로 내림 처리합니다.

구문	• 숫자 : 정수로 내림 처리할 실수
특이사항	INT 함수는 소수점 위치 인수를 사용하지 않고, 가장 가까운 정수로 내림 처리합니다. 그러므로 =ROUNDDOWN(숫자, 0)과 같은 결과를 반환합니다. ROUNDDOWN 함수나 TRUNC 함수와 같이 소수점 위치를 별도로 지정하려면 아래와 같은 계산 식을 사용합니다. =INT(숫자/소수점 위치 단위)*소수점 위치 단위 위 계산 식에서 소수점 위치 단위란 내림 처리할 단위 값으로, 천 단위에서 내림 처리할 때는 소수점 위치 단위가 1000이 됩니다. 단, INT 함수는 왼쪽부터 오른쪽으로 값이 커진다고 인식합니다. 그러므로 음수 값을 계산할 때는 ROUNDDOWN 함수나 TRUNC 함수를 사용할 때와는 다른 값을 반환합니다. 다음 예를 참고합니다. =ROUNDDOWN(-3.1, 0) ← 결과는 -3입니다. =TRUNC(-3.1, 0) ← 결과는 -3입니다. =INT(-3.1) ← 결과는 -4입니다.

실무실습 제품에 마진율을 적용한 판매 가격 산출하기 — 판매 가격 산정표

• 예제 파일 ⊙ : Part2\ROUND 계열, INT, TRUNC 함수.xlsx

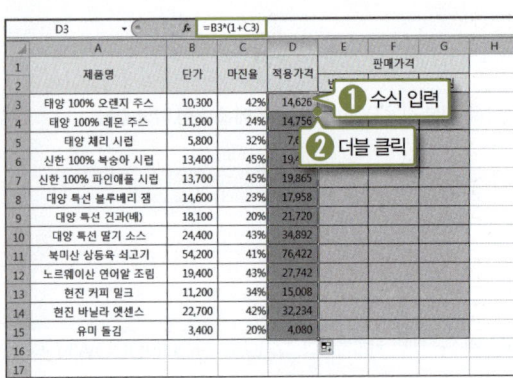

01 예제 이해하기 예제 파일을 열면 제품 판매 가격 산정표를 확인할 수 있습니다. 공급 업체로부터 구입한 단가에 적정 마진을 붙여 고객 업체에게 판매할 가격을 산정하는 작업을 진행합니다. 산정된 가격은 천 단위 이하에서 각각 반올림, 올림, 내림 처리합니다.

02 마진율 적용한 가격 계산하기 B열의 단가에 C열의 마진율을 적용한 가격을 D열에 계산합니다.
① D3셀을 선택하고, 다음 수식을 입력
② D3셀의 **채우기 핸들**을 더블 클릭해 수식을 복사합니다.

=B3*(1+C3)

수식 설명 **=B3*(1+C3)**
마진율을 적용한 판매 가격은 **=단가 + (단가*마진율)** 형태로 계산 식을 작성합니다. 그러므로 단가와 마진율 값을 갖는 셀을 참조해 수식을 작성했습니다. 이번 수식에서 사용한 1은 100%를 의미합니다.

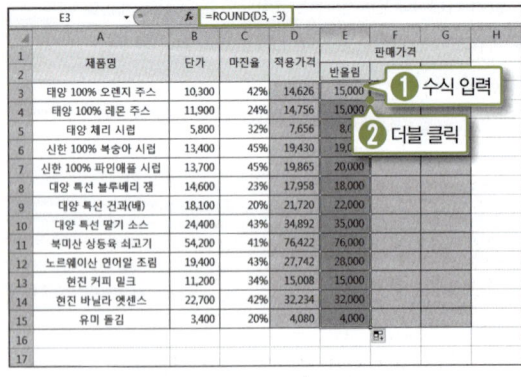

03 천 단위에서 반올림 처리
① E3셀을 선택하고, 다음 수식을 입력
② E3셀의 **채우기 핸들**을 더블 클릭해 수식을 복사합니다.

=ROUND(D3,-3)

수식 설명 **=ROUND(D3, -3)**
ROUND 함수는 지정된 단위에서 반올림 처리하는 함수입니다. 2번째 인수 값이 -3이므로 천 단위 구분 기호 위치에서 값이 반올림됩니다. 그러므로 백 단위 값이 5 이상이면 천 단위 값이 1 증가하고, 나머지 값은 0이 됩니다.

112 • Chapter 03 집계, 통계 함수

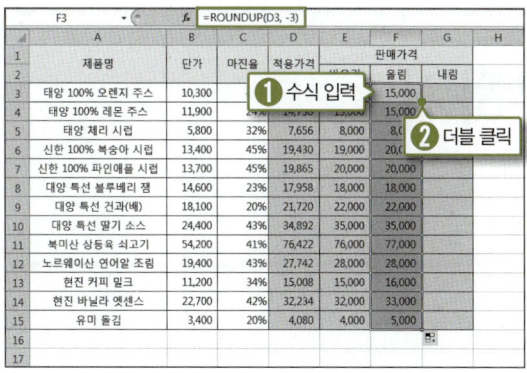

04 천 단위에서 올림 처리

① F3셀을 선택하고, 다음 수식을 입력
② F3셀의 **채우기 핸들**을 더블 클릭해 수식을 복사합니다.

`=ROUNDUP(D3, -3)`

수식 설명 **=ROUNDUP(D3, −3)**
ROUNDUP 함수는 올림 처리하는 함수이며, ROUND 함수와 사용 방법이 동일합니다. ROUNDUP 함수의 2번째 인수가 −3이므로 D열의 적용 가격의 천 단위 구분 기호(,) 위치에서 올림이 이뤄집니다. 올림은 반올림과는 달리 지정된 단위의 하위 값이 0보다 크면 무조건 올림 처리됩니다.

05 천 단위에서 내림 처리

① G3셀을 선택하고, 다음 수식을 입력
② G3셀의 **채우기 핸들**을 더블 클릭해 수식을 복사합니다.

`=ROUNDDOWN(D3, -3)`

수식 설명 **=ROUNDDOWN(D3, −3)**
ROUNDDOWN 함수는 내림 처리하는 함수로, 천 단위에서 내림 처리한다는 것은 백 단위 이하 숫자를 모두 버린다는 의미입니다.

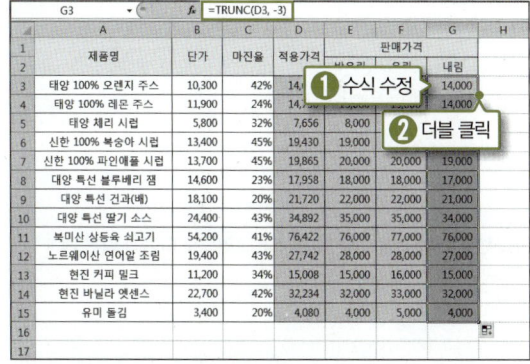

06 TRUNC 함수를 이용한 내림 처리

① G3셀의 수식을 다음과 같이 수정
② G3셀의 **채우기 핸들**을 더블 클릭해 수식을 복사합니다.

`=TRUNC(D3, -3)`

수식 설명 **=TRUNC(D3, −3)**
TRUNC 함수는 ROUNDDOWN 함수와 사용 방법이 동일하고, 반환 값 역시 동일합니다.

07 INT 함수를 이용한 내림 처리

① G3셀의 수식을 다음과 같이 수정
② G3셀의 **채우기 핸들**을 더블 클릭해 수식을 복사합니다.

`=INT(D3/1000)*1000`

수식 설명 **=INT(D3/1000)*1000**
INT 함수는 지정한 숫자를 가장 가까운 정수로 내림 처리합니다. 그러므로 E3셀의 값(14,626)을 1,000으로 나눈 값 14.626을 INT 함수의 인수로 지정하면 정수 14가 반환됩니다. 여기에 다시 1,000을 곱하면 14,000이 되므로 TRUNC 함수의 결과나 ROUNDDOWN 함수로 내림 처리한 결과와 동일한 결과가 반환됩니다.

Section 08 몫과 나머지 구하기

▶ 나눗셈 ▶ QUOTIENT ▶ MOD

수식에서 곱셈만큼이나 유용한 연산은 나눗셈입니다. 엑셀에서 나눗셈 연산과 관련한 함수로는 나눗셈의 몫과 나머지를 반환하는 QUOTIENT 함수와 MOD 함수가 있습니다.

이번에 배울 함수

QUOTIENT (값, 제수)

값을 제수로 나눈 몫을 반환합니다.

구문	• 값 : 몫을 구할 숫자입니다. • 제수 : 값을 나눌 숫자입니다.
특이사항	INT 함수를 이용한 다음과 같은 계산 식으로 대체할 수 있습니다. =INT(값 / 제수)

MOD (값, 제수)

값을 제수로 나눈 나머지를 반환합니다.

구문	• 값 : 몫을 구할 숫자입니다. • 제수 : 값을 나눌 숫자입니다.
특이사항	값이 너무 큰 경우에는 MOD 함수가 제대로 된 결과 값을 반환하지 못할 수도 있습니다. 그러므로 다음과 같은 계산 식으로 대체할 수 있어야 합니다. =값 – 제수*INT(값 / 제수)

  목표 금액을 채우기 위한 화폐 단위별 개수 구하기   급여 내역

• 예제 파일 ⊙ : Part2\QUOTIENT, MOD 함수.xlsx

01 예제 이해하기 예제 파일을 열면 급여 내역을 확인할 수 있습니다. 아르바이트 월급을 은행에서 찾을 때 각 화폐 단위별로 필요한 개수를 QUOTIENT 함수와 MOD 함수를 이용해 계산합니다.

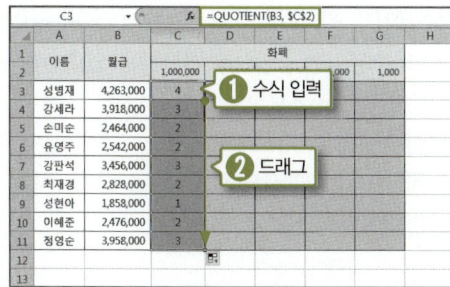

02 100만 원 수표 개수 세기

① C3셀을 선택하고, 다음 수식을 입력
② C3셀의 **채우기 핸들**을 **C11**셀까지 드래그해 수식을 복사합니다.

=QUOTIENT(B3, $C$2)

수식 설명 =QUOTIENT(B3, $C$2)

100만 원 수표가 몇 장 필요한지 알려면 월 급여를 화폐 단위로 나눈 몫을 구하면 됩니다. 몫을 구하려면 QUOTIENT 함수를 사용합니다. 1번째 인수로 분자 위치에 들어갈 B3셀(월 급여)을 참조하고, 2번째 인수로 분모 위치에 들어갈 C2셀(화폐 단위)을 참조합니다.

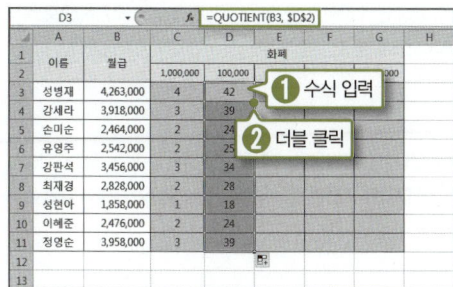

03 10만 원 수표 개수 세기

① D3셀에 다음 수식을 입력
② D3셀의 **채우기 핸들**을 더블 클릭해 수식을 복사합니다.

=QUOTIENT(B3, $D$2)

수식 설명 =QUOTIENT(B3, $D$2)

2번 과정과 같이 QUOTIENT 함수를 사용하였고, 2번째 인수에 C2셀 대신 D2셀을 참조한 것만 다릅니다. 이번 수식의 결과(D3셀)를 보면 10만 원 수표가 42장이 필요하단 계산이 나왔습니다. B3셀의 월급이 426만 3천 원이고, C3셀에서 100만 원 수표를 4장 찾을 것이므로 10만 원 수표는 42장이 아니라 2장이어야 합니다. 올바른 계산 결과를 얻기 위해서는 QUOTIENT 함수의 1번째 인수에서 참조한 B3셀 대신 월급을 100만 원으로 나눈 나머지(26만 3천 원) 값을 대상으로 하도록 수식을 수정해야 합니다.

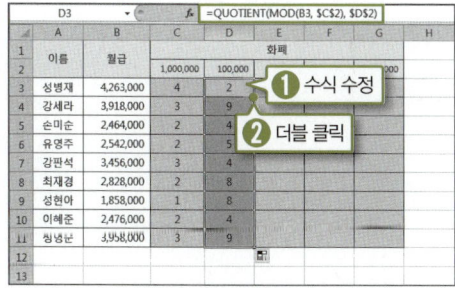

04 D3셀 수식의 문제점을 보완합니다.

① D3셀의 수식을 다음과 같이 수정
② D3셀의 **채우기 핸들**을 더블 클릭해 수식을 복사합니다.

=QUOTIENT(MOD(B3, $C$2), $D$2)

수식 설명 =QUOTIENT(MOD(B3, $C$2), $D$2)

3번 과정에서 작성한 수식의 문제점을 수정하기 위해, QUOTIENT 함수의 1번째 인수를 월 급여 대신 월 급여를 100만 원으로 나눈 나머지 값을 사용하도록 변경한 것입니다.

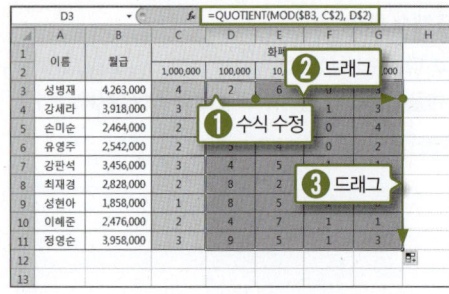

05 나머지 화폐 개수 세기 만 원, 오천 원, 천 원 화폐 개수는 4번 과정에서 작성한 수식과 동일한 방법으로 계산할 수 있습니다.

① D3셀의 참조 방식을 다음과 같이 수정
② D3셀의 **채우기 핸들**을 G3셀까지 드래그
③ G3셀의 **채우기 핸들**을 G11셀까지 드래그해 수식을 복사합니다.

=QUOTIENT(MOD($B3, C$2), D$2)

수식 설명 =QUOTIENT(MOD($B3, C$2), D$2)

화폐 단위는 하위 단위로 상위 단위 화폐를 나누면 딱 떨어지게 되어 있습니다. 그러므로 D열에서 작성한 수식과 동일한 방법으로 수식을 구성할 수 있습니다. 이런 표 구조에서는 동일한 수식을 반복해서 입력하지 않고도, 처음 작성한 수식의 참조 방식을 변경하는 방법으로 수식 입력 작업을 간편하게 진행할 수 있습니다. 이번 수식에서 월 급여가 입력된 B3셀은 열 방향(오른쪽)으로 수식을 복사할 때는 참조 위치가 변경되지 않다가 행 방향(아래쪽)으로 복사할 때는 참조 위치가 변경되어야 하므로 열 주소만 고정해 $B3과 같이 참조합니다. 반대로 화폐 단위 값이 있는 C2, D2셀은 열 방향(오른쪽)으로 복사할 때는 참조 위치가 변경되어야 하고, 행 방향(아래쪽)으로 복사할 때는 참조 위치가 고정돼야 하므로 행 주소만 고정해 C$2, D$2와 같이 참조합니다.

TIP ... 화폐 수량 계산 검증하기

화폐 수량이 올바로 계산됐는지 확인하려면 곱셈을 이용합니다. 엑셀에서 곱셈은 PRODUCT 함수를 사용하는데, 화폐 단위와 수량의 곱셈 결과를 더해서 월 급여가 나오는지 확인해야 하므로 SUMPRODUCT 함수를 사용합니다. H3셀에 다음과 같은 수식을 입력해 수식 결과가 B열의 값과 동일하면 제대로 계산된 것입니다.

=SUMPRODUCT($C$2:$G$2, C3:G3)

참고로 SUMPRODUCT 함수에 대해서는 **Part2〉Chapter3〉Section3〉실무 실습**의 02번 과정을 참고합니다.

Section 09 숨겨진 셀을 제외한 데이터 요약하기

▶ SUBTOTAL ▶ 자동 필터 ▶ 함수 번호 ▶ 숨기기

전체 데이터에서 일부 데이터를 숨기거나, 자동 필터 기능을 이용해 화면에 표시될 데이터를 제한하는 작업은 자주 실행하는 작업 중 하나입니다. 이렇게 데이터를 숨긴 후 집계에서도 제외하려면 앞에서 배운 함수들로는 해결하기가 어렵습니다. 화면에 표시된 데이터만으로 집계 작업을 하려면 기존에 배운 함수 대신 SUBTOTAL 함수를 사용해야 합니다. SUBTOTAL 함수는 하나의 집계 작업만 처리하는 함수가 아니고 인수로 전달된 함수 번호에 따라 11개의 함수를 대체할 수 있습니다. 이번 함수는 자동 필터 기능과 연계해 사용할 때 더욱 효과적입니다.

▌이번에 배울 함수

SUBTOTAL (함수 번호, 범위1, 범위2, …)

범위 내의 화면에 표시된 셀만 지정한 함수 번호로 집계한 값을 반환합니다.

구문	• 함수 번호 : 집계할 함수를 의미하는 번호로 1~11 또는 101~111 사이의 값		
	함수 번호		함수
	(숨겨진 행 포함)	(숨겨진 행 제외)	
	1	101	AVERAGE
	2	102	COUNT
	3	103	COUNTA
	4	104	MAX
	5	105	MIN
	6	106	PRODUCT
	7	107	STDEV
	8	108	STDEVP
	9	109	SUM
	10	110	VAR
	11	111	VARP
	• 범위 : SUBTOTAL 함수로 집계할 대상 범위		
특이사항	SUBTOTAL 함수는 필터 기능을 이용해 추출한 데이터만 집계할 수 있으며, 숨기기 명령을 이용해 감춘 행은 사용한 함수 번호에 따라 집계하거나 제외됩니다. 숨기기 명령을 이용해 감춰진 행을 계산에서 제외하려면 101~111 사이의 함수 번호를 사용해야 합니다. 단, 101~111 사이의 함수 번호는 엑셀 2003 버전부터 사용할 수 있습니다.		

 **화면에 보이는 셀만 계산하기** 주간 판매 내역

• 예제 파일 : Part2\SUBTOTAL 함수.xlsx

01 예제 이해하기 예제 파일을 열면 그림과 같은 표를 확인할 수 있습니다. A2:C2 범위의 각 셀에는 아래쪽의 표를 집계하기 위해 다음과 같은 수식이 입력되어 있습니다.

A2 : =COUNT(A7:A32)
B2 : =SUM(F7:F32)
C2 : =AVERAGE(E7:E32)

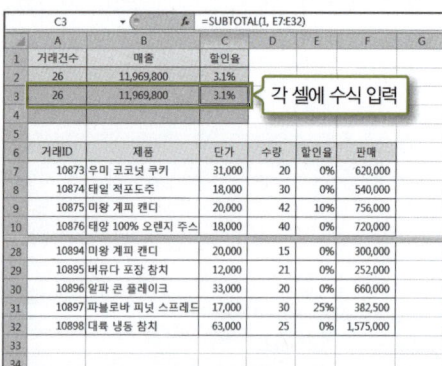

02 SUBTOTAL 함수로 집계하기
A3:C3 범위의 각 셀에 다음 수식을 입력합니다.

A3 : =SUBTOTAL(2, A7:A32)
B3 : =SUBTOTAL(9, F7:F32)
C3 : =SUBTOTAL(1, E7:E32)

수식 설명

SUBTOTAL 함수의 1번째 인수에 1~11 사이의 함수 번호를 사용하면 필터 기능으로 추출된 셀만 대상으로 집계할 수 있습니다. 함수 번호 2는 COUNT 함수와 같이 동작하며, 9는 SUM 함수, 1은 AVERAGE 함수와 동일하게 동작합니다.

03 자동 필터 설정하기
① A6셀을 선택
② 리본 메뉴의 [데이터] 탭 – [정렬 및 필터] 그룹에서 **필터** 단추를 클릭합니다.

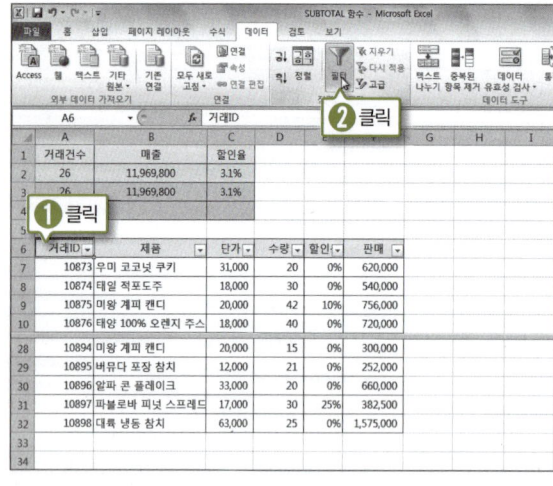

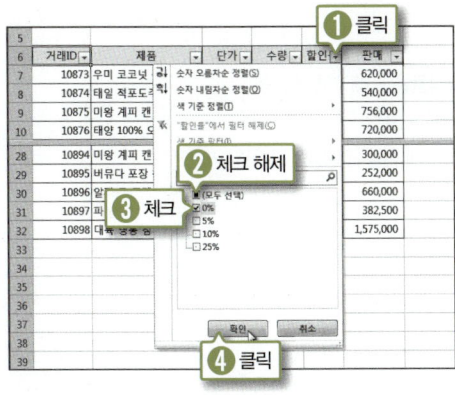

04 자동 필터의 조건을 설정하여 할인율이 0%인 데이터만 화면에 표시하겠습니다.

① E6셀의 옵션 단추 ▼를 클릭
② (모두 선택) 확인란의 체크를 해제
③ 0% 확인란을 체크
④〈확인〉버튼을 클릭합니다.

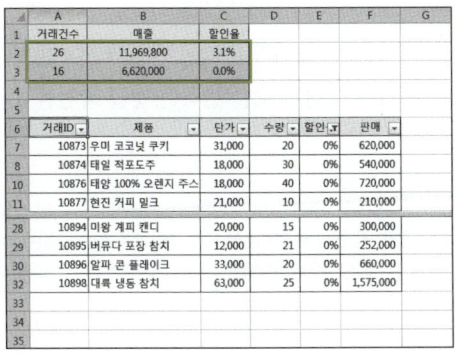

05 추출 결과와 집계표 확인하기 데이터가 추출되면, 전체 데이터의 일부만 화면에 표시됩니다. 일반 집계 함수를 사용한 A2:C2 범위의 값은 변화가 없지만, SUBTOTAL 함수를 사용한 A2:C3 범위의 집계 값은 변화가 있는 것을 확인할 수 있습니다.

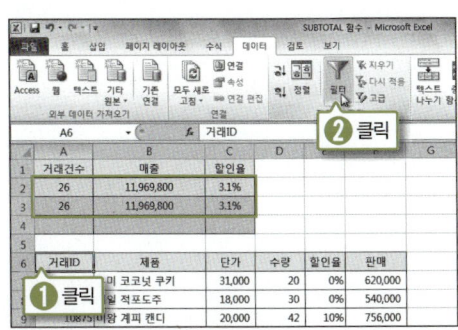

06 자동 필터 해제하기

① A6셀을 선택
② 리본 메뉴의 [데이터] 탭 – [정렬 및 필터] 그룹에서 **필터** 단추를 다시 클릭하여 자동 필터를 해제합니다.

필터가 해제되면 A2:C2 범위와 A3:C3 범위의 집계 값이 동일해 집니다.

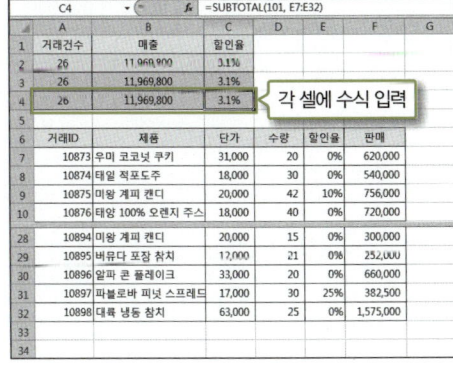

07 SUBTOTAL 함수로 집계하기

A4:C4 범위의 각 셀에 SUBTOTAL 함수의 100번대 함수 번호를 이용해 수식을 입력합니다.

A4 : =SUBTOTAL(102, A7:A32)
B4 : =SUBTOTAL(109, F7:F32)
C4 : =SUBTOTAL(101, E7:E32)

수식 설명

SUBTOTAL 함수의 1번째 인수에 101~111 사이의 함수 번호를 사용하면, 숨기기 명령으로 숨겨진 셀을 제외하고 화면에 표시된 셀만 집계합니다. 참고로 함수 번호가 102면 COUNT 함수, 109면 SUM 함수, 101이면 AVERAGE 함수와 동일한 집계 작업을 처리합니다.

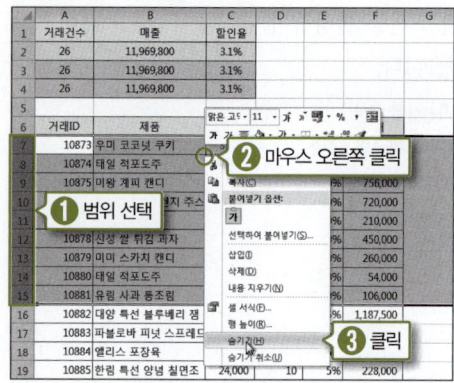

08 행 숨기기

① **7:15** 행의 **행 머리글**을 드래그해서 선택
② 마우스 오른쪽 버튼을 클릭
③ **숨기기** 명령을 클릭해 선택된 행을 숨깁니다.

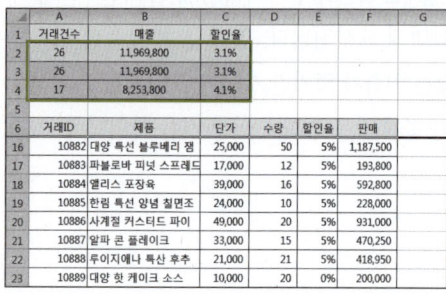

09 집계 결과 확인하기 A2:C2 범위와 A3:C3 범위의 결과는 변함이 없는데, A4:C4 범위의 집계 값은 변하는 것을 확인할 수 있습니다.

TIP ... 숨긴 행 다시 표시하기
숨겨진 행을 다시 표시하려면 6:16 행의 행 머리글을 드래그해 선택한 다음, 마우스 오른쪽 버튼을 클릭하고 [숨기기 취소] 명령을 클릭합니다.

Section 10 오류가 발생한 셀을 제외하고 요약하기

▶ AGGREGATE

엑셀 2010 버전부터는 오류 값을 제외하고 데이터를 요약할 수 있는 AGGREGATE 함수를 제공합니다. 이 함수는 SUBTOTAL 함수와 마찬가지로 다양한 함수의 역할을 대신할 수 있는데, SUBTOTAL 함수보다 더 많은 함수 번호를 사용할 수 있고 덧붙여 #DIV/0! 오류를 포함한 모든 오류 값을 계산에서 배제할 수 있어 편리하게 데이터를 요약할 수 있습니다.

이번에 배울 함수

AGGREGATE (함수 번호, 옵션, 범위1, 범위2, …)

범위 내의 화면에 표시된 셀에서 옵션에 해당하는 셀을 추가로 제외한 다음, 지정한 함수 번호로 집계한 값을 반환합니다.

- **함수 번호** : 집계할 함수를 의미하는 번호로 1~19 사이의 숫자를 사용

함수 번호	함수	함수 설명
1	AVERAGE	평균
2	COUNT	개수 (숫자)
3	COUNTA	개수 (입력)
4	MAX	최대값
5	MIN	최소값
6	PRODUCT	곱하기
7	STDEV.S	표준편차 (표본)
8	STDEV.P	표준편차 (전체)
9	SUM	합계
10	VAR.S	분산 (표본)
11	VAR.P	분산 (전체)
12	MEDIAN	중간 값
13	MODE.SNGL	최빈 값
14	LARGE	n번째 큰 값
15	SMALL	n번째 작은 값
16	PERCENTILE.INC	n번째 백분위 수
17	QUARTILE.INC	사분위수
18	PERCENTILE.EXC	0과 1사이의 n번째 백분위 수
19	QUARTILE.EXC	0과 1사이의 사분위수

(구문)

구문	• 옵션 : 범위 내에서 무시할 값을 의미하는 0~7사이의 숫자로 생략하면 0을 지정한 것과 동일	
	옵션 번호	의미
	0	중첩된 SUBTOTAL 및 AGGREGATE 함수 무시
	1	숨겨진 행, 중첩된 SUBTOTAL, AGGREGATE 함수 무시
	2	오류 값, 중첩된 SUBTOTAL, AGGREGATE 함수 무시
	3	숨겨진 행, 오류 값, 중첩된 SUBTOTAL, AGGREGATE 함수 무시
	4	아무것도 무시 안 함
	5	숨겨진 행 무시
	6	오류 값 무시
	7	숨겨진 행 및 오류 값 무시
	• 범위1 : AGGREGATE 함수로 집계할 대상 범위	
	• 범위2 : AGGREGATE 함수로 집계할 대상 범위 또는 함수 번호가 14~19번일 때, n번째 값을 지정	
버전	엑셀 2010 버전부터 사용할 수 있습니다.	

실무실습 오류 값을 제외한 판매 수량의 합계 구하기

• 예제 파일 ⊙ : Part2\AGGREGATE 함수.xlsx

01 예제 이해하기 예제 파일을 열면 그림과 같은 표를 확인할 수 있습니다. 그림의 표를 보면 여러 셀에 #N/A 오류 값이 반환되어 있습니다. B11:E11 범위에 AGGREGATE 함수를 사용해 숫자 데이터를 요약하는 작업을 진행합니다.

02 SUM 함수로 합계 구하기
① B11셀을 선택하고, 다음 수식을 입력
② B11셀의 **채우기 핸들**을 E11셀까지 드래그해 수식을 복사합니다.
=SUM(B2:B10)

수식 설명 =SUM(B2:B10)
SUM 함수는 인수로 전달된 범위 내 숫자 값의 합계를 반환하는 함수인데, 범위 내에 오류 값이 포함되어 있으면 합계를 구하지 못하고 해당 오류 값을 반환합니다. 이런 문제는 대부분의 집계 함수가 갖고 있는 문제입니다. 그러므로 오류 값을 피해 집계하는 작업을 진행해야 하는데, 이번과 같이 한 종류의 오류 값(#N/A)만 있는 경우에는 SUMIF 함수를 사용하여 **=SUMIF(B2:B10, "<>#N/A")** 형태로 수식을 작성하면 됩니다. 다만, 오류 종류가 여러 가지거나 어떤 오류 값이 반환될지 모른다면 AGGREGATE 함수를 사용하는 것이 좋습니다.

03 AGGREGATE 함수로 합계 구하기

① **B11**셀의 수식을 다음과 같이 수정
② **B11**셀의 **채우기 핸들**을 E11셀까지 드래그해 수식을 복사합니다.

=AGGREGATE(9, 6, B2:B10)

수식 설명 =AGGREGATE(9, 6, B2:B10)

AGGREGATE 함수의 인수 설명은 다음과 같습니다.
- 1번째 : 9 → 함수 번호로 SUM 함수와 같이 B2:B10 범위의 합계를 구하란 의미입니다.
- 2번째 : 6 → 옵션 값으로 B2:B10 범위의 오류 값을 집계에서 제외하란 의미입니다.
- 3번째 : B2:B10 → 집계될 대상 범위입니다.

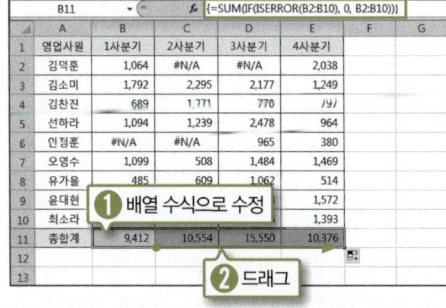

04 AGGREGATE 함수 대체하기
AGGREGATE 함수는 엑셀 2010 버전부터 사용할 수 있으므로 2007 버전과 호환되는 수식을 작성해 보겠습니다.

① **B11**셀의 수식을 다음과 같이 수정한 다음 Ctrl + Shift + Enter 키를 누름
② **B11**셀의 **채우기 핸들**을 E11셀까지 드래그해 수식을 복사합니다.

=SUM(IFERROR(B2:B10, 0))

수식 설명 {=SUM(IFERROR(B2:B10, 0))}

이번 수식은 배열 수식으로 범위 내 오류 값을 0으로 대체한 다음 계산합니다. 다음과 같은 순서로 계산됩니다.
① IFERROR(B2:B10, 0)
② SUM(①)

위 순서에서 이해할 수 있듯이 IFERROR 함수를 사용해 B2:B10 범위 내의 오류 값을 0으로 대체하는 작업을 진행한 다음, SUM 함수를 이용해 합계를 구합니다. 다만, IFERROR 함수에서 B2:B10 범위의 값을 한 번에 오류 값이 존재하는지 확인해 0 값으로 대체할 수 없으므로 Ctrl + Shift + Enter 키를 눌러 배열 수식으로 처리한 것입니다.

05
엑셀 2003이하 버전에서는 IFERROR 함수도 사용하지 못하므로 ISERROR 함수로 대체해야 합니다.

① **B11**셀의 수식을 다음과 같이 수정한 다음, Ctrl + Shift + Enter 키를 누름
② **B11**셀의 **채우기 핸들**을 E11셀까지 드래그해 수식을 복사합니다.

=SUM(IF(ISERROR(B2:B10), 0, B2:B10))

수식 설명 {=SUM(IF(ISERROR(B2:B10), 0, B2:B10))}

이번 수식은 4번 과정의 수식과 동일한 수식인데, IFERROR 함수를 IF 함수와 ISERROR 함수를 사용하도록 변경한 것입니다. IFERROR 함수를 IF와 ISERROR 함수로 대체하는 수식 작성 방법은 Part2〉Chapter1〉Section1〉실무 실습 : 오류 값을 다른 값으로 대체해서 반환하기의 04번 과정을 참고합니다.

Section 11 색상을 구분해 데이터 요약하기

▶ GET.CELL   ▶ 매크로 함수

표에 지정된 글꼴 색이나, 채우기 색을 참고해 데이터를 집계할 때가 있습니다. 하지만 엑셀에는 글꼴 색이나 채우기 색을 기준으로 데이터를 요약할 수 있는 별도의 기능이 없습니다. 그러므로 색상을 구분해 데이터를 집계하는 작업이 꼭 필요하다면 엑셀 4.0 버전에서 사용하던 GET.CELL 매크로 함수를 사용합니다. 참고로 GET.CELL 매크로 함수를 사용하면 파일을 [Excel 매크로 사용 통합 문서] 파일로 저장해야 합니다.

이번에 배울 함수

GET.CELL (옵션, 셀)
지정한 옵션을 이용한 셀 정보를 반환합니다.

구문	• **옵션** : 확인하고자 하는 셀 정보를 의미하는 옵션 값으로 1~66 사이의 값 | 옵션 번호	설명 | |---|---| | 24 | 셀의 글꼴 색 번호를 반환 | | 38 | 셀의 채우기 색 번호를 반환 | • **셀** : 옵션으로 확인할 셀 또는 범위
특이사항	GET.CELL 함수는 매크로 함수로 셀에 직접 입력해 사용할 수 없습니다. 매크로 함수를 셀에서 사용하기 위해서는 이름으로 정의해야 합니다.

실무실습 색상으로 구별된 단종 제품과 관리 제품 수 파악하기   제품 목록

• 예제 파일 : Part2\GET.CELL 함수.xlsx

01 예제 이해하기 예제 파일을 열면 그림과 같은 표를 확인할 수 있습니다. 아래쪽 표 글꼴 색과 채우기 색으로 단종 제품과 관리 대상 제품을 구분했습니다. 적용된 색상으로 분류된 제품 수를 위쪽의 집계표에 집계하는 작업을 진행합니다.

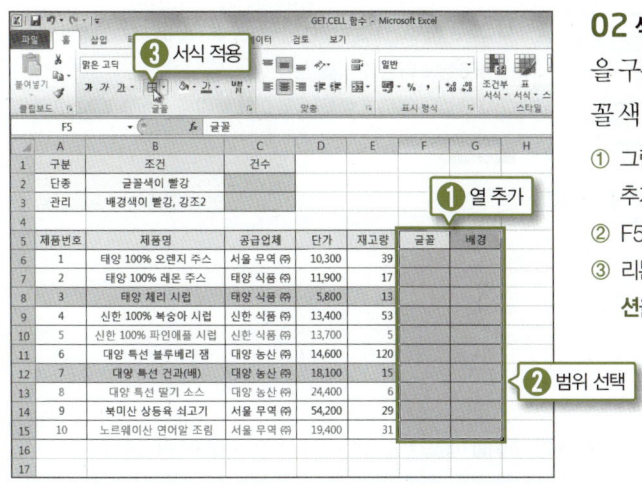

02 색상 값 표시할 열 추가하기 글꼴 색이나 채우기 색을 구분해 집계하려면 GET.CELL 함수를 이용해 글꼴 색 값과 채우기 색 값을 먼저 구해야 합니다.

① 그림과 같이 아래쪽 표 오른쪽 F, G열에 **글꼴, 배경** 열을 추가
② F5:G15 범위를 선택
③ 리본 메뉴의 [홈] 탭 – [글꼴] 그룹에서 **테두리** 단추의 옵션을 **모든 테두리**로 설정한 후 적용합니다.

03 GET.CELL 함수로 글꼴 색 확인하기 GET.CELL 매크로 함수는 이름으로 정의해야만 사용할 수 있습니다.

① **F6**셀을 선택
② 리본 메뉴의 [수식] 탭 – [정의된 이름] 그룹에서 **이름 정의** 단추를 클릭합니다.

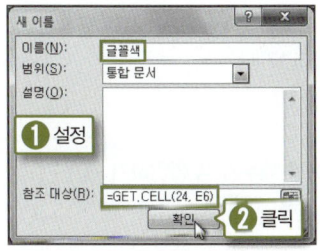

04
① 새 이름 대화상자에서 다음 각 항목을 설정
② 〈확인〉 버튼을 클릭합니다.

> 이름 : 글꼴색
> 참조 대상 : =GET.CELL(24, E6)

<u>수식 설명</u> **=GET.CELL(24, E6)**
GET.CELL 함수는 2번째 인수에 지정한 참조의 1번째 인수에 해당하는 정보를 반환합니다. 24는 글꼴 색을 의미하는 옵션 값이므로 E6셀의 글꼴 색을 반환하라는 의미가 됩니다. 여기서 E6셀 주소는 상대참조로 설정되어, E6셀 그 자체를 가리킨다기보다는 3번 과정에서 이름을 정의하기 전에 선택한 셀(F6)의 왼쪽 셀을 의미하는 것이라고 이해해야 한 l다. 상대참조로 참조한 경우 다른 위치에서 [글꼴색]이라는 이름을 사용하면 수식이 복사된 것처럼 GET.CELL 함수의 2번째 참조 위치가 자동으로 변경되기 때문입니다. 이름은 규칙에 주의하여 원하는 것으로 변경해도 됩니다.

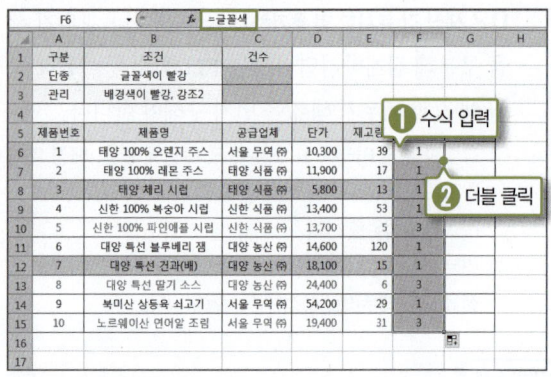

05 정의한 이름을 입력해 글꼴 색 값을 구합니다.
① F6셀에 다음 수식을 입력
② F6셀의 **채우기 핸들**을 더블 클릭해 수식을 복사합니다.

=글꼴색

수식 설명 =글꼴색

[글꼴색]은 정의된 이름으로, 이름으로 정의된 수식을 반환합니다. 매크로 함수는 이처럼 이름으로 정의해 사용해야 한다는 불편함이 있습니다만, 기존 워크시트 함수로 처리하지 못하는 일부 작업을 할 때 유용하게 사용할 수 있습니다. [글꼴색] 이름에 정의된 것은 왼쪽 셀의 글꼴 색을 반환하라는 것이므로 E6:E15 범위의 글꼴 색에 해당하는 값을 반환하는데, 반환된 결과를 보면 1과 3이라는 값을 확인할 수 있습니다. 이 결과를 E6:E15 범위의 글꼴과 비교해 보면, 1은 검정 글꼴, 3은 빨강 글꼴을 의미한다고 해석할 수 있습니다.

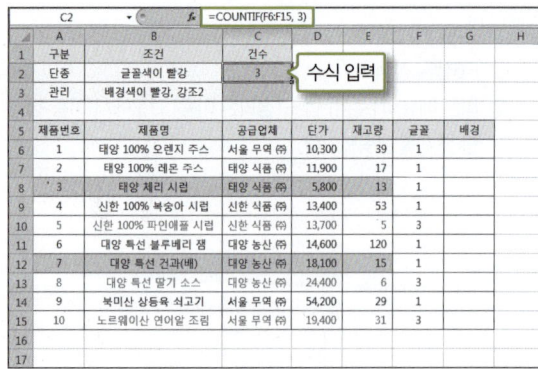

06 글꼴 색으로 제품 개수 세기 5번 과정의 작업으로 글꼴 색에 해당하는 값을 알아냈으므로 글꼴 색이 빨강인 제품 수를 셀 수 있습니다.
C2셀에 다음 수식을 입력해 단종 제품 수를 계산합니다.

=COUNTIF(F6:F15, 3)

수식 설명 =COUNTIF(F6:F15, 3)

COUNTIF 함수는 조건을 만족하는 셀의 개수를 셀 수 있습니다. 이번 수식에서는 1번째 인수인 F6:F20 범위에서 2번째 인수로 전달된 글꼴 색 번호가 3번인 셀의 개수를 세어 반환합니다. 참고로 COUNTIF 함수의 2번째 인수로 전달된 3은 다음과 같이 구성해도 됩니다.

"=3"

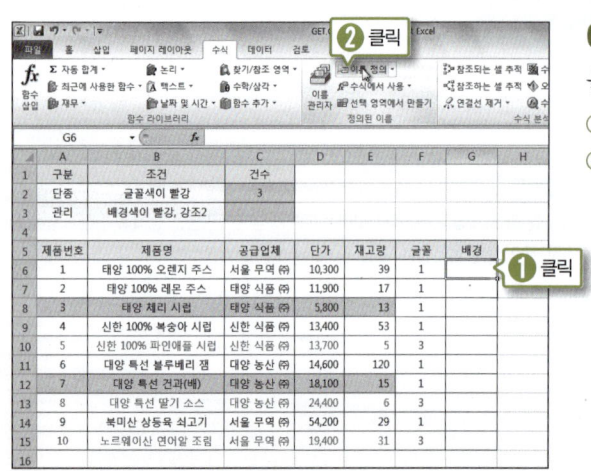

07 GET.CELL 함수로 채우기 색 확인하기 채우기 색을 GET.CELL 함수로 확인하겠습니다.
① G6셀을 선택
② 리본 메뉴의 [수식] 탭 – [정의된 이름] 그룹에서 **이름 정의** 단추를 클릭합니다.

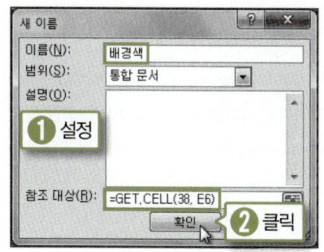

08

① 새 이름 대화상자에서 다음과 같이 설정
② 〈확인〉 버튼을 클릭합니다.

이름 : 배경색
참조 대상 : =GET.CELL(38, E6)

수식 설명 =GET.CELL(38, E6)
GET.CELL 함수의 1번째 인수인 38은 채우기 색을 의미하는 옵션 값이고, 2번째 인수인 E6셀은 선택 위치(G6셀)의 왼쪽 2번째 셀을 의미합니다. 그러므로 이번 수식은 선택된 셀의 왼쪽 두 번째 셀의 채우기 색 번호를 반환하라는 의미가 됩니다.

09

① G6셀에 다음 수식을 입력
② G6셀의 **채우기 핸들**을 더블 클릭해 수식을 복사합니다.

=배경색

수식 설명 =배경색
이름을 정의한 다음, 수식을 사용해 이름을 호출하면 이름에 정의된 수식을 사용할 수 있다는 것은 글꼴 색 작업을 할 때 설명했습니다. 이번 수식으로 반환된 결과를 보면 E8, E12셀의 배경에 적용된 색상 번호는 38이고, 배경을 적용하지 않은 경우에는 0이 반환되는 것을 확인할 수 있습니다.

10 채우기 색으로 제품 개수 세기

C3셀에 다음 수식을 입력해 특별 관리 제품 수를 계산합니다.

=COUNTIF(G6:G15, 38)

11 GET.CELL 함수의 한계
GET.CELL 함수의 한계를 이해하기 위한 작업을 진행하겠습니다.

① A6:E6 범위를 선택
② 리본 메뉴의 [홈] 탭 - [글꼴] 그룹에서 **글꼴 색** 단추의 **옵션**을 **빨강**으로 설정한 후 클릭
③ C2셀의 수식 결과를 확인합니다.

결과에서 알 수 있듯이 GET.CELL 매크로 함수는 색상 변경 작업을 바로 인식하지 못합니다.

TIP ... GET.CELL 함수 사용 시 주의할 점

GET.CELL 매크로 함수는 색상 변경 작업을 바로 바로 인식하지 못합니다. 그러므로 변경된 색상 번호를 반환받기 위해서는 C2셀을 선택하고 F2 키를 눌러 편집 모드에서 Enter 키를 눌러 다시 입력해 줘야 합니다. 그러므로 GET.CELL 함수로 집계 작업이 가능하다고 해서, 계속해서 색상을 적용하는 방법으로 데이터를 관리하는 것은 효과적이지 못합니다. 색상을 이용해 데이터를 구분하는 것은 조건부 서식을 이용하는 것이 좋으며, F열과 G열은 수식을 다음과 같이 변경해 데이터를 관리하는 것이 좋습니다.

F6 : =IF(글꼴색=3, "단종", "")

G6 : =IF(배경색=38, "관리", "")

위와 같이 수식을 변경한 다음에는 수식을 15행까지 복사하고, F6:G15 범위의 수식을 값으로 변환한 후 추후에 관리가 필요한 데이터는 F열과 G열에 값을 직접 입력하는 쪽으로 데이터를 관리하는 것이 좋습니다. 수식을 값으로 변환할 때는 F6:G15 범위를 선택하고 복사(Ctrl+C)한 다음, 리본 메뉴의 [홈] 탭 – [클립보드] 그룹에서 [붙여넣기] 단추 의 옵션을 [값]으로 선택합니다.

또한 GET.CELL 매크로 함수를 사용하면, 파일을 [Excel 매크로 사용 통합 문서] 파일로 저장해야 합니다. 이 파일을 저장하면, 다음과 같은 경고 메시지 창이 표시됩니다. 매크로 함수를 사용한 파일은 〈아니오〉 버튼을 클릭해 [Excel 매크로 사용 통합 문서] 파일로 저장하란 내용입니다.

위 메시지 창에서 〈아니오〉 버튼을 클릭하면 다른 이름으로 저장 대화상자가 표시되는데, 파일 형식을 [Excel 매크로 사용 통합 문서]로 변경한 다음 〈저장〉 버튼을 클릭하면 됩니다.

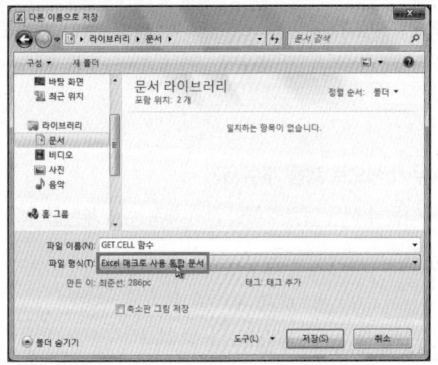

이렇게 저장한 파일을 닫고, 다시 열면 아래와 같은 보안 경고 메시지 창이 나타나게 되는데 〈콘텐츠 사용〉 버튼을 클릭하고 사용하면 됩니다.

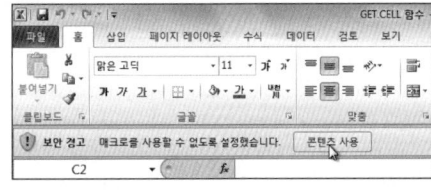

Section 12 미래 예측하기

▶ FORECAST

현재 추세가 지속된다는 가정하에 미래에 어느 정도 실적을 낼 수 있는지, 가상의 실적을 집계할 때가 있습니다. 이런 경우에 FORECAST 함수를 사용해 원하는 미래 값을 예측할 수 있습니다. 다만, FORECAST 함수는 선형 회귀 분석에 따른 결과를 반환하기 때문에 좀 더 정확한 결과를 얻기 위해서는 통계 관련 지식이 필요합니다.

이번에 배울 함수

FORECAST (예측할 x 구간, 기존 y 데이터 범위, 기존 x 데이터 범위)

기존 데이터를 선형 회귀 분석을 사용해 새 예측 구간 x의 y값을 계산합니다.

인수	• 예측할 x 구간 : 새로 예측할 구간으로 기존 x 데이터 범위의 연속 선상에 있어야 함 • 기존 y 데이터 범위 : 기존 x 데이터 범위에 대응하는 값이 입력된 데이터 범위 • 기존 x 데이터 범위 : 기존 y 데이터 범위를 설명하는 값이 입력된 데이터 범위
특이사항	예측할 x 구간과 기존 x 데이터 범위는 숫자 값 데이터여야 합니다. 만약 값이 2010년, 2011년, 2012년, 2013년, … 과 같은 텍스트 값이라면 1,2,3,… 과 같은 일련번호 값을 갖는 열을 추가해 예측할 x 구간과 기존 x 데이터 범위로 참조합니다.

실무실습 내년 상반기 매출 예상하기 월 매출 집계표

• 예제 파일 ⓒ : Part2\FORECAST 함수.xlsx

01 예제 이해하기 예제 파일을 열면 그림과 같은 표를 확인할 수 있습니다. 왼쪽의 표는 금년의 월별 매출을 정리해 놓은 것으로, 이 데이터를 참고하고, FORECAST 함수를 이용해 오른쪽의 내년 상반기 월 매출을 예측하는 작업을 진행합니다.

TIP … FORECAST 함수의 사용

그림의 표는 모두 연, 월별로 분류되어 있으며, 텍스트 값입니다. 그러므로 FORECAST 함수를 사용하기 위해서는 일련번호 숫자로 구성된 열을 추가해야 합니다.

Section 12 미래 예측하기 • **129**

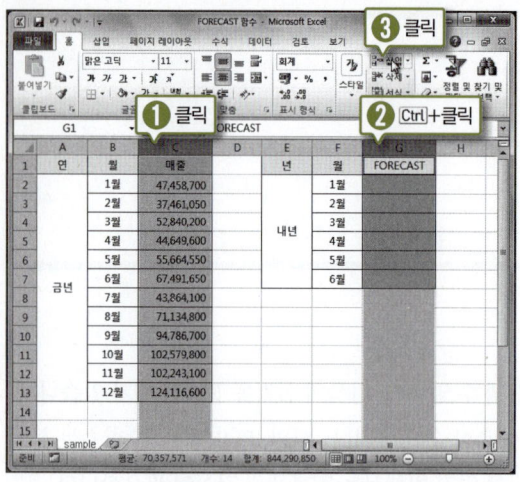

02 일련번호 열 추가하기 일련번호를 추가해 시간의 흐름을 표시합니다.

① C열을 선택
② Ctrl 키를 누른 상태에서 G열을 선택
③ 리본 메뉴의 [홈] 탭 – [셀] 그룹에서 **삽입** 단추를 클릭합니다.

03

① 추가된 열의 **C1, H1**셀에 **기간**이라고 열 머리글을 입력
② **C2**셀부터 **H7**셀까지 **1~18**까지의 일련번호를 입력합니다.

TIP ... 일련번호 쉽게 입력하기

C2, C3셀에 각각 1, 2를 입력한 다음, C2:C3 범위를 선택하고 채우기 핸들을 C13셀까지 드래그합니다. 같은 방법으로 H2, H3셀에 13, 14를 입력하고 채우기 핸들을 H7셀까지 드래그합니다.

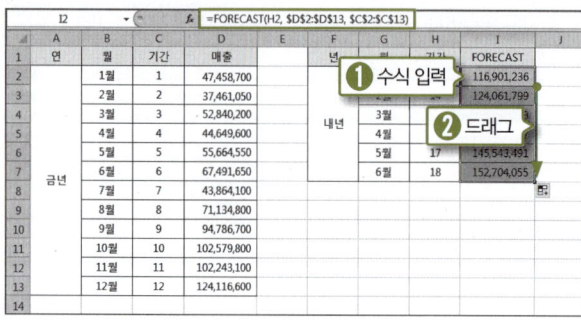

04 매출 예측하기

① I2셀을 선택하고, 다음 수식을 입력
② I2셀의 **채우기 핸들**을 I7셀까지 드래그해 수식을 복사합니다.

=FORECAST(H2, $D$2:$D$13, $C$2:$C$13)

수식 설명 =FORECAST(H2, $D$2:$D$13, $C$2:$C$13)

FORECAST 함수는 선형 회귀 방정식을 이용해 과거 데이터 추세가 그대로 유지된다는 가정하에 미래 값을 계산하는 함수입니다. 이번에 작성한 수식에서 각 인수는 다음과 같습니다.

- 예측할 x 구간 : H2
- 기존 y 데이터 범위 : D2:D13(매출)
- 기존 x 데이터 범위 : C2:C13(기간)

FORECAST 함수의 인수에서 x, y는 차트의 X축과 Y축을 생각하면 됩니다. 그러므로 X축의 기간 일련번호 범위와 Y축의 매출 데이터 범위에서 새 X축 기간 일련번호가 주어지면 그 값으로 선형 회귀 방정식을 이용해 예측 값을 계산해 반환합니다.

TIP ... FORECAST 함수를 사용할 때 주의할 점

FORECAST 함수는 선형 회귀 방정식을 사용하는 것이 정확하다는 것으로 추론하고 사용하는 것입니다. 그러므로 추론이 잘못되었다면 예측 결과도 잘못 반환될 수 있습니다. FORECAST 함수를 보다 잘 사용하기 위해서는 회귀 분석에 대한 선행 학습이 필요합니다.

Chapter 4.
날짜, 시간 함수

엑셀에서 날짜와 시간 값은 셀에 저장된 값과 표시되는 값이 다르기 때문에 사용자의 편의를 위해 날짜와 시간만 전담해 계산할 수 있는 날짜/시간 함수를 다수 제공합니다. 일상적으로 사용하는 대부분의 데이터는 날짜와 시간 단위로 관리되므로 날짜와 시간을 적절하게 다루는 방법에 대한 이해는 반드시 필요합니다. 여기서는 엑셀에서 제공하는 날짜/시간 함수 중에서 사용 빈도가 높은 함수를 예제와 함께 자세하게 설명합니다.

Section 01 오늘 날짜와 현재 시간 구하기

▶ TODAY   ▶ NOW

날짜와 시간 함수 중에서 가장 기본이 되는 함수는 오늘 날짜와 현재 시간을 반환하는 함수입니다. 다만, 시점에 따라 수식이 재계산되면서 오늘 날짜와 현재 시간은 달라질 수 있으므로, 변하지 않는 오늘 날짜와 현재 시간 값을 빠르게 입력할 수 있는 단축키도 함께 알고 있는 것이 좋습니다. 엑셀에서 오늘 날짜와 현재 시간을 반환하는 방법은 다음과 같습니다.

구분	함수	단축키
오늘 날짜	=TODAY()	Ctrl + ; (세미콜론)
현재 시간	=NOW()-TODAY()	Ctrl + Shift + : (콜론)
오늘 날짜와 현재 시간	=NOW()	Ctrl + ; 후 Space Bar 후 Ctrl + Shift + :

이번에 배울 함수

TODAY()
오늘 날짜를 반환합니다.

특이사항	• 인수가 없는 함수로, 함수명 뒤에 반드시 괄호( )를 붙여서 사용합니다. 괄호를 생략하면 #NAME! 오류가 반환됩니다. • 날짜가 표시되어야 하는 위치에 41234와 같은 정수 값이 표시되면, 리본 메뉴의 [홈] 탭 – [표시 형식] 그룹에서 표시 형식 콤보 상자를 [간단한 날짜]로 설정합니다.

NOW()
오늘 날짜와 현재 시간을 반환합니다.

특이사항	• 인수가 없는 함수로, 함수명 뒤에 반드시 괄호( )를 붙여 사용합니다. 괄호가 생략되면 #NAME! 오류가 반환됩니다. • 현재 시간만 반환하려면 **=NOW( )–TODAY( )** 수식을 사용합니다. 수식의 결과가 0.25와 같은 소수 값으로 표시되면, 리본 메뉴의 [홈] 탭 – [표시 형식] 그룹에서 표시 형식 콤보 상자를 [시간]으로 설정합니다.

실무실습 오늘 날짜와 현재 시간 기록하기 — 입출고 내역표

- 예제 파일 ⊙ : Part2\TODAY, NOW 함수.xlsx

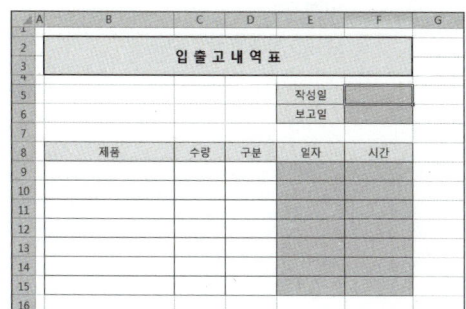

01 예제 이해하기 예제 파일을 열면 입출고 내역표를 확인할 수 있습니다. E열과 F열의 작성일, 보고일, 일자, 시간 항목에 날짜와 시간 값을 기록합니다.

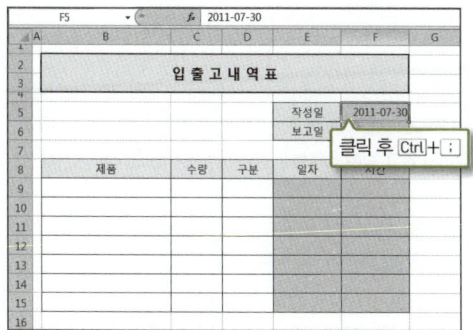

02 작성일 기록하기 작성일은 입출고 내역표를 작성한 날로, 한 번 입력하면 수정되지 않아야 합니다. 함수를 사용하면 기록된 날짜가 변할 수 있으므로 단축키로 입력합니다.

F5셀을 선택하고 Ctrl + ; 키를 눌러 오늘 날짜를 입력합니다.

TIP ... 그림의 오늘 날짜
그림에 표시된 날짜는 예제를 작성할 당시의 날짜로, 독자 여러분이 예제를 따라하는 날짜에 따라 다른 값이 표시됩니다.

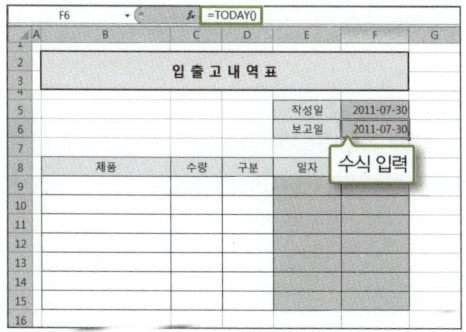

03 보고일 기록하기 보고일은 입출고 내역표를 출력해 보고하는 날짜로 보고서를 인쇄하는 날짜가 표시돼야 합니다. 그러므로 함수를 이용해 출력 당일의 날짜가 반환되도록 합니다.

F6셀을 선택하고, 다음 수식을 입력합니다.

=TODAY()

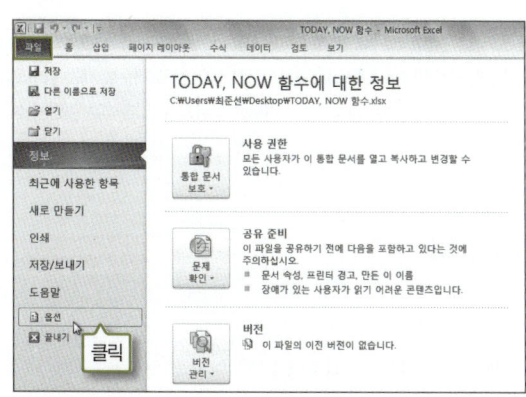

04 반복 계산 기능 설정하기 E9:F15 범위에 입출고 내역을 기록한 오늘 날짜와 현재 시간을 기록합니다. 이때 기록한 날짜와 시간은 변경되면 안됩니다. 그러므로 단축키를 이용해 입력해도 되지만, 여기서는 수식을 입력해 자동으로 입력하고 수정되지 않도록 설정합니다.

리본 메뉴의 [파일] 탭에서 **옵션** 명령을 클릭합니다.

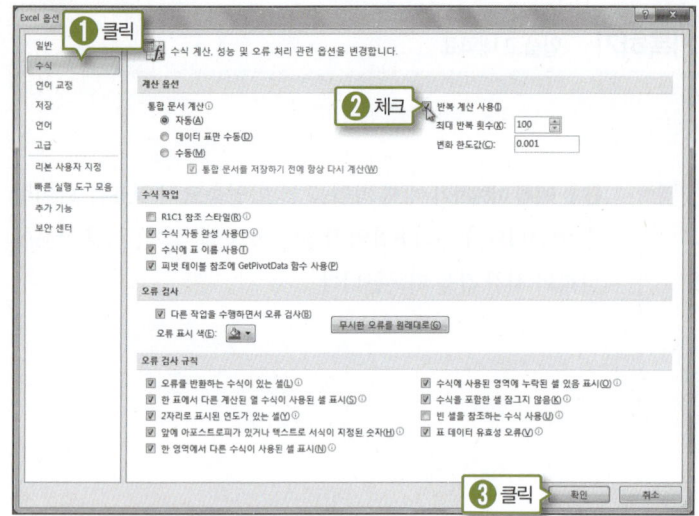

05

① Excel 옵션 대화상자에서 **수식** 범주를 선택
② 계산 옵션 영역에서 **반복 계산 사용** 확인란에 체크
③ 〈확인〉 버튼을 클릭합니다.

TIP ... 반복 계산

반복 계산 옵션은 셀에서 자기 자신을 다시 참조해 계산할 때 사용합니다. 자기 자신을 참조한다는 것은 예를 들어 A1셀에서 A1셀을 참조하는 것을 말하며, 이런 참조 방법을 순환 참조라고 합니다. 보통은 이런 참조 방법을 사용할 일이 없지만 이번 예제와 같이 데이터가 기록되는 날짜나 시간을 기록하려는 경우라면 반드시 순환 참조를 사용해야 합니다. 만약 반복 계산 옵션을 설정하지 않고, 순환 참조를 사용한다면 순환 참조 오류 메시지 창이 표시되며 정상적인 계산이 이뤄지지 않습니다.

[반복 계산 사용] 확인란에 체크하면 두 개의 하위 옵션 항목을 추가로 설정할 수 있으며, 각 옵션은 다음과 같습니다.

● 최대 반복 횟수 : 기본 값은 100으로 최대 100번의 순환 참조를 반복할 수 있다는 의미입니다.
● 변화 한도값 : 순환 참조로 계산해 변환된 값이 0.001 이하라면 순환 참조를 중단합니다.

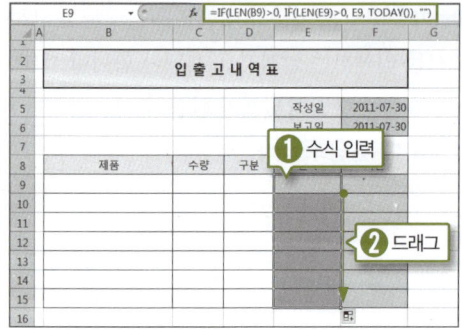

06 입력 날짜 기록하는 수식 작성하기
데이터 입력 날짜를 수식으로 자동 기록하겠습니다.

① E9셀을 선택하고, 다음 수식을 입력
② E9셀의 **채우기 핸들**을 E15셀까지 드래그해 수식을 복사합니다.

=IF(LEN(B9)>0, IF(LEN(E9)>0, E9, TODAY()), "")

수식 설명 =IF(LEN(B9)>0, IF(LEN(E9)>0, E9, TODAY( )), "")

데이터가 입력된 날짜를 기록하려면 어떤 셀의 값이 기록될 때 날짜를 기록할지를 먼저 결정해야 합니다. 현재 수식은 B열의 제품명이 입력될 때 오늘 날짜가 기록되길 원하는 수식으로, B열에 값이 입력됐는지를 확인하기 위해 LEN 함수를 사용합니다. LEN 함수는 지정한 셀의 문자 개수를 세는 함수로 값이 입력되면 문자 개수가 1 이상이 됩니다. 그러므로 0보다 크다는 조건을 구성하면, 해당 셀에 값이 입력됐는지 여부를 파악할 수 있습니다. 이번 수식의 계산 식은 다음과 같은 순서로 동작합니다.

IF(LEN(B9)>0   B9셀에 값이 입력됐으면
IF(LEN(E9)>0   E9셀에 값이 입력됐는지 판단(순환 참조)
E9   E9셀에 입력된 값이 있으면, 데이터 입력 날짜가 입력된 것이므로 그 값을 유지
TODAY( ))   E9셀에 입력된 값이 없으면 TODAY 함수로 오늘 날짜를 반환
"")   B9셀에 입력된 값이 없으면 빈 문자(" ")를 반환

만약 B:D 열의 제품이나 수량, 구분 값 중 어느 것 하나라도 입력된 경우에 날짜가 기록되도록 하려면 다음과 같이 수식을 수정하면 됩니다.
=IF((LEN(B9)+LEN(C9)+LEN(D9))>0, IF(LEN(E9)>0, E9, TODAY( )), "")

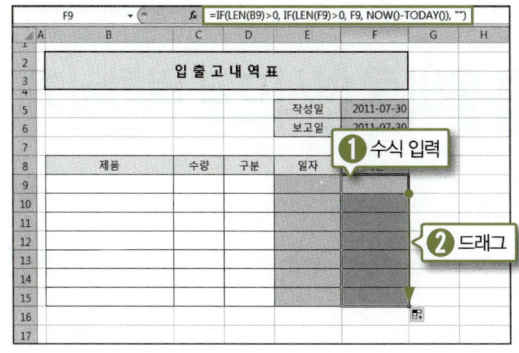

07 입력 시간 기록하는 수식 작성하기 데이터가 입력된 시간을 기록하겠습니다.

① F9셀을 선택하고, 다음 수식을 입력
② F9셀의 **채우기 핸들**을 F15셀까지 드래그해 수식을 복사합니다.

=IF(LEN(B9)>0, IF(LEN(F9)>0, F9, NOW()-TODAY()), "")

수식 설명 =IF(LEN(B9)>0, IF(LEN(F9)>0, F9, NOW()-TODAY( )), "")
6번 과정의 수식과 동작 순서는 동일하며, TODAY() 함수로 날짜 값을 반환하던 것을 NOW( )-TODAY( )로 현재 시간을 반환하는 것만 다릅니다.

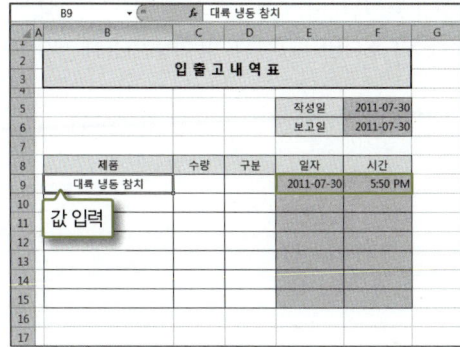

08 데이터 입력 날짜와 시간 확인하기
B9셀을 선택하고 **대륙 냉동 참치**와 같은 제품명을 입력합니다.

제품명을 입력하면 입력 날짜와 시간이 제대로 표시되는 것을 확인할 수 있습니다. 계속해서 입력한 값을 지워서 날짜와 시간도 지워지는지 확인해 봅니다.

> **TIP ... 날짜와 시간 형식 지정하기**
> B열에 제품명을 입력하면 E열과 F열에 데이터를 입력한 날짜와 시간이 기록됩니다. 날짜와 시간 형식으로 표시되지 않는다면 Ctrl+1 키를 눌러 셀 서식 대화상자를 호출한 후 날짜 형식과 시간 형식을 지정합니다.

Section 02 날짜와 시간 데이터를 올바른 형식으로 변환하기

▶ DATEVALUE ▶ TIMEVALUE

날짜와 시간을 잘못된 형식으로 입력하면 날짜와 시간 값으로 인식되지 않습니다. 그렇게 되면 날짜, 시간과 관련된 계산 작업도 할 수가 없습니다. 그러므로 날짜는 하이픈(-) 문자를 이용해 연, 월, 일을 입력(yyyy-mm-dd)하고, 시간은 콜론(:) 문자를 이용해 시, 분, 초를 입력(h:mm)해야 합니다. 만약 잘못 입력된 날짜나 시간 데이터가 있다면 DATEVALUE, TIMEVALUE 함수를 이용하거나 TEXT, SUBSTITUTE 함수를 이용해 제대로 된 날짜, 시간 값으로 변환하는 작업을 진행합니다.

이번에 배울 함수

DATEVALUE (텍스트 형식의 날짜)

텍스트 형식의 날짜 값을 날짜 일련번호로 반환합니다.

인수	• 텍스트 형식의 날짜 : 텍스트로 저장된 날짜 값
특이사항	텍스트 형식의 날짜 값은 반드시 하이픈(-) 구분 문자나 슬래시(/) 구분 문자를 이용해 입력되어 있어야 합니다.

TIMEVALUE (텍스트 형식의 시간)

텍스트 형식의 시간 값을 시간 값으로 반환합니다.

인수	• 텍스트 형식의 시간 : 텍스트로 저장된 시간 값
특이사항	텍스트 형식의 시간 값은 반드시 콜론(:) 구분 문자를 이용해 입력되어 있어야 합니다.

 잘못된 날짜와 시간 값을 올바른 날짜와 시간 형식으로 변환하기

• 예제 파일 ◉ : Part2\DATEVALUE, TIMEVALUE 함수.xlsx

01 예제 이해하기 예제 파일을 열면 그림과 같은 표를 확인할 수 있습니다. B열의 날짜와 시간은 올바른 형식이 아니기 때문에 수식을 이용해 C열에 올바른 날짜와 시간 형식으로 변환하는 작업을 진행합니다.

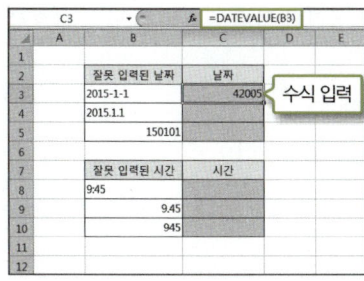

02 날짜 형식으로 변환하기 B3셀에 입력된 값은 년, 월, 일을 하이픈(-) 구분 기호로 표시하고 있지만, 셀 맞춤이 왼쪽인 것으로 보아 텍스트 값입니다. 이처럼 날짜 형식은 맞지만 텍스트 값인 경우에 DATEVALUE 함수를 사용합니다.

C3셀에 다음 수식을 입력합니다.

=DATEVALUE(B3)

수식 설명 **=DATEVALUE(B3)**
DATEVALUE 함수를 사용하려면 대상 셀(B3)의 값이 올바른 날짜 형식이고 텍스트 값이어야 합니다. B3셀에 입력된 값은 모든 조건을 만족하므로 DATEVALUE 함수를 이용해 손쉽게 날짜 형식으로 변환할 수 있습니다.

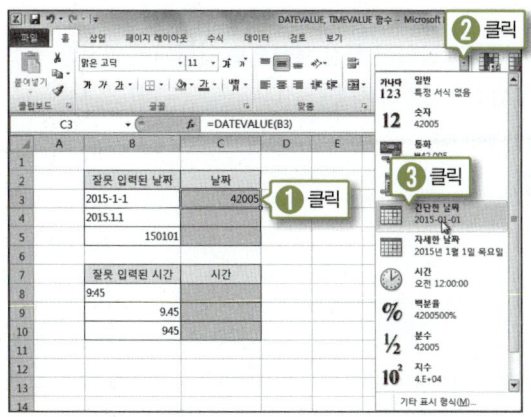

03 2번 과정의 수식 결과는 날짜 형식이 아닌 날짜 일련번호로 반환되므로, 표시 형식을 변경합니다.

① C3셀을 선택
② 리본 메뉴의 [홈] 탭-[표시 형식] 그룹에서 **표시 형식** 콤보 상자의 **옵션** 단추를 클릭
③ **간단한 날짜** 명령을 클릭합니다.

> **TIP** ... 날짜 일련번호를 날짜 형식으로 표시
> 단축키를 이용하면 좀 더 빠르게 원하는 형식으로 표시할 수 있습니다. 날짜 일련번호가 표시된 셀을 선택하고, Ctrl+Shift+# 키를 누르면 됩니다.

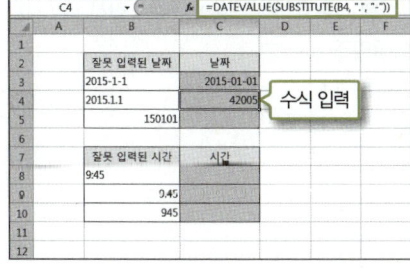

04 날짜의 연, 월, 일을 마침표(.)로 구분하여 잘못 입력한 경우에 올바른 날짜 값으로 변경해 보겠습니다.

C4셀을 선택하고, 다음 수식을 입력합니다.

=DATEVALUE(SUBSTITUTE(B4, ".", "-"))

수식 설명 **=DATEVALUE(SUBSTITUTE(B4, ".", "-"))**
B4셀에 입력된 날짜 값은 구분 문자를 잘못 사용했으므로 구분 문자를 변경하는 작업이 필요합니다. 입력된 값에서 일부 문자를 변경하려면 SUBSTITUTE 함수를 사용하면 됩니다. 즉, SUBSTITUTE 함수로 B4셀에 입력된 날짜 값의 마침표(.) 구분 기호를 하이픈(-)으로 바꿉니다. 이렇게 반환된 값을 DATEVALUE 함수를 사용해 날짜 일련번호로 변환했습니다.

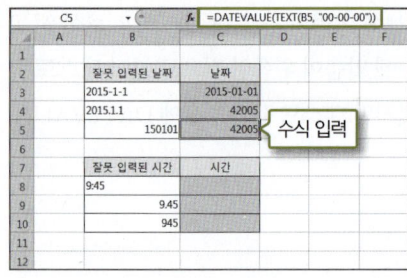

05 계속해서 구분 기호 없이 입력된 날짜를 올바른 날짜 값으로 변환해 보겠습니다.

C5셀을 선택하고, 다음 수식을 입력합니다.

=DATEVALUE(TEXT(B5, "00-00-00"))

수식 설명 =DATEVALUE(TEXT(B5, "00-00-00"))
B5셀에는 구분 문자가 아예 사용되지 않은 숫자 형식의 값이 입력되어 있습니다. 이런 상황에서 원하는 위치에 구분 문자를 넣으려면 TEXT 함수를 사용합니다. TEXT 함수를 사용해 TEXT(B5, "00-00-00") 형태로 수식을 사용하면, B5셀의 값이 YY-MM-DD 형태의 텍스트 값으로 반환됩니다. 반환된 텍스트 값을 DATEVALUE 함수를 사용해 날짜 일련번호로 변환한 것이 이번 수식입니다.

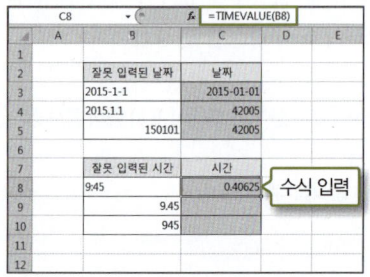

06 시간 형식으로 변환하기 올바른 시간 형식으로 입력되어 있지만 텍스트 값일 때 TIMEVALUE 함수를 사용합니다.

C8셀에 다음 수식을 입력합니다.

=TIMEVALUE(B8)

수식 설명 =TIMEVALUE(B8)
TIMEVALUE 함수를 사용하려면 대상 셀의 값이 올바른 시간 형식이고, 텍스트 값이어야 합니다. 올바른 시간 형식이란 것은 시, 분, 초를 마침표(:)로 구분해 입력된 형태를 의미합니다. B8셀의 값은 이러한 조건에 부합하므로 TIMEVALUE 함수를 이용하여 올바른 시간 값으로 변환할 수 있습니다.

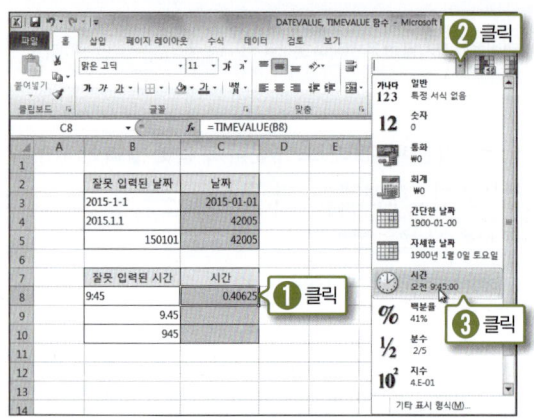

07 C8셀에 입력된 소수 값의 표시 형식을 변경하여 올바른 시간 형식으로 변환해야 합니다.

① **C8**셀을 선택
② 리본 메뉴의 [**홈**] 탭 – [**표시 형식**] 그룹에서 **표시 형식** 콤보 상자의 **옵션** 단추를 클릭
③ **시간** 명령을 클릭합니다.

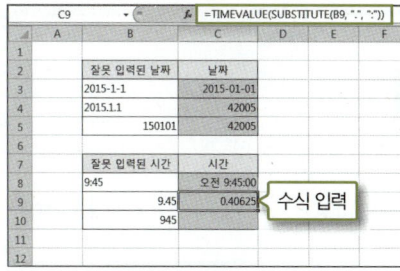

08 시간의 시, 분, 초 등을 마침표(.)로 구분하여 잘못 입력한 경우에 올바른 날짜 값으로 변경해 보겠습니다.

C9셀에 다음 수식을 입력합니다.

=TIMEVALUE(SUBSTITUTE(B9, ".", ":"))

수식 설명 =TIMEVALUE(SUBSTITUTE(B9, ".", ":"))

4번 과정에서 사용한 수식과 유사합니다. B9셀에 입력된 값의 마침표(.) 문자를 콜론(:)으로 바꾸기 위해 SUBSTITUTE 함수를 사용합니다. 이렇게 반환된 결과를 TIMEVALUE 함수를 이용해 올바른 시간 값으로 변환합니다.

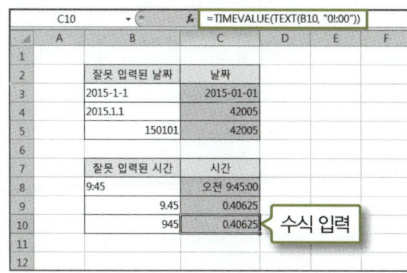

09 구분 기호 없이 입력된 시간을 올바른 시간 값으로 변환해 보겠습니다.

C10셀에 다음 수식을 입력합니다.

=TIMEVALUE(TEXT(B10, "0!:00"))

수식 설명 =TIMEVALUE(TEXT(B10, "0!:00"))

5번 과정에서 사용한 수식과 유사합니다. B10셀에 입력된 시간 값에 구분 기호를 표시하기 위해 TEXT 함수를 사용했습니다. 여기서 TEXT 함수의 숫자 서식 코드를 지정할 때 콜론(:) 문자 앞에는 반드시 느낌표(!) 문자를 사용해야 한다는 점에 주의합니다. 이렇게 TEXT 함수를 이용해 B10셀의 값을 h:mm 형식으로 변경한 다음, TIMEVALUE 함수를 사용해 올바른 시간 값으로 변환합니다.

Section 03 날짜 값 계산해 얻기

▶ DATE ▶ YEAR ▶ MONTH ▶ DAY ▶ WEEKDAY ▶ EDATE ▶ EOMONTH

이력서의 근속 기간이나 계약서의 계약 기간과 같이 기간을 설명할 때는 대부분 시작일과 종료일을 함께 이야기합니다. 이런 경우에 날짜 값을 일일이 입력하려면 불편한 감이 있습니다. 그러므로 시작일(또는 종료일)을 입력하면, 지정된 조건에 따라 종료일(또는 시작일)을 자동으로 계산할 수 있는 함수에 대해 알아보겠습니다. 이 외에도 날짜와 관련된 다양한 함수의 종류와 용도에 대해 소개합니다.

이번에 배울 함수

DATE (연, 월, 일)

연, 월, 일 값을 받아 날짜 일련번호를 반환합니다.

인수	• **연** : 0~9999 사이의 연도(年)를 의미하는 정수 값 0~1899 사이의 값은 1900을 더한 연도가 계산되며, 1900~9999 사이의 값은 그대로 인식 • **월** : 1~12 사이의 월(月)을 의미하는 양수 또는 음수 값 • **일** : 1~31 사이의 일(日)을 의미하는 양수 또는 음수 값
특이사항	월, 일 인수는 0과 음수 값을 사용할 수 있습니다. 0 또는 음수 값을 사용하면 몇 개월 전 또는 몇 일 전과 같은 방식으로 인식해 날짜 값을 계산합니다. 예를 들어, =DATE(2015, 0, 1)은 2014년 12월 1일을 반환하며, =DATE(2015, 1, -10)은 2014년 12월 21일을 반환합니다.

YEAR (날짜)

날짜 값에서 연을 의미하는 1900~9999 사이의 정수 값을 반환합니다.

인수	• **날짜** : 날짜를 의미하는 날짜 일련번호

MONTH (날짜)

날짜 값에서 월을 의미하는 1~12 사이의 정수 값을 반환합니다.

인수	• **날짜** : 날짜를 의미하는 날짜 일련번호

DAY (날짜)

날짜 값에서 일을 의미하는 1~31 사이의 정수 값을 반환합니다.

인수	• **날짜** : 날짜를 의미하는 날짜 일련번호

WEEKDAY (날짜, 요일 옵션)

날짜 값의 요일 인덱스 번호를 반환합니다.

인수	• **날짜** : 요일 인덱스 번호를 구할 날짜 일련번호 • **요일 옵션** : 주의 시작 요일을 결정할 옵션 값으로 1~3 사이의 값을 사용	
	요일 옵션	설명
	1 또는 생략	일요일이 한 주의 시작일이며, 1(일) ~ 7(토) 사이의 숫자를 반환
	2	월요일이 한 주의 시작일이며, 1(월) ~ 7(일) 사이의 숫자를 반환
	3	월요일이 한 주의 시작일이며, 0(월) ~ 6(일) 사이의 숫자를 반환

EDATE (시작일, 개월)

시작일로부터 지정한 개월 수만큼의 이전 또는 이후 날짜 값을 반환합니다.

인수	• **시작일** : 날짜 일련번호 • **개월** : 시작일의 이전 또는 이후 개월 수, 이전은 음수로 이후는 양수로 표현 예를 들어 개월 인수를 3으로 지정하면 시작일로부터 3개월 후 날짜를 반환하고, 개월 인수를 −3으로 지정하면 시작일로부터 3개월 전 날짜를 반환
특이사항	엑셀 2003 이하 버전에서 EDATE 함수를 사용하려면 분석 도구 추가 기능을 먼저 설치해야 합니다.

EOMONTH (시작일, 개월)

시작일로부터 지정한 개월 수에 해당하는 이전 또는 이후 날짜가 포함된 달의 마지막 일을 반환합니다.

인수	• **시작일** : 날짜 일련번호 • **개월** : 시작일의 이전 또는 이후 개월 수, 이전은 음수로 이후는 양수로 표현 예를 들어 개월 인수를 3으로 지정하면 시작일로부터 3개월 후 날짜가 포함된 월의 마지막 날짜를 반환하고 개월 인수를 −3으로 지정하면 시작일로부터 3개월 전 날짜가 포함된 월의 마지막 날짜를 반환
특이사항	엑셀 2003 이하 버전에서 EOMONTH 함수를 사용하려면 분석 도구 추가 기능을 먼저 설치해야 합니다.

실무실습 매월 시작일과 종료일 계산하기

• 예제 파일 ⊙ : Part2\DATE, YEAR, MONTH, DAY 함수.xlsx

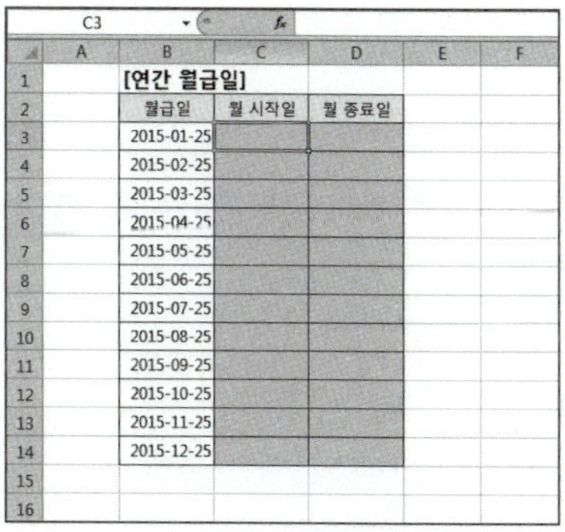

01 예제 이해하기 예제 파일을 보면 그림과 같은 표를 확인할 수 있습니다. B열의 월급일에서 해당 월의 시작일과 종료일을 C열과 D열에 각각 계산해 넣는 작업을 진행합니다.

02 월 시작일 계산하기

① C3셀을 선택하고, 다음 수식을 입력
② C3셀의 **채우기 핸들**을 C14셀까지 드래그해 수식을 복사합니다.

=DATE(YEAR(B3), MONTH(B3), 1)

수식 설명 **=DATE(YEAR(B3), MONTH(B3), 1)**
DATE 함수의 연, 월 인수는 월급일과 같은 연도와 월을 지정하고, 일 인수로 1을 지정하여 간단하게 월 시작일을 계산합니다.

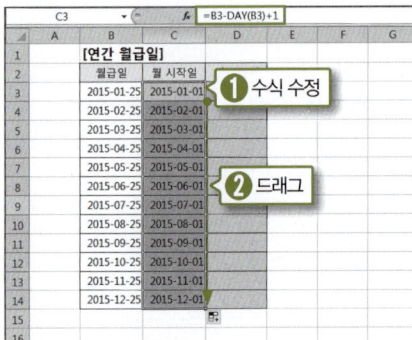

03 좀 더 간결한 수식을 사용해 월 시작일을 구해 보겠습니다.

① C3셀의 수식을 다음과 같이 수정
② C3셀의 **채우기 핸들**을 C14셀까지 드래그해 수식을 복사합니다.

=B3-DAY(B3)+1

수식 설명 **=B3-DAY(B3)+1**
이번 수식은 지정한 날짜에서 일(日)에 해당하는 일 수를 뺀 다음 1을 더하는 수식입니다. 지정한 날짜에서 지정한 날짜의 일 수를 빼면 전 월인 마지막 날이 됩니다. 여기에 다시 1을 더해 지정한 날짜의 첫 날을 구할 수 있습니다.

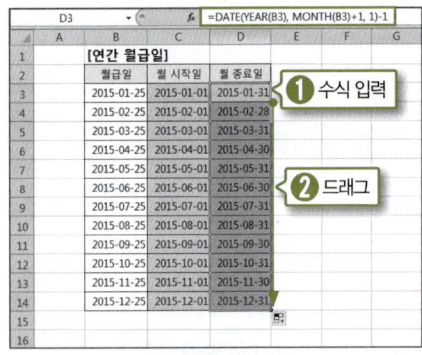

04 월 종료일 계산하기

① D3셀을 선택하고, 다음 수식을 입력
② D3셀의 채우기 핸들을 D14셀까지 드래그해 수식을 복사합니다.

=DATE(YEAR(B3), MONTH(B3)+1, 1)-1

수식 설명 **=DATE(YEAR(B3), MONTH(B3)+1, 1)−1**
특정 날짜가 속한 월의 마지막 일을 구하기 위해서는 시작일을 구하는 것보다는 복잡한 수식이 필요합니다. 이것은 매월의 마지막 일이 28, 29, 30, 31 등으로 다양하기 때문입니다. 이번 수식에서 DATE 함수의 연, 월, 일 인수에 전달된 값은 다음과 같습니다.

- 연 : YEAR(B3) → B3셀과 같은 연
- 월 : MONTH(B3)+1 → B3셀과 같은 달에 1을 더하므로 다음 달
- 일 : 1

그러므로 DATE 함수의 결과 값은 B3셀의 다음 달 1일에 해당하는 날짜 값이 됩니다. 이 값에서 1을 빼면 이번 달의 마지막 날짜가 반환됩니다.

05 4번 과정과 약간 다른 방법으로 월 종료일을 구하겠습니다.

① D3셀의 수식을 다음과 같이 수정
② D3셀의 **채우기 핸들**을 D14셀까지 드래그해 수식을 복사합니다.

=DATE(YEAR(B3), MONTH(B3)+1, 0)

수식 설명 =DATE(YEAR(B3), MONTH(B3)+1, 0)

이번 수식은 4번 과정과 유사하지만 DATE 함수의 3번째 인수인 일(日) 인수에 전달된 값이 0이고, -1이 제외되어 있습니다. 일(日) 인수에 0을 지정하면 1에서 -1된 값으로 인식합니다. 그러므로 이번 수식은 B3셀과 같은 연도의 다음 달 1일에서 하루 전 날짜를 반환하라는 의미가 됩니다. 한마디로 다음 달 1일의 하루 전날을 반환하는 수식이라고 생각하면 됩니다.

실무실습 주간 날짜 계산하기 — 주간 계획표

- 예제 파일 ⊙ : Part2\WEEKDAY 함수.xlsx

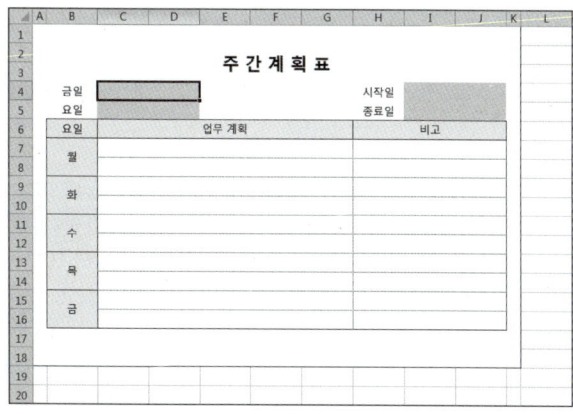

01 예제 이해하기 예제 파일을 보면 주간 계획표를 확인할 수 있습니다. 매주 작성하는 주간 계획표의 주 시작일과 종료일을 자동으로 계산하는 작업을 진행합니다.

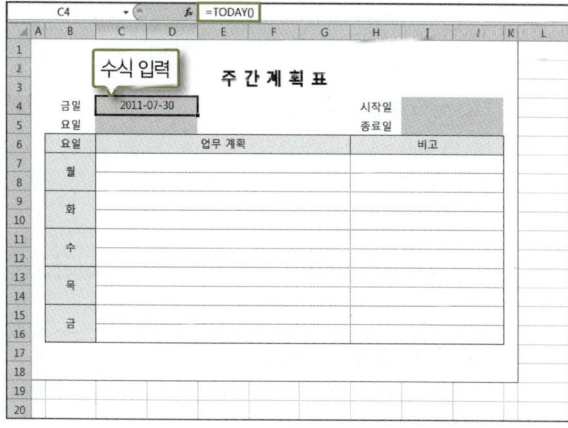

02 오늘 날짜 확인하기

C4:D4 병합 셀을 선택하고, 다음 수식을 입력합니다.

=TODAY()

TIP ... 오늘 날짜

예제를 실행하는 날짜에 따라 C4:D4 병합 셀의 결과 값은 달라질 수 있습니다.

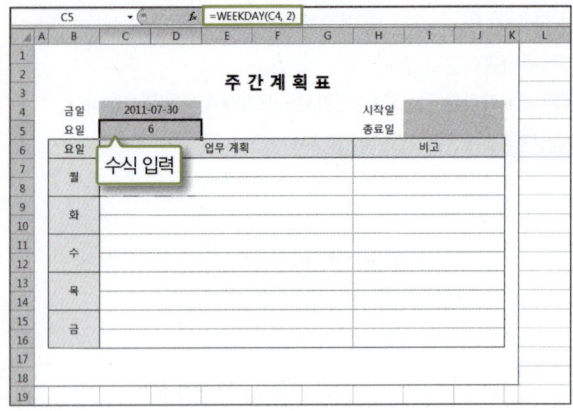

03 요일 일련번호 확인하기 C4:D4 병합 셀에 반환된 날짜 값의 요일을 확인하기 위해 WEEKDAY 함수를 사용합니다.

C5:D5 병합 셀을 선택하고, 다음 수식을 입력합니다.

=WEEKDAY(C4, 2)

수식 설명 **=WEEKDAY(C4, 2)**
WEEKDAY 함수는 요일 번호를 반환하는 함수로 2번째 인수 값을 2로 설정하면 월요일부터 일요일까지 순서대로 1~7 사이의 값을 반환합니다. C5:D5 병합 셀의 수식 결과가 6으로 나왔으므로 2011년 07월 30일은 토요일이었음을 의미합니다.

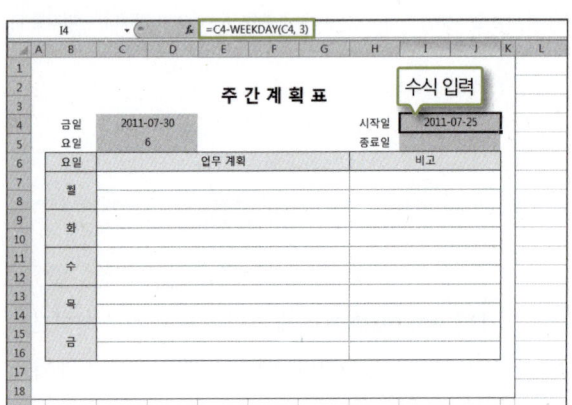

04 월요일 날짜 계산하기 C4:D4 병합 셀에 반환된 날짜가 포함된 주의 월요일 날짜를 계산하겠습니다.

I4:J4 병합 셀을 선택하고, 다음 수식을 입력합니다.

=C4-WEEKDAY(C4, 3)

수식 설명 **=C4-WEEKDAY(C4, 3)**
이번에 작성한 수식은 **=오늘-WEEKDAY(오늘, 3)** 형태의 계산 식입니다. WEEKDAY 함수의 2번째 인수 값을 3으로 설정하면 월요일부터 일요일까지 순서대로 0~6 사이의 값을 반환합니다. 그러므로 날짜 값에서 날짜 값에 해당하는 요일 인덱스 번호를 빼면 해당 날짜가 포함된 주의 월요일 날짜가 반환됩니다. 즉, 2011-07-30은 토요일이므로 요일 인덱스 번호로 5가 반환됩니다. 그러므로 2011-07-30일에서 5를 빼면 5일 전인 2011-07-25 날짜가 반환됩니다. 아래 달력을 보면 2011년 7월 25일이 월요일임을 확인할 수 있습니다.

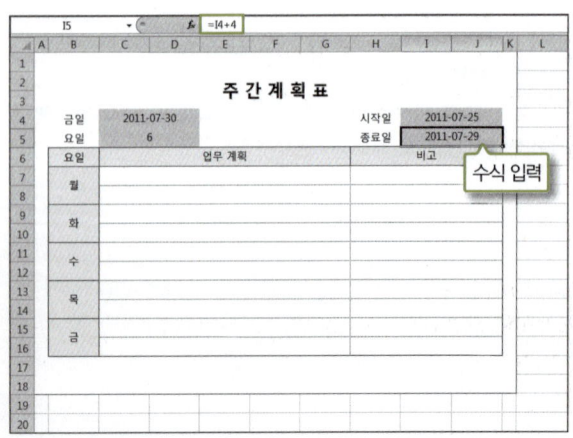

05 금요일 날짜 계산하기

I5:J5 병합 셀을 선택하고 다음 수식을 입력합니다.

=I4+4

수식 설명 **=I4+4**
금요일은 월요일의 4일 후입니다. 그러므로 월요일 날짜에 4를 더하는 수식으로 금요일 날짜를 계산할 수 있습니다.

TIP ... 주 시작일과 종료일 계산 식
이번 실습 과정을 정리하면, 다음과 같은 계산 식으로 주 시작일과 종료일을 구할 수 있습니다.
- 주 시작일 : =TODAY( )-WEEKDAY(TODAY( ), 3)
- 주 종료일 : =주 시작일+4

지불일 및 계약 기간 날짜 계산하기 — 임대차 계약서

• 예제 파일 ⊙ : Part2\EDATE, EOMONTH 함수.xlsx

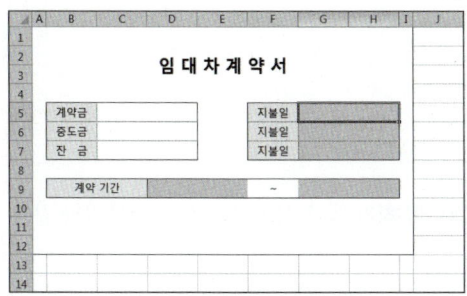

01 예제 이해하기 예제 파일을 열면 임대차 계약서를 확인할 수 있습니다. G5:H5 병합 셀에 계약금 지불일을 입력하면, 중도금은 한 달 뒤, 잔금은 두 달 뒤, 계약 기간은 잔금 지급일부터 2년간이라고 가정하고 각 셀의 날짜를 계산하는 작업을 진행합니다.

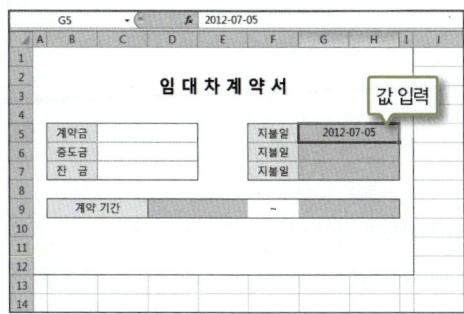

02 계약금 지불일 계산하기
G5:H5 병합 셀에 **2012-07-05**을 입력합니다.

TIP ... 계약금 지불일
계약금을 지불하는 날짜를 항상 오늘 날짜로 하려면 G5:H5 병합 셀에 **=TODAY( )**를 입력합니다.

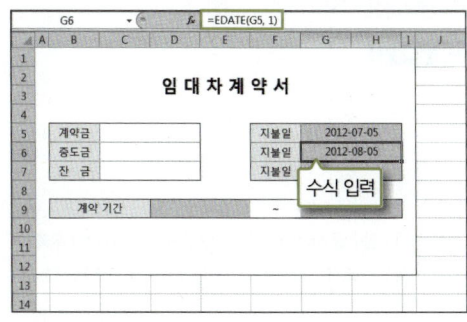

03 중도금 지불일 계산하기 중도금 지불은 계약금 지불일로부터 한 달 뒤에 한다고 했으니, EDATE 함수를 사용해 중도금 지불일을 계산합니다.
G6:H6 병합 셀을 선택하고, 다음 수식을 입력합니다.
=EDATE(G5, 1)

수식 설명 =EDATE(G5, 1)
EDATE 함수는 1번째 인수로 지정한 날짜에서 2번째 인수에 지정한 n개월 이전 또는 이후 날짜를 계산해 줍니다. 그러므로 이번 수식은 G5셀의 날짜에서 1개월 이후 날짜를 반환합니다.
이런 날짜 계산은 앞에서 배운 DATE 함수를 사용해도 계산할 수 있는데, 다음과 같은 부분(말일 인식 방법)에서 차이가 발생합니다.

지불일	EDATE	DATE
2012-01-31	=EDATE(지불일, 1)	=DATE(YEAR(지불일), MONTH(지불일)+1, DAY(지불일))
	2012-02-28	2012-03-03

위 표에서 확인할 수 있듯이 n개월 전후의 날짜를 계산할 때, EDATE 함수는 말일을 자동으로 인식해 날짜 계산을 해 주지만, DATE 함수는 그러지 못하므로 특정 개월(또는 연) 전후의 날짜를 계산할 때는 반드시 EDATE 함수를 사용하는 것이 좋습니다.

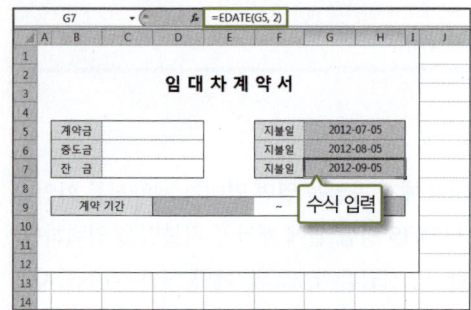

04 잔금 지불일 계산하기 잔금 지불은 계약금 지불일로부터 두 달 뒤라고 했으니 EDATE 함수로 지불일을 계산합니다.

G7:H7 병합 셀을 선택하고, 다음 수식을 입력합니다.

`=EDATE(G5, 2)`

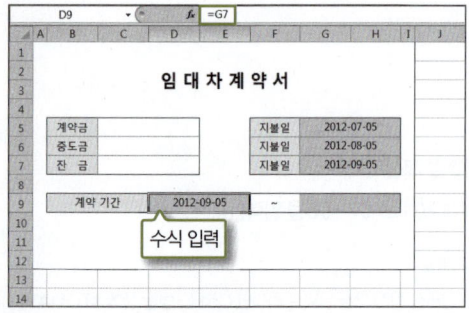

05 계약 시작일 계산하기 계약 시작일은 잔금 지불일과 같습니다.

D9:E9 병합 셀을 선택하고, 다음 수식을 입력합니다.

`=G7`

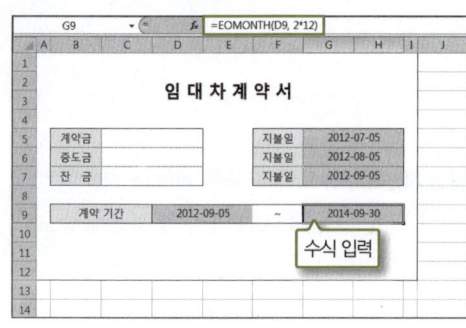

06 계약 종료일 계산하기 계약 만료일은 기본 2년으로, 2년 뒤 날짜가 속한 월의 마지막 일입니다. EOMONTH 함수로 계산합니다.

G9:H9 병합 셀을 선택하고, 다음 수식을 입력합니다.

`=EOMONTH(D9, 2*12)`

수식 설명 **=EOMONTH(D9, 2*12)**

EOMONTH 함수는 n개월 전후 해당 날짜가 속한 월의 마지막 일을 반환합니다. 즉, EOMONTH 함수를 사용하여 2012년 2월 1일의 1개월 후를 구하면 2012년 3월 1일이 아닌 월의 마지막 일인 2012년 3월 31일이 구해집니다. 이번 수식에서 EOMONTH 함수의 2번째 인수는 2*12 대신 24개월을 의미하는 24를 직접 입력해도 됩니다.

Section 04 시간 값 계산해 얻기

▸ TIME ▸ HOUR ▸ MINUTE ▸ SECOND

엑셀에서의 시간 계산 작업은 날짜 계산만큼이나 자주 발생합니다. 또한 날짜와 시간은 유사한 방법으로 관리되기 때문에 날짜 함수와 시간 함수 역시 대체적으로 비슷한 유형입니다. 날짜 값을 계산하기 위해서 DATE, YEAR, MONTH, DAY 함수를 배웠다면, 시간 값을 계산하기 위해서는 TIME, HOUR, MINUTE, SECOND 함수를 기본적으로 알아야 합니다.

이번에 배울 함수

TIME (시, 분, 초)
시, 분, 초를 의미하는 정수 값을 받아 시간을 의미하는 소수 값을 반환합니다.

인수	• **시** : 0~32,767 사이의 시를 의미하는 정수 값 　　0~23 사이의 값은 그대로 시로 인식되고, 24 이상의 숫자는 24로 나눈 나머지 값을 시로 사용 • **분** : 0~32,767 사이의 분을 의미하는 정수 값 　　0~59 사이의 값은 그대로 분으로 인식하고, 60 이상의 숫자는 60으로 나눈 나머지 값을 분으로 사용 • **초** : 0~32,767 사이의 초를 의미하는 정수 값 　　0~59 사이의 값은 그대로 초로 인식하고, 60 이상의 숫자는 60으로 나눈 나머지 값을 초로 사용

HOUR (시간)
시간 값에서 시를 의미하는 0~23 사이의 정수를 반환합니다.

인수	• **시간** : 시간 값을 의미하는 소수 값

MINUTE (시간)
시간 값에서 분을 의미하는 0~59 사이의 정수를 반환합니다.

인수	• **시간** : 시간 값을 의미하는 소수 값

SECOND (시간)
시간 값에서 초를 의미하는 0~59 사이의 정수를 반환합니다.

인수	• **시간** : 시간 값을 의미하는 소수 값

 **30분 간격으로 시간 계산하기** 일 업무 계획표

• 예제 파일 ⊙ : Part2\TIME, HOUR, MINUTE, SECOND 함수.xlsx

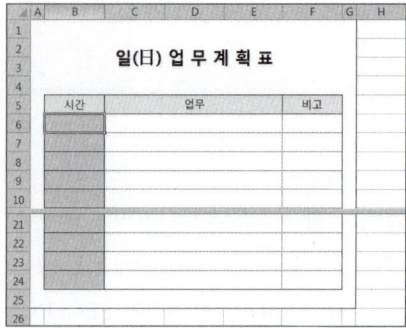

01 예제 이해하기 예제 파일을 열면 일 업무 계획표를 확인할 수 있습니다. B열에서 오전 9시부터 오후 6시까지의 업무 시간을 30분 간격으로 기록하는 작업을 진행합니다.

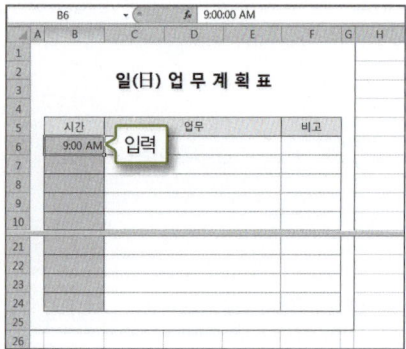

02 시작 시간 입력하기
B6셀을 선택하고 시작 시간인 9시를 다음과 같이 입력합니다.
`9:00`

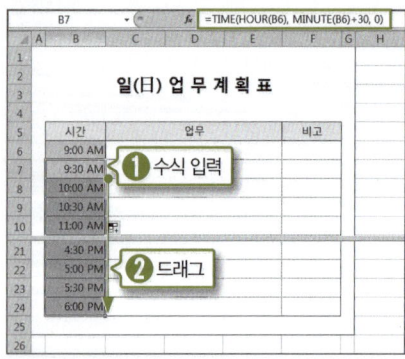

03 30분 간격으로 시간 계산하기 시작 시간부터 30분 간격으로 시간을 계산하겠습니다.
① B7셀을 선택하고, 다음 수식을 입력
② B7셀의 **채우기 핸들**을 B24셀까지 드래그해 수식을 복사합니다.
`=TIME(HOUR(B6), MINUTE(B6)+30, 0)`

수식 설명 =TIME(HOUR(B6), MINUTE(B6)+30, 0)
TIME 함수는 시, 분, 초 값을 받아 시간을 의미하는 소수 값을 반환하는 함수입니다. 이번 수식에서 지정한 인수는 다음과 같습니다.
- 시 : HOUR(B6) → 위 셀(B6)과 같은 시입니다.
- 분 : MINUTE(B6)+30 → 위 셀(B6)과 같은 분에 30분을 더합니다.
- 초 : 0 → 초는 0입니다.

이렇게 하면 수식이 복사된 위치에서 이전 셀의 시간 값에 30분을 더한 시간이 표시됩니다.

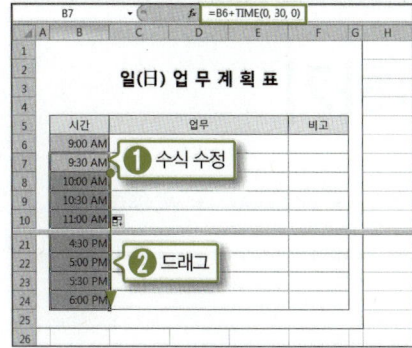

04 3번 과정에서 작성한 수식을 좀 더 간결하게 수정하겠습니다.

① **B7**셀을 선택한 다음, 다음과 같이 수정
② **B7**셀의 **채우기 핸들**을 **B24**셀까지 드래그해 수식을 복사합니다.

=B6+TIME(0,30,0)

수식 설명   **=B6+TIME(0,30,0)**

이번 수식은 바로 위 셀(B6)의 시간에 30분(**TIME(0,30,0)**)을 더하는 수식으로 변경한 것입니다. 30분을 의미하는 TIME(0,30,0)은 1/48로 대체할 수 있습니다. 엑셀에서 하루는 1과 같으므로 1시간은 1/24과 같습니다. 그러므로 30분은 1시간을 2로 나눈 1/48과 같습니다.

Section 05 두 날짜의 차이 계산하기

▶ DATEDIF   ▶ NETWORKDAYS   ▶ NETWORKDAYS.INTL   ▶ WORKDAY   ▶ WORKDAY.INTL

두 날짜 사이의 차이를 계산한다는 것은 두 날짜 사이에 몇 일, 몇 달, 몇 년이 지났는지를 계산하는 것입니다. 이런 계산 작업은 근속 기간, 작업일, 연차, 퇴직금 산정 등에서 진행됩니다.

날짜 차이를 구하는 계산을 할 때는 단순한 빼기(−) 연산을 할 것인지, 아니면 정확한 일 수를 계산하려는 것인지에 따라 주의할 내용이 있습니다. 시작일이 2012년 1월 1일, 종료일이 2012년 1월 3일인 경우에 두 날짜의 차이를 단순한 빼기 연산으로 구하면 2일의 결과가 반환됩니다. 하지만 정확한 일 수를 계산하려면 =3일−1일+1과 같은 계산 식을 사용해 3일의 결과가 반환되도록 해야 합니다.

두 날짜의 차이를 구할 때 단순하게 차이만 구하는 것이 아니라 주말이나 법정 공휴일을 포함한 모든 휴일을 제외하고 차이를 구해야 할 때도 있습니다. 이처럼 두 날짜 사이의 차이를 구할 때 다양한 옵션을 지정하여 원하는 형태의 차이를 구할 수 있는 함수에 대해 알아보겠습니다.

이번에 배울 함수

DATEDIF (시작일, 종료일, 옵션)
시작일과 종료일의 날짜 차이를 옵션 인수에서 지정한 방식으로 계산합니다.

인수	• **시작일, 종료일** : 날짜 일련번호로 시작일은 반드시 종료일보다 과거 날짜를 입력 • **옵션** : 두 날짜의 차이를 구할 방법을 지정하는 옵션으로 대/소문자를 구분하지 않음	

	옵션	설명
인수	y	두 날짜 사이에서 연의 차이를 구함
	m	두 날짜 사이에서 월의 차이를 구함
	d	두 날짜 사이에서 일의 차이를 구함
	ym	두 날짜 사이에서 연의 차이를 제외하고 남은 월의 차이를 구함
	md	두 날짜 사이에서 연, 월의 차이를 제외하고 남은 일의 차이를 구함
특이사항	• 로터스1-2-3과의 호환을 위해 제공된 함수입니다. • 공식적으로 지원되는 함수가 아니기 때문에 도움말이 제공되지 않습니다. • 두 날짜의 차이를 빼기(−) 연산으로 계산합니다.	

NETWORKDAYS (시작일, 종료일, 휴일 목록)

두 날짜 사이의 주말(토, 일)과 휴일 목록의 날짜를 제외한 근무 일수를 구합니다.

인수	• 시작일, 종료일 : 날짜 일련번호 • 휴일 목록 : 날짜 계산에서 제외할 휴일 날짜가 기록되어 있는 목록 범위로 생략 가능
특이사항	• 엑셀 2003 이하 버전에서는 분석 도구 추가 기능을 설치해야 사용할 수 있습니다. • 두 날짜의 차이는 빼기 연산으로 계산하지 않고, 근무일을 모두 세는 연산을 합니다.

NETWORKDAYS.INTL (시작일, 종료일, 주말 옵션, 휴일 목록)

엑셀 2010 버전에서 새롭게 추가된 함수로, 두 날짜 사이의 주말과 휴일 목록의 날짜를 제외한 근무 일수를 구합니다. 이때 주말 옵션 인수를 사용해 특정 요일을 주말로 지정할 수 있습니다.

인수	• 시작일, 종료일 : 날짜 일련번호 • 주말 옵션 : 주말을 의미하는 1~7, 11~17 사이의 숫자 값

숫자	주말 요일	숫자	주말 요일
1 또는 생략	토요일, 일요일	11	일요일
2	일요일, 월요일	12	월요일
3	월요일, 화요일	13	화요일
4	화요일, 수요일	14	수요일
5	수요일, 목요일	15	목요일
6	목요일, 금요일	16	금요일
7	금요일, 토요일	17	토요일

• 휴일 목록 : 날짜 계산에서 제외할 휴일 날짜가 기록되어 있는 목록 범위로 생략 가능

버전	엑셀 2010 버전에서 새롭게 추가된 함수입니다.

WORKDAY (시작일, 작업 일수, 휴일 목록)

시작일로부터 주말과 휴일 목록의 날짜를 제외한 작업 일수 이후의 종료일을 구합니다.

인수	• 시작일 : 날짜 일련번호 • 작업 일수 : 주말과 휴일 날짜를 제외한 실제 작업한 일 수 • 휴일 목록 : 날짜 계산에서 제외할 휴일 날짜가 기록되어 있는 목록 범위로 생략 가능
특이사항	• 엑셀 2003 이하 버전에서는 분석 도구 추가 기능을 설치해야 사용할 수 있습니다. • 시작일과 작업 일수는 덧셈(+) 연산을 하기 때문에 시작일이 포함되지 않습니다.

WORKDAY.INTL (시작일, 작업 일수, 주말 옵션, 휴일 목록)

엑셀 2010 버전에서 새롭게 추가된 함수로, 시작일로부터 주말과 휴일 목록의 날짜를 제외한 작업 일수 이후의 종료일을 구합니다. 이때 주말 옵션 인수를 사용해 특정 요일을 주말로 지정할 수 있습니다.

인수	• 시작일 : 날짜 일련번호 • 작업 일수 : 주말과 휴일 날짜를 제외한 실제 작업한 일 수 • 주말 옵션 : 주말을 의미하는 1~7, 11~17 사이의 숫자 값으로 NETWORKDAYS.INTL 함수의 옵션과 동일 • 휴일 목록 : 날짜 계산에서 제외할 휴일 날짜가 기록되어 있는 목록 범위로 생략 가능
버전	엑셀 2010 버전에서 새롭게 추가된 함수입니다.

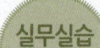 **입사일과 기준일 차이로 근속일 계산하기**

• 예제 파일 : Part2\DATEDIF 함수.xlsx

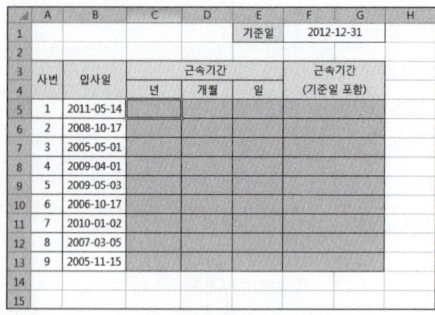

01 예제 이해하기 예제 파일을 열면 그림과 같은 표를 확인할 수 있습니다. B열에 입력된 입사일과 F1:G1 병합 셀에 입력된 기준일의 차이를 계산해 근속 기간을 y년 m개월 d일 형태로 계산합니다.

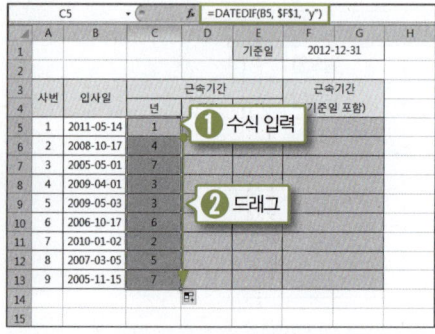

02 연 차이 구하기 입사일과 기준일의 연 차이를 구하겠습니다.
① C5셀을 선택하고, 다음 수식을 입력
② C5셀의 **채우기 핸들**을 C13셀까지 드래그해 수식을 복사합니다.
=DATEDIF(B5, $F$1, "y")

수식 설명 =DATEDIF(B5, $F$1, "y")
이번 수식은 B5셀 날짜와 F1셀 날짜의 연 차이를 구합니다. 수식에서 B5셀은 상대참조이고, F1셀은 절대참조인 것은 C5셀의 수식을 C13셀까지 복사하기 때문입니다. 또한 F1:G1 병합 셀을 참조할 때 F1셀의 주소만 적은 것은 병합 셀을 참조할 때는 병합된 셀의 왼쪽 위 첫 번째 셀 주소만 사용하면 되기 때문입니다.

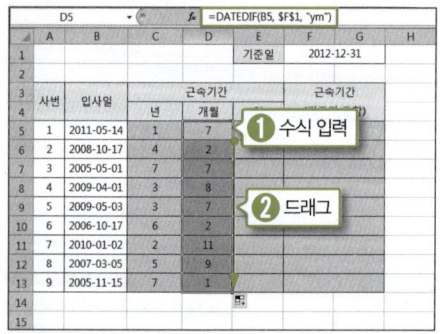

03 월 차이 구하기 연 차이를 제외하고 남은 월 차이를 구하겠습니다.
① D5셀을 선택하고, 다음 수식을 입력
② D5셀의 **채우기 핸들**을 D13셀까지 드래그해 수식을 복사합니다.
=DATEDIF(B5, $F$1, "ym")

수식 설명 =DATEDIF(B5, $F$1, "ym")
DATEDIF 함수의 3번째 인수에서 사용한 "ym" 옵션은 시작일과 종료일의 차이를 구할 때 연의 차이는 제외하고 남은 월의 차이를 반환하라는 의미입니다. 그냥 두 날짜의 월 차이를 구할 때는 "m" 옵션을 사용하면 됩니다. 이처럼 근속 기간을 구할 때 개월 부분은 "ym" 옵션을 사용합니다.

04 일 차이 구하기 연과 월 차이를 제외한 나머지 일 차이를 구하겠습니다.

① E5셀을 선택하고, 다음 수식을 입력
② E5셀의 채우기 핸들을 E13셀까지 드래그해 수식을 복사합니다.

=DATEDIF(B5, $F$1, "md")

수식 설명 =DATEDIF(B5, $F$1, "md")
DATEDIF 함수의 3번째 인수에서 사용한 "md" 옵션은 시작일과 종료일의 차이를 구할 때 연과 월의 차이를 제외하고 남은 일의 차이를 반환하라는 의미입니다. 그냥 두 날짜의 일 차이를 구할 때는 "d" 옵션을 사용합니다.

TIP ... DATEDIF 함수 계산 과정 이해하기

2번부터 4번 과정을 통해 반환된 결과를 살펴보면, DATEDIF 함수가 날짜 차이를 어떻게 계산하는지 확인할 수 있습니다. 빠른 이해를 돕기 위해 B7셀의 날짜와 F1:G1 병합 셀의 날짜를 비교해 봅니다. 제대로 된 근속 기간이라면 7년 7개월 30일이 아니라, 7년 8개월이 반환돼야 합니다. 이것은 DATEDIF 함수가 단순한 빼기 연산을 하기 때문에 발생한 결과입니다. 제대로 된 결과를 얻기 위해서는 시작일에서 1을 빼주거나, 종료일에서 1을 더하는 형태인 다음 두 가지 수식 중 한 가지 방법을 선택해 계산해야 합니다. 일반적으로는 종료일에 1을 더하는 방법을 사용합니다.

=DATEDIF(시작일-1, 종료일, 옵션)
=DATEDIF(시작일, 종료일+1, 옵션)

05 연 기준일 포함한 근속일 구하기 앞선 과정에서 구한 근속 기간의 문제를 해결하고, 한 셀에 y년 m개월 d일 형태의 값을 반환하겠습니다.

① F5:G5 병합 셀을 선택하고, 다음 수식을 입력
② F5:G5 병합 셀의 채우기 핸들을 F13:G13 병합 셀까지 드래그해 수식을 복사합니다.

=DATEDIF(B5, $F$1+1, "y") & "년 " & DATEDIF(B5, $F$1+1, "ym") & "개월 " & DATEDIF(B5, $F$1+1, "md") & "일"

수식 설명 =DATEDIF(B5, $F$1+1, "y") & "년 " & DATEDIF(B5, $F$1+1, "ym") & "개월 " & DATEDIF(B5, $F$1+1, "md") & "일"
04번 과정의 TIP에서 소개한 방법을 이용해 근속 기간의 연, 월, 일을 구하고, 앰퍼샌드(&) 연산자를 이용해 각각의 반환 값을 연결했습니다.

TIP ... 실무에서 자주 사용하는 패턴

몇 가지 실무에서 자주 사용하는 패턴은 다음과 같습니다.

● 일 부분이 존재하지 않거나 차이가 없을 때 y년 m개월 부분만 반환하도록 구성
=DATEDIF(B5, $F$1+1, "y") & "년 " & DATEDIF(B5, $F$1+1, "ym") & "개월 " & IF(DATEDIF(B5, $F$1+1, "md")=0, "", " " & DATEDIF(B5, $F$1+1, "md") & "일")
위 수식 구성에서 변경된 점은 "개월" 문자열 뒤에 공백 문자를 하나 제거했다는 것과 마지막 일 차이를 구하는 부분에서 IF 함수를 사용했다는 것입니다. IF 함수를 사용해 반환된 결과가 0인지 판단해 0인 경우에는 공백 문자(" ")를 연결하고, 0이 아닌 경우에만 계산된 부분을 반환하도록 합니다.

● y년 m개월 d일에서 각 숫자가 두 자리 숫자로 맞춰 반환하도록 구성
=TEXT(DATEDIF(B5, $F$1+1, "y"), "00") & "년 " & TEXT(DATEDIF(B5, $F$1+1, "ym"), "00") & "개월 " & TEXT(DATEDIF(B5, $F$1+1, "md"), "00") & "일"
위 수식 구성을 보면, TEXT 함수를 사용해 두 자리 숫자로 반환하도록 구성했습니다. 이렇게 하면 01년 07개월 18일과 같은 형태로 결과가 반환됩니다. 만약 앞에 0이 나오는 부분이 싫다면 TEXT 함수의 2번째 인수를 "00"에서 "??"로 수정합니다.

주말을 제외한 예상 배송일과 배송 소요일 계산하기   **주문 배송표**

• 예제 파일 ⊙ : Part2\NETWORKDAYS, WORKDAY 함수.xlsx

01 예제 이해하기 예제 파일을 열면 주문 배송표를 확인할 수 있습니다. C열의 주문일에서 주말을 제외한 소요일이 3일 걸린다고 했을 때, 배송 예정일과 배송에 걸린 소요일이 정확한지 계산하는 작업을 진행합니다.

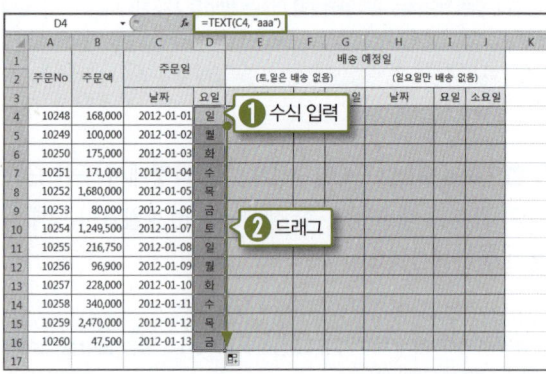

02 요일 구하기 주말이 배송 기간에 포함되는지 확인하기 위해 C열 주문일의 요일을 표시하는 작업을 진행합니다.

① D4셀을 선택하고, 다음 수식을 입력
② D4셀의 **채우기 핸들**을 D16셀까지 드래그해 수식을 복사합니다.

=TEXT(C4, "aaa")

수식 설명 =TEXT(C4, "aaa")
TEXT 함수는 서식 코드를 이용해 값을 원하는 형식으로 변경할 때 사용하는 함수입니다. TEXT 함수의 2번째 인수로 사용한 "aaa" 서식 코드는 한글 요일을 의미하는 서식이며, 월~일과 같은 1자리 요일을 반환합니다. 월요일~일요일과 같은 3자리 요일 값을 반환하도록 하려면 "aaaa" 서식 코드를 사용합니다.

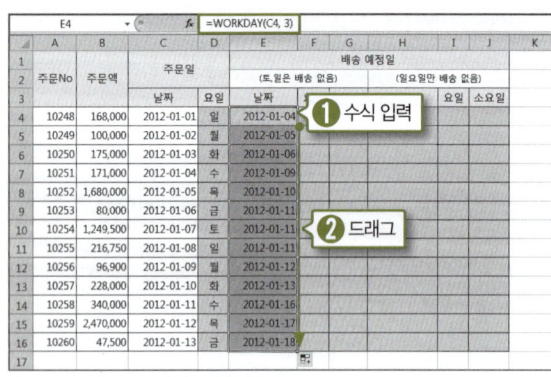

03 배송 예정일 계산하기 주문일로부터 토, 일요일을 제외한 배송 소요일을 계산합니다. 배송에 걸리는 날은 3일이라고 가정합니다.

① E4셀에 다음 수식을 입력
② E4셀의 **채우기 핸들**을 E16셀까지 드래그해 복사합니다.

=WORKDAY(C4, 3)

수식 설명 =WORKDAY(C4, 3)
WORKDAY 함수는 기준일부터 주말(토,일)을 제외한 n번째 날짜를 반환해 주는 함수입니다. 그러므로 이번 수식은 2012-01-01부터 토, 일을 제외하고 3일 후의 날짜를 반환합니다. 이번과 같은 경우는 휴일이 별도로 존재하지 않는다고 가정했지만, 주말 이외의 휴일이 존재하는 경우는 휴일을 별도 범위에 입력해 놓고, 해당 위치를 WORKDAY 함수의 3번째 인수로 전달하면 됩니다. 예를 들어 휴일 목록을 L2:L10 범위에 입력해 놓았다면 =WORKDAY(C4, 3, $L$2:$L$10) 형태로 수식을 작성합니다.

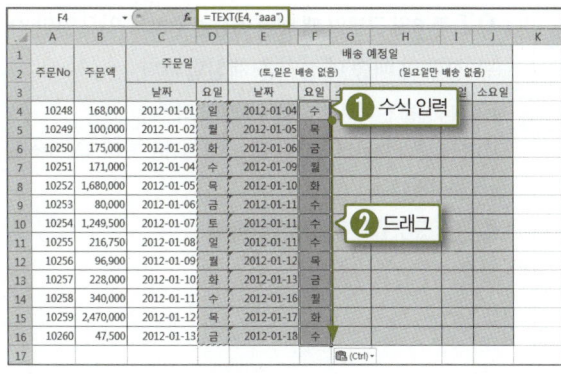

04 배송 예정일의 요일 구하기 배송 예정일의 요일을 구하는 작업을 합니다.

① F4셀을 선택하고, 다음과 같은 수식을 입력
② F4셀의 **채우기 핸들**을 F16셀까지 드래그해 복사합니다.

=TEXT(E4, "aaa")

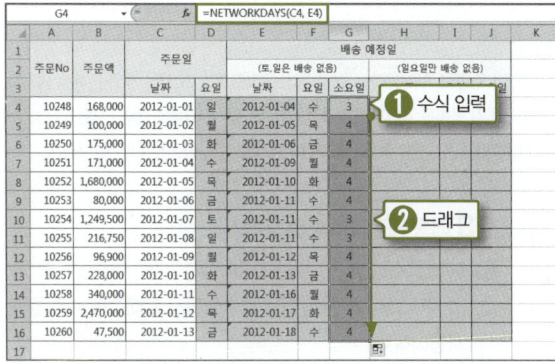

05 소요일 구하기 배송 예정일이 제대로 구해졌는지 확인하기 위해 소요일을 계산합니다.

① G4셀에 다음 수식을 입력
② G4셀의 **채우기 핸들**을 G16셀까지 드래그해 복사합니다.

=NETWORKDAYS(C4, E4)

수식 설명 **=NETWORKDAYS(C4, E4)**

NETWOKRDAYS 함수는 WORKDAY 함수와 짝을 이루는 함수로 시작일과 종료일의 차이를 구할 때 주말(토,일)과 휴일을 제외한 일 수를 구합니다. 이번 수식에서는 별도의 휴일이 없다고 가정하고 3번째 인수를 생략했습니다.

이번 수식의 결과를 보면 3과 4 값이 섞여 있습니다. 이것은 실제 배송에 3일이 걸린 것이 있고, 4일이 걸린 것이 있다는 것을 의미하는데 이런 결과는 납득할 수 없는 결과입니다. 이 문제의 원인은 WORKDAY 함수와 NETWORKDAYS 함수의 계산 방법의 차이로 발생합니다. WORKDAY 함수는 기본적으로 덧셈 연산을 합니다. 즉, 1월 1일부터 3일 후라는 것은 =1일+3일이라는 계산에 의해 4일이 반환된다는 것을 의미합니다. 즉 시작일을 제외하고 3일 후를 계산한 것입니다. 그러므로 WORKDAY 함수를 이용해 우리가 생각하는 계산 결과를 얻기 위해서는 시작일에서 1을 빼야 합니다.

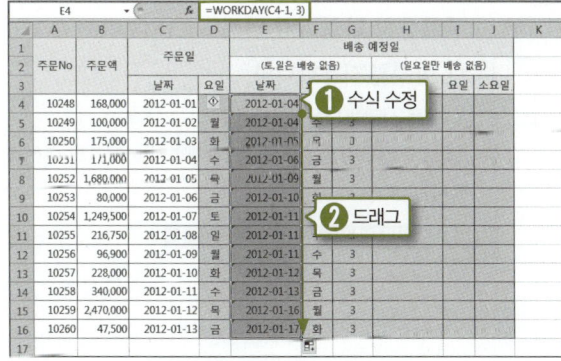

06 배송 예정일 수정하기 시작일을 포함해 배송 예정일이 계산되도록 E열의 수식을 수정합니다.

① E4셀을 선택하고, 다음과 같이 수식을 수정
② E4셀의 **채우기 핸들**을 E16셀까지 드래그해 복사합니다.

=WORKDAY(C4-1, 3)

수식 설명 **=WORKDAY(C4-1, 3)**

5번 과정의 [수식 설명]에서 설명했듯이 NETWORKDAYS 함수와 WORKDAY 함수의 차이에 의해 제대로 된 결과가 반환되지 않으므로 다음 두 가지 방법 중 한 가지를 선택해 사용해야 합니다. 여기서는 E4셀에서 WORKDAY 함수를 수정하는 방법을 선택했습니다.

● 시작일을 포함해 계산
  =WORKDAY(시작일-1, 소요일)
● 시작일을 제외하고 계산
  =NETWORKDAYS(시작일+1, 종료일)

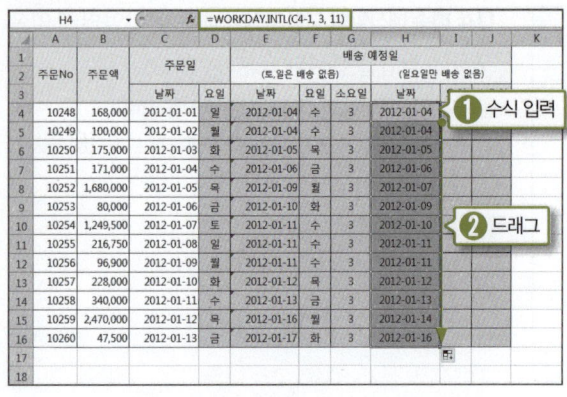

07 주 6일 근무일 때 배송 예정일 구하기 일요일만 쉬는 경우의 배송 예정일을 계산합니다.

① H4셀을 선택하고, 다음 수식을 입력
② H4셀의 **채우기 핸들**을 H16셀까지 드래그해 수식을 복사합니다.

=WORKDAY.INTL(C4-1, 3, 11)

수식 설명 **=WORKDAY.INTL(C4-1, 3, 11)**
엑셀 2010 버전에서 새롭게 추가된 WORKDAY.INTL 함수는 WORKDAY 함수와는 달리 3번째 인수로 주말을 결정하는 옵션을 전달합니다. 이번 수식에서 WORKDAY.INTL 함수의 3번째 인수는 11입니다. 11의 의미는 일요일만 주말로 처리하라는 것입니다. 그러므로 일요일만 제외한 배송 예정일을 구합니다. WORKDAY.INTL 함수 역시 휴일 목록을 별도로 지정할 수 있으며, 휴일 목록은 4번째 인수로 설정하면 됩니다. 예를 들어 L2:L10 범위에 휴일 날짜를 YYYY-MM-DD 형식으로 입력해 놓았다면 **=WORKDAY.INTL(C4-1, 3, 11, $L$2:$L$10)** 형태로 수식을 작성하면 됩니다.

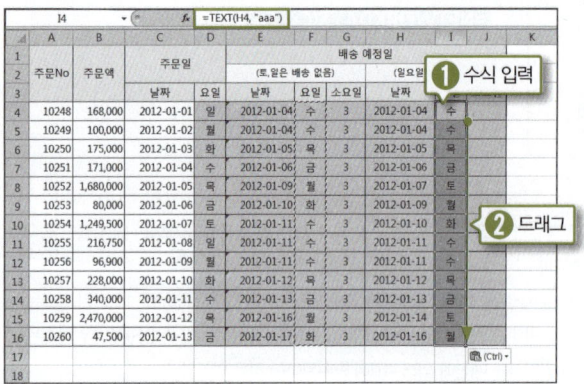

08 배송 예정일의 요일 구하기

① I4셀을 선택하고, 다음 수식을 입력
② I4셀의 **채우기 핸들**을 I16셀까지 드래그해 수식을 복사합니다.

=TEXT(H4, "aaa")

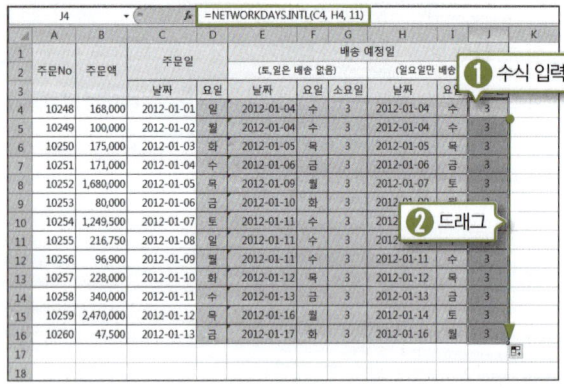

09 배송 소요일 계산하기 배송 예정일의 소요일이 정확한지 확인하기 위해 NETWORKDAYS. INTL 함수를 사용합니다.

① J4셀을 선택해 다음 수식을 입력
② J4셀의 **채우기 핸들**을 J16셀까지 드래그해 수식을 복사합니다.

=NETWORKDAYS.INTL(C4, H4, 11)

수식 설명 **=NETWORKDAYS.INTL(C4, H4, 11)**
NETWORKDAYS.INTL 함수는 NETWORKDAYS 함수와 유사하고, 3번째 인수를 전달하여 주말을 설정할 수 있다는 점만 다릅니다. NETWORKDAYS.INTL 함수의 3번째 인수가 11인 것은 일요일만 주말로 설정하겠다는 의미입니다.

Section 06 시간 차이 계산하기

▶ 소요 시간   ▶ HOUR   ▶ MINUTE

두 시간 사이의 소요 시간을 구하는 시간 차이 계산은 초과 근무 시간 계산이나, 시급제 직원의 근무 시간을 계산하는 작업에서 주로 사용합니다. 시간의 차이를 구하기 위한 함수는 별도로 제공되지는 않고, 빼기(-) 연산이나 앞에서 배운 HOUR, MINUTE 등의 함수를 사용해 계산합니다.

실무실습 아르바이트 일당 계산하기   아르바이트 일람표

· 예제 파일 ⊙ : Part2\HOUR, MINUTE, ROUNDDOWN 함수.xlsx

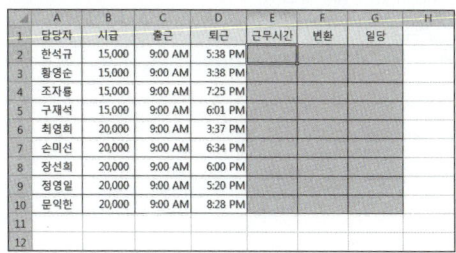

01 예제 이해하기 예제 파일을 열면 아르바이트 일람표를 확인할 수 있습니다. 출퇴근 시간을 참고해 근무 시간을 구하고 근무 시간을 시급과 곱해 일당을 구합니다. 이때 천 단위 미만은 절사합니다.

02 근무 시간 계산하기
① E2셀에 다음 수식을 입력
② E2셀의 채우기 핸들을 E10셀까지 드래그해 수식을 복사합니다.

`=D2-C2`

수식 설명 `=D2-C2`
시간은 엑셀에서 소수 값으로 관리되기 때문에 빼기 연산을 하면 두 시간의 차이를 구할 수 있습니다. 이때 결과 값이 0.4231과 같은 소수 값으로 나타난다면 Ctrl+1 키를 눌러 셀 서식 대화상자를 호출합니다. 셀 서식 대화상자에서 표시 형식을 시간 형식으로 지정해 주면 됩니다.

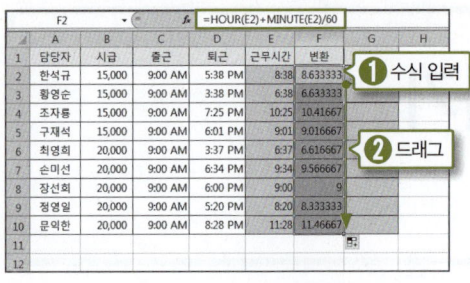

03 시간을 숫자로 변환하기 시급은 시간당 급여를 의미하므로 E열의 근무 시간을 실수로 변환해야 합니다.

① F2셀을 선택해 다음 수식을 입력
② F2셀의 **채우기 핸들**을 F10셀까지 드래그해 수식을 복사합니다.

=HOUR(E2) + MINUTE(E2)/60

수식 설명 =HOUR(E2) + MINUTE(E2)/60

엑셀에서 시간은 소수 값으로 관리됩니다. 그러므로 시급과 같은 정수 형태의 숫자와 곱하기만 해서는 원하는 결과를 얻을 수 없습니다. 근무 시간과 시급을 곱해 일당을 계산하기 위해서는 근무 시간에서 시는 정수로, 분은 소수로 변환해야 합니다.

예를 들어 8시간 38분 근무했다면, 엑셀에서 이 값은 0.3597과 같습니다. 이 값을 바로 시급과 곱해봐야 제대로 된 결과를 얻을 수 없으므로 8시간 38분을 8.633과 같은 실수 값으로 변환해야 하는 것입니다. 이번 수식은 이 변환 과정을 처리하는 수식입니다. 근무 시간에서 시 부분을 반환하는 **HOUR(E2)**와 분을 소수 값으로 변환하는 **MINUTE(E2)/60**의 반환 값을 더한 것입니다. 이때 분을 60으로 나누는 것은 1시간이 60분이기 때문입니다.

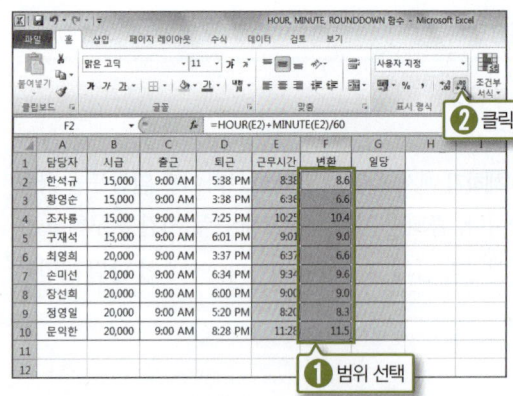

04 소수점 자리 조정하기 F열에 반환된 실수 값을 보기 좋게 하기 위해 소수점 자리를 조정합니다.

① F2:F10 범위를 선택
② 리본 메뉴의 [홈] 탭 – [표시 형식] 그룹에서 **자릿수 줄임** 단추를 여러 번 클릭해 그림과 같이 소수점 한 자리까지만 나타나도록 수정합니다.

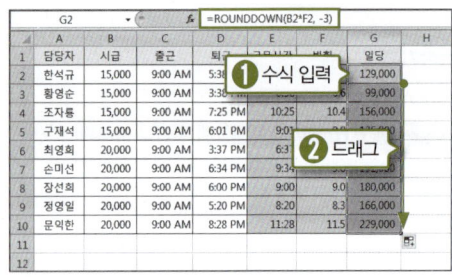

05 일당 계산하기 F열의 변환된 시간과 B열의 시급을 곱해 일당을 계산합니다. 이때 천 단위 미만 금액은 절사합니다.

① G2셀에 다음 수식을 입력
② G2셀의 **채우기 핸들**을 G10셀까지 드래그해 수식을 복사합니다.

=ROUNDDOWN(B2*F2, -3)

수식 설명 =ROUNDDOWN(B2*F2, −3)

변환된 근무 시간과 시급을 곱하면 일당이 계산됩니다. 단, 천 단위 미만은 절사한다고 했으니 ROUNDDOWN 함수를 사용해 처리합니다. ROUNDDOWN 함수에 대해서는 **Part2>Chapter3>Section7**에 자세하게 설명되어 있습니다.

Section 07 날짜 분류하기

▶ WEEKNUM

날짜 값은 YYYY-MM-DD 형태의 데이터입니다. 이 값을 분기, 반기, 월, 주, 요일 등의 분류 값으로 그룹화시킬 수 있다면 데이터 집계 작업을 매우 편리하게 진행할 수 있습니다. 그룹화 작업에서 사용하는 함수는 대부분 앞에서 설명했으므로 이번에는 주 일련번호를 반환하는 WEEKNUM 함수만 추가로 학습하면 됩니다.

이번에 배울 함수

WEEKNUM (날짜, 요일 옵션)	
날짜가 속한 주의 일련번호를 반환합니다.	

인수	• **날짜** : 주 일련번호를 구할 날짜 일련번호
	• **요일 옵션** : 주의 시작 요일을 결정할 옵션 값으로 1 또는 2를 사용
	  1 또는 생략 : 주의 시작 요일은 일요일
	  2 : 주의 시작 요일은 월요일

특이사항	엑셀 2003 이하 버전에서 WEEKNUM 함수를 사용하려면 분석 도구 추가 기능을 설치해야 합니다.

실무실습 | 날짜를 연, 반기, 분기, 월, 주, 일, 요일로 분류하기

• 예제 파일 ⓞ : Part2\YEAR, MONTH, DAY, WEEKNUM 함수.xlsx

	A	B	C	D	E	F	G	H	I
1	날짜	연도	반기	분기	월	주	일	요일	
2	2015-01-01								
3	2015-01-16								
4	2015-01-31								
5	2015-02-15								
6	2015-03-02								
7	2015-03-17								
8	2015-04-01								
9	2015-04-16								
10	2015-05-01								
21	2015-10-13								
22	2015-10-28								
23	2015-11-12								
24	2015-11-27								
25	2015-12-12								
26	2015-12-27								
27									
28									

01 예제 이해하기 예제 파일을 열면 그림과 같은 표를 확인할 수 있습니다. 표에는 2015년의 날짜가 입력되어 있습니다. 이 날짜를 참고해 B:H 열의 각 분류 값을 계산해 내는 작업을 진행합니다.

02 연도 분류하기 날짜 값에서 연도를 분류해 내려면 YEAR 함수를 사용합니다.

① B2셀을 선택하고, 다음 수식을 입력
② B2셀의 **채우기 핸들**을 B26셀까지 드래그해 수식을 복사합니다.

`=YEAR(A2)`

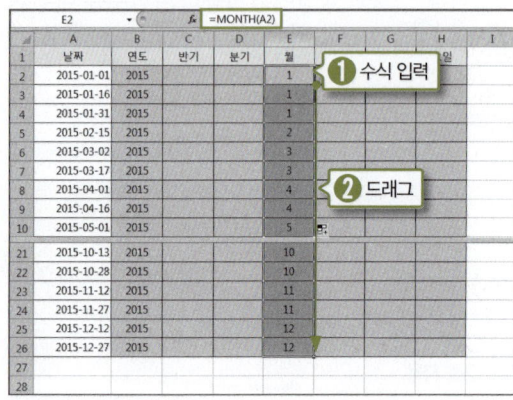

03 월 분류하기 월을 분류할 때는 MONTH 함수를 사용합니다.

① E2셀에 다음 수식을 입력
② E2셀의 **채우기 핸들**을 E26셀까지 드래그해 수식을 복사합니다.

`=MONTH(A2)`

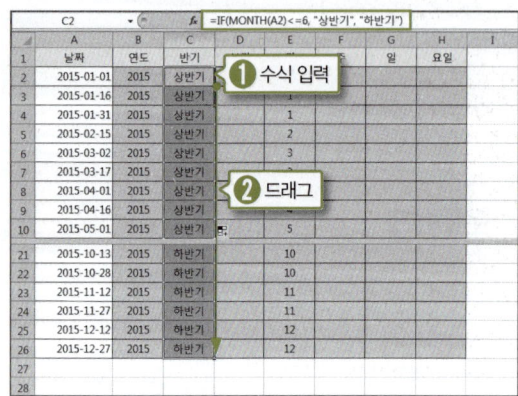

04 반기 분류하기 1~6월은 상반기, 7월 이후는 하반기로 표시합니다.

① C2셀에 다음 수식을 입력
② C2셀의 **채우기 핸들**을 C26셀까지 드래그해 수식을 복사합니다.

`=IF(MONTH(A2)<=6, "상반기", "하반기")`

수식 설명 =IF(MONTH(A2)<=6, "상반기", "하반기")

반기는 1년을 6개월씩 2등분한 분류입니다. 그러므로 월 숫자가 6 이하면 상반기, 7 이상이면 하반기로 분류하면 됩니다. 이런 간단한 판단 작업은 IF 함수를 이용해 간단하게 해결할 수 있습니다.

05 분기 분류하기 분기는 3개월씩 구분되므로 월 값을 3으로 나눈 몫을 구하면 됩니다.

① D2셀에 다음 수식을 입력
② D2셀의 **채우기 핸들**을 D26셀까지 드래그해 복사합니다.

=QUOTIENT(MONTH(A2)-1, 3)+1

수식 설명 **=QUOTIENT(MONTH(A2)-1, 3)+1**

분기는 1년을 3개월씩 4등분한 날짜 분류입니다. 그렇기 때문에 월 숫자를 3으로 나눈 몫을 구하면 분기를 구할 수 있습니다. 월은 1~12 사이의 숫자이므로 3으로 나눈 몫을 구하면 {0, 0, 1, 1, 1, 2, 2, 2, 3, 3, 3, 4}과 같은 값 집합을 반환받습니다.

같은 수가 3번씩 나와야 하는데, 0은 2번, 4는 1번 나옵니다. 그러므로 4가 나오지 않고 0이 한 번 더 나오게 하기 위해 월 숫자에서 1을 빼 줍니다. 그러면 {0, 0, 0, 1, 1, 1, 2, 2, 2, 3, 3, 3}과 같은 값 집합을 반환받습니다. 여기에 다시 1을 더하면 분기 값이 반환됩니다.

06 분기 분류는 나눗셈 연산자를 이용해 계산해도 됩니다.

① D2셀의 수식을 다음과 같이 수정
② D2셀의 **채우기 핸들**을 D26셀까지 드래그해 수식을 복사합니다.

=ROUNDUP(MONTH(A2)/3, 0)

수식 설명 **=ROUNDUP(MONTH(A2)/3, 0)**

MONTH 함수로 반환된 월 값을 3으로 나누면 {0.333, 0.666, 1, 1.333, 1.666, 2, 2.333, 2.666, 3, 3.333, 3.666, 4}와 같은 값 집합을 반환받습니다. 이 값을 ROUNDUP 함수를 사용해 소수점 위치에서 올림 처리하면 {1, 1, 1, 2, 2, 2, 3, 3, 3, 4, 4, 4}과 같은 값 집합을 반환받습니다.

07 일 분류하기 일은 DAY 함수로 구하면 됩니다.

① G2셀을 선택하고, 다음 수식을 입력
② G2셀의 **채우기 핸들**을 G26셀까지 드래그해 수식을 복사합니다.

=DAY(A2)

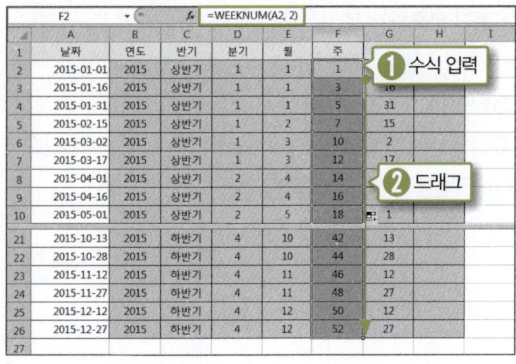

08 주 분류하기 주는 WEEKNUM 함수로 계산할 수 있습니다.

① F2셀을 선택하고, 다음 수식을 입력
② F2셀의 **채우기 핸들**을 F26셀까지 드래그해 수식을 복사합니다.

=WEEKNUM(A2, 2)

수식 설명 =WEEKNUM(A2, 2)

WEEKNUM 함수는 일년 중 해당 주의 일련번호를 반환해 주는 함수로, 2번째 인수는 주의 시작 요일을 정합니다. 이번 수식에서는 2를 사용했기 때문에 월요일을 주의 시작 요일로 지정합니다. 반환되는 값은 1~53까지의 일련번호입니다.

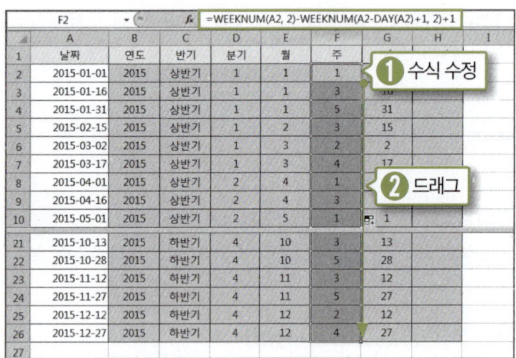

09 주 일련번호가 아니라 월의 주차를 구하려면 WEEKNUM 함수를 이용해 수식을 작성해야 합니다.

① F2셀의 수식을 다음과 같이 수정
② F2셀의 **채우기 핸들**을 F26셀까지 드래그해 수식을 복사합니다.

=WEEKNUM(A2, 2)-WEEKNUM(A2-DAY(A2)+1, 2)+1

수식 설명 =WEEKNUM(A2, 2)-WEEKNUM(A2-DAY(A2)+1, 2)+1

월의 주차를 의미하는 숫자를 계산하려면 다음과 같은 계산 식을 사용합니다.
=WEEKNUM(날짜, 2)-WEEKNUM(그 달의 1일, 2)+1
예를 들어, 2015년 7월 15일의 주차는 다음과 같은 수식으로 계산할 수 있습니다.
=WEEKNUM(2015-7-15, 2)-WEEKNUM(2015-7-1, 2)+1
2015년 7월 15일의 주 일련번호는 29고, 2015년 7월 1일의 주 일련번호는 27이므로 =29-27+1의 결과로 3주차가 됩니다. 그 달의 1일을 구하는 수식은 Part2〉Chapter4〉Section3에서 확인합니다.

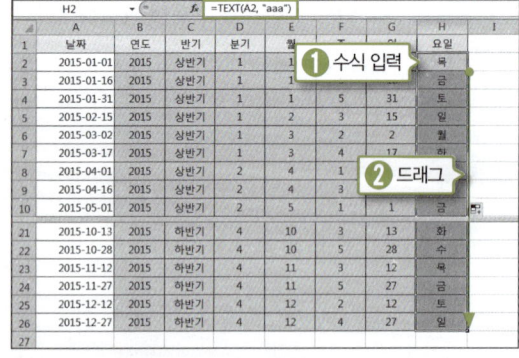

10 요일 분류하기 요일을 분류하려면 TEXT 함수를 사용하면 됩니다.

① H2셀에 다음 수식을 입력
② H2셀의 **채우기 핸들**을 H26셀까지 드래그해 수식을 복사합니다.

=TEXT(A2, "aaa")

수식 설명 =TEXT(A2, "aaa")

요일을 표시할 때는 이번과 같이 요일명만 표시할 때도 있고, 뒤에 "요일"을 표시해야 할 때도 있습니다. TEXT 함수의 2번째 인수로 사용한 "aaa" 서식 코드는 요일명만 반환하며, 뒤에 요일까지 표시하려면 2번째 인수로 "aaaa"를 사용하면 됩니다.

Section 08 시간 분류하기

▶ HOUR ▶ AM/PM ▶ MINUTE ▶ SECOND

시간은 H:MM:SS 또는 H:M과 같은 형태로 입력하는 것이 일반적이며, 12시간 제와 24시간 제로 구분합니다.

실무실습 | 12시간 제와 24시간 제로 분류해 표시하기

• 예제 파일 ⦿ : Part2\HOUR, MINUTE, SECOND 함수.xlsx

01 예제 이해하기 예제 파일을 열면 그림과 같은 표를 확인할 수 있습니다. A열에서는 오전 12시부터 오후 11시 15분까지의 시간이 45분 간격으로 입력되어 있습니다. 입력된 시간을 이용해 다양한 형태로 시간 분류 작업을 진행합니다.

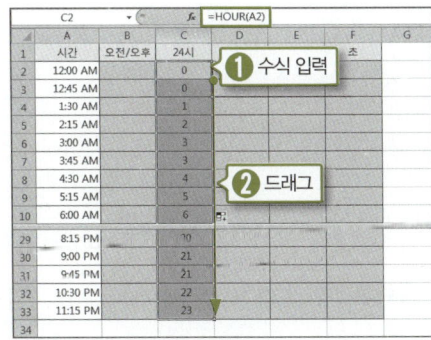

02 24시간 제 시간 분류하기 입력된 시간에서 24시간 제의 시 부분을 분류해 내기 위해 HOUR 함수를 사용합니다.

① C2셀을 선택하고, 다음 수식을 입력
② C2셀의 **채우기 핸들**⊞을 C33셀까지 드래그해 수식을 복사합니다.

=HOUR(A2)

수식 설명 **=HOUR(A2)**
HOUR 함수는 24시간 제의 시를 0 ~ 23 사이의 숫자로 반환해 줍니다.

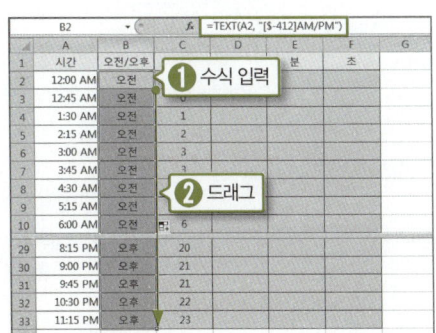

03 12시간 제 시간 분류하기 12시간 제의 시간을 반환하기 위해 먼저 오전/오후를 분류하겠습니다.

① B2셀에 다음 수식을 입력
② B2셀의 **채우기 핸들**⊞을 B33셀까지 드래그해 수식을 복사합니다.

=TEXT(A2, "[$-412]AM/PM")

Section 08 시간 분류하기 • 163

수식 설명 =TEXT(A2, "[$-412]AM/PM")

12시간 제로 입력된 시간은 오전/오후를 의미하는 AM/PM 등으로 구분됩니다. 이 값은 셀 서식 또는 TEXT 함수에서 "AM/PM" 서식 코드를 이용해 셀에 표시할 수 있는데, AM/PM 값 대신 오전/오후 값으로 나타내려면 서식 코드에 한국어를 의미하는 지역 및 언어 지정 값인 [$-412]를 추가하면 됩니다. 한국어를 의미하는 [$-412] 부분이 생각나지 않는다면 다음과 같은 수식을 사용할 수도 있습니다.
=IF(TEXT(A2, "AM/PM")="AM", "오전", "오후")

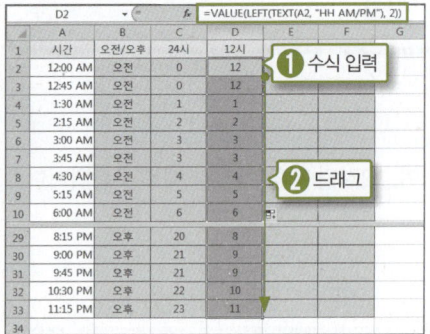

04

① D2셀을 선택하고, 다음 수식을 입력
② D2셀의 **채우기 핸들**을 D33셀까지 드래그해 수식을 복사합니다.

=VALUE(LEFT(TEXT(A2, "HH AM/PM"), 2))

수식 설명 =VALUE(LEFT(TEXT(A2, "HH AM/PM"), 2))

12시간 제에서 시는 1~12 사이의 숫자만 사용합니다. 그러므로 24시간 제를 사용하는 HOUR 함수는 사용할 수 없습니다. 12시간 제의 시를 반환받기 위해서는 TEXT 함수를 사용해 시간 값을 12시간 제로 변경해야 합니다. 12시간 제의 시를 반환하는 서식 코드는 시를 의미하는 "H"와 오전, 오후를 구분하는 "AM/PM" 코드를 함께 사용합니다. 그러므로 =TEXT(A2, "HH AM/PM") 형태의 수식을 사용하면 [12AM~11PM] 값을 반환받게 됩니다. 반환된 값에서 시를 의미하는 숫자 값만 잘라내기 위해 LEFT 함수를 사용해 앞 2개 문자를 잘라낸 다음, 숫자로 변환하기 위해 VALUE 함수를 사용한 것입니다.

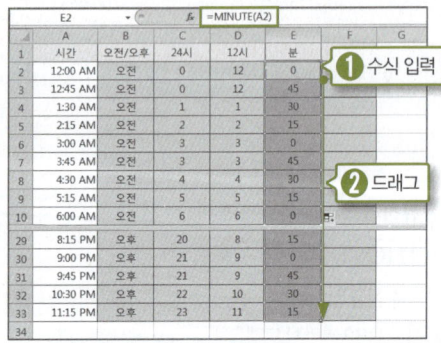

05 분 분류하기 분은 MINUTE 함수로 분류해 냅니다.

① E2셀에 다음 수식을 입력
② E2셀의 **채우기 핸들**을 E33셀까지 드래그해 수식을 복사합니다.

=MINUTE(A2)

06 초 분류하기 초는 SECOND 함수로 분류해 냅니다.

① F2셀에 다음 수식을 입력
② F2셀의 **채우기 핸들**을 F33셀까지 드래그해 수식을 복사합니다.

=SECOND(A2)

수식 설명 =SECOND(A2)

SECOND 함수는 초를 반환하는 함수로 A열의 시간이 시:분 형태로 기록되어 있어 F열의 결과는 모두 0이 나옵니다. 초까지 기록된 시간에서는 정상적으로 초를 반환합니다.

Chapter 5.
참조 함수

다른 위치의 값을 다시 입력하지 않고 위치를 지정해 입력된 값을 사용하는 방법을 참조라고 합니다. 엑셀 데이터를 효과적으로 관리하기 위해 이런 참조 기능을 자주 활용합니다. 참조는 단순하게 사용할 값이 입력된 주소를 지정하는 단순 참조와 원하는 조건을 만족하는 위치의 값을 참조하는 조건 참조로 나눌 수 있습니다. 엑셀에는 조건 참조 작업을 수행할 수 있는 다양한 함수가 제공되며, 대표적인 함수로는 VLOOKUP, INDEX, MATCH 함수가 있습니다.

Section 01 셀 주소로 원하는 값 참조하기

▶ 참조 수식 ▶ 파일 연결

엑셀에서는 원하는 값이 입력된 셀 주소만 알면 얼마든지 해당 셀의 값을 참조할 수 있습니다. 다만, 값을 갖고 있는 셀이 같은 워크시트에 존재하는지, 다른 워크시트에서 존재하는지, 다른 파일에 존재하는지에 따라 셀 주소를 지정하는 방법이 다릅니다.

분류	참조 수식	수식 예
같은 워크시트 내 다른 셀	=셀 주소	=A1
다른 워크시트 내 셀	=워크시트명!셀 주소	=Sheet2!A1
다른 파일 내 셀	=[파일명.xlsx]워크시트명!셀 주소	=[Book1.xlsx]Sheet1!A1

실무실습 | 전반기 판매 수량 보고서 작성하기 분기별 집계표

• 예제 파일 ⊙ : Part2\Reference 1.xlsx, Reference 2.xlsx

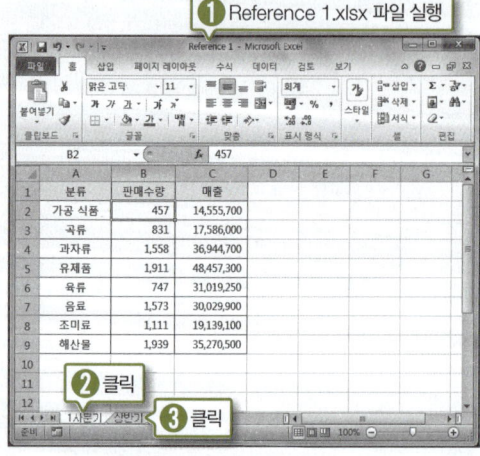

❶ Reference 1.xlsx 파일 실행
❷ 클릭
❸ 클릭

01 예제 이해하기

① 예제 파일 **Reference 1.xlsx**을 실행
② [1사분기] 시트 탭을 클릭해서 1사분기 제품 분류별 판매 실적 집계표를 확인
③ [상반기] 시트 탭을 클릭해서 1, 2사분기 통합 집계표를 확인합니다.

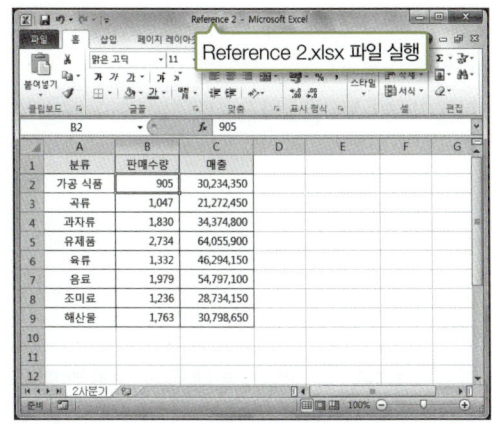

02

계속해서 Reference 2.xlsx 예제 파일을 실행한 후 [2사분기] 시트를 보면 1번 과정에서 확인한 1사분기 집계표와 동일한 형식의 2사분기 집계표를 확인할 수 있습니다.

1, 2사분기 집계표는 동일한 구성에 분류명도 같은 순서대로 집계되어 있습니다. 그러므로 분기별 실적표를 참조하여 상반기 실적표를 완성합니다.

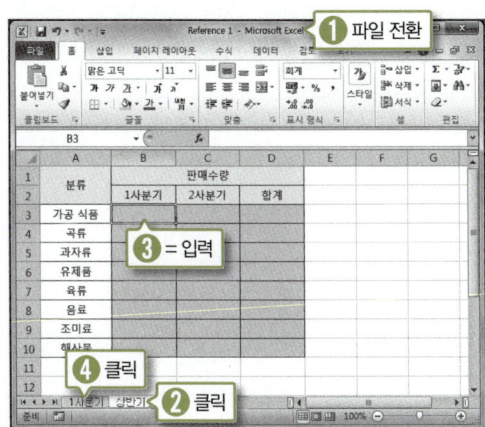

03 다른 워크시트 값 참조하기
[1사분기] 시트를 참조해 [상반기] 시트의 B열 1사분기 판매 수량을 채우겠습니다.

① Ctrl+Tab 키를 눌러 Reference 1.xlsx 파일 창으로 전환
② [상반기] 시트 탭을 클릭
③ B3셀에 등호(=)를 입력
④ [1사분기] 시트 탭을 클릭합니다.

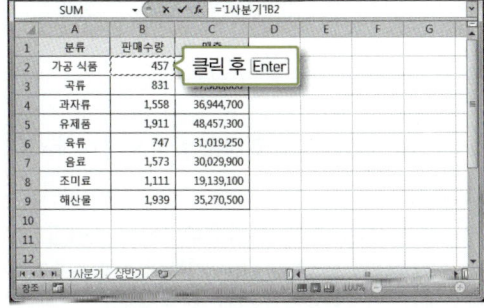

04

[1사분기] 시트에서 참조할 위치의 첫 번째 셀인 B2셀을 클릭한 다음 Enter 키를 누릅니다.

자동으로 [상반기] 시트로 이동되면서 수식이 입력됩니다.

TIP ... 다른 워크시트의 셀 값을 참조하는 수식

다른 워크시트에 있는 셀의 값을 참조하기 위해서는 **=워크시트명!셀 주소** 형태로 참조 수식을 작성하거나 실습에서처럼 등호(=)를 입력한 다음, 원하는 위치의 셀을 클릭하고 Enter 키를 누르면 됩니다.

입력된 참조 수식에서 느낌표(!)는 워크시트명과 셀 주소를 구분하기 위한 구분 문자입니다. 그리고 워크시트명에 숫자와 텍스트 문자가 결합되어 있거나 공백 문자(" ")가 사용된 경우에는 이번 수식에서처럼 작은 따옴표(' ')로 워크시트명을 묶어 주면 됩니다.

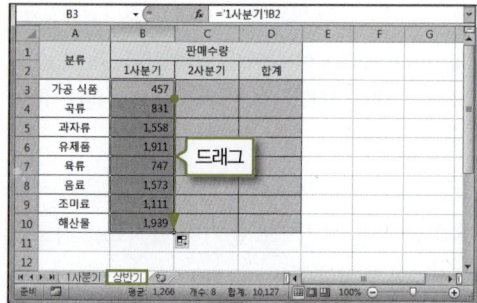

05 [1사분기] 시트의 판매 수량 데이터를 순서대로 참조해 오겠습니다.

[상반기] 시트에서 **B3**셀의 **채우기 핸들**을 **B10**셀까지 드래그해 수식을 복사합니다.

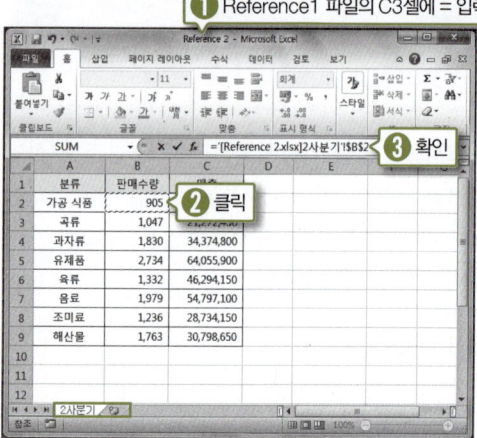

06 다른 파일의 값 참조하기 2사분기 판매 수량을 참조해 오겠습니다.

① **Reference 1.xlsx** 파일의 [상반기] 시트에서 **C3**셀에 등호(=)를 입력한 후 Ctrl + Tab 키를 눌러 **Reference 2.xlsx** 파일로 이동
② [2사분기] 시트의 **B2**셀을 클릭
③ **수식 입력줄**에 나타난 수식을 확인하면 4번 과정과 달리 셀 주소가 절대참조 방식입니다.

TIP ... 다른 파일의 셀 값을 참조하는 수식

다른 파일에 있는 셀 값을 참조하기 위해서는 =[경로₩파일명.확장자] 워크시트명 ! 셀 주소 형태로 참조 수식을 작성합니다.
위 수식에서 대괄호([ ]) 안에 입력된 파일 경로는 해당 파일이 열려 있을 때는 생략되고, 파일이 닫혀 있을 때만 자동으로 추가됩니다. 경로나 파일 명에 공백 문자(" ")가 사용되었거나 숫자와 문자가 혼용되어 있다면 작은 따옴표(' ')가 왼쪽 대괄호([ ) 앞과 워크시트명 뒤에 사용된다는 점에 주의합니다.

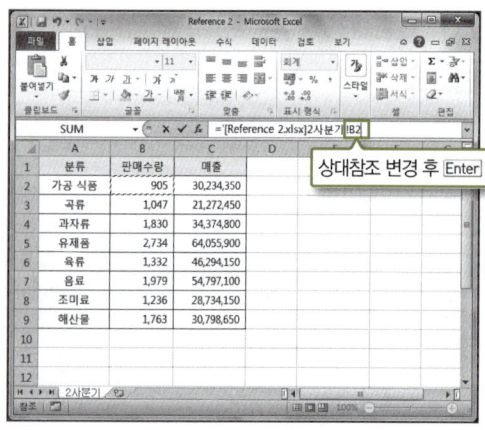

07 수식을 복사해 사용하기 위해 참조 방식을 상대참조로 변경합니다.

수식 입력줄에서 **$B$2** 부분을 클릭하고 F4 키를 3번 눌러 **상대참조**로 변경한 후 Enter 키를 눌러 수식 수정을 마칩니다(Delete 키를 눌러 절대 참조 기호($)를 직접 삭제하여 **참조 방식**을 해도 됩니다).

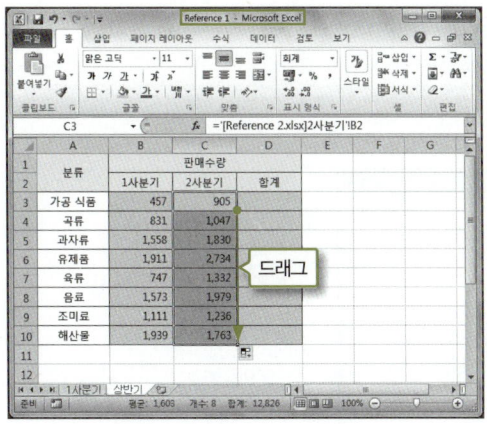

08 2사분기 판매 수량 데이터도 순서대로 참조해 오겠습니다.

Reference 1.xlsx 파일로 돌아오면 **C3**셀의 **채우기 핸들**을 **C10**셀까지 드래그하여 수식을 복사합니다.

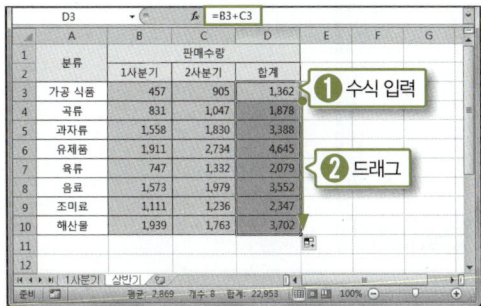

09 같은 워크시트의 값 참조하기 D열에 1사분기와 2사분기 판매 수량 합계를 구합니다.

① D3셀에 다음 수식을 입력
② D3셀의 **채우기 핸들**을 D10셀까지 드래그해 수식을 복사합니다.

=B3+C3

TIP ... 파일 연결 이해하기

이번 작업에서 [Reference 2.xlsx] 파일의 셀을 참조했으므로, [Reference 1.xlsx]과 [Reference 2.xlsx] 파일은 연결됩니다. 연결된 파일인 [Reference 1.xlsx]을 저장하고 다시 열면 다음 그림과 같은 [보안 경고] 메시지 줄을 확인할 수 있습니다. 연결된 설정을 유지하고 데이터를 업데이트하려면 〈콘텐츠 사용〉 버튼을 클릭합니다.

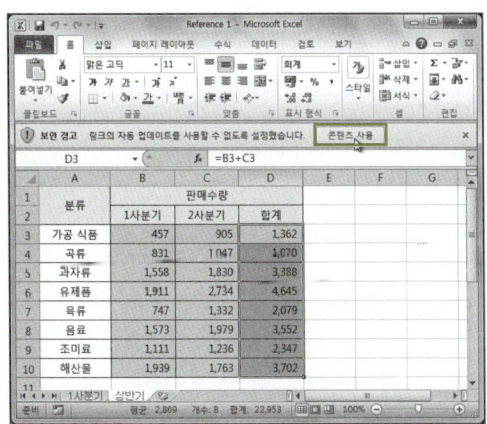

〈콘텐츠 사용〉 버튼을 클릭한 파일은 [신뢰할 수 있는 파일]로 분류되어 이후에는 [보안 경고] 메시지 줄이 표시되지 않습니다. 대신, 다음과 같은 경고 메시지 창이 표시됩니다. 연결된 파일의 정보를 업데이트하려면 이 창에서 〈업데이트〉 버튼을 클릭하면 되는데, 매번 파일을 열 때마다 〈업데이트〉 버튼을 클릭해야 하니 불편한 점이 있습니다.

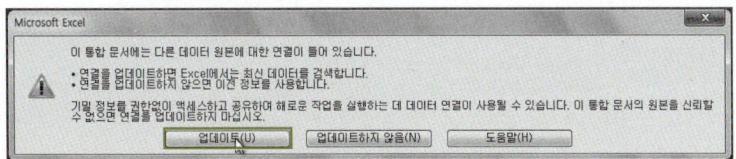

업데이트 경고 메시지 창이 표시하지 않고 자동으로 연결된 데이터를 업데이트하려면 다음 방법을 참고합니다.
① 리본 메뉴의 [파일] 탭에서 [옵션] 명령을 클릭합니다.
② Excel 옵션 대화상자가 표시되면 [고급] 범주를 클릭하고 일반 영역에서 [자동 연결 업데이트 확인] 확인란의 체크를 해제한 다음 〈확인〉 버튼을 클릭합니다.

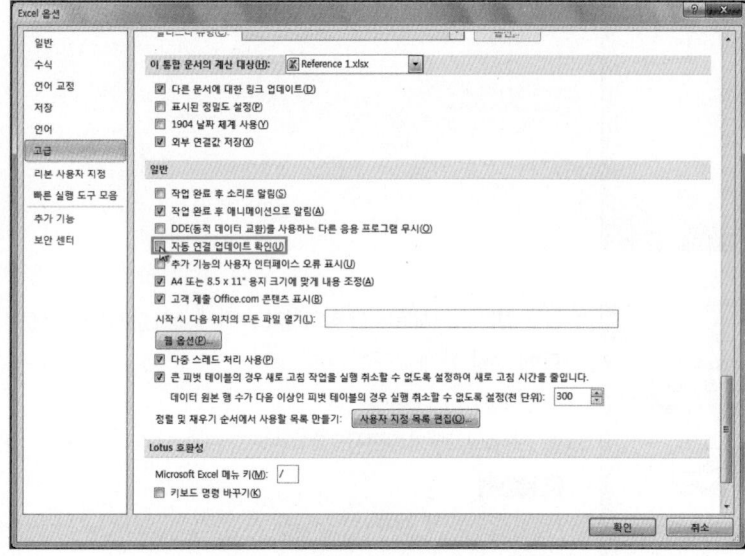

Section 02 행 방향 표에서 조건에 맞는 값 참조하기

▶ VLOOKUP ▶ LOOKUP

오른쪽 그림과 같이 조건에 맞는 값을 표에서 찾아 참조하려고 할 때, 표의 데이터가 행 방향(아래 방향)으로 입력되어 있으면 VLOOKUP 함수를 사용할 수 있습니다. VLOOKUP 함수는 찾는 조건에 정확하게 일치하는 값을 참조할 수 있고, 특정 구간에 속한 값을 참조할 수도 있습니다.

직위	보너스비율
부장	200%
차장	180%
과장	150%
대리	120%
사원	100%

직위가 행 방향으로 입력되어 있을 때 직위별 보너스 비율 참조하기

이번에 배울 함수

VLOOKUP (찾을 값, 표, 열 번호, 찾기 옵션)

참조할 표의 왼쪽 첫 번째 열에서 찾을 값을 찾아 같은 행에 위치한 값 중에서 열 번호에 해당하는 값을 반환합니다.

인수
- **찾을 값** : 표의 왼쪽 첫 번째 열에서 찾을 값으로 조건에 해당
- **표** : 찾을 값과 반환할 값을 모두 갖고 있는 데이터 범위
- **열 번호** : 표에서 반환할 열의 인덱스 번호
- **찾기 옵션** : 표의 왼쪽 첫 번째 열에서 찾을 값을 찾는 방법을 지정하는 옵션
  TRUE 또는 생략 : 표의 왼쪽 첫 번째 열이 오름차순으로 정렬되어 있다고 가정하고 값을 찾는데, 찾을 값보다 큰 값을 만날 때까지 찾을 값을 찾지 못하는 경우에는 작은 값 중에서 가장 큰 값의 위치를 찾는 옵션
  FALSE : 표의 왼쪽 첫 번째 열에서 찾을 값과 정확하게 일치하는 첫 번째 위치를 찾는 옵션

LOOKUP (찾을 값, 찾을 범위, 반환 범위)

찾을 값을 찾을 범위에서 찾아 같은 위치의 반환 범위 내 값을 반환합니다.

인수
- **찾을 값** : 찾을 범위에서 찾을 값
- **찾을 범위** : 찾을 값을 갖고 있는 비교할 단일 행 또는 단일 열 데이터 범위
  찾을 범위는 반드시 오름차순으로 정렬되어 있어야 하며, 찾을 값보다 큰 값을 만날 때까지 찾을 값을 찾지 못하는 경우에는 작은 값 중에서 가장 큰 값의 위치를 찾음
  (VLOOKUP 함수의 4번째 인수를 TRUE로 지정한 것과 동일한 방법)
- **반환 범위** : 반환할 값을 갖고 있는 단일 행 또는 단일 열 데이터 범위

특이사항
LOOKUP 함수는 인수를 두 가지 타입으로 사용할 수 있습니다. 위에서 설명한 것과 같이 3개의 인수를 사용할 수도 있고, 찾을 범위와 반환 범위를 한데 합쳐서 아래와 같은 형태를 사용할 수도 있습니다.
=LOOKUP(찾을 값, 표)
이런 경우 표 인수는 찾을 값과 반환할 값을 모두 아우르는 데이터 범위여야 하며, 찾을 값은 표의 왼쪽 첫 번째 열에, 반환할 값은 표의 마지막 열에 위치해야 합니다. 단, 이런 형태는 다른 스프레드시트 프로그램과의 호환성을 위해 제공되며, VLOOKUP 함수를 사용하는 것이 더 좋습니다.

실무실습 직위와 근속 연수별로 차등한 보너스 계산하기 — 보너스 지급 대장

• 예제 파일 : Part2\VLOOKUP, LOOKUP 함수.xlsx

01 예제 이해하기 예제 파일을 열면 보너스 지급 대장을 확인할 수 있습니다. E:F 열의 보너스 금액을 계산할 때, 직위와 근속 연수에 따른 보너스 지급 비율을 I열의 표에서 참조해 계산하는 작업을 진행합니다.

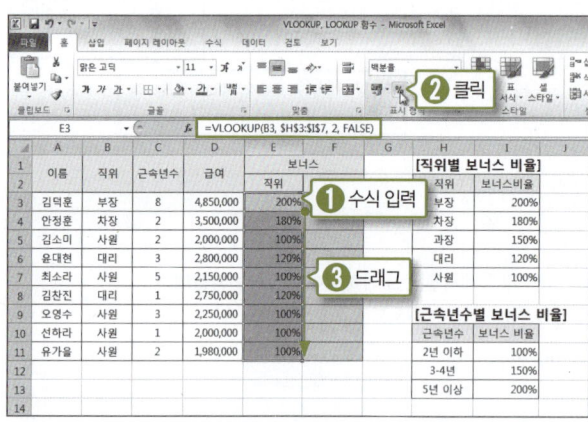

02 직위별 보너스 지급 비율 참조 직위별 보너스 지급 비율을 참조해 옵니다.

① E3셀을 선택하고, 다음 수식을 입력
② 리본 메뉴의 [홈] 탭 – [스타일] 그룹에서 **백분율 스타일** 단추 %를 클릭
③ E3셀의 **채우기 핸들**을 E11셀까지 드래그해 수식을 복사합니다.

=VLOOKUP(B3, $H$3:$I$7, 2, FALSE)

수식 설명 =VLOOKUP(B3, $H$3:$I$7, 2, FALSE)

이번 수식은 직위별 보너스 지급 비율을 참조하기 위한 것으로, VLOOKUP 함수를 사용하며, 구성은 다음과 같습니다.

● 찾을 값 : B3셀의 직위
● 표 : $H$3:$I$7 범위의 직위별 보너스 비율 표
● 열 번호 : 표에서 2번째 열
● 찾기 옵션 : FALSE, 직위별 보너스 비율 표의 첫 번째 열에서 찾을 값과 정확하게 일치하는 첫 번째 위치를 검색

정리하면 B3셀의 직위를 H3:I7 범위의 첫 번째 열(H3:H7)에서 정확하게 일치하는 첫 번째 위치를 찾아 같은 행에 있는 2번째 열(I3:I7)의 값(보너스 비율)을 참조하란 의미가 됩니다. 참고로, 참조는 셀의 값만 가져와 사용하는 것이므로 셀 서식 등은 참조한 후에 다시 지정해 줘야 합니다. 그러므로 반환 결과를 백분율 스타일로 변환해서 동일한 값인지 확인합니다.

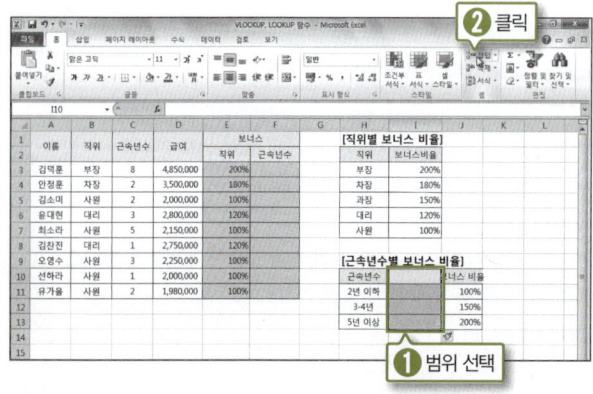

03 근속 연수별 보너스 지급 비율 참조 근속 연수를 기준으로 보너스 지급 비율을 참조합니다. 이때 H11:H13 범위와 같이 구간별로 조건이 구성된 경우에는 각 구간의 최소값을 오름차순으로 정렬시켜 둬야 합니다.

① I10:I13 범위를 선택
② 리본 메뉴의 [홈] 탭 – [셀] 그룹에서 **삽입** 단추를 클릭합니다.

> **TIP ...** 구간별 값을 입력할 때, 구간별 최소값을 오름차순으로 정렬해야 하는 이유
>
> VLOOKUP 함수는 4번째 인수인 찾기 옵션을 이용해 1번째 인수 값을 표 범위의 첫 번째 열에서 찾게 되는데, 찾기 옵션이 FALSE인 경우에는 정확하게 일치하는 값만 찾지만, TRUE인 경우에는 근사 값을 찾습니다. 근사 값은 오름차순으로 정렬되어 있다고 가정하므로 구간별 값을 작은 값부터 큰 값 순으로 정리되는 오름차순으로 정리해야 합니다.
>
> 또한 3번 과정에서 구간별 값(2년 이하, 3~4년, …)은 컴퓨터에서 인식하지 못하므로 구간의 대표 값을 정리해야 하는데, VLOOKUP 함수의 4번째 인수 값이 TRUE인 경우에 찾을 값보다 큰 값을 만나면 찾기 작업을 중단하고, 작은 값 중에서 가장 큰 값의 위치를 반환하므로 구간별 최소값을 입력해야 합니다.
>
> 참고로 구간별 값이 내림차순으로 정리되어 있는 경우에는 VLOOKUP 함수로 값의 위치를 찾을 수 없으며, INDEX, MATCH 함수를 사용해야 합니다.

04

추가된 I10:I13 범위에 다음 내용을 참고하여 구간별 최소값을 입력합니다.

I10 : 최소값
I11 : 0
I12 : 3
I13 : 5

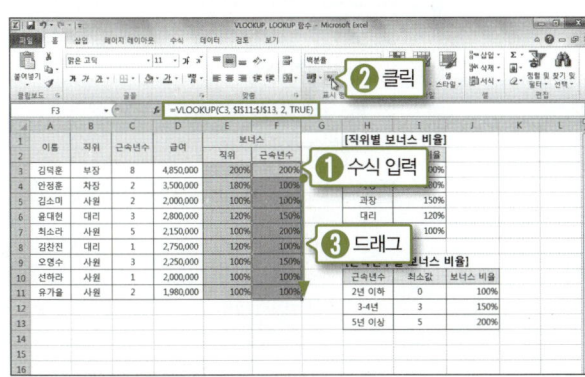

05 이제 근속 연수를 기준으로 한 보너스 지급 비율을 참조합니다.

① F3셀에 다음 수식을 입력
② 리본 메뉴의 [홈] 탭 – [스타일] 그룹에서 **백분율 스타일** 단추 를 클릭
③ F3셀의 **채우기 핸들**을 F11셀까지 드래그해 수식을 복사합니다.

=VLOOKUP(C3, $I$11:$J$13, 2, TRUE)

수식 설명 **=VLOOKUP(C3, $I$11:$J$13, 2, TRUE)**

이번 수식에서 사용한 VLOOKUP 함수의 구성은 E열에서 사용한 함수 구성과는 4번째 인수 부분만 다릅니다. 구성은 다음과 같습니다.

- 찾을 값 : C3셀의 근속 연수
- 표 : $I$11:$J$13 범위의 직위별 보너스 비율 표
- 열 번호 : 표에서 2번째 열
- 찾기 옵션 : TRUE, 근속 연수별 보너스 비율 표의 첫 번째 열에서 근속 연수의 근사 값 위치를 검색

그러므로 이번 수식은 C3셀의 근속 연수를 I11:J13 범위의 첫 번째 열(I11:I13)에서 근사 값(TRUE)이 위치를 찾고, 같은 행에 있는 2번째 열(J11:J13)의 값을 참조하란 의미입니다.

이렇게 구간별 값을 참조할 때는 VLOOKUP 함수의 2번째 인수인 표 범위를 정확하게 지정하는 것이 중요합니다. 이번과 같이 표 중간에 열을 삽입한 경우에 구간별 최소값을 갖는 열이 표의 왼쪽 첫 번째 열이 되도록 범위를 설정해야 합니다. 즉 H11:J13 범위와 같이 지정하면 C3셀의 근속 연수를 H11:H13 범위에서 찾게 되므로 VLOOKUP 함수로 원하는 결과를 얻을 수 없습니다.

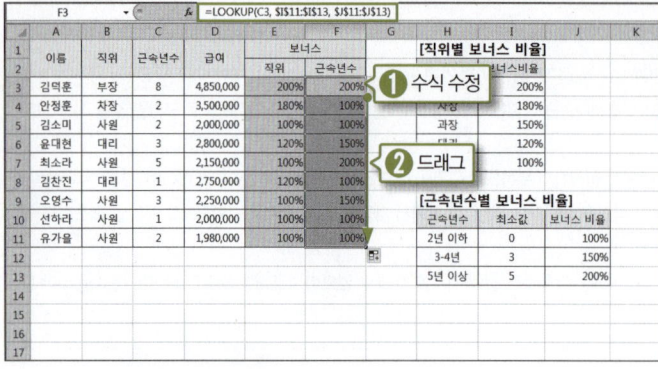

06 5번 과정의 수식은 LOOKUP 함수로 대체할 수 있습니다.
① F3셀의 수식을 다음과 같이 수정
② F3셀의 **채우기 핸들**을 F11셀까지 드래그해 수식을 복사합니다.

=LOOKUP(C3, $I$11:$I$13, $J$11:$J$13)

수식 설명 =LOOKUP(C3, $I$11:$I$13, $J$11:$J$13)
VLOOKUP 함수에서 구간별 값을 참조하는 작업은 이번 수식과 같이 LOOKUP 함수로 대체할 수 있습니다. 두 함수의 인수 구성에서 가장 큰 차이는 VLOOKUP 함수의 2번째 인수에서 지정한 표 범위(I11:J13)를 LOOKUP 함수에서는 찾을 범위(I11:I13)와 반환 범위(J11:J13)로 나눠서 지정한 것입니다.

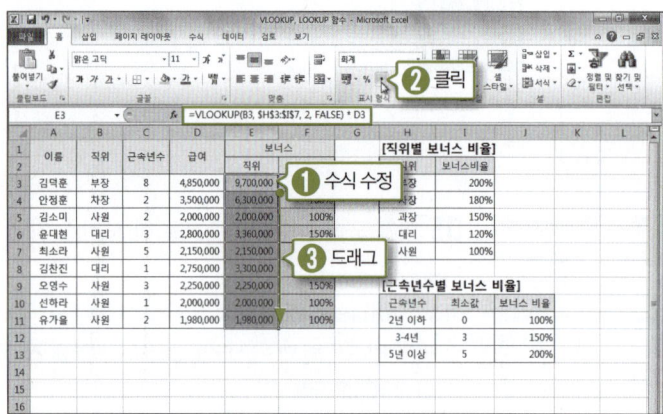

07 **직위별 보너스 금액 계산하기** 참조해 온 보너스 지급 비율을 급여와 곱해 보너스 금액을 계산합니다.
① E3셀의 수식을 다음과 같이 수정
② 결과를 정수로 표시하기 위해 리본 메뉴의 [홈] 탭 – [표시 형식] 그룹에서 **쉼표 스타일** 단추를 클릭
③ E3셀의 **채우기 핸들**을 E11셀까지 드래그해 수식을 복사합니다.

=VLOOKUP(B3, $H$3:$I$7, 2, FALSE) * D3

Section 03 열 방향 표에서 조건에 맞는 값 참조하기

▶ HLOOKUP

HLOOKUP 함수는 VLOOKUP 함수와 동일한 구문을 사용합니다. 하지만 VLOOKUP 함수와는 달리 열 방향(오른쪽 방향)으로 작성된 표에서 조건에 만족하는 값을 참조합니다.

분류	가공 식품	곡류	과자류	유제품	조미료	해산물
할인율	5%	3%	10%	5%	5%	3%

이번에 배울 함수

HLOOKUP (찾을 값, 표, 행 번호, 찾기 옵션)
참조할 표의 첫 번째 행에서 찾을 값을 찾아 같은 열에 위치한 값 중에서 행 번호에 해당하는 값을 반환합니다.

인수
- **찾을 값** : 표의 첫 번째 행에서 찾을 값으로 조건에 해당
- **표** : 찾을 값과 반환할 값을 모두 갖고 있는 데이터 범위
- **행 번호** : 표에서 반환할 행의 인덱스 번호
- **찾기 옵션** : 찾을 값을 표의 첫 번째 행에서 찾는 방법을 지정하는 옵션
  TRUE 또는 생략 : 표의 첫 번째 행이 오름차순으로 정렬되어 있다고 가정하고 값을 찾는데, 찾을 값보다 큰 값을 만날 때까지 찾을 값을 찾지 못하는 경우에는 작은 값 중에서 가장 큰 값의 위치를 찾음
  FALSE : 표의 첫 번째 행에서 찾을 값과 정확하게 일치하는 첫 번째 위치를 찾음

실무실습 제품 분류와 수량에 따라 할인율 적용하기 — 거래 내역서

- 예제 파일 ⓘ : Part2\HLOOKUP 함수.xlsx

	A	B	C	D	E	F	G	H
1	거래ID	분류	제품	단가	수량	할인율		
2						분류	판매수량	
3	10,248	유제품	현진 커피 밀크	14,000	12			
4	10,248	곡류	싱가폴 원산 옥수수	10,000	10			
5	10,248	유제품	대관령 특제 버터	35,000	5			
6	10,249	과자류	대양 마말레이드	65,000	40			
7	10,249	가공 식품	유림 사과 통조림	42,000	40			
8	10,250	해산물	훈제 대합조개 통조림	8,000	10			
9	10,250	가공 식품	유림 사과 통조림	42,000	35			
10	10,250	조미료	투이지애나 특산 후추	17,000	15			
11								
12	[제품 분류별 할인율]							
13	분류	가공 식품	곡류	과자류	유제품	조미료	해산물	
14	할인율	5%	3%	10%	5%	5%	3%	
15								
16	[판매수량별 할인율]							
17	수량	1~10	11~20	21~30	31~			
18	할인율	0%	3%	5%	10%			
19								

01 예제 이해하기 예제 파일을 열면 거래 내역 목록과 할인율 표를 확인할 수 있습니다. 이번에는 판매 제품의 할인율을 분류와 판매 수량별로 구분해 아래쪽 표에서 참조해 오는 작업을 진행합니다.

Section 03 열 방향 표에서 조건에 맞는 값 참조하기 • 175

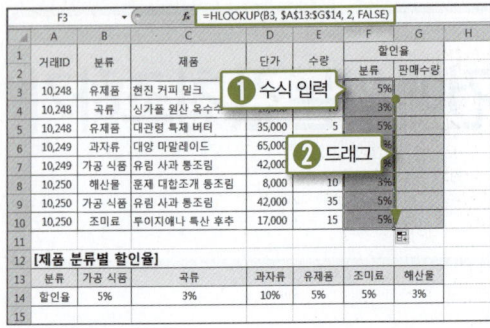

02 제품 분류에 따른 할인율 참조 분류에 따른 할인율을 참조해 오는 작업을 진행합니다.

① F3셀에 다음 수식을 입력
② F3셀의 **채우기 핸들**을 F10셀까지 드래그해 수식을 복사합니다.

=HLOOKUP(B3, $A$13:$G$14, 2, FALSE)

수식 설명 =HLOOKUP(B3, $A$13:$G$14, 2, FALSE)
HLOOKUP 함수는 VLOOKUP 함수와는 달리 표의 첫 번째 열에서 값을 찾지 않고, 첫 번째 행에서 값을 찾습니다. HLOOKUP 함수의 구성은 다음과 같습니다.

- 찾을 값 : B3셀의 분류
- 표 : $A$13:$G$14 범위의 제품 분류별 할인율 표
- 행 번호 : 2번째 행
- 찾기 옵션 : FALSE, 제품 분류별 할인율 표의 첫 번째 행에서 분류와 정확하게 일치하는 첫 번째 위치를 검색

그러므로 이번 수식은 B3셀의 제품 분류를 A13:G14 범위의 첫 번째 행(A13:G13)에서 정확하게 일치하는 첫 번째 위치를 찾아, 같은 열에 있는 2번째 행의 값을 반환하란 의미입니다.

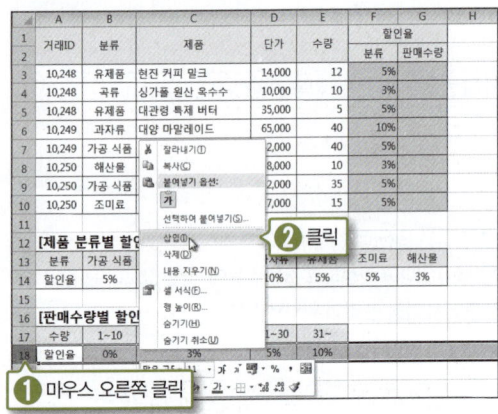

03 판매 수량에 따른 할인율 참조 판매 수량에 따른 할인율을 참조합니다. 판매 수량은 A17:E18 범위에 1~10과 같은 구간별 오름차순 방식으로 입력되어 있어 HLOOKUP 함수로 값을 참조할 수 있습니다. 할인율을 참조하기 위해 우선 각 구간의 최소값을 입력합니다.

① 18행을 선택하고, 마우스 오른쪽 버튼을 클릭
② **삽입** 명령을 클릭해 빈 행을 하나 추가합니다.

TIP … 구간별 최소값을 입력해야 하는 이유
HLOOKUP 함수도 VLOOKUP 함수와 마찬가지로 구간별 값을 찾아 참조할 때 구간별 값이 오름차순으로 정렬되어 있으면 구간별 최소값을 입력해 값을 찾습니다. 만약 내림차순으로 정렬되어 있다면 HLOOKUP 함수로 찾을 수 없으므로 표를 오름차순으로 정렬하는 작업을 선행하거나 INDEX, MATCH 함수를 사용합니다.

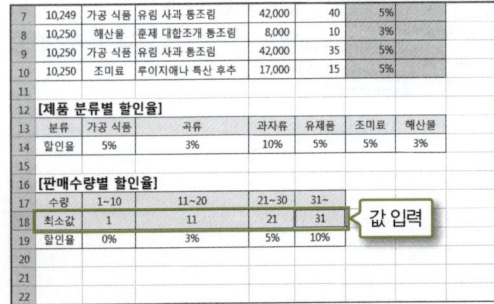

04 추가된 빈 행에 다음과 같이 각 구간별 최소값을 입력합니다.

A18 : 최소값
B18 : 1
C18 : 11
D18 : 21
E18 : 31

05

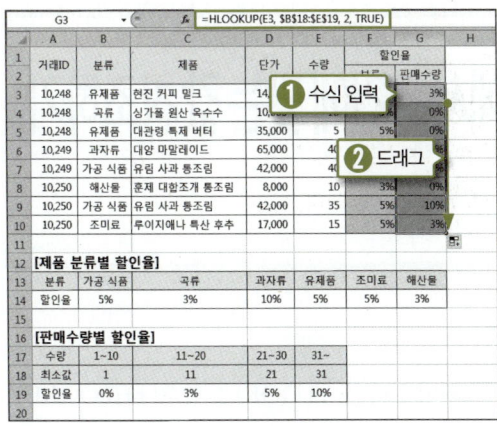

① 할인율을 참조하기 위해 G3셀을 선택하고, 다음 수식을 입력
② G3셀의 **채우기 핸들**을 G10셀까지 드래그해 수식을 복사합니다.

=HLOOKUP(E3, $B$18:$E$19, 2, TRUE)

수식 설명 **=HLOOKUP(E3, $B$18:$E$19, 2, TRUE)**
각 구간별 할인율을 참조하기 위해 작성한 수식입니다. 각 구간별 최소값이 B18:E18 범위에 오름차순으로 입력되어 있으므로 HLOOKUP 함수의 4번째 인수를 TRUE로 지정한 것만 다르고, 2번 과정에서 작성한 수식과 동일합니다. 이번 수식은 E3셀의 수량(판매 수량)을 B18:E19 범위의 첫 번째 행(B18:E18)에서 찾는데, 찾는 값(E3)보다 큰 값을 만나기 전에 일치하는 값을 찾지 못하면 찾는 작업을 중단하고, 찾는 값보다 작은 값 중에서 가장 큰 값의 위치를 찾아, 같은 열에 있는 2번째 행(B19:E19)의 값을 참조하란 의미입니다.

06

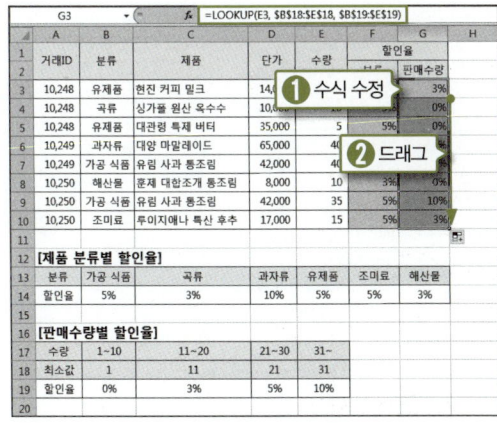

5번 과정에서 작성한 수식을 HLOOKUP 대신 LOOKUP 함수로 대체할 수 있습니다.

① G3셀의 수식을 다음과 같이 수정
② G3셀의 **채우기 핸들**을 G10셀까지 드래그해 수식을 복사합니다.

=LOOKUP(E3, $B$18:$E$18, $B$19:$E$19)

수식 설명 **=LOOKUP(E3, $B$18:$E$18, $B$19:$E$19)**
LOOKUP 함수는 VLOOKUP 함수나 HLOOKUP 함수와는 달리 열 방향, 행 방향을 가리지 않기 때문에 오름차순으로 정렬된 구간별 값을 참조할 필요가 있을 때는 모두 사용 가능합니다. LOOKUP 함수는 VLOOKUP 함수나 HLOOKUP 함수의 2번째 인수인 표 범위를 찾을 범위와 반환 범위로 나누기만 하면 됩니다. 그러므로 이번 수식에서 HLOOKUP 함수의 2번째 인수였던 B18:F19 범위를 찾을 범위인 B18:E18과 반환 범위인 B19:F19로 각각 나눠 사용했습니다.

Section 04 열과 행이 교차하는 표에서 조건에 맞는 값 참조하기

▶ INDEX ▶ MATCH

아래 표와 같이 참조할 데이터가 열 방향과 행 방향으로 모두 기록되어 있다면, VLOOKUP 함수나 HLOOKUP 함수보다는 INDEX 함수와 MATCH 함수를 중첩해 사용하는 것이 좋습니다. INDEX 함수와 MATCH 함수를 능숙하게 사용할 수 있다면 다양한 참조 작업을 처리할 수 있습니다.

판매량 분류	200~	101~199	51~100	0~50
가공식품	21%	26%	30%	34%
곡류	27%	30%	33%	36%
과자류	21%	26%	28%	30%
유제품	26%	28%	32%	37%
육류	19%	22%	27%	32%
음료	19%	23%	27%	31%
조미료	18%	21%	25%	28%
해물물	16%	19%	24%	29%

이번에 배울 함수

INDEX (표, 행 번호, 열 번호, 영역 번호)

표에서 지정한 행 번호, 열 번호 위치에 있는 값을 반환합니다.

인수
- **표** : 반환할 값을 포함하고 있는 데이터 범위
- **행 번호** : 표에서 참조할 값이 위치한 행의 인덱스 번호
- **열 번호** : 표에서 참조할 값이 위치한 열의 인덱스 번호
- **영역 번호** : 표 인수에 다중 범위를 지정했을 때 참조할 범위의 인덱스 번호로, 생략하면 첫 번째 범위에서 값을 참조

MATCH (찾을 값, 찾을 범위, 찾기 옵션)

찾을 범위에서 찾을 값이 몇 번째 위치에 있는지 찾아 해당 인덱스 번호를 반환합니다.

인수
- **찾을 값** : 찾을 범위에서 찾을 값으로 조건에 해당
- **찾을 범위** : 찾을 값이 포함된 단일 열 또는 단일 행 데이터 범위
- **찾기 옵션** : 찾을 값을 찾을 범위에서 찾는 방법을 지정하는 옵션

  1 또는 생략 : 찾을 범위의 값이 오름차순으로 정렬되어 있다고 가정하고 값을 찾는데, 찾을 값보다 큰 값을 만날 때까지 찾지 못하는 경우에는 찾을 값보다 작은 값 중에서 가장 큰 값의 위치를 찾음

  0 : 찾을 범위에서 찾을 값의 첫 번째 위치를 찾음

  -1 : 찾을 범위의 값이 내림차순으로 정렬되어 있다고 가정하고 값을 찾는데, 찾을 값보다 작은 값을 만날 때까지 찾지 못하는 경우에는 찾을 값보다 큰 값 중에서 가장 작은 값의 위치를 찾음

조건에 따른 마진율로 판매 단가 계산하기 — 판매 단가 계산표

- 예제 파일 ⊙ : Part2\INDEX, MATCH 함수.xlsx

01 예제 이해하기 예제 파일을 열고 [sample] 시트 탭을 클릭하면 판매 단가 계산표를 확인할 수 있습니다. 이번 실습은 제품을 구매한 구입 단가(C열)에 마진율을 적용해 판매 단가(H열)를 계산하는 작업입니다. 이때, 판매 단가는 십 단위에서 반올림 처리합니다.

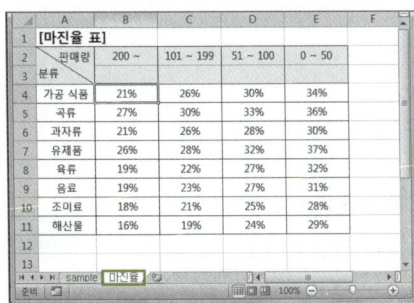

02 [마진율] 시트 탭을 클릭하면 제품 분류와 예상 판매량에 따른 마진율 표를 확인할 수 있습니다. 이 표의 마진율을 참조해 [sample] 시트의 판매 단가 계산표를 완성합니다.

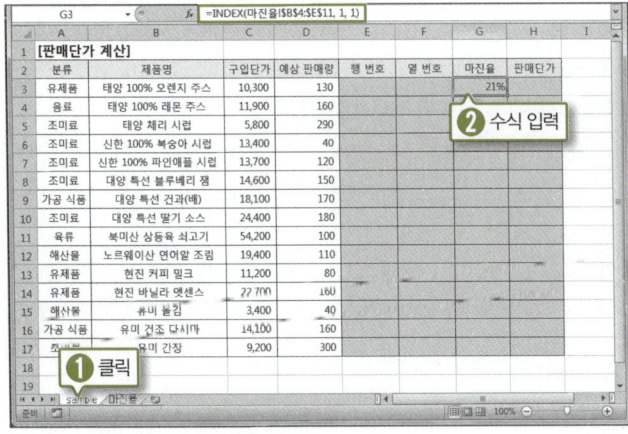

03 마진율 참조하기
① [sample] 시트 탭을 클릭
② G2셀을 선택하고, 다음과 같은 수식을 작성합니다.
=INDEX(마진율!$B$4:$E$11, 1, 1)

수식 설명 =INDEX(마진율!$B$4:$E$11, 1, 1)
INDEX 함수는 1번째 인수의 표 범위에서 행 번호와 열 번호에 위치한 값을 참조하는 함수이므로 이번과 같이 사용하면 [마진율] 시트의 B4:E11 범위에서 1번째 행과 1번째 열에 위치한 값(B4셀)을 참조합니다.
이처럼 INDEX 함수를 이용해 조건에 맞는 값을 참조해 오려면, 해당 값이 위치한 행 번호와 열 번호를 알아야 하는데, 이 역할을 하는 함수가 MATCH 함수입니다.

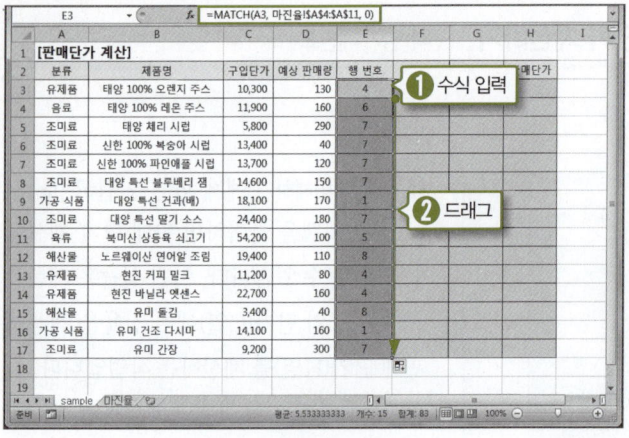

04 마진율 참조하기 [마진율] 시트의 표에서 참조할 마진율의 행 번호를 알려면 [sample] 시트의 A열에 있는 분류 값의 위치를 찾으면 됩니다.

① [sample] 시트의 **E3**셀에 다음 수식을 입력
② **E3**셀의 **채우기 핸들**을 **E17**셀까지 드래그해 수식을 복사합니다.

=MATCH(A3, 마진율!$A$4:$A$11, 0)

수식 설명 =MATCH(A3, 마진율!$A$4:$A$11, 0)

기존의 VLOOKUP, HLOOKUP, LOOKUP 함수는 조건에 맞는 값의 위치를 찾고, 값도 참조할 수 있는 함수였습니다. 그에 반해 INDEX 함수는 값을 참조할 수만 있지 원하는 값의 위치를 찾는 작업은 할 수 없습니다. 그러므로 원하는 값의 위치를 찾을 수 있는 MATCH 함수와 함께 사용해야 합니다. 정리하면 VLOOKUP, HLOOKUP, LOOKUP 함수와는 달리 INDEX, MATCH 함수는 서로의 역할이 나뉘어 있는 보다 전문화된 함수라고 이해하면 됩니다. 이번에 사용한 MATCH 함수의 구성은 다음과 같습니다.

- 찾을 값 : A3셀의 분류
- 찾을 범위 : [마진율] 시트의 $A$4:$A$11 범위
- 찾기 옵션 : 0, 분류를 [마진율] 시트의 A4:A11 범위에서 정확하게 일치하는 첫 번째 위치를 검색

정리하면 A3셀의 값이 [마진율] 시트의 A4:A11 범위에서 몇 번째에 위치하는지 값을 반환합니다.

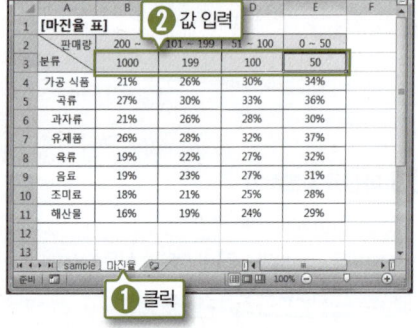

05 계속해서 참조할 마진율의 열 번호를 계산해야 합니다. [마진율] 시트의 예상 판매량 값을 확인하면 1~100과 같은 구간별 값이 입력되어 있고, 내림차순으로 입력되어 있는 것을 확인할 수 있습니다. 이런 경우 구간별 최대값을 먼저 입력해야 원하는 값의 위치를 찾을 수 있습니다.

① [마진율] 시트 탭을 클릭
② **B3:E3** 범위에 순서대로 다음과 같은 값을 입력합니다.

| 1000 | 199 | 100 | 50 |

TIP ... 구간별 최대값을 입력하는 이유

참조해 올 값의 위치를 찾을 때, 정확하게 일치하는 값의 위치가 아니라 구간별로 값이 입력되어 있다면 오름차순인지 내림차순인지 확인합니다. 구간별 값이 오름차순으로 정렬되어 있다면 구간별 최소값을 입력하고, 내림차순으로 정렬되어 있다면 구간별 최대값을 입력합니다. 그래야만 MATCH 함수를 사용해 원하는 값의 위치를 파악할 수 있습니다.

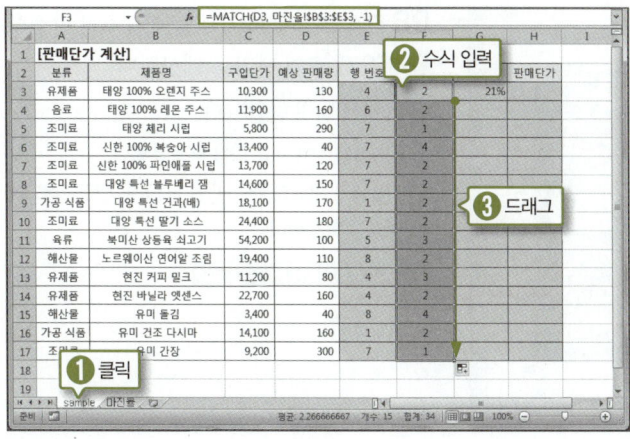

06 참조할 마진율의 열 번호를 계산하겠습니다.

① [sample] 시트 탭을 클릭
② F3셀에 다음 수식을 입력
③ F3셀의 **채우기 핸들**을 F17셀까지 드래그해 수식을 복사합니다.

=MATCH(D3, 마진율!$B$3:$E$3, -1)

<u>수식 설명</u> **=MATCH(D3, 마진율!$B$3:$E$3, -1)**
MATCH 함수는 VLOOKUP과 HLOOKUP 함수에서 제공하는 오름차순으로 정렬된 구간의 값 위치를 파악할 수 있을 뿐만 아니라 내림차순으로 정렬된 구간의 값 위치를 파악할 수도 있어 좀 더 향상된 위치 탐색 능력을 갖고 있습니다. 이번에 사용된 수식은 내림차순으로 정렬된 구간의 값을 참조하기 위한 것으로 함수의 구성은 다음과 같습니다.

- 찾을 값 : D3셀의 예상 판매량
- 찾을 범위 : [마진율] 시트의 $B$3:$E$3 범위
- 찾기 옵션 : -1, [마진율] 시트의 B3:E3 범위인 최대값 범위에서 예상 판매량의 근사 값 위치를 검색

그러므로 수식은 D3셀의 값을 [마진율] 시트의 B3:E3 범위에서 찾는데, D3셀의 값보다 작은 값을 만나기 전에 D3셀과 동일한 값을 찾지 못하면, D3셀의 값보다 큰 값 중에서 가장 작은 값의 위치를 찾으란 의미입니다.

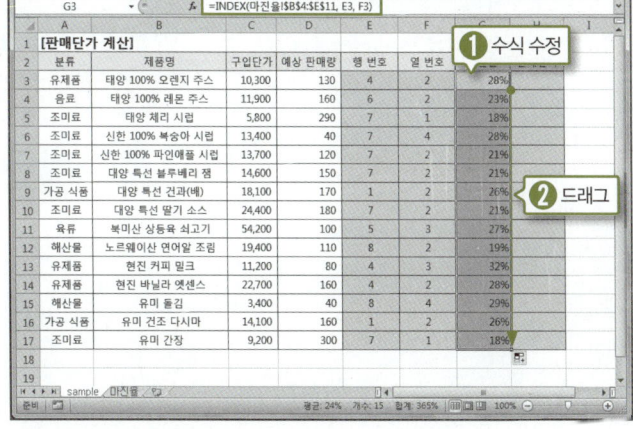

07 행 위치와 열 위치를 모두 확인했으니, INDEX 함수를 이용해 마진율을 참조해 옵니다.

① G3셀의 수식을 다음과 같이 수정
② G3셀의 **채우기 핸들**을 G17셀까지 드래그해 수식을 복사합니다.

=INDEX(마진율!$B$4:$E$11, E3, F3)

<u>수식 설명</u> **=INDEX(마진율!$B$4:$E$11, E3, F3)**
E열과 F열에서 MATCH 함수를 사용해 참조할 값(마진율)이 있는 행 번호와 열 번호를 모두 확인했으므로, INDEX 함수를 사용해 마진율 값을 참조해 오기 위해 2번째와 3번째 인수 값으로 E3셀과 F3셀의 값을 사용합니다. INDEX 함수와 MATCH 함수를 함께 사용하는 방법에 익숙해진다면 이번과 같이 여러 단계로 작업하지 않고, 다음과 같이 한 번에 수식을 입력할 수 있습니다.

=INDEX(마진율!$B$4:$E$11, MATCH(A3, 마진율!$A$4:$A$11, 0), MATCH(D3, 마진율!$B$3:$E$3, -1))

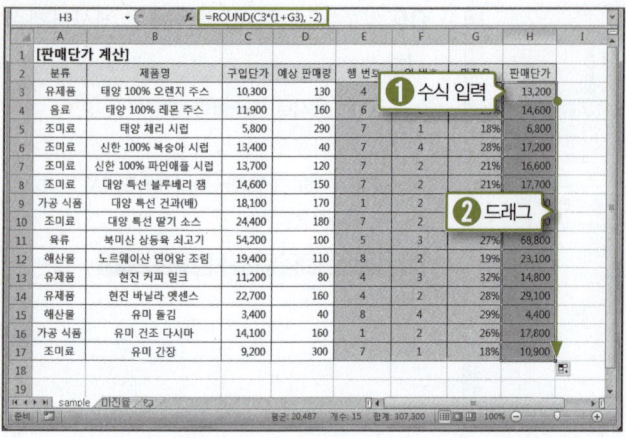

08 판매 단가 계산하기 G열에 참조한 마진율을 이용해 판매 단가를 계산합니다. 이때 십 단위에서 반올림합니다.

① H3셀을 선택하고, 다음 수식을 입력
② H3셀의 **채우기 핸들**을 H17셀까지 드래그해 수식을 복사합니다.

=ROUND(C3*(1+G3), -2)

수식 설명 =ROUND(C3*(1+G3), -2)

적용할 마진율을 참조했으니, 마진율을 적용한 판매 단가를 계산할 수 있습니다. 판매 단가를 계산하는 계산 식은 다음과 같습니다.

=구입 단가*(1+마진율)

계산된 판매 단가는 백분율 값과 곱하므로, 일 단위 금액까지 계산됩니다. 그러므로 십 단위에서 반올림해 판매 단가를 확정하기 위해 ROUND 함수를 이용해 십 단위에서 반올림 처리했습니다. ROUND 함수에 대해서는 이 책의 **Part2〉Chapter3〉Section7**을 참고하기 바랍니다.

Section 05 다중 조건을 처리하는 참조하기

▶ INDEX   ▶ MATCH   ▶ 배열 수식

지금까지 소개한 참조 함수는 직위 또는 제품명의 위치를 찾아 보너스 지급 비율이나 단가를 참조하는 작업처럼 조건이 하나인 경우만 처리할 수 있습니다. 하지만, 업무를 하다 보면, 값을 참조하기 위한 조건이 보다 많이 필요할 때가 발생합니다. 이런 경우에 사용할 수 있는 함수는 따로 제공되지 않습니다. 그러므로 INDEX 함수와 MATCH 함수 조합을 사용한 배열 수식을 작성해야 합니다.

▌이번에 배울 함수

MATCH (1, (찾을 범위1=찾을 값1)*(찾을 범위2=찾을 값2)*⋯, 0)

적용된 조건식을 모두 만족하는 첫 번째 위치를 반환합니다.

인수	• 찾을 값 : 찾을 범위에서 찾을 값으로 조건에 해당 • 찾을 범위 : 찾을 값이 포함된 단일 열 또는 단일 행 데이터 범위
특이사항	1번째와 3번째 인수로 전달하는 1과 0은 바꿀 수 없으며, MATCH 함수를 이런 식으로 사용하려면 반드시 배열 수식 (Ctrl+Shift+Enter 키로 입력)으로 입력해야 합니다.

실무실습 모델 번호와 색상을 이용해 단가 참조하기 견적서

• 예제 파일 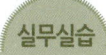 : Part2\INDEX, MATCH 배열수식.xlsx

01 예제 이해하기 예제 파일을 열면 견적서 서식을 확인할 수 있습니다. 이번 예제에서는 견적서에 입력된 품명(모델 번호)과 색상 값을 오른쪽 단가표에서 확인한 후 O열의 단가를 참조하는 수식을 작성합니다.

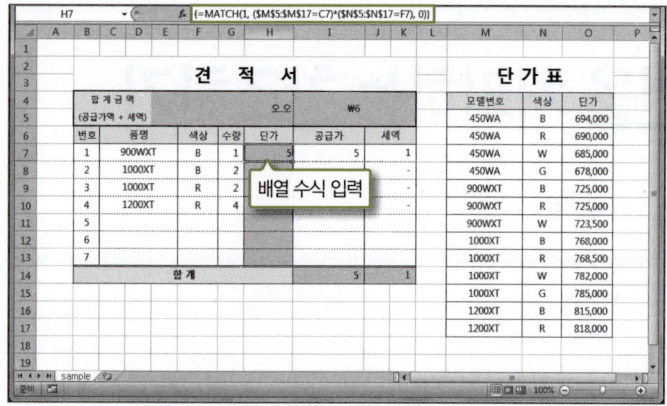

02 단가 참조하기 첫 번째 제품의 단가 위치를 찾아보겠습니다.

H7셀을 선택하고, 다음 수식을 입력한 다음, Ctrl+Shift+Enter 키를 눌러 수식을 입력합니다.

=MATCH(1,($M$5:$M$17=C7)*($N$5:$N$17=F7),0)

수식 설명 {=MATCH(1,($M$5:$M$17=C7)*($N$5:$N$17=F7),0)}
이번 수식 구성을 풀어보면 다음과 같은 의미가 됩니다.

=MATCH(1, (모델번호=C7)*(색상=F7), 0)
위 수식에서 2번째 인수의 곱하기 연산은 다음과 같은 계산 과정과 결과를 반환합니다.

FALSE	×	TRUE	=	0
FALSE	×	FALSE	=	0
FALSE	×	FALSE	=	0
FALSE	×	FALSE	=	0
TRUE	×	TRUE	=	1
TRUE	×	FALSE	=	0
TRUE	×	FALSE	=	0
...	×	...	=	...

(모델번호=C7)   (색상=F7)

그러므로 이번 수식은 조건식의 곱하기 연산으로 반환된 값에서 1이 처음으로 나타나는 위치를 찾는 수식이 됩니다.

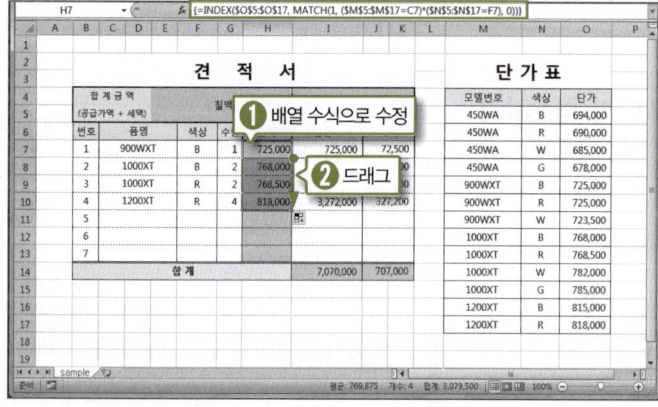

03 위치 확인하는 방법을 알아봤으므로 INDEX 함수를 사용해 해당 위치의 값을 참조해 옵니다.

① **H7**셀의 수식을 다음과 같이 수정한 다음 Ctrl+Shift+Enter 키를 눌러 입력

② **H7**셀의 **채우기 핸들**을 **H10**셀까지 드래그해 수식을 복사합니다.

=INDEX($O$5:$O$17, MATCH(1,($M$5:$M$17=C7)*($N$5:$N$17=F7),0))

TIP ... 배열 수식의 수정

배열 수식으로 입력된 수식을 Ctrl+Shift+Enter 키로 입력한 다음, 수정할 때 Enter 키로 입력하면 배열 수식으로 인식되지 않아 오류 값을 반환합니다. 그러므로 배열 수식을 수정할 때도 반드시 Ctrl+Shift+Enter 키를 눌러 입력해야 합니다. 배열 수식을 복사할 때는 일반 수식을 복사할 때와 동일하게 자동 채우기 기능을 이용하면 됩니다.

Section 06 행, 열을 바꿔 참조하기

▶ OFFSET ▶ ROW ▶ COLUMN ▶ TRANSPOSE

엑셀 참조 함수에는 아주 특별한 역할을 수행하는 OFFSET 함수가 있습니다. 이 함수를 사용하면 기준 위치에서 동적으로 변하는 위치의 값을 참조할 수 있습니다. 예를 들어 안내할 때 정확한 주소를 알려주는 방법과 주요 건물을 기준으로 위치를 알려주는 방법을 사용하는데, VLOOKUP, INDEX 등의 함수는 정확한 주소를 이용해 값을 참조하는 방법을 사용했다면, OFFSET 함수는 기준 위치에서 원하는 위치로 이동해 값을 참조하는 방법을 사용하는 것입니다. 참고로 행이나 열 방향 데이터를 반대로(행을 열로, 열을 행으로) 참조할 수 있는 TRANSPOSE 함수도 이런 작업에서 유용하게 사용됩니다. 단, TRANSPOSE 함수는 배열 함수이므로 수식을 입력할 때, Ctrl + Shift + Enter 키를 눌러 입력해야 합니다.

이번에 배울 함수

OFFSET (기준 위치, 행 방향 이동, 열 방향 이동, 행 방향 포함, 열 방향 포함)

기준 위치로 지정한 셀에서 행 방향과 열 방향으로 각각 n개씩 이동한 후, 다시 행 방향과 열 방향으로 n개의 셀을 포함한 범위를 참조합니다.

인수	• **기준 위치** : 참조할 기준 위치로 셀 또는 범위로 지정 • **행 방향 이동** : 기준 위치에서 행 방향(아래쪽)으로 이동할 셀 개수를 지정 • **열 방향 이동** : 기준 위치에서 열 방향(오른쪽)으로 이동할 셀 개수를 지정 • **행 방향 포함** : 이동이 끝난 위치에서 행 방향(아래쪽)으로 포함할 셀 개수를 지정 생략할 수 있으며, 생략하면 1개의 셀을 포함 • **열 방향 포함** : 이동이 끝난 위치에서 열 방향(오른쪽)으로 포함할 셀 개수를 지정 생략할 수 있으며, 생략하면 1개의 셀을 포함

ROW (참조)

참조로 전달한 셀 또는 범위의 첫 번째 셀의 행 번호를 반환합니다.

인수	• **참조** : 행 번호를 구할 셀 또는 데이터 범위

COLUMN (참조)

참조로 전달한 셀 또는 범위의 첫 번째 셀의 열 번호를 반환합니다.

인수	• **참조** : 열 번호를 구할 셀 또는 데이터 범위

TRANSPOSE (범위)

범위의 행과 열을 바꿔 반환합니다.

인수	• **범위** : 행과 열을 바꿀 데이터 범위 또는 배열
특이사항	TRANSPOSE 함수는 인수로 전달된 범위의 행과 열을 바꿔 배열로 값을 전달하기 때문에 값을 반환받을 전체 범위를 선택하고 Ctrl + Shift + Enter 키를 눌러 입력해야 합니다.

실무실습 행과 열 머리글 자동으로 구성하기 — 집계표

• 예제 파일 ⊙ : Part2\OFFSET, ROW, COLUMN, TRANSPOSE 함수.xlsx

01 예제 이해하기 예제 파일을 열면 그림과 같은 표 구성을 확인할 수 있습니다. A열과 B열의 항목을 오른쪽 표의 열 머리글 또는 행 머리글로 지정하는 참조 작업을 진행합니다.

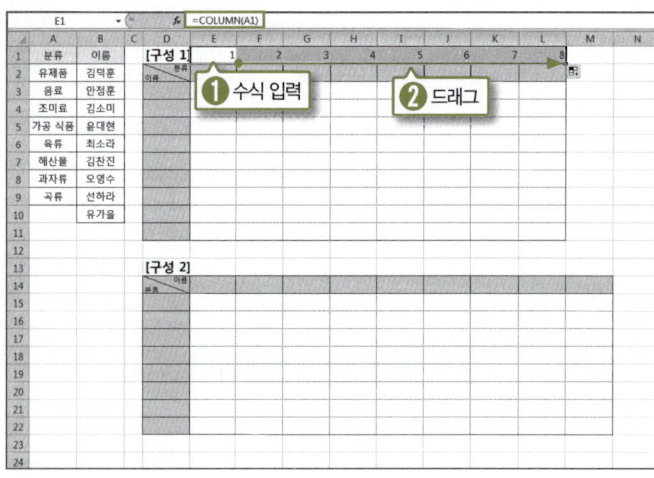

02 COLUMN 함수 이해하기 먼저 E2:L2 범위에 A2:A9 범위의 값을 참조합니다. 행 방향 데이터를 열 방향으로 반환하는 것이므로 열 방향으로 수식을 복사할 때 일련번호를 반환하는 수식 작성 방법에 대해 이해해야 합니다.

① **E1** 셀을 선택하고, 다음 수식을 입력
② **E1** 셀의 **채우기 핸들**⊞을 **L1** 셀까지 드래그해 수식을 복사합니다.

=COLUMN(A1)

수식 설명 =COLUMN(A1)
OFFSET 함수를 사용하면 행 방향 데이터를 열 방향(또는 반대로)으로 참조할 수 있습니다. 이 작업을 위해서는 수식을 열 방향으로 복사할 때 일련번호가 반환될 수 있어야 하는데, 이번에 사용한 수식에서 확인할 수 있듯이 열 방향으로 수식을 복사할 때 일련번호를 반환받으려면 COLUMN 함수를 사용하며, 반대로 행 방향 일련번호를 반환받으려면 ROW 함수를 사용하면 됩니다.

03 행을 열 방향으로 참조하기 OFFSET 함수를 사용해 A열의 분류 항목을 E2:L2 범위의 열 방향으로 참조합니다.

① E2셀에 다음 수식을 입력
② E2셀의 **채우기 핸들**을 L2셀까지 드래그해 수식을 복사합니다.

`=OFFSET($A$1, COLUMN(A1), 0)`

수식 설명 `=OFFSET($A$1, COLUMN(A1), 0)`
이 수식은 열 방향(오른쪽)으로 복사할 것이므로 2번째 인수로 COLUMN(A1)을 사용하여 1,2,3,… 과 같은 일련번호를 반환받습니다. 그러므로 이번 수식은 기준 위치인 A1셀로부터 행 방향으로 1,2,3,… 과 같이 위치를 옮겨 값을 참조합니다. 이렇게 하면 행 방향 데이터를 열 방향으로 참조할 수 있게 되는데, 이런 식의 작업을 할 때, 기준 위치인 1번째 인수의 참조 방식을 절대참조로 고정해 기준 위치가 변경되지 않도록 해야 합니다.

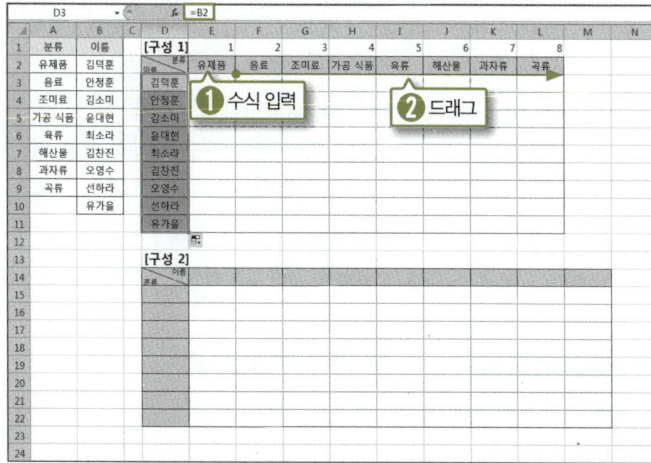

04 이름 참조하기 B2:B10 이름 항목을 D3:D11 범위에 참조합니다. 같은 행 방향 데이터이기 때문에 참조할 셀 주소만 지정하면 됩니다.

① D3셀을 선택하고, 다음 수식을 입력
② D3셀의 **채우기 핸들**을 D11셀까지 드래그해 수식을 복사합니다.

`=B2`

수식 설명 `=B2`
같은 행 방향 데이터를 참조할 때 참조할 위치가 명확하므로 참조할 첫 번째 셀 주소를 전달하면 원하는 값을 순서대로 참조해 올 수 있습니다.

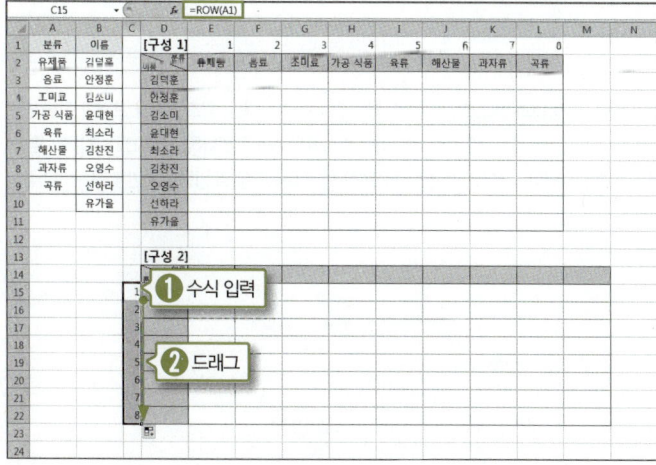

05 ROW 함수 이해하기 수식을 행 방향으로 복사할 때 일련번호를 반환하도록 수식을 작성해 보겠습니다.

① C15셀에 다음 수식을 입력
② C15셀의 **채우기 핸들**을 C22셀까지 드래그해 수식을 복사합니다.

`=ROW(A1)`

수식 설명 `=ROW(A1)`
2번 과정에서 사용한 COLUMN 함수와는 반대로 ROW 함수는 행 번호를 반환하는 함수입니다. 그러므로 행 방향으로 복사되는 수식에서 ROW(A1)과 같이 사용하면 언제든지 1, 2, 3, 4, …와 같은 일련번호를 반환받을 수 있습니다.

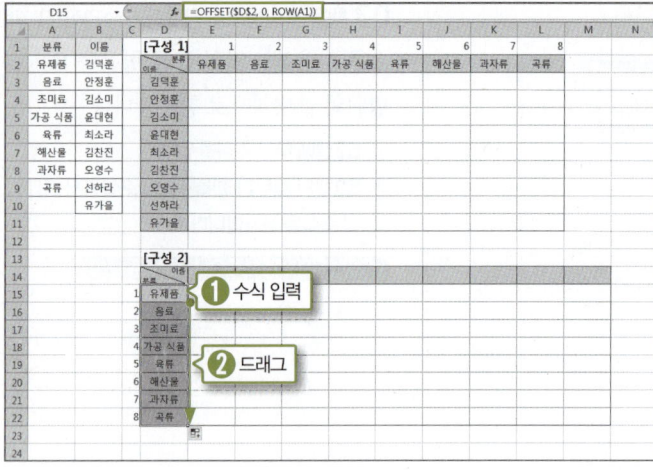

06 열을 행으로 바꿔 참조하기 E2:L2 범위의 열 머리글을 행 방향으로 참조합니다.

① D15셀에 다음 수식을 입력
② D15셀의 **채우기 핸들**을 D22셀까지 드래그해 수식을 복사합니다.

=OFFSET($D$2, 0, ROW(A1))

수식 설명 =OFFSET($D$2, 0, ROW(A1))

이번 수식은 OFFSET 함수를 사용해, E2:L2 범위의 값을 하나씩 참조해 오는 수식입니다. OFFSET 함수의 구성은 다음과 같습니다.

- 기준 위치 : D2
- 행 방향으로 이동 : 0, 이동하지 않음을 의미
- 열 방향으로 이동 : ROW(A1), 수식을 행 방향으로 복사할 때 1, 2, 3,…과 같은 일련번호 반환

그러므로 이번 수식을 행 방향(아래쪽)으로 복사하면 D2셀에서 열 방향(오른쪽)으로 한 칸씩 이동해 E2:L2 범위의 값을 순서대로 참조합니다.

07 행을 열로 바꿔 한 번에 참조하기

TRANSPOSE 함수를 사용해 행을 열로 바꿔 참조합니다.

① E14:M14 범위를 선택
② 다음 수식을 입력한 다음, Ctrl + Shift + Enter 키를 눌러 입력합니다.

=TRANSPOSE(D3:D11)

수식 설명 {=TRANSPOSE(D3:D11)}

TRANSPOSE 함수는 열에서 행으로 또는 행에서 열로, 데이터의 입력 방향과 반대로 참조할 수 있는 함수입니다. 다만, 참조할 값을 표시할 전체 범위를 선택하고 수식을 입력해야 한다는 점과 배열 수식으로 입력해야 한다는 점을 주의해야 합니다. 이번 수식에서 인수로 전달하는 D3:D11 범위는 행 방향 데이터이지만, 수식을 입력하기 전 선택한 E14:M14 범위는 열 방향입니다. 그러므로 이번 수식은 행 방향 데이터를 열 방향으로 반환하는 역할을 합니다.

Chapter 6.
데이터베이스 함수

COUNTIFS, SUMIFS 함수와 같은 함수는 처리해야 할 조건이 많아질수록 함수 구성이 복잡해지며 MAX, MIN 함수는 조건을 처리하지 못합니다. 또한 COUNTIFS, SUMIFS 함수와 같이 다중 조건을 처리하는 함수는 2007 버전부터 제공되는 함수라 하위 버전 사용자와 호환성 문제도 있어 어려움을 겪게 됩니다. 그러므로 지금까지 배운 함수 외에 다중 조건을 처리할 수 있는 데이터베이스 함수의 사용 방법을 익혀둔다면 여러 면에서 편리하게 원하는 결과를 얻을 수 있습니다. 데이터베이스 함수는 함수 구성이 쉽고, 하위 버전과의 호환성에도 문제가 없으며 다중 조건을 처리하기에도 적합합니다. 하지만 조건을 입력하는 표를 별도로 구성해야 한다는 단점도 있습니다.

Section 01 데이터베이스 함수로 건수 세기

▶ DCOUNT   ▶ DCOUNTA

엑셀 2007 버전부터 다중 조건을 처리해 건수를 세는 함수로 COUNTIFS 함수가 제공되고 있습니다. 하지만 이 함수는 엑셀 2003 이하 버전과의 호환성 문제가 있습니다. COUNTIFS 함수를 사용하지 않고 원하는 작업을 하려면 배열 수식이나 DCOUNT, DCOUNTA와 같은 데이터베이스 함수를 사용해야 합니다. 배열 수식은 워크시트의 계산 속도를 떨어뜨리는 주요 원인이므로, 데이터베이스 함수를 사용하는 것이 효과적입니다.

이번에 배울 함수

DCOUNT (원본 표, 열 머리글, 조건표)

원본 표에서 조건표에 입력된 조건을 모두 만족하는 행 위치를 찾아 지정한 열 머리글의 열에서 숫자 값을 갖는 셀의 개수를 세어 줍니다.

인수	• **원본 표** : 건수를 셀 원본 데이터 범위 • **열 머리글** : 원본 표에서 건수를 셀 열의 열 머리글을 의미 • **조건표** : 조건을 입력한 표로 조건은 비교 연산자와 값으로 구성
특이사항	조건표의 열 머리글은 원본 표의 열 머리글과 동일해야 합니다. 원본 표와 조건표 범위에는 반드시 열 머리글을 포함해야 합니다.

DCOUNTA (원본 표, 열 머리글, 조건표)

원본 표에서 조건표에 입력된 조건을 모두 만족하는 행 위치를 찾아 지정한 열 머리글의 열에서 데이터가 입력된 셀의 개수를 세어 줍니다.

인수	• **원본 표** : 건수를 셀 원본 데이터 범위 • **열 머리글** : 원본 표에서 건수를 셀 열의 열 머리글을 의미 • **조건표** : 조건을 입력한 표로 조건은 비교 연산자와 값으로 구성
특이사항	조건표의 열 머리글은 원본 표의 열 머리글과 동일해야 합니다. 원본 표와 조건표 범위는 반드시 열 머리글을 포함해야 합니다.

실무실습 지정한 조건에 맞는 제품 수 세기 제품 재고표

• 예제 파일 ⊙ : Part2\DCOUNT, DCOUNTA 함수.xlsx

01 예제 이해하기 예제 파일을 열면 제품 재고표를 확인할 수 있습니다. 제품 관리를 위해 지정한 조건의 데이터 건수를 바로 확인할 수 있도록 요약표를 생성하는 작업을 진행합니다.

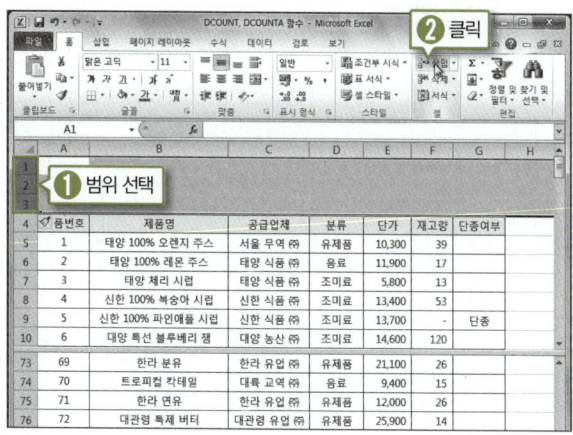

02 조건표 구성하기 먼저 조건표를 추가하기 위해 기존 표 위쪽에 빈 행을 추가합니다.

① 1:3 행 머리글을 드래그해서 선택
② 리본 메뉴의 [홈] 탭 – [셀] 그룹에서 **삽입** 단추를 클릭합니다.

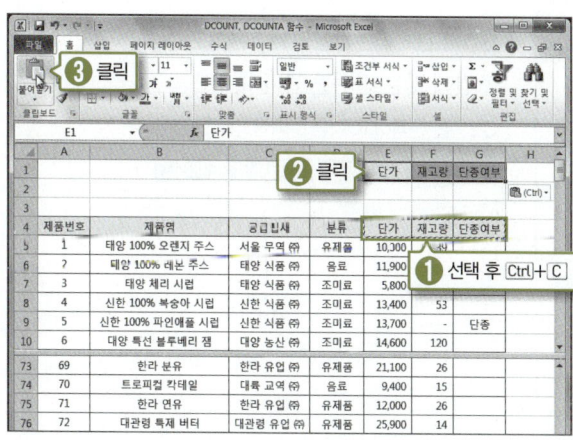

03 위쪽 추가한 행에 조건표를 만들기 위해 조건을 지정할 원본 표의 열 머리글을 먼저 복사합니다.

① E4:G4 범위를 선택한 다음 Ctrl + C 키를 눌러 복사
② 붙여 넣을 위치인 E1 셀을 선택
③ 리본 메뉴의 [홈] 탭 – [클립보드] 그룹에서 **붙여넣기** 단추를 클릭합니다.

TIP … 조건표 구성

조건표에는 원본 표에서 건수를 세기 위해 필요한 조건을 입력하며, 조건표의 열 머리글과 원본 표의 열 머리글은 일치해야 합니다. 그러므로 원본 표의 열을 선택해 해당 열 머리글을 복사해 사용합니다. 열 머리글을 직접 입력해도 되지만 오타로 인해 잘못된 결과를 반환받을 수 있으므로 복사해 사용하는 것을 권장합니다.

04 수식 입력 위치 만들기

① 그림과 같이 조건표의 테두리를 설정
② 수식 결과를 반환할 위치를 **C1:C2** 범위에 구성합니다.

표 구성은 수식 작성과 무관하므로 사용자가 원하는 대로 자유롭게 구성합니다.

05 조건표에 조건 구성하기

E2:G2 범위에 다음과 같은 조건을 입력합니다.

E2 : >10000
F2 : 0
G2 : 단종

> **TIP ... 조건표에 조건 구성 방법**
> 조건표의 열 머리글 아래에 조건을 입력합니다. 조건은 비교 연산자와 값으로 구성되며, 비교 연산자가 생략되면 같음(=) 연산자가 생략된 것과 같습니다. 그리고 같은 행에 입력된 조건은 모든 조건을 만족해야 하는 AND 조건의 성격을 갖습니다. 참고로 행을 추가한 후 다른 행에 조건을 입력하면 OR 조건이 됩니다. 그러므로 이번 조건은 단가가 10,000을 초과하고, 재고량은 0이면서 단종된 제품을 의미합니다.

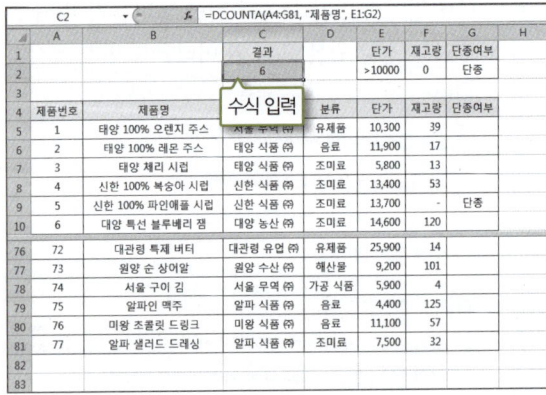

06 조건에 맞는 제품의 개수 세기

DCOUNTA 함수로 조건에 맞는 건수를 셉니다.

C2셀을 선택하고, 다음 수식을 입력합니다.

=DCOUNTA(A4:G81, "제품명", E1:G2)

수식 설명 =DCOUNTA(A4:G81, "제품명", E1:G2)
이번 수식은 원본 표(A4:G81)에서 조건표(E1:G2)의 조건에 부합하는 B열(제품명)의 건수를 세기 위한 것입니다. DCOUNTA 함수를 사용했으니, 조건에 맞는 제품명이 입력된 셀의 개수를 세어 반환합니다. DCOUNTA와 같은 데이터베이스 함수를 사용할 때는 다음과 같은 점을 주의합니다.

- 1, 3번째 인수로 원본 표와 조건표의 범위를 지정할 때, 각 표의 첫 번째 행(열 머리글) 범위가 포함되어야 합니다
- 2번째 인수인 열 머리글은 원본 표의 열 머리글과 동일해야 합니다.

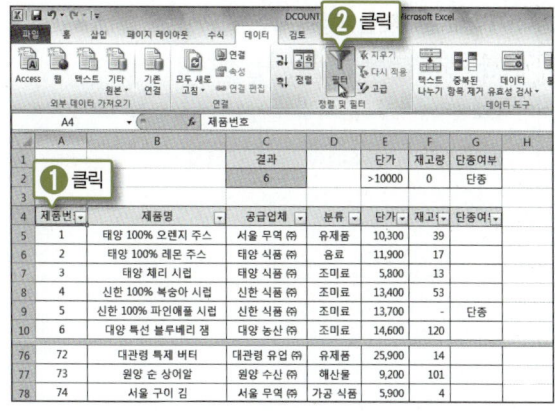

07 수식 결과 검증하기 자동 필터 기능을 이용해 6번 과정에서 구한 결과가 정확한지 확인해 보겠습니다.

① **A4**셀을 선택
② 리본 메뉴의 [데이터] 탭 – [정렬 및 필터] 그룹에서 **필터** 단추를 클릭합니다.

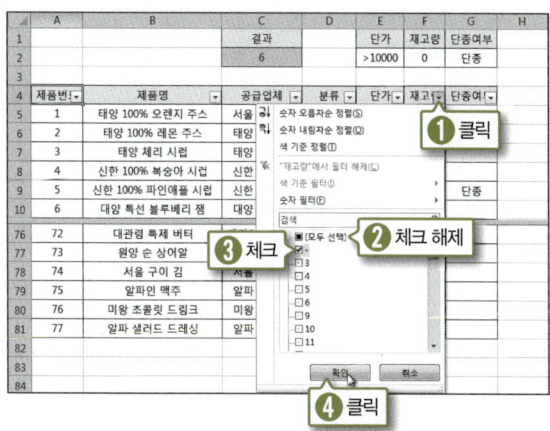

08 재고량 열의 조건을 지정합니다.
① **F4**셀의 **옵션** 단추를 클릭
② **(모두 선택)** 확인란을 클릭해 체크를 해제
③ – 표시의 확인란에 체크
④ 〈확인〉 버튼을 클릭합니다.

09 자동 필터로 추출된 데이터 개수가 7건인 것을 확인할 수 있습니다. 이 중에서 35행을 보면 단가가 1만 원 이하이며, 단종이 아니므로 제외하면 조건에 모두 만족하는 건수는 6개임을 확인할 수 있습니다.

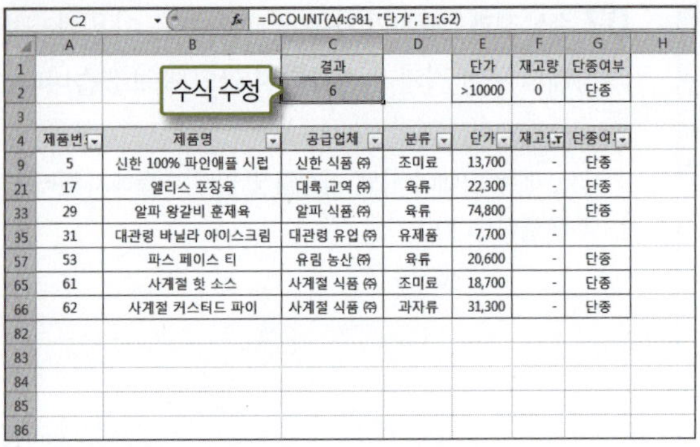

10 조건에 맞는 제품의 개수 세기 이번에는 DCOUNT 함수로 조건에 맞는 건수를 셉니다.

C2셀의 수식을 다음과 같이 수정합니다.

=DCOUNT(A4:G81, "단가", E1:G2)

수식 수정 / 결과 6 / 단가 >10000 / 재고량 0 / 단종여부 단종

수식 설명 =DCOUNT(A4:G81, "단가", E1:G2)

DCOUNTA 함수는 값이 입력된 셀의 개수를 세고, DCOUNT 함수는 숫자 값을 갖는 셀의 개수를 세는 함수입니다. 그러므로 2번째 인수로 지정한 열에 입력된 데이터 형식이 모두 숫자라면 DCOUNT 함수를 사용하면 되고, 그렇지 않다면 DCOUNTA 함수를 사용하면 됩니다. 이번 과정에서는 DCOUNT 함수를 사용한다고 했으므로 2번째 인수가 숫자 값을 갖는 열이어야 합니다. 그러므로 DCOUNTA 함수를 사용할 때와는 달리 2번째 인수로 단가 열 머리글을 지정했습니다.

Section 02 데이터베이스 함수로 합계와 평균 계산하기

▶ DSUM ▶ DAVERAGE

다중 조건에 만족하는 값의 합계나 평균을 구할 때 SUMIFS 또는 AVERAGEIFS 함수를 사용하지 않으려면, 데이터베이스 함수 중에서 DSUM 과 DAVERAGE 함수를 사용하면 됩니다. 이 두 함수를 이용하면 기존의 함수나 배열 수식을 사용하지 않고도 원하는 결과를 쉽게 얻을 수 있습니다.

이번에 배울 함수

DSUM (원본 표, 열 머리글, 조건표)

원본 표에서 조건표에 입력된 조건을 모두 만족하는 행 위치를 찾아 지정한 열 머리글 열의 합계를 반환합니다.

인수	• **원본 표** : 합계를 구할 원본 데이터 범위 • **열 머리글** : 합계를 구할 열의 열 머리글을 의미 • **조건표** : 조건을 입력한 표로 조건은 비교 연산자와 값으로 구성
특이사항	조건표의 열 머리글은 원본 표의 열 머리글과 동일해야 합니다. 원본 표와 조건표 범위는 반드시 열 머리글을 포함해야 합니다.

DAVERAGE (원본 표, 열 머리글, 조건표)

원본 표에서 조건표에 입력된 조건을 모두 만족하는 행 위치를 찾아 지정한 열 머리글 열의 평균을 반환합니다.

인수	• **원본 표** : 평균을 구할 원본 데이터 범위 • **열 머리글** : 평균을 구할 열의 열 머리글을 의미 • **조건표** : 조건을 입력한 표로 조건은 비교 연산자와 값으로 구성
특이사항	조건표의 열 머리글은 원본 표의 열 머리글과 동일해야 합니다. 원본 표와 조건표 범위는 반드시 열 머리글을 포함해야 합니다.

실무실습 지정한 월의 평균 단가와 매출 합계 구하기 — 거래 내역서

• 예제 파일  : Part2\DSUM, DAVERAGE 함수.xlsx

01 예제 이해하기 예제 파일을 열면 거래 내역서를 확인할 수 있습니다. 거래 내역은 1월부터 10월까지의 데이터인데 2월의 평균 할인율과 2월, 5월의 매출을 구하는 작업을 진행합니다.

02 조건표 구성하기 먼저 2월의 평균 할인율을 구합니다.

B2:C2 범위의 조건표에 다음과 같이 2월에 해당하는 조건을 입력합니다.

B2 : >=2012-02-01
C2 : <=2012-02-29

TIP ... 조건 이해하기

B1:C1 범위에 동일한 열 머리글을 사용했습니다. 이것은 동일한 열에 여러 개의 조건을 입력할 때 사용하는 구성으로, 이번과 같이 날짜 조건을 지정할 때 시작일과 종료일 사이의 날짜 조건을 입력합니다. 참고로 2012년은 윤년이므로 2월의 마지막 일은 29일입니다. 다른 연도였다면 종료일의 조건을 <=2013-02-28로 입력하면 됩니다.

03 평균 할인율 구하기 B2:C2 범위에 입력한 조건에 맞는 평균 할인율을 구합니다. G2셀을 선택하고, 다음 수식을 입력합니다.

=DAVERAGE(A5:H1197, "할인율", B1:C2)

수식 설명 **=DAVERAGE(A5:H1197, "할인율", B1:C2)**
이번 수식에서 DAVERAGE 함수의 구성은 다음과 같습니다.
- 원본 표 : A5:H1197
- 열 머리글 : "할인율"
- 조건표 : B1:C2

그러므로 이번 수식은 A5:H1197 범위에서 B1:C2 범위에 입력된 조건에 맞는 값을 찾아 할인율 열의 평균을 반환합니다. 참고로, 데이터베이스 함수는 모두 사용 방법이 동일하므로 하나만 알면 나머지는 쉽게 구성할 수 있습니다. 또한 결과가 맞는지 확인하려면 자동 필터 기능을 이용해 2월 데이터를 추출한 다음 화면에 표시된 할인율의 평균을 계산해 보면 됩니다.

04 새로운 조건 추가하기 5월의 거래 내역을 찾을 수 있는 조건을 추가합니다.
B3:C3 범위에 다음 조건을 입력합니다.
B3 : >=2012-05-01
C3 : <=2012-05-31

TIP ... 조건 이해하기
조건표의 같은 행에 입력된 조건은 AND 조건이고, 다른 행에 입력된 조건은 OR 조건입니다. 그러므로 2번 과정에서 입력한 조건을 포함하여 B1:C3 범위를 조건표로 지정하면 2월과 5월의 모든 거래 내역을 찾는 조건이 됩니다.

05 매출 구하기 조건표에 추가된 모든 날짜 조건을 포함하는 매출을 구하겠습니다.
H2셀을 선택하고, 다음 수식을 입력합니다.
=DSUM(A5:H1197, "판매", B1:C3)

수식 설명 **=DSUM(A5:H1197, "판매", B1:C3)**
DSUM 함수는 합계를 구하는 데이터베이스 함수로 3번 과정에서 사용한 수식과의 차이점은 2번째, 3번째 인수입니다. 원본 표(A5:H1197)는 동일하지만, 매출의 합계를 구해야 하므로 2번째 인수로 판매 열을 지정하고, 3번째 인수로 4번 과정에서 추가한 B3:C3 범위를 추가한 B1:C3 범위를 지정합니다. 이렇게 하면 2012년 2월과 5월의 거래 내역에서 판매 열의 값을 집계해 매출을 계산해 줍니다.

Section 03 데이터베이스 함수로 최대, 최소 구하고 값 참조하기

▶ DMAX   ▶ DMIN   ▶ DGET

데이터베이스 함수를 이용하면 최대, 최소값 및 다른 위치의 값을 참조하는 것도 가능합니다. 앞서 소개했던 데이터베이스 함수와 이름만 다를 뿐 사용 방법은 모두 동일합니다. 이번에 사용할 함수는 DMAX, DMIN, DGET 함수로 각각 최대, 최소, 참조 작업에 사용합니다.

이번에 배울 함수

DMAX (원본 표, 열 머리글, 조건표)
원본 표에서 조건표에 입력된 조건을 모두 만족하는 행 위치를 찾아 지정한 열 머리글 열의 최대값을 반환합니다.

인수	• **원본 표** : 최대값을 구할 원본 데이터 범위 • **열 머리글** : 최대값을 구할 열의 열 머리글을 의미 • **조건표** : 조건을 입력한 표로 조건은 비교 연산자와 값으로 구성
특이사항	조건표의 열 머리글은 원본 표의 열 머리글과 동일해야 합니다. 원본 표와 조건표 범위는 반드시 열 머리글을 포함해야 합니다.

DMIN (원본 표, 열 머리글, 조건표)
원본 표에서 조건표에 입력된 조건을 모두 만족하는 행 위치를 찾아 지정한 열 머리글 열의 최소값을 반환합니다.

인수	• **원본 표** : 최소값을 구할 원본 데이터 범위 • **열 머리글** : 최소값을 구할 열의 열 머리글을 의미 • **조건표** : 조건을 입력한 표로 조건은 비교 연산자와 값으로 구성
특이사항	조건표의 열 머리글은 원본 표의 열 머리글과 동일해야 합니다. 원본 표와 조건표 범위는 반드시 열 머리글을 포함해야 합니다.

DGET (원본 표, 열 머리글, 조건표)
원본 표에서 조건표에 입력된 조건을 모두 만족하는 행 위치를 찾아 지정한 열 머리글 열의 값을 반환합니다.

인수	• **원본 표** : 값을 참조할 원본 데이터 범위 • **열 머리글** : 참조할 값을 갖는 열의 열 머리글을 의미 • **조건표** : 조건을 입력한 표로 조건은 비교 연산자와 값으로 구성
특이사항	조건표의 열 머리글은 원본 표의 열 머리글과 동일해야 합니다. 원본 표와 조건표 범위는 반드시 열 머리글을 포함해야 합니다.

지정한 일자의 최대, 최소값과 제품명 참조하기 — 거래 내역서

• 예제 파일 ⊙ : Part2\DMAX, DMIN, DGET 함수.xlsx

01 예제 이해하기 예제 파일을 열면 거래 내역서를 확인할 수 있습니다. 거래 내역서에서 1월 15일부터 1월 31일 사이의 최대 매출, 최소 매출을 구하고 최대 매출의 제품명을 구하는 작업을 진행합니다.

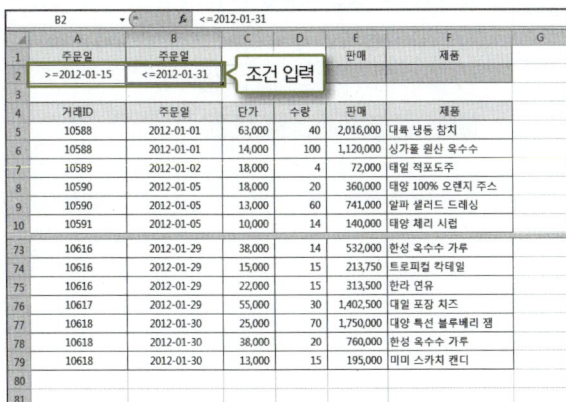

02 조건 목록에 조건 입력하기 조건표에 조건을 작성합니다.

A1:B2 범위의 조건표에 다음과 같이 조건을 입력합니다.

A2 : >=2012-01-15
B2 : <=2012-01-31

TIP … 조건 이해하기

날짜 범위를 조건식으로 전달하려면 이번과 같이 2개의 조건식으로 구성합니다. 이런 조건 구성 방법은 DAVERAGE, DSUM 함수 예제에서도 동일하게 진행했습니다.

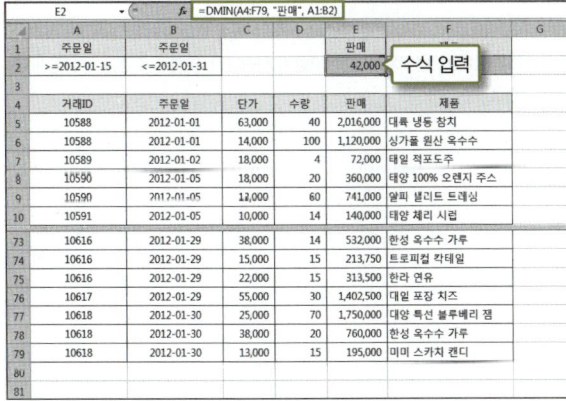

03 지정한 기간의 최소 매출 구하기 조건에 만족하는 목록의 최소 매출을 구하겠습니다.

E2셀을 선택하고, 다음과 같은 수식을 입력합니다.

=DMIN(A4:F79, "판매", A1:B2)

수식 설명 =DMIN(A4:F79, "판매", A1:B2)

DMIN 함수는 최소값을 구하는 데이터베이스 함수입니다. 이번 수식은 A4:F79 범위에서 A1:B2 범위에 입력한 조건을 만족하는 목록을 찾고, 목록의 판매 열의 중에서 최소값을 구하란 의미입니다. 그러므로 1월 15일부터 31일 사이의 최소 판매액을 구합니다.

04 지정한 기간의 최대 매출 구하기 조건에 만족하는 목록의 최대 매출을 구하겠습니다.

D2셀의 수식을 다음과 같이 수정합니다.

`=DMAX(A4:F79, "판매", A1:B2)`

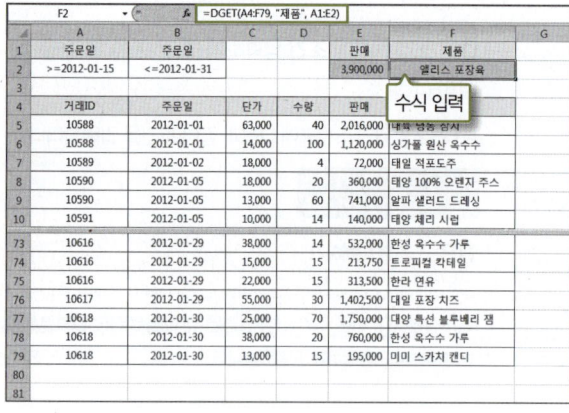

수식 설명 `=DMAX(A4:F79, "판매", A1:B2)`

DMAX 함수는 최대값을 구하는 데이터베이스 함수입니다. 3번 과정에서 작성한 수식과 동일하지만 최소값 대신 최대값을 반환합니다. 그러므로 1월 15일부터 31일 사이의 최대 판매액을 구합니다.

05 조건에 맞는 제품명 구하기 1월에 최대 매출을 달성한 제품명을 구하겠습니다.

F2셀에 다음과 같은 수식을 입력합니다.

`=DGET(A4:F79, "제품", A1:E2)`

수식 설명 `=DGET(A4:F79, "제품", A1:E2)`

DGET 함수는 VLOOKUP이나 INDEX, MATCH 함수와 같이 지정한 조건에 맞는 값을 참조하는 데이터베이스 함수입니다. 이번 수식은 A4:F79 범위에서 A1:E2 범위의 조건 즉, 2012년 1월 15일부터 31일 사이의 판매액이 3,900,000인 제품 열의 값을 반환합니다. 이번 수식은 DGET 함수의 3번째 인수가 핵심입니다. A1:B2 범위에 E1:E2 범위를 조건으로 추가한 것입니다. C1:D2 범위는 빈 셀이므로 무시됩니다. 이렇게 조건을 구성할 때 주의할 점은 E1셀의 열 머리글이 원본 표의 열 머리글(E4셀)과 동일해야 한다는 점입니다.

Chapter 7.
기타 함수

이번에 소개할 함수는 활용 빈도는 조금 떨어지지만 실무에서 유용하게 활용할 수 있습니다. 함수를 많이 알면 여러 함수를 사용할 수 있는 상황에서 최적화된 함수를 선택할 수 있다는 이점이 있습니다. 그러므로 함수를 이용한 업무 자동화를 염두에 두고 있는 독자라면 이번에 설명하는 함수 역시 잘 이해해 둘 필요가 있습니다.

Section 01 홀수와 짝수를 구분해 작업하기

▶ 판단 함수 ▶ ISEVEN ▶ ISODD

판단 함수에서 간단하게 언급했던 IS 계열 함수에는 ISEVEN과 ISODD 함수도 포함됩니다. 두 함수는 각각 숫자가 짝수인지 홀수인지를 판단하여 TRUE, FALSE와 같은 논리값을 결과로 반환하는 함수입니다. 함수 자체는 단순하지만, 사용 여부에 따라서 얼마든지 효과적인 수식을 구성하는 데 도움이 됩니다.

이번에 배울 함수

ISEVEN (숫자)

숫자가 짝수(2로 나눈 나머지 값이 0)면 TRUE, 홀수면 FALSE를 반환합니다.

인수	• **숫자** : 짝수인지 여부를 검사할 값이나 계산 식
특이사항	숫자가 실수일 때는 소수점 이하를 버리고, 정수로 판단합니다.

ISODD (숫자)

숫자가 홀수(2로 나눈 나머지 값이 1)면 TRUE, 짝수면 FALSE를 반환합니다.

인수	• **숫자** : 홀수인지 여부를 검사할 값이나 계산 식
특이사항	숫자가 실수일 때는 소수점 이하를 버리고, 정수로 판단합니다.

실무실습 홀수 행과 짝수 행을 구분해 집계한 후 교차 서식 지정하기

• 예제 파일 ⊙ : Part2\ISEVEN, ISODD 함수.xlsx

01 예제 이해하기 예제 파일을 열면 그림과 같은 집계표를 확인할 수 있습니다. 담당자별 두 가지 종류의 판매 제품 실적을 따로 집계한 다음, 한 행 건너 한 행씩 교차 서식을 지정하는 작업을 진행합니다.

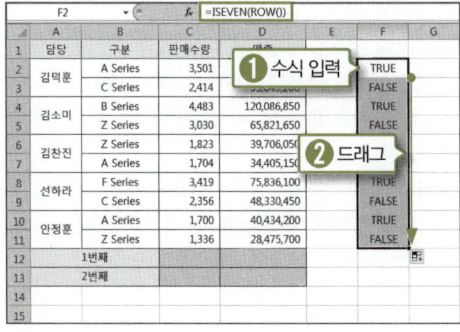

02 홀, 짝수 행 구분하기 이런 표를 집계하려면 데이터를 구분할 수 있어야 합니다.

① 빈 셀인 F2셀을 선택하고, 다음 수식을 입력
② F2셀의 **채우기 핸들**을 F11셀까지 드래그해서 수식을 복사합니다.

=ISEVEN(ROW( ))

수식 설명 =ISEVEN(ROW( ))
이번 수식은 현재 셀의 행 번호(ROW())가 짝수인지 아닌지 여부를 판단하여 논리값으로 반환해 줍니다. 즉, F2셀은 행 번호가 2이고, 이 값은 짝수이므로 TRUE, F3셀은 행 번호가 홀수이므로 FALSE 값이 반환되며, 이런 결과가 반복됩니다. 이렇게 홀수 행인지, 짝수 행인지 여부를 판단한 다음, 반환된 값을 이용하면 원하는 집계 작업을 진행할 수 있습니다.
만약 한 행 건너 한 행이 아니라 3행 간격으로 데이터를 집계해야 하는 경우에는 다음과 같이 MOD 함수를 이용해 행 번호를 3으로 나눈 값을 반환받으면 됩니다.
=MOD(ROW(), 3)
또한 열 방향(오른쪽) 데이터는 ROW 함수 대신 COLUMN 함수를 사용하여 이번과 같은 작업을 진행합니다.

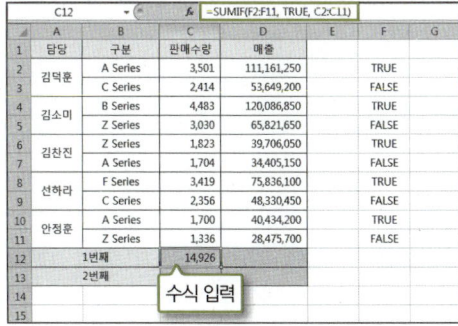

03 실적 집계하기 이제 각 담당자별 1번째 Series 제품을 집계합니다.

C12셀을 선택하고, 다음 수식을 입력합니다.

=SUMIF(F2:F11, TRUE, C2:C11)

수식 설명 =SUMIF(F2:F11, TRUE, C2:C11)
SUMIF 함수를 사용해 각 담당자의 1번째 Series 제품의 판매 수량의 합계를 구합니다. SUMIF 함수는 **SUMIF(범위, 조건, 합계 범위)** 형태로 수식을 작성합니다. 그러므로 이번 수식은 F2:F11 범위에서 TRUE인 행과 동일한 위치의 C2:C11 범위의 합계 값을 반환합니다.

04 수식 복사를 위해 참조 방식을 변경합니다.

① **C12**셀의 수식을 다음과 같이 수정
② **C12**셀의 **채우기 핸들**을 C13셀까지 드래그
③ **C13**셀의 **채우기 핸들**을 D13셀까지 드래그해 수식을 복사합니다.

=SUMIF($F$2:$F$11, $F2, C$2:C$11)

수식 설명 =SUMIF($F$2:$F$11, $F2, C$2:C$11)

이번 수식은 3번 과정의 수식에서 참조 방식만 변경한 것입니다. 이번 수식을 이해하기 위해서는 다음 2가지를 알아야 합니다.

첫째, SUMIF 함수의 2번째 인수 값을 TRUE에서 $F2셀을 참조하도록 변경한 것입니다. 이것은 F2셀에 반환된 TRUE를 참조하기도 하지만, 열 주소를 고정한 혼합참조 방식으로 행 방향(아래쪽)으로 수식을 복사할 때는 $F3셀을 참조하도록 하고, 열 방향(오른쪽)으로 복사할 때는 주소가 변경되지 않도록 한 것입니다.

둘째, SUMIF 함수의 3번째 인수 범위가 행 주소만 고정하는 혼합참조 방식으로 참조된 것을 이해해야 합니다. 이것은 수식을 열 방향으로 복사할 때, C12셀과 C13셀에서는 C2:C11 범위(판매 수량)가 계산되고, D12셀과 D13셀에서는 D2:D11 범위(매출)가 계산되도록 하기 위한 것입니다.

혼합참조를 사용하는 방법이 잘 이해되지 않는다면, C12셀과 D12셀에 다음과 같은 수식을 사용하면 됩니다.

C12 : =SUMIF($F$2:$F$11, F2, $C$2:$C$11)

D12 : =SUMIF($F$2:$F$11, F2, $D$2:$D$11)

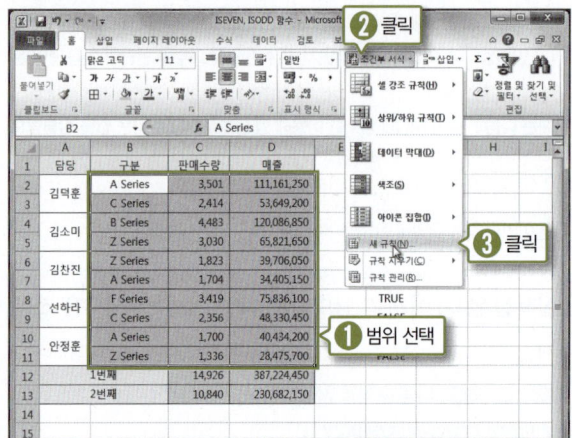

05 조건부 서식으로 교차 서식 적용하기 표에 교차 서식을 지정하기 위해 조건부 서식을 이용하는 작업을 진행합니다.

① **B2:D11** 범위를 선택

② 리본 메뉴의 [홈] 탭 – [스타일] 그룹에서 **조건부 서식** 단추를 클릭

③ **새 규칙** 명령을 클릭합니다.

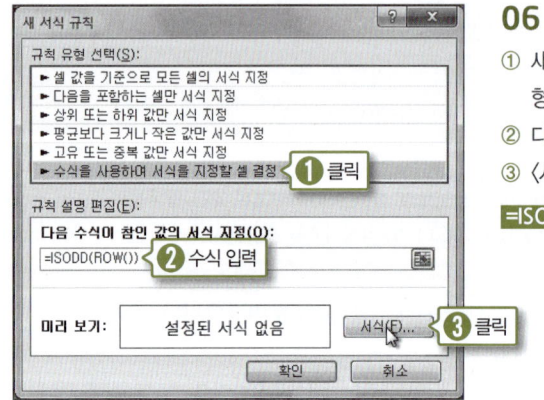

06

① 새 서식 규칙 대화상자에서 **수식을 사용하여 서식을 지정할 셀 결정** 유형을 선택

② 다음과 같이 조건식을 입력

③ 〈서식〉 버튼을 클릭합니다.

=ISODD(ROW())

수식 설명 =ISODD(ROW())

홀수 행에만 서식을 지정하기 위해 ISODD 함수를 사용합니다. 짝수 행에 서식을 지정하려면 ISEVEN 함수를 사용하고, 3행 건너 하나씩 서식을 지정하려면 =MOD(ROW(), 3)=1 형태로 수식을 작성합니다.

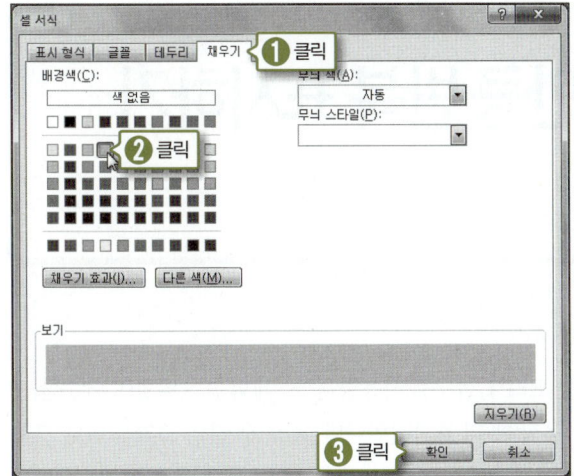

07

① 셀 서식 대화상자에서 채우기 색을 변경하기 위해 [채우기] 탭을 클릭
② 색상표에서 **4열 2행** 위치에 있는 색을 클릭
③ 〈확인〉 버튼을 클릭해 대화상자를 닫습니다. 계속해서 새 서식 규칙 대화상자에서도 〈확인〉 버튼을 클릭하여 조건부 서식 지정을 완료합니다.

08 결과 확인하기 7번 과정에서 설정한 서식이 홀수 행에만 적용되는 것을 확인할 수 있습니다.

Section 02 지정한 횟수만큼 반복 표시하기

▶ REPT

특정 문자 또는 특정 문자열을 n회 반복해서 입력하려면 REPT 함수를 사용합니다. 이 함수는 역할이 단순한 만큼 단독으로 사용하기 보다는 다른 함수와 중첩해서 사용할 때 더 효과적입니다. 주로 셀 값의 크기를 막대 그래프와 같은 형태로 표시하거나, 숫자 값을 단위별로 잘라낼 때 활용합니다.

이번에 배울 함수

REPT (문자열, 반복 횟수)	
문자열을 지정한 반복 횟수만큼 반복해 표시합니다.	
인수	• **문자열** : 반복할 문자 또는 문자열 • **반복횟수** : 문자열을 반복할 횟수로 0을 지정하면 공백 문자열(" ")을 반환
특이사항	REPT 함수 결과로 32,767자가 넘는 경우에는 #VALUE! 오류 값을 반환합니다.

실무실습 숫자를 단위별로 자르고, 막대 그래프로 숫자 크기 표시하기

• 예제 파일 : Part2\REPT 함수.xlsx

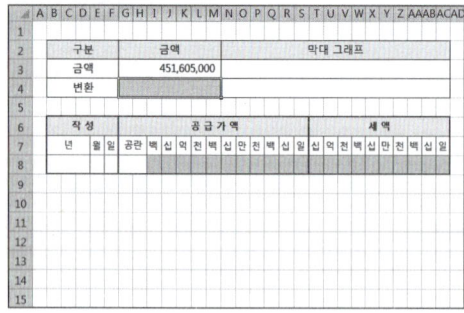

01 예제 이해하기 제공된 예제 파일을 열면 그림과 같은 표를 확인할 수 있습니다. 이번 예제에서는 G3:M3 병합 셀에 입력된 숫자 값을 아래 표에 단위별로 잘라 넣고, 금액 크기를 막대 그래프로 표시하는 작업을 진행합니다.

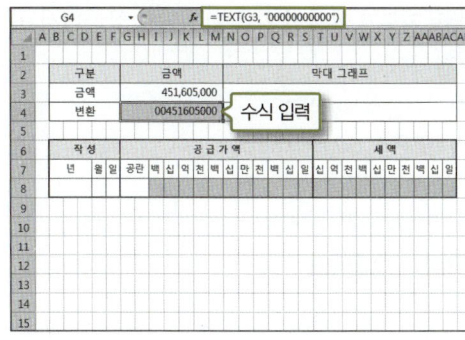

02 숫자 단위 맞추기 숫자를 단위별로 잘라내려면 표시할 단위에 맞게 숫자 자릿수를 조정해야 합니다. G3:M3 병합 셀의 숫자는 억 단위까지이고, I8:S8 범위에 표시할 숫자 단위는 백억이므로 자릿수를 조정합니다.

G4:M4 병합 셀에 다음과 같은 수식을 입력합니다.

=TEXT(G3, "00000000000")

수식 설명 =TEXT(G3, "00000000000")

TEXT 함수의 서식 코드 중에서 0은 숫자를 의미하는 코드입니다. 이번과 같이 0 서식 코드를 반복해 입력하면 입력한 횟수의 단위로 숫자 값이 표시됩니다. 이때 변환할 숫자가 지정한 단위보다 작으면 앞 자리에 0을 표시합니다. 이번 수식에서는 0 서식 코드를 11번 입력했으므로 백억 단위로 숫자를 표시하라는 의미입니다. 그런데 G3:M3 병합 셀의 숫자 단위는 억이므로 앞의 2자리가 0으로 채워집니다.

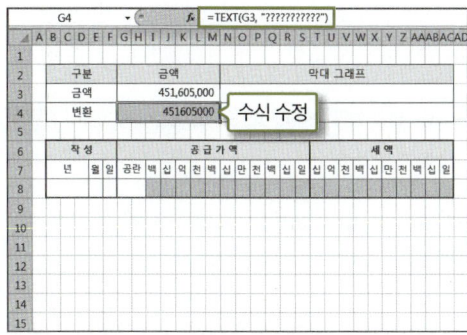

03 TEXT 함수의 서식 코드인 0은 단위는 맞춰주는데 불필요한 0이 숫자 앞에 표시되는 단점이 있습니다. 그러므로 0 표시 없이 단위만 맞춰 주는 ? 서식 코드로 대체합니다.

G4:M4 병합 셀의 수식을 다음과 같이 수정합니다.

=TEXT(G3, "???????????")

수식 설명 =TEXT(G3, "???????????")

? 서식 코드는 0 서식 코드와 동일하게 숫자를 표시합니다. 0 서식 코드는 2번 과정에서 확인했듯이 숫자 단위가 맞지 않을 때 앞 자리에 0을 표시하지만, ? 서식 코드는 0 대신 공백 문자(" ")를 표시합니다. 그러므로 이번과 같이 숫자를 각 단위별로 잘라내려는 경우에는 0 대신 ? 서식 코드를 사용해야 합니다.

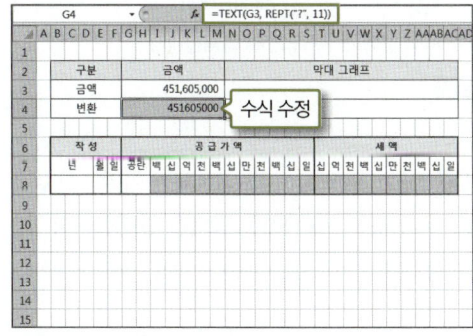

04 TEXT 함수의 서식 코드인 0이나 ?를 사용할 때 단위를 정확하게 하기 위해서는 서식 코드의 개수를 정확하게 입력해야 합니다. 이런 작업을 좀 더 쉽고 정확하게 하기 위해 REPT 함수를 사용할 수 있습니다.

G4:M4 병합 셀의 수식을 다음과 같이 수정합니다.

=TEXT(G3, REPT("?", 11))

수식 설명 =TEXT(G3, REPT("?", 11))

이번 수식은 TEXT 함수의 서식 코드 입력 작업을 보다 간결하고 정확하게 하기 위해 REPT 함수를 사용하여 ? 서식 코드를 반복해서 입력한 것입니다. 3번 과정의 수식과 이번 수식을 비교하면 어느 것이 더 간단한지 쉽게 구분할 수 있습니다.

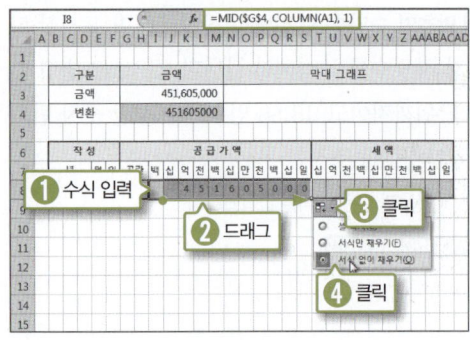

05 숫자 단위별로 자르기 이제 숫자를 단위별로 잘라내서 공급가액을 표시합니다.

① I8셀을 선택하고, 다음 수식을 입력
② I8셀의 **채우기 핸들**을 S8셀까지 드래그
③ **자동 채우기 옵션** 단추를 클릭
④ 서식 없이 채우기 옵션을 선택합니다.

=MID($G$4, COLUMN(A1), 1)

수식 설명 =MID($G$4, COLUMN(A1), 1)

COLUMN(A1)은 수식을 열 방향으로 복사할 때 일련번호를 반환합니다. 그러므로 이번 수식은 다음과 같이 수식을 열 방향으로 복사할 때마다 MID 함수의 2번째 인수가 1씩 증가합니다.

I8 : =MID($G$4, 1, 1)

J8 : =MID($G$4, 2, 1)

K8 : =MID($G$4, 3, 1)

...

S8 : =MID($G$4, 11, 1)

이렇게 함으로써 각 셀에 G4셀의 값을 1자리씩 잘라서 넣는 효과를 얻을 수 있습니다. G4:M4 병합 셀의 수식과 이번 수식을 결합하여, 아래와 같은 하나의 수식으로 작성할 수 있습니다.

=MID(TEXT($G$3, REPT("?", 11)), COLUMN(A1), 1)

위 수식을 사용하면 G4:M4 병합 셀에 수식을 입력하는 과정을 생략하고, 원하는 자릿수에 잘라서 표시할 수 있습니다. 참고로 자동 채우기 옵션에서 [서식 없이 채우기] 옵션을 선택한 것은 서식에 적용된 테두리 서식을 그대로 유지하기 위함입니다.

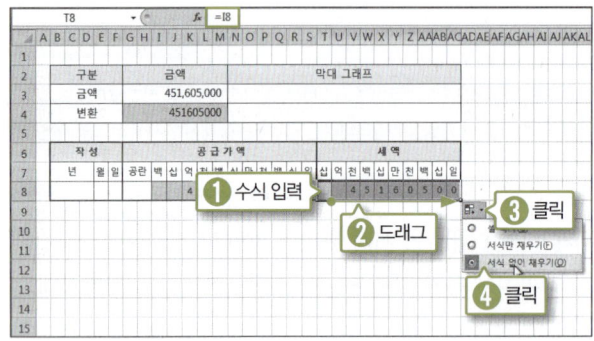

06 이번에는 세액을 표시합니다. 세액은 공급가액의 10%이므로 공급가액에서 한 자리 위 숫자를 그대로 참조하면 됩니다.

① T8셀을 선택하고, 다음 수식을 입력
② T8셀의 **채우기 핸들**을 AC8셀까지 드래그
③ **자동 채우기 옵션** 단추를 클릭
④ 서식 없이 채우기 옵션을 클릭합니다.

=I8

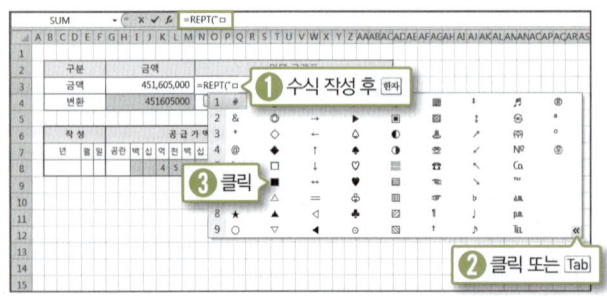

07 REPT로 막대 그래프 표시하기 REPT 함수로 막대 그래프를 표시하는 작업을 진행합니다.

① N3:AC3 병합 셀을 선택하고, 아래 수식을 작성한 다음 한자 키를 누름
② 특수 문자 목록이 표시되면 **보기 변경** 단추를 클릭하거나 Tab 키를 누름
③ 특수 문자 목록에서 **2열 6행**에 있는 **검정 네모**를 클릭합니다.

=REPT("■

TIP ... =REPT("ㅁ

한글 자음을 입력한 다음 [한자]키를 누르면 다양한 특수 문자 목록이 표시됩니다. 각 자음에 연결된 특수 문자를 확인하려면 **부록 3 한글 자음에 할당된 특수 문자**를 참고합니다.

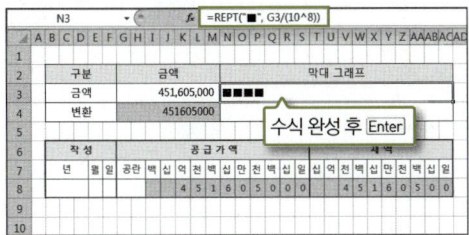

08

계속해서 **N3:AC3** 병합 셀에 다음 수식을 완성하고 Enter 키를 눌러 입력합니다.

`=REPT("■", G3/(10^8))`

수식 설명 =REPT("■", G3/(10^8))

이번 수식은 G3:M3 병합 셀의 금액을 10의 8승 값으로 나눈 횟수만큼 반복해서 ■ 문자를 표시하란 의미입니다. G3:M3 병합 셀의 금액이 억(10의 9승) 단위이기 때문에 10의 8승으로 나누면 억 단위 값만 정수 부분에 남고 나머지는 소수 값이 됩니다.

즉, **=451,605,000/100,000,000**이 되므로 4.51605만큼 ■ 문자가 반복해서 표시됩니다. REPT 함수는 소수점 이하 값을 인정하지 않으므로 결과로 ■ 문자가 4번 반복해서 표시됩니다.

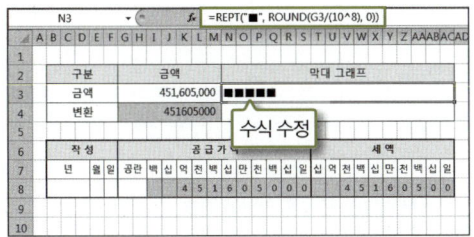

09

■ 문자를 반올림된 결과로 표시하려면 ROUND 함수를 사용합니다.

N3:AC3 병합 셀을 다음과 같이 수정합니다.

`=REPT("■", ROUND(G3/(10^8), 0))`

수식 설명 =REPT("■", ROUND(G3/(10^8), 0))

이번 수식은 G3/(10^8)의 계산 결과인 4.51605를 소수점 위치에서 반올림한 결과로 막대 그래프를 표시하기 위한 것입니다. 공급가액을 천 단위에서 반올림한 값으로 막대 그래프를 표시한 것과 동일한 결과입니다. 결과에서 보듯이 8번 과정 때와는 달리 ■ 문자가 5번 표시됩니다.

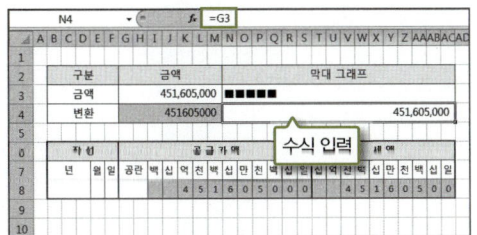

10 조건부 서식으로 막대 그래프 표시

조건부 서식에는 엑셀 2007 버전부터 제공되는 데이터 막대라는 기능이 제공됩니다. 여기서는 이 기능을 이용해 막대 그래프를 표시하겠습니다.

N4:AC4 병합 셀을 선택하고, 다음 **수식**을 입력합니다.

`=G3`

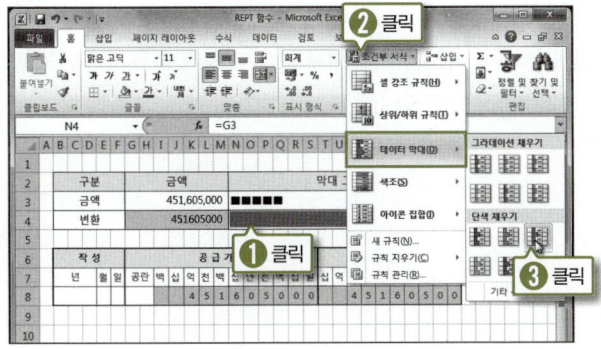

11

① **N4:AC4** 병합 셀을 선택
② 리본 메뉴의 [홈] 탭 – [스타일] 그룹에서 **조건부 서식** 단추를 클릭
③ **데이터 막대** 명령의 하위 명령 중 하나를 자유롭게 선택합니다.

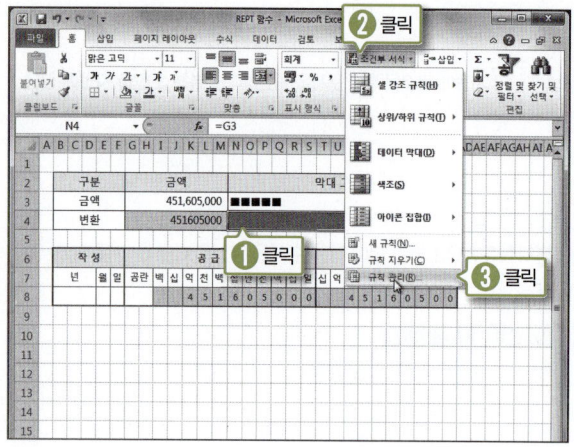

12 선택한 명령에 따라 그림과 같이 병합 셀에 막대 그래프가 표시됩니다. N4:AC4 병합 셀에 표시된 숫자 값을 감추는 작업을 진행합니다.

① **N4:AC4** 병합 셀을 선택
② 리본 메뉴의 [홈] 탭 – [스타일] 그룹에서 **조건부 서식** 단추를 클릭
③ **규칙 관리** 명령을 클릭합니다.

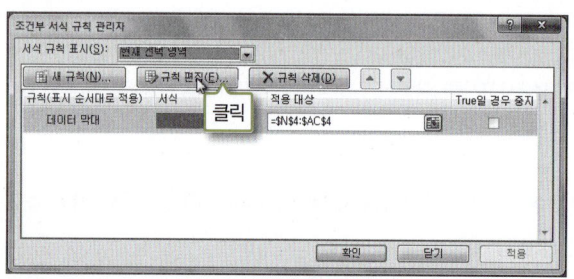

13
조건부 서식 규칙 관리자 대화상자에서 〈규칙 편집〉 버튼을 클릭합니다.

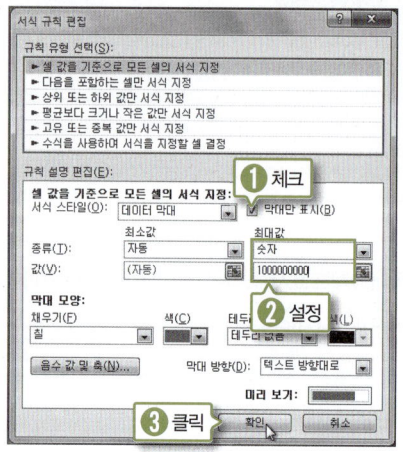

14
① 서식 규칙 편집 대화상자에서 **막대만 표시** 확인란에 체크
② 최대값 옵션의 종류를 **숫자**로 변경한 다음, 값에 **1000000000**을 입력
③ 〈확인〉 버튼을 클릭합니다. 계속해서 조건부 서식 규칙 관리자 대화상자에서도 〈확인〉 버튼을 클릭해 규칙 편집을 마칩니다.

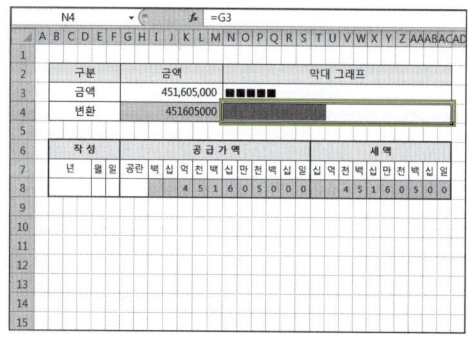

15 N4:AC4 병합 셀을 보면 셀 값은 숨겨지고, 막대 그래프만 표시됩니다. 지금까지의 과정을 통해 함수를 이용하는 방법과 조건부 서식을 이용해서 막대 그래프로 표시하는 방법에 대해 알아 보았습니다.

Section 03 필요한 정보를 반환받기

▶ CELL ▶ INFO

현재 사용 중인 엑셀 프로그램이나 파일에 대한 다양한 정보를 확인할 수 있는 CELL, INFO 함수가 있습니다. 이 함수들을 사용하면 파일명, 워크시트명, 전체 경로, 시트 개수, 엑셀 버전 등 필요한 여러 가지 정보를 간단하게 확인할 수 있습니다.

이번에 배울 함수

CELL (옵션, 참조)
참조 위치의 첫 번째 셀에 대한 지정한 옵션 정보를 반환합니다.

인수
- **옵션** : 제공할 정보를 의미하는 옵션 값

옵션	설명
"address"	셀의 주소를 반환
"col"	셀의 열 번호를 반환
"color"	음수 값에 대한 색상 서식이 지정되어 있으면 1, 그렇지 않으면 0을 반환
"contents"	셀의 값을 반환
"coord"	셀 범위에 대한 절대참조 주소를 반환
"filename"	셀이 포함된 파일의 전체 경로를 포함한 파일 이름을 다음과 같은 형식으로 반환 전체 경로[파일명.확장자]시트명
"format"	셀에 지정된 숫자 서식을 의미하는 특별한 코드 값을 반환 | 서식 코드	반환 값 | |---|---| | 일반 | G | | #,##0 | F0 | | 0% | P0 | | 0.00E+00 | S2 | | yyyy-mm-dd | D1 | | h:mm | D9 |
"parentheses"	셀에 지정된 숫자 서식에서 괄호를 사용한 경우에는 1, 그렇지 않으면 0을 반환
"prefix"	셀에 지정된 맞춤 설정에 따른 값을 반환 왼쪽 맞춤의 텍스트 값은 작은 따옴표(')를, 오른쪽 맞춤의 텍스트 값은 큰 따옴표(" ")를, 가운데 맞춤의 텍스트 값은 캐럿(^)을, 양쪽 맞춤 텍스트 값은 백슬래시(₩)를, 그 밖에는 공백 문자열(" ")을 반환
"protect"	셀에 잠금 속성이 설정되어 있으면 1, 그렇지 않으면 0을 반환
"row"	셀의 행 번호를 반환

인수	"type"	셀의 데이터 형식과 관련한 값을 반환
		비어 있으면 b를, 텍스트 값은 l을 그 밖의 경우에는 v를 반환
	"width"	셀의 열 너비를 반올림 처리한 정수 값으로 반환

- **참조** : 셀 정보가 필요한 참조 위치

INFO (옵션)

지정한 옵션 정보를 반환합니다.

- **옵션** : 제공할 정보를 의미하는 옵션 값

	옵션	설명
인수	"directory"	현재 파일의 폴더 경로를 반환
	"numfile"	열려 있는 엑셀 파일의 활성 워크시트 수를 반환
	"origin"	현재 창의 왼쪽 위 셀 주소를 반환
		Lotus 1-2-3 버전 3.x와의 호환을 위해 제공되는 옵션
	"osversion"	현재 운영체제의 버전을 반환
	"recalc"	현재 워크시트의 계산 모드를 반환
	"release"	엑셀 버전을 반환
		엑셀 2003은 11.0, 엑셀 2007은 12.0이 반환
	"system"	운영체제의 이름을 반환
		맥은 mac, 윈도우는 pcdos 값을 반환

실무실습 현재 시스템과 파일에 대한 정보 구하기

- **예제 파일** ⊙ : Part2\CELL, INFO 함수.xlsx

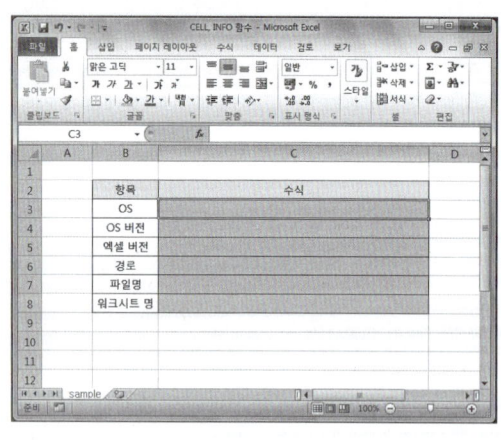

01 예제 이해하기 예제 파일을 열면 그림과 같은 표를 확인할 수 있습니다. CELL, INFO 함수를 이용해 B3:B8 범위의 정보를 반환하는 수식을 C3:C8 범위에 작성합니다.

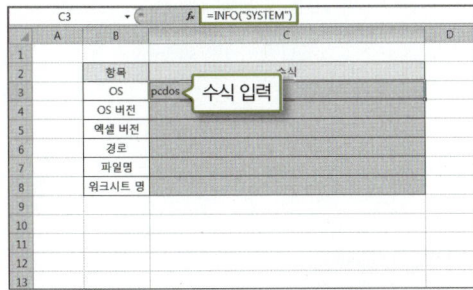

02 운영체제 확인하기 운영체제(OS)를 확인하겠습니다.
C3셀을 선택하고, 다음 수식을 입력합니다.

=INFO("system")

수식 설명 **=INFO("system")**
INFO 함수에 "system" 인수를 사용하면, Windows 운영체제에서는 pcdos
가, Mac 운영체제에서는 mac이 반환됩니다.

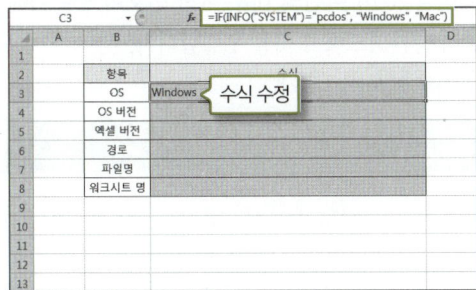

03 pcdos는 Windows 운영체제를 의미하므로 이해하기
쉬운 값이 표시되도록, IF 함수를 사용합니다.
C3셀의 수식을 다음과 같이 수정합니다.

=IF(INFO("system")="pcdos", "Windows", "Mac")

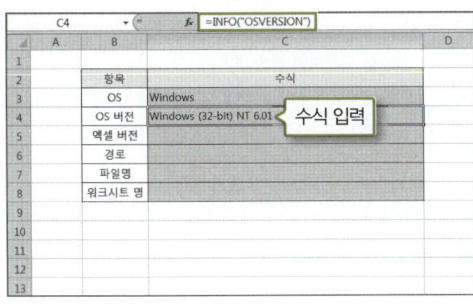

04 운영체제 버전 확인하기 이번에는 운영체제의 버전을 확인
합니다.
C4셀에 다음과 같은 수식을 입력합니다.

=INFO("osversion")

수식 설명 **=INFO("osversion")**
INFO 함수에 "osversion" 인수를 사용하면 OS에 따라 다음과 같은 값이 반환됩니다.
XP   → NT 5.0x
Vista → NT 6.00
7   → NT 6.01
그러므로 OS 버전에 따라 OS를 분명하게 표시하려면 다음과 같은 수식을 작성하면 됩니다.
=IF(RIGHT(INFO("osversion"), 1)="x", "XP", IF(RIGHT(INFO("osversion"), 1)="0", "Vista", "7"))
위 수식은 사용자의 OS가 XP, Vista, 7 중의 하나라고 가정합니다.

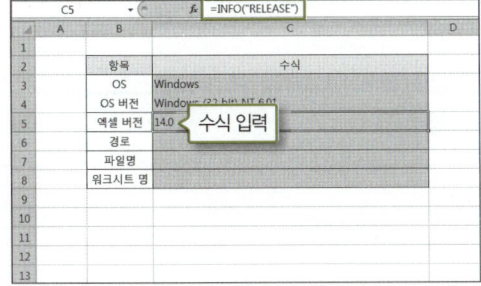

05 엑셀 버전 확인하기 사용 중인 엑셀의 버전을 확인합니다.
C5셀에 다음과 같은 수식을 입력합니다.

=INFO("release")

수식 설명

INFO 함수에 "release" 인수를 사용하면 오피스 버전에 따라 다음과 같은 값이 반환됩니다.

2000 → 9.0
XP → 10.0
2003 → 11.0
2007 → 12.0
2010 → 14.0

특이한 점은 13.0 버전이 없다는 점인데, 이것은 13이라는 숫자를 불길하게 여기는 사고가 반영된 것입니다.

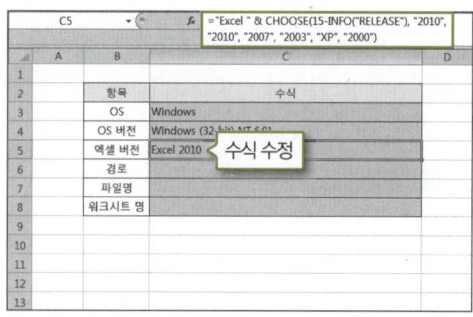

06 14.0은 엑셀 2010 버전의 내부 버전 번호이므로 이해하기 쉬운 값이 반환되도록 수식을 수정합니다.
C5셀의 수식을 다음과 같이 수정합니다.

=″Excel ″ & CHOOSE(15-INFO(″release″), ″2010″, ″2010″, ″2007″, ″2003″, ″XP″, ″2000″)

수식 설명 =″Excel ″ & CHOOSE(15-INFO(″release″), ″2010″, ″2010″, ″2007″, ″2003″, ″XP″, ″2000″)

엑셀 2010 버전을 제외하면 하위 버전으로 갈수록 버전 값이 1씩 줄어들기 때문에 15에서 INFO(″release″) 함수 결과를 빼면 1, 3, 4, 5, 6, … 과 같은 값을 반환받을 수 있습니다. 이렇게 일련번호에 따른 문자열을 반환하려고 할 때 CHOOSE 함수를 사용하면 좋습니다.
참고로 15에서 INFO 함수의 결과를 뺀 값에서는 2가 반환되지는 않지만, 일정한 규칙대로 버전을 명시하기 위해 이번에는 2010 문자열을 2번 연속해 입력했습니다. 2번째 2010 문자열은 규칙대로 값을 입력하기 위해 사용된 것으로 공백 문자(″ ″)로 대체해도 수식 결과에는 영향을 미치지 않습니다.

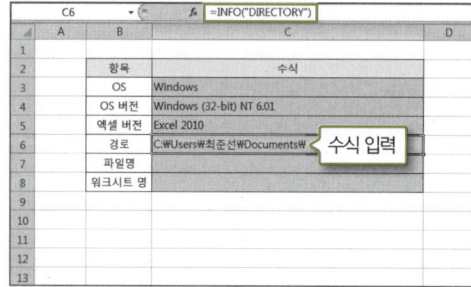

07 파일 경로 확인하기 현재 파일이 저장된 경로를 확인합니다.
C6셀에 다음과 같은 수식을 입력합니다.

=INFO(″directory″)

수식 설명 =INFO(″directory″)

INFO 함수에 "directory" 인수를 사용하면 현재 파일이 저장된 경로가 반환됩니다. 현재 사용 중인 예제 파일이 어떤 폴더에 저장되어 있느냐에 따라 그림과는 다른 경로가 표시됩니다.

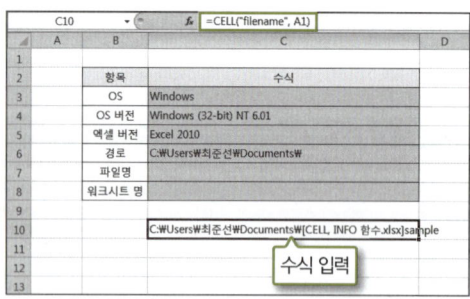

08 현재 워크시트명 확인하기 워크시트명만 별도로 표시해 주는 옵션은 없습니다. 그러므로 "filename" 인수를 사용해 전체 경로를 확인한 후 필요한 부분만 잘라서 사용해야 합니다.
C10셀을 선택하고, 다음 수식을 입력합니다.

=CELL(″filename″, A1)

수식 설명 =CELL(″filename″, A1)

이번 수식의 결과는 다음과 같은 3가지 정보를 함께 표시합니다.

전체 경로 [파일명.확장자] 시트명

그러므로 현재 시트명만 알고 싶으면 맨 뒷부분을 잘라낼 수 있으면 됩니다.

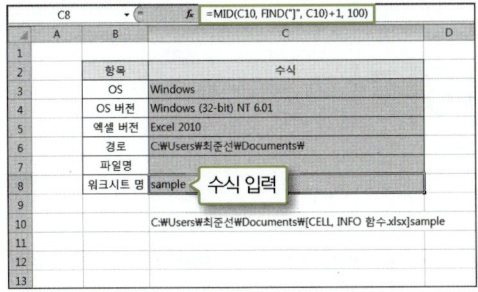

09 C10셀의 반환 값에서 워크시트명을 잘라내는 작업을 진행합니다.

C8셀을 선택하고, 다음 수식을 입력합니다.

=MID(C10, FIND("]", C10)+1, 100)

수식 설명 **=MID(C10, FIND("]", C10)+1, 100)**

워크시트명은 C10셀에 표시된 결과에서 오른쪽 대괄호(]) 뒤의 값을 잘라내면 됩니다. 그러므로 FIND나 SEARCH 함수를 사용해 위치를 확인한 다음, 오른쪽 대괄호(]) 문자 바로 뒤부터 전체 문자열을 잘라냅니다.

텍스트 중간부터 잘라내기 위해 MID 함수를, 오른쪽 대괄호(]) 문자의 위치를 알기 위해 FIND 함수를 사용한 것입니다.

FIND("]", C10)+1 → C10셀의 결과에서 오른쪽 대괄호(]) 위치를 찾아 그 다음 문자 위치를 반환합니다.

MID(C10, FIND("]", C10)+1, 100) → 위의 식에서 찾은 문자 위치부터 100개의 문자를 잘라냅니다.

C10셀의 수식과 이번 수식을 결합하여 다음과 같이 작성하면 한 번에 워크시트명을 구할 수 있습니다.

=MID(CELL("filename", A1), FIND("]", CELL("filename", A1))+1, 100)

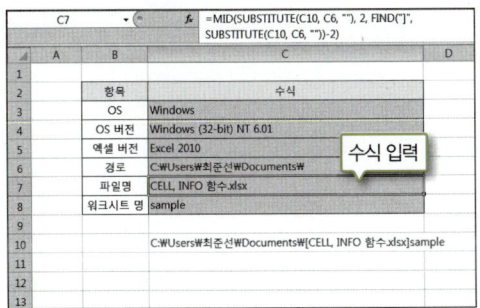

10 파일명 확인하기 C10셀의 결과 값에서 파일명 부분만 잘라내는 작업을 진행합니다.

C7셀을 선택하고, 다음 수식을 입력합니다.

=MID(SUBSTITUTE(C10, C6, ""), 2, FIND("]", SUBSTITUTE(C10, C6, ""))-2)

수식 설명 **=MID(SUBSTITUTE(C10, C6, ""), 2, FIND("]", SUBSTITUTE(C10, C6, ""))-2)**

이번 수식은 C10셀의 결과에서 파일명만 잘라내기 위한 수식입니다.

① SUBSTITUTE(C10, C6, "") → C10셀의 결과에서 C6셀의 전체 경로 부분을 삭제합니다.

② FIND("]", ❶)-2 → ① 결과에서 오른쪽 대괄호(]) 문자 위치를 찾은 다음 이전 2번째 문자 위치를 반환합니다.

③ MID(❶?, ❷2, ?) → ① 결과는 [CELL, INFO 함수.xlsx]sample 입니다. 그러므로 2번째 문자부터 잘라내야 하며, 잘라낼 개수는 오른쪽 대괄호(]) 문자 위치에서 2개 문자를 제한 개수만큼입니다. 제외할 2개 문자는 왼쪽 대괄호([)와 오른쪽 대괄호(])입니다.

이렇게 하면 조금 복잡하긴 해도 CELL("filename", A1) 결과에서 파일명을 잘라낼 수 있습니다.

왼쪽 대괄호([)와 오른쪽 대괄호(]) 문자의 위치를 찾는 방법으로 다음과 같은 수식을 사용할 수 있습니다.

=MID(C10, FIND("[", C10)+1, FIND("]", C10)-FIND("[", C10)-1)

Section 04 페이지 번호 계산하기

▶ GET.DOCUMENT   ▶ 머리글/바닥글

엑셀 문서를 인쇄할 때 페이지 번호가 필요하면 머리글이나 바닥글을 이용해 현재 페이지 번호(또는 전체 페이지 번호)를 표시하는 것이 가능합니다. 셀에 페이지 번호를 표시하려면 이번에 설명하는 GET.DOCUMENT 매크로 함수를 사용해야 합니다. GET.DOCUMENT 함수는 매크로 함수이므로 이름 정의 방법을 이용해야 합니다.

이번에 배울 함수

GET.DOCUMENT (옵션)

옵션 번호에 해당하는 결과 값을 반환합니다.

인수	**옵션** : 반환할 값의 형식을 지정 50 : 인쇄할 전체 페이지 수를 반환 64 : 각 가로 페이지 구분선 아래 셀의 행 번호를 배열로 반환 65 : 각 세로 페이지 구분선 오른쪽 셀의 열 번호를 배열로 반환
특이사항	매크로 함수이므로 반드시 이름으로 정의한 뒤에 사용해야 합니다. 파일을 [Excel 매크로 사용 통합 문서(*.xlsm)]로 저장해야 합니다.

실무실습 인쇄하기 전에 표 오른쪽 빈 셀에 페이지 번호 표시하기   고객 목록

• 예제 파일 ⓞ : Part2\GET.DOCUMENT 함수.xlsx

01 예제 이해하기 예제 파일을 열면 고객 목록을 확인할 수 있습니다. 이 표를 인쇄할 때, 페이지 번호가 현재 페이지/전체 페이지 형태로 나타나도록 GET.DOCUMENT 매크로 함수를 사용합니다.

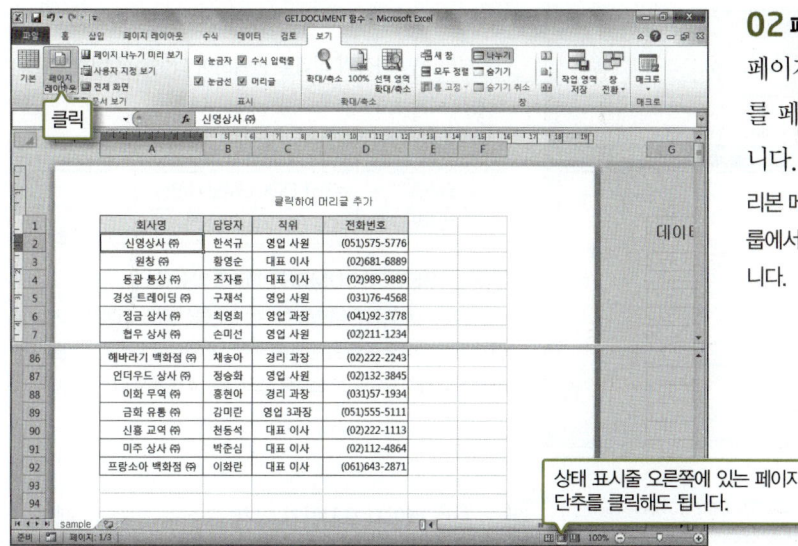

02 페이지 레이아웃 모드로 변경하기
페이지를 확인하기 위해 화면 모드를 페이지 레이아웃 모드로 변경합니다.

리본 메뉴의 [보기] 탭 – [통합 문서 보기] 그룹에서 **페이지 레이아웃** 단추를 클릭합니다.

> 상태 표시줄 오른쪽에 있는 페이지 레이아웃 단추를 클릭해도 됩니다.

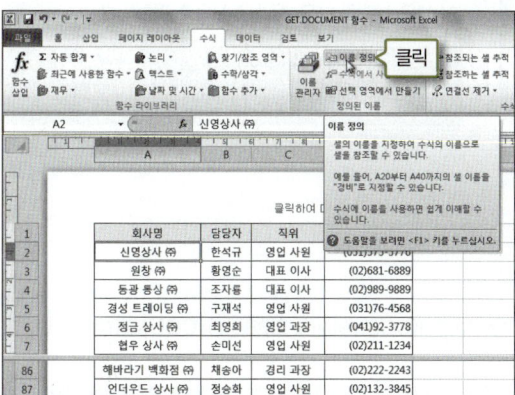

03 이름 정의하기 GET.DOCUMENT 함수는 매크로 함수이므로 이름을 정의한 후 사용합니다.

리본 메뉴의 [수식] 탭 – [정의된 이름] 그룹에서 **이름 정의** 단추를 클릭합니다.

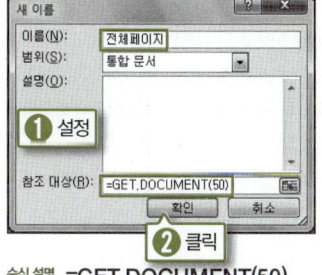

04
① 새 이름 대화상자에서 다음과 같이 이름과 참조 대상을 설정
② 〈확인〉 버튼을 클릭합니다.

이름 : 전체페이지
참조 대상 : =GET.DOCUMENT(50)

수식 설명 =GET.DOCUMENT(50)
GET.DOCUMENT 매크로 함수에 50 옵션 값을 지정하면 인쇄될 전체 페이지 수를 반환합니다.

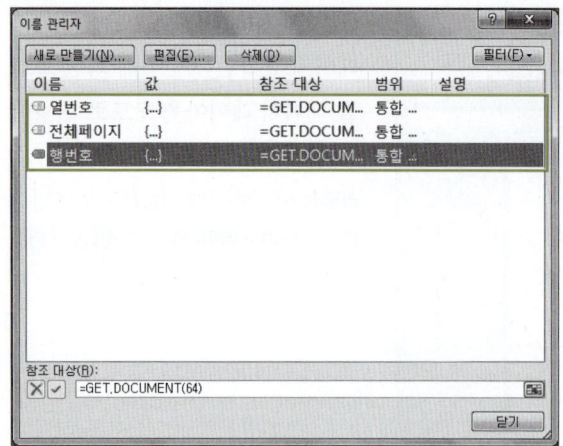

05 3번부터 4번 과정의 작업을 반복하여 다음과 같이 **열번호**와 **행번호** 이름을 추가로 정의합니다.

이름	참조 대상
열번호	=GET.DOCUMENT(65)
행번호	=GET.DOCUMENT(64)

TIP ... GET.DOCUMENT 매크로 함수 옵션
GET.DOCUMENT 매크로 함수에 64 옵션 값을 지정하면 가로 페이지 구분선 아래 셀의 행 번호를 배열로 반환하고, 65 옵션 값을 지정하면 세로 페이지 구분선 오른쪽 셀의 열 번호를 배열로 반환합니다.

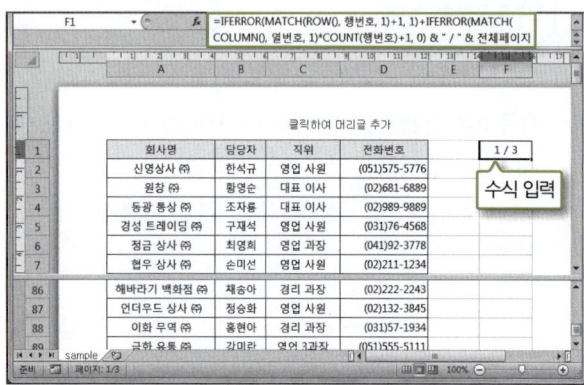

06 페이지 표시하기 이제 수식을 이용해 페이지 번호를 표시합니다.

F1셀을 선택한 다음, 아래 수식을 입력합니다.

=IFERROR(MATCH(ROW( ), 행번호, 1)+1, 1)+IFERROR(MATCH(COLUMN( ), 열번호, 1)*COUNT(행번호)+1, 0) & " / " & 전체페이지

수식 설명 =IFERROR(MATCH(ROW( ), 행번호, 1)+1, 1)+IFERROR(MATCH(COLUMN( ), 열번호, 1)*COUNT(행번호)+1, 0) & " / " & 전체페이지

이번 예제에서 [행번호]로 정의한 이름은 아래쪽 페이지들의 첫 번째 행 번호 값인 {38,75} 배열 값을, [열번호]로 정의한 이름은 오른쪽 페이지의 첫 번째 열 번호 값인 {7} 배열 값을 각각 반환합니다. 그러므로 수식을 입력하는 셀의 행 번호(ROW( ))와 열 번호(COLUMN( ))를 MATCH 함수로 찾으면 페이지 번호를 계산할 수 있습니다. 이때, 정확하게 일치하는 것이 아니라 구간별 값을 찾도록 해야 합니다. 그러므로 MATCH 함수의 3번째 인수를 1로 지정한 것입니다. 참고로 MATCH 함수의 3번째 인수 값을 1로 지정하면 오름차순으로 정리된 구간의 최소값을 이용해 값 위치를 찾습니다.

그런데 [행번호] 이름과 [열번호] 이름에는 각각 1번째 페이지의 행 번호와 열 번호는 생략되어 있으므로 항상 첫 번째 페이지는 MATCH 함수 결과가 #N/A 오류 값을 반환합니다. 그러므로 IFERROR 함수를 사용해 오류 값이 반환될 때 각각 1과 0을 반환하도록 구성했습니다. 그리고 오른쪽 페이지가 존재할 경우에는 아래쪽 페이지를 모두 센 다음, 페이지를 세야 하므로 COUNT 함수로 행 번호를 곱해 주는 것입니다.

설명만큼이나 이번 수식은 어렵습니다. 그러므로 리본 메뉴의 [수식] 탭 – [수식 분석] 그룹에서 [수식 계산] 단추 를 클릭해서 계산 과정을 살펴보면서 수식을 다시 한 번 살펴봅니다.

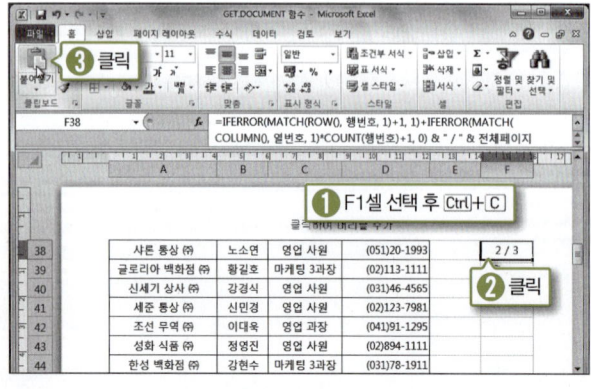

07
① **F1**셀 선택하고, Ctrl + C 키를 눌러 복사
② 다음 페이지의 오른쪽 위 셀인 **F38**셀을 선택
③ 리본 메뉴의 [홈] 탭 – [클립보드] 그룹에서 **붙여넣기** 단추를 클릭합니다.

2번째 페이지의 페이지 번호가 표시됩니다.

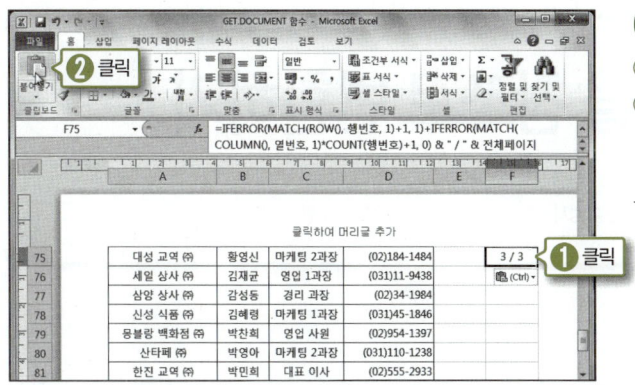

08
① 계속해서 **F75**셀을 선택
② 리본 메뉴의 [홈] 탭 – [클립보드] 그룹에서 **붙여넣기** 단추를 클릭합니다.

그림과 같이 3번째 페이지 번호가 표시됩니다.

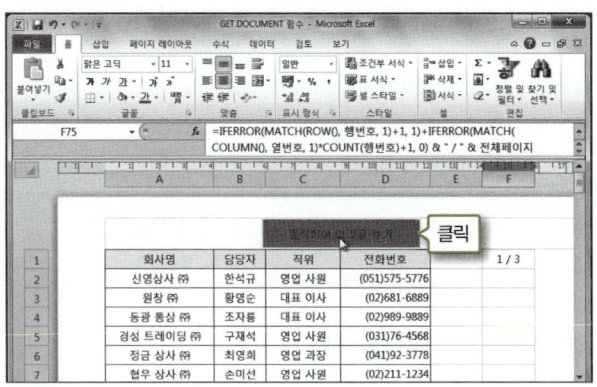

09 머리글에 페이지 번호 표시하기 이번에는 머리글을 이용해 페이지 번호를 표시하는 작업을 진행합니다.

화면 맨 위쪽에 있는 **클릭하여 머리글 추가** 링크를 클릭합니다.

TIP ... 머리글/바닥글 위치 선택
머리글 가운데뿐만이 아니라 오른쪽과 왼쪽 부분을 클릭해서 작업해도 됩니다. 페이지 아래쪽에 있는 바닥글에서도 동일하게 작업할 수 있습니다.

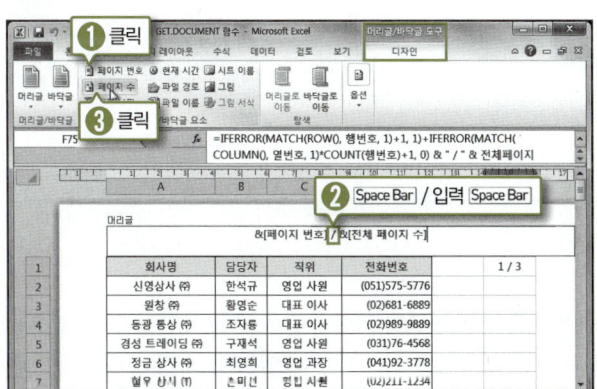

10 리본 메뉴에 [머리글/바닥글 도구>디자인] 확장 탭이 표시됩니다.
① 리본 메뉴의 [디자인] 탭 – [머리글/바닥글 요소] 그룹에서 **페이지 번호** 단추를 클릭
② Space Bar 키를 누른 후 / 문자를 입력하고 다시 Space Bar 키를 누름
③ 리본 메뉴의 [머리글/바닥글 요소] 그룹에서 **페이지 수** 단추를 클릭합니다.

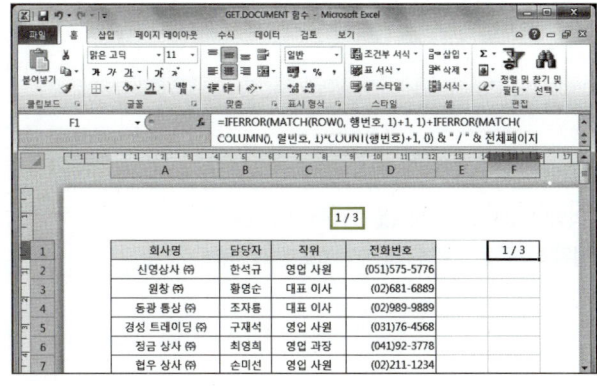

11 워크시트에서 임의의 셀을 선택하면 그림과 같이 머리글 위치에 페이지 번호가 표시되는 것을 확인할 수 있습니다.

Section 05 텍스트 값을 참조로 변환하기

▶ INDIRECT   ▶ 데이터 유효성 검사

텍스트 값으로 입력된 셀 주소나 이름 등을 이용해 해당 위치를 참조하려면 INDIRECT 함수를 사용합니다. INDIRECT 함수는 항상 동일한 위치를 참조하거나, 유효성 검사의 연결 목록을 만들 때 유용하게 사용됩니다.

이번에 배울 함수

INDIRECT (참조, 참조 유형)

텍스트로 전달된 참조를 참조 유형에 맞게 변경해 참조합니다.

인수	
	• **참조** : 셀 주소 또는 정의된 이름의 텍스트 값
	• **참조 유형** : A1 스타일의 셀 주소인지 R1C1 스타일의 셀 주소인지를 지정 　TRUE 또는 생략 : A1 스타일의 셀 주소 　FALSE : R1C1 스타일의 셀 주소

유효성 검사용 목록 만들기

• 예제 파일 ⊙ : Part2\INDIRECT 함수.xlsx

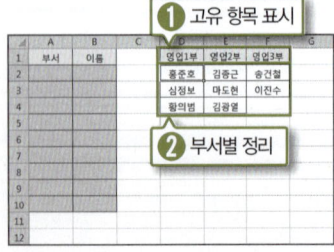

01 예제 이해하기 예제 파일을 열면 그림과 같은 표를 확인할 수 있습니다. A열과 B열에 각각 부서와 이름을 D:E 열에 있는 표의 값에서 선택할 수 있도록 유효성 검사의 목록 기능을 이용해 설정하는 작업을 진행합니다.

02 데이터 정리하기 먼저 D:E 열의 데이터를 그림과 같이 정리합니다.
① 기존 **D2:D9** 범위의 값에서 고유 항목을 **D1:F1** 범위에 표시
② 기존 **E2:E9** 범위의 이름을 그림과 같이 부서별로 정리합니다.

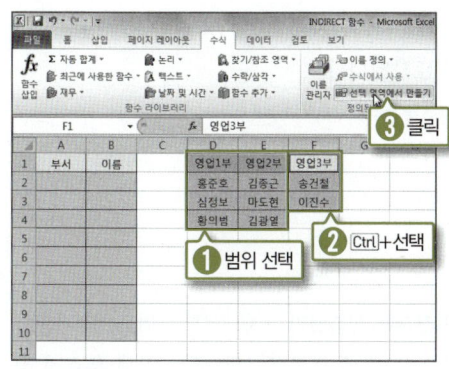

03 이름 정의하기 정리한 데이터 범위를 이름으로 정의합니다.

① **D1:E4** 범위를 선택
② Ctrl 키를 누른 상태에서 **F1:F3** 범위를 추가로 선택
③ 리본 메뉴의 [수식] 탭 – [정의된 이름] 그룹에서 **선택 영역에서 만들기** 단추를 클릭합니다.

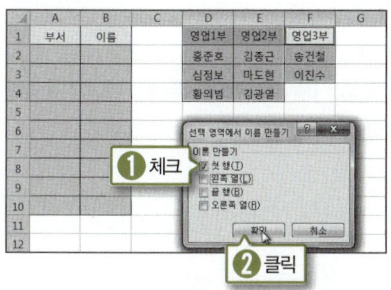

04

① 선택 영역에서 이름 만들기 대화상자에서 **첫 행** 확인란만 체크
② 〈확인〉 버튼을 클릭합니다.

이렇게 하면 선택 범위의 첫 행은 이름, 두 번째 행 이후의 데이터는 참조 대상으로 설정되어 열별로 이름이 정의됩니다.

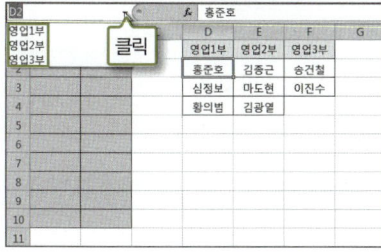

05

정의된 이름을 확인하기 위해 **이름 상자**의 **옵션** 단추를 클릭합니다.

그러면 D1:F1 셀의 값으로 정의된 이름 3개를 확인할 수 있습니다. 각각의 이름을 선택해서 정의된 데이터 범위가 제대로 선택되는지 확인해 봅니다.

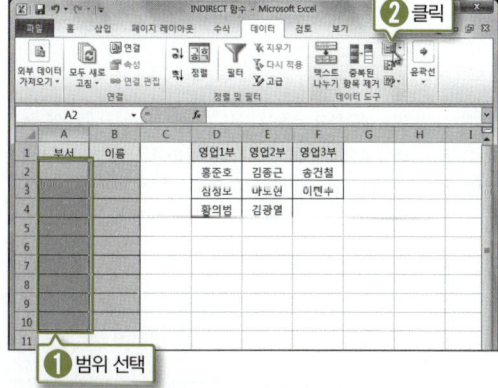

06 첫 번째 목록 설정하기 이제 부서명을 목록에서 선택하도록 유효성 검사를 설정합니다.

① **A2:A10** 범위를 선택
② 리본 메뉴의 [데이터] 탭 – [데이터 도구] 그룹에서 **데이터 유효성 검사** 단추를 클릭합니다.

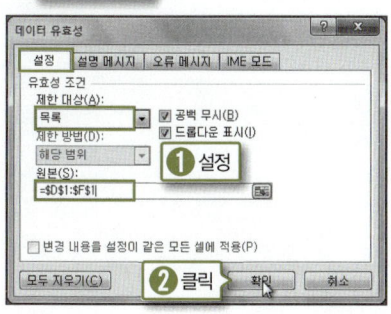

07

① 데이터 유효성 대화상자의 [설정] 탭에서 다음과 같이 설정
② 〈확인〉 버튼을 클릭합니다.

제한 대상 : 목록
원본 : =$D$1:$F$1

Section 05 텍스트 값을 참조로 변환하기 • **221**

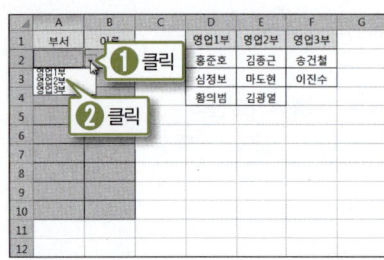

08 유효성 검사 기능을 설정한 후 A2:A10 범위의 각 셀을 선택하면 오른쪽에 옵션 단추 ▼가 표시됩니다.

① **A2**셀을 선택하고, **옵션** 단추를 클릭
② **영업2부**를 선택합니다.

09 두 번째 연결 목록 설정하기 이제 각 부서의 직원 이름을 선택할 수 있는 두 번째 목록을 설정하기 위해 유효성 검사 기능을 추가합니다.

① **B2:B10** 범위를 선택
② 리본 메뉴의 [데이터] 탭 – [데이터 도구] 그룹에서 **데이터 유효성 검사** 단추를 클릭합니다.

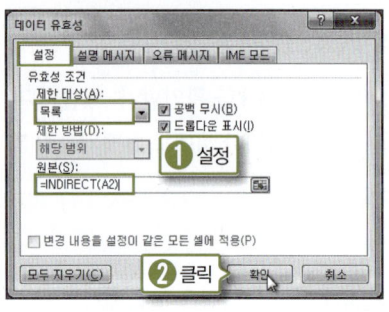

10
① 데이터 유효성 대화상자의 [설정] 탭을 다음과 같이 설정
② 〈확인〉 버튼을 클릭합니다.

제한 대상 : 목록
원본 : =INDIRECT(A2)

수식 설명 =INDIRECT(A2)

이번 수식은 INDIRECT 함수를 사용해 A2셀의 값을 참조로 변환해 줍니다. A2셀의 값은 [영업2부]인데, 이 값은 이름으로 정의된 상태입니다. 이렇게 참조로 변환하면 정의된 이름 범위를 참조하는 것과 같은 효과를 얻습니다. 더구나, B2:B10 범위를 선택하고 유효성 검사 기능을 설정했기 때문에 원본에 사용한 수식은 B2셀에 적용되고, 아래 범위의 셀에는 수식이 복사되어 적용됩니다. 그러므로 매번 A열에서 선택한 부서명에 따른 직원 이름만 B열의 목록에 표시할 수 있게 됩니다. 이렇게 설정하면 A열의 목록과 B열의 목록이 서로 연결되어 표시됩니다. 이런 방법을 **연결 목록** 또는 **이중 유효성 검사**라고도 합니다.

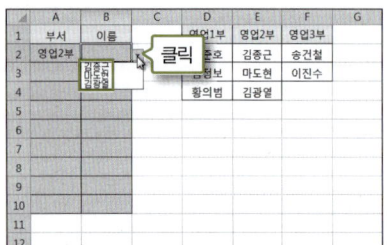

11
B2셀의 **옵션** 단추를 클릭하면 **A2**셀에서 선택한 부서의 직원 이름만 나타나는 것을 확인할 수 있습니다.

Section 06 하이퍼링크 설정하기

▶ HYPERLINK

엑셀에는 다른 파일 또는 다른 웹 페이지를 포함한 다른 위치로 빠르게 이동할 수 있는 하이퍼링크 기능이 제공됩니다. 하이퍼링크 기능은 편리하지만 한 번에 하나씩만 설정할 수 있다는 불편한 점도 있습니다. 대신, 한 번에 여러 개를 설정할 수 있는 HYPERLINK 함수를 제공합니다. HYPERLINK 함수는 하이퍼링크를 규칙적으로 적용할 수 있을 때 사용하며, 수식으로 하이퍼링크를 설정할 수 있어서 하이퍼링크 설정 작업을 좀 더 유연하게 진행할 수 있습니다.

이번에 배울 함수

HYPERLINK (이동 위치, 표시 값)

이동 위치로 바로 가는 하이퍼링크를 생성하며, 셀에 표시될 값은 표시 값 인수로 지정합니다.

인수	• **이동 위치** : 하이퍼링크로 이동할 위치를 나타내는 경로, 큰 따옴표(" ")로 묶어서 지정 • **표시 값** : 셀에 표시할 값
특이사항	하이퍼링크가 적용된 셀을 선택하려면 셀을 길게 클릭해 마우스 포인터가 십자 모양이 되도록 합니다.

실무실습 이미지 위치로 이동하는 하이퍼링크 설정하기

• 예제 파일 ⓞ : Part2\HYPERLINK 함수.xlsx

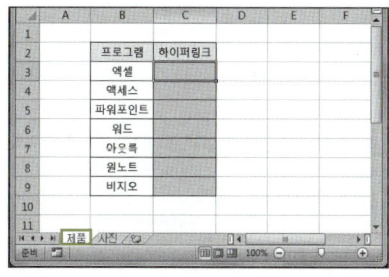

01 예제 이해하기 예제 파일을 열고 [제품] 시트를 보면 그림과 같은 표를 확인할 수 있습니다. C3:C9 범위에서 HYPERLINK 함수를 이용하여 [사진] 시트의 이미지 위치로 이동하는 하이퍼링크를 생성하는 작업을 진행합니다.

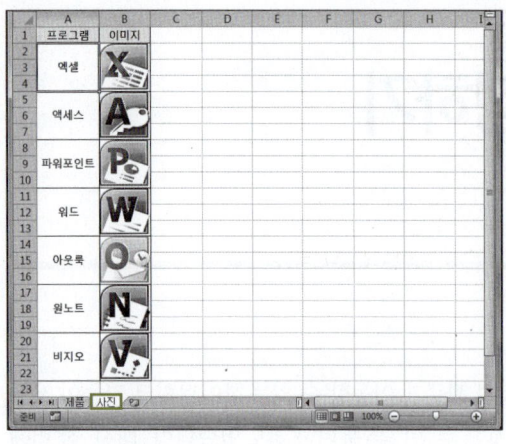

02 [사진] 시트를 보면 그림과 같이 프로그램 이미지를 확인할 수 있습니다. 각 이미지는 B2셀부터 3개의 셀을 병합한 셀에 표시되어 있습니다. 프로그램 순서는 [제품] 시트와 동일합니다.

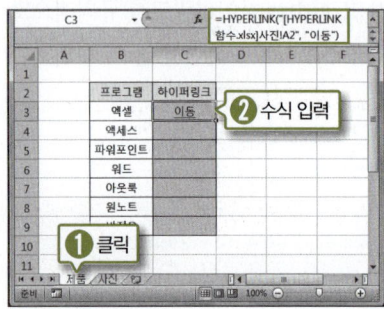

03 첫 번째 하이퍼링크 만들기 엑셀 프로그램의 하이퍼링크를 생성하겠습니다.

① [제품] 시트 탭을 클릭

② C3셀을 선택하고, 다음 수식을 입력합니다.

=HYPERLINK("[HYPERLINK 함수.xlsx]사진!A2", "이동")

수식 설명 =HYPERLINK("[HYPERLINK 함수.xlsx]사진!A2", "이동")

이번 수식은 HYPERLINK 함수를 사용해 [사진] 시트의 A2셀로 이동하는 하이퍼링크를 만든 것입니다. 이번 수식에서 확인했듯이 동일한 파일의 위치로 이동하더라도 파일명을 생략하면 안됩니다. 그러므로 HYPERLINK 함수의 이동 위치 인수는 다음과 같은 구조로 지정해야 합니다.

[파일명.확장자]워크시트명!셀주소

또한 HYPERLINK 함수의 2번째 인수는 화면에 표시할 값을 큰 따옴표로 묶어 전달합니다.

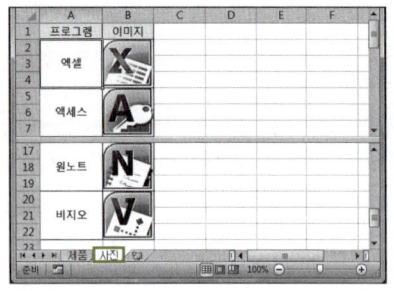

04 이동 결과 확인하기

3번 과정에서 생성한 [제품] 시트의 C3셀에 있는 하이퍼링크를 클릭합니다.

그림과 같이 [사진] 시트의 A2:A4 병합 셀로 바로 이동합니다.

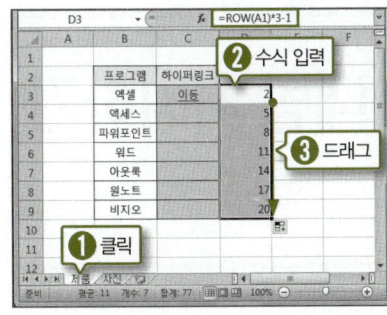

05 참조할 셀 위치 계산하기 이번 예제의 이미지는 병합된 셀에 존재하므로 이동할 셀의 행 번호를 계산으로 얻을 수 있어야 합니다.

① [제품] 시트 탭을 클릭
② D3셀을 선택하고, 다음 수식을 입력
③ D3셀의 **채우기 핸들**을 D9셀까지 드래그해서 수식을 복사합니다.

=ROW(A1)*3-1

수식 설명 =ROW(A1)*3-1

[사진] 시트의 이미지는 B2셀부터 3칸 간격으로 존재합니다. 그러므로 참조할 셀 위치는 2, 5, 8, … 행에 존재합니다. 이번 수식은 행 방향으로 수식을 복사할 때 일련번호를 반환해 주는 **=ROW(A1)** 수식에 3을 곱한 다음 1을 빼서 이동할 행 위치를 계산해 냅니다.

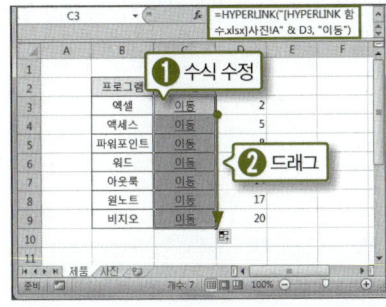

06 모든 하이퍼링크 한 번에 만들기 행 주소를 계산한 후에는 각 프로그램의 하이퍼링크를 한 번에 생성합니다.

① C3셀의 수식을 다음과 같이 수정
② C3셀의 **채우기 핸들**을 C9셀까지 드래그합니다.

=HYPERLINK("[HYPERLINK 함수.xlsx]사진!A" & D3, "이동")

수식 설명 =HYPERLINK("[HYPERLINK 함수.xlsx]사진!A" & D3, "이동")

이번 수식은 3번 과정의 수식에 5번 과정에서 구한 결과 값을 결합한 것으로, C3셀의 수식을 아래쪽으로 복사해 사용할 수 있습니다. 5번 과정을 생략하고 다음과 같이 한 번에 수식을 작성해도 됩니다.

=HYPERLINK("[HYPERLINK 함수.xlsx]사진!A" & ROW(A1)*3 – 1, "이동")

Section 07 배수로 반올림, 올림, 내림 처리하기

▸ MROUND ▸ CEILING ▸ FLOOR

일반적인 반올림, 올림, 내림 처리에는 ROUND 계열 함수인 ROUND, ROUNDUP, ROUNDDOWN 함수를 사용합니다. 반면 특정 수의 배수로 반올림, 올림, 내림 처리하는 작업은 이번에 배울 MROUND, CEILING, FLOOR 함수를 사용해야 합니다. 예를 들면 근태 관리를 할 때 1시간 간격으로 시간을 조정한다든지, 돈 계산을 할 때 1,234와 같은 1원 단위가 존재하는 가격의 경우 10원 단위로 가격을 재조정할 때와 같은 작업에서 배수로 반올림, 올림, 내림 처리하는 작업을 진행합니다.

이번에 배울 함수

MROUND (숫자, 배수)

원하는 배수로 숫자를 반올림한 값을 반환합니다.

인수	• **숫자** : 반올림 처리할 원본 숫자 값 • **배수** : 숫자를 반올림할 배수의 기준이 되는 값
특이사항	숫자를 배수로 나눈 나머지가 배수 값의 1/2보다 크거나 같으면 올림 처리합니다. 엑셀 2003 등의 하위 버전에서 이 함수를 사용하려면 분석 도구 추가 기능을 먼저 설치해야 합니다.

CEILING (숫자, 배수)

원하는 배수로 숫자를 올림한 값을 반환합니다.

인수	• **숫자** : 올림 처리할 원본 숫자 값 • **배수** : 숫자를 올림할 배수의 기준이 되는 값
특이사항	음수 값인 경우에는 내림 처리된 결과를 반환합니다.

FLOOR (숫자, 내림)

원하는 배수로 숫자를 내림한 값을 반환합니다.

인수	• **숫자** : 내림 처리할 원본 숫자 값 • **배수** : 숫자를 내림할 배수의 기준이 되는 값
특이사항	음수 값인 경우에는 올림 처리된 결과를 반환합니다.

근무 시간을 1시간 간격으로 조정해 급료 계산하기

• 예제 파일 ⊙ : Part2\MROUND, CEILING, FLOOR 함수.xlsx

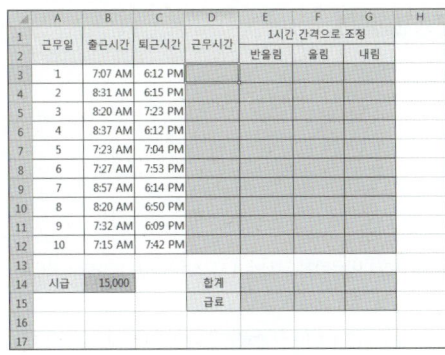

01 예제 이해하기 예제 파일을 열면 그림과 같은 표를 확인할 수 있습니다. B열과 C열의 출퇴근 시간을 참고해 근무 시간을 구한 다음, 1시간 간격으로 반올림, 올림, 내림 처리합니다. 마지막으로 B14셀의 시급을 참고해 급료를 구합니다.

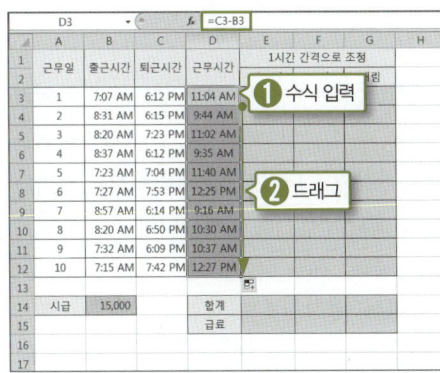

02 근무 시간 구하기 근무 시간은 퇴근 시간에서 출근 시간을 빼면 됩니다.

① D3셀을 선택하고, 아래 수식을 입력
② D3셀의 **채우기 핸들**을 D12셀까지 드래그해 수식을 복사합니다.

=C3-B3

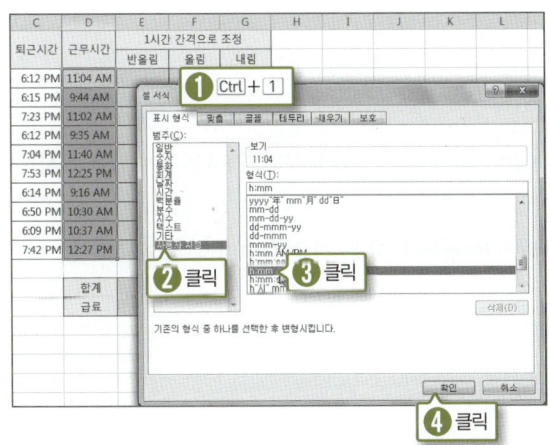

03 근무 시간에서 AM/PM 등의 기호를 없애겠습니다.

① D3:D12 범위가 선택된 상태에서 Ctrl+1 키를 누름
② 셀 서식 대화상자에서 **사용자 지정** 범주를 선택
③ 형식 목록에서 **h:mm** 서식 코드를 선택
④ 〈확인〉 버튼을 클릭합니다.

Section 07 배수로 반올림, 올림, 내림 처리하기 • **227**

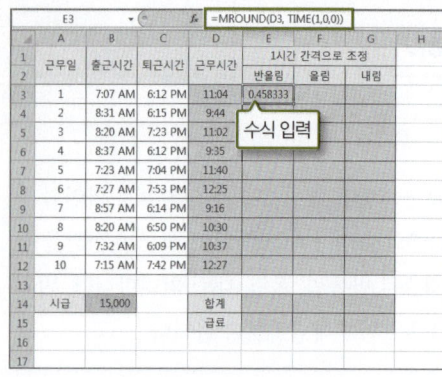

04 1시간 간격으로 반올림하기 D3:D12 범위에 구한 근무 시간은 시:분 형식인데, 급료는 시급으로 제공할 것이기 때문에 근무 시간을 1시간을 기준으로 반올림합니다.

E3셀을 선택하고, 다음 수식을 입력합니다.

=MROUND(D3, TIME(1, 0, 0))

수식 설명 **=MROUND(D3, TIME(1, 0, 0))**

이번 수식은 D3셀의 근무 시간을 1시간(TIME(1, 0, 0))의 배수로 반올림하기 위한 것입니다. 그러므로 반올림할 위치는 1시간의 1/2인 30분입니다. 즉, 근무 시간이 30분 이상이면 반올림되어 시간이 올림 처리됩니다.

수식에서 1시간을 표시하기 위해 사용된 **TIME(1, 0, 0)**을 간략하게 표시하려면 1/24을 사용해서 다음과 같이 작성해도 됩니다. 엑셀에서 하루는 1과 같고, 하루에 총 시간은 24시간이므로 1시간은 1/24과 같기 때문입니다.

=MROUND(D3, 1/24)

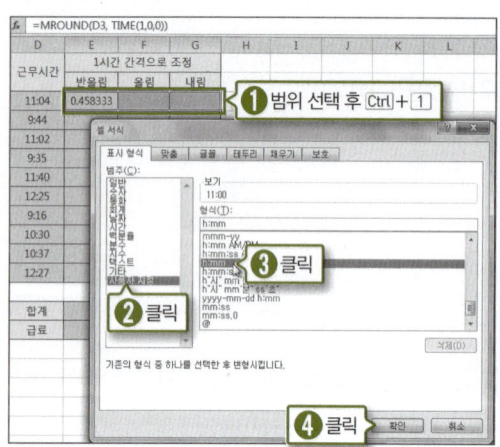

05 4번 과정에서 작성한 수식은 소수 값으로 반환되기 때문에 시간 형식으로 변경해야 합니다. E3:G12 범위를 선택하고 형식을 변경해도 되지만, 수식을 복사할 것이므로 첫 번째 행만 선택하고 형식을 변경합니다.

① **E3:G3** 범위를 선택하고, Ctrl + 1 키를 누름
② 셀 서식 대화상자에서 **사용자 지정** 범주를 선택
③ 형식 목록에서 **h:mm** 서식 코드를 선택
④ 〈확인〉 버튼을 클릭합니다.

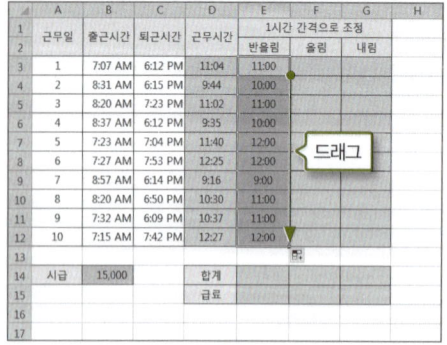

06 소수 값이 시간 형식으로 표시되면 E3셀의 수식을 복사해 사용합니다.

E3셀의 **채우기 핸들**을 E12셀까지 드래그해서 수식을 복사합니다.

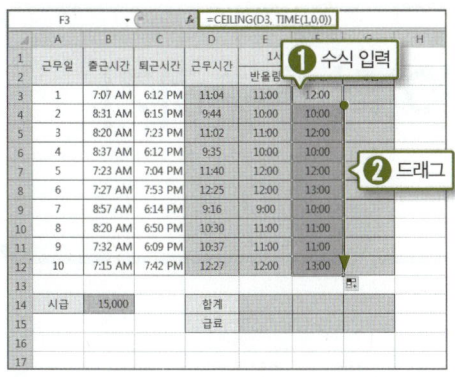

07 1시간 간격으로 올림하기
근무 시간을 1시간 기준으로 올림 처리하겠습니다.

① F3셀에 다음 수식을 입력
② F3셀의 **채우기 핸들**을 F12셀까지 드래그해 수식을 복사합니다.

`=CEILING(D3, TIME(1, 0, 0))`

수식 설명 =CEILING(D3, TIME(1, 0, 0))
D3셀의 근무 시간을 1시간 기준으로 올림 처리합니다. 그러므로 근무 시간이 한 시간에서 1초만 넘어가도 1시간으로 올림 처리됩니다.

08 1시간 간격으로 내림하기
근무 시간을 1시간 기준으로 내림 처리합니다.

① G3셀에 다음 수식을 입력
② G3셀의 **채우기 핸들**을 G12셀까지 드래그해 수식을 복사합니다.

`=FLOOR(D3, TIME(1, 0, 0))`

수식 설명 =FLOOR(D3, TIME(1, 0, 0))
D3셀의 근무 시간에서 1시간 기준으로 내림 처리하면 분, 초를 모두 버리고 시 값만 남습니다.

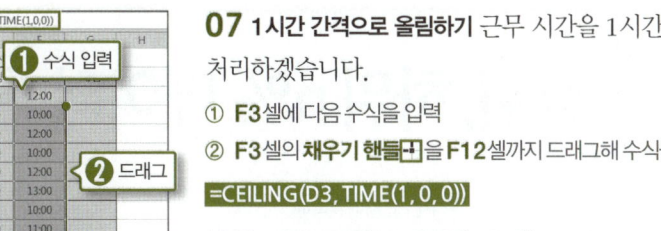

09 근무 시간 합계 구하기
조정된 근무 시간의 합계를 구합니다.

① E14셀에 아래 수식을 입력
② E14셀의 **채우기 핸들**을 G14셀까지 드래그해 수식을 복사합니다.

`=TEXT(SUM(E3:E12), "[h]")`

수식 설명 =TEXT(SUM(E3:E12), "[h]")
시간 값의 합계를 시간으로 표시할 때 24시간이 넘는 경우에는 제대로 표시되지 않는 문제가 있습니다. 그러므로 TEXT 함수를 이용해 24시간 이상을 표시할 수 있는 [h] 서식 코드를 사용해 합계를 구한 값의 시간을 표시해야 합니다.

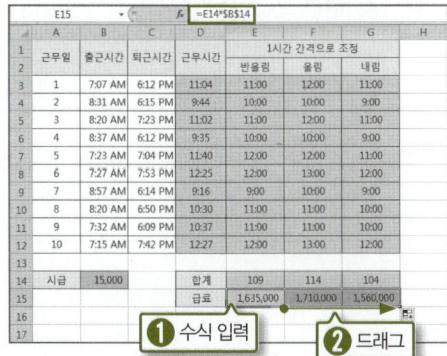

10 급료 계산하기
이제 B14셀의 시급을 참고해 급료를 계산합니다.

① E15셀을 선택하고, 다음 수식을 입력
② E15셀의 **채우기 핸들**을 G15셀까지 드래그해 수식을 복사합니다.

`=E14*$B$14`

수식 설명 =E14*$B$14
E14:G14 범위에서 사용한 TEXT 함수로 변환된 값은 모두 텍스트 형식이지만 이번과 같이 다른 숫자 값과의 연산(+, −, *, / 등의 사칙연산) 작업을 할 때는 텍스트 형식의 숫자 값이 자동으로 숫자 값으로 변환되므로 정상적으로 처리됩니다.

Section 08 상위, 하위 n% 데이터 추출하기

▶ 자동 필터 ▶ PERCENTRANK

전체 데이터에서 상위 또는 하위 n%에 해당하는 데이터를 추출하려면 자동 필터 기능을 이용하거나 PERCENTRANK 함수를 사용합니다. 이런 작업은 전체 데이터의 상대 순위를 사용하므로 전체 데이터가 100건이라면 상위 10%는 상위 10개 데이터가 추출됩니다.

이번에 배울 함수

PERCENTRANK (범위, 값, 소수 자릿수)
지정한 값의 전체 범위 내에서 백분율 순위를 반환합니다.

인수
- **범위** : 값이 포함된 백분율 순위를 구할 전체 데이터 범위
- **값** : 백분율 순위를 구할 값
- **소수 자릿수** : 반환된 백분율 값의 소수점 이하 자릿수, 생략하면 3자릿수가 반환

실무실습 상위 또는 하위 n% 데이터 추출하기 — 판매량 집계표

• 예제 파일 ⊙ : Part2\PERCENTRANK 함수.xlsx

	A	B	C	D
1	제품	판매량	백분율순위	비율
2	OK 바닐라 셰이크	332		
3	OK 체리 셰이크	318		
4	노르웨이산 연어알 조림	162		
5	대관령 바닐라 아이스크림	822		
6	대관령 초콜릿 아이스크림	136		
7	대관령 특제 버터	444		
73	한림 훈제 통닭	394		
74	한성 옥수수 가루	618		
75	한성 통밀가루	183		
76	현진 바닐라 엣센스	72		
77	현진 커피 밀크	355		
78	훈제 대합조개 통조림	320		
79				
80				

01 예제 이해하기 예제 파일을 열면 판매량 집계표를 확인할 수 있습니다. 집계표에는 총 77건의 제품 데이터가 있습니다. 이 중에서 판매량 상위 또는 하위 n% 데이터를 추출하는 작업을 진행합니다.

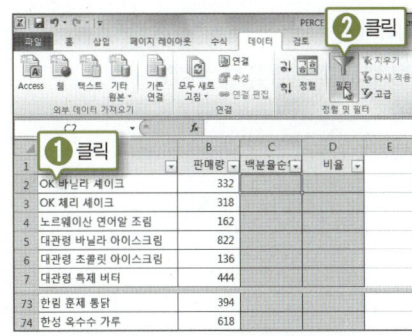

02 자동 필터 적용하기 표에 자동 필터를 적용한 다음, 상위 10% 데이터를 추출하는 작업을 진행합니다.

① 표에 자동 필터를 적용하기 위해 표 내부의 임의의 셀(A2셀)을 선택
② 리본 메뉴의 [데이터] 탭 – [정렬 및 필터] 그룹에서 **필터** 명령을 클릭합니다.

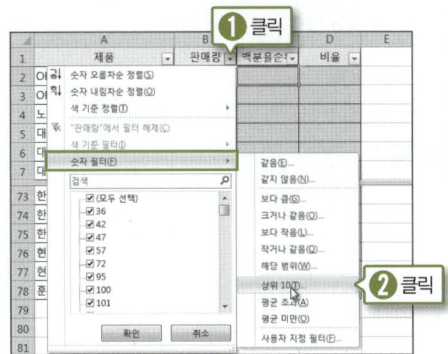

03 상위 10% 데이터 추출하기 판매량 상위 10% 데이터를 추출하겠습니다.

① B1셀의 **옵션** 단추를 클릭
② **숫자 필터>상위 10** 메뉴를 클릭합니다.

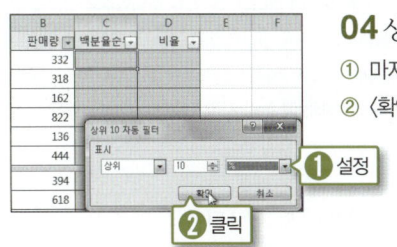

04 상위 10 자동 필터 대화상자가 표시됩니다.

① 마지막 조건 값을 **%**로 수정
② 〈확인〉 버튼을 클릭합니다.

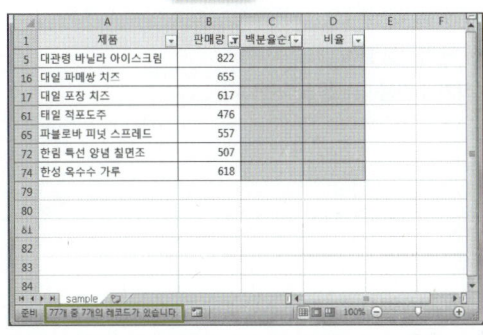

05 조건에 맞는 데이터가 추출됩니다.

상태 표시줄에서 추출된 데이터에 대한 정보를 확인하면 전체 77개의 데이터 중에서 7개의 데이터가 추출됩니다.

이 작업에서 알 수 있듯이 자동 필터에서 지정한 조건인 상위 10%는 전체 데이터 건수의 10%(7.7개)중에서 소수점 이하 값이 제외된 개수를 의미합니다.

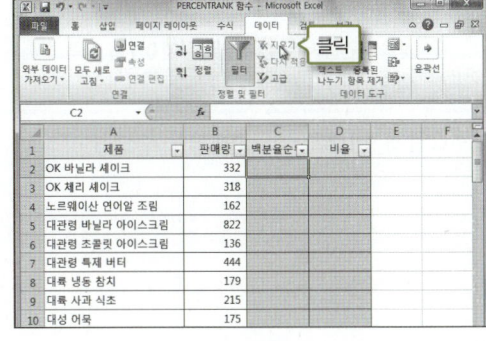

06 필터를 이용한 데이터 추출 방식을 확인했으므로 자동 필터 조건을 해제합니다.

리본 메뉴의 [데이터] 탭 – [정렬 및 필터] 그룹에서 **지우기** 단추를 클릭합니다.

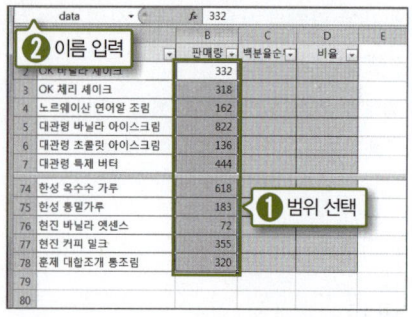

07 전체 범위 이름으로 정의하기 수식을 사용해 백분율 순위를 구하기 전에 순위를 구할 데이터 범위를 이름으로 정의합니다.

① **B2:B78** 데이터 범위를 선택
② **이름 상자**에 다음 이름을 입력하고 Enter 키를 눌러 정의합니다.

data

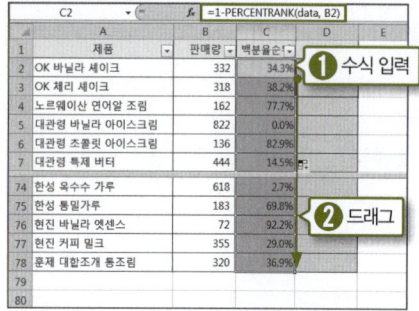

08 백분율 순위 구하기 이제 백분율 순위를 구합니다.

① **C2**셀을 선택하고, 다음 수식을 입력
② **C2**셀의 **채우기 핸들**을 **C78**셀까지 드래그해 수식을 복사합니다.

=1-PERCENTRANK(data, B2)

수식 설명 =1-PERCENTRANK(data, B2)

PERCENTRANK 함수를 사용하면 상위 순위부터 하위 순위까지 100%~0%의 백분율 값으로 순위를 표시해 줍니다. 즉, 높은 순위일수록 백분율 값이 높아집니다. 그러므로 PERCENTRANK 함수 결과를 이용해 판매량 상위 10% 이내 제품을 선별하려면, 자동 필터로 90% 이상인 데이터를 추출하면 됩니다. 이번 수식은 역으로 하위 순위부터 상위 순위까지 100%~0% 값이 반환되도록 하기 위해서 1(100%)에서 PERCENTRANK 함수로 구한 값을 뺀 것입니다. 이렇게 하면 상위 10% 이내 제품을 추출할 때 필터 조건을 10% 이하로 설정할 수 있기 때문에 조건 지정 작업에서 헷갈리지 않고 진행할 수 있습니다.

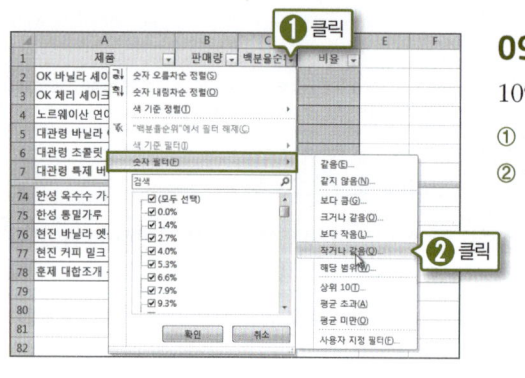

09 상위 10% 데이터 추출하기 이제 계산된 수식의 값으로 상위 10% 데이터를 추출합니다.

① **C1**셀의 **옵션** 단추를 클릭
② **숫자 필터>작거나 같음** 메뉴를 클릭합니다.

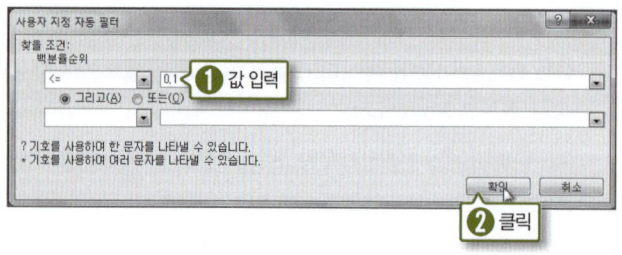

10 사용자 지정 자동 필터 대화상자가 표시됩니다.

① 찾을 조건에서 두 번째 입력란에 **0.1**을 입력
② 〈확인〉 버튼을 클릭합니다.

C열에서 10% 이하 값이 모두 추출됩니다.

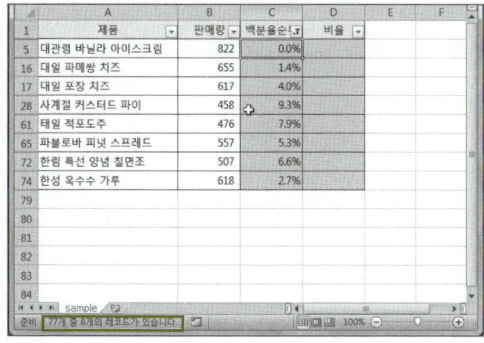

11

상태 표시줄에서 확인할 수 있듯이 전체 77건의 제품 중에서 8개의 제품이 추출됩니다.

즉, PERCENTRANK 함수로 백분율 순위를 구한 다음 추출한 결과와 자동 필터의 상위 10 명령으로 구한 결과가 다르다는 것을 확인할 수 있습니다.

TIP ... 자동 필터의 상위 10 명령

자동 필터 기능의 추출 조건인 [상위 10]을 사용하면 전체 데이터 개수의 n개 또는 n%의 데이터를 추출할 수 있습니다. n개인 경우에는 상관없지만, n%의 경우는 전체 데이터 개수가 짝수일 때는 문제 없고, 홀수인 경우에는 소수점 이하 값이 버려지면서 정확한 데이터 개수를 추출하지 못합니다. 그래서 데이터 개수가 홀수인 경우에는 PERCENTRANK 함수를 이용해 데이터를 추출하는 것이 바람직합니다.

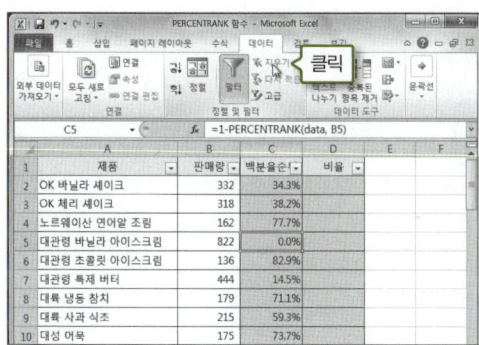

12

리본 메뉴의 [데이터] 탭 – [정렬 및 필터] 그룹에서 **지우기** 명령을 클릭하여 자동 필터 조건을 해제합니다.

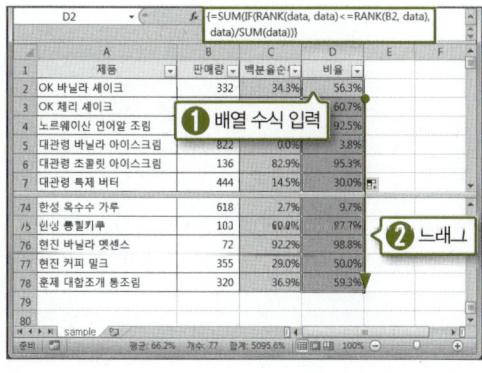

13 전체 대비 비율 누적 값 구하기
이제 총 판매량 대비 상위 10% 제품을 추출해 보겠습니다.

① **D2**셀에 아래 수식을 작성한 다음, Ctrl + Shift + Enter 키를 누름
② **D2**셀의 **채우기 핸들**을 **D78**셀까지 드래그해 수식을 복사합니다.

`=SUM(IF(RANK(data, data)<=RANK(B2, data), data)/SUM(data))`

수식 설명 {=SUM(IF(RANK(data, data)<=RANK(B2, data), data)/SUM(data))}

이번 수식은 각 제품의 비율 누적 값을 구하는데, 자신보다 판매량이 낮은 제품들의 합계를 구한 다음, 전체 판매량으로 나눠 계산한 것입니다. 이번 수식을 나눠 살펴보면 다음과 같습니다.

① RANK(data, data)<=RANK(B2, data)
  : 모든 판매량의 순위를 구한 다음, 현재 순위보다 낮거나 같은 순위인지 점검합니다.

② IF(❶, data)
  : ① 조건을 만족하는 판매량 데이터만 추출합니다.

③ ❷/SUM(data)
  : 추출된 데이터를 전체 판매량으로 나눠 비율을 계산합니다.

④ SUM(❸)
  : 비율의 합계를 구해 비율의 누계를 반환합니다.

이 수식은 배열 수식이므로 일반적인 계산 방법과는 다르게 계산됩니다. 아직 배열 수식의 계산 방법에 익숙하지 않으면 수식 계산 기능을 이용해 수식의 계산 과정을 살펴 보길 바랍니다. 수식 계산 기능은 **Part1〉Chapter2〉Section4**를 참고합니다.

14 상위 10% 데이터 추출하기

9번과 10번 과정을 참고해 D열에서 10% 이내 값을 추출하면 그림과 같은 3개의 제품을 확인할 수 있습니다.

Section 09 임의의 수 만들기

▶ RAND ▶ RANDBETWEEN

엑셀을 사용하다 보면 특정 범위 내의 임의의 수를 추출해야 할 때가 있습니다. 예를 들면, 이벤트 신청자들 중에서 당첨자를 선별하거나 문제 은행에서 중복되지 않는 문제를 추출해야 하는 작업이 해당됩니다. 이런 작업이 필요할 때는 엑셀에서 임의의 수를 반환하는 RAND 함수나 RANDBETWEEN 함수를 사용합니다.

이번에 배울 함수

RAND ( )

0과 1 사이에서 소수 값인 난수를 반환합니다.

특이사항	A와 B 사이의 난수를 반환하도록 하려면 다음과 같은 수식을 사용합니다. =INT(RAND( )*B)+A 난수로 반환된 값은 시트가 재계산될 때마다 변경되므로 한 번 반환받은 값을 저장하려면 선택하여 붙여넣기 기능을 이용해 수식을 값으로 변환합니다.

RANDBETWEEN (시작 값, 끝 값)

시작과 끝 값 사이의 난수를 반환합니다.

인수	• **시작 값** : 난수로 반환될 가장 작은 정수 값 • **끝 값** : 난수로 반환될 가장 큰 정수 값
특이사항	난수로 반환된 값은 시트가 재계산될 때마다 변경되므로 한 번 반환받은 값을 저장하려면 선택하여 붙여넣기 기능을 이용해 수식을 값으로 변환합니다. 엑셀 2003에서는 분석 도구 추가 기능을 설치해야 사용할 수 있습니다.

 **이벤트 신청자 중에서 5명의 당첨자 선별하기**

• 예제 파일 ⊙ : Part2\RAND, RANDBETWEEN 함수.xlsx

01 예제 이해하기 예제 파일을 열면 그림과 같은 표를 확인할 수 있습니다. 이번 작업은 D3:E27 범위에 정리된 신청자 목록에서 5명의 당첨자를 임의로 선별하는 작업입니다.

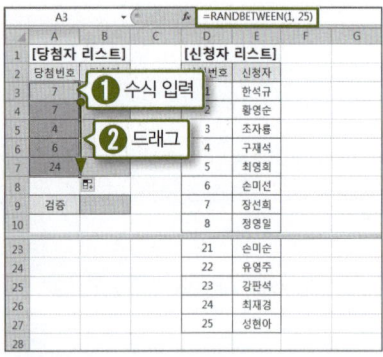

02 1과 25 사이의 난수 반환하기
신청자는 모두 25명이므로 1에서 25 사이의 번호 중에서 임의의 번호를 추출하는 작업을 진행합니다.
① A3셀을 선택하고, 다음 수식을 입력
② A3셀의 **채우기 핸들**⊞을 A7셀까지 드래그해서 수식을 복사합니다.
=RANDBETWEEN(1, 25)

수식 설명 =RANDBETWEEN(1, 25)
RANDBETWEEN 함수는 지정된 구간의 난수 값을 반환하는 함수이므로 예제를 따라할 때마다 다른 값이 반환됩니다. 또한 수식이 재계산될 때마다 값이 변경됩니다.

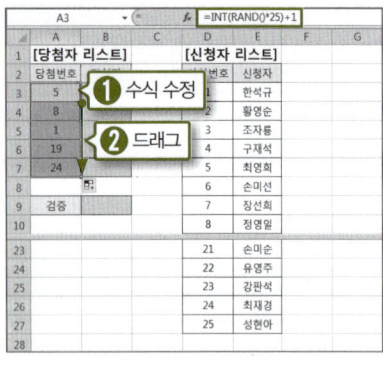

03 2번 과정에서 사용한 RANDBETWEEN 함수 대신 RAND 함수를 사용해 당첨자를 선별하는 작업을 진행합니다.
① A3셀의 수식을 다음과 같이 수정
② A3셀의 **채우기 핸들**⊞을 A7셀까지 드래그해 수식을 복사합니다.
=INT(RAND()*25)+1

수식 설명 =INT(RAND( )*25)+1
이번 수식은 RAND 함수로 1에서 25 사이의 난수를 반환하는 수식입니다. RAND 함수는 원래 0에서 1 미만의 소수 값을 난수로 반환합니다. 그러므로 25를 곱해서 0.xxxx 에서 24.xxxx 값을 반환받습니다. INT 함수는 소수점 이하 값을 절사하고 정수를 반환해 주므로 0에서 24 사이의 정수 값이 반환됩니다. 마지막으로 INT 함수로 반환된 값에 1을 더하는 연산을 하므로 1에서 25 사이의 난수가 반환됩니다.

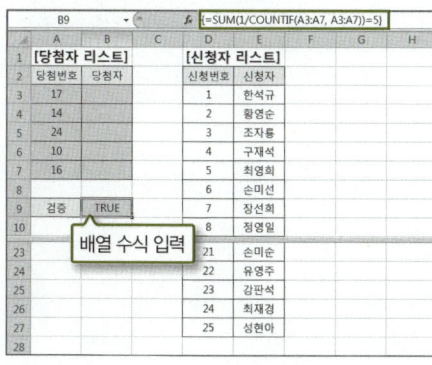

04 중복 여부 점검하기 당첨 번호 중에서 중복된 번호가 있는지 확인해 보겠습니다.

B9셀에 다음 수식을 작성한 다음, Ctrl+Shift+Enter 키를 눌러 배열 수식으로 입력합니다.

=SUM(1/COUNTIF(A3:A7, A3:A7))=5

수식 설명 {=SUM(1/COUNTIF(A3:A7, A3:A7))=5}

이번 수식은 지정한 범위 내의 고유 항목 개수가 5개(당첨자가 5명이므로)인지를 확인하는 수식입니다. 이번 수식은 배열 수식이므로 Ctrl+Shift+Enter 키로 입력해야 정확한 결과를 얻을 수 있습니다. 이번 수식을 분리해 확인하면 다음과 같습니다.

① COUNTIF(A3:A7, A3:A7) : A3:A7 범위 숫자가 각각 몇 번 나왔는지를 배열로 반환합니다.
② 1/❶ : 고유 항목 수를 확인하기 위해 ① 결과 값으로 1을 나눕니다. 이렇게 하면 2번 중복된 경우, 1/2, 1/2 값이 반환되어 더하면 1이 되므로 고유 항목 개수를 확인할 수 있습니다.
③ SUM(❷)=5 : ②에서 반환된 값의 합계를 구해 5가 나오는지 확인합니다.

위 수식의 결과가 5와 같다면 중복이 없음을 의미하고, 5보다 작다면 중복이 있음을 의미합니다. 반환된 값을 TRUE, FALSE의 논리값이 아닌 이해하기 쉬운 값으로 표시하려면 다음과 같이 수정한 후 배열 수식으로 입력합니다.

=IF(SUM(1/COUNTIF(A3:A7, A3:A7))=5, "고유 항목", "중복 항목")

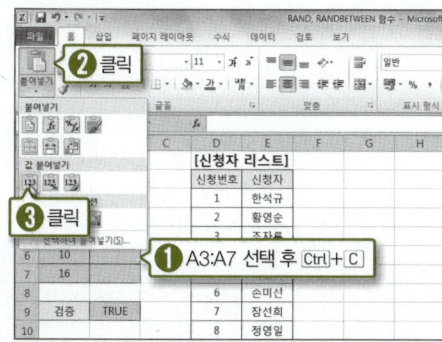

05 수식을 값으로 변환하기 B9셀에 입력된 수식의 결과 값이 TRUE면 A3:A7 범위의 당첨 번호를 수식에서 값으로 변환합니다.

① **A3:A7** 범위를 선택하고, Ctrl+C 키를 눌러복사
② 리본 메뉴의 [홈] 탭 – [클립보드] 그룹에서 **붙여넣기** 단추의 **옵션** 단추를 클릭
③ 값 붙여넣기 항목에서 **값** 명령을 클릭합니다.

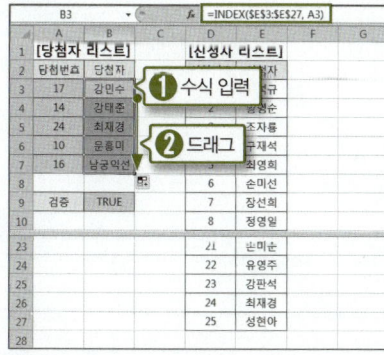

06 당첨자 이름 참조하기 당첨 번호가 확정됐으면 E열의 신청자 이름을 B열로 참조해 옵니다.

① **B3**셀을 선택하고, 다음 수식을 입력
② **B3**셀의 **채우기 핸들**을 **B7**셀까지 드래그해 수식을 복사합니다.

=INDEX($E$3:$E$27, A3)

수식 설명 =INDEX($E$3:$E$27, A3)

이번 수식은 A열의 당첨 번호를 이용해 신청자 목록에서 당첨자의 이름을 참조해 오려는 것입니다. D열의 신청 번호를 보면 1부터 25까지의 일련번호이므로 INDEX 함수를 사용하면 간단하게 이름을 참조해 올 수 있습니다. 이번 수식에서 INDEX 함수로 참조해 올 값의 범위는 E3:E27 범위의 신청자 이름이며, 참조해 올 값의 위치는 A열의 번호입니다. 이 수식은 다음과 같이 VLOOKUP 함수로 대체할 수도 있습니다.

=VLOOKUP(A3, $D$3:$E$27, 2, FALSE)

Part 3.
함수를 사용한 자동화 서식

함수의 구문과 쓰임을 배웠다고 해도 곧바로 업무에 활용하기는 쉽지 않습니다. 지식은 있지만 실무 경험이 부족하기 때문입니다. Part3에서는 이러한 문제를 해결하기 위해 지금까지 소개한 함수를 활용해서 몇 가지 자동화 서식을 만들어 봅니다.

업무를 자동화하려면 매크로를 이용해야 한다는 고정관념을 갖고 있는 경우가 많습니다. 하지만 표만 제대로 구성하면 수식만으로도 멋진 자동화 서식을 만들 수 있습니다. Part3은 수식의 다양한 활용 방법과 실무 감각을 익힐 수 있는 기회가 될 것입니다.

Project 01.
금전출납부

금전출납부는 개인이나 기업에서 가장 흔하게 사용하는 서식으로 돈의 입출금 현황을 한눈에 파악하기 위해 사용합니다. 금전출납부는 이월금 관리의 문제로 월별로 시트를 나눠 관리하는 것이 일반적이지만 여기서는 관리의 효율성을 위해 하나의 표에 금전출납 내용을 정리합니다.

미리보기

Project Review

- 완성 파일 ⊙ : 금전출납부.xlsx
- 예제 파일 ⊙ : 금전출납부(예제).xlsx

금전출납부

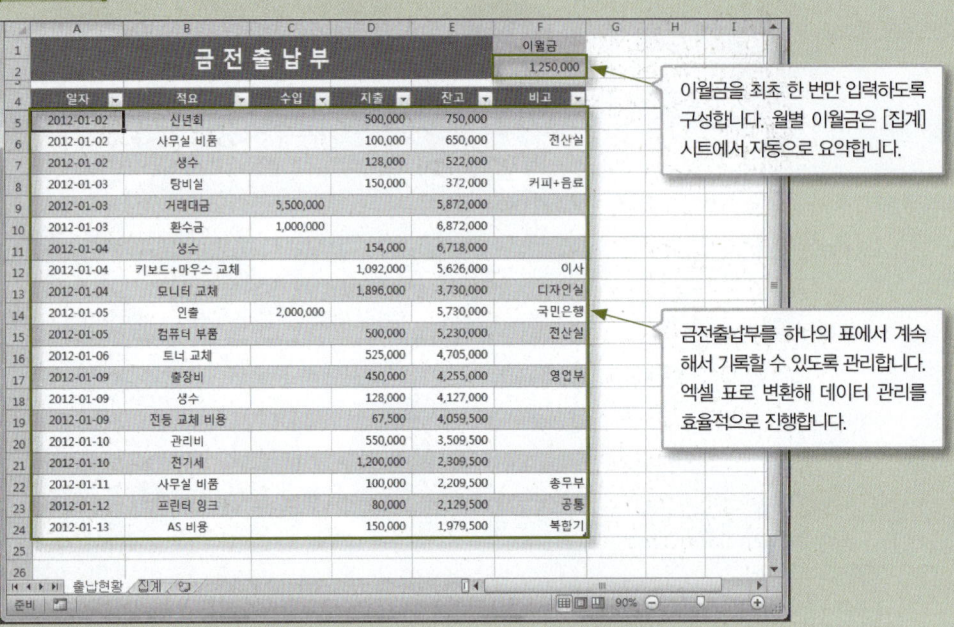

이월금을 최초 한 번만 입력하도록 구성합니다. 월별 이월금은 [집계] 시트에서 자동으로 요약합니다.

금전출납부를 하나의 표에서 계속해서 기록할 수 있도록 관리합니다. 엑셀 표로 변환해 데이터 관리를 효율적으로 진행합니다.

집계표

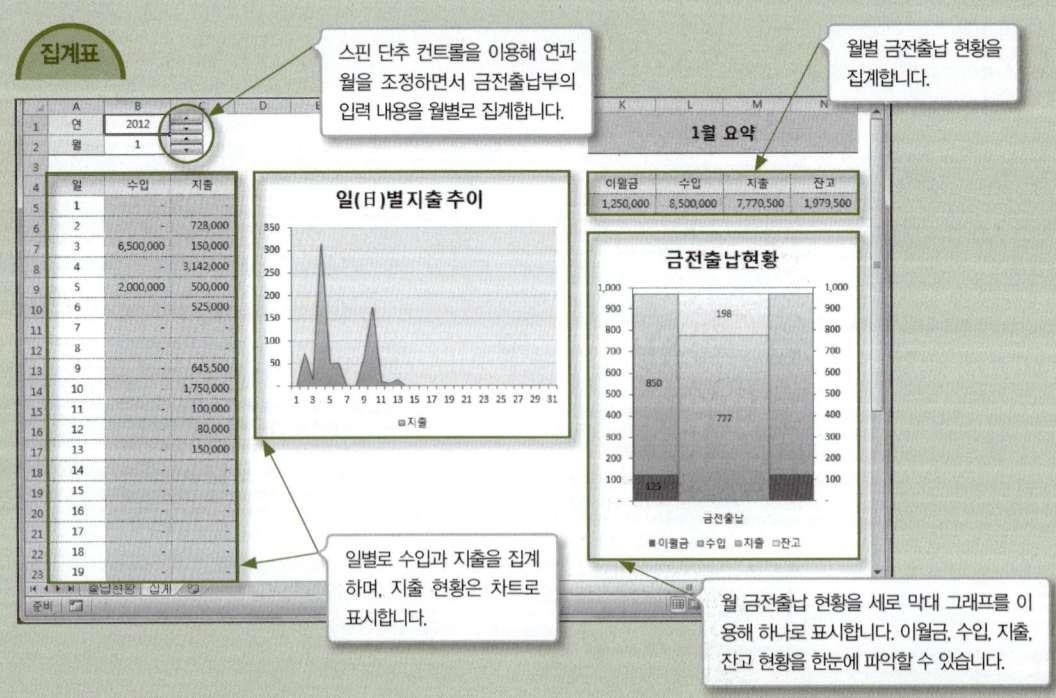

스핀 단추 컨트롤을 이용해 연과 월을 조정하면서 금전출납부의 입력 내용을 월별로 집계합니다.

월별 금전출납 현황을 집계합니다.

일별로 수입과 지출을 집계하며, 지출 현황은 차트로 표시합니다.

월 금전출납 현황을 세로 막대 그래프를 이용해 하나로 표시합니다. 이월금, 수입, 지출, 잔고 현황을 한눈에 파악할 수 있습니다.

Section 01 금전출납부 구성하기

▶ 엑셀 표   ▶ 표 이름   ▶ 표 스타일   ▶ 구조적 참조

매일 발생하는 금전출납 현황을 기록할 표 구성을 이해합니다. 일반 표를 엑셀 표로 변환한 다음, 잔고(잔액)를 표시할 열을 추가합니다. 금전출납부에서는 이월된 금액의 관리 및 잔고 계산이 가장 복잡하므로 표 구성 방법에 주의해서 작업합니다.

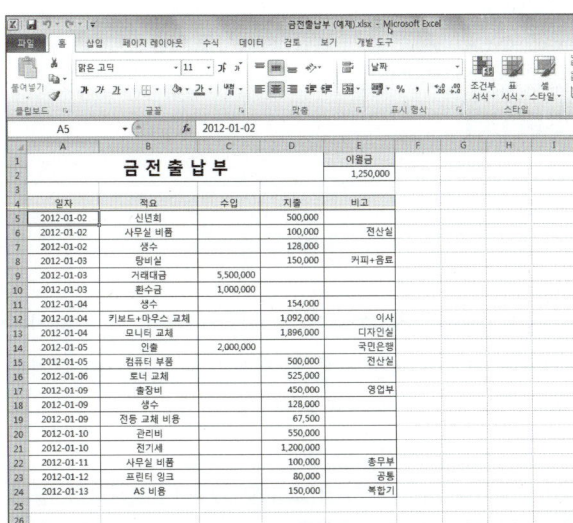

01 예제 이해하기 예제 파일을 열면 그림과 같은 표를 확인할 수 있습니다. 금전출납부는 언제, 무슨 일로, 얼마가 들어오고 나갔는지를 기록합니다. 그러므로 일자, 적요, 수입, 지출, 비고 등의 열 구성이 일반적입니다. 이 표를 엑셀 표로 변환해 관리하고, 잔고(잔액)를 계산하는 열을 추가하는 작업을 진행합니다.

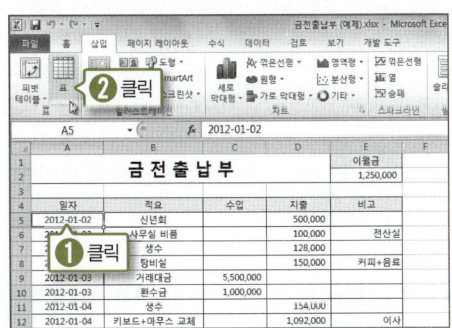

02 엑셀 표로 변환하기 출납 현황에는 계속해서 데이터가 누적되므로 엑셀 표로 변환해 관리하는 것이 좋습니다.

① 엑셀 표로 변환하기 위해 표 내부의 임의의 셀(A5셀)을 하나 선택
② 리본 메뉴의 [삽입] 탭 – [표] 그룹에서 **표** 단추를 클릭합니다.

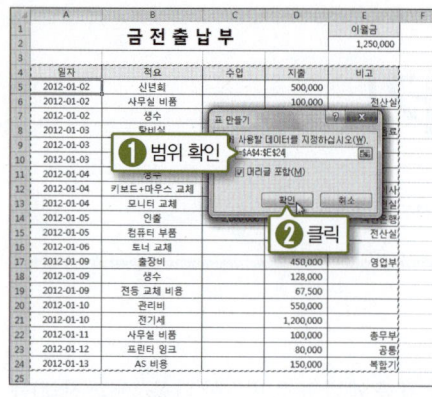

03 표 만들기 대화상자가 표시되고, 표에 포함될 범위가 선택됩니다.

① A4:E24 범위가 제대로 선택됐는지 확인
② 〈확인〉 버튼을 눌러 엑셀 표로 변환합니다.

TIP ... 머리글 포함 옵션 이해하기

표 만들기 대화상자에서 머리글 포함 옵션은 표의 첫 번째 행의 값이 데이터가 아니라 열의 제목을 의미하는 머리글인지를 선택하는 옵션입니다. 금전출납부는 4행이 머리글로 구성되어 있으므로 이 옵션을 반드시 체크해야 합니다.

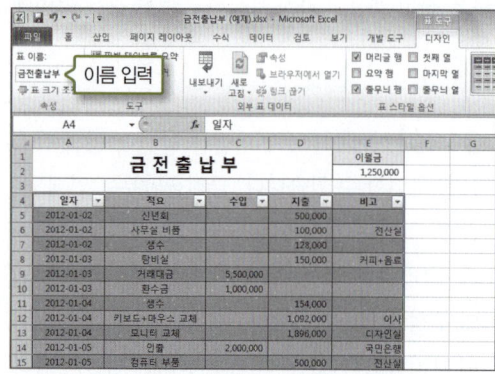

04 표 이름 변경하기 그림과 같이 선택된 범위가 엑셀 표로 변환됩니다. 변환 후 제일 먼저 엑셀 표의 이름을 지정합니다.

리본 메뉴의 [디자인] 탭 – [속성] 그룹에서 **표 이름** 입력란의 값을 다음과 같이 수정합니다.

금전출납부

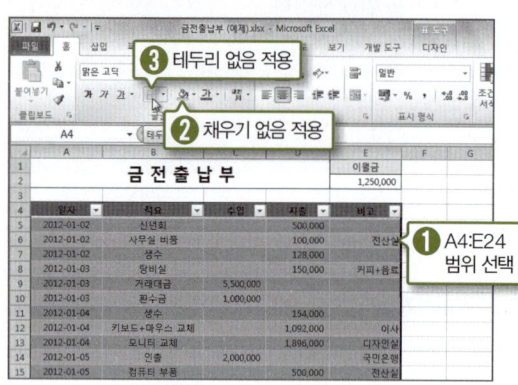

05 표 스타일 수정하기 엑셀 표에는 자동으로 표 스타일이 적용됩니다. 예제는 기존 표 서식과 표 스타일이 겹쳐져 있으므로 기존 표 서식을 지워보겠습니다.

① A4:E24 범위(엑셀 표)를 선택
② 리본 메뉴의 [홈] 탭 – [글꼴] 그룹에서 **채우기** 단추의 옵션을 **채우기 없음**으로 설정한 후 적용
③ [홈] 탭 – [글꼴] 그룹에서 **테두리** 단추의 옵션을 **테두리 없음**으로 설정한 후 적용합니다.

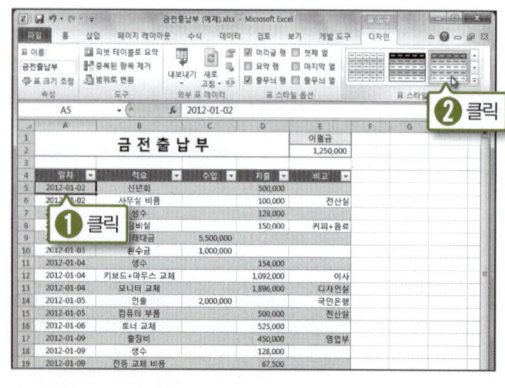

06 자동으로 적용된 표 스타일이 마음에 들지 않으면 표 스타일을 변경할 수 있습니다.

① 엑셀 표 내부의 임의의 셀을 선택
② 리본 메뉴의 [디자인] 탭 – [표 스타일] 그룹에서 **빠른 스타일 갤러리**에서 원하는 표 스타일을 클릭해 변경합니다.

예제에서 선택한 표 스타일은 [표 스타일 보통 2]입니다.

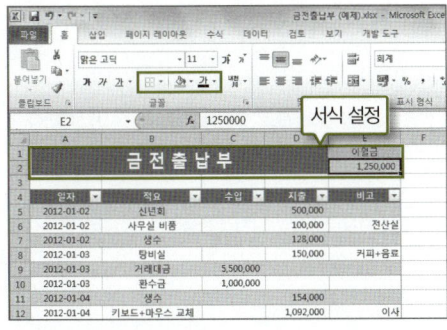

07 마지막으로 1:2행의 스타일을 표 스타일과 유사하게 설정합니다.

A1:D2 범위와 **E1:E2** 범위를 각각 선택하고, 그림을 참고하면서 [홈] 탭 - [글꼴] 그룹에 있는 명령을 이용해 서식을 적용합니다.

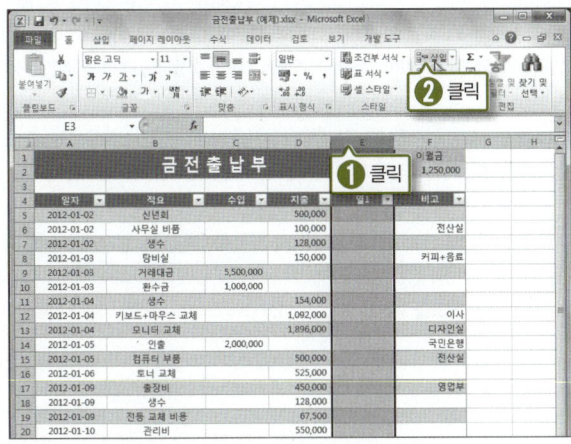

08 잔고 열 추가하기 잔액을 구하는 열을 추가합니다.

① **E**열 머리글을 클릭
② 리본 메뉴의 [홈] 탭 - [셀] 그룹에서 **삽입** 단추를 클릭하거나 Ctrl + + 키를 누릅니다.

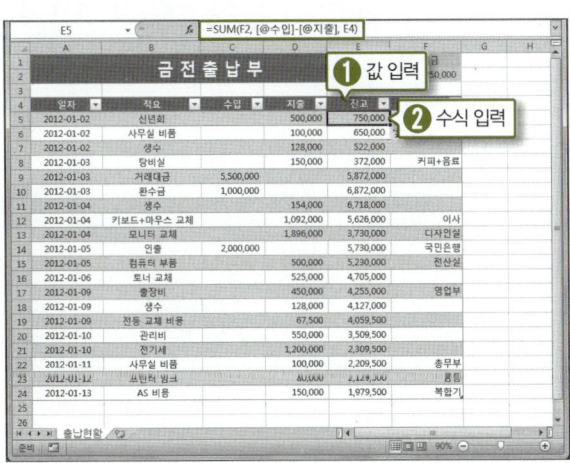

09 E열 전체에 자동으로 수식이 적용하고, 잔고를 계산하겠습니다.

① **E4**셀의 머리글을 **잔고**로 변경
② **E5**셀에 다음과 같은 수식을 입력합니다.

=SUM(F2, [@수입]-[@지출], E4)

Section 01 금전출납부 구성하기 • **243**

수식 설명 **=SUM(F2, [@수입]-[@지출], E4)**
잔고는 **=이월금+수입-지출** 형태로 계산하며 수식을 구성하면 다음과 같습니다.
=$F$2+SUM($C$5:C5)-SUM($D$5:D5)
위 수식에서 SUM($C$5:C5)와 같은 계산 식은 값을 누적시킬 때 사용하는 방법으로, 시작 셀인 C5셀을 절대참조로 고정하고 수식을 복사할 때마다 복사된 위치의 셀 주소로 변경되도록 C5셀을 상대참조로 집계합니다(이 수식을 제대로 이해하기 위해서는 E5셀에 위의 수식을 입력한 다음, E5셀과 E24셀의 수식을 비교해 봅니다).
위와 같은 수식을 이용하면 잔고를 계산할 수 있지만, 금전출납부에 작성한 항목이 많아질수록 같은 위치의 값을 지나치게 중복해서 계산하는 문제가 발생합니다. 그러므로 이런 문제를 해결하기 위해, 이번 수식을 사용한 것입니다.
=SUM(F2, [@수입]-[@지출], E4)
위 수식은 각 부분에 대한 설명은 아래를 참고합니다.

- **F2** : 최초 이월금이 입력된 위치를 참조합니다. 상대참조이므로 수식을 아래로 복사하면 셀 주소가 F3, F4와 같이 변경됩니다. 이렇게 하면, E5셀에서만 이월금을 집계하고, 나머지 셀에서는 이월금이 집계에 포함되지 않습니다. 아래쪽에서는 숫자 값이 없으므로 제외됩니다. 단, 이런 방식을 사용하려면 F열에 입력된 비고 열에 숫자 값이 입력되어 있으면 안됩니다. 만약 비고 열에 숫자 값이 입력될 가능성이 있으면 이월금을 G1:G2 범위와 같이 숫자 값이 없는 열로 옮겨서 사용합니다.

- **[@수입]과 [@지출]** : 대괄호([ ]) 안에 열 머리글을 사용해 표 범위를 참조하는 구조적 참조입니다. 여기에 @ 문자를 사용하면 같은 행에 있는 셀 하나를 의미합니다. 즉, E5셀에서 [@수입]을 입력하면 수입 열의 C5셀만 참조합니다. 이렇게 같은 행에 위치한 셀 하나를 선택할 때 사용하는 @ 문자는 엑셀 2010 버전에서 새롭게 추가된 기능입니다.

- **E4** : E5셀은 잔고의 열 머리글이 입력된 셀입니다. SUM 함수에서 텍스트 값은 계산에서 제외됩니다. 그러므로 처음에는 집계되지 않지만, 수식을 아래로 복사하면 E5, E6, E7, … 과 같이 셀 주소가 변경되어 이전 행의 잔고를 참조합니다.

정리하면 E5셀에서는 **=이월금+수입-지출**을 계산하며, E6셀부터는 **=수입-지출+이전 잔고**를 계산합니다.

Section 02 집계표 만들기

▶ 집계표   ▶ 스핀 단추   ▶ 컨트롤 서식

금전출납부 구성을 끝낸 후에는 일별, 월별 현황을 파악할 수 있는 집계표를 만듭니다. 집계표는 전체 현황을 빠르게 파악하는 데 도움을 주는 것이므로 꼭 필요한 정보가 포함되도록 구성합니다.

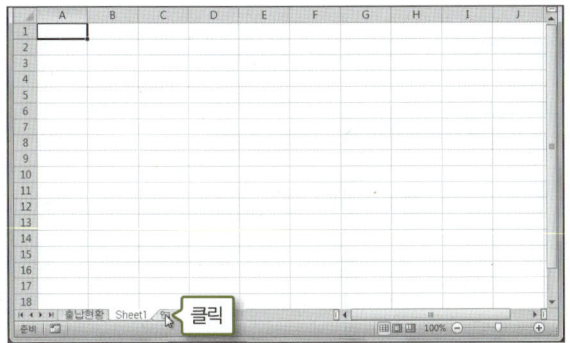

01 워크시트 추가하기 새 워크시트를 하나 추가해 집계표를 만듭니다.

시트 탭에서 **워크시트 삽입** 단추를 클릭하거나 Shift + F11 키를 눌러 새로운 워크시트를 추가합니다.

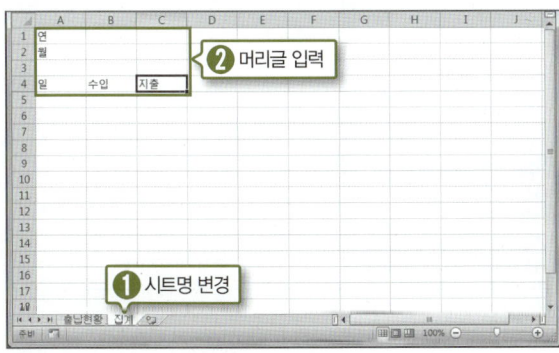

02 열 머리글 입력하기
① 추가한 시트명을 **집계**로 변경
② 다음과 같이 각 셀에 머리글을 입력합니다.

A1	A2	A4	B4	C4
연	월	일	수입	지출

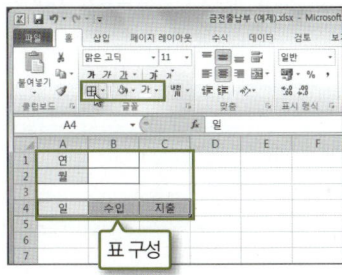

03 표 구성하기 표 서식을 지정해 표를 구성합니다.

표 구성은 [홈] 탭 – [글꼴] 그룹에 있는 명령을 이용해 자유롭게 지정합니다.

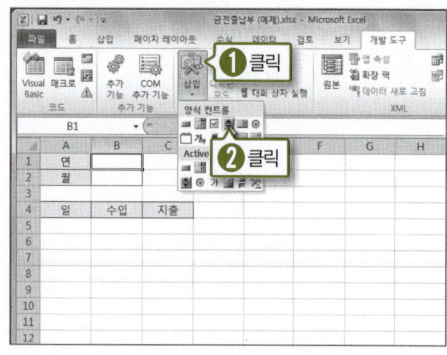

04 연, 월 조정하기
위쪽의 A1:B2 범위에는 연과 월을 직접 입력하지 않고 스핀 단추 컨트롤을 이용해 조정하도록 합니다.

① 리본 메뉴의 [개발 도구] 탭 – [컨트롤] 그룹에서 **삽입** 단추를 클릭
② 양식 컨트롤 항목에서 **스핀 단추** 컨트롤을 클릭합니다.

TIP ... 리본 메뉴에 [개발 도구] 탭 추가하기

리본 메뉴의 [개발 도구] 탭은 기본으로 표시되는 탭이 아니므로 사용자가 직접 추가해야 합니다. [개발 도구] 탭은 다음과 같은 방법으로 추가할 수 있습니다.

① 리본 메뉴에서 [파일] 탭을 클릭한 후 [옵션] 메뉴를 클릭합니다.
② Excel 옵션 대화상자가 표시되면 [리본 사용자 지정] 범주를 선택하고, 오른쪽의 기본 탭 목록에서 [개발 도구] 확인란을 체크한 다음 〈확인〉 버튼을 클릭합니다.

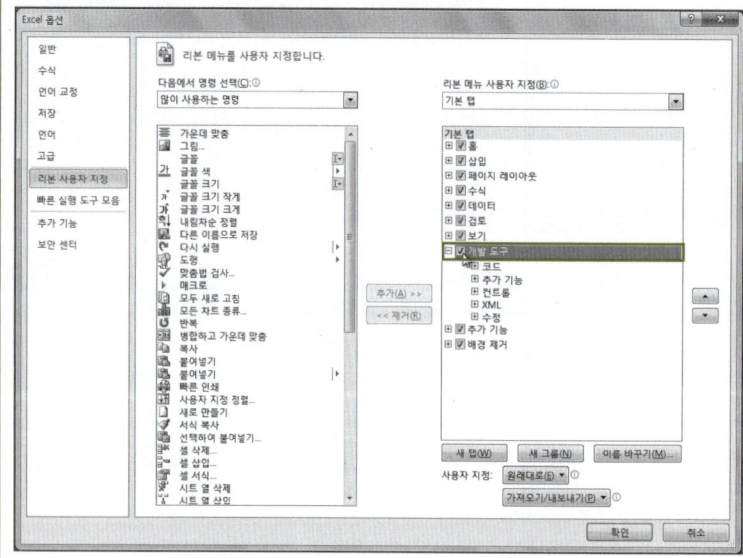

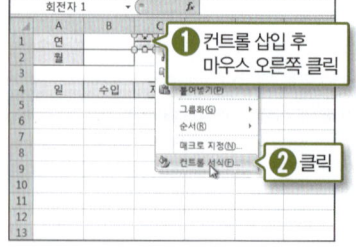

05
① **C1**셀에서 드래그하여 그림과 같이 컨트롤을 삽입한 후 마우스 오른쪽 버튼을 클릭
② 단축 메뉴에서 **컨트롤 서식** 메뉴를 클릭합니다.

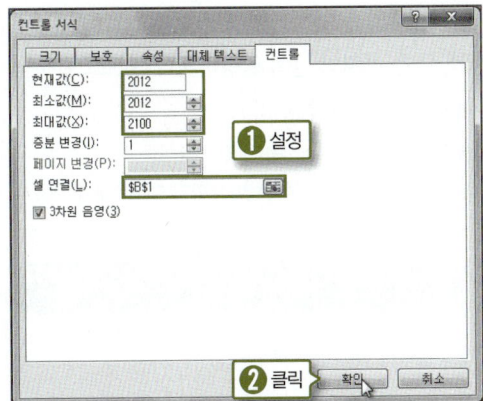

06

① 컨트롤 서식 대화상자의 [컨트롤] 탭에서 다음과 같이 옵션 값을 설정
② 〈확인〉 버튼을 클릭합니다.

현재값 : 2012
최소값 : 2012
최대값 : 2100
셀 연결 : $B$1

TIP ... 스핀 단추 컨트롤 설정 이해하기

스핀 단추 컨트롤은 셀 값을 1씩 증감할 때 사용하면 편리하며, 0~30,000 사이의 값을 조정할 수 있습니다. C1셀에 삽입한 스핀 단추 컨트롤은 B1셀의 연도를 조정해야 하므로, 그에 맞게 옵션 값을 설정한 것입니다.
- 현재값 : 셀 연결 옵션에 지정한 셀에 기본적으로 표시될 값을 입력합니다. 이 값을 별도로 지정하지 않으면 최소값이 표시됩니다.
- 최소값 : 스핀 단추 컨트롤에서 조정 가능한 최소값을 입력합니다.
- 최대값 : 스핀 단추 컨트롤에서 조정 가능한 최대값을 입력합니다.
- 셀 연결 : 스핀 단추 컨트롤에서 조정된 값이 전달될 셀을 지정합니다.

이번 설정으로 스핀 단추 컨트롤로 조정된 값이 B1셀에 나타나며, B1셀에 2012가 기본으로 표시됩니다. 스핀 단추 컨트롤을 조절하면 B1셀의 값을 2012부터 2100까지의 값으로 변경할 수 있습니다.

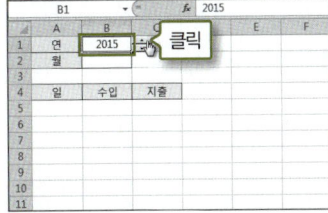

07 스핀 단추가 제대로 작동하는지 확인합니다.
스핀 단추 컨트롤의 증가 단추를 몇 번 클릭하여 **B1** 셀의 값을 **2015**로 변경합니다.

B1셀의 값이 2012부터 1씩 증가한다면 정상적으로 설정된 것입니다.

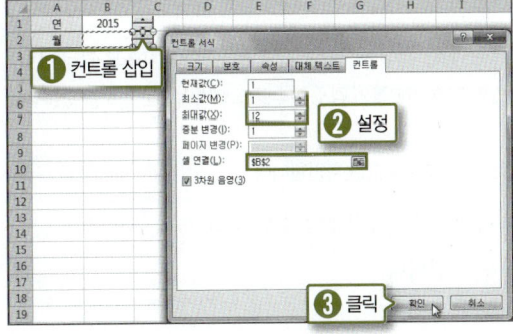

08

① 4번부터 6번까지의 과정을 참고해 **C2**셀에 두 번째 스핀 단추 컨트롤을 삽입
② 컨트롤 서식 대화상자의 [컨트롤] 탭에서 옵션 값을 다음과 같이 설정
③ 〈확인〉 버튼을 클릭합니다.

최소값 : 1
최대값 : 12
셀 연결 : $B$2

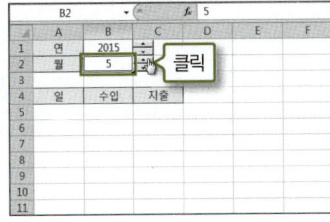

09
C2셀의 **스핀 단추** 컨트롤을 클릭하여 제대로 작동하는지 확인합니다.

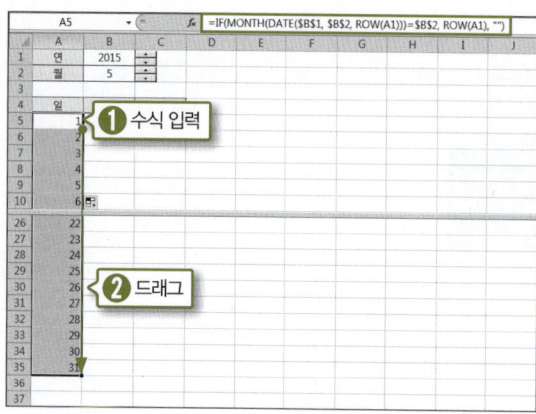

10 일 계산해 넣기 연과 월은 스핀 단추 컨트롤로 조정하지만, 일은 마지막 날이 일정하지가 않으므로 수식을 이용해 계산합니다.

① A5셀에 다음과 같은 수식을 입력
② A5셀의 **채우기 핸들**을 A35셀까지 드래그해 수식을 복사합니다.

=IF(MONTH(DATE($B$1, $B$2, ROW(A1)))=$B$2, ROW(A1), "")

수식 설명 =IF(MONTH(DATE($B$1, $B$2, ROW(A1)))=$B$2, ROW(A1), "")

이번 수식은 B1, B2셀에 입력된 연, 월에 해당하는 일 값만 반환되도록 구성한 것입니다. 이번 수식을 이해하기 위해서는 ROW 함수에서 반환되는 값이 1, 2, 3,… 과 같은 일련번호라는 것을 먼저 이해해야 합니다.

ROW 함수에서 반환되는 값을 B1, B2셀에 입력된 연, 월 값과 함께 DATE 함수의 인수로 전달합니다. 이 부분이 다음 수식입니다.

DATE($B$1, $B$2, ROW(A1))

위 수식의 결과인 날짜 값을 다시 MONTH 함수의 인수로 전달합니다. 그 값이 B2셀과 같은지 IF 함수로 판단한 다음, 같으면 ROW(A1)로 1, 2, 3,… 과 같은 일 값을 반환하고, 그렇지 않으면 공백 문자(" ")를 반환합니다.

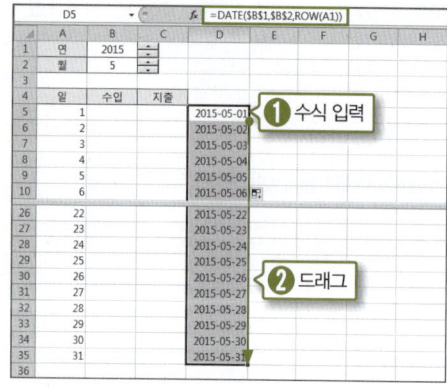

11 10번 과정의 수식을 제대로 이해하기 위해서 DATE 함수 부분이 날짜 값으로 반환되는 과정을 확인합니다.

① D5셀에 다음 수식을 입력
② D5셀의 **채우기 핸들**을 D35셀까지 드래그해 수식을 복사합니다.

=DATE($B$1, $B$2, ROW(A1))

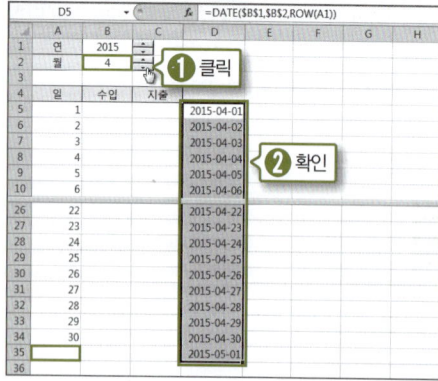

12 11번 과정에서 작성한 수식을 자세하게 확인해 보겠습니다.

① C2셀의 **스핀 단추** 컨트롤의 **감소** 단추를 클릭하여 B2셀의 월 값을 4로 변경
② D34:D35 범위의 날짜 값을 확인합니다.

4월 30일 다음에 바로 5월 1일이 반환되고, A35셀에는 공백 문자(" ")가 반환됩니다.

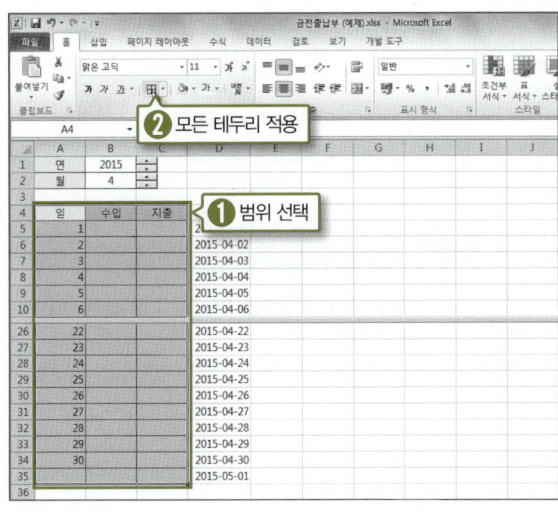

13 표 서식 지정하기 이제 표 서식을 지정합니다.

① A4:C35 범위를 선택

② 리본 메뉴의 [홈] 탭 – [글꼴] 그룹에서 **테두리** 명령의 옵션을 **모든 테두리**로 설정한 후 적용합니다.

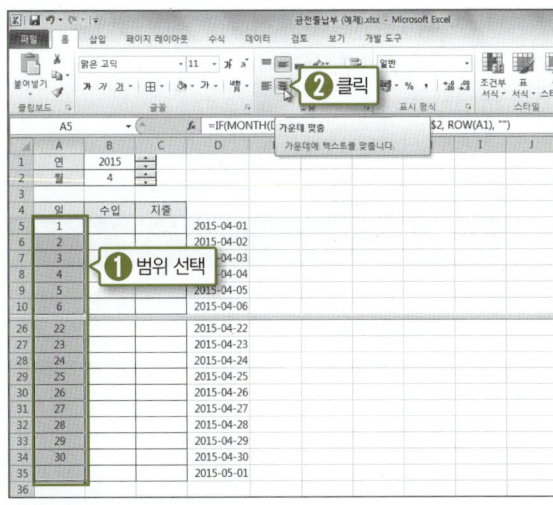

14 일 값은 연, 월과 동일하게 셀 가운데로 맞춰줍니다.

① A5:A35 범위를 선택

② 리본 메뉴의 [홈] 탭 – [맞춤] 그룹에서 **가운데 맞춤** 단추를 클릭합니다.

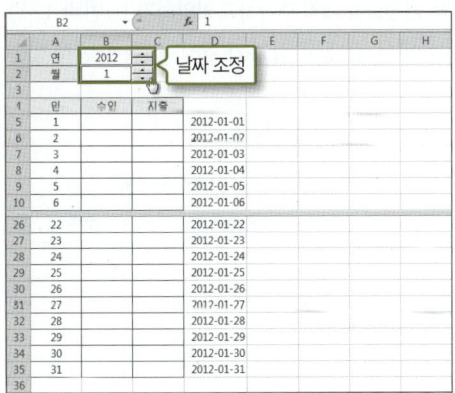

15 날짜 조정하기 데이터를 집계하기 이전에 [출납현황] 시트에 입력된 2012년 1월 날짜로 조정합니다.

C1셀과 **C2**셀의 **스핀 단추** 컨트롤을 각각 조정해 **B1**셀과 **B2**셀의 값을 각각 **2012**와 **1**로 조정합니다.

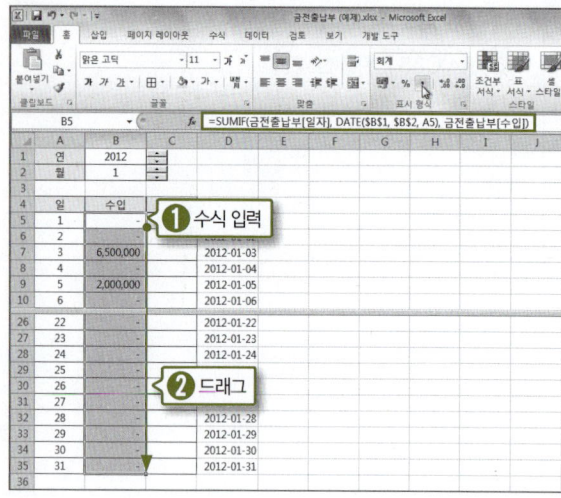

16 수입 집계하기 일별 수입을 집계하는 작업을 진행합니다.

① B5셀을 선택하고, 다음 수식을 입력
② B5셀의 **채우기 핸들**을 B35셀까지 드래그해 복사합니다.

=SUMIF(금전출납부[일자], DATE($B$1, $B$2, A5), 금전출납부[수입])

수식 설명 =SUMIF(금전출납부[일자], DATE($B$1, $B$2, A5), 금전출납부[수입])
이번 수식은 SUMIF 함수를 제대로 이해하고 있으면 쉽게 구성할 수 있습니다. 수식은 [금전출납부] 엑셀 표의 일자 열에서 B1, B2, A5셀에 입력된 연, 월, 일에 해당하는 날짜 값을 찾고, 금전출납부 엑셀 표의 수입 열의 합계 값을 반환하라는 의미입니다.

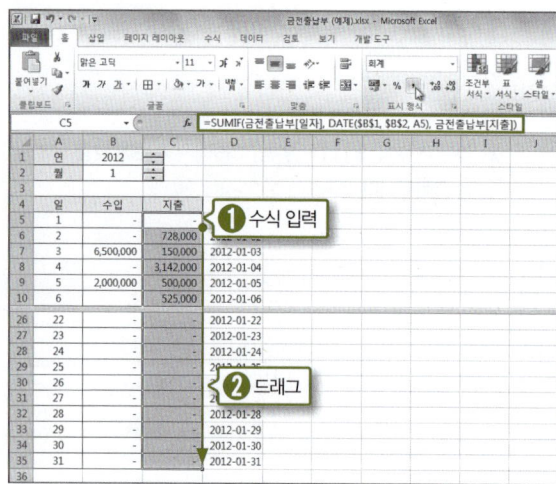

17 지출 집계하기 일별 지출은 수입과 동일한 방식으로 집계합니다.

① C5셀을 선택하고, 다음 수식을 입력
② C5셀의 **채우기 핸들**을 C35셀까지 드래그해 복사합니다.

=SUMIF(금전출납부[일자], DATE($B$1, $B$2, A5), 금전출납부[지출])

수식 설명 =SUMIF(금전출납부[일자], DATE($B$1, $B$2, A5), 금전출납부[지출])
이번 수식은 16번 과정에서 입력한 일별 수입을 집계하는 수식에서 마지막 인수만 다릅니다. 즉, 조건은 같지만 수입 열 대신 지출 열을 집계하라는 의미입니다.

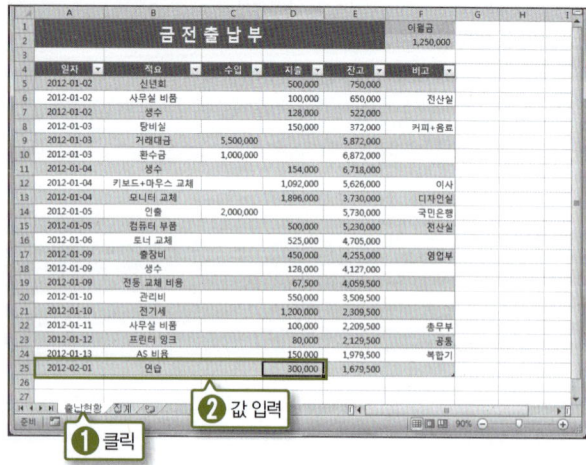

18 금전출납 내역 추가하고 확인하기 16번과 17번 과정에서 집계된 결과가 올바른지 확인하겠습니다.

① [출납현황] 시트 탭을 클릭
② 다음 각 셀에 임시 데이터를 입력합니다.

A25	B25	D25
2012-02-01	연습	300,000

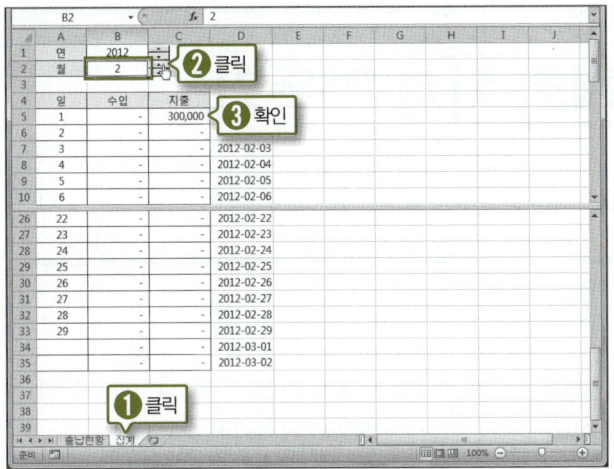

19 18번 과정에 입력한 연습용 데이터가 집계표에서 제대로 집계되었는지 확인합니다.

① [집계] 시트 탭을 클릭
② C2셀의 **스핀 단추** 컨트롤의 **증가** 단추를 클릭해 B2셀을 2월로 변경
③ C5셀에 추가한 데이터의 지출 값이 표시됩니다.

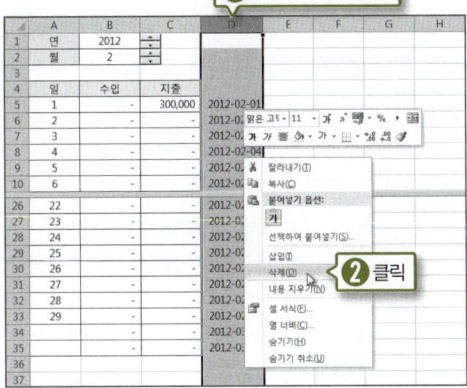

20 불필요한 데이터 삭제하기 수식 이해 및 동작 확인을 위해 추가한 연습용 데이터를 삭제합니다.

① **D**열 머리글에서 마우스 오른쪽 버튼을 클릭
② **삭제** 메뉴를 클릭해 열을 삭제

위의 방법을 참고해서 [출납현황] 시트 탭에서 연습용으로 입력한 25행 데이터도 삭제합니다.

Section 03 일별 지출 현황 차트 만들기

▶ 영역형 차트   ▶ 차트 레이아웃   ▶ 차트 제목

차트는 숫자를 시각화시켜 주는 강력한 도구로 데이터를 한눈에 파악할 때 유용합니다. 이전 과정까지 일별 수입, 지출 현황에 대한 집계 작업이 모두 끝났으므로 이번에는 월 지출 현황을 한눈에 파악할 수 있는 차트를 만들어 보겠습니다.

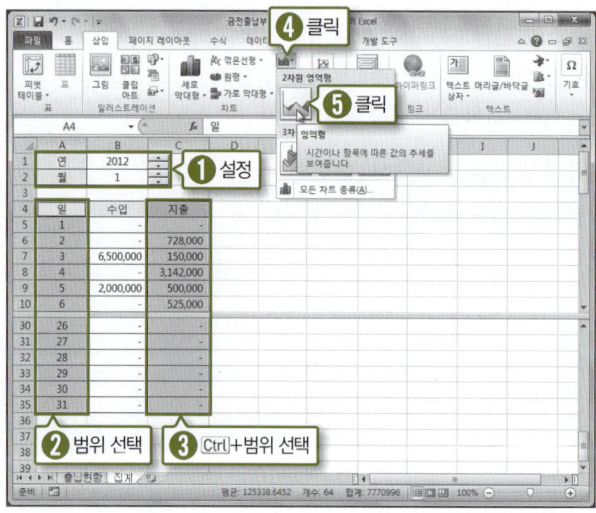

01 차트 생성하기 일별 지출 현황을 차트로 표시하겠습니다.

① B셀과 B2셀의 연과 월을 **2012**와 **1**로 조정
② **A4:A35** 범위를 선택
③ Ctrl 키를 누른 상태에서 **C4:C35** 범위를 선택
④ 리본 메뉴의 [삽입] 탭 – [차트] 그룹에서 **영역형** 단추 를 클릭
⑤ 2차원 영역형 항목에서 맨 앞에 있는 **영역형** 차트를 클릭합니다.

> **TIP ... 영역형 차트의 선택**
>
> 일별 데이터 추이를 살펴보려면 꺾은선형 차트를 선택하는 것이 일반적이지만, 이번과 같이 데이터가 집계되지 않아, 0이 많을 때는 영역형 차트를 선택하는 것이 좋습니다. 꺾은선형 차트를 선택하면 다음과 같이 값이 0인 곳에도 선 그래프가 표시되어 깔끔하지 않습니다. 참고로 차트에 익숙하지 않은 사용자는 **부록 2 차트의 각 부분 명칭**을 먼저 확인하기 바랍니다.

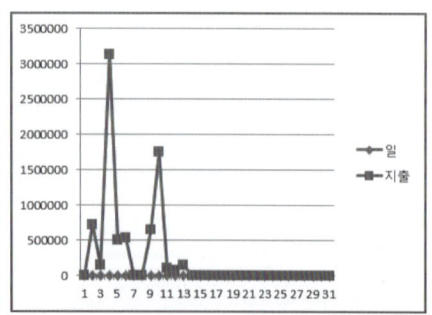

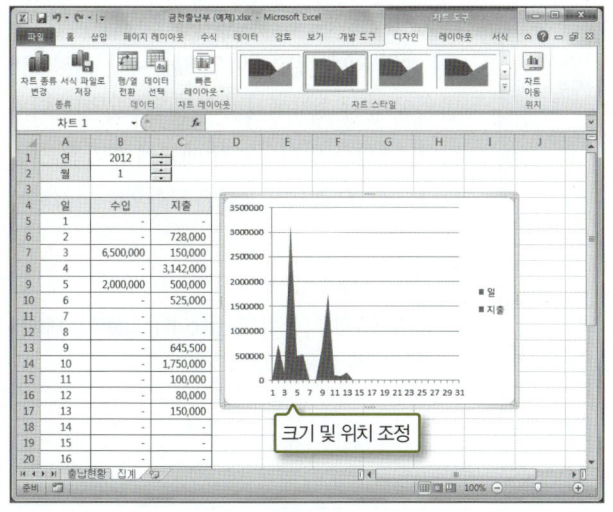

02 차트 테두리의 [⋯] 부분을 드래그하면 크기를 조정할 수 있고, 나머지 부분을 드래그하면 위치를 조정할 수 있습니다.

영역형 차트가 생성되면 차트를 **D4:I16** 범위에 맞게 크기와 위치를 조정합니다.

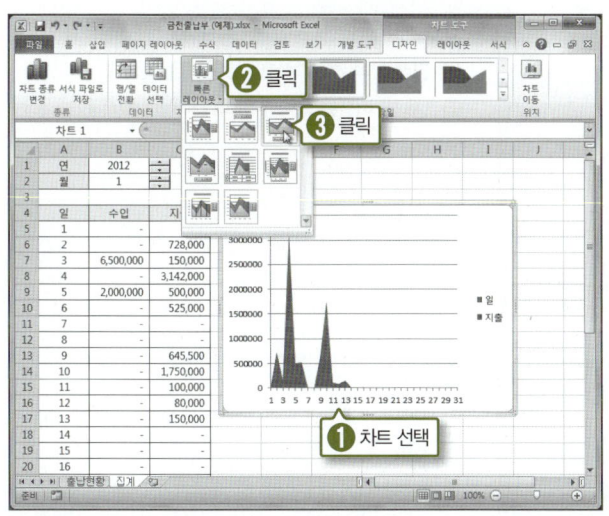

03 **차트 레이아웃 변경하기** 생성된 차트를 보면 제목은 없고, 범례는 차트 오른쪽 영역에 표시됩니다. 차트 구성을 빠르게 변경하려면 레이아웃을 변경하면 됩니다.

① 차트를 선택
② 리본 메뉴의 [디자인] 탭 – [차트 레이아웃] 그룹에서 **빠른 레이아웃** 단추를 클릭
③ 레이아웃 목록에서 3번째에 있는 **레이아웃 3**을 클릭해 적용합니다.

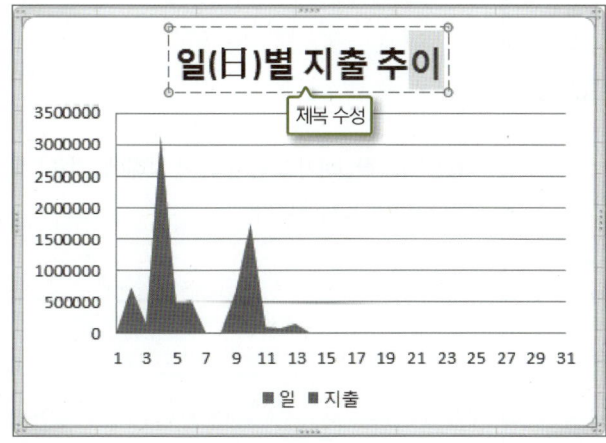

04 **차트 제목 수정하기** 차트 제목이 나타나고, 범례가 아래쪽에 배치됩니다.

차트 제목을 선택하고 다음과 같이 수정합니다

일(日)별 지출 추이

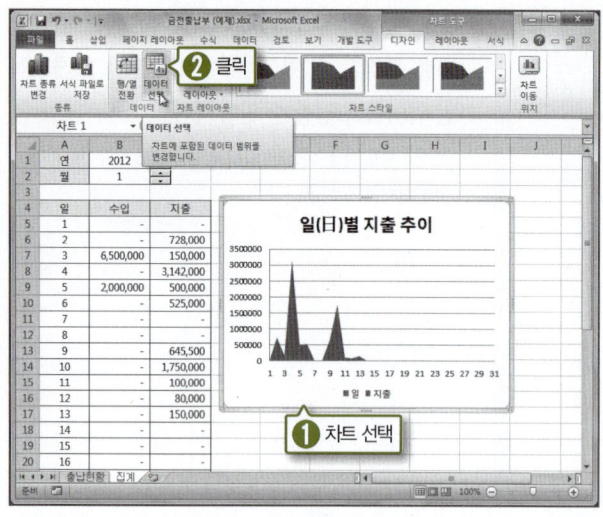

05 차트 데이터 원본 조정하기 범례를 보면 [지출] 계열 외에 [일] 계열도 있습니다. A5:A35 범위의 값이 숫자여서 X축 항목으로 인식되지 않고, 계열로 인식되었기 때문에 추가된 것입니다. 그러므로 [일] 계열을 X축으로 설정해야 합니다.

① 차트를 선택
② 리본 메뉴의 [디자인] 탭 – [데이터] 그룹에서 **데이터 선택** 단추를 클릭합니다.

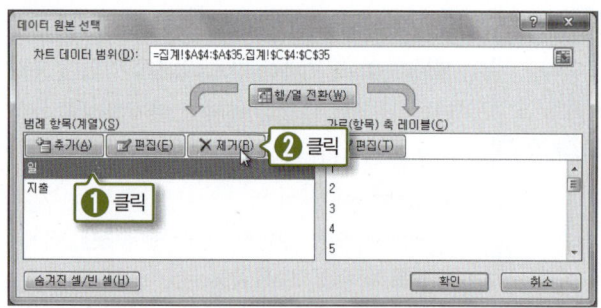

06 데이터 원본 선택 대화상자가 나타납니다.
① 범례 항목(계열) 목록에서 **일** 계열을 선택
② 〈제거〉 버튼을 클릭해 목록에서 삭제합니다.

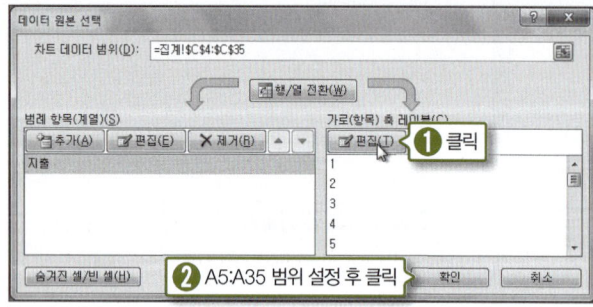

07
① 오른쪽 가로(항목) 축 레이블 목록에서 〈편집〉 버튼을 클릭
② 대화상자가 표시되면 축 레이블 범위를 **A5:A35** 범위로 재설정한 다음 〈확인〉 버튼을 클릭합니다.

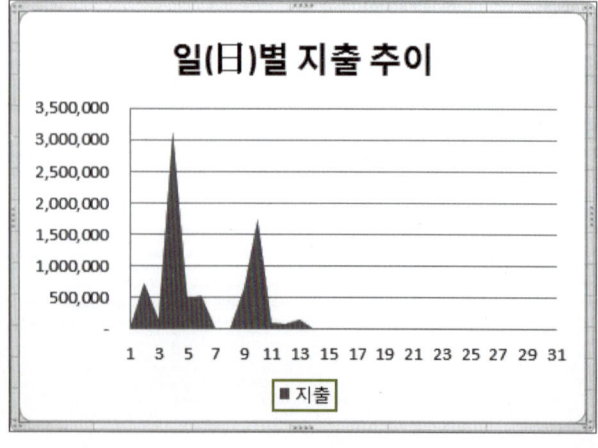

08 차트 확인하기 그림과 같이 범례에 [지출] 계열 하나만 표시됩니다.

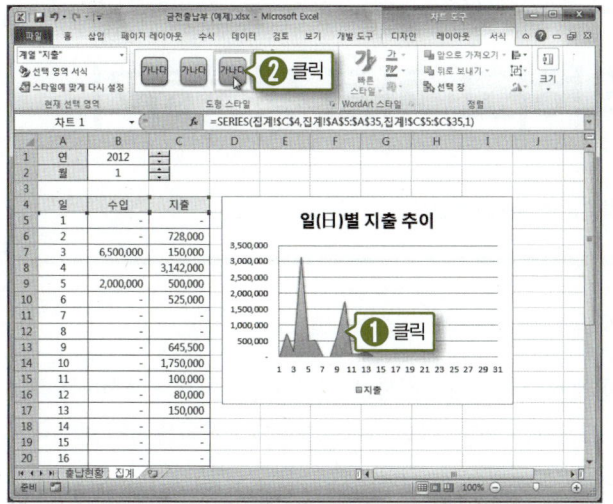

09 계열 서식 변경하기 차트의 계열 서식을 원하는 것으로 변경해 보겠습니다.

① 차트에서 데이터 계열을 선택
② 리본 메뉴의 [서식] 탭 – [도형 스타일] 그룹에서 **빠른 스타일** 갤러리에 있는 원하는 스타일을 적용합니다(예제에서는 [미세 효과 – 빨강, 강조 2]를 선택했습니다).

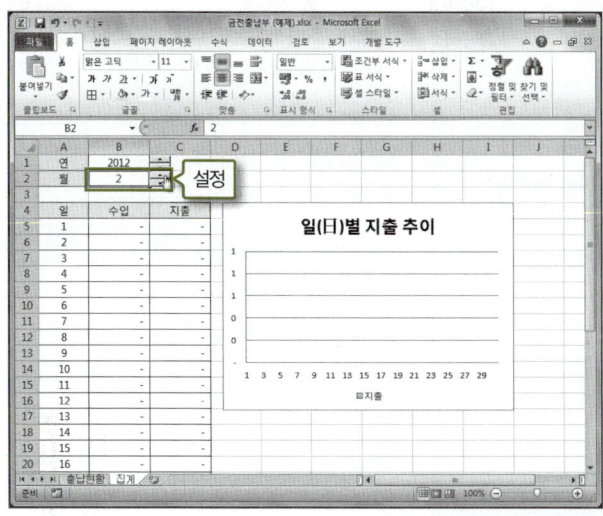

10 집계표와 연동 확인하기 집계표와 차트가 제대로 연동되는지 확인해 보겠습니다. 집계된 값이 없는 월로 조정했을 때 차트에 아무 것도 표시되지 않는다면 제대로 작동하는 것입니다. **C2**셀의 **스핀 단추** 컨트롤을 조정해 월 값을 변경합니다.

Section 04 선택 월 요약하고, 차트 생성하기

▶ 이름 계산   ▶ 세로 막대형 차트   ▶ 축 레이블 옵션

스핀 단추 컨트롤로 조정된 연, 월의 내역을 보기 좋게 하나의 표에 정리하고, 정리된 표를 차트로 표시하는 작업을 진행합니다. 앞에서 작업한 내용이 일별 추이를 표시하는 것이었다면 이번에 진행되는 작업은 전체 월의 내역을 빠르게 정리하는 역할을 합니다.

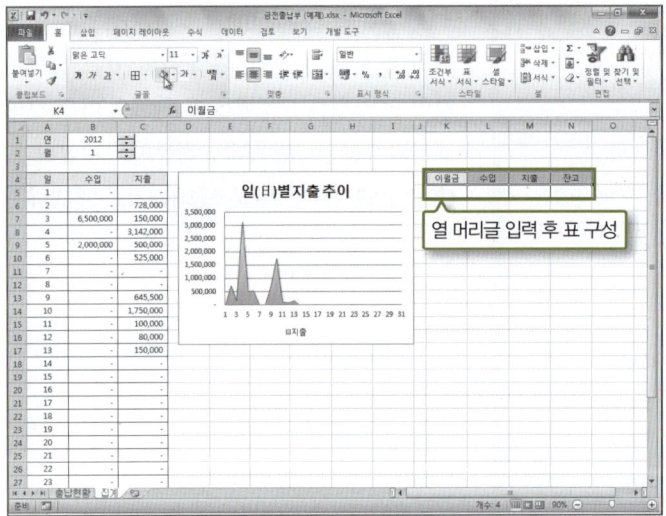

01 월 집계표 구성하기 B2셀에 표시된 월의 금전출납부 내역을 요약하기 위한 집계표를 만들어 보겠습니다.

다음과 같이 각 셀에 열 머리글을 입력한 후 그림을 참고하여 **K4:N5** 범위에 표를 구성합니다.

K4	L4	M4	N4
이월금	수입	지출	잔고

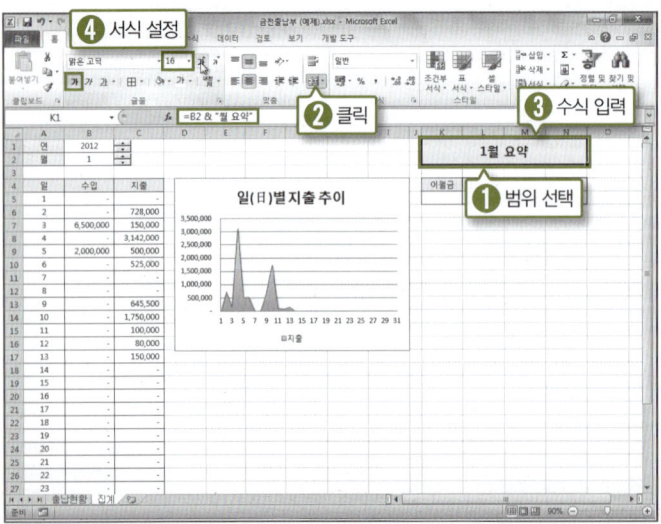

02 집계표의 제목을 표시하겠습니다.

① K1:N2 범위를 선택
② 리본 메뉴의 [홈] 탭 – [맞춤] 그룹에서 **병합하고 가운데 맞춤** 단추를 클릭해 병합
③ K1:N2 병합 셀에 다음 수식을 입력
④ 리본 메뉴의 [홈] 탭 – [글꼴] 그룹에서 글꼴 크기를 **16**, **굵게** 서식을 지정합니다.

=B2 & "월 요약"

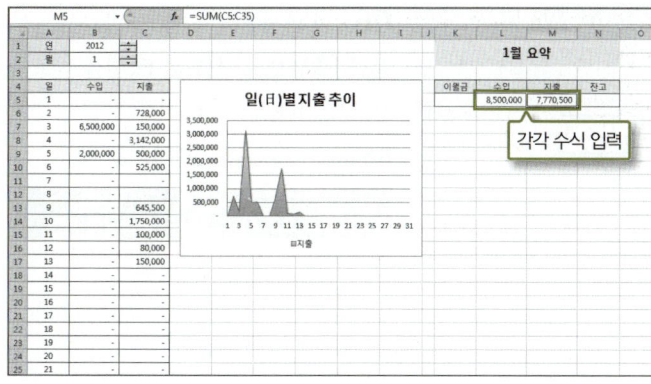

03 수입과 지출 요약하기 집계표의 수입과 지출은 왼쪽 B열과 C열의 수입, 지출 범위를 요약합니다.

L5, **M5**셀에 각각 다음과 같은 수식을 입력합니다.

L5 : =SUM(B5:B35)
M5 : =SUM(C5:C35)

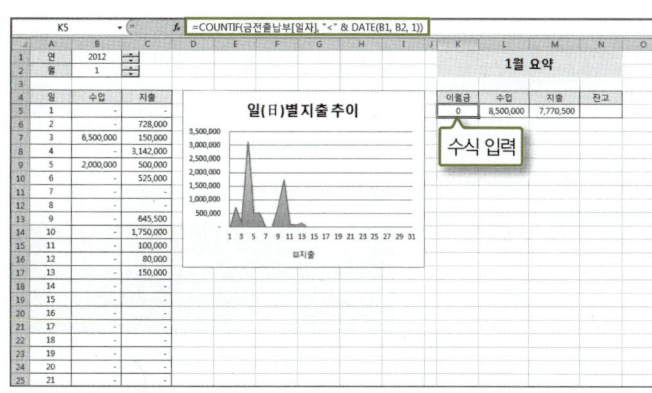

04 이월금 계산하기 이월금을 계산하려면 조금 복잡한 계산 식의 구성이 필요합니다. 먼저 B1, B2셀에 지정한 연, 월 이전 데이터가 존재하는지 확인해야 합니다.

K5셀에 다음과 같은 수식을 입력합니다.

=COUNTIF(금전출납부[일자], "<" & DATE(B1, B2, 1))

수식 설명 =COUNTIF(금전출납부[일자], "<" & DATE(B1, B2, 1))

이번 수식을 이해하기 위해서는 먼저 이월금을 계산하는 프로세스에 대해 이해해야 합니다. [출납현황] 시트에 있는 금전출납부의 경우 이월금은 최초 1회만 F2셀에 입력합니다. 그러므로 매월 이월된 금액을 계산하려면 다음과 같은 프로세스를 이용해야 합니다.

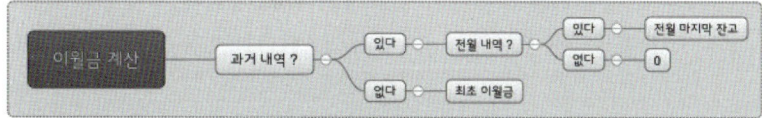

즉, 이월금을 계산하려면 과거 내역이 존재하는지 파악한 후 없다면 최초 이월금을 이월금으로 표시하고, 있다면 전월 내역 여부에 따라 전월의 마지막 잔고 금액을 표시하거나 0을 반환하도록 구성해야 합니다. 그러므로 위 프로세스대로 이월금을 계산하려면 과거 내역이 존재하는지 파악해야 하는데, 엑셀 수식에서는 해당 데이터 건수를 세는 COUNTIF 함수를 사용하면 됩니다.

4번 과정에서 작성한 수식은 과거 내역 건수를 세는 역할을 하는 것으로 [금전출납부] 엑셀 표의 일자 열에서 DATE 함수를 사용해 구성한 날짜 값 이전 데이터 건수를 셉니다. 참고로 위 프로세스를 수식으로 한 번에 구성하기는 쉽지 않으므로 04번부터 11번까지 이어지는 과정을 통해 작성합니다.

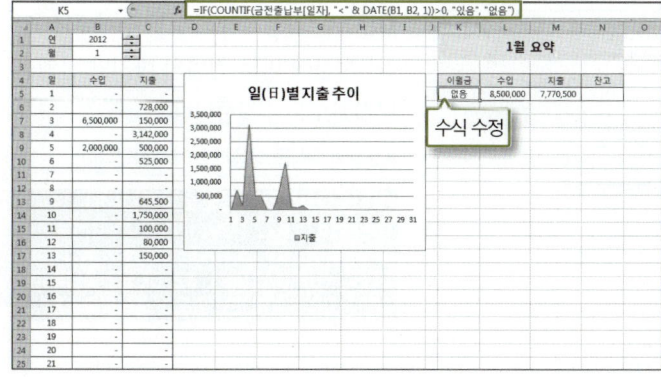

05 4번 과정에서 구한 결과를 토대로, IF 함수를 이용하여 과거 내역이 있는지 없는지를 표시합니다.

K5셀의 수식을 다음과 같이 수정합니다.

=IF(COUNTIF(금전출납부[일자], "<" & DATE(B1, B2, 1))>0, "있음", "없음")

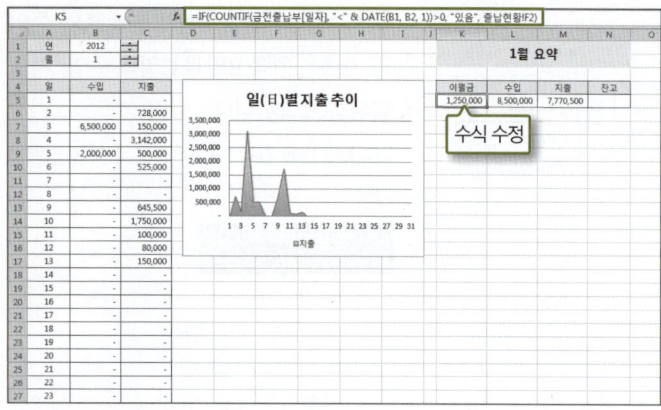

06 5번 과정에서 "없음"을 반환하는 부분을 [출납현황] 시트의 F2셀을 참조하도록 합니다.

K5셀의 수식을 다음과 같이 수정합니다.

=IF(COUNTIF(금전출납부[일자], "<" & DATE(B1, B2, 1))>0, "있음", 출납현황!F2)

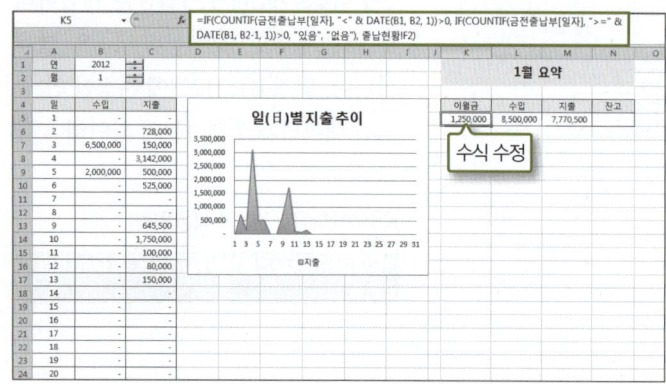

07 6번 과정의 수식에서 "있음" 부분을 전월 데이터가 존재하는지 여부를 표시하도록 수정합니다.

K5셀의 수식을 다음과 같이 수정합니다.

=IF(COUNTIF(금전출납부[일자], "<" & DATE(B1, B2, 1))>0, IF(COUNTIF(금전출납부[일자], ">=" & DATE(B1, B2-1, 1))>0, "있음", "없음"), 출납현황!F2)

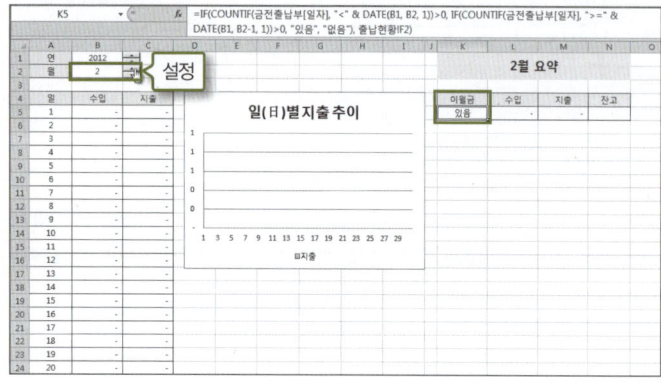

08 7번 과정에서 작성한 수식의 결과를 확인해 보겠습니다.

C2셀의 **스핀 단추** 컨트롤을 조정해 B2셀의 월 값을 2로 조정합니다.

2월 데이터가 집계되고, 1월 데이터가 존재하므로 K5셀의 수식 결과가 "있음"으로 표시됩니다.

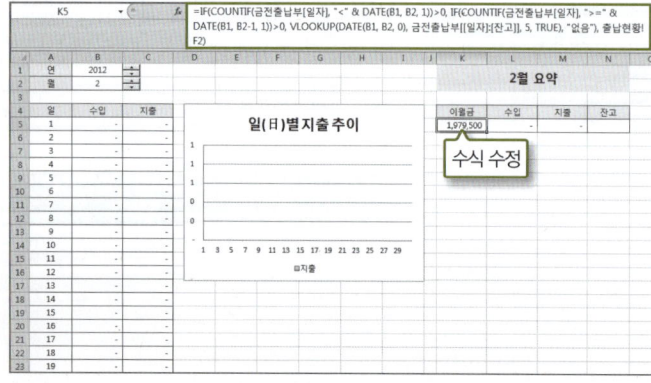

09 7번 과정에서 작성한 수식에서 "있음" 부분에 바로 전월의 마지막 잔액을 반환하도록 수정합니다.

K5셀의 수식을 다음과 같이 수정합니다.

=IF(COUNTIF(금전출납부[일자], "<" & DATE(B1, B2, 1))>0, IF(COUNTIF(금전출납부[일자], ">=" & DATE(B1, B2-1, 1))>0, VLOOKUP(DATE(B1, B2, 0), 금전출납부[[일자]:[잔고]], 5, TRUE), "없음"), 출납현황!F2)

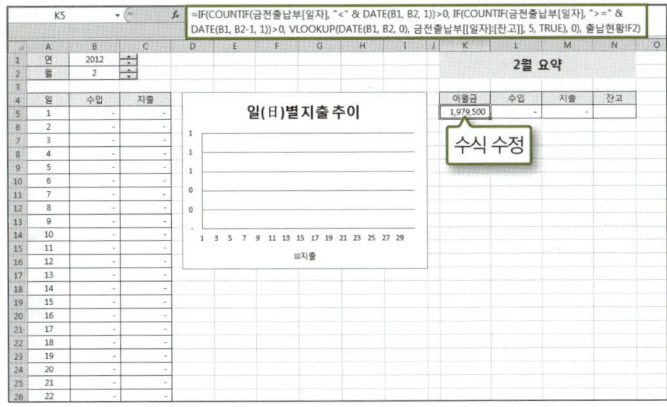

10 마지막으로 9번 과정의 수식에서 "없음" 부분에서 0이 반환되도록 수정합니다.

K5셀의 수식을 다음과 같이 수정합니다.

=IF(COUNTIF(금전출납부[일자], "<" & DATE(B1, B2, 1))>0, IF(COUNTIF(금전출납부[일자], ">=" & DATE(B1, B2-1, 1))>0, VLOOKUP(DATE(B1, B2, 0), 금전출납부[[일자]:[잔고]], 5, TRUE), 0), 출납현황!F2)

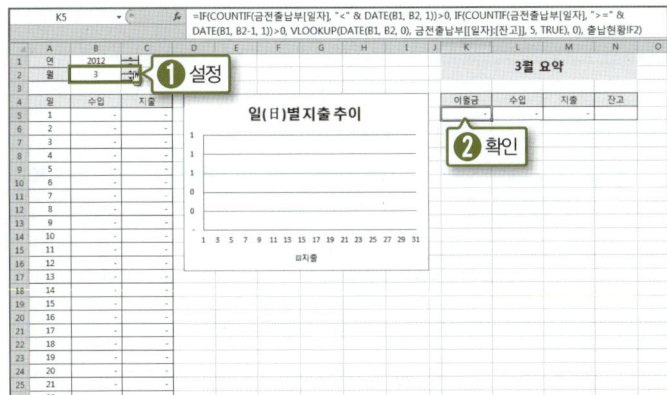

11
① C2셀의 **스핀 단추** 컨트롤을 조정해 B2셀의 값을 3으로 변경
② K5셀의 이월금이 **0**을 반환하는 것을 확인

지금까지 4번 과정의 [수식 설명]에서 설명한 수식을 조금이라도 쉽게 이해할 수 있도록 여러 단계에 거쳐 구성했습니다.

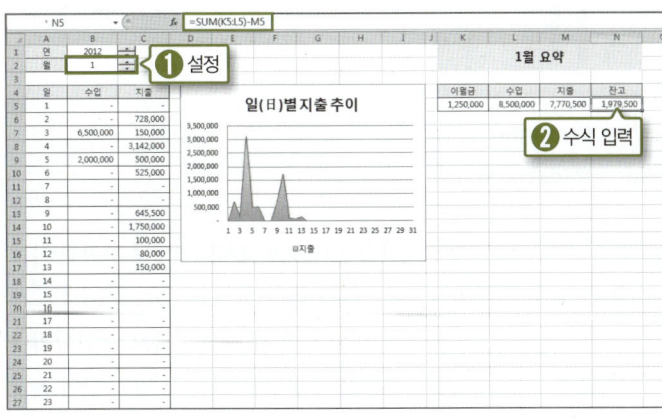

12 잔고 계산하기 이월금까지 계산했으므로 잔고는 쉽게 계산할 수 있습니다.
① B2셀의 값을 다시 **1**로 변경
② N5셀에 다음과 같은 수식을 입력하여 잔고를 계산합니다.

=SUM(K5:L5)-M5

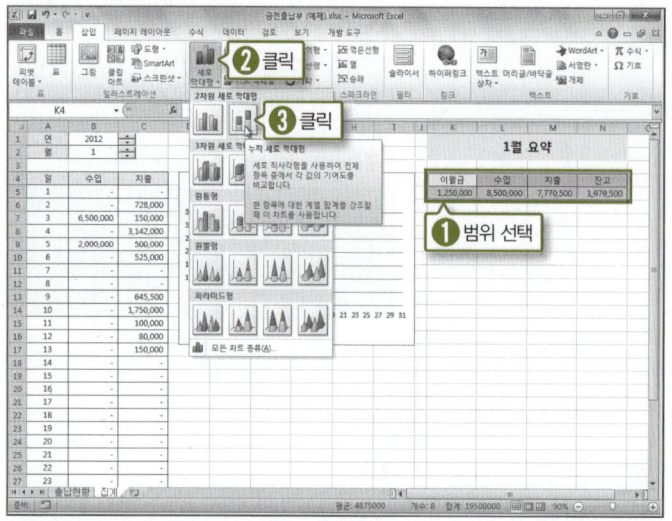

13 차트 생성하기 이제 요약된 표를 차트로 표시합니다. 이런 데이터를 한눈에 보기 좋게 요약하려면 막대형 차트 중에서 누적형 차트를 선택하는 것이 좋습니다.

① K4:N5 범위를 선택
② 리본 메뉴의 [삽입] 탭 – [차트] 그룹에서 **세로 막대형** 단추를 클릭
③ 2차원 세로 막대형 항목에서 **누적 세로 막대형** 차트를 클릭합니다.

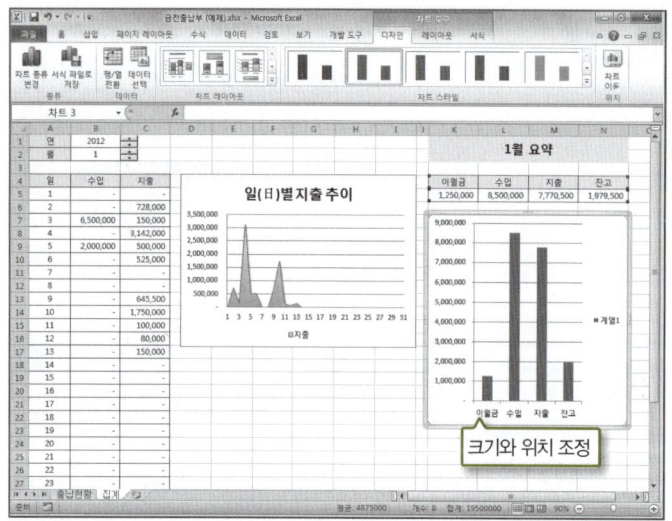

14
새로 추가한 차트의 **테두리**를 드래그하여 **K7:N22** 범위에 맞게 크기와 위치를 조정하면 그림과 같은 구성이 됩니다.

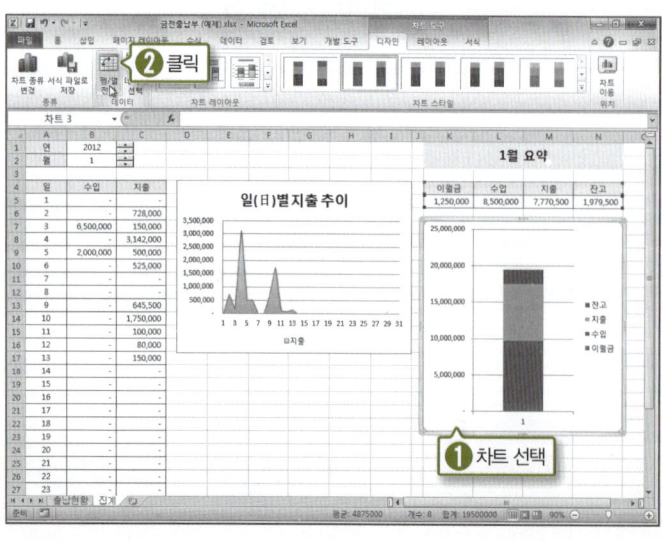

15 행/열 바꿔 표시하기 새로 추가한 차트는 원본 표의 열이 나뉘어 있음에도 계열로 인식되지 않고 X축으로 인식됩니다. 표의 방향을 바꿔 각 열의 값이 계열로 인식되도록 합니다.

① 차트를 선택
② 리본 메뉴의 [디자인] 탭 – [데이터] 그룹에서 **행/열 전환** 단추를 클릭합니다.

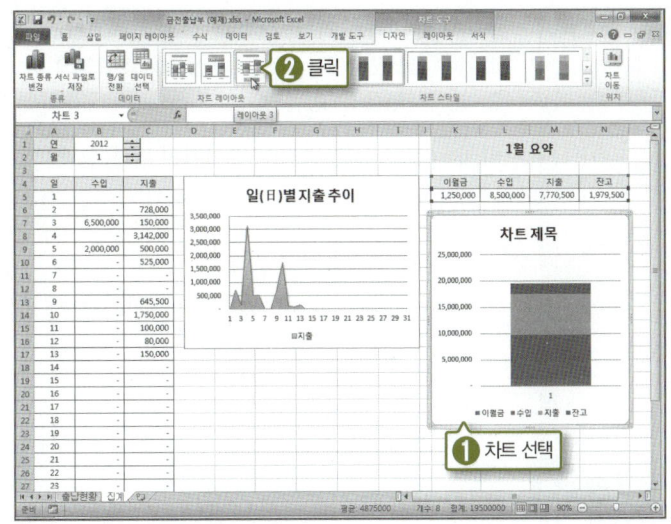

16 차트 레이아웃 변경하기 차트의 레이아웃을 빠르게 변경하겠습니다.

① 차트를 선택

② [디자인] 탭-[차트 레이아웃] 그룹의 **빠른 레이아웃** 갤러리에서 **레이아웃 3**을 클릭해 적용합니다.

차트 제목이 표시되고, 범례가 그림 영역 아래로 옮겨집니다.

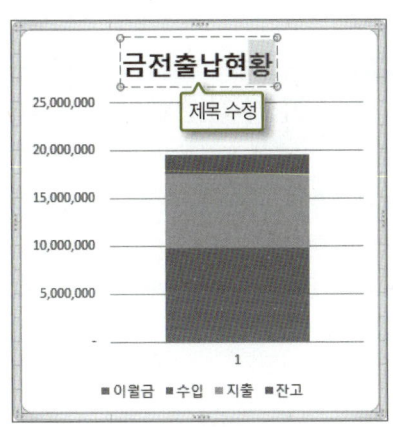

17 차트 제목 입력하기 차트 제목은 차트의 그래프를 적절하게 설명할 수 있어야 합니다.

차트 제목을 선택한 후 다음 내용을 입력합니다.

`금전출납현황`

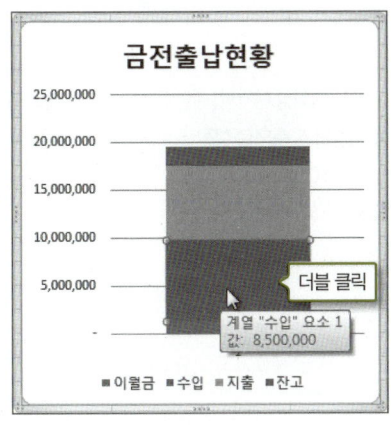

18 막대 그래프 너비 조정하기 현재 차트 구성으로는 설명하고자 하는 바를 쉽게 전달할 수 없습니다. 차트의 표현력을 높이기 위해 막대 그래프의 너비를 조정합니다.

차트에서 **수입** 계열을 더블 클릭하거나, **수입** 계열을 선택하고 Ctrl+1 키를 눌러 서식 대화상자를 호출합니다.

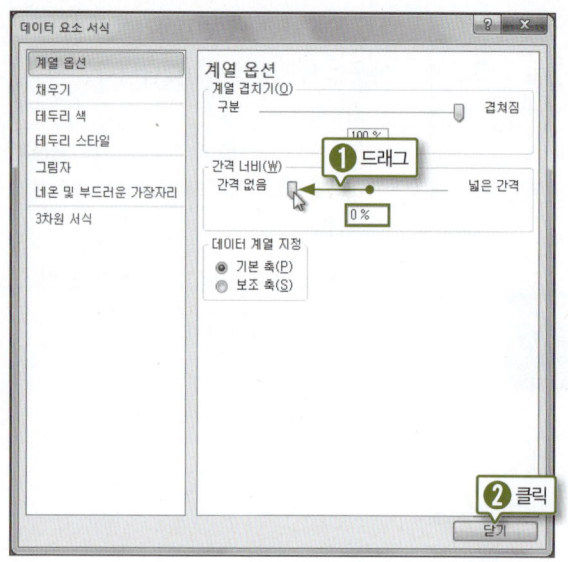

19 데이터 요소 서식 대화상자가 표시됩니다.
① [계열 옵션] 범주에서 간격 너비 옵션 값을 **0%**로 조정
② 〈닫기〉 버튼을 클릭합니다.

막대 그래프 간의 간격이 없어져서 막대 그래프의 너비가 넓어집니다.

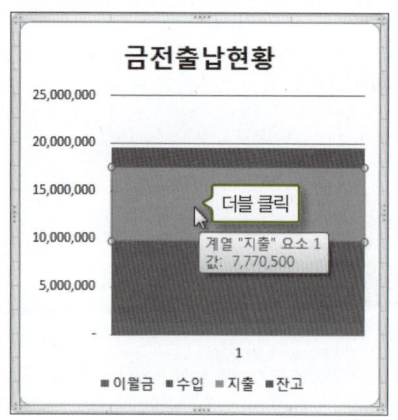

20 지출과 잔고를 보조 축에 표시하기 막대 그래프의 계열 중에서 [이월금]과 [수입]은 보유금이면서 [지출]과 [잔고]의 합계와 동일합니다. 그러므로 [지출]과 [잔고] 부분을 보조 축에 표시하고 막대 그래프의 너비를 조정하면 두 관계를 보다 분명하게 인식할 수 있습니다. 먼저 [지출] 계열의 설정을 변경하겠습니다.

지출 계열을 더블 클릭하거나, **지출** 계열을 선택한 후 Ctrl+1 키를 눌러 서식 대화상자를 호출합니다.

21
① 데이터 요소 서식 대화상자에서 [계열 옵션] 범주의 데이터 계열 지정 항목을 **보조 축**으로 설정
② 간격 너비 항목을 **100%**로 설정
③ 〈닫기〉 버튼을 클릭합니다.

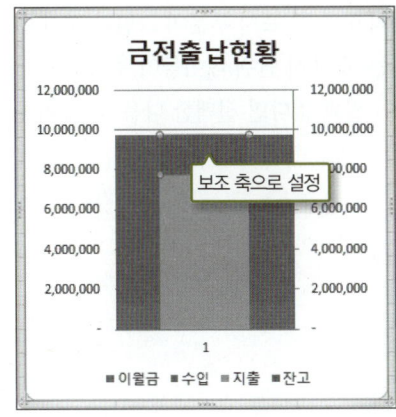

22
잔고 계열도 20번과 21번 과정을 참고해 지출 계열과 동일하게 설정합니다.

TIP ... 차트의 구성 이해하기

이월금 계열과 수입 계열은 이번 달에 보유하는 금액을 의미하며, 지출은 소비한 금액, 잔고는 남은 금액입니다. 이런 관계를 하나의 차트에 표시하려면 이번과 같이 누적 막대 그래프를 이용하는 것이 좋습니다.

23
축 레이블 단위 조정하기 이제, Y 기본 축과 보조 축의 단위와 최소, 최대값을 고정해 차트가 항상 일정한 모습으로 표시되도록 설정합니다.

Y 기본 축 레이블을 더블 클릭하거나, **Y 기본 축 레이블**을 선택하고 Ctrl+1 키를 눌러 서식 대화상자를 호출합니다.

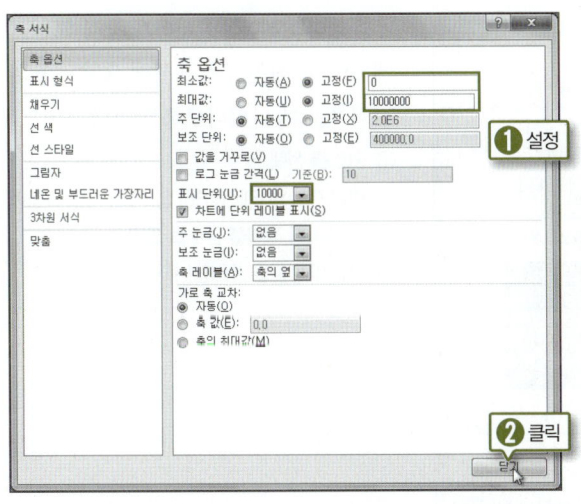

24
① 축 서식 대화상자에서 [축 옵션] 범주의 다음 항목을 각각 조정
② 〈닫기〉 버튼을 클릭합니다.

최소값 : 0
최대값 : 10000000
표시 단위 : 10000

TIP ... 조정된 옵션 이해하기

축에 표시되는 최소값과 최대값은 선택한 축(Y 기본 축)에 표시할 값의 범위입니다. 원래는 자동 조정되지만, 기본 축과 보조 축을 동시에 사용하기 때문에 두 값을 고정해 놓지 않으면 차트의 구성이 깨질 수 있습니다. 여기서 최소값 옵션인 0은 변경할 필요가 없지만, 최대값 옵션인 10,000,000은 월의 최대 수입(이월금 포함) 금액으로 지정하면 됩니다.

표시 단위 옵션은 0 개수가 너무 많이 표시되어 숫자 값을 읽는데 방해가 되므로 숫자 단위를 조정하기 위한 것입니다. 이번과 같이 만 단위로 조정하거나 사용자에 따라 천 단위 등으로도 조정할 수 있습니다.

25 설정을 마치면 Y 기본 축의 숫자 값 표시 부분이 그림과 같이 변경됩니다. 또한 x 10000이라는 축 표시 단위 레이블이 추가로 표시됩니다. 축 표시 단위 레이블이 필요 없다면 선택한 다음 Delete 키를 눌러 삭제합니다.

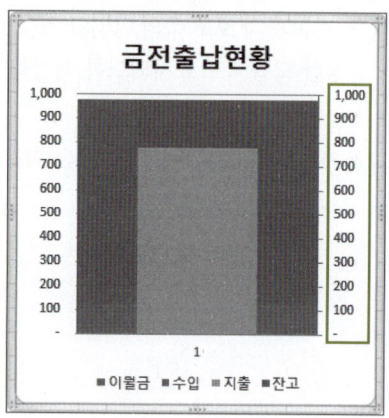

26
Y 보조 축 역시 23~25번 과정을 참고해 동일하게 설정하면 그림과 같은 차트가 완성됩니다.

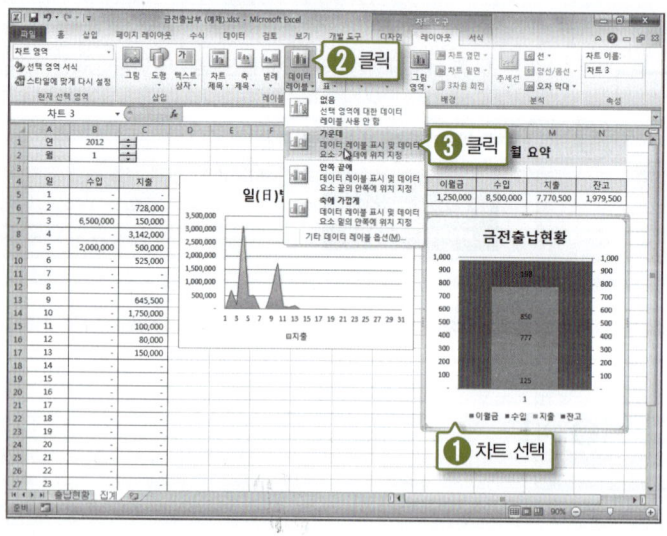

27 데이터 레이블 표시하기 막대 그래프에 데이터 레이블을 표시해 요약된 표의 값이 차트에 나타나도록 합니다.

① 차트를 선택
② 리본 메뉴의 [레이아웃] 탭 – [레이블] 그룹에서 **데이터 레이블** 단추를 클릭
③ **가운데** 명령을 클릭합니다.

28

데이터 레이블이 가운데로 몰리는 것을 막기 위해 **이월금 데이터 레이블**과 **수입 데이터 레이블**을 각각 선택한 후 막대 그래프 왼쪽으로 드래그해서 옮깁니다.

TIP ... 데이터 레이블을 고르는 방법
이번과 같이 여러 개의 막대 그래프가 겹쳐 있으면 어떤 값이 어느 계열의 데이터 레이블인지 판단하기 어려울 수 있습니다. 이럴 때는 데이터 레이블에 마우스 포인터를 대고 잠시 기다리면 그림과 같은 풍선 도움말이 표시됩니다.

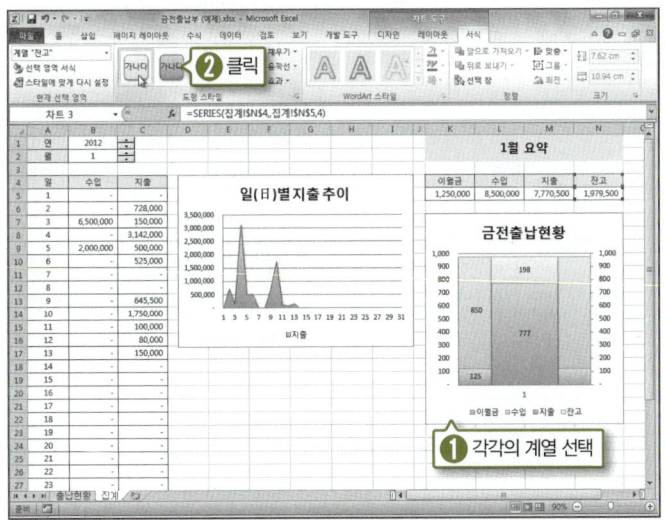

29 막대 그래프 서식 변경하기 이제 막대 그래프의 서식을 변경해 좀 더 깔끔한 차트로 구성합니다.

① 막대 그래프에서 서식을 변경할 계열을 하나씩 선택

② 리본 메뉴의 [서식] 탭 – [도형 스타일] 그룹에서 **빠른 스타일** 갤러리에서 원하는 서식을 선택합니다.

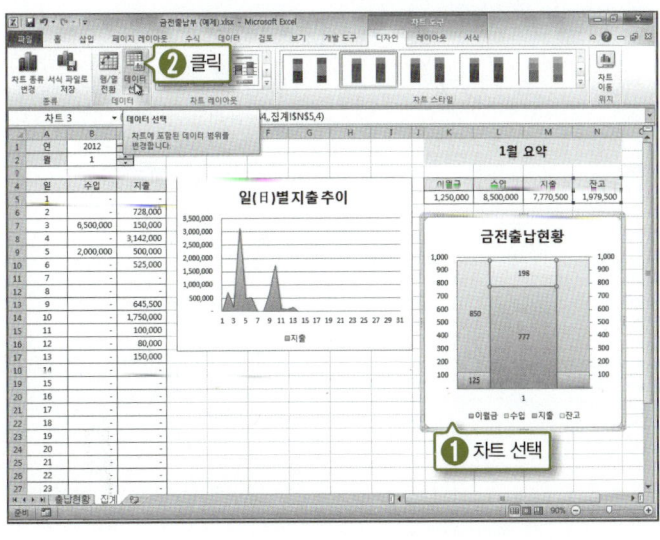

30 X축 레이블 변경하기 마지막으로 차트에 표시되는 X축 레이블을 변경합니다.

① 차트를 선택

② 리본 메뉴의 [디자인] 탭 – [데이터] 그룹에서 **데이터 선택** 단추를 클릭합니다.

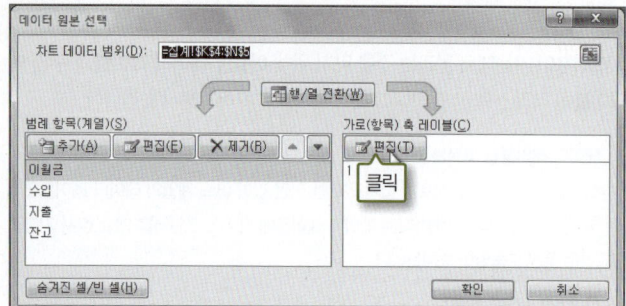

31
데이터 원본 선택 대화상자에서 가로(항목) 축 레이블 목록의 〈편집〉 버튼을 클릭합니다.

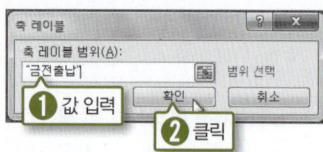

32
① 축 레이블 대화상자가 표시되면 축 레이블 범위 입력란에 다음과 같이 입력
② 〈확인〉 버튼을 클릭 후 데이터 원본 선택 대화상자에서도 〈확인〉 버튼을 클릭합니다.

"금전출납"

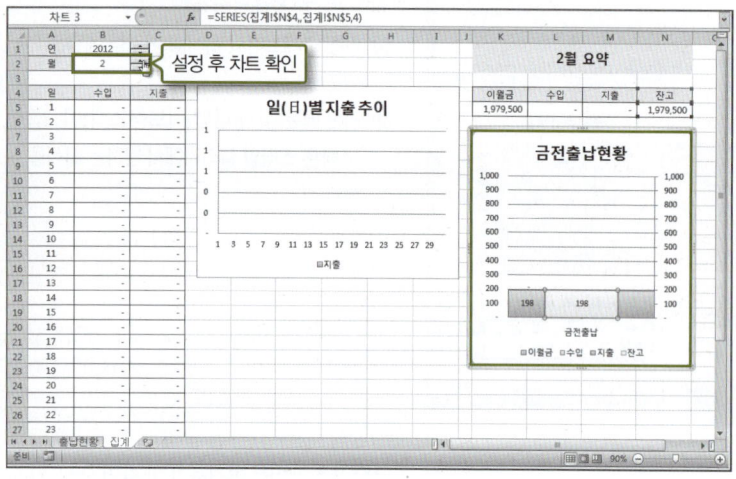

33 차트와 표 연동 확인하기
이제 차트가 제대로 연동되는지 확인해 보겠습니다.

C2셀의 **스핀 단추** 컨트롤을 조정해 월 값을 조정한 다음, 차트가 제대로 변경되는지 확인합니다.

Project 02.
실적 보고서 - 월

실적 보고서는 일, 주, 월, 분기, 연별 등 다양한 기간 또는 고객, 제품, 영업사원 등 다양한 기준으로 작성합니다. 그 중에서도 기간, 특히 월별로 판매 실적을 집계하고 증감률을 표시하며 이를 차트로 표시하는 작업은 대표적인 실적 보고서 중에 하나입니다. 이런 보고서의 패턴은 대부분 유사합니다. 그러므로 이번 실적 보고서를 작성해 보면 여타의 다른 보고서를 자동화할 때 도움이 될 것입니다.

미리보기

- 완성 파일 ⓞ : 실적보고서1-월.xlsx
- 예제 파일 ⓞ : 실적보고서1-월(예제).xlsx

Project Review

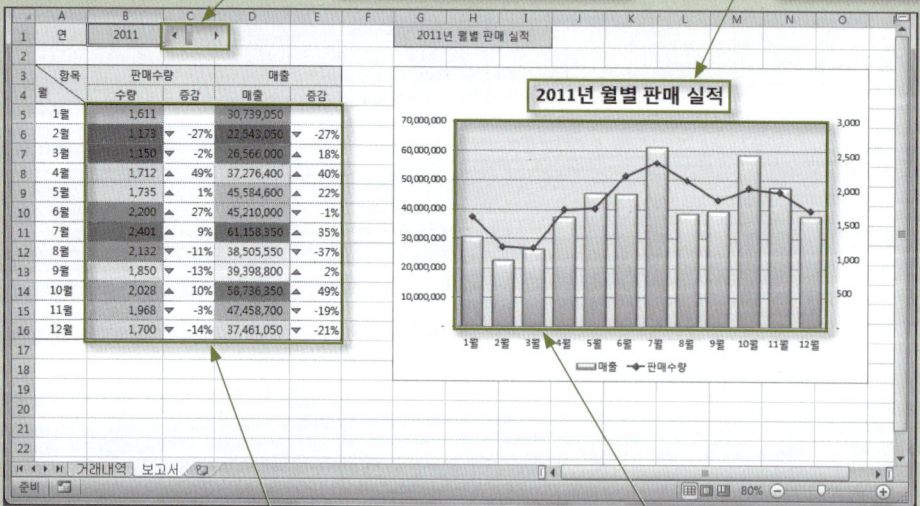

거래 내역(주문 내역)을 엑셀 표로 변환해 추가되는 데이터를 자동으로 집계합니다.

스크롤 막대 컨트롤로 연을 조정해 원하는 연도의 실적을 월별로 확인합니다.

선택한 연도의 값이 차트 제목에 나타나도록 구성합니다.

조건부 서식을 이용해 월별 판매 실적을 시각적으로 이해할 수 있도록 구성합니다.

이중 축 혼합형 차트를 이용해 매출과 판매 수량을 한눈에 확인할 수 있도록 차트를 구성합니다.

Section 01 거래 내역표 관리하기

▶ YEAR ▶ MONTH ▶ 표시 형식

거래 내역(또는 주문 내역, 판매 내역 등으로 불립니다) 데이터는 실적 보고서를 집계하기 위한 기본 데이터이므로 집계를 위해 필요한 항목이 모두 포함되어 있어야 합니다. 이번 보고서에서는 월별 판매 실적을 집계하는 작업을 진행하므로 거래가 발생한 날짜 값, 판매한 수량, 판매 금액 데이터가 필요합니다.

01 예제 이해하기 예제 파일을 열면 그림과 같은 거래 내역 데이터를 확인할 수 있습니다. 거래 내역은 2011년 1월 1일부터 2012년 10월 31일까지의 데이터입니다. 이 데이터를 월별로 집계하는 보고서를 자동화하는 작업을 진행합니다.

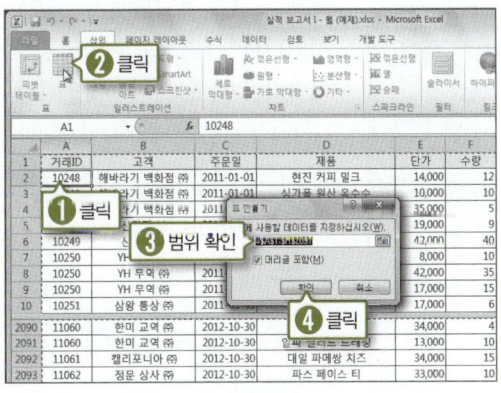

02 엑셀 표로 변환하기 이런 작업에서 가장 먼저 할 일은 거래 내역 데이터를 엑셀 표로 변환하는 것입니다.

① 표 내부의 임의의 셀(A2셀)을 하나 선택
② 리본 메뉴의 [삽입] 탭 – [표] 그룹에서 **표** 명령을 클릭
③ 표 만들기 대화상자에서 표 범위(A1:H2097)를 확인
④ 〈확인〉 버튼을 클릭합니다.

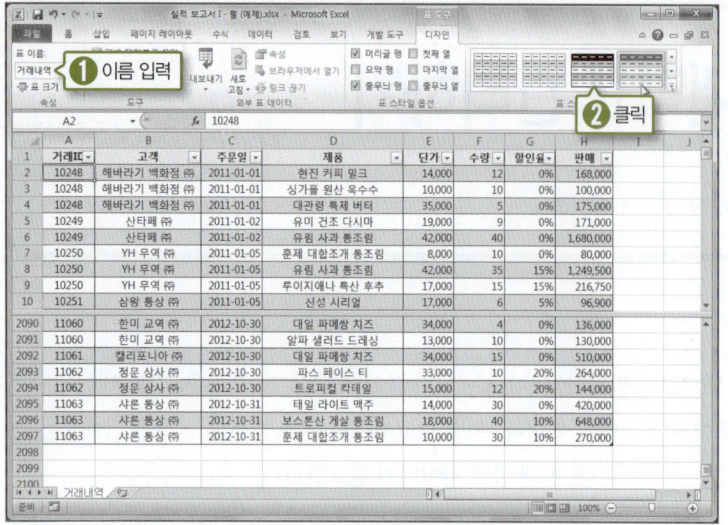

03

① 엑셀 표로 변환한 다음, 리본 메뉴의 [디자인] 탭 – [속성] 그룹에서 **표 이름** 입력 상자를 다음과 같이 수정

② [디자인] 탭 – [표 스타일] 그룹에서 **빠른 스타일** 갤러리에서 원하는 표 스타일을 선택합니다.

거래내역

TIP ... 표 스타일 깔끔하게 적용하기

표 스타일은 기존 표 서식과 중첩됩니다. 그러므로 본연의 표 스타일만 적용되도록 기존 표 서식을 지우는 작업이 필요합니다. A1:H2097 범위를 선택하고 다음 과정을 진행합니다. A1:H2097 범위를 선택할 때 A1셀을 선택한 후 Shift 키를 누른 상태에서 H2097셀을 선택하면 쉽게 범위를 선택할 수 있습니다.

① 리본 메뉴의 [홈] 탭 – [글꼴] 그룹에서 [채우기 색] 명령을 클릭하고 [채우기 없음]을 선택
② 리본 메뉴의 [홈] 탭 – [글꼴] 그룹에서 [테두리] 명령을 클릭하고 [테두리 없음]을 선택

참고로 표 스타일에 따라 열 머리글이 입력된 A1:H1 범위는 글꼴 색을 흰색으로 조정해 주는 작업이 필요할 수 있습니다.

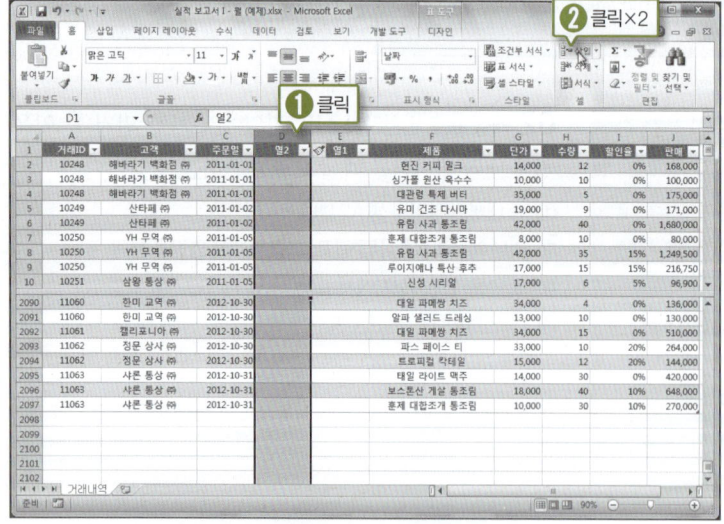

04 날짜 단위 열 추가하기

실적 보고서에서 연도를 선택하면 월별로 판매 실적을 요약하도록 작업할 것입니다. 그러므로 데이터를 집계하려면 연, 월 값이 필요합니다. C열의 주문일 열에서 계산에 필요한 연, 월 값을 계산해 내기 위해 새 열을 추가합니다.

① D열 머리글을 클릭
② 리본 메뉴의 [홈] 탭 – [셀] 그룹에서 **삽입** 단추를 **2번** 클릭해 열 2개를 삽입합니다.

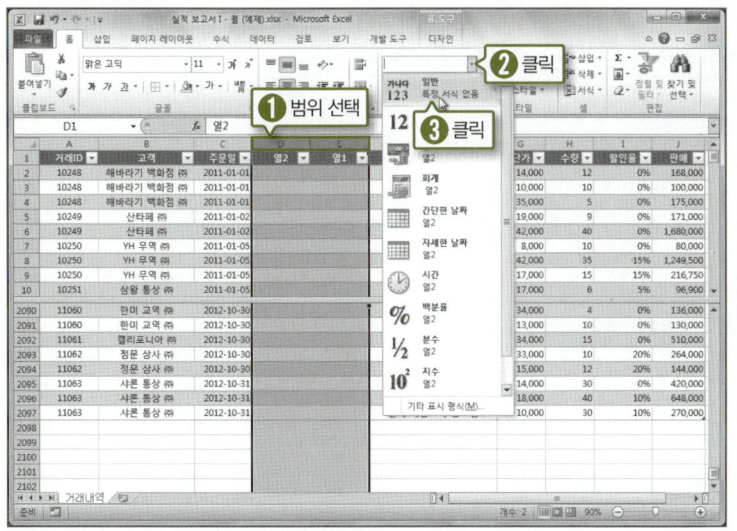

05 열을 추가하면 왼쪽에 있는 열의 서식이 자동으로 적용됩니다. 그러므로 추가한 2개의 열에는 날짜 서식이 적용됩니다. 두 열에서는 수식을 입력해 계산할 것이므로 서식을 [일반]으로 변경합니다.

① D:E 열 머리글을 선택
② 리본 메뉴의 [홈] 탭 – [표시 형식] 그룹에서 **표시 형식의 옵션** 단추를 클릭
③ **일반** 명령을 클릭해 서식을 변경합니다.

06 날짜 값에서 연도 값을 반환하도록 YEAR 함수를 사용합니다.

① D1셀에 **연**, E1셀에 **월** 각각 입력
② D2셀을 선택하고, 다음 수식을 입력합니다. 그러면 전체 열에 동일한 수식이 자동으로 적용됩니다.

=YEAR([@주문일])

수식 설명 =YEAR([@주문일])

YEAR 함수는 날짜 값에서 연도 값을 반환합니다. 이번 수식에서 인수로 사용한 [@주문일] 부분은 엑셀 표의 구조적 참조 방식으로 @을 사용하는 방식은 엑셀 2010 버전에서 새롭게 추가된 기능입니다.

구조적 참조에서 [주문일]은 주문일 열의 데이터 범위 전체를 참조하는 역할을 하는데, 열 머리글 앞에 @를 사용하면 해당 열에서 같은 행에 위치한 셀을 참조하란 의미입니다.

즉, 이번 수식을 D2셀에 입력하면 같은 행에 위치한 셀인 C2셀을 참조합니다. 그러므로 이번 수식은 다음 수식과 동일합니다.

=YEAR(C2)

언뜻 보면 위 수식이 더 쉬워 보이지만, 복잡한 수식에서 셀 주소를 사용하는 것은 참조 위치의 데이터를 빠르게 파악하기가 쉽지 않다는 단점이 있습니다. 그러므로 엑셀 표를 사용할 때는 구조적 참조를 이용한 참조 방식을 사용하는 것이 좋습니다. 다만 이번에 사용한 구조적 참조 방식은 엑셀 2010 버전에서만 사용할 수 있으므로, 엑셀 2007 버전 이하 사용자는 셀 주소를 사용해야 합니다. 참고로 엑셀 표에서 새로운 열을 추가한 다음, 첫 번째 셀에 수식을 입력하면 열 전체에 해당 수식이 자동으로 복사됩니다. 이렇게 수식을 사용한 열을 엑셀 표에서는 **계산된 열**이라고 부릅니다.

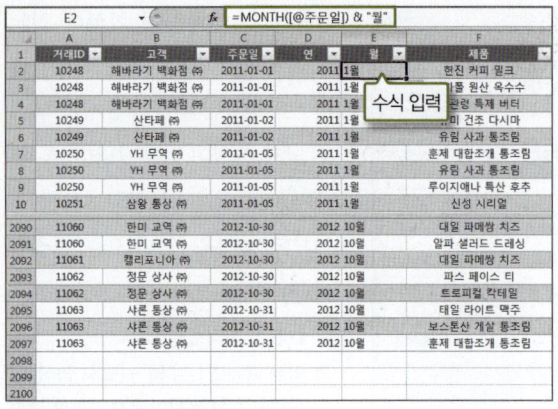

07 이번에는 날짜에서 월을 반환하도록 MONTH 함수를 사용합니다.

E2셀을 선택하고, 다음 수식을 입력합니다.

=MONTH([@주문일]) & "월"

수식 설명 =MONTH([@주문일]) & "월"

집계표에서 월을 표시할 때 보통 1월, 2월, … 과 같이 월 값 뒤에 단위를 표시하는 것이 일반적입니다. 그래서 월 값을 갖는 열도 같은 방법으로 월을 표시하도록 수식을 구성한 것입니다. 이번 수식에서 [@주문일]의 참조 위치가 어디인지 알면 수식 자체는 간단합니다.

Section 02 집계표 만들기

▶ 셀 서식   ▶ 스크롤 막대   ▶ 조건부 서식   ▶ 색조   ▶ 아이콘 집합

전체 거래 내역을 집계하는 표를 만들려면 어떤 구성이 가장 편안한지 알아야 합니다. 혼자만 사용하는 표라면 많은 고민이 필요 없겠지만, 이런 자동화 서식은 여러 사람과 함께 사용하는 것이 일반적입니다. 그러다 보니 구성에 많은 신경을 써야 합니다. 또한 집계된 표에는 수많은 숫자가 포함되어 있으므로 해당 숫자를 빠르게 이해할 수 있도록 조건부 서식 기능을 이용해 구성하는 작업이 필요합니다.

01 집계표 구성하기 집계표를 만들기 위해 새 워크시트를 추가합니다.

① **워크시트 삽입** 단추 를 클릭
② 추가된 워크시트 이름을 다음과 같이 변경합니다.

보고서

02 먼저 연도를 입력할 표를 구성합니다.

① 그림을 참고해 **A1:B1** 범위에 표를 구성
② **1행과 2행** 사이의 **구분선**을 드래그해 행 높이를 **30포인트**로 조정합니다.

행 높이는 양식 컨트롤이 삽입될 공간을 만들기 위함입니다.

03 월별 판매 실적 집계표에는 월별 판매 수량과 매출을 표시하고, 집계된 값 옆에 증감률을 표시합니다.

그림을 참고하여 **A3:E16** 범위에 집계표를 구성합니다.

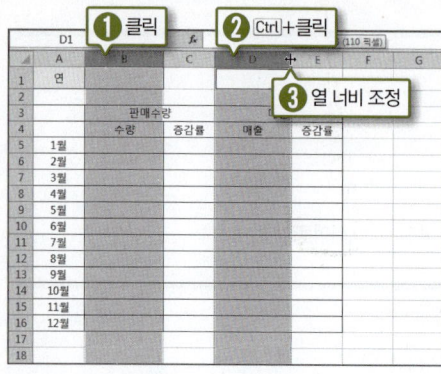

04 판매 수량은 아니어도, 매출은 셀의 기본 너비보다 더 넓은 공간을 필요로 합니다. 그러므로 B열과 D열의 열 너비 넓히는 작업을 미리 진행합니다.

① **B**열 머리글을 클릭
② Ctrl 키를 누른 상태에서 **D**열 머리글을 클릭해서 선택
③ **D**열과 **E**열 사이의 **구분선**을 오른쪽으로 드래그해 열 너비를 **110픽셀**로 조정합니다.

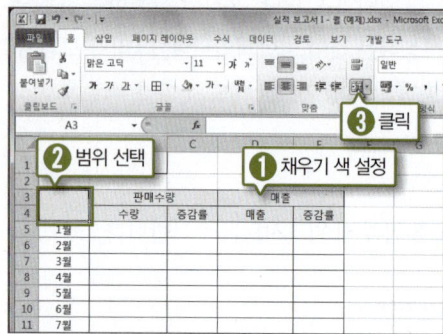

05 A3:A4 범위에 사선을 넣고, 열 머리글과 행 머리글의 제목을 입력합니다.

① **A3:E4** 범위의 채우기 색을 **A1**셀과 동일하게 설정
② **A3:A4** 범위를 선택
③ 리본 메뉴의 [홈] 탭 – [맞춤] 그룹에서 **병합하고 가운데 맞춤** 단추 를 클릭합니다.

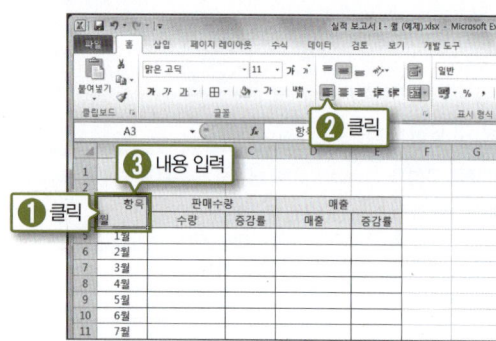

06
① **A3:A4** 병합 셀을 선택
② 리본 메뉴의 [홈] 탭 – [맞춤] 그룹에서 **텍스트 왼쪽 맞춤** 단추 를 클릭
③ Space Bar 를 여러 번 눌러 셀 오른쪽에 **항목** 입력하고 Alt + Enter 키를 눌러 행을 구분해 **월**을 입력한 후 Enter 키를 누릅니다.

TIP ... 작업 설명

표의 왼쪽 상단에 사선을 넣어 행과 열 머리글의 제목을 동시에 넣으려면, 셀을 왼쪽으로 맞춘 다음 열 머리글과 행 머리글의 제목을 순서대로 입력합니다. 이때, 열 머리글 제목인 "항목"을 입력하기 전 Space Bar 키를 눌러 입력하는 공백 문자의 개수는 열 너비에 따라 다를 수 있습니다. 그러므로 그림을 참고하여 적당한 위치에 표시되도록 구성합니다. 또한 행 머리글 제목인 "월"은 행을 구분해 입력해야 하므로 줄 바꿈 단축키인 Alt + Enter 키를 누르고 값을 입력합니다.

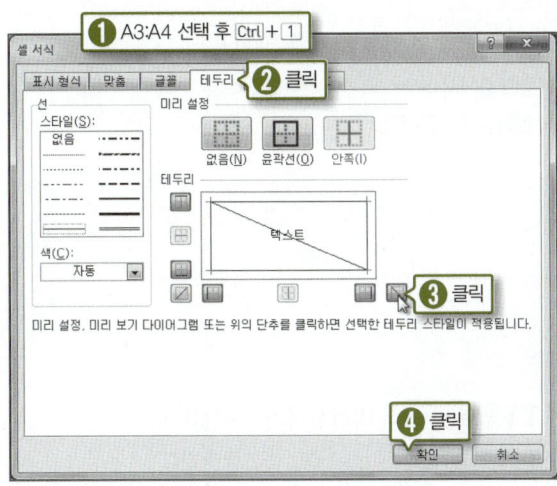

07 이제 행 머리글 제목과 열 머리글 제목 사이에 사선을 넣습니다.

① **A3:A4** 병합 셀을 선택한 다음 Ctrl+1 키를 눌러 셀 서식 대화상자를 호출
② [테두리] 탭을 클릭
③ 테두리 항목에서 오른쪽 아래로 향하는 **사선** 단추를 클릭
④ 〈확인〉 버튼을 클릭합니다.

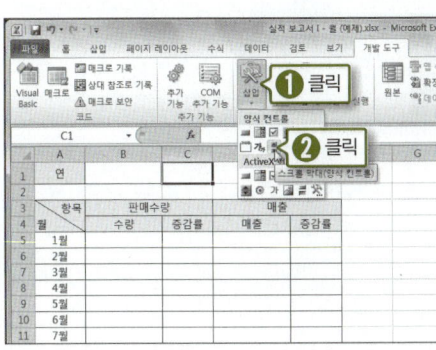

08 컨트롤 이용해 연도 조정하기 표를 완성했으니, 스크롤 막대 컨트롤을 이용해 연도를 조정합니다.

① 리본 메뉴의 [개발 도구] 탭 – [컨트롤] 그룹에서 **삽입** 단추를 클릭
② 양식 컨트롤 목록에서 **스크롤 막대** 컨트롤을 클릭합니다.

TIP ... 스크롤 막대 컨트롤과 스핀 단추 컨트롤

두 컨트롤은 값을 증가 또는 감소시킬 때 사용하는 컨트롤로 비슷한 역할을 합니다. 스핀 단추 컨트롤은 연도나 월과 같이 값의 변화가 크지 않은 항목의 값을 변경할 때 사용하며, 스크롤 막대 컨트롤은 금액과 같이 값의 변화가 큰 항목의 값을 변경할 때 사용한다는 차이가 있습니다.
이번 예제는 값의 변화가 크지 않지만 스크롤 막대 컨트롤의 사용 방법을 익히기 위해 스핀 단추 컨트롤을 대신해서 사용했습니다.

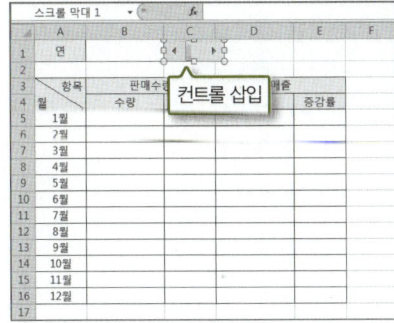

09

그림과 같이 **C1:D1** 범위에 적당한 크기로 드래그해 컨트롤을 삽입합니다.

TIP ... 컨트롤의 크기 조정

컨트롤을 삽입할 때 Alt 키를 누른 상태에서 드래그하면 셀 크기에 맞춰 크기를 변경할 수 있습니다.

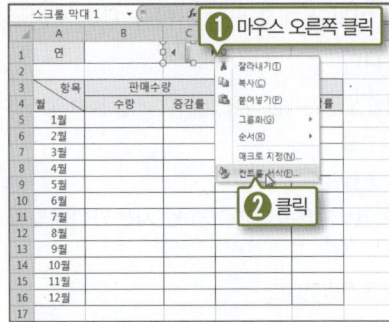

10 추가된 컨트롤의 옵션 값을 설정하겠습니다.
① **스크롤 막대** 컨트롤에서 마우스 오른쪽 버튼을 클릭
② **컨트롤 서식** 명령을 클릭합니다.

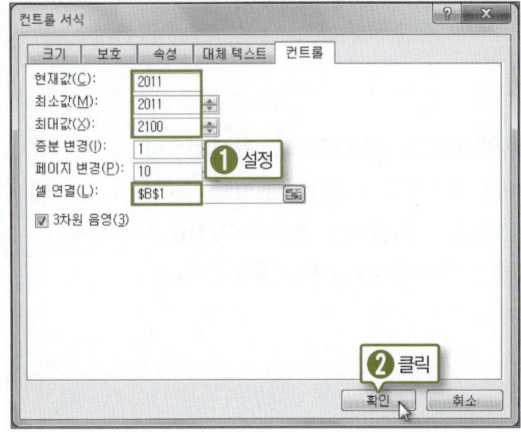

11 컨트롤 서식 대화상자가 표시됩니다.
① [컨트롤] 탭에서 다음과 같이 옵션 값을 변경
② 〈확인〉 버튼을 클릭합니다.

현재값 : 2011
최소값 : 2011
최대값 : 2100
셀 연결 : $B$1

TIP ... 컨트롤 설정 이해하기

스크롤 막대 컨트롤은 스핀 단추 컨트롤의 옵션과 유사합니다. 다른 점은 페이지 변경 옵션이 있다는 것인데, 이 값은 10이 기본입니다. 이 설정 값이 어떻게 동작하는지는 13번 과정을 통해서 확인할 수 있습니다. 이번 설정은 스크롤 막대 컨트롤을 조정할 때 값이 2011(년)부터 2100(년)까지 조정되며, 조정된 값은 B1셀에 나타나도록 한 것입니다.

12 스크롤 막대 컨트롤을 조정해 연도를 조정해 봅니다.
스크롤 막대 컨트롤의 **증가** 단추를 클릭하면 **B1** 셀의 값이 **1**씩 증가합니다.

TIP ... 스크롤 막대 컨트롤의 동작 이해하기

스크롤 막대 컨트롤에는 왼쪽 화살표(감소) 단추와 오른쪽 화살표(증가) 단추가 있습니다. 왼쪽 화살표를 클릭하면 값이 감소, 오른쪽 화살표를 클릭하면 값이 증가합니다. 증감하는 값의 간격은 11번 과정에서 설정한 옵션 중에서 증분 변경 옵션으로 설정합니다. 11번 과정에서 증분 변경 옵션 값을 변경하지 않았으므로 기본 값인 1이 적용되어, 단추를 클릭할 때마다 1씩 증감합니다.

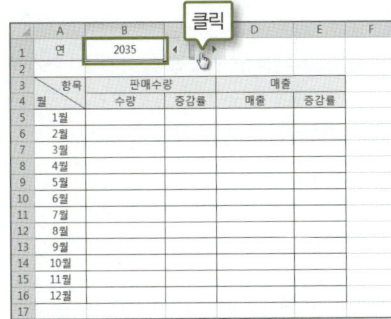

13
스크롤 막대 컨트롤에서 증감 단추와 조절바 사이를 클릭해 보면 연도가 **10**씩 증감하는 것을 확인할 수 있습니다.

> **TIP ... 스크롤 막대 컨트롤의 동작 이해하기**
>
> 스크롤 막대 컨트롤에는 감소 단추와 증가 단추 사이에 조절바가 있습니다. 조절바를 드래그하거나 조절바와 증감 단추 사이를 클릭해 값을 조정할 수 있습니다.
>
> 조절바와 감소 단추 사이를 클릭하면 감소, 조절바와 증가 단추 사이를 클릭하면 증가하는데, 증감하는 값의 간격은 11번 과정에서 설정한 옵션 중에서 페이지 변경 옵션 값으로 설정합니다. 설정하지 않을 때는 기본 값인 10이 적용됩니다.

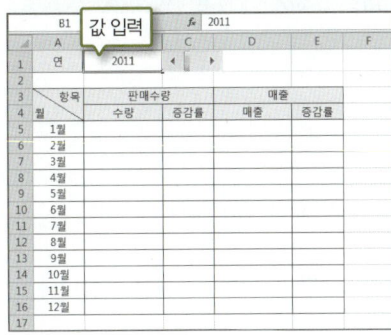

14 스크롤 막대 컨트롤과 연결된 셀은 컨트롤을 조정하지 않고, 값을 직접 입력하여 변경할 수도 있습니다.
B1셀의 값을 직접 입력해 **2011**로 변경합니다.

> **TIP ... 컨트롤과 연결된 셀의 관계**
>
> 양식 컨트롤의 옵션 중에서 셀 연결 옵션 값을 설정해 컨트롤의 값이 특정 셀에 표시되도록 할 수 있습니다. 다만, 셀 값을 직접 수정하면, 컨트롤에 설정된 값 범위를 벗어날 수 있는데, 예를 들어 B1셀에 3000을 입력하면, 스크롤 막대 컨트롤에 설정된 최대값(여기서는 2100)으로 변경되지만, 셀 값은 그대로 3000이 표시됩니다. 이것은 셀과 컨트롤의 연결이 단순하게 컨트롤의 값을 셀에 표시하는 의미만 갖는 것이지, 셀과 컨트롤이 완벽하게 연동되는 것은 아니라는 사실을 의미합니다.

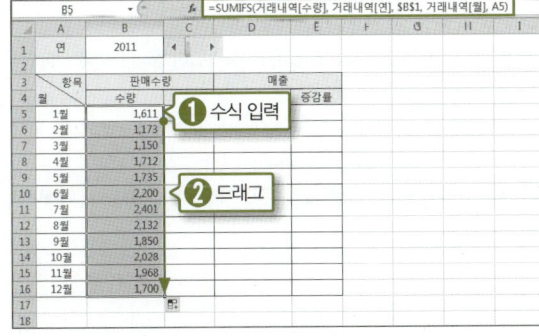

15 월별 판매 실적 집계하기 먼저 판매 수량을 집계합니다.
① **B5**셀을 선택하고, 다음 수식을 입력
② **B5**셀의 **채우기 핸들**을 **B16**셀까지 드래그해 수식을 복사합니다.

=SUMIFS(거래내역[수량], 거래내역[연], $B$1, 거래내역[월], A5)

수식 설명 =SUMIFS(거래내역[수량], 거래내역[연], $B$1, 거래내역[월], A5)

사용자가 설정한 연도와 월에 맞는 판매 수량을 집계하려면, [거래내역] 시트의 연(D열)과 월(E열) 값을 확인하고 수량(H열) 열을 집계해야 합니다. 조건이 둘(연, 월)이므로 SUMIFS 함수를 사용했습니다.

SUMIFS 함수에서 1번째 인수는 합계 범위, 2번째는 조건 범위, 3번째는 조건식, 4번째부터 2번째와 3번째 인수가 반복되는 구문을 가집니다.

=SUMIFS(합계 범위, 조건 범위1, 조건식1, 조건 범위2, 조건식2, …)

그러므로 이번 수식은 다음 2가지 조건을 모두 만족하는 수량 열의 합계를 구하는 수식이 됩니다.

첫째, [거래내역] 엑셀 표의 연 열의 값이 $B$1셀과 같아야 하고

둘째, [거래내역] 엑셀 표의 월 열의 값이 A5셀과 같아야 합니다.

이번 수식에서 B1셀은 절대참조로, A5셀은 상대참조로 참조하는데, 이것은 수식을 복사할 때 참조할 연도 위치(B1)는 고정되고, 월의 위치(A5)는 계속 변해야 하기 때문입니다.

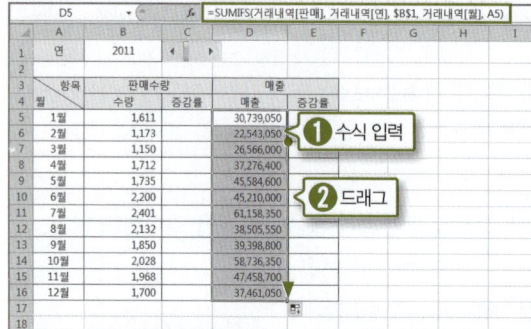

16 이번에는 매출을 집계합니다.
① D5셀에 다음 수식을 입력
② D5셀의 채우기 핸들을 D16셀까지 드래그해 수식을 복사합니다.

=SUMIFS(거래내역[판매], 거래내역[연], $B$1, 거래내역[월], A5)

수식 설명 =SUMIFS(거래내역[판매], 거래내역[연], $B$1, 거래내역[월], A5)

이 수식은 15번 과정에서 사용한 수식과 동일합니다. [거래내역] 엑셀 표의 수량 열 대신 판매 열의 합계를 계산한다는 점만 다릅니다.

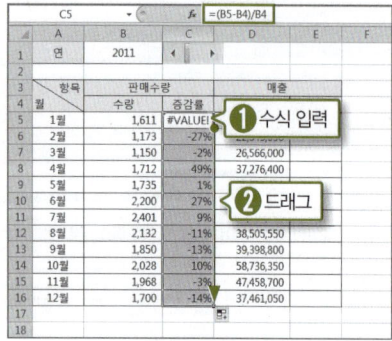

17 판매 수량 증감률 구하기 집계된 수량의 월별 증감률을 구합니다.
① C5셀에 다음 수식을 입력
② C5셀의 채우기 핸들을 C16셀까지 드래그해 수식을 복사합니다.

=(B5-B4)/B4

수식 설명 =(B5-B4)/B4

증감률은 **=(이번 값 - 이전 값)/이전 값** 형태로 계산합니다. C5셀을 기준으로 이번 값은 B5셀의 값이며, 이전 값은 B4셀의 값이 됩니다. 이때, B5, B4 셀은 상대참조이기 때문에 셀 주소보다는 이번 값, 이전 값으로 이해하는 것이 수식을 이해하는 데 도움이 됩니다.

C5셀의 경우는 이전 값이 텍스트 값이므로 #VALUE! 오류가 반환됩니다. 1월의 이전 값은 전년도 판매 수량을 구해야 하는데, 현재 표 구조에서는 파악하기 어려워 오류가 발생된다는 점만 기억합니다. 만약 전년도 데이터가 있다면 다음과 같이 수식을 작성할 수 있습니다.

=IF(A5="1월", (B5-SUMIFS(거래내역[수량], 거래내역[연], B1-1, 거래내역[월], 12))/SUMIFS(거래내역[수량], 거래내역[연], B1-1, 거래내역[월], 12), (B5-B4)/B4)

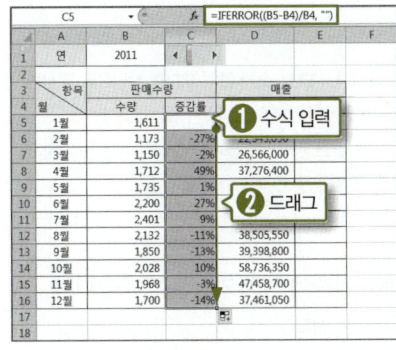

18 증감률에 오류가 반환될 때 공백 문자를 반환하도록 수식을 수정합니다.

① C5셀의 수식을 다음과 같이 수정
② C5셀의 **채우기 핸들**을 C16셀까지 드래그해 수식을 복사합니다.

=IFERROR((B5-B4)/B4,"")

수식 설명 =IFERROR((B5-B4)/B4, " ")

오류가 발생하는 수식을 다른 값으로 대체할 때는 IFERROR 함수를 사용합니다. IFERROR 함수의 2번째 인수가 대체할 값인데 이번 수식에서는 공백 문자(" ")를 지정해 오류가 발생할 때 공백 문자가 반환되도록 구성했습니다. 이번 수식을 2003 버전에서 사용하려면 IFERROR 함수 대신 IF와 ISERROR 함수를 사용해 다음과 같이 구성합니다.

=IF(ISERROR((B5-B4)/B4), " ", (B5-B4)/B4)

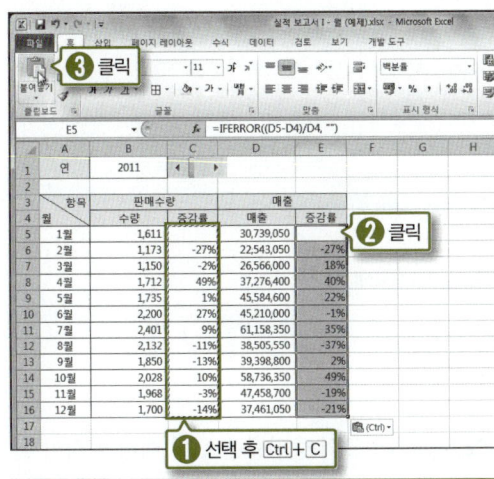

19 매출 증감률 구하기 이번에는 매출의 월별 증감률을 계산합니다. 매출에서 증감률을 계산하는 수식은 판매 수량과 동일하고, 셀의 위치가 동일하므로 판매 수량의 증감률 구하는 수식을 복사해서 사용해도 됩니다.

① C5:C16 범위를 선택하고, Ctrl + C 키를 눌러 복사
② E5셀을 선택
③ 리본 메뉴의 [홈] 탭 – [클립보드] 그룹에서 **붙여넣기** 단추를 클릭합니다.

TIP ... 복사해서 수식 복사하기

수식을 복사할 때는 보통 자동 채우기 기능을 이용합니다. 이번처럼 떨어진 위치라고 해도, 수식에서 참조하는 셀의 위치가 일정하고, 참조할 셀의 위치가 상대참조 방식일 때는 기존 수식을 복사하고 붙여 넣는 방법을 이용해 수식을 복사할 수 있습니다.

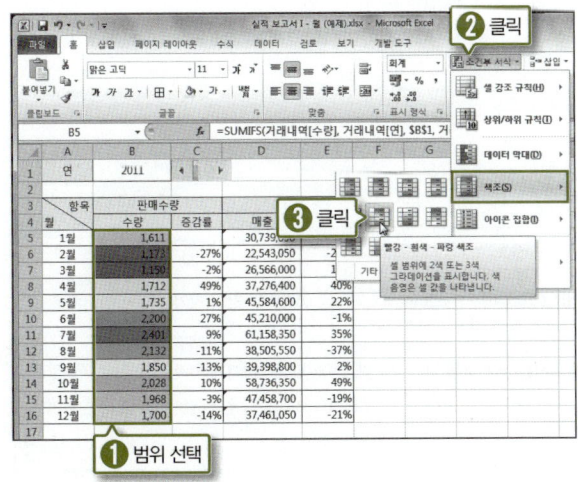

20 조건부 서식을 이용해 숫자 이해하기 B5:B16 범위에 집계된 판매 수량을 보다 빠르게 이해하도록 서식을 지정합니다.

① B5:B16 범위를 선택
② 리본 메뉴의 [홈] 탭 – [스타일] 그룹에서 **조건부 서식** 단추를 클릭
③ **색조〉빨강-흰색-파랑 색조** 명령을 클릭합니다. 판매 수량을 이해하는 데 도움이 되는 다른 색조를 선택해서 사용해도 됩니다.

TIP ... 조건부 서식의 색조 기능 이해하기

조건부 서식 중에서 색조 기능은 엑셀 2007에서 추가된 기능으로 하위 버전에서는 사용할 수 없습니다. 색조는 숫자 값의 크기를 색상으로 표시하는 기능으로 숫자의 높고 낮음을 비교적 빠르게 이해할 수 있어, 이런 집계표에서 어느 월의 실적이 더 좋은지 상대적인 비교가 가능합니다.

이번에 적용한 [빨강–흰색–파랑] 색조는 값이 높고 낮음에 따라 높은 값은 빨강, 중간 값은 흰색, 낮은 값은 파랑으로 표시해 줍니다. 색조는 이렇게 숫자 값을 일일이 확인하지 않아도 어떤 월의 판매 수량이 높았고, 낮았는지를 바로 표시해 주기 때문에 값을 읽는 데 도움이 됩니다.

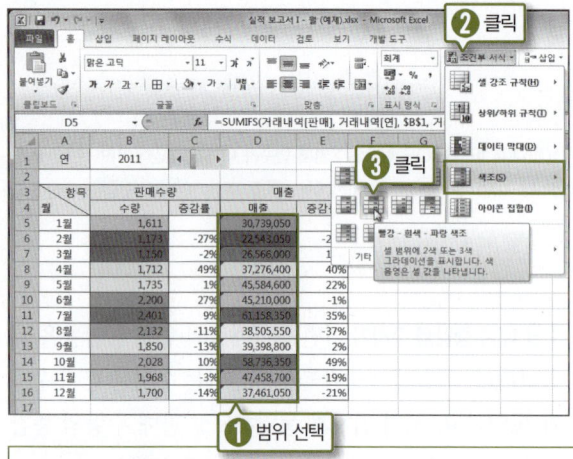

21 이번에는 매출에 색조 기능을 적용합니다.
① D5:D16 범위를 선택
② 리본 메뉴의 [홈] 탭 – [스타일] 그룹에서 **조건부 서식** 단추를 클릭
③ 20번 과정과 동일하게 **색조>빨강–흰색–파랑 색조** 명령을 클릭합니다.

TIP ... 색조의 수정

마음에 드는 색조 서식이 존재하지 않는다면 기존 서식을 적용한 다음, 다음과 같은 과정으로 수정해 사용할 수도 있습니다.
① 임의의 색조 서식을 선택해 적용합니다.
② 리본 메뉴의 [홈] 탭 – [스타일] 그룹에서 [조건부 서식] 단추를 클릭한 후 [규칙 관리] 명령을 클릭합니다.
③ 〈규칙 편집〉 버튼을 클릭하고 원하는 색을 선택합니다.
조건부 서식의 기존 서식을 변경하는 방법은 23~25번 과정에서 자세하게 설명하니 참고합니다.

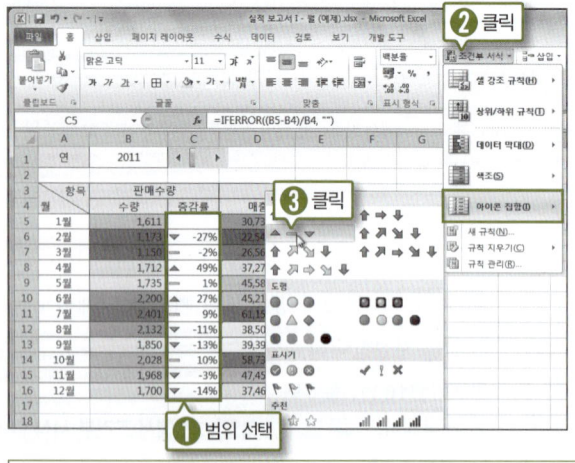

22 C열과 E열의 증감률은 전월 대비 실적이 올랐는지, 감소했는지를 표시합니다. 이런 경우 아이콘을 이용해 표시하면 이해가 쉽습니다.
① C5:C16 범위를 선택
② 리본 메뉴의 [홈] 탭 – [스타일] 그룹에서 **조건부 서식** 단추를 클릭
③ **아이콘 집합>삼각형 3개** 명령을 클릭합니다.

TIP ... 조건부 서식의 아이콘 집합 기능 이해하기

앞에서 사용한 색조 효과와 더불어 아이콘 집합 기능 역시 엑셀 2007 버전에서부터 지원합니다. 이 기능을 이용하면 값의 크기에 맞는 아이콘을 셀 왼쪽에 표시할 수 있습니다.

아이콘 집합은 표시할 수 있는 아이콘 개수만큼 백분율로 숫자를 판단해 표시합니다. 예를 들어 이번에 선택한 [삼각형 3개] 아이콘 집합은 아이콘이 모두 3개이므로 전체 데이터 중에서 상위 34%에 해당하는 값에 녹색 삼각형 아이콘을, 34%를 초과하고 67% 이하인 경우에는 노란색 파선 아이콘을 나머지는 빨간색 역 삼각형 아이콘을 표시합니다.

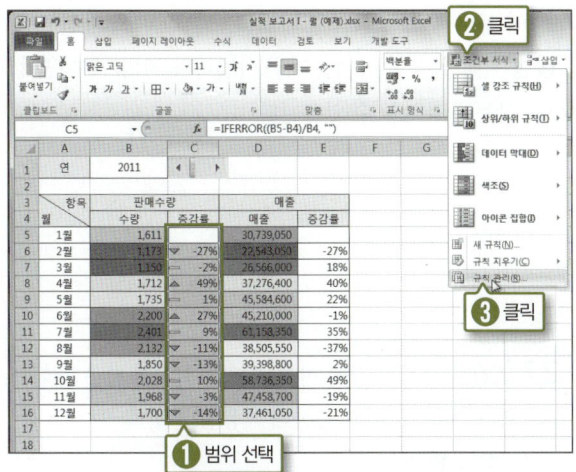

23 적용된 아이콘 집합을 양수일 때 녹색 삼각형, 0일 때는 노란색 파선, 음수일 때 빨간색 역 삼각형 아이콘이 나타나도록 수정합니다.

① **C5:C16** 범위를 선택
② 리본 메뉴의 [홈] 탭 – [스타일] 그룹에서 **조건부 서식** 단추를 클릭
③ **규칙 관리** 명령을 클릭합니다.

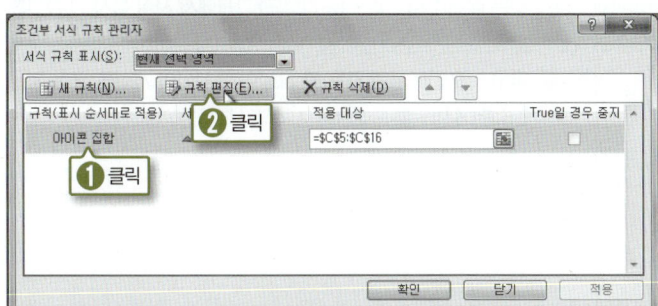

24
① 조건부 서식 규칙 관리자 대화상자에서 **아이콘 집합** 조건을 선택
② 〈규칙 편집〉 버튼을 클릭합니다.

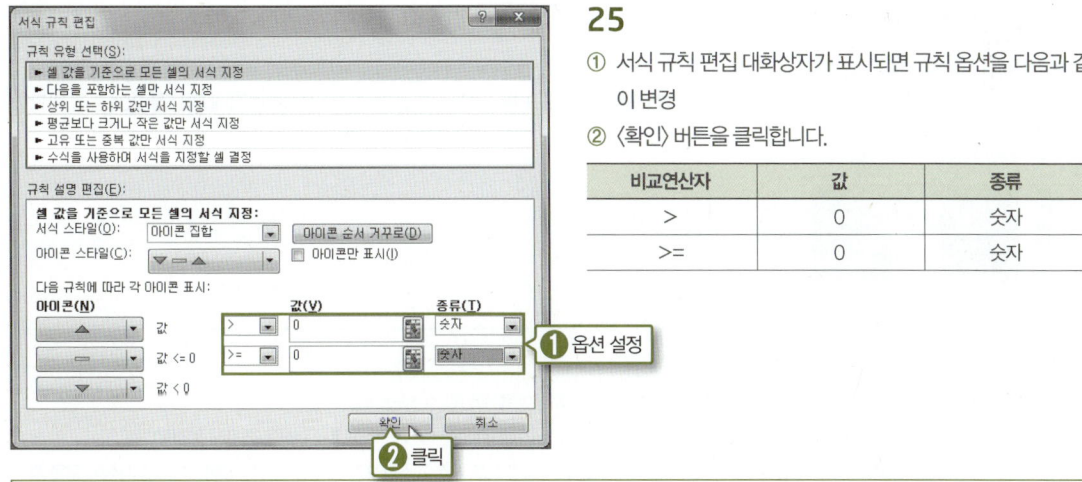

25
① 서식 규칙 편집 대화상자가 표시되면 규칙 옵션을 다음과 같이 변경
② 〈확인〉 버튼을 클릭합니다.

비교연산자	값	종류
>	0	숫자
>=	0	숫자

TIP ... 변경한 규칙 이해하기

변경한 규칙의 의미는 0을 초과하는 값은 녹색 삼각형 아이콘을, 0 이상인 값(상위 조건에서 0을 초과하는 값에 이미 조건이 지정됐으므로 이 조건은 0인 경우로 이해하면 됩니다)은 노란색 파선 아이콘을, 나머지(0 미만) 값은 빨간색 역 삼각형 아이콘을 표시하라는 의미입니다.

이번 옵션을 수정하는 작업에서 가장 중요한 부분은 종류 옵션을 백분율에서 숫자로 바꾼 것입니다. 백분율은 일정 비율로 값을 구분할 때 사용되므로 이번과 같이 조건을 고정할 때 숫자로 설정하지 않으면 원하는 결과를 얻지 못합니다.

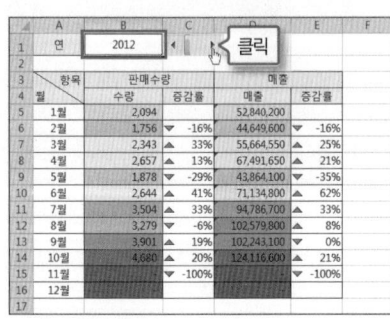

26 그림과 같이 양수는 녹색 삼각형 아이콘, 0은 노란색 파선 아이콘, 음수는 빨간색 역 삼각형 아이콘이 표시됩니다. 이렇게 하면 월별 증감 현황을 한눈에 파악할 수 있습니다.

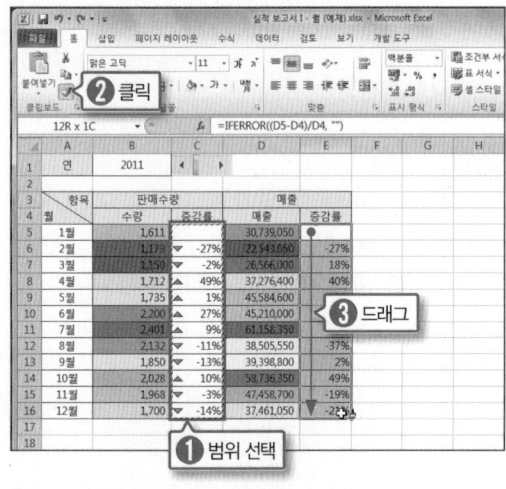

27 조건부 서식과 같은 서식을 다른 위치에 같은 방식으로 적용할 때는 서식만 복사해 적용합니다.
① **C5:C16** 범위를 선택
② 리본 메뉴의 [홈] 탭 – [클립보드] 그룹에서 **서식 복사** 단추를 클릭
③ 마우스 포인트에 **페인트 붓** 모양이 표시되면 서식을 붙여 넣을 **E5:E16** 범위를 드래그해서 서식만 복사합니다.

28 이제 연도를 변경해 집계표의 결과가 올바로 계산되는지 확인해 봅니다.
C1셀에 있는 **스크롤 막대** 컨트롤의 증가 단추를 클릭해 연도를 **2012**로 변경합니다.

TIP ... 문제 확인

2012년에는 11월, 12월 데이터가 없습니다. 그러므로 다음과 같은 2가지 문제를 확인할 수 있습니다.
첫째, 11월 실적이 없는데, C15, E15셀에 증감률이 -100%로 표시됩니다. 이 문제는 30~31번 과정에서 수식을 변경해 해결합니다.
둘째, 11월, 12월 실적이 없으므로 B15:B16, D15:D16 범위에 조건부 서식의 색조 서식이 적용되지 않아야 하는데 값이 0이므로 서식이 잘못 적용됩니다. 이 문제는 다음 작업에서 차트를 생성할 때 해결합니다.

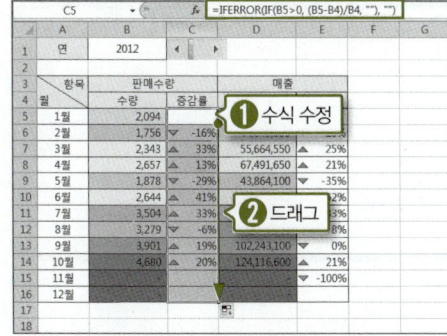

29 증감률 수식 수정하기 증감률을 표시하는 C15셀에 -100%가 나타나므로 해당 월 값이 0이면 증감률이 나타나지 않도록 수식을 수정합니다.

① **C5**셀의 수식을 다음과 같이 수정
② **C5**셀의 **채우기 핸들**을 **C16**셀까지 드래그해 수식을 복사합니다.

=IFERROR(IF(B5>0, (B5-B4)/B4, " "), " ")

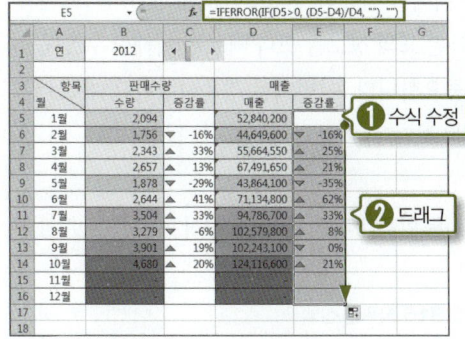

30 E열의 증감률 역시 동일한 방법으로 수식을 수정합니다.
① **E5**셀의 수식을 다음과 같이 수정
② **E5**셀의 **채우기 핸들**을 **E16**셀까지 드래그해 수식을 복사합니다.

=IFERROR(IF(D5>0, (D5-D4)/D4, " "), " ")

Section 03 차트 구성하기

▶ 표식이 있는 꺾은선형   ▶ 묶은 세로 막대형   ▶ 조건부 서식

집계된 표에는 여러 의미를 갖는 숫자 값이 포함되어 있어, 조건부 서식을 이용하더라도 한눈에 파악하기에는 무리가 있습니다. 그러므로 차트를 추가하여 그래프로 표현하면 요약된 표의 정보를 보다 빠르게 이해할 수 있습니다. 차트를 추가할 때는 정보를 잘 설명할 수 있는 올바른 선택이 중요합니다. 이번에는 꺾은선형과 막대 그래프로 구성되는 이중 축 혼합형 차트를 추가해 월별 판매 실적 보고서를 보다 잘 이해할 수 있도록 돕습니다.

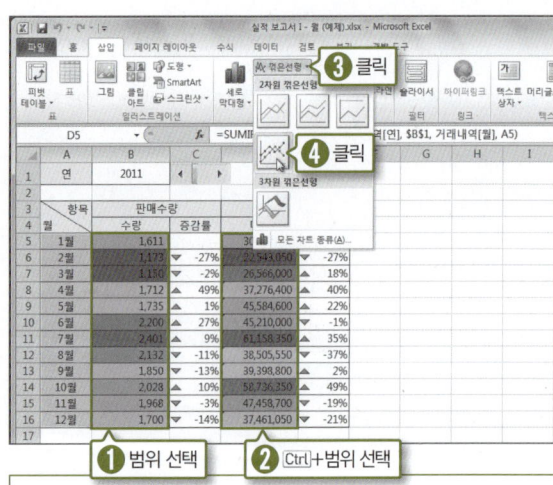

01 차트 만들기 완성된 판매 실적표를 차트로 표현합니다.

① **A5:B16** 범위를 선택
② Ctrl 키를 누른 상태에서 **D5:D16** 범위를 추가로 선택
③ 리본 메뉴의 [삽입] 탭 – [차트] 그룹에서 **꺾은선형** 차트를 클릭
④ 2차원 꺾은선형 목록에서 1열 2행 위치의 **표식이 있는 꺾은선형** 차트를 클릭합니다.

TIP ... 차트의 선택

엑셀에서 기본 차트는 세로 막대형 차트입니다. 세로 막대형 차트는 가장 많이 이용하는 차트이고 이번에도 세로 막대 그래프를 이용해 실적을 표시할 예정입니다. 정확하게는 꺾은선 그래프와 세로 막대 그래프를 혼합한 차트를 구성할 예정인데, 혼합형 차트를 구성할 때는 세로 막대형 차트보다 꺾은선형 차트로 시작하는 것이 구성할 때 작업을 줄일 수 있습니다.

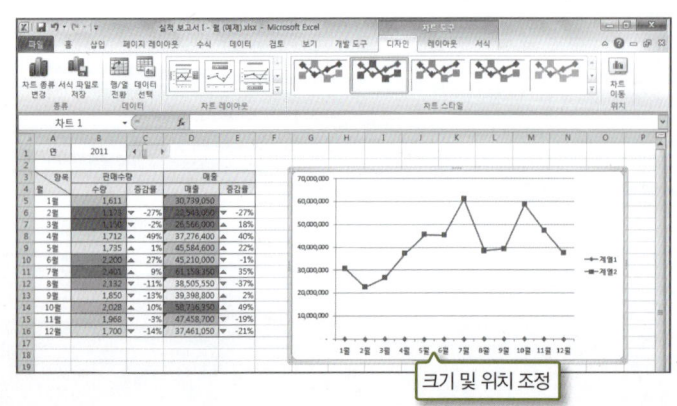

02 차트 크기 조정하기

차트가 생성되면 차트의 테두리를 드래그하여 **G3:O18** 범위에 맞게 조정합니다.

참고로 차트를 특정 범위에 맞게 조정할 때, Alt 키를 누른 상태에서 차트의 테두리를 드래그합니다.

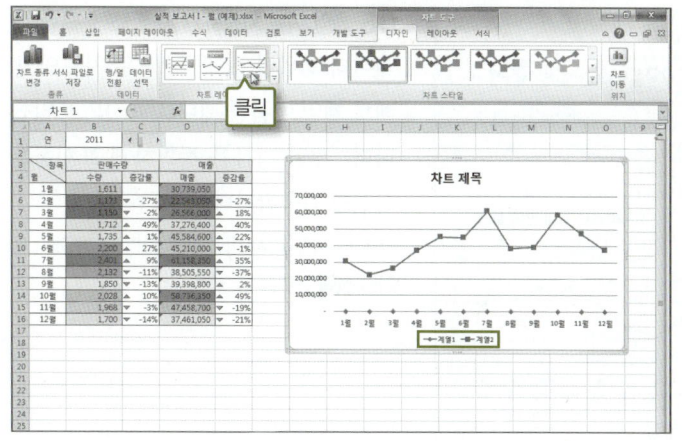

03 차트 레이아웃 변경하기 빠른 레이아웃 갤러리로 빠르게 차트의 구성을 변경합니다.

차트가 선택된 상태에서 리본 메뉴의 [디자인] 탭 – [차트 레이아웃] 그룹에서 **빠른 레이아웃** 갤러리에서 **레이아웃 3**을 클릭합니다.

차트 제목이 표시되며, 그림 영역 아래쪽에 범례가 나타납니다.

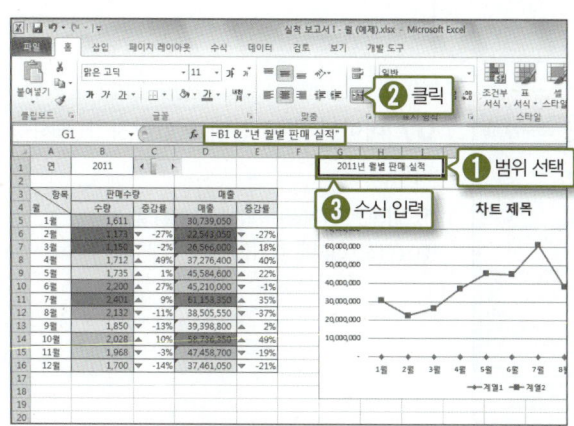

04 차트 제목 구성하기 차트 제목은 선택한 연도의 판매 실적입니다. 그러므로 수식을 이용해 차트 제목이 구성되도록 합니다.

① G1:I1 범위를 선택
② 리본 메뉴의 [홈] 탭 – [맞춤] 그룹에서 **병합하고 가운데 맞춤** 단추를 클릭
③ G1:I1 병합 셀에 다음 수식을 입력합니다.

=B1 & "년 월별 판매 실적"

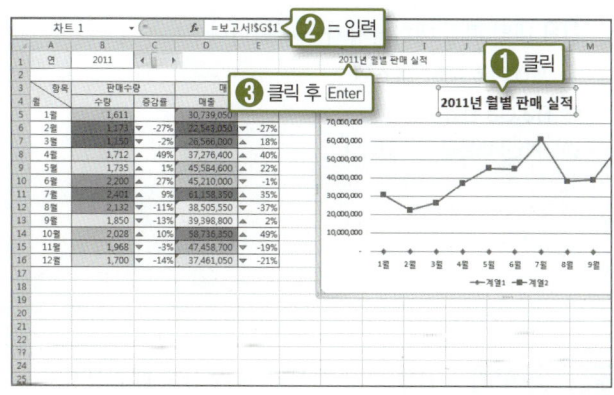

05 G1:I1 병합 셀에 작성된 수식 결과를 차트 제목에 표시하겠습니다.

① **차트 제목**을 선택
② **수식 입력줄**에 등호(=)를 입력
③ G1:I1 병합 셀을 클릭해서 선택한 다음, Enter 키를 누릅니다.

TIP … 차트 제목을 수식으로 변경하기

차트 제목에 곧바로 수식을 입력할 수는 없지만 다른 위치의 셀 값을 참조할 수는 있습니다. 그러므로 차트 제목에 수식을 이용하고 싶다면 위의 과정과 같이 차트 제목에 표시하고 싶은 수식을 빈 셀에 입력하고, 차트 제목에서 **수식이 입력된 셀을 참조**합니다. 이때, G1:I1 병합 셀과 같이 수식이 입력된 셀이 표시되지 않도록 하려면 채우기 색과 글꼴 색을 일치시키면 됩니다. 차트 제목이 제대로 변경되는지 확인하려면 C1셀의 스크롤 막대 컨트롤을 조정한 후, 변경된 값이 차트 제목에 제대로 반영되는지 확인합니다.

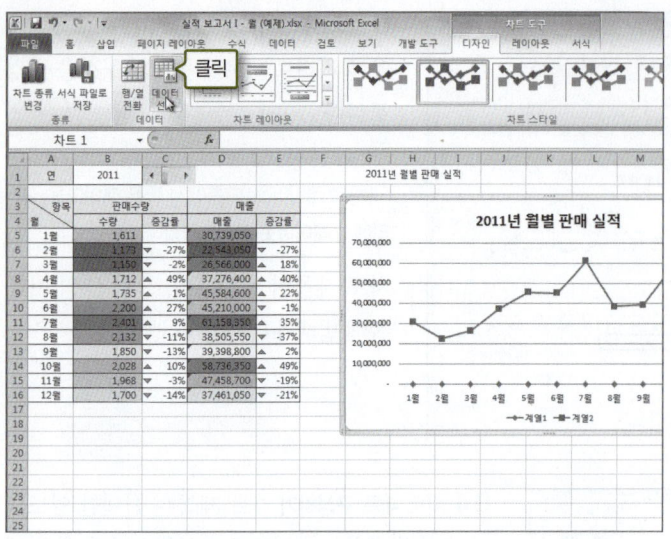

06 계열 이름 지정하기 차트를 생성할 때 데이터 범위만 선택했으므로 차트의 범례로 계열 이름이 제대로 표시되지 않습니다. 계열 이름을 정확하게 표시하는 작업을 진행합니다.

리본 메뉴의 [디자인] 탭 – [데이터] 그룹에서 **데이터 선택** 단추를 클릭합니다.

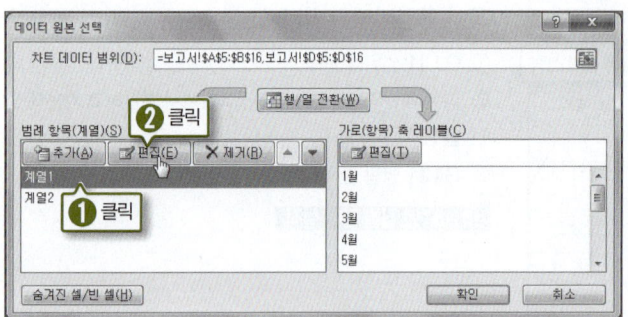

07 데이터 원본 선택 대화상자가 표시됩니다.

① 범례 항목(계열) 목록에서 **계열1**을 선택
② 〈편집〉 버튼을 클릭합니다.

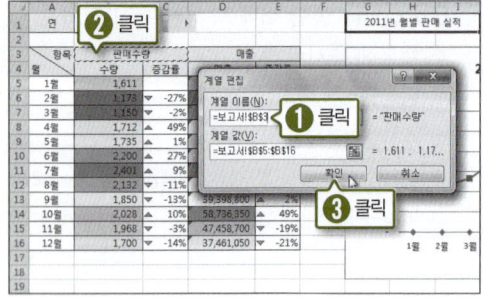

08 계열 편집 대화상자가 표시됩니다.
① **계열 이름** 참조란을 선택
② **B3:C3** 병합 셀을 클릭
③ 〈확인〉 버튼을 클릭합니다.

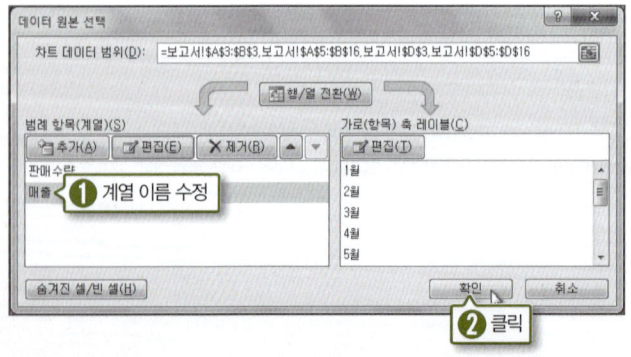

09 다시 데이터 원본 선택 대화상자가 표시됩니다.

① 범례 항목(계열) 목록에서 **계열2**를 선택한 후 7~8번 과정을 참고해 **D3:E3** 병합 셀을 **계열 이름**으로 지정합니다.
② 범례 항목(계열) 목록에 **판매수량**, **매출** 계열이 표시되면 〈확인〉 버튼을 클릭해 대화상자를 닫습니다.

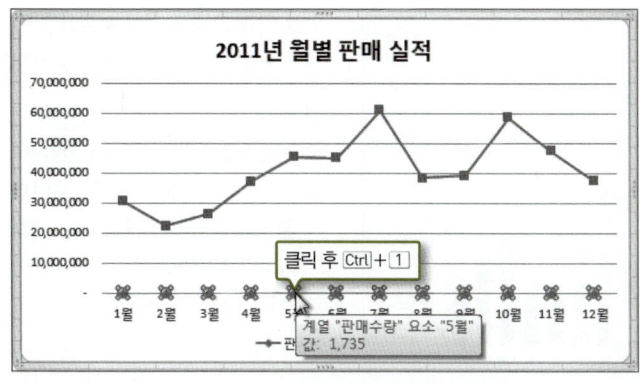

10 판매 수량 계열을 보조 축에 표시하기 판매 수량 계열을 보조 축에 표시하겠습니다.

차트에서 **판매수량** 계열(파란색)인 꺾은선 그래프를 선택한 후 Ctrl+1 키를 누르거나 더블 클릭합니다.

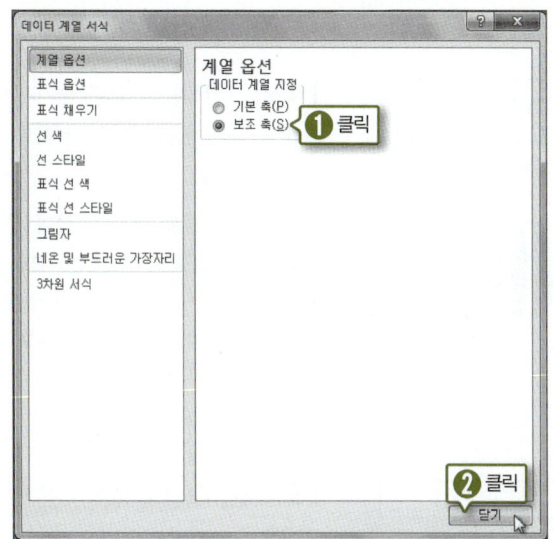

11 데이터 계열 서식 대화상자가 표시됩니다.
① [계열 옵션] 범주에서 데이터 계열 지정 옵션을 **보조 축**으로 설정
② 〈닫기〉 버튼을 클릭합니다.

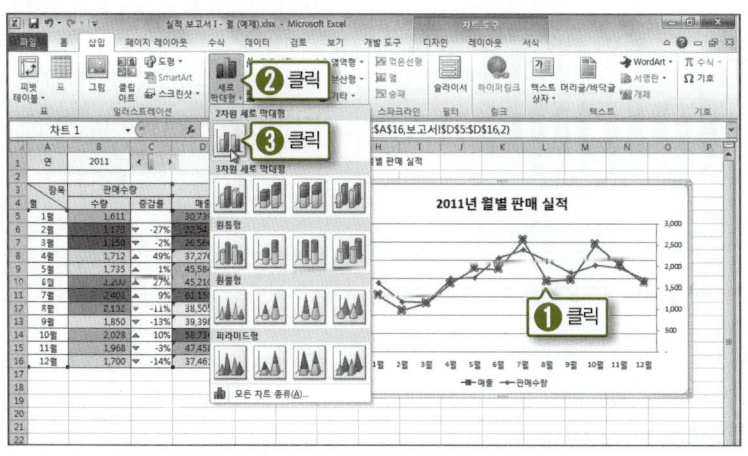

12 매출 계열을 막대 그래프로 변경하기 매출 계열(빨간색) 꺾은선 그래프를 막대 그래프로 변경합니다.
① 차트에서 매출 계열 꺾은선을 선택
② 리본 메뉴의 [삽입] 탭 - [차트] 그룹에서 **세로 막대형** 단추를 클릭
③ 2차원 세로 막대형 목록에서 **묶은 세로 막대형** 차트를 클릭합니다.

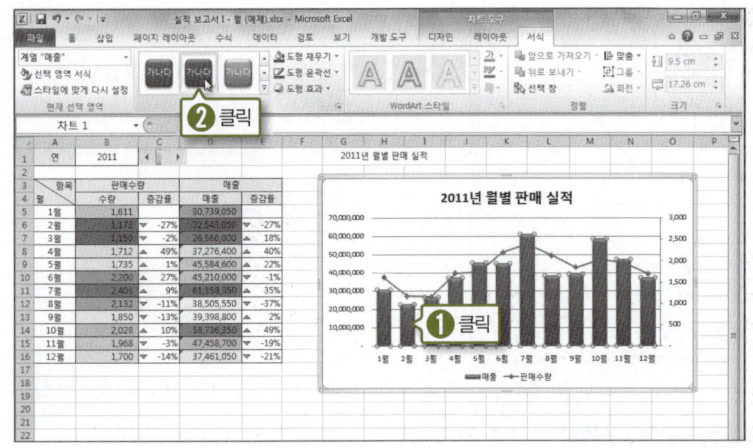

13 막대 그래프 서식 지정하기 변경된 막대 그래프의 서식을 지정합니다.

① **판매수량** 계열인 막대 그래프를 선택
② [서식] 탭 – [도형 스타일] 그룹의 **빠른 스타일** 갤러리에서 원하는 도형 스타일을 선택(예제는 [강한 효과 – 빨강 강조 2] 스타일)합니다.

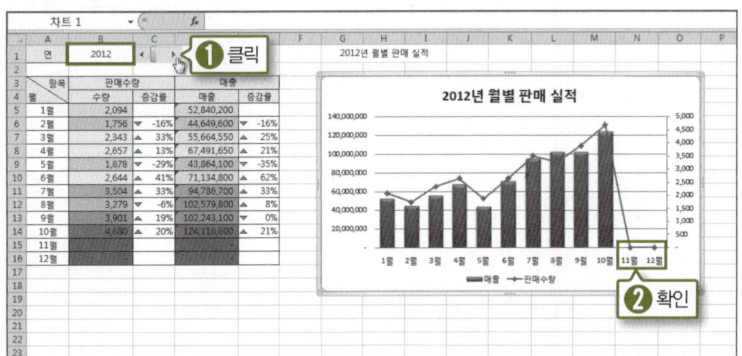

14 불필요한 꺾은선 그래프 숨기기 제대로 차트가 표시되는지 확인해 보겠습니다.

① C1셀의 **스크롤 막대** 컨트롤의 증가 단추를 클릭해 연도를 **2012**로 변경
② 차트에서 판매 수량이 없는 **11월, 12월**을 보면 필요 없는 꺾은선 그래프가 표시됩니다.

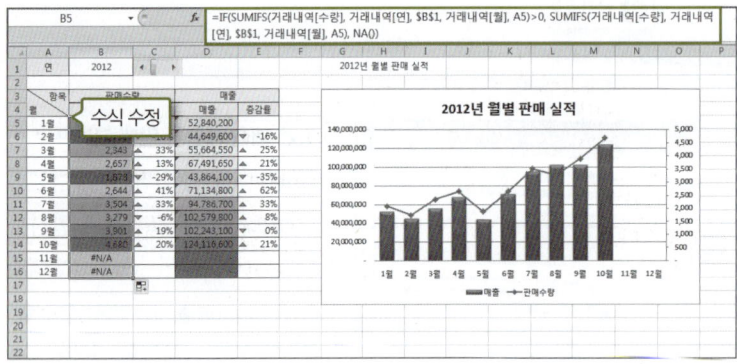

15 11월, 12월 부분에 꺾은선 그래프를 숨기겠습니다.

B5셀의 수식을 다음과 같이 수정합니다.

=IF(SUMIFS(거래내역[수량], 거래내역[연], $B$1, 거래내역[월], A5)>0, SUMIFS(거래내역[수량], 거래내역[연], $B$1, 거래내역[월], A5), NA( ))

수식 설명 =IF(SUMIFS(거래내역[수량], 거래내역[연], $B$1, 거래내역[월], A5))0, SUMIFS(거래내역[수량], 거래내역[연], $B$1, 거래내역[월], A5), NA( ))

이번 수식은 다음의 기존 수식을 변경한 것입니다.

=SUMIFS(거래내역[수량], 거래내역[연], $B$1, 거래내역[월], A5)

위 수식은 B1셀과 A5셀의 연, 월에 해당하는 수량의 합계를 구하는 수식인데, 0 값이 반환될 때(판매 실적이 없을 때) 차트에 꺾은선 그래프가 표시됩니다. 이런 점을 해결하기 위해 IF 함수를 사용해 다음과 같이 수정한 것이 이번 수식입니다.

=IF(판매수량의 합계 > 0, 판매수량의 합계, NA())

수정된 수식은 판매 수량의 합계가 0보다 크면(판매 실적이 있으면) 판매 수량의 합계를 그대로 반환하고, 아니면(판매 실적이 없으면) NA 함수의 결과를 반환하라는 의미입니다. 그러므로 NA 함수의 결과가 무엇이고, 무슨 의미를 갖는지 이해하면 됩니다. NA 함수는 #N/A! 오류 값을 반환하는 함수로 인수는 없습니다. 그러므로 이번과 같이 **=NA( )** 형태로 입력하면 #N/A! 오류 값이 반환됩니다. 꺾은 선 그래프는 원본 범위에 오류 값이 존재할 때 해당 부분을 표시하지 않습니다. 이런 특성을 이용해 11월, 12월에 나타난 필요 없는 선을 제거할 수 있습니다.

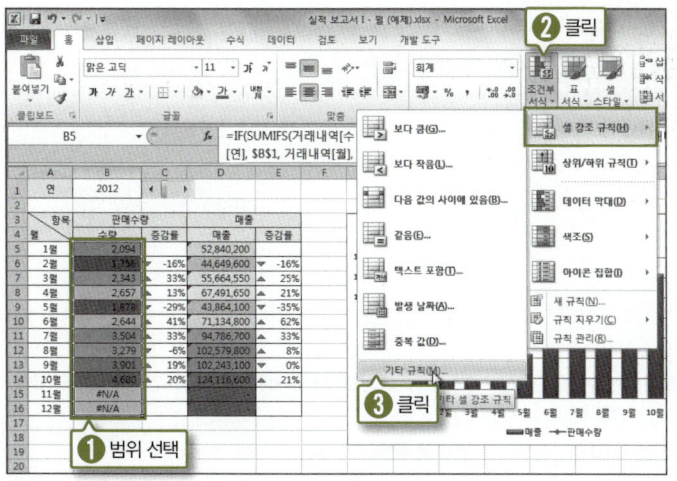

16 15번 과정의 수식은 차트와 연동 부분에서는 유용하지만 표에 #N/A! 오류 값이 표시되어 보기에 좋지 않습니다. #N/A! 오류 값을 숨기는 작업을 진행합니다.

① **B5:B16** 범위를 선택
② 리본 메뉴의 [홈] 탭 - [스타일] 그룹에서 **조건부 서식** 단추를 클릭
③ **셀 강조 규칙)기타 규칙** 명령을 클릭합니다.

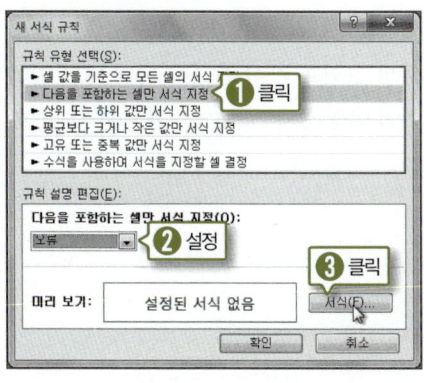

17 새 서식 규칙 대화상자가 표시됩니다.

① **다음을 포함하는 셀만 서식 지정** 유형을 선택
② 다음을 포함하는 셀만 서식 지정 옵션을 **오류**로 설정
③ 〈서식〉 버튼을 클릭합니다.

18 셀 서식 대화상자가 표시됩니다.

① [글꼴] 탭에서 색의 **옵션** 단추를 클릭
② 색상표에서 **흰색**을 클릭
③ 〈확인〉 버튼을 클릭한 후 새 서식 규칙 대화상자에서 〈확인〉 버튼을 클릭합니다.

TIP … 색상표에서 흰색을 선택하는 이유

표의 채우기 색이 흰색이므로 글꼴 색을 흰색으로 지정하면 셀에 반환된 #N/A 오류 값이 숨겨지는 효과를 얻게 됩니다. 이와 같은 방법은 업무를 자동화할 때 자주 사용하는 패턴이므로 잘 기억해 둡니다.

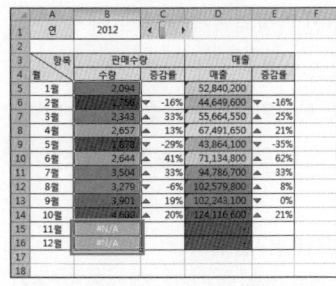

19 그림과 같이 #N/A 오류 값이 반환되는 셀의 글꼴 색이 흰색으로 변경되어 더는 화면에 표시되지 않습니다.

TIP ... 추가 작업

B5:B16 범위에 수식을 수정해 #N/A 오류 값을 반환하도록 하는 수식은 차트에도 영향을 미치지만 B5:B16 범위에 적용된 조건부 서식에도 영향을 미칩니다. 11월, 12월에 더는 조건부 서식이 적용되지 않는 것을 확인할 수 있습니다.
이와 동일한 작업을 D5:D16 범위에도 적용하면 D열의 조건부 서식 역시 올바로 표시되도록 할 수 있습니다.

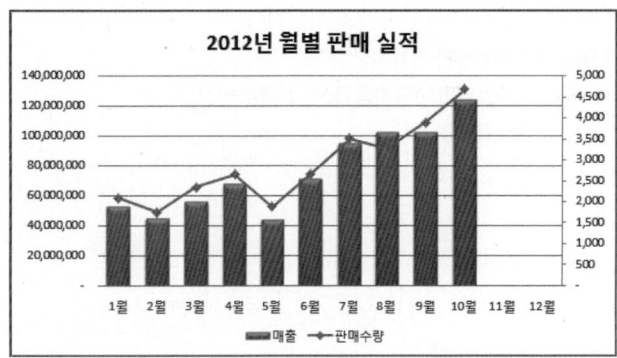

20 최종적으로 표 정리를 끝낸 후 차트를 확인하면 그림과 같이 실적이 있는 월의 판매 수량과 매출 실적 그래프만 나타나는 것을 확인할 수 있습니다.

Project 03.
실적 보고서 II – 달력

판매 실적을 달력 방식으로 표시하면 주, 요일별로 실적을 파악하기가 더욱 수월해집니다. 달력 만들기를 어렵게 생각하는 사용자가 많지만, 원리만 알면 그렇게 어렵지 않습니다. 이번 Project에서 달력을 이용한 실적 보고서 구성 방법을 확실히 이해하긴 바랍니다. 이번 서식은 달력을 이용해 매출 실적을 일별로 요약해 표시하고, 선택한 주별 실적을 차트로 표시합니다.

미리보기

- 완성 파일 ⊙ : 실적보고서Ⅱ-달력.xlsx
- 예제 파일 ⊙ : 실적보고서Ⅱ-달력(예제).xlsx

Project Review

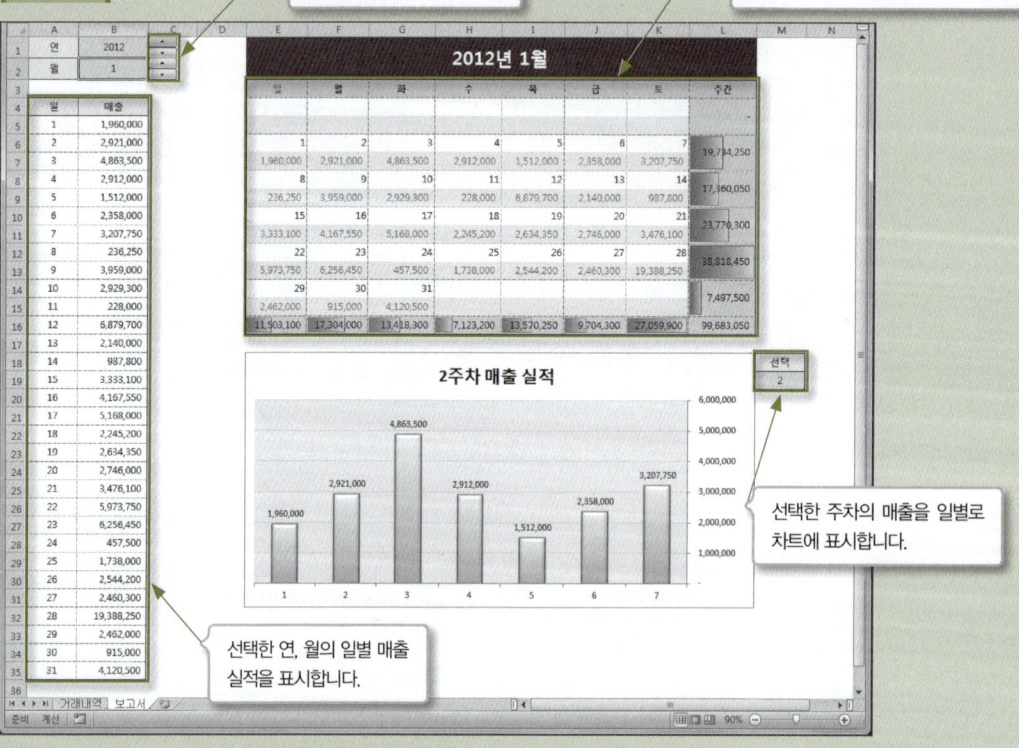

거래내역: 거래 내역을 엑셀 표로 변환해 추가된 데이터도 집계표에서 바로 집계할 수 있도록 합니다.

실적보고서: 연, 월을 스핀 단추 컨트롤로 조정합니다.

일 매출을 달력에 표시하고, 주(週)간, 요일(曜日)별 매출을 집계해 표시합니다.

선택한 주차의 매출을 일별로 차트에 표시합니다.

선택한 연, 월의 일별 매출 실적을 표시합니다.

Section 01 거래 내역 데이터 관리하기

▶ 엑셀 표   ▶ 빠른 스타일   ▶ 표 이름

자동화 서식을 만들 때 가장 중요한 것은 원본 데이터 범위가 변화할 때 이를 정확하게 인식하도록 설정하는 것입니다. 그러기 위해서는 원본 데이터를 엑셀 표로 변환해 관리하는 것이 가장 쉬운 방법입니다. [거래내역] 시트의 표를 엑셀 표로 변환하고 표 이름을 지정합니다.

01 원본 데이터 확인하기 예제 파일을 열면 [거래내역] 시트에서 그림과 같은 데이터를 확인할 수 있습니다. 이 데이터를 가지고 달력에 실적이 정리되도록 할 것입니다.

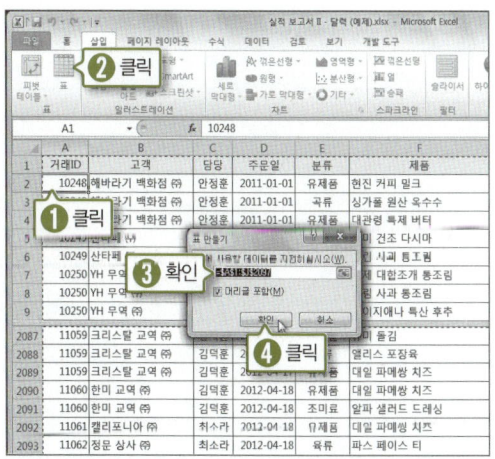

02 엑셀 표로 변환하기 데이터 범위를 엑셀 표로 변환합니다.
① 표 내부의 임의의 셀(A2셀)을 선택
② 리본 메뉴의 [삽입] 탭 – [표] 그룹에서 **표** 명령을 클릭
③ 표 만들기 대화상자가 열리면 **A1:J2097** 범위 확인
④ 〈확인〉 버튼을 클릭합니다.

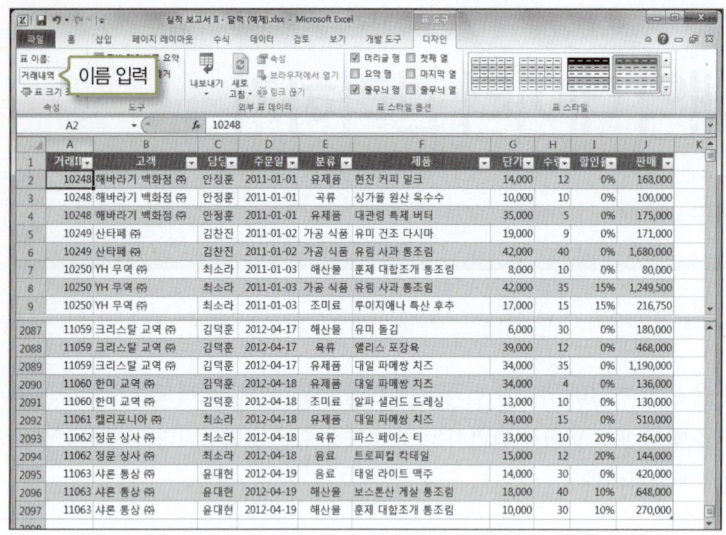

03 엑셀 표로 변환을 완료한 후 표 이름을 지정합니다.

리본 메뉴의 [디자인] 탭 – [속성] 그룹에서 표 **이름**란에 다음을 입력합니다.

거래내역

TIP ... 엑셀 표 스타일 지정하기

엑셀 표의 기본 스타일이 마음에 들지 않으면 리본 메뉴의 [디자인] 탭 – [표 스타일] 그룹에서 [빠른 스타일] 갤러리에 있는 원하는 표 스타일을 선택합니다. 스타일을 적용한 후에도 기존 표 스타일(채우기 색 및 테두리, 글꼴 서식 등) 위에 엑셀 표 스타일이 중첩되므로 깔끔하게 적용되지 않습니다. 엑셀 표 스타일을 깔끔하게 지정하기 위해서는 전체 표 범위(A1:J2097)를 선택하고 다음과 같은 작업을 진행합니다.

① 리본 메뉴의 [홈] 탭 – [글꼴] 그룹에서 [채우기 색] 단추 를 클릭한 후 [채우기 없음] 명령을 클릭합니다. 기존 표 스타일의 채우기 색이 모두 제거됩니다.

② 리본 메뉴의 [홈] 탭 – [글꼴] 그룹에서 [테두리] 단추 를 클릭한 후 [테두리 없음] 명령을 클릭합니다. 기존 표 스타일의 테두리 설정이 모두 제거됩니다.

적용한 엑셀 표 스타일에 따라 첫 번째 행(A1:J1)의 글꼴 색을 흰색으로 설정하면 더 좋습니다.

Section 02 일별 실적 집계하기

▶ 스핀 단추 컨트롤 ▶ 날짜 서식 코드 ▶ 조건부 서식

달력을 이용한 실적 보고서를 만들기 위해서는 먼저 일별 실적을 집계해야 합니다. 그런 다음 달력을 구성하고, 집계된 결과를 달력에 표시하는 순서로 작업을 진행합니다. 기본적인 구성 방법은 [금전출납부] 예제와 유사합니다. [보고서] 시트를 추가한 다음, 일별로 실적을 집계하는 작업을 진행하겠습니다.

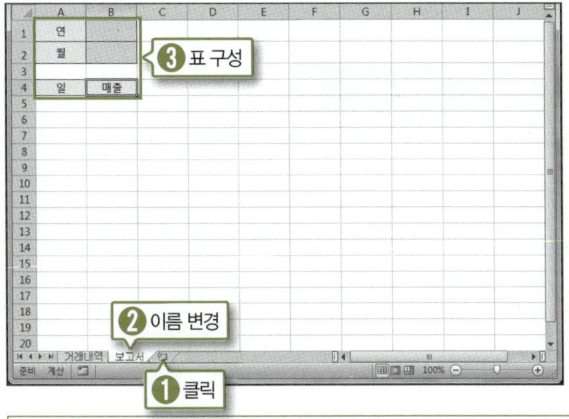

01 보고서 구성하기

① **워크시트 삽입** 단추 를 클릭해 새 워크시트를 추가
② 추가한 시트 이름을 **보고서**로 변경
③ 그림과 같이 일별로 실적을 집계할 수 있도록 표를 구성합니다.

TIP ... 표 구성 방법

① 집계할 실적의 연, 월을 선택할 수 있도록 A1:A2 범위에 "연"과 "월"을 각각 입력하고, A1:B2 범위에 표를 구성합니다.
② 1:2 행을 선택하고 행 높이를 30픽셀로 조정합니다. 연, 월은 이전과 같이 양식 컨트롤을 이용해 조정하도록 할 것이기 때문에 행 높이를 적당하게 조정해 줍니다.
③ 일별 매출 실적을 요약하기 위해 A4:B4 범위에 "일"과 "매출" 값을 각각 입력하고, 적당한 서식을 지정합니다.

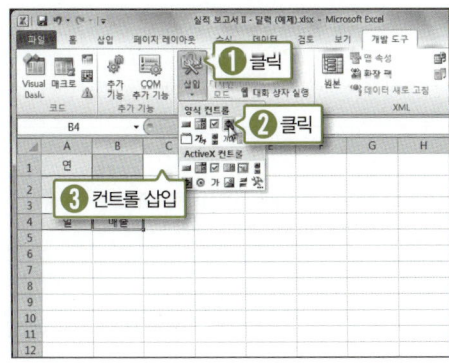

02 컨트롤을 이용해 연, 월 조정하기 연을 조정할 컨트롤을 삽입하겠습니다.

① 리본 메뉴의 [개발 도구] 탭 - [컨트롤] 그룹에서 **삽입** 단추를 클릭
② 양식 컨트롤 목록에서 **스핀 단추** 컨트롤을 클릭
③ C1 셀에 드래그해서 적당한 크기로 삽입합니다.

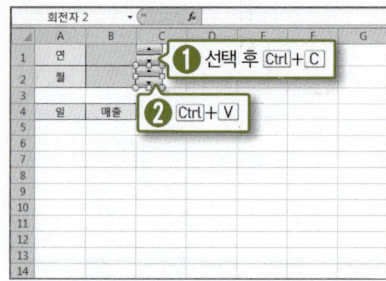

03 월을 조정할 스핀 단추 컨트롤은 복사해서 사용합니다.

① C1셀에 삽입한 **스핀 단추** 컨트롤을 선택하고, Ctrl+C 키를 눌러 복사
② C2셀을 선택하고, Ctrl+V 키를 눌러 붙여 넣습니다.

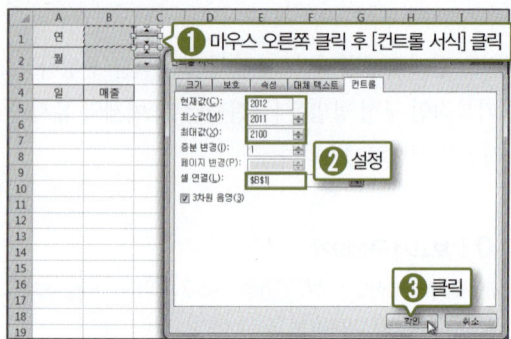

04 삽입한 컨트롤을 조정해 연, 월을 조정하도록 설정합니다.

① C1셀의 **스핀 단추** 컨트롤을 마우스 오른쪽 버튼으로 클릭한 다음 **컨트롤 서식** 명령을 클릭
② 컨트롤 서식 대화상자의 [컨트롤] 탭에서 옵션 값을 다음과 같이 설정
③ 〈확인〉 버튼을 클릭합니다.

> 현재값 : 2012, 최소값 : 2011
> 최대값 : 2100, 셀 연결 : B1

TIP ... 컨트롤 서식 변경하기

스핀 단추 컨트롤은 옵션 값으로 설정한 최소값에서 최대값 사이의 값으로 조정할 수 있으며, 셀 연결 옵션에 지정한 셀에 컨트롤의 값이 표시됩니다. 이번 설정으로 스핀 단추 컨트롤은 B1셀과 연결되어 2011년 ~ 2100년 사이의 값을 조정할 수 있습니다. 현재값 옵션을 2012로 설정했으므로 컨트롤 서식 대화상자를 닫으면 B1셀에 2012 값이 표시됩니다.

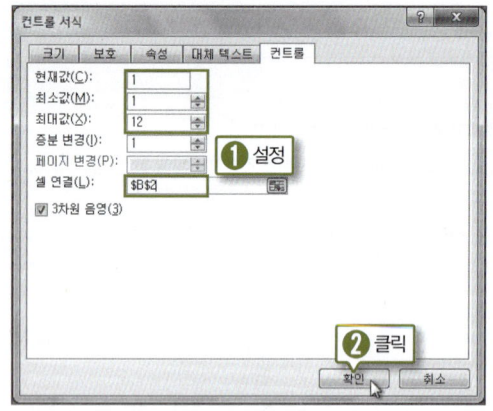

05
① 4번 과정을 참고하여 C2셀의 **스핀 단추** 컨트롤의 옵션을 다음과 같이 설정
② 〈확인〉 버튼을 클릭합니다.

> 현재값 : 1
> 최소값 : 1
> 최대값 : 12
> 셀 연결 : $B$2

TIP ... 컨트롤 서식 설정 값 이해하기

이번 스핀 단추 컨트롤은 월을 조정하기 위한 것으로 1~12까지의 값을 변경하고, 조정된 값은 B2셀에 표시됩니다. 기본적으로 스핀 단추 컨트롤의 설정 방법은 동일하므로 자세한 설명은 앞의 스핀 단추 컨트롤의 설정 부분을 참고합니다.

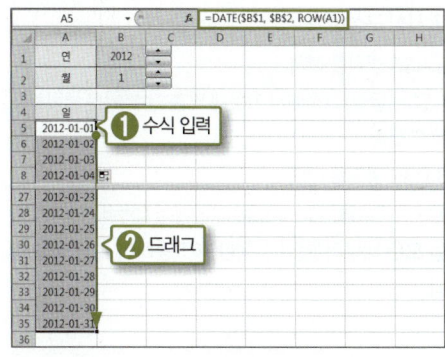

06 일 날짜 구성하기 B1:B2 범위의 연, 월 값을 참고해 일 값을 계산합니다.

① A5셀을 선택하고, 다음 수식을 입력
② A5셀의 **채우기 핸들**을 A35셀까지 드래그해 수식을 복사합니다.
=DATE($B$1, $B$2, ROW(A1))

수식 설명 =DATE($B$1, $B$2, ROW(A1))

DATE 함수는 연, 월, 일 값을 받아 날짜 일련번호를 반환하는 함수이고, ROW 함수는 행 번호를 반환하는 함수입니다. 특히 ROW 함수를 ROW(A1)과 같이 사용하면 행 방향(아래쪽)으로 수식을 복사할 때 1,2,3,… 과 같은 일련번호를 돌려줍니다. 그러므로 B1셀의 연과 B2셀의 월 그리고 ROW(A1) 함수로 1,2,3,… 과 같은 일련번호를 받아 B1셀과 B2셀의 연월에 해당하는 날짜 값을 그림과 같이 반환합니다. 반환된 날짜 값은 7번 과정에서 일부분만 표시되도록 변경합니다. 참고로 달력을 사용할 때는 이렇게 날짜 값 전체를 사용해 일 값을 표시해야 달력을 구성하는 수식을 간결하게 작성할 수 있습니다.

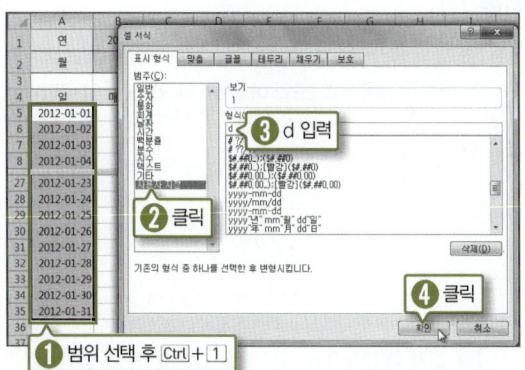

07 반환된 날짜 값에서 일부분만 표시합니다.

① A5:A35 범위를 선택한 후 Ctrl+1 키를 누름
② 셀 서식 대화상자가 표시되면 범주 목록에서 **사용자 지정**을 선택
③ 형식 입력란에 일을 의미하는 **d** 서식 코드를 입력
④ 〈확인〉 버튼을 클릭합니다.

TIP ... 날짜 서식 코드 d

d는 일을 의미하는 서식 코드입니다. 처음 사용자 지정 항목을 선택하면 형식 입력란에서 yyyy-mm-dd 서식 코드를 확인할 수 있습니다. yyyy는 4자리 연도를, mm은 2자리 월을, dd는 2자리 일을 의미하므로 앞의 yyyy-mm-d를 지우고 1자리 일만 나타나도록 d만 남겨 두는 겁니다. 셀 서식을 이용해 셀에 표시되는 값을 변경하면 이것은 값을 고치는 것이 아니라 표시되는 값만 변경한 것입니다. 즉, 셀 서식을 고쳐 A5셀에 1만 표시되더라도 실제 A5셀의 값은 여전히 2012-01-01입니다. 이처럼 엑셀에서는 셀에 저장된 값과 다르게 셀 서식을 이용해 표시되는 값을 변경할 수 있습니다.

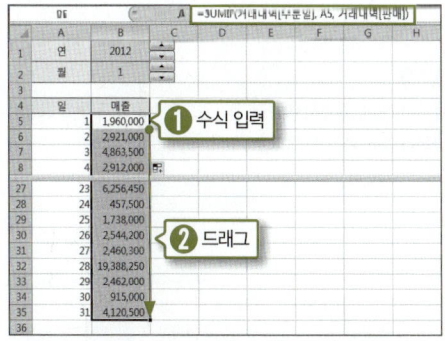

08 일별 실적 집계하기 이제 일별 매출을 집계합니다. 일별 매출이므로 매출을 집계하기 위한 조건은 A열의 날짜 값이 [거래내역] 표의 주문일과 같으면 됩니다.

① B5셀을 선택하고, 다음 수식을 입력
② B5셀의 **채우기 핸들**을 B35셀까지 드래그해 수식을 복사합니다.
=SUMIF(거래내역[주문일], A5, 거래내역[판매])

수식 설명 =SUMIF(거래내역[주문일], A5, 거래내역[판매])

SUMIF 함수는 조건 하나를 만족하는 숫자의 합계를 구하는 함수입니다. [거래내역] 엑셀 표에서 주문일 열의 값 중 A5셀의 날짜 값과 같은 셀을 찾아 같은 행에 위치한 판매 열 값의 합계를 구합니다. 이렇게 하면 일별 매출을 구할 수 있습니다.

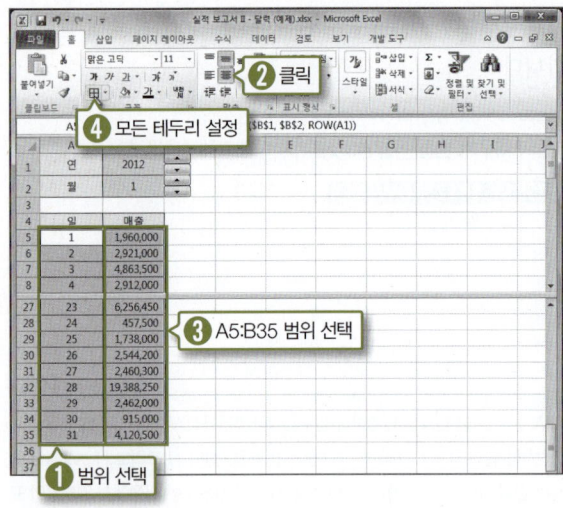

09 표 서식 구성하기

① **A5:A35** 범위를 선택

② [홈] 탭 – [글꼴] 그룹에서 **가운데 맞춤** 단추를 클릭해서 가운데 맞춤

③ **A5:B35** 범위를 선택

④ 리본 메뉴의 [홈] 탭 – [글꼴] 그룹에서 **테두리** 단추의 옵션을 **모든 테두리**로 설정한 후 적용하여 표 구성을 합니다.

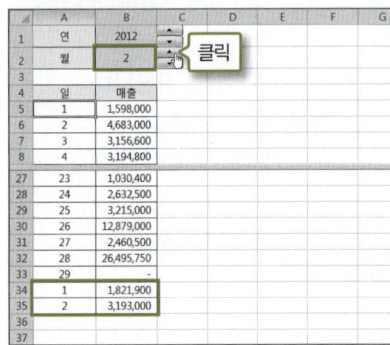

10 표 연동 확인하기
연, 월을 변경할 때 일별 매출 집계가 제대로 나타나는지 확인합니다.

C2셀의 **스핀 단추** 컨트롤의 증가 단추를 클릭해 월을 **2월**로 변경하면 2월의 매출 실적이 표시됩니다. 아쉬운 점은 2월 29일 이후에 1일(3월 1일)이 나타나는 문제가 발생합니다.

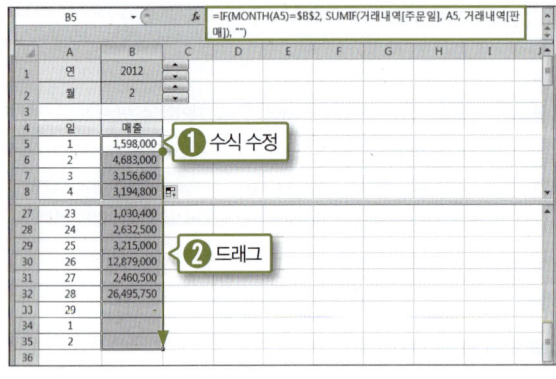

11 문제 해결하기
B2셀의 월에 해당하는 일 매출만 집계하도록 B5:B35 범위의 수식을 변경합니다.

① **B5**셀의 수식을 다음과 같이 변경

② **B5**셀의 **채우기 핸들**을 B35셀까지 드래그해 복사합니다.

=IF(MONTH(A5)=$B$2, SUMIF(거래내역[주문일], A5, 거래내역[판매]), "")

수식 설명 =IF(MONTH(A5)=$B$2, SUMIF(거래내역[주문일], A5, 거래내역[판매]), " ")

B2셀의 월에 해당하는 일별 매출을 구하기 위해서는, A5:A35 범위에 계산된 날짜 값의 월이 B2셀과 같은지 확인합니다. 같으면 매출을 구하고 그렇지 않으면 공백 문자(" ")를 반환하도록 수식을 수정했습니다. 그러므로 이번에 작성한 수식은 다음과 같은 계산 식입니다.

=IF(MONTH(A5)=$B$2, 일 매출, " ")

이렇게 하면, 위 과정에서 확인할 수 있듯이 B34:B35 범위의 집계 값이 더는 나타나지 않습니다.

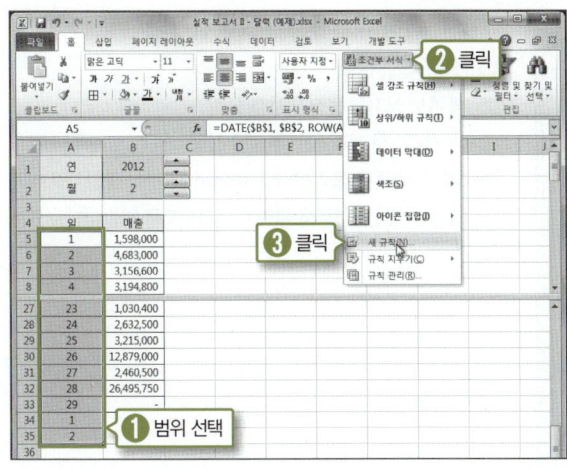

12 이번에는 A5:A35 범위의 날짜 값이 B2셀의 월에 해당하지 않으면 표시되지 않도록 조건부 서식으로 숨기는 작업을 진행합니다.

① **A5:A35** 범위를 선택
② 리본 메뉴의 [홈] 탭 - [스타일] 그룹에서 **조건부 서식** 단추 를 클릭
③ **새 규칙** 명령을 클릭합니다.

> **TIP ... 조건부 서식을 이용해 값 숨기기**
> 조건부 서식을 이용해 값을 숨길 때는 숨길 셀에 공통으로 적용할 조건을 지정한 다음 글꼴 색을 채우기 색과 동일하게 지정합니다. 이렇게 하면 해당 위치에 수식(또는 값)은 존재하지만 눈에는 보이지 않습니다.

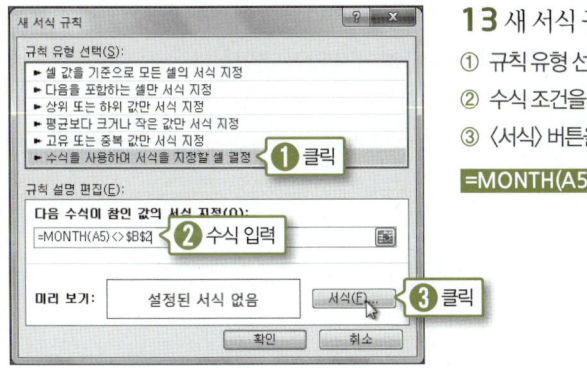

13 새 서식 규칙 대화상자가 표시됩니다.
① 규칙 유형 선택 목록에서 **수식을 사용하여 서식을 지정할 셀 결정**을 선택
② 수식 조건을 다음과 같이 입력
③ 〈서식〉 버튼을 클릭합니다.

=MONTH(A5)<>$B$2

수식 설명 =MONTH(A5)<>$B$2
조건부 서식에서 수식으로 작성된 조건은 선택한 범위의 첫 번째 셀을 기준으로 이해하면 됩니다. 이번 조건부 서식의 수식 조건은 A5:A35 범위를 선택하고 설정한 것이므로 A5셀을 기준으로 이해하면 됩니다. 그러므로 수식 조건은 다음과 같습니다.

A5셀의 월 값과 B2셀의 값이 다르다
조건을 입력할 때 A5셀은 상대참조, B2셀은 절대참조로 수식을 입력했으므로 A5셀은 A6, A7, … 과 같이 변하지만, B2셀의 위치는 바뀌지 않습니다. 이런 수식 조건은 TRUE, FALSE를 반환하므로 TRUE인 경우에만 사용자가 지정한 서식이 적용됩니다. 그러므로 이번 수식 조건은 A5:A35 범위의 월 값 중에서 B2셀의 월 값과 다른 경우를 지칭한다고 이해하면 됩니다.

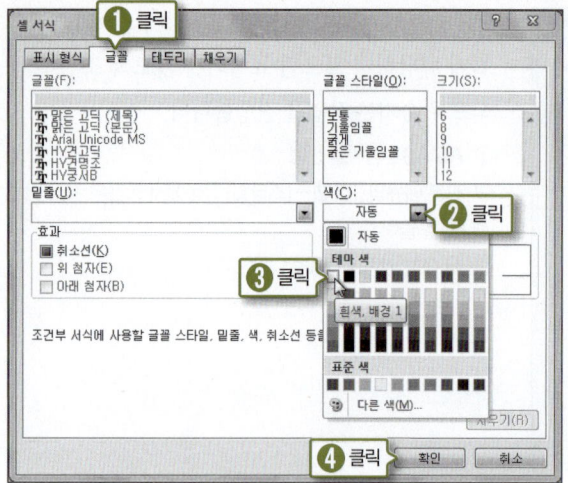

14 셀 서식 대화상자가 표시됩니다.
① [글꼴] 탭을 클릭
② 색 콤보 상자의 **옵션** 단추를 클릭
③ 색상표의 첫 번째 색인 **흰색**을 선택
④ 〈확인〉 버튼을 클릭합니다. 이어서 새 서식 규칙 대화상자에서도 〈확인〉 버튼을 클릭해 대화상자를 닫습니다.

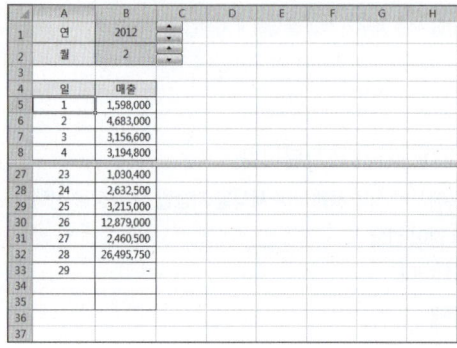

15 조건부 서식 지정이 끝나면 A5:A35 범위에는 B2셀의 월에 해당하는 일 값만 나타나고, 그 이후는 표시되지 않습니다. 참고로 2012년은 윤년으로 2월이 29일까지 존재하며, A34:A35 범위의 수식은 지워진 것이 아니라 글꼴 색이 채우기 색과 동일해 눈에 보이지 않는 것입니다.

Section 03 달력에 실적 정리하기

▶ 연결 연산자   ▶ 달력 구성   ▶ 자동 채우기 옵션   ▶ 오류 표식

만년 달력을 만들어 집계된 실적을 달력에 표시하는 작업을 진행합니다. 달력을 사용하면 주별, 요일별 실적을 한눈에 파악할 수 있어 실적을 파악하는 데 많은 도움이 됩니다.

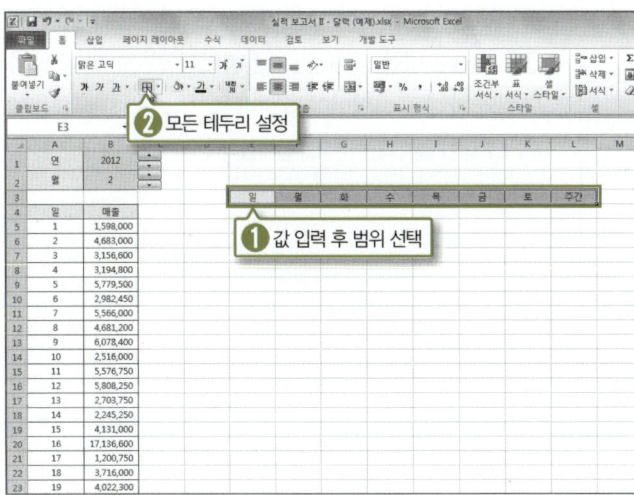

01 달력 요일 구성하기 달력은 E:L 열에 구성합니다. 먼저 요일의 열 머리글을 입력합니다.

① 그림과 같이 **E3:L3** 범위에 **일~토**까지 순서대로 요일을 입력하고 마지막에 **주간**을 입력한 후 **E3:L3** 범위를 선택

② 리본 메뉴의 [홈] 탭 – [글꼴] 그룹에서 **테두리** 단추의 옵션을 **모든 테두리** 로 설정한 후 적용합니다.

> **TIP ... 달력의 요일별 색**
>
> 달력을 구성할 때 토요일은 파란색, 일요일은 빨간색으로 구성하면 달력이 완성됐을 때 좀 더 보기 좋습니다.

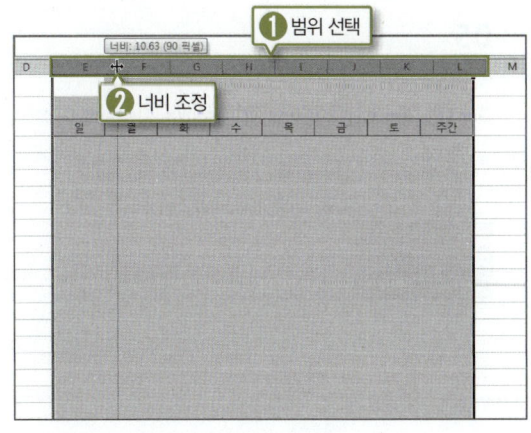

02 요일별로 매출을 표시할 것이므로, 열 너비를 넉넉하게 넓히는 작업이 필요합니다.

① **E:L** 열 머리글을 드래그해서 선택

② **E:F** 열의 **열 구분선**을 드래그해 열 너비를 **90픽셀**로 변경합니다.

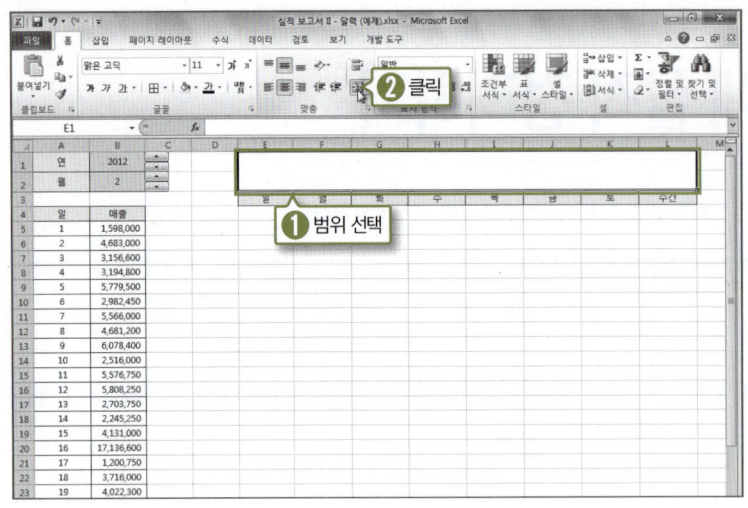

03 달력 연, 월 구성하기 달력 위쪽에 달력의 연, 월을 표시하겠습니다.

① E1:L2 범위를 선택
② 리본 메뉴의 [홈] 탭 – [맞춤] 그룹에서 **병합하고 가운데 맞춤** 단추를 클릭해 셀을 병합합니다.

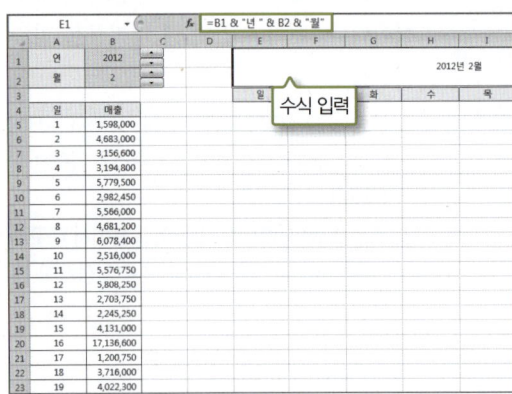

04 E1:L2 병합 셀에 B1:B2 범위의 연, 월 값이 날짜 단위와 함께 표시되어야 합니다.

E1:L2 병합 셀에 다음 수식을 입력합니다.

=B1 & "년 " & B2 & "월"

수식 설명 =B1 & "년 " & B2 & "월"

& 연산자는 연결 연산자로 왼쪽과 오른쪽의 문자열을 하나로 연결해 줍니다. 그러므로 이번 수식은 B1셀과 B2셀의 값을 날짜 단위를 이용해 연결하는 것입니다. 이때, 연도의 단위인 "년"을 연결할 때 "년" 뒤에 공백 문자를 하나 삽입해 "년 "과 같이 입력해야 합니다. 그래야만 yyyy년 m월과 같이 연도와 월 사이의 공백 문자가 표시되기 때문입니다. 이번 수식은 CONCATENATE 함수를 사용해 다음과 같이 변경해도 됩니다.

=CONCATENATE(B1, "년 ", B2, "월")

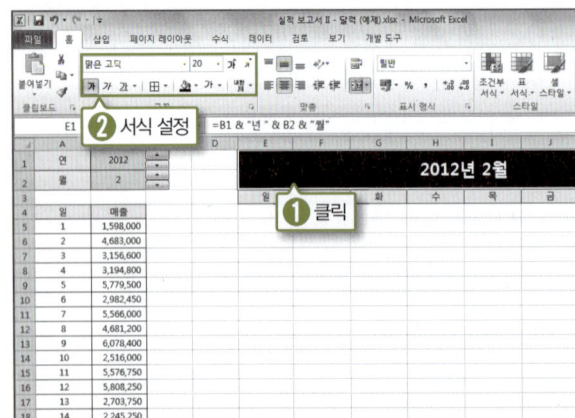

05
① E1:L2 병합 셀을 선택
② 리본 메뉴의 [홈] 탭 – [글꼴] 그룹에서 다음과 같이 설정합니다. 이러한 서식은 취향이므로 자유롭게 설정해도 됩니다.

글꼴 크기 : 20
채우기 색 : 검정
글꼴 색 : 흰색

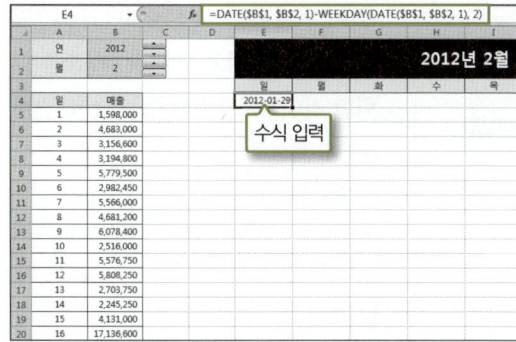

06 달력 일 구성하기 B1:B2 범위의 연, 월을 참고해 날짜를 표시합니다. 첫 주의 첫 번째 일요일 날짜를 수식으로 계산해 E4셀에 표시합니다.

E4셀을 선택하고, 다음 수식을 입력합니다.

`=DATE($B$1, $B$2, 1)-WEEKDAY(DATE($B$1, $B$2, 1), 2)`

수식 설명 `=DATE($B$1, $B$2, 1)-WEEKDAY(DATE($B$1, $B$2, 1), 2)`

이번 수식은 B1:B2 범위의 연, 월에 해당하는 1일 날짜가 속한 주의 첫 번째 일요일 날짜를 계산하는 수식입니다. DATE 함수는 연, 월, 일 값으로 날짜 값을 반환하는 함수이므로 DATE($B$1, $B$2, 1)은 2012년 2월 1일을 반환합니다. 그러므로 이번 수식에서 DATE 함수 부분을 날짜 값으로 바꾸면 다음과 같은 수식이 됩니다.

=‘2012-02-01’ – WEEKDAY(‘2012-02-01’, 2)

WEEKDAY 함수는 요일 번호를 반환하는 함수이고, 2번째 인수가 2이면 월~일까지 순서대로 1~7사이의 값을 반환합니다. 2012-02-01은 수요일이므로 위 수식은 다음과 같이 바뀌게 됩니다.

=‘2012-02-01’ – 3

2012년 2월 1일의 3일전 날짜이므로 이번 수식의 결과는 2012년 1월 29일이 반환됩니다.

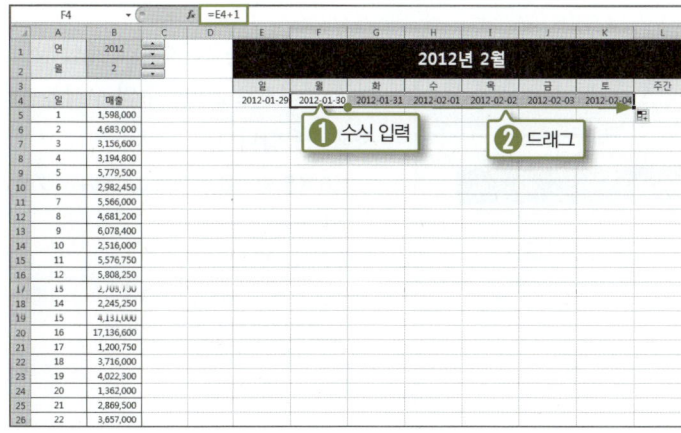

07 같은 주의 첫 번째 날만 계산하면 나머지 날짜는 하루 뒤 날짜를 입력하면 됩니다.

① F4셀에 다음 수식을 입력
② F4셀의 **채우기 핸들**을 K4셀까지 드래그해 수식을 복사합니다.

`=E4+1`

수식 설명 `=E4+1`

6번 과정에서 첫 번째 주의 일요일 날짜를 계산했으므로 그 주의 나머지(월~토요일) 날짜는 일요일부터 1씩 증가된 날짜입니다. 그러므로 바로 왼쪽 셀의 날짜 값에 1을 더하는 수식을 입력합니다. 참고로 날짜에서 1은 하루를 의미하기 때문에 1을 더하는 연산은 하루 뒤를 의미합니다.

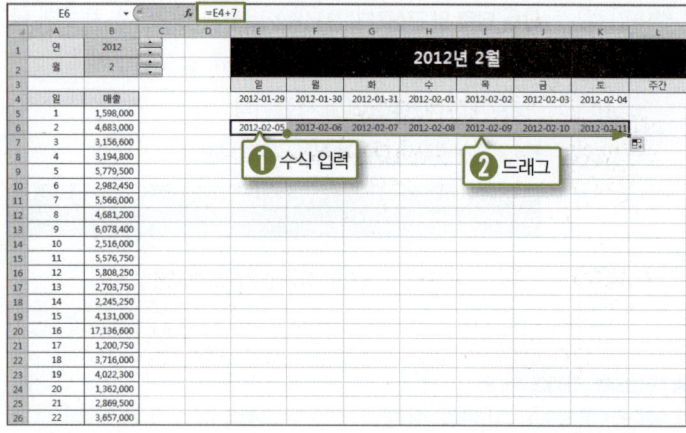

08 2번째 주의 날짜는 지난 주의 7일 후입니다. 그리고 5행에는 매출을 입력할 것이므로 2번째 주는 한 행 건너 6행에 계산해 넣습니다.

① E6셀을 선택하고, 다음 수식을 입력
② E6셀의 **채우기 핸들**을 K6셀까지 드래그해 수식을 복사합니다.

`=E4+7`

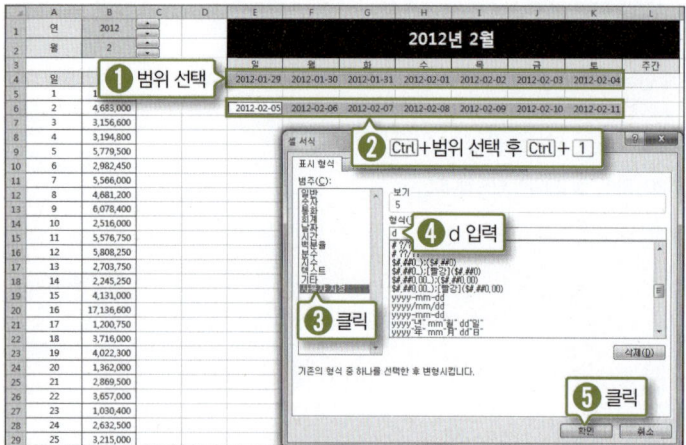

09 날짜 값의 서식을 변경합니다.

① E4:K4 범위를 선택
② Ctrl 키를 누른 상태에서 E6:K6 범위를 선택한 다음, Ctrl+1 키를 눌러 셀 서식 대화상자를 호출
③ [표시 형식] 탭에서 범주 목록의 **사용자 지정**을 선택
④ 형식 입력란에 d 서식 코드를 입력
⑤ 〈확인〉 버튼을 클릭합니다.

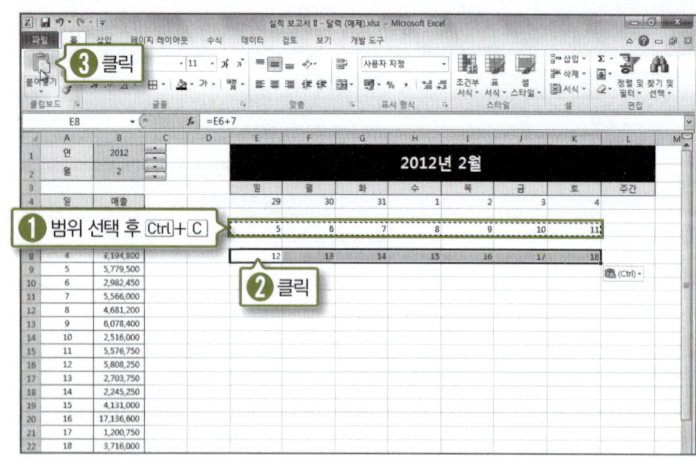

10 3번째 주는 2번째 주의 계산 방법과 동일하므로 2번째 주의 수식을 복사해 사용합니다.

① E6:K6 범위를 선택하고, Ctrl+C 키를 눌러 복사
② E8셀을 선택
③ 리본 메뉴의 [홈] 탭 – [클립 보드] 그룹에서 **붙여넣기** 단추를 클릭합니다.

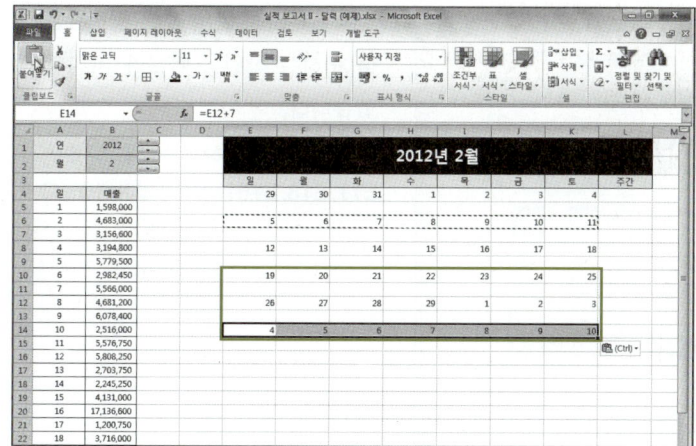

11 10번 과정과 동일한 방법으로 **E10**, **E12**, **E14**셀에 각각 수식을 붙여 넣어 그림과 같이 표시합니다. 달력은 최대 6주까지 표시될 수 있으므로 **E14**셀까지 붙여 넣었습니다.

12 달력 매출 표시하기 이제 달력의 날짜에 맞는 매출을 왼쪽의 표에서 참조해 옵니다.

① **E5**셀을 선택하고, 다음 수식을 입력
② **E5**셀의 **채우기 핸들**을 **K5**셀까지 드래그해 수식을 복사합니다.

=IFERROR(VLOOKUP(E4, $A$5:$B$35, 2, FALSE), "")

수식 설명 **=IFERROR(VLOOKUP(E4, $A$5:$B$35, 2, FALSE), " ")**
이번 수식에서는 VLOOKUP 함수로 왼쪽 표에서 달력의 날짜와 같은 일의 매출을 참조해 오려고 사용했습니다. VLOOKUP 함수 부분은 E4셀의 날짜 값을 A5:B35 범위(집계표)의 첫 번째 열(A5:A35)에서 찾아 같은 행에 위치한 2번째 열(B5:B35)의 값(매출)을 반환하고, 찾는 날짜가 없으면 #N/A 오류 값을 반환하라는 의미입니다.
찾는 날짜가 없을 때 즉, 이번 달 날짜가 아닐 때는 오류 값이 반환되므로 공백 문자(" ")가 반환되도록 IFERROR 함수를 추가로 사용했습니다.

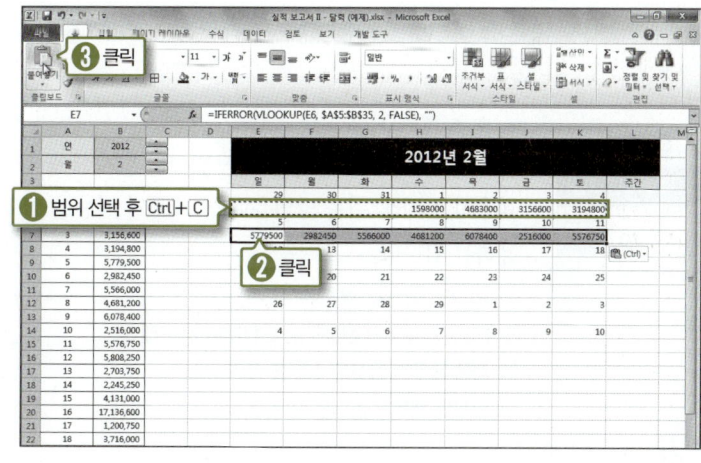

13 달력은 구성이 동일하므로 매출을 구하는 수식을 그대로 복사해 사용할 수 있습니다.

① **E5:K5** 범위를 선택하고, Ctrl+C 키를 눌러 수식을 복사
② **E7**셀을 선택
③ 리본 메뉴의 [홈] 탭 – [클립보드] 그룹에서 **붙여넣기** 단추를 클릭해 복사한 수식을 붙여 넣습니다.

Section 03 달력에 실적 정리하기 • **305**

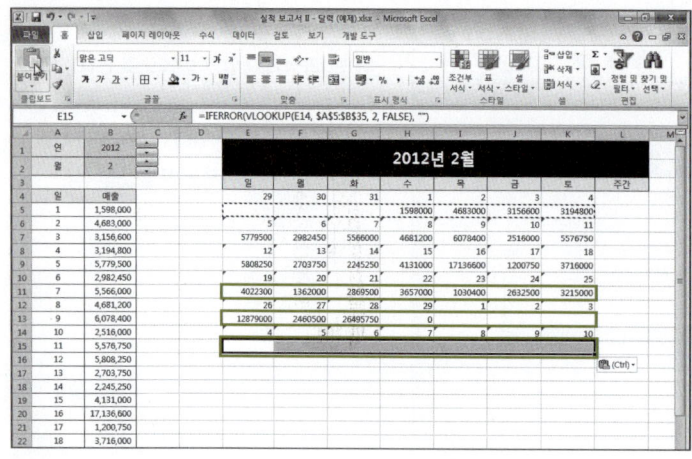

14 복사하여 붙여 넣는 방법으로 매출 구하는 작업을 빠르게 처리할 수 있습니다.

13번 과정과 동일하게 수식을 복사한 다음 **E11**, **E13**, **E15**셀에 각각 붙여 넣습니다.

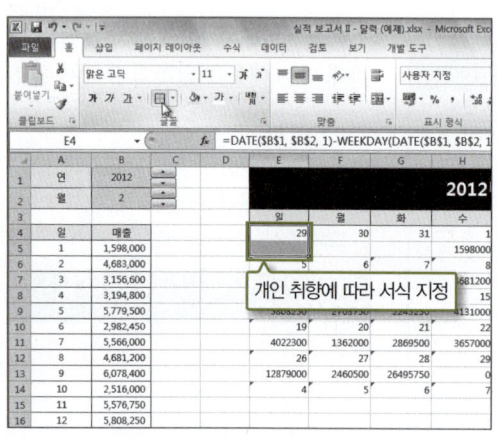

15 달력 서식 구성하기 이제 달력에 서식을 지정하면 됩니다. 달력의 일부분은 모두 동일한 서식을 지정할 것이기 때문에 E4:E5 범위에만 서식을 지정하고, 지정된 서식을 복사해 달력을 완성합니다.

TIP ... 일부분 서식 지정하기

서식은 개인의 취향에 따라 다르므로 사용자가 원하는 서식을 설정하면 됩니다. 참고로 실습에서 적용한 서식은 다음과 같습니다.

① E5셀은 매출이 표시되는 부분이므로 색을 지정합니다. E5셀을 선택하고 리본 메뉴의 [홈] 탭 – [글꼴] 그룹에서 [채우기 색] 명령을 클릭하여 원하는 채우기 색을 선택합니다.

② E5셀의 값은 매출이므로 천 단위 구분 기호(,)가 표시되도록 설정합니다. E5셀을 선택하고, 리본 메뉴의 [홈] 탭 – [표시 형식] 그룹에서 [쉼표 스타일] 단추 ■를 클릭합니다.

③ E4:E5 범위는 달력에서 하나의 일을 표시하는 부분이므로 테두리를 설정합니다. E4:E5 범위를 선택하고, 리본 메뉴의 [홈] 탭 – [글꼴] 그룹에서 [테두리] 단추를 클릭하여 [바깥쪽 테두리] 명령을 선택합니다.

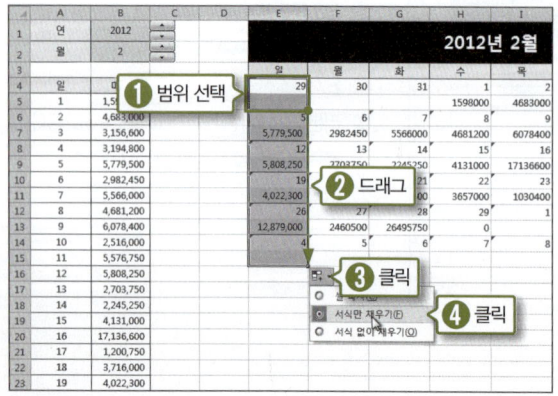

16 E4:E5 범위에 지정한 서식을 다른 날짜에 모두 적용하는 가장 쉬운 방법은 자동 채우기 기능을 이용하는 겁니다.

① **E4:E5 범위**를 선택
② **E5셀의 채우기 핸들** ■을 E15행까지 드래그
③ **자동 채우기 옵션** 단추 ■를 클릭
④ **서식만 채우기** 옵션을 선택합니다.

17
① E4:E15 범위를 선택
② E15셀의 **채우기 핸들**을 K15셀까지 드래그
③ **자동 채우기 옵션** 단추를 클릭
④ **서식만 채우기** 옵션을 선택합니다.

18 요일별 합계 구하기 이제 요일별 합계를 구합니다.
① E16셀을 선택하고, 다음 수식을 입력
② E16셀의 **채우기 핸들**을 K16셀까지 드래그해 수식을 복사합니다.

=SUM(E5, E7, E9, E11, E13, E15)

수식 설명 =SUM(E5, E7, E9, E11, E13, E15)
같은 요일의 매출이 표시되는 셀은 5, 7, 9, 11, 13, 15행이므로 SUM 함수로 집계합니다. 여러 개의 셀을 하나씩 선택해서 수식을 입력하는 것이 불편하다면, E5:E15 범위에서 홀수 행의 값만 집계하도록 다음과 같은 배열 수식(Ctrl+Shift+Enter 키로 입력)을 사용해도 됩니다.
{=SUM(IF(MOD(ROW(E5:E15), 2), E5:E15))}
MOD 함수는 나눗셈의 나머지를 반환하는 함수이므로, E5:E15 범위의 행 번호를 2로 나눈 나머지를 구하면 1,0,1,0, … 과 같은 값을 반환합니다. 1은 논리값인 TRUE와 동일하므로, IF 함수에서 E5:E15 범위의 홀수 행의 값만 반환하게 됩니다. 이 값의 합계를 SUM 함수로 구하면 홀수 행의 결과가 집계됩니다.

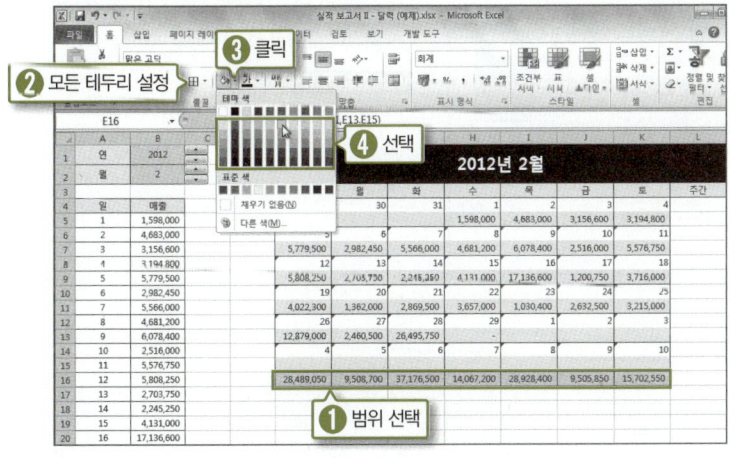

19 요일별 합계를 구한 행에 서식을 지정합니다.
① E16:K16 범위를 선택
② 리본 메뉴의 [홈] 탭 – [글꼴] 그룹에서 **모든 테두리**를 적용
③ [글꼴] 그룹에서 **채우기 색** 단추의 **옵션** 단추를 클릭
④ 색상표에서 원하는 색상을 선택합니다.

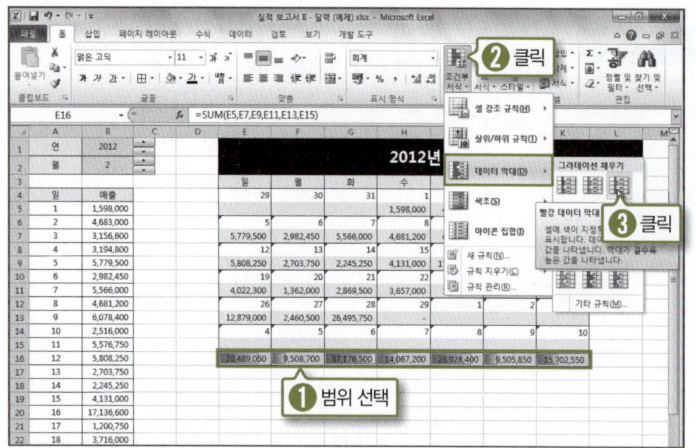

20 요일별 실적을 막대로 표시하기 요일별 실적을 보다 이해하기 쉽도록 조건부 서식의 데이터 막대를 이용해 표시합니다.

① E16:K16 범위를 선택
② 리본 메뉴의 [홈] 탭 – [스타일] 그룹에서 **조건부 서식** 단추를 클릭
③ **데이터 막대** 명령을 선택하고, 원하는 데이터 막대 스타일을 선택합니다.

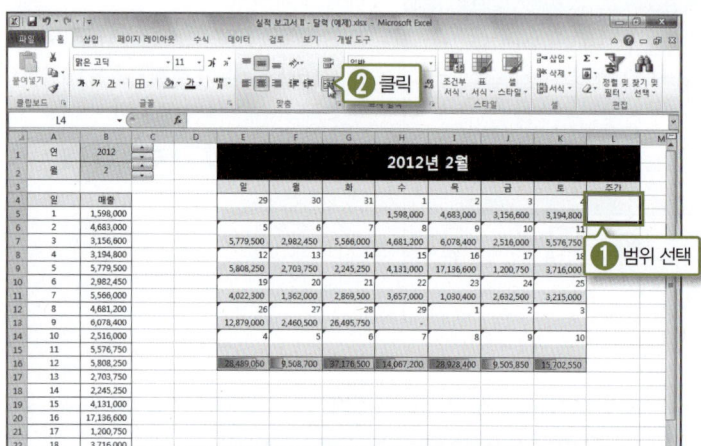

21 주간 합계 구하기 주간 매출 합계를 구하기 위해 L4:L5 범위를 병합합니다.

① L4:L5 범위를 선택
② 리본 메뉴의 [홈] 탭 – [맞춤] 그룹에서 **병합하고 가운데 맞춤** 단추를 클릭합니다.

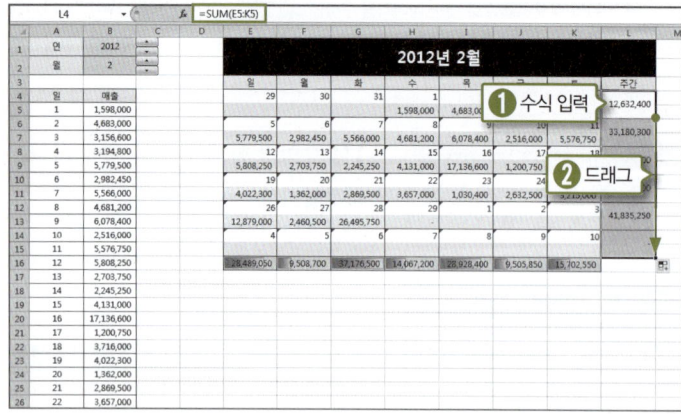

22

① L4:L5 병합 셀을 선택하고, 다음 수식을 입력
② L5셀의 **채우기 핸들**을 L15셀까지 드래그해 수식과 서식을 모두 복사합니다.

=SUM(E5:K5)

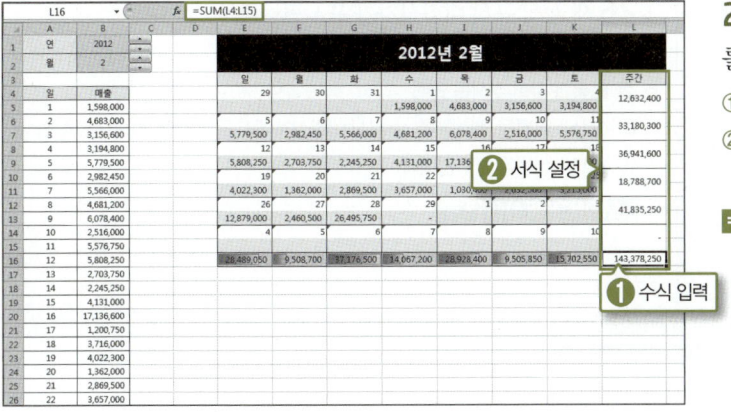

23 월 합계 구하기 마지막으로 월 합계를 구합니다.

① L16셀을 선택하고, 다음 수식을 입력
② 19번 과정을 참고해 **L5:L16** 범위의 서식을 지정합니다.

=SUM(L5:L15)

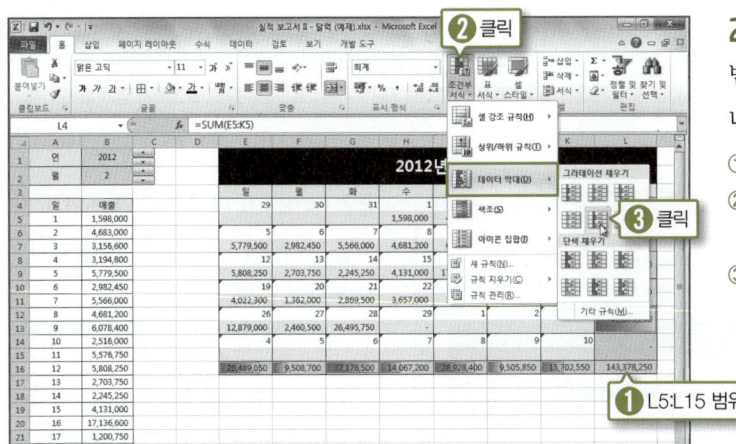

24 주간 실적을 막대로 표시하기 L5:L15 범위의 값을 데이터 막대로 표시합니다.

① **L5:L15** 범위를 선택
② 리본 메뉴의 [홈] 탭 – [스타일] 그룹에서 **조건부 서식** 단추를 클릭
③ **데이터 막대** 명령을 선택하고, 원하는 데이터 막대 스타일을 선택합니다.

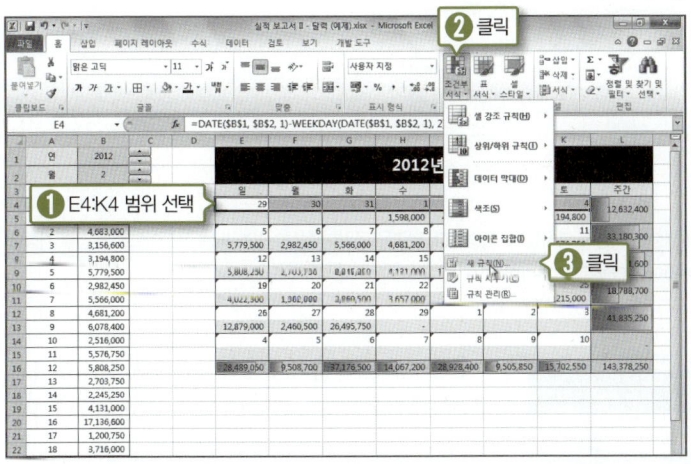

25 불필요한 날짜 숨기기 이제 달력에서 불필요한 날짜(일)를 숨깁니다.

① **E4:K4** 범위를 선택
② 리본 메뉴의 [홈] 탭 – [스타일] 그룹에서 **조건부 서식** 단추를 클릭
③ **새 규칙** 명령을 클릭합니다.

> **TIP ... 달력에서 불필요한 날짜 값**
>
> 달력에는 총 6주를 표시합니다. 1주와 5, 6주에는 이전 월이나 다음 월의 일이 표시될 수 있으므로 예제에서는 4행과 12행, 14행의 날짜에 각각 이번과 같은 조건부 서식을 적용해야 합니다.

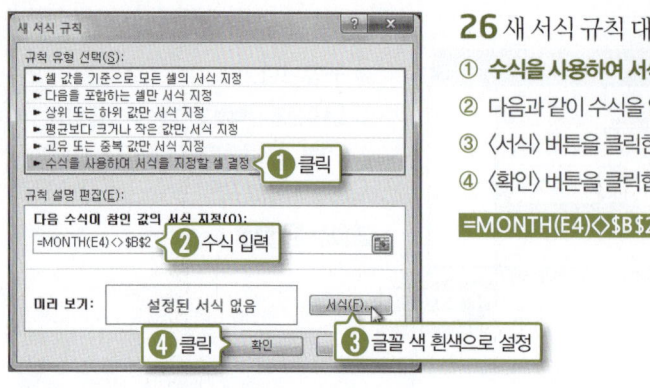

26 새 서식 규칙 대화상자가 표시됩니다.
① **수식을 사용하여 서식을 지정할 셀 결정**을 선택
② 다음과 같이 수식을 입력
③ 〈서식〉 버튼을 클릭한 후 셀 서식 대화상자에서 글꼴 색을 흰색으로 설정
④ 〈확인〉 버튼을 클릭합니다.

=MONTH(E4)◇$B$2

수식 설명 =MONTH(E4)◇$B$2
조건부 서식을 이용해 글자를 숨기려면 글꼴 색과 채우기 색을 일치시키면 됩니다. 여기서 사용한 조건은 A5:A35 범위에 설정된 조건부 서식 조건과 동일하므로 생략합니다.
참고로 이번 서식은 달력이므로 이전 월이나 다음 달의 일이 완전히 표시되지 않아도 되며, 조금 옅은 색으로 표시하도록 하면 좀 더 달력과 동일한 모습이 됩니다. 이렇게 하려면 〈서식〉 버튼을 클릭한 다음, 셀 서식 대화상자의 [글꼴] 탭에서 색 옵션을 채우기 색과 동일한 색으로 설정하지 말고 옅은 회색으로 설정합니다.

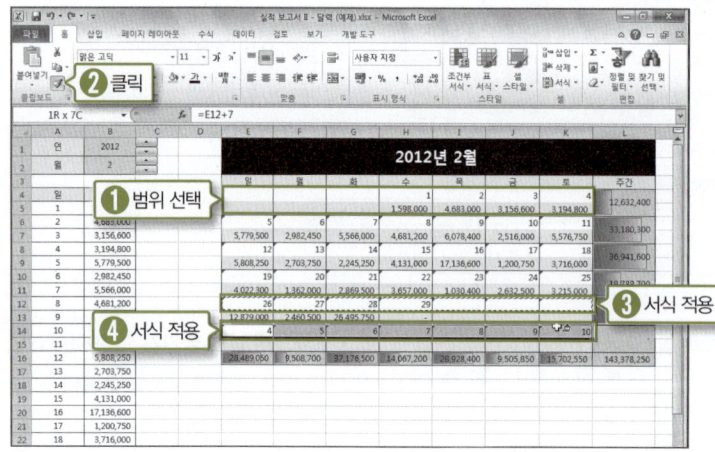

27 E4:K4 범위에 적용된 조건부 서식을 복사해 12, 14행에 적용합니다.
① E4:K4 범위를 선택
② 리본 메뉴의 [홈] 탭 – [클립보드] 그룹에서 **서식 복사** 단추를 클릭
③ E12:K12 범위를 드래그해 서식을 적용
④ E14:K14 범위에도 동일한 방법으로 서식을 복사합니다.

TIP … 서식 복사와 조건부 서식

조건부 서식은 제목 그대로 서식 기능이므로 서식 복사 명령을 사용해 복사할 수 있습니다. 달력은 동일한 형식이 반복되는 구조이므로 조건부 서식을 여러 번 적용하는 것보다 서식 복사 명령을 이용하는 것이 보다 빠르고 편리합니다.

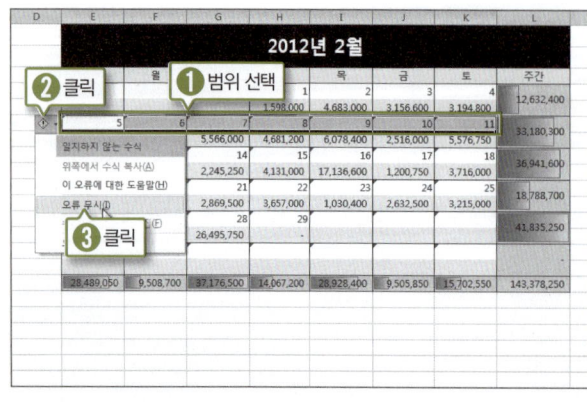

28 오류 표식 숨기기 달력의 6행부터 14행까지를 보면 셀 왼쪽 위에 오류 표식 아이콘이 나타납니다. 오류 표식을 감추는 작업을 진행합니다.
① E6:K6 범위를 선택
② **오류 추적** 단추를 클릭
③ **오류 무시** 명령을 클릭합니다.

TIP ... 오류 검사 중지하기

28번 과정과 같은 작업을 일괄적으로 처리하려면 다음 방법을 참고합니다.
① 리본 메뉴의 [파일] 탭에서 [옵션] 명령 🔲을 클릭합니다.
② [수식] 범주를 선택하고, [다른 작업을 수행하면서 오류 검사] 확인란을 체크 해제한 다음 〈확인〉 버튼을 클릭합니다.

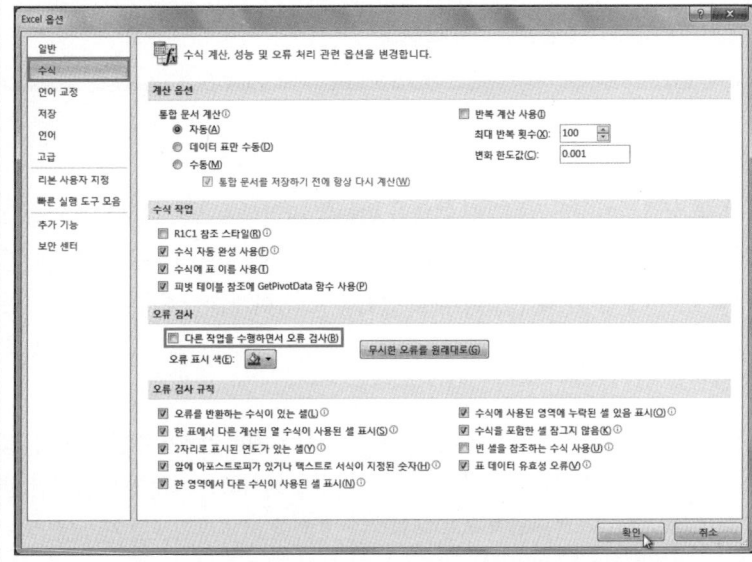

28 집계표와 달력 연동 확인하기 모든 작업을 완료했으니, 제대로 동작되는지 확인합니다.

C2셀의 스핀 단추 컨트롤의 감소 단추를 클릭하여 2월에서 1월로 변경한 다음 집계표와 달력을 각각 확인합니다.

Section 03 달력에 실적 정리하기 • **311**

Section 04 선택한 실적이 표시되는 자동화 차트 구성하기

▶ 묶은 세로 막대형   ▶ 데이터 유효성 검사   ▶ SERIES

달력은 그 나름대로 숫자를 이해하기 좋은 서식이지만, 주 단위 매출을 한눈에 파악하기에는 어려움이 있습니다. 그렇다고 전체 데이터로 차트를 생성하면, 여러 주의 실적이 어지럽게 표시되어 차트의 가독성이 떨어집니다. 그러므로 선택한 주별로 실적을 표시하는 차트를 만들어 매출 실적을 보다 쉽게 파악할 수 있도록 작업합니다.

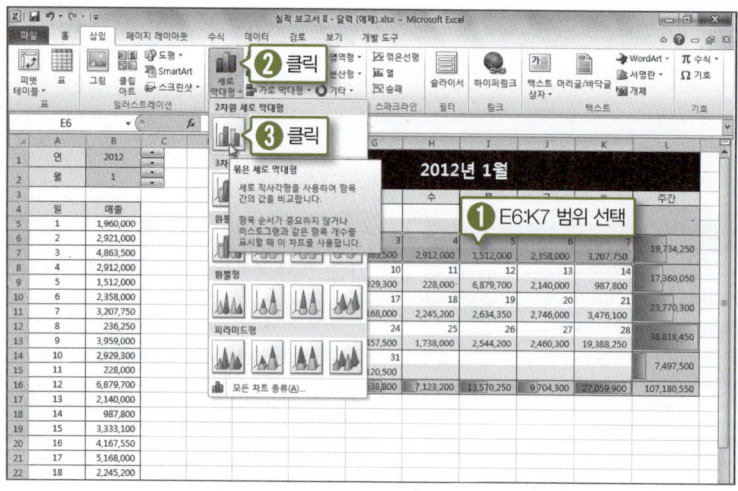

01 차트 만들기 주간 매출 실적을 표시하는 차트를 만들려면 한 주만 선택해 차트를 생성합니다.

① **E6:K7** 범위를 선택
② 리본 메뉴의 [삽입] 탭 – [차트] 그룹에서 **세로 막대형** 단추를 클릭
③ 2차원 세로 막대형 목록에서 **묶은 세로 막대형** 차트를 클릭합니다.

> **TIP ...** 범위 선택과 막대형 차트의 선택
>
> 주간 실적을 표시하는 차트를 만들려면 한 주의 데이터가 모두 입력되어 있는 주를 하나(어떤 주라도 상관은 없습니다) 선택해 작업합니다. 예제에서는 2번째 주(E6:K7 범위)를 선택해 작업했습니다. 차트는 한 주의 요일별 매출을 비교하기에 좋은 세로 막대형 차트를 선택했습니다.

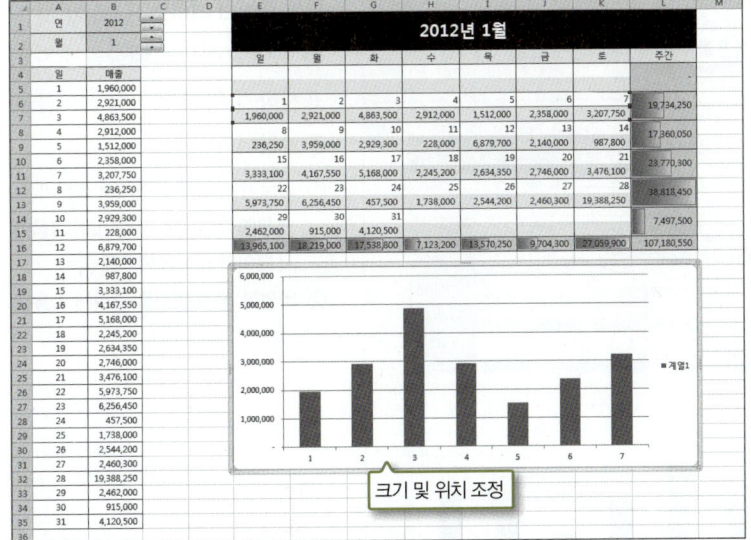

02 차트가 생성되면 **E18:L31** 범위에 맞게 Alt 키를 누른 상태에서 **크기 조정 핸들**을 드래그합니다.

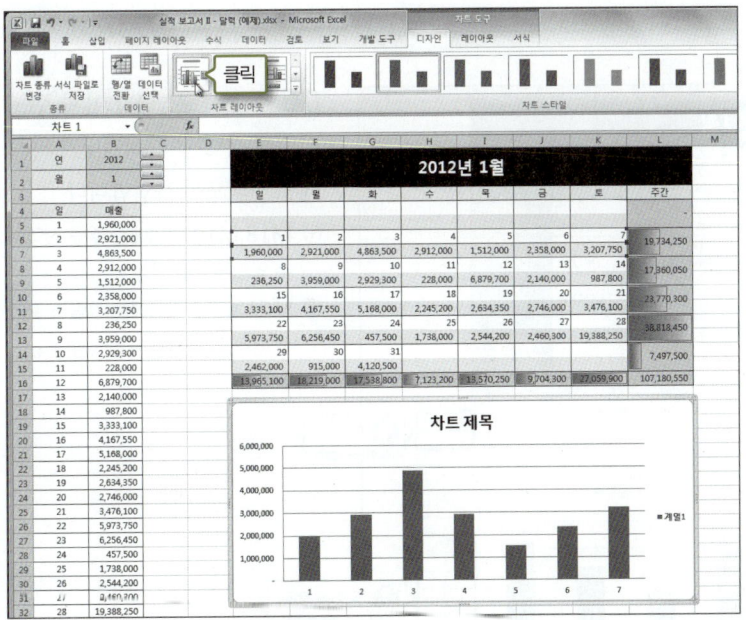

03 차트 레이아웃 변경하기 빠른 레이아웃 갤러리로 차트의 레이아웃을 변경합니다.

리본 메뉴의 [디자인] 탭 - [차트 레이아웃] 그룹에서 **빠른 레이아웃** 갤러리의 **레이아웃 1**을 선택하면 차트 제목이 표시됩니다.

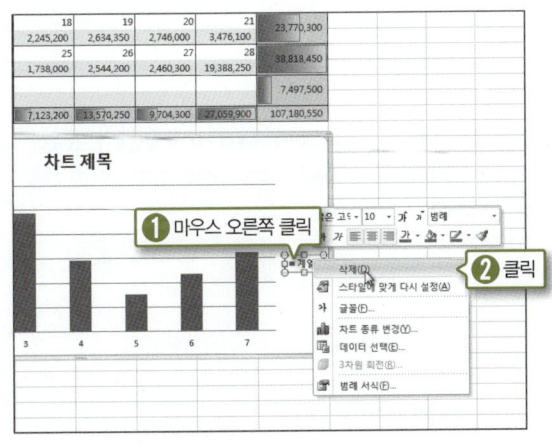

04 범례 삭제하기 차트는 주간 매출 실적을 표시하는 것이므로 계열이 하나 밖에 없고, 표시하려는 데이터의 성격이 분명하므로 범례를 삭제합니다.

① **범례**를 마우스 오른쪽 버튼으로 선택
② **삭제** 명령을 클릭합니다.

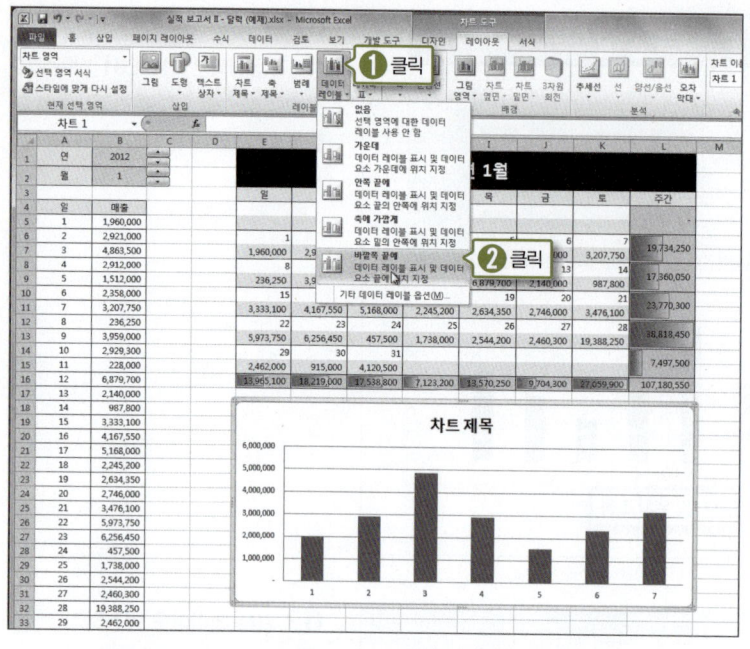

05 데이터 레이블 표시하기 차트의 막대 그래프에 매출을 숫자로 표시하기 위해 데이터 레이블을 추가합니다.

① 차트가 선택된 상태에서 리본 메뉴의 [레이아웃] 탭 – [레이블] 그룹에서 **데이터 레이블** 단추를 클릭
② **바깥쪽 끝에** 명령을 클릭해 적용합니다.

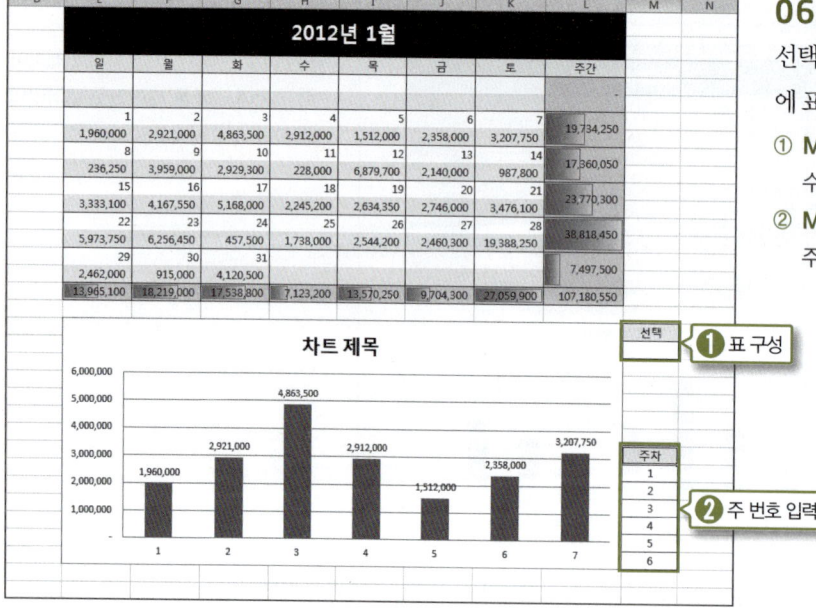

06 주 선택 구성하기 이제 주를 선택해 선택된 주 데이터가 차트에 표시되도록 작업합니다.

① **M18:M19** 범위에는 주를 선택할 수 있도록 표를 구성
② **M25:M31** 범위에는 그림과 같이 주 번호를 1~6까지 입력합니다.

TIP … 표 구성 이해하기

M19셀에서 차트에 표시될 주 번호를 선택하면 그에 맞는 데이터를 차트에 표시할 예정입니다. M19셀에 데이터 유효성 검사를 설정해 1~6 사이의 숫자를 선택해야 하는데 데이터 유효성 검사를 설정할 때 이 값을 직접 입력하거나, 입력된 범위를 선택해야 합니다. 이번에는 입력된 범위를 선택해 적용하는 방법을 사용하기 위해 M25:M31 범위에 미리 해당 값을 입력해 놓은 것입니다.

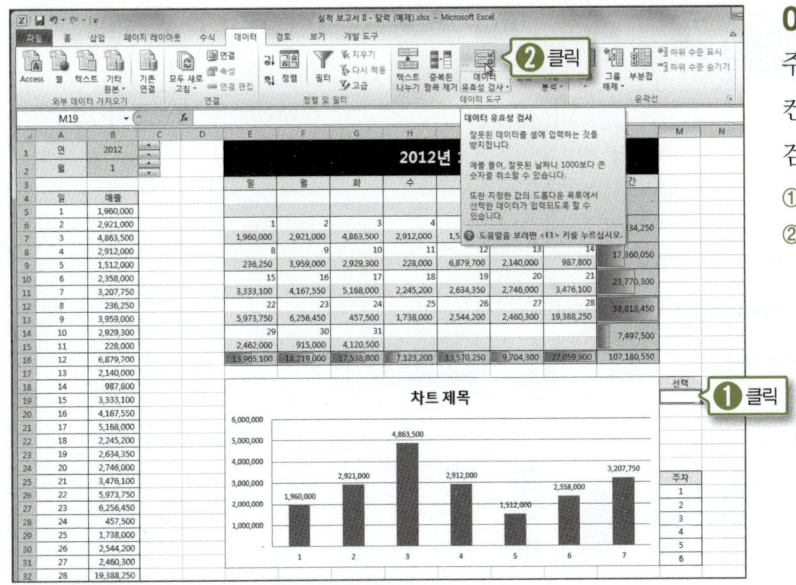

07 M19셀에서 차트에 표시할 주를 선택합니다. 이 부분은 양식 컨트롤을 사용하지 않고 유효성 검사의 목록 기능을 이용합니다.

① **M19**셀을 선택
② 리본 메뉴의 [데이터] 탭 – [데이터 도구] 그룹에서 **데이터 유효성 검사** 단추를 클릭합니다.

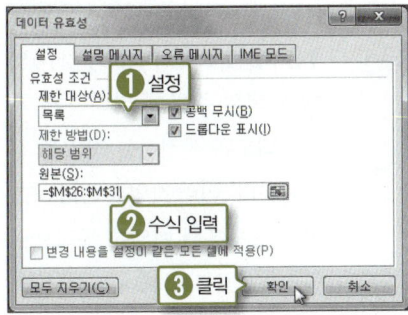

08 데이터 유효성 대화상자가 표시됩니다.

① [설정] 탭에서 제한 대상 콤보 상자의 값을 **목록**으로 설정
② 원본란을 선택한 후 다음 수식을 입력하거나 **M26:M31** 범위를 마우스로 드래그
③ 〈확인〉 버튼을 클릭합니다.

=$N$23:$N$28

TIP ... 데이터 유효성 대화상자의 설정

원본란에는 이번과 같이 데이터가 입력된 범위를 지정하거나 값을 직접 입력할 수 있습니다. 만약 M26:M31 범위에 값이 입력되어 있지 않다면, 목록에 추가할 값을 쉼표(,) 구분 연잔자를 이용해 1, 2, 3, 4, 5, 6을 입력해도 됩니다.

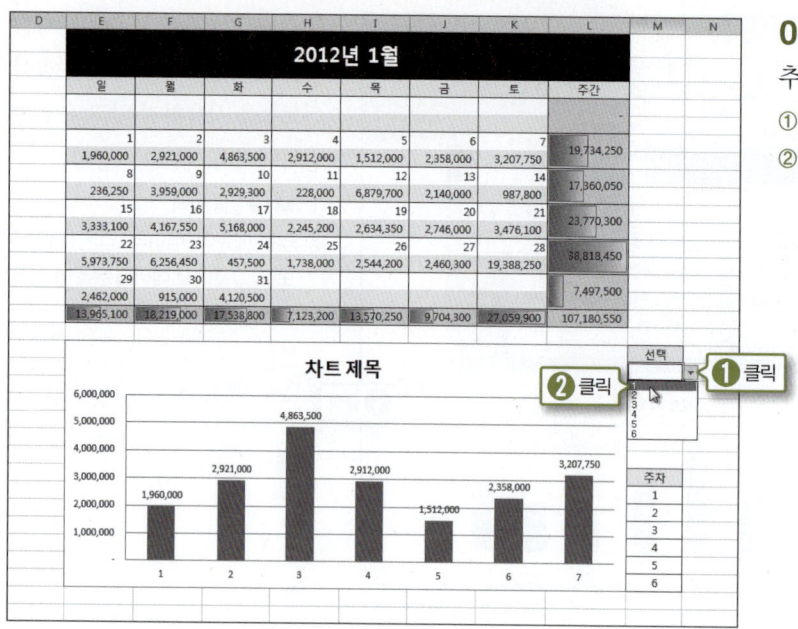

09 M19셀을 선택하면 옵션 단추가 표시됩니다.

① M19셀에서 **옵션** 단추▼를 클릭
② 목록에서 **1**을 선택합니다.

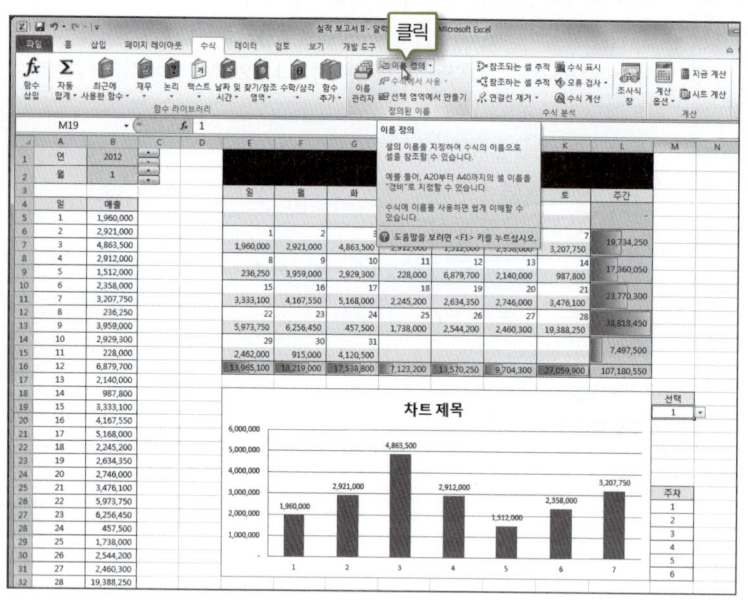

10 자동화 차트 구성하기 M19셀에 선택된 주차에 따라 차트가 변경되도록 설정하는 작업을 진행합니다. 이런 작업은 OFFSET 함수를 사용해 범위를 동적으로 참조하도록 작업합니다. 먼저 차트에서 사용할 범위를 이름으로 정의합니다.

리본 메뉴의 [수식] 탭 – [정의된 이름] 그룹에서 **이름 정의** 단추를 클릭합니다.

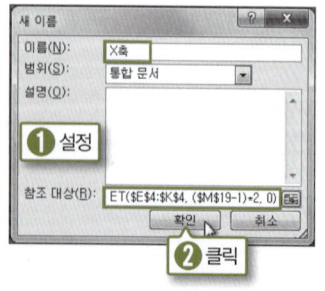

11 새 이름 대화상자가 표시되면, 차트의 가로(X) 축 범위를 이름으로 정의합니다.

① 다음 표를 참고해 이름과 참조 대상 항목을 입력
② 〈확인〉 버튼을 클릭합니다.

이름	X축
참조 대상	=OFFSET($E$4:$K$4, ($M$19-1)*2, 0)

수식 설명 **=OFFSET($E$4:$K$4, ($M$19-1)*2, 0)**

OFFSET 함수를 사용하면 참조할 대상 범위를 상황에 맞게 조정할 수 있습니다. 차트의 X축은 M19셀에서 선택한 주 번호의 일 값이 나타나야 합니다. 달력의 1~6주에 해당하는 일 값은 E4:K4 범위에서 항상 2의 배수(2,4,6,…)만큼 떨어져 있으므로, M19셀에 선택한 주차에 따라 2, 4, 6… 행 아래 범위를 자동으로 참조해야 합니다. 예를 들어, M19셀에서 1(주)을 선택할 때는 E4:K4 범위가, 2(주)를 선택할 때는 E6:K6 범위(E4:K4 범위에서 2행 아래), 3(주)를 선택할 때는 E8:K8(E4:K4 범위에서 4행 아래)를 참조해야 합니다.

이번 수식에서 OFFSET 함수는 E4:K4 범위를 기준 위치로 지정하고, 2번째 인수에 **(M19-1)*2** 계산 식을 사용합니다. 그러면 M19셀에서 1(주)을 선택하면 **(1-1)*2**로 0이 되기 때문에 E4:K4 범위를 참조하지만, 2(주)를 선택하면 **(2-1)*2**로 2가 되어 E4:K4 범위의 2행 아래 범위인 E6:K6 범위를 참조합니다. 이런 방식을 사용하면 M19셀에서 선택된 주차에 따라 X축 범위가 달라지게 할 수 있습니다.

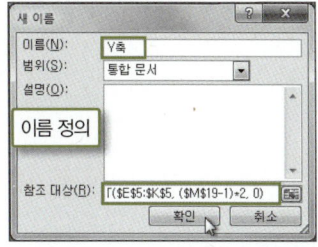

12

다시 한번 리본 메뉴에서 **이름 정의** 단추를 클릭한 후 아래 표를 참고해 이름을 정의합니다.

이름	참조 대상
Y축	=OFFSET($E$5:$K$5, ($M$19-1)*2, 0)

수식 설명 **=OFFSET($E$5:$K$5, ($M$19-1)*2, 0)**

이번 수식은 11번 과정에서 작성한 수식과 동일한 것입니다. 다만 Y축의 경우는 일 값이 아니라 매출이 나타나야 하므로 기준 위치가 E4:K4 범위에서 E5:K5 범위로 변경됐습니다. 원리는 동일하므로, 자세한 설명은 11번 과정의 수식 설명을 참고합니다.

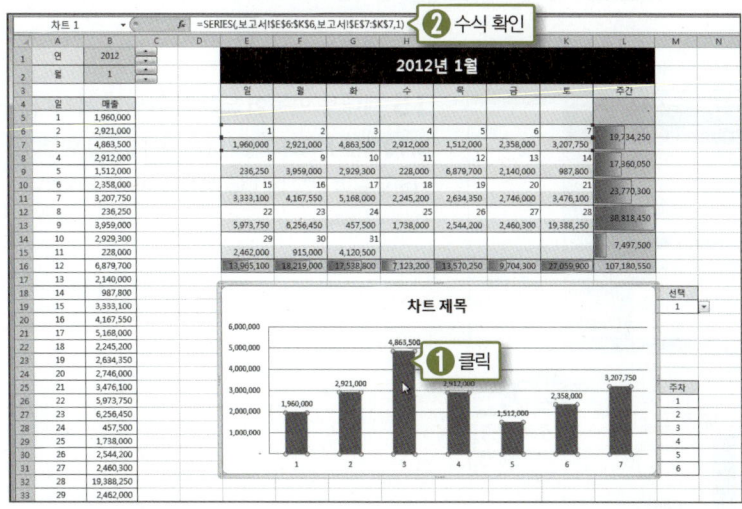

13 이제 정의한 이름을 차트에서 사용하도록 작업합니다.

① 차트의 **막대 그래프**를 클릭
② **수식 입력줄**을 보면 다음과 같은 수식을 확인할 수 있습니다.

=SERIES(,매출통계!$E$6:$K$6,매출통계!$E$7:$K$7,1)

TIP … SERIES 함수

차트의 그래프를 표시하기 위해 사용된 정보를 표시하는 SERIES 함수는 다음과 같은 구문을 사용합니다.

=SERIES(계열명, X축 범위, Y축 범위, 계열 순서)

- 계열명 : 데이터 계열의 이름으로 범례에 표시되는 이름을 의미합니다.
- X축 범위 : 그래프를 그리는 데 사용된 X축 항목이 입력된 범위입니다.
- Y축 범위 : 그래프를 그리는 데 사용된 Y축 값이 입력된 범위입니다.
- 계열 순서 : 여러 개의 데이터 계열을 사용할 때 먼저 표시될 우선순위를 의미하며, 범례에 표시되는 순서로 이해해도 무방합니다.

그러므로 차트의 원본 범위를 수정해야 할 때, SERIES 함수의 인수를 수정하는 방법이 가장 빠르게 차트의 원본 범위를 조정하는 방법입니다.

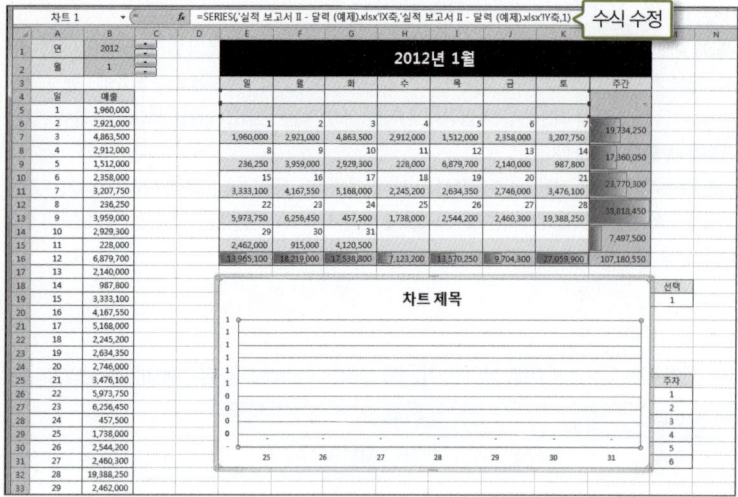

14 2번째와 3번째 인수를 정의된 이름으로 대체합니다.

수식 입력줄에서 SERIES 함수를 다음과 같이 수정한 후 Enter 키를 누릅니다.

=SERIES(, 보고서!X축, 보고서!Y축, 1)

수식 설명 =SERIES(, 보고서!X축, 보고서!Y축, 1)

11 ~ 12번 과정에서 정의한 [X축], [Y축] 이름을 SERIES 함수에 전달하여 차트가 M19셀의 선택 값에 따라 다른 위치를 참조해 표시되도록 합니다. SERIES 함수의 2번째, 3번째 인수에 이름을 사용할 때는 원래 다음과 같은 형식으로 입력해야 합니다.

'파일명.확장자'!이름

그런데, 이렇게 하면 어렵기 때문에 좀 더 쉽게 시트명을 이용해 고치도록 수식을 설명했습니다. 이번과 같이 시트명을 이용해 SERIES 함수를 수정하고 Enter 키를 누르면 자동으로 시트명 대신 원래 입력해야 할 **파일명.확장자** 형태로 변경됩니다. 수식을 변경하면 차트에 아무것도 표시되지 않습니다. 이것은 달력의 1주차에 매출 데이터가 없기 때문입니다.

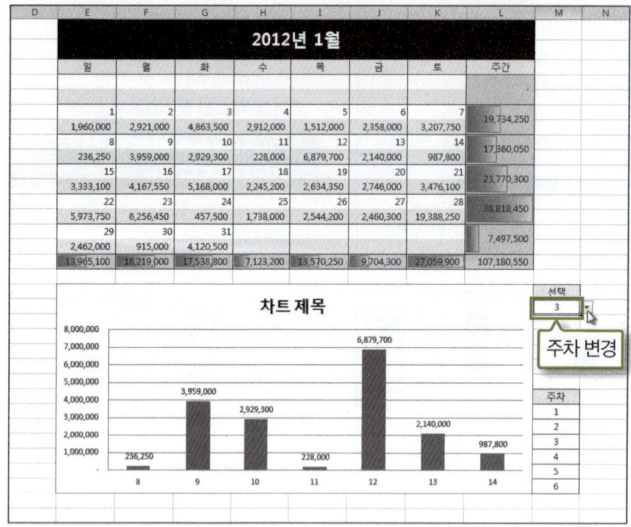

15 제대로 연동이 되는지 확인해 봅니다.

M19셀을 선택하고 주차를 1에서 3으로 변경하면 그림과 같이 3주차의 매출 실적이 차트에 표시됩니다.

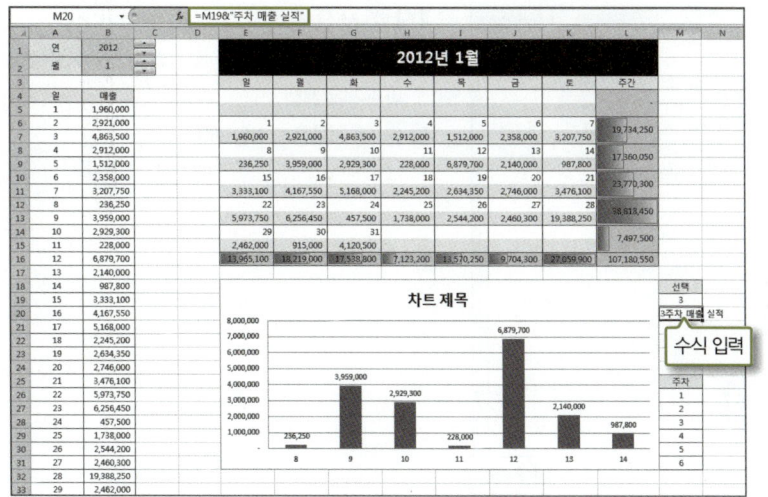

16 차트 제목 수정하기 이제 선택된 주차에 맞는 차트 제목을 표시하기 위해, 임의의 셀에서 수식을 이용해 차트 제목을 구합니다.

M20셀을 선택하고, 다음과 같은 수식을 입력합니다.

=M19 & "주차 매출 실적"

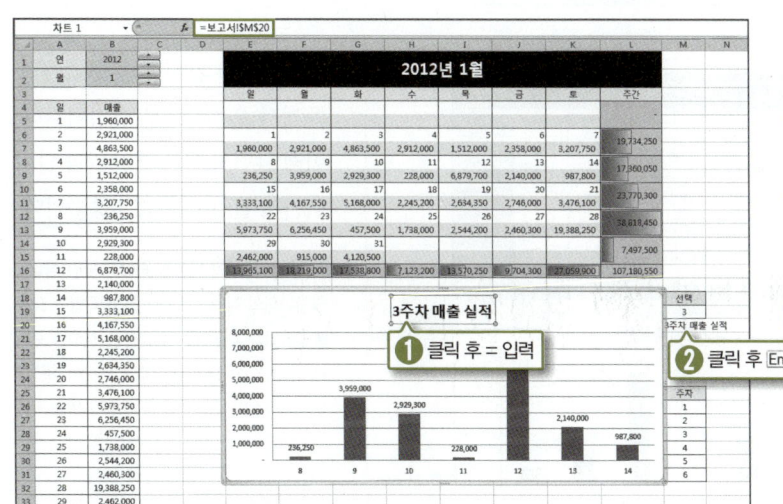

17 차트 제목과 수식이 입력된 셀을 연결합니다.

① 차트에서 **제목**을 선택한 후 등호(=)를 입력
② 16번 과정에서 수식을 작성한 **M20**셀을 클릭한 후 Enter 키를 눌러 참조합니다.

=보고서!$M$20

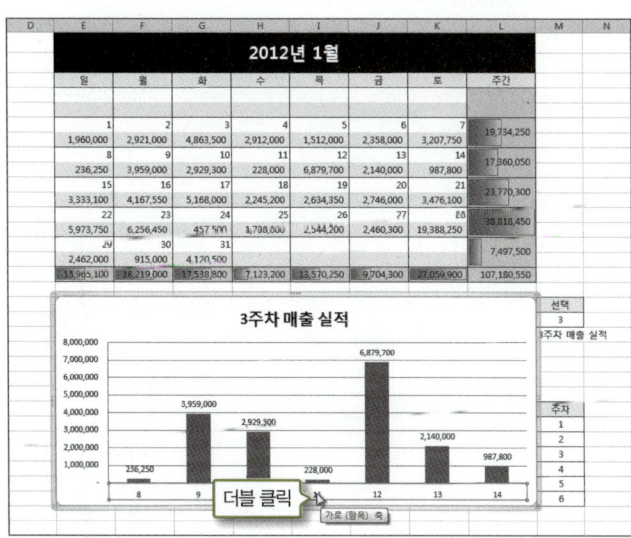

18 Y축 위치 옮기기 달력의 요일과 차트의 요일이 같은 위치에 표시되게 하려면 차트의 Y축을 왼쪽이 아니라 오른쪽으로 옮기면 됩니다. Y축 위치를 옮기려면 X축의 서식 대화상자에서 옵션을 변경합니다.

차트의 **가로(X) 축** 레이블을 더블 클릭하거나, **가로(X) 축** 레이블을 선택한 다음, Ctrl+1 키를 누릅니다.

Section 04 선택한 실적이 표시되는 자동화 차트 구성하기 • 319

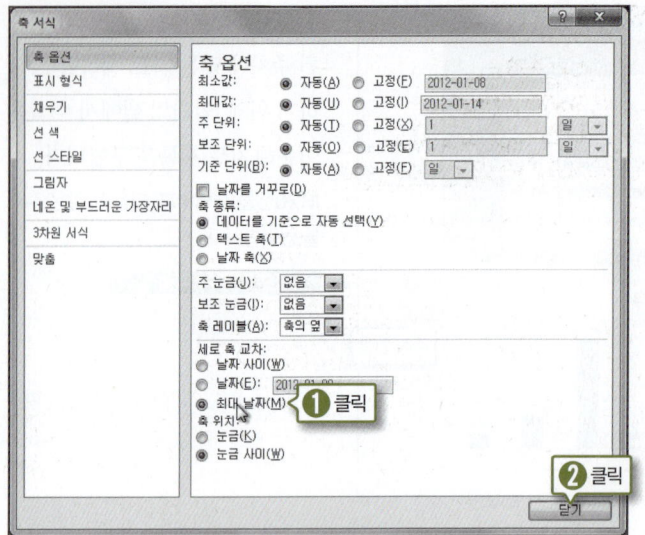

19 축 서식 대화상자가 표시됩니다.
① [축 옵션] 범주에서 세로 축 교차 항목에서 **최대 날짜** 옵션을 선택
② 〈닫기〉 버튼을 클릭합니다.

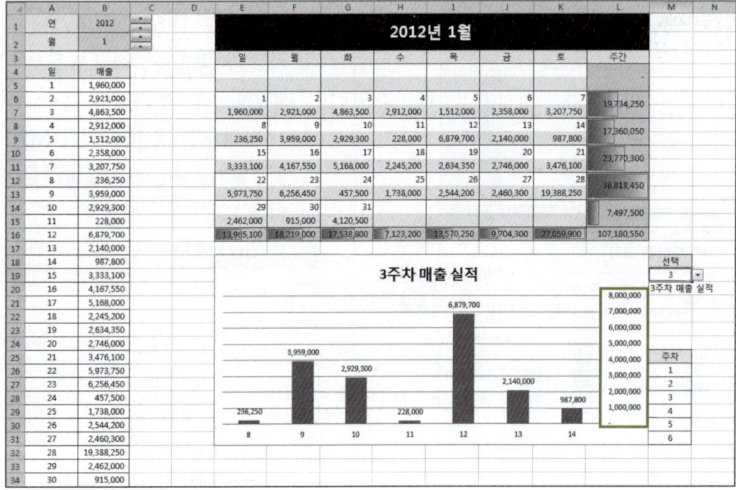

20 그림과 같이 Y축 위치가 왼쪽에서 오른쪽으로 변경됩니다. 이제 달력과 차트의 요일과 날짜 위치가 일치하여 보기 좋습니다.

TIP ... 깔끔한 서식을 위한 마무리 작업
현재까지의 작업으로 대부분의 작업은 모두 끝났습니다. 다만 좀 더 깔끔한 서식을 구성하려면 M20:M31 범위의 표와 값이 화면에 표시되지 않도록 테두리와 채우기 색을 지운 다음, 글꼴 색을 흰색으로 변경합니다.

Project 04.
실적 보고서 III – 상위 10 제품

전체 거래 내역에서 가장 많이(또는 적게) 판매된 제품(또는 고객)의 데이터를 정리하는 일은 빈번하게 발생하는 작업 중 하나입니다. 이런 작업은 대게 월 단위로 집계하는데, 자동화 서식을 만들어 놓으면 매번 반복되는 작업을 간편하게 처리할 수 있습니다.

미리보기

- 완성 파일 ⊙ : 실적 보고서Ⅲ-상,하위 제품.xlsx
- 예제 파일 ⊙ : 실적 보고서Ⅲ-상,하위 제품(예제).xlsx

거래내역

	A	B	C	D	E	F	G	H	I	J	K	L
1	거래ID	고객	담당	주문일	연	월	분류	제품	단가	수량	할인율	판매
2	10248	해바라기 백화점	안정훈	2011-01-01	2011	1	유제품	현진 커피 밀크	14,000	12	0%	168,000
3	10248	해바라기 백화점	안정훈	2011-01-01	2011	1	곡류	싱가율 원산 옥수수	10,000	10	0%	100,000
4	10248	해바라기 백화점	안정훈	2011-01-01	2011	1	유제품	대관령 특제 버터	35,000	5	0%	175,000
5	10249	산타페 ㈜	김찬진	2011-01-02	2011	1	가공 식품	유미 건조 다시마	19,000	9	0%	171,000
6	10249	산타페 ㈜	김찬진	2011-01-02	2011	1	가공 식품	유림 사과 통조림	42,000	40	0%	1,680,000
7	10250	YH 무역 ㈜	최소라	2011-01-03	2011	1	해산물	훈제 대합조개 통조림	8,000	10	0%	80,000
8	10250	YH 무역 ㈜	최소라	2011-01-03	2011	1	가공 식품	유림 사과 통조림	42,000	35	15%	1,249,500
9	10250	YH 무역 ㈜	최소라	2011-01-03	2011	1	조미료	루이지애나 특산 후추	17,000	15	15%	216,750
10	10251	삼양 통상 ㈜	윤대현	2011-01-03	2011	1	곡류	신성 시리얼	17,000	6	5%	96,900
11	10251	삼양 통상 ㈜	윤대현	2011-01-03	2011	1	곡류	한성 통밀가루	16,000	15	5%	228,000
12	10251	삼양 통상 ㈜	윤대현	2011-01-03	2011	1	조미료	루이지애나 특산 후추	17,000	20	0%	340,000
2080	11056	성신 교역 ㈜	선하라	2012-04-15	2012	4	가공 식품	대양 특선 건과(배)	30,000	40	0%	1,200,000
2081	11056	성신 교역 ㈜	선하라	2012-04-15	2012	4	유제품	한림 특선 양념 칠면조	24,000	35	0%	840,000
2082	11056	성신 교역 ㈜	선하라	2012-04-15	2012	4	유제품	대일 파메쌍 치즈	34,000	50	0%	1,700,000
2083	11057	아틀란티스 통상	윤대현	2012-04-15	2012	4	음료	트로피컬 칵테일	15,000	3	0%	45,000
2084	11058	협우 상사	유가을	2012-04-16	2012	4	과자류	대양 핫 케이크 소스	10,000	3	0%	30,000
2085	11058	협우 상사	유가을	2012-04-16	2012	4	유제품	대일 파메쌍 치즈	34,000	21	0%	714,000
2086	11058	협우 상사	유가을	2012-04-16	2012	4	조미료	사계절 핫 소스	29,000	4	0%	116,000
2087	11059	크리스탈 교역 ㈜	김덕훈	2012-04-17	2012	4	해산물	유미 튀김	6,000	30	0%	180,000
2088	11059	크리스탈 교역 ㈜	김덕훈	2012-04-17	2012	4	육류	앨리스 포장육	39,000	12	0%	468,000
2089	11059	크리스탈 교역 ㈜	김덕훈	2012-04-17	2012	4	유제품	대일 파메쌍 치즈	34,000	35	0%	1,190,000
2090	11060	한미 교역 ㈜	김덕훈	2012-04-18	2012	4	유제품	대일 파메쌍 치즈	34,000	4	0%	136,000
2091	11060	한미 교역 ㈜	김덕훈	2012-04-18	2012	4	조미료	알파 샐러드 드레싱	13,000	10	0%	130,000
2092	11061	캘리포니아 ㈜	최소라	2012-04-18	2012	4	유제품	대일 파메쌍 치즈	34,000	15	0%	510,000
2093	11062	정문 상사	최소라	2012-04-18	2012	4	육류	파스 페이스 티	33,000	10	20%	264,000
2094	11062	정문 상사	최소라	2012-04-18	2012	4	음료	트로피컬 칵테일	15,000	12	20%	144,000
2095	11063	샤흔 통상	윤대현	2012-04-19	2012	4	음료	태일 라이트 맥주	14,000	30	0%	420,000
2096	11063	샤흔 통상	윤대현	2012-04-19	2012	4	해산물	보스톤산 게살 통조림	18,000	40	10%	648,000
2097	11063	샤흔 통상	윤대현	2012-04-19	2012	4	해산물	훈제 대합조개 통조림	10,000	30	10%	270,000

→ 거래 내역은 지속적으로 데이터가 추가되므로 엑셀 표로 변환해 관리합니다.

집계표

	A	B	C	D
1	연	2012		
2	월	1		
3				
4	제품	판매량	순위	
5	유림 사과 통조림	194	1	
6	대관령 바닐라 아이스크림	165	2	
7	한성 옥수수 가루	150	3	
8	OK 바닐라 세이크	148	4	
9	알파인 맥주	137	5	
10	훈제 대합조개 통조림	126	6	
11	앨리스 포장육	108	7	
12	현진 커피 밀크	105	8	
73	대일 파메쌍 치즈	15	59	
74	신성 시리얼	10	60	
75	멜타 청정 생강즙	10	61	
76	태일 라이트 맥주	10	62	
78	진미 트로피컬 캔디	8	63	
79	미왕 계피 캔디	4	64	
80	태일 브랜디	3	65	

→ 연도와 월은 스핀 단추 컨트롤로 조정합니다.

→ 위에서 선택한 연, 월에 따른 제품별 판매량과 순위를 자동으로 계산합니다. 판매 제품은 월마다 다를 수 있으므로 엑셀 표로 변환해 관리합니다.

Project Review

실적보고서

상위 판매량 순으로 정리할지 하위 판매량 순으로 정리할지 콤보 상자 컨트롤로 결정합니다.

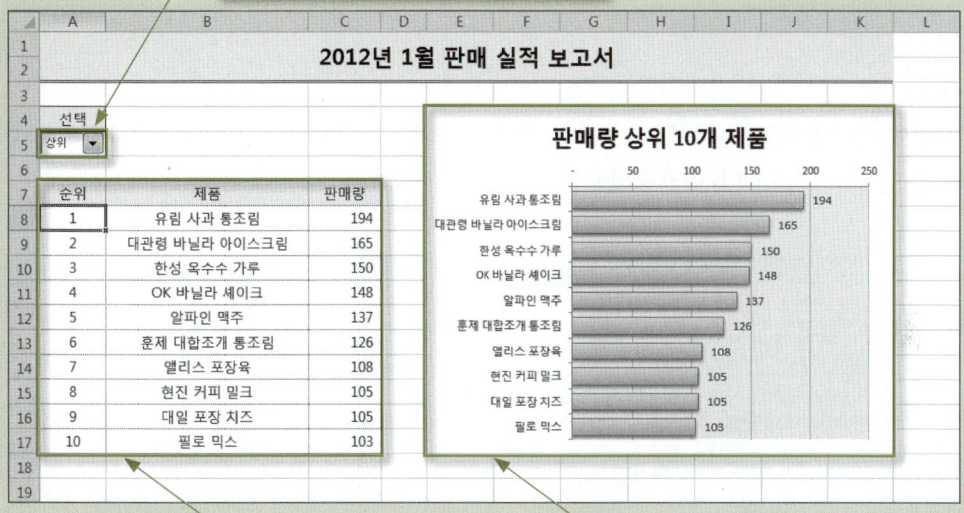

위 콤보 상자 컨트롤에서 선택한 기준에 맞는 제품 목록을 [집계표] 시트에서 참조해 옵니다.

왼쪽의 표를 보다 쉽게 이해하기 위해 가로 막대 차트를 이용해 표시합니다.

Section 01 데이터 관리하기

▶ 엑셀 표 ▶ 표시 형식 ▶ 구조적 참조

거래 내역(판매 대장) 데이터와 같이 계속해서 누적되는 데이터는 엑셀 표로 변환한 다음 집계표에서 필요로 하는 연, 월 값을 갖는 필드를 추가합니다. 이렇게 해야 함수를 이용한 자동화 서식을 만들 수 있습니다.

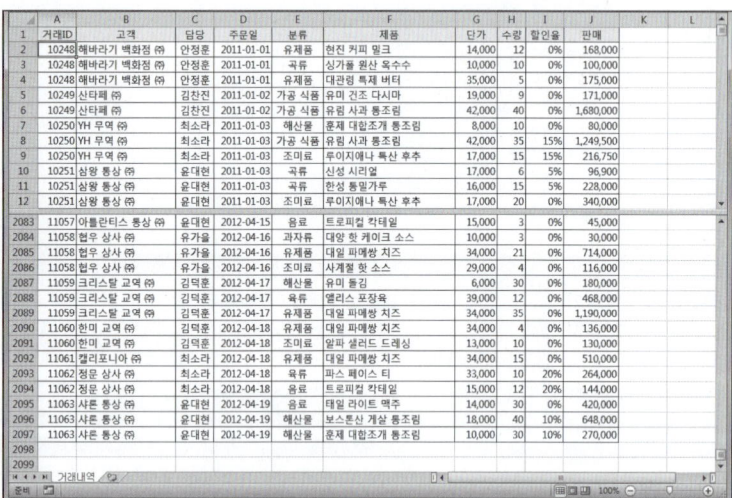

01 예제 이해하기 예제 파일을 열면 거래 내역이 기록된 표를 확인할 수 있습니다. 이 데이터는 2011년 1월부터 2012년 4월까지의 데이터입니다. 이런 데이터는 계속해서 누적되는 특성이 있으므로 엑셀 표로 변환한 후 자동화합니다.

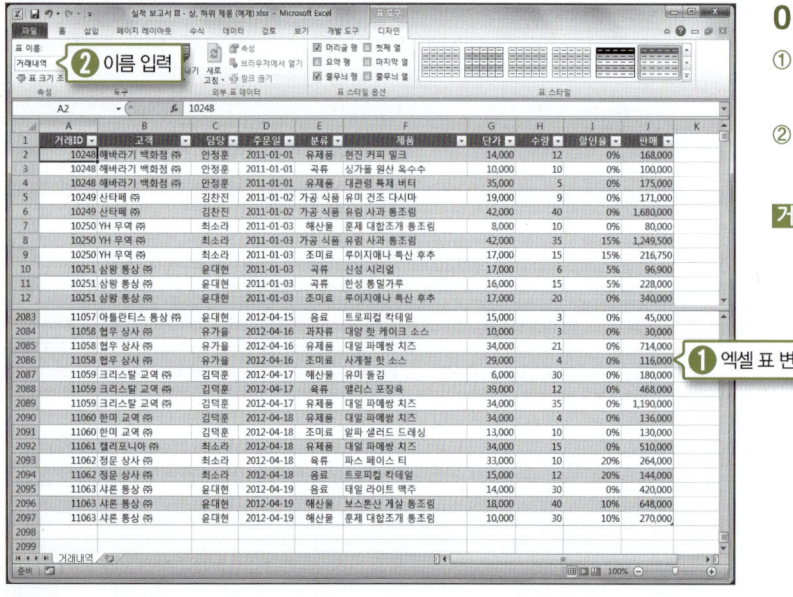

02 엑셀 표로 변환하기
① 그림과 같이 데이터를 엑셀 표로 변환
② 엑셀 표 이름을 다음과 같이 설정합니다.

거래내역

TIP ... 엑셀 표로 변환하기

엑셀 표로 변환하는 작업이 아직 익숙하지 않다면 다음 과정을 참고합니다.
① 표 내부의 셀을 하나 선택하고, 리본 메뉴의 [삽입] 탭 – [표] 그룹에서 [표] 단추를 클릭합니다.
② 표 만들기 대화상자가 표시되면 전체 표 범위를 확인하고 〈확인〉 버튼을 클릭합니다.
③ 엑셀 표로 변환한 후 리본 메뉴의 [디자인] 탭 – [속성] 그룹에서 표 이름란에 "거래내역"을 입력해 표 이름을 지정합니다.
④ 엑셀 표 스타일을 변경하려면 리본 메뉴의 [디자인] 탭 – [표 스타일] 그룹에서 [빠른 표 스타일] 갤러리에 있는 원하는 스타일을 선택해서 적용합니다.
⑤ 엑셀 표 스타일이 온전히 표시되도록 하려면 엑셀 표 범위(A1:J2097)를 선택하고 리본 메뉴의 [홈] 탭 – [글꼴] 그룹에서 채우기 색과 테두리를 없음으로 설정합니다.

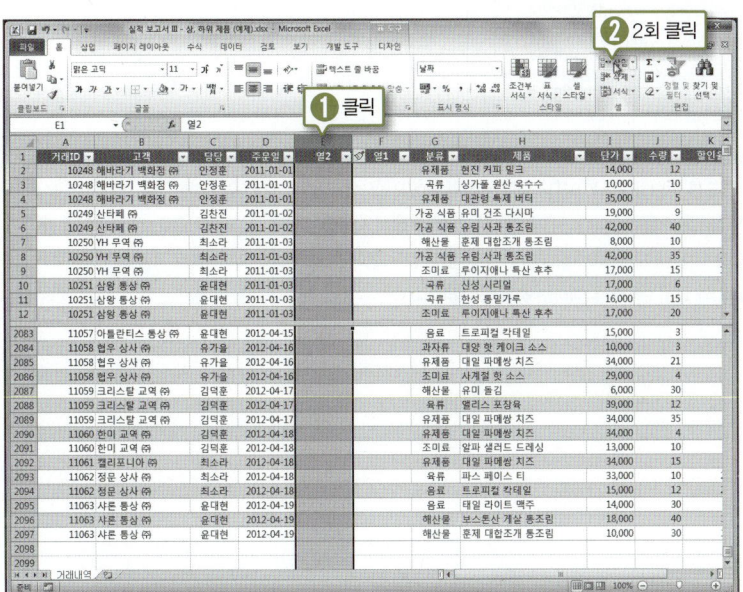

03 연, 월 열 추가하기 판매량을 집계하는 표는 연, 월을 기준으로 집계할 것입니다. 그러므로 D열의 주문일에서 연과 월을 구분해 놓는 것이 좋습니다.

① E열 머리글을 선택
② 리본 메뉴의 [홈] 탭 – [셀] 그룹에서 **삽입** 단추를 2회 클릭해서 2개의 열을 추가합니다.

TIP ... 삽입한 열의 표시 형식 이해하기

표에 열을 삽입하면 삽입한 왼쪽 열의 표시 형식이 그대로 적용됩니다. D열(주문일 열)의 표시 형식이 날짜이므로 추가된 E, F열의 표시 형식도 날짜 형식이 적용됩니다. E열과 F열에는 연과 월에 해당하는 숫자 값을 입력할 것이므로 표시 형식을 미리 변경하지 않으면 숫자가 표시되지 않고, YYYY-MM-DD 형식으로 값이 반환됩니다. 그러므로 E:F 열을 모두 선택하고 리본 메뉴의 [홈] 탭 – [표시 형식] 그룹에서 [표시 형식]을 [일반]으로 설정합니다.

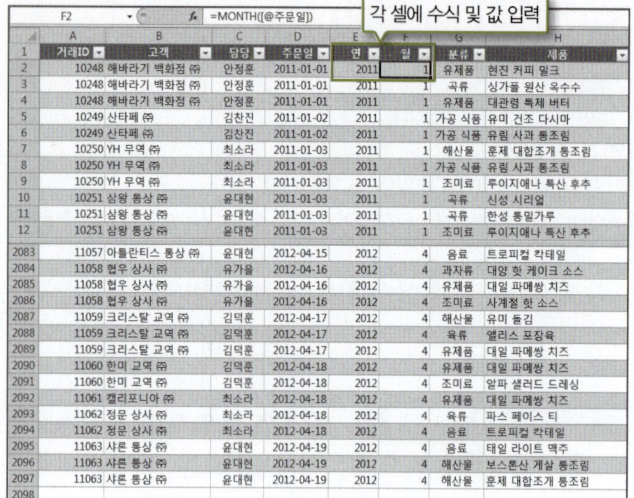

04

그림과 같이 추가한 열의 다음 각 셀에 값과 수식을 입력해 연, 월을 계산해 넣습니다.

E1 : 연
E2 : =YEAR([@주문일])
F1 : 월
F2 : =MONTH([@주문일])

수식 설명 =YEAR([@주문일]) / =MONTH([@주문일])

YEAR 함수는 날짜 값에서 YYYY와 같은 4자리 연도를 반환하며, MONTH 함수는 날짜 값에서 1~12 사이의 월 값을 반환합니다. 이때 참조할 셀 주소를 직접 입력하지 않고 [@주문일]과 같은 구조적 참조를 이용했습니다. 구조적 참조는 엑셀 표에서 사용할 수 있는 참조 방식으로 [@주문일]과 같이 @ 기호를 사용하는 것은 엑셀 2010 버전부터 제공되는 방식입니다. [@주문일]은 주문일 열의 같은 행에 위치한 셀을 의미하므로 4번 과정에서 E2셀에 **=YEAR([@주문일])**과 같이 사용하면 **=YEAR(D2)**와 같은 수식을 입력하는 것과 동일합니다.

Section 02 제품별 판매량 집계표 만들기

▶ 스핀 단추 컨트롤   ▶ 고급 필터   ▶ 오름차순 정렬

[거래내역] 엑셀 표에서 상위(또는 하위) 판매 제품을 추출하기 위해서는 제품별 판매량이 집계되어 있어야 합니다. 제품별 판매량은 집계할 기준에 따라 월, 분기, 연간별로 집계해야 하는데 이번 예제에서는 월별로 판매량을 집계할 것이므로 [거래내역] 엑셀 표에서 연, 월 값을 추가로 삽입한 것입니다.

01 제품별 판매량 집계표 구성하기

그림을 참고해 새 워크시트를 추가한 후 표를 구성합니다.

> **TIP ... 집계표의 구성**
>
> 다음 과정을 참고하면 위 그림의 집계표를 구성할 수 있습니다.
> ① [워크시트 삽입] 단추 를 클릭해 새 워크시트를 추가하고, 시트명을 "집계"로 입력합니다.
> ② 컨트롤을 이용해 연과 월을 조정할 수 있도록 A1:B2 범위에 표를 구성하고, 1:2 행의 행 높이를 30픽셀로 조정합니다.
> ③ 제품별 집계표를 만들기 위해 A4:C4 범위에 순서대로 "제품", "판매량", "순위"를 입력하고, 표 서식을 지정합니다.
> 이 때 A4셀에 입력하는 "제품"은 정확하게 입력해야 합니다. 이 값은 [거래내역] 시트의 H1셀에 입력된 열 머리글과 동일해야 합니다. 이것은 판매된 제품명 전체를 자동으로 가져오기 위해 고급 필터 기능을 사용할 것이기 때문입니다.

02 연, 월 값을 컨트롤을 이용해 조정하기

리본 메뉴의 [개발 도구] 탭 – [컨트롤] 그룹에서 **삽입** 단추를 클릭하여 그림과 같이 C1셀과 C2셀에 **스핀 단추** 컨트롤을 삽입합니다. 삽입한 **스핀 단추** 컨트롤은 각각 B1셀과 B2셀에 연결하여 연과 월을 조정하도록 설정합니다.

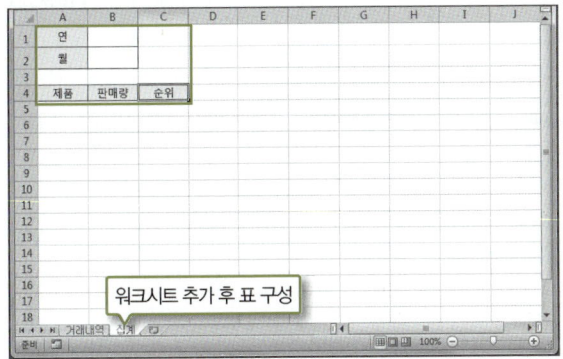

TIP ... 스핀 단추 컨트롤 설정하기

스핀 단추 컨트롤의 옵션 값 설정 방법은 다음 과정을 참고합니다.
① 리본 메뉴의 [개발 도구] 탭 - [컨트롤] 그룹에서 [삽입] 단추를 클릭하고, 양식 컨트롤 목록에서 [스핀 단추] 컨트롤을 선택해 C1셀에 삽입합니다.
② 삽입한 스핀 단추 컨트롤을 마우스 오른쪽 버튼으로 클릭한 다음 [컨트롤 서식] 명령을 클릭합니다.
③ 컨트롤 서식 대화상자가 표시되면 [컨트롤] 탭에서 다음과 같이 옵션을 설정하고 〈확인〉 버튼을 클릭합니다.
  현재값 : 2012 / 최소값 : 2000
  최대값 : 2100 / 셀 연결 : B1
④ 1~3번 과정을 참고해 C2셀에도 스핀 단추 컨트롤을 삽입한 후, 다음과 같이 옵션을 설정합니다.
  현재값 : 1 / 최소값 : 1
  최대값 : 12 / 셀 연결 : B2

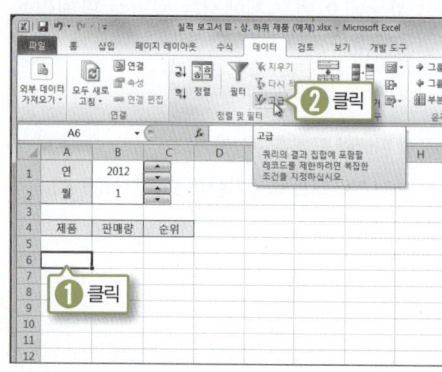

03 고유 제품명 가져오기 집계표에 제품명을 가져오는 작업을 진행합니다. 해당 월에 따른 제품명을 가져오는 작업을 수식으로 처리하면 복잡하고 느립니다. 그러므로 고급 필터 기능을 이용합니다.

① A6셀을 선택
② 리본 메뉴의 [데이터] 탭 - [정렬 및 필터] 그룹에서 **고급** 단추를 클릭합니다.

TIP ... 고급 필터

[거래내역] 시트의 표에 입력된 제품 열(H열)에는 중복된 제품명이 있습니다. 집계표에서는 중복된 제품명을 배제하고 집계해야 하므로, 중복되지 않은 값만 가져와야 합니다. 이런 작업을 수식으로 처리하는 것은 비효율적이므로 엑셀의 기본 기능을 이용하는 것이 좋습니다. 엑셀의 기능 중에서 중복된 값을 제거하려면 엑셀 2007 버전부터 제공되는 중복된 항목 제거 기능이나 고급 필터 기능을 이용합니다. 중복된 항목 제거 기능은 중복된 값을 제거하기에는 좋지만, 업무를 자동화하기에는 다소 불편한 점이 있습니다. 그러므로 여기서는 자동화하기에 가장 좋은 고급 필터 기능을 이용했습니다. 이때, A6셀을 선택하는 이유는 다른 워크시트([거래내역] 시트)의 데이터를 고급 필터로 복사해 오기 위한 것입니다. 이런 경우에는 주변이 모두 비어 있는 셀을 선택하는 것이 좋습니다. 그러므로 A6셀이 아니더라도 B6, E1셀과 같이 주변이 모두 비어 있는 셀이면 어디든 상관 없습니다.

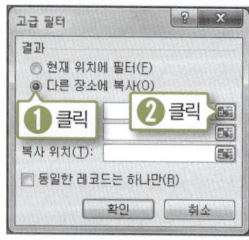

04 고급 필터 기능은 대화상자 설정을 잘해야 원하는 결과를 얻을 수 있습니다. 고급 필터 대화상자를 어떻게 설정해야 하는지 설명하겠습니다.

① 고급 필터 대화상자가 표시되면 결과 항목에서 **다른 장소에 복사** 옵션을 선택
② 목록 범위 입력 상자의 **대화상자 축소** 단추를 클릭합니다.

TIP ... 다른 장소에 복사 옵션

고급 필터는 기능명 그대로 데이터를 추출하는 기능입니다. 자동 필터와는 달리 추출된 데이터를 원하는 위치로 복사하는 것이 가능합니다. 이번에 선택한 [다른 장소에 복사] 옵션이 바로 그 역할을 하는 옵션으로 추출된 데이터를 복사 위치에서 설정한 위치로 복사합니다.

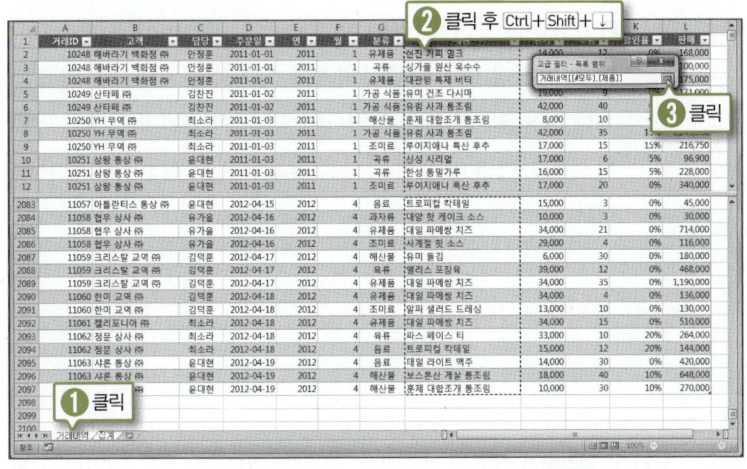

05 고급 필터 대화상자가 목록 범위 대화상자로 축소됩니다.

① [거래내역] 시트 탭을 클릭
② H1 셀을 클릭한 다음, Ctrl + Shift + ↓ 키를 눌러 H열 전체 범위를 선택
③ 대화상자 확장 단추를 클릭합니다.

TIP ... 엑셀 표의 구조적 참조 구문

엑셀 표로 변환한 범위를 참조하면, A1:L100과 같은 셀 주소 대신 **표이름[열 머리글]**과 같은 구조적 참조 구문이 표시됩니다. 이번에 표시된 구조적 참조 구문은 다음과 같습니다.

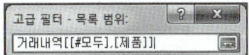

만약 **거래내역[제품]**과 같이 참조하면 [거래내역] 표에서 제품 열의 데이터를 참조합니다. 이 경우, H1셀(열 머리글)이 참조 범위에서 빠지게 됩니다. 이렇게 참조하는 방법은 데이터를 집계하는 수식을 작성할 때는 괜찮지만, 고급 필터 기능을 이용할 때는 문제가 됩니다.

고급 필터 기능에서 참조하는 범위는 표의 열 머리글이 반드시 포함되어 있어야 합니다. 그러므로 구조적 참조 구문에서 참조할 열의 열 머리글 셀이 포함되도록 설정해야 합니다. 이번에 표시된 구문은 제품 열의 열 머리글까지 포함하도록 설정하는 것으로 사용자가 범위를 제대로 선택하면 이번과 같이 정확한 구문이 표시됩니다. 그러므로 [#모두] 구문이 제품 열 머리글과 함께 사용된 것은 제품 열의 열 머리글이 입력된 셀까지를 포함하는 전체 범위라는 의미로 이해하면 됩니다.

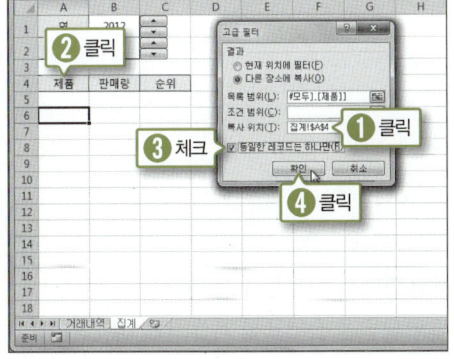

06 [집계] 시트로 이동되면서 고급 필터 대화상자가 다시 표시됩니다.

① 복사 위치 항목의 입력란을 클릭
② A4셀을 클릭
③ **동일한 레코드는 하나만** 옵션에 체크
④ 〈확인〉 버튼을 클릭합니다.

TIP ... 고급 필터

복사 위치의 셀에는 [거래내역] 시트에 있는 H1셀의 열 머리글과 동일한 값이 입력되어 있어야 합니다. 값이 틀리면 고급 필터 실행 결과가 제대로 반환되지 않습니다.

07 그림과 같이 A5:A81 범위에 고유 제품명이 반환됩니다. 이것은 [거래내역] 엑셀 표의 제품 열에서 중복된 값을 빼고 고유한 제품명만 반환된 것입니다. 만약 이 결과가 제대로 반환되지 않는다면 4~6번 과정을 참고해 다시 작업해 보길 바랍니다.

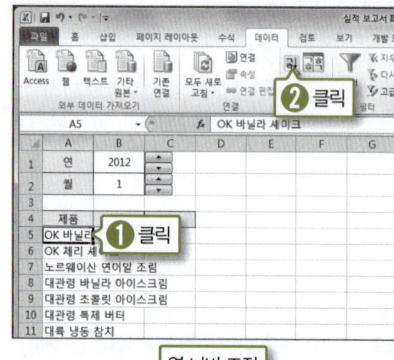

08 표 정리하기 반환된 제품명은 [거래내역] 엑셀 표의 데이터 순서대로 표시되므로 정렬할 필요가 있습니다.

① **A5**셀을 선택
② 리본 메뉴의 [데이터] 탭 - [정렬 및 필터] 그룹에서 **오름차순 정렬** 단추를 클릭해 정렬합니다.

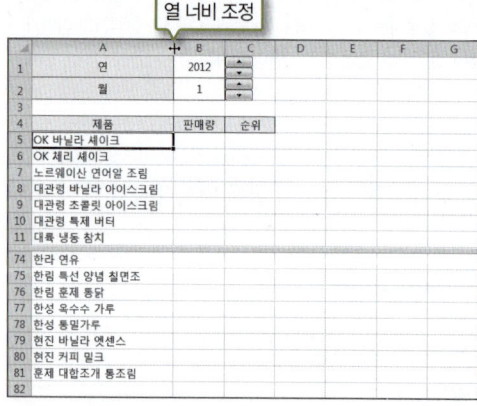

09 제품명이 위치한 A열의 열 너비를 넓혀 제품명이 모두 표시되도록 합니다.

A열과 **B**열의 **열 구분선**을 더블 클릭해서 열 너비를 자동으로 조정합니다.

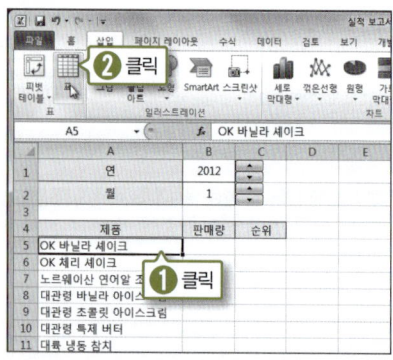

10 엑셀 표로 변환하기 매월 판매되는 제품 수는 변경될 수 있으므로, 고급 필터 기능을 이용해 반환받은 집계표를 엑셀 표로 변환합니다.

① **A5**셀을 선택
② 리본 메뉴의 [삽입] 탭 - [표] 그룹에서 **표** 단추를 클릭합니다.

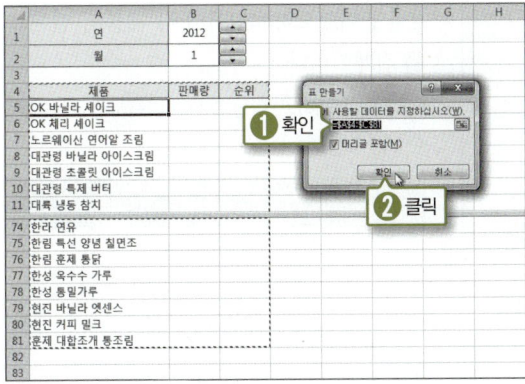

11

① 표 만들기 대화상자에서 엑셀 표로 변환할 대상 범위 (A4:C81)를 확인
② 〈확인〉 버튼을 클릭해 엑셀 표로 변환합니다.

12

리본 메뉴의 [디자인] 탭 – [속성] 그룹에서 **표 이름** 입력란을 다음과 같이 변경합니다.

집계표

13 표 스타일 변경하기

① 리본 메뉴의 [디자인] 탭 – [표 스타일] 그룹에서 **빠른 표 스타일** 갤러리에서 적당한 표 스타일을 선택해 적용
② 온전한 표 스타일로 표시하기 위해 리본 메뉴의 [홈] 탭 – [글꼴] 그룹에서 다음과 같이 기존 표 서식을 지웁니다.

채우기 색 : 채우기 없음
테두리 : 테두리 없음

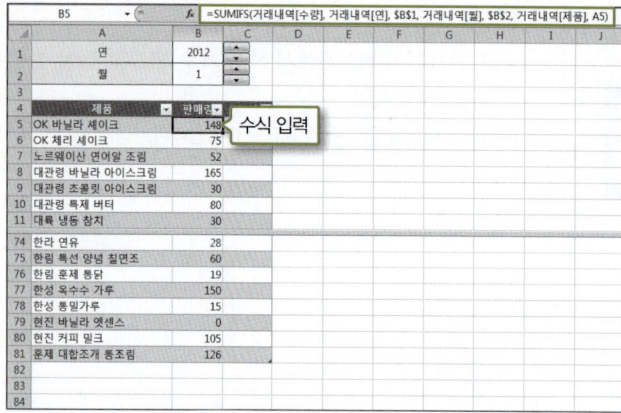

14 판매량 요약하기 이제 각 제품별 판매량을 집계합니다.

B5셀을 선택하고, 다음 수식을 입력하면 모든 열에 수식이 자동으로 적용됩니다.

=SUMIFS(거래내역[수량], 거래내역[연], $B$1, 거래내역[월], $B$2, 거래내역[제품], A5)

수식 설명 =SUMIFS(거래내역[수량], 거래내역[연], $B$1, 거래내역[월], $B$2, 거래내역[제품], A5)

제품별 판매량을 집계하려면 [거래내역] 엑셀 표의 수량 열을 집계해야 합니다. 수량 열을 집계하려면 다음 조건을 만족해야 합니다.

첫째, [거래내역] 엑셀 표의 제품명과 집계표의 제품명이 같아야 하며,

둘째, [거래내역] 엑셀 표의 연도와 B1셀에 있는 연도 값이 같아야 하고,

셋째, [거래내역] 엑셀 표의 월 값과 B2셀의 월 값이 같아야 합니다.

즉 제품, 연, 월이 모두 동일해야 하므로 조건이 3개입니다. 이렇게 조건이 여러 개일 때 합계를 구하려면 SUMIFS 함수를 사용합니다. SUMIFS 함수는 합계 범위가 먼저 나오고, 범위, 조건 인수가 반복해서 나오는 구성이므로 이번과 같이 구성하면 1번째 인수인 [거래내역] 엑셀 표의 수량 열의 합계를 구하는데, 합계를 구할 조건으로 [거래내역] 엑셀 표의 연 열의 값이 B1셀과 같고, 월 열의 값이 B2셀과 같으며, 제품 열의 값이 A5셀과 같은지 확인합니다.

이때, 참조하는 셀 주소에서 B1셀과 B2셀은 수식을 복사해도 위치가 고정돼야 하므로 $B$1, $B$2과 같이 절대참조 방식으로 참조하며, A5셀은 수식을 복사할 때 참조할 위치가 변경돼야 하므로 상대참조 방식으로 참조해야 한다는 사실에 주의합니다.

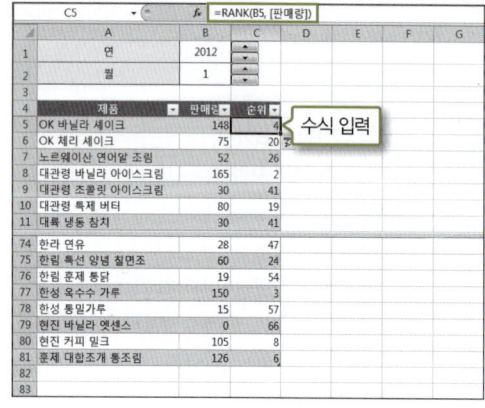

15 B열에 집계된 판매량을 참고해 순위를 구합니다.

C5셀을 선택하고, 다음 수식을 입력해서 순위를 자동으로 계산합니다.

=RANK(B5, [판매량])

수식 설명 =RANK(B5, [판매량])

RANK 함수는 순위를 구하는 함수로 B5셀의 값이 판매량 열에서 몇 번째로 큰 값인지를 구합니다. 동일한 엑셀 표의 다른 열을 참조할 때는 엑셀 표 이름 없이 대괄호([ ]) 안에 열 머리글만 사용합니다. 이번에 사용한 RANK 함수는 3번째 인수를 생략했으므로 값이 큰 순으로 순위를 구합니다. 순위를 구하는 것은 판매량 상위 10개의 제품을 선별하기 위한 것이므로 이런 식의 작업에서는 순위를 구하는 작업이 꼭 필요하며, 필요에 따라 순위를 구하는 수식을 적절하게 수정해야 합니다. 이번 자동화 서식을 만드는 과정에서 순위를 구하는 다양한 방법을 소개하므로 유의해서 살펴보기 바랍니다.

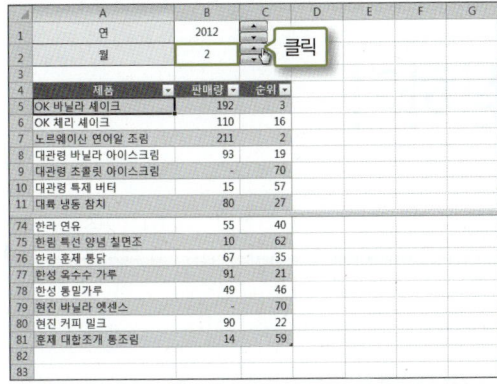

16 월 값 변경하고 요약된 결과 확인하기 이제 월을 변경해 집계표의 결과가 제대로 반영되는지 확인합니다.

C2셀에 있는 **스핀 단추** 컨트롤의 **증가** 단추를 한 번 클릭해 B2셀의 월 값을 2로 변경해 집계표의 결과가 변하는지 확인합니다.

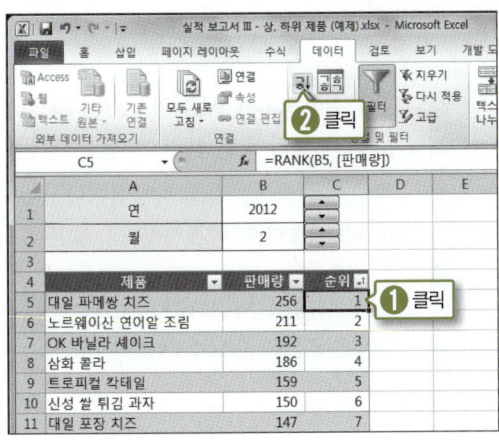

17 순위별로 정렬하기 집계표에서 상위 10개의 데이터를 추출하려면 집계표를 순위별로 정렬해야 합니다.

① **C5셀을 선택**
③ 리본 메뉴의 [데이터] 탭 – [정렬 및 필터] 그룹에서 **오름차순 정렬** 단추를 클릭해 정렬합니다.

Section 03 실적 보고서 구성하기

▶ 콤보 상자 컨트롤   ▶ 동일 순위 처리

제품별 판매량 집계표에서 상위(또는 하위) 10개 제품 정보를 표시하는 실적 보고서를 만듭니다. 실적 보고서 서식을 구성한 다음, 집계표에서 필요로 하는 값을 참조하는 수식을 구성합니다.

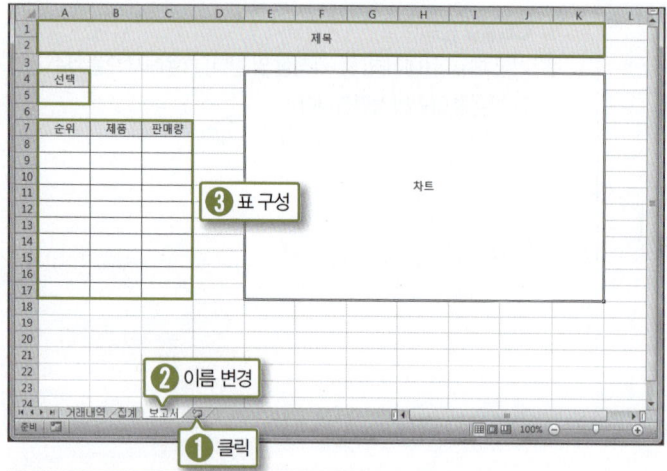

01 실적 보고서 구성하기 [집계] 시트의 표에서 상위 또는 하위 10개의 제품을 추출해 표시하는 표를 작성합니다.

① **워크시트 삽입** 단추를 클릭하여 새로운 워크시트 추가
② 추가한 워크시트의 이름을 **보고서**로 변경
③ 그림을 참고하여 **표**를 구성합니다.

TIP ... 워크시트 구성하기

다음 설명을 참고해 워크시트를 구성합니다.
① A1:K2 범위는 서식의 제목을 입력할 영역으로, 병합 하고 적절한 테두리 서식을 적용합니다.
② 상위, 하위 옵션은 사용자가 선택할 예정입니다. 그러므로 A4:A5 범위에 적당한 표 서식을 지정하여 이후 콤보 상자 컨트롤을 추가할 영역을 만듭니다.
③ [집계] 시트에서 제품 순위와 제품명, 판매량을 참조해 올 것입니다. A7:C7 범위에 순서대로 "순위", "제품", "판매량"을 입력하고, A7:C17 범위에 표 서식을 지정합니다.

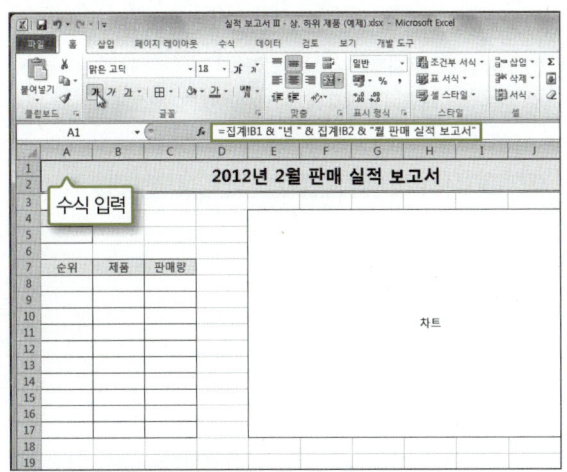

02 보고서 제목 구성하기 먼저 보고서 제목을 구성합니다.

A1:K2 병합 셀에 다음과 같은 수식을 입력하여 보고서 제목으로 [집계] 시트의 연, 월 값이 자동으로 표시되도록 구성합니다.

=집계!B1 & "년" & 집계!B2 & "월 판매 실적 보고서"

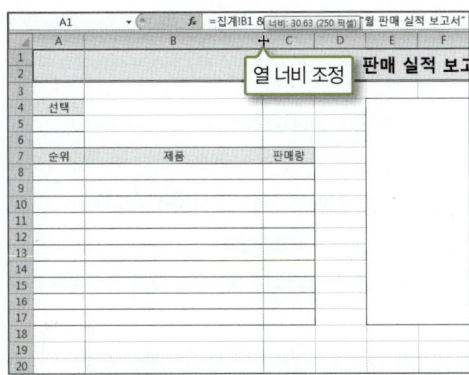

03 판매량 순위표 구성하기 A7:C17 범위의 표에서 B열에는 제품명이 표시됩니다. 열 너비를 넓혀 제품명이 제대로 표시되도록 조정합니다.

B열과 C열의 **열 구분선**을 오른쪽으로 드래그해 **250**픽셀로 조정합니다.

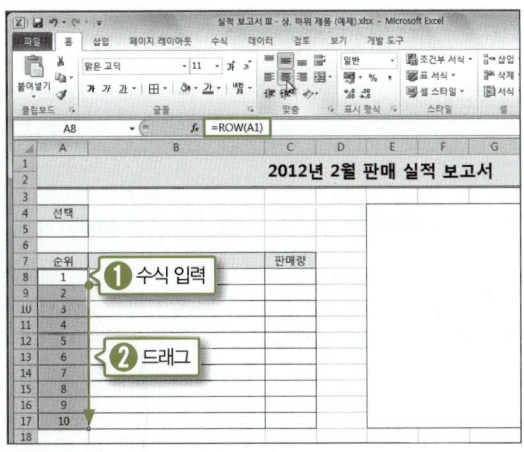

04 순위를 표시하겠습니다.
① A8셀에 다음과 같은 수식을 입력
② A8셀의 **채우기 핸들**을 A17셀까지 드래그해 수식을 복사합니다.
=ROW(A1)

수식 설명 **=ROW(A1)**
ROW 함수는 인수로 받은 셀의 행 번호를 반환하는 함수입니다. 주로 행 방향(아래쪽)으로 수식을 복사할 때 1,2,3... 과 같은 일련번호를 반환받고자 할 때 사용합니다.

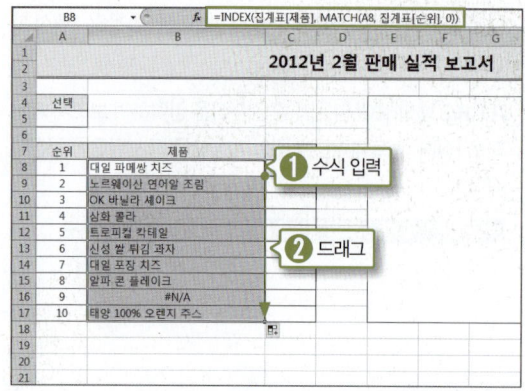

05 이제 순위에 맞는 제품명을 참조합니다.
① B8셀에 다음과 같은 수식을 입력
② B8셀의 **채우기 핸들**을 B17셀까지 드래그해 수식을 복사합니다.

=INDEX(집계표[제품], MATCH(A8, 집계표[순위], 0))

수식 설명 =INDEX(집계표[제품], MATCH(A8, 집계표[순위], 0))

INDEX 함수는 1번째 인수로 받은 범위 내 값을 참조하는 함수입니다. 참조할 때는 2번째 인수인 행 번호와 3번째 인수인 열 번호를 이용해 참조할 위치를 확정하는데, 이번에는 순위에 따른 제품명을 가져와야 하므로, 2번째 인수의 행 번호가 순위에 따라 달라져야 합니다. 이럴 때 MATCH 함수를 사용해 찾을 값(순위)이 범위에서 몇 번째에 있는지 찾아 작업하면 됩니다. 이번에 작성한 수식에서 MATCH 함수 부분만 살펴보면, A8셀의 값(순위)을 **집계표[순위]**(엑셀 표 중에서 [집계표] 이름을 갖는 표의 순위 열)에서 정확하게 몇 번째에 있는지 확인하므로, 이 부분이 INDEX 함수에 전달되어 제품명을 참조할 수 있게 됩니다.

B16셀에 발생하는 #N/A 오류는 찾는 값이 지정한 범위 내 없을 때 발생하는 오류입니다. 즉, [집계] 시트의 표에 9등이 없다고 이해하면 됩니다.

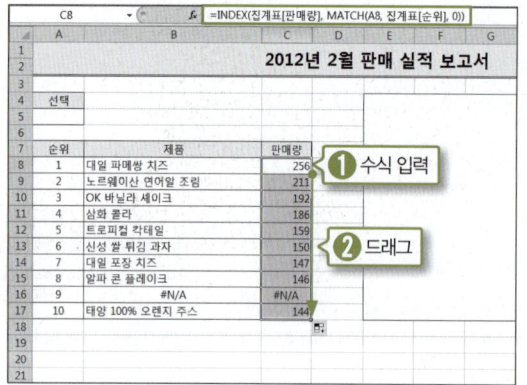

06 이번에는 제품별 판매량을 표시하겠습니다.
① C8셀을 선택하고, 다음 수식을 입력
② C8셀의 **채우기 핸들**을 C17셀까지 드래그해 수식을 복사합니다.

=INDEX(집계표[판매량], MATCH(A8, 집계표[순위], 0))

수식 설명 =INDEX(집계표[판매량], MATCH(A8, 집계표[순위], 0))

이번 수식은 4번 과정 수식과 동일합니다. 참조할 값이 **집계표[제품]** 열의 값이 아니라 **집계표[판매량]** 열인 점만 다릅니다. 그러므로 수식에 대한 자세한 설명은 4번 과정의 수식 설명을 참고합니다.

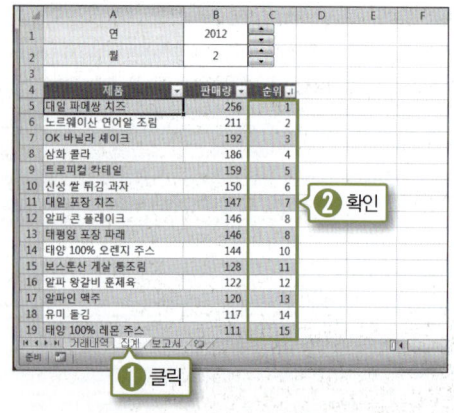

07 오류 원인 파악하고 문제 해결하기 B16:C16 범위의 #N/A 오류 값이 발생하는 원인 파악 및 해결 작업을 진행합니다.
① [집계] 시트 탭을 클릭해 워크시트를 이동
② C12:C13 범위를 보면 8위가 2개 있고, 9위가 없는 것을 확인할 수 있습니다.

이처럼 찾는 값인 9위가 없어 [보고서] 시트에서 #N/A 오류 값이 반환된 것입니다.

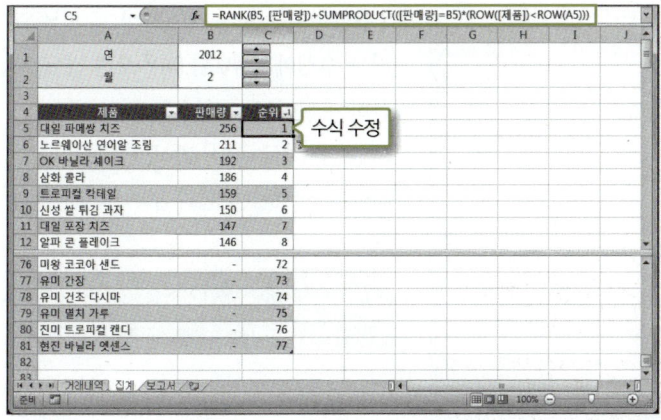

08 추출표의 #N/A 오류를 없애기 위해 순위가 같을 경우, 먼저 표시된 제품의 순위를 높게 책정하도록 순위 규칙을 변경합니다.

C5셀을 선택하고, 수식을 다음과 같이 수정합니다.

=RANK(B5, [판매량])+SUMPRODUCT((([판매량]=B5)*(ROW([제품])<ROW(A5)))

<u>수식 설명</u> **=RANK(B5, [판매량])+SUMPRODUCT((([판매량]=B5)*(ROW([제품])<ROW(A5)))**

이번 수식은 기존 수식 값에 SUMPRODUCT((([판매량]=B5)*(ROW([제품])<ROW(A5))) 수식 값을 더하는 수식입니다. 추가된 부분은 동일한 순위일 때 처리하기 위한 것으로 판매량이 같은([판매량]=B5) 것 중에서 행 번호가 작은(위에 표시된) 제품이 존재할 경우(ROW([제품])<ROW(A5))에 위에 표시된 제품 수만큼 순위를 구한 RANK 함수 부분에 더한 것입니다. 이렇게 하면 동 순위인 경우에 먼저 표기된 제품이 우선순위가 되고, 나중 표기된 제품이 다음 순위가 됩니다.

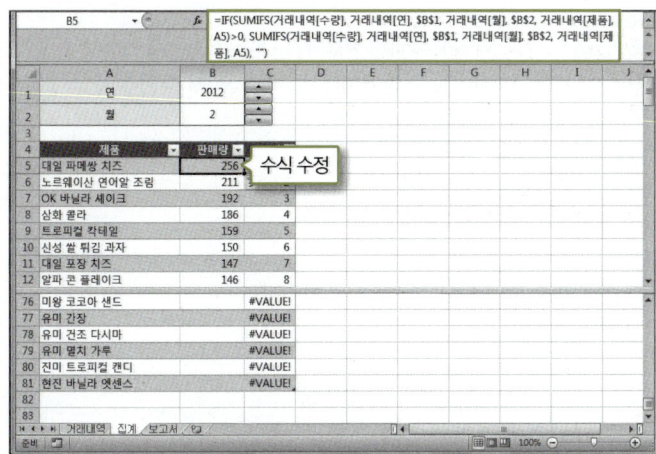

09 판매량 집계 수식 변경하기 추가로 판매량이 0인 제품을 순위에서 제외하기 위해, B열의 판매량 집계 수식을 변경합니다.

B5셀의 수식을 다음과 같이 수정합니다.

=IF(SUMIFS(거래내역[수량], 거래내역[연], $B$1, 거래내역[월], $B$2, 거래내역[제품], A5))0, SUMIFS(거래내역[수량], 거래내역[연], $B$1, 거래내역[월], $B$2, 거래내역[제품], A5), "")

<u>수식 설명</u> **=IF(SUMIFS(거래내역[수량], 거래내역[연], $B$1, 거래내역[월], $B$2, 거래내역[제품], A5))0, SUMIFS(거래내역[수량], 거래내역[연], $B$1, 거래내역[월], $B$2, 거래내역[제품], A5), " ")**

이번 수식은 판매량이 0인 경우를 공백 문자(" ")로 바꾸기 위한 것으로 기존의 SUMIFS 함수를 사용한 수식을 IF 함수로 중첩해 사용한 것입니다. SUMIFS 함수 부분이 두 번 사용되느니 수식이 길어져 복잡해 보이나, 구성만 보면 다음과 같습니다.

=IF(SUMIFS( ))0, SUMIFS( ), " ")

그러므로 SUMIFS 함수 결과가 0보다 큰 경우에만 SUMIFS 함수 결과를 표시하고 그렇지 않은 경우에는 공백 문자(" ")를 반환하라는 의미입니다.

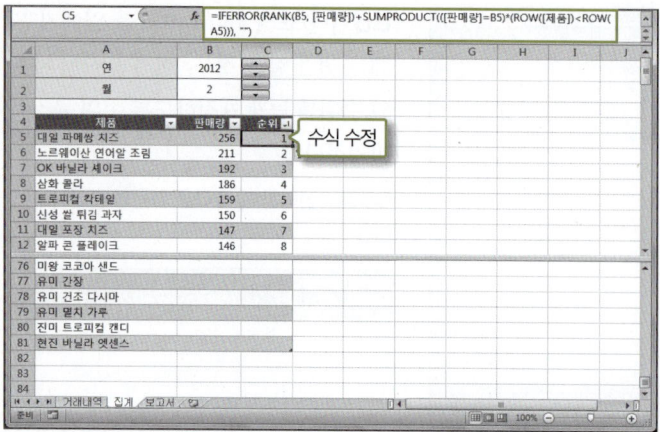

10 B열의 수식을 변경하면, 순위를 구하는 수식에서 #VALUE! 오류 값을 반환하는 셀이 나타납니다. 그러므로 C열의 순위 구하는 수식 역시 변경합니다.

C5셀을 선택하고, 다음과 같이 수식을 수정합니다.

=IFERROR(RANK(B5, [판매량]) + SUMPRODUCT(([판매량]=B5)*(ROW([제품])<ROW(A5))), "")

수식 설명 =IFERROR(RANK(B5, [판매량]) + SUMPRODUCT(([판매량]=B5)*(ROW([제품])<ROW(A5)), " ")
#VALUE! 오류는 B열의 판매량 순위에서 숫자 값 이외에 공백 문자가 반환되도록 수식을 수정했기 때문에, 공백 문자가 반환된 셀의 순위를 구할 수 없어 발생합니다. 이번 수식은 순위를 구하는 수식에 #VALUE! 오류가 나타나는 것을 고치기 위해 IFERROR 함수를 사용한 것입니다. 구성만 보면 다음과 같습니다.
=IFERROR(RANK( ), " ")
즉, 순위를 구하는 기존 수식에 오류 값이 있을 때 공백 문자(" ")를 반환하란 의미입니다. 참고로 IFERROR 함수는 엑셀 2007버전에서부터 지원됩니다.

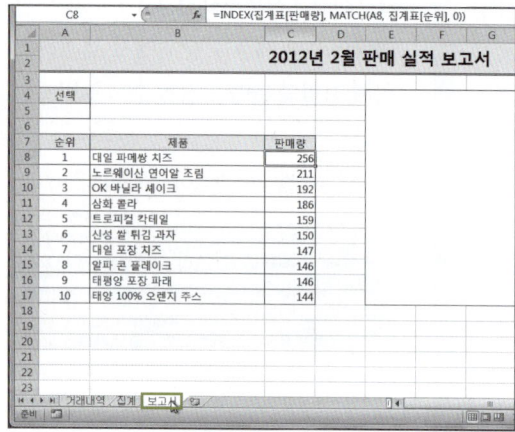

11 판매량 순위표 확인하기 [보고서] 시트 탭을 클릭해 보면 #N/A 오류가 반환되지 않은 것을 확인할 수 있습니다.

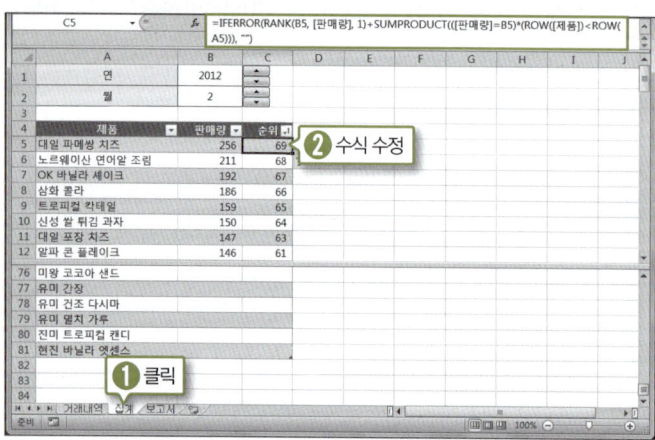

12 하위 판매량 순으로 순위 표시하기 다시 [집계] 시트에서 제품별 판매량 순위가 하위 판매량 순으로 부여되도록 수식을 수정합니다.

① [집계] 시트 탭을 클릭
② C5셀을 선택하고, 수식을 다음과 같이 변경합니다.

=IFERROR(RANK(B5, [판매량], 1)+ SUMPRODUCT(([판매량]=B5)*(ROW([제품])<ROW(A5))), "")

수식 설명 =IFERROR(RANK(B5, [판매량], 1)+SUMPRODUCT(([판매량]=B5)*(ROW([제품])<ROW(A5))), " ")
RANK 함수에서 작은 값 순서로 순위를 구하기 위해, RANK 함수의 3번째 인수에 1을 전달합니다.

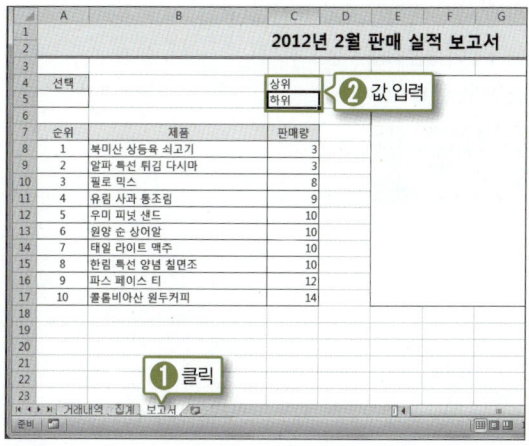

13 상위, 하위 선택하기 이제 판매량 상위 제품을 추출할지, 하위 제품을 추출할지 결정하도록 [보고서] 시트에 콤보 상자 컨트롤을 추가합니다.

① [보고서] 시트 탭을 클릭
② 콤보 상자 컨트롤에 표시할 값이 입력되어 있어야 하므로 **C4:C5** 범위에 순서대로 **상위**, **하위**를 입력합니다.

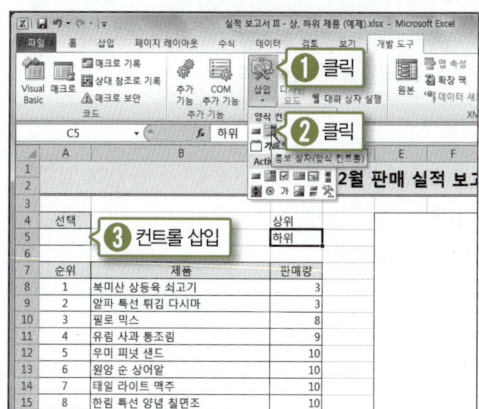

14 이제 콤보 상자 컨트롤을 추가합니다.
① 리본 메뉴의 [개발 도구] 탭 – [컨트롤] 그룹에서 **삽입** 단추를 클릭
② 양식 컨트롤 목록에서 **콤보 상자** 컨트롤을 선택
③ **A5**셀에서 드래그하여 컨트롤을 삽입합니다. 이때 Alt 키를 누른 상태에서 드래그하면 셀 크기에 맞게 삽입할 수 있습니다.

15 콤보 상자 컨트롤의 옵션을 설정합니다.
① **A5**셀에 삽입한 **콤보 상자** 컨트롤을 마우스 오른쪽 버튼으로 클릭
② **컨트롤 서식** 명령을 클릭합니다.

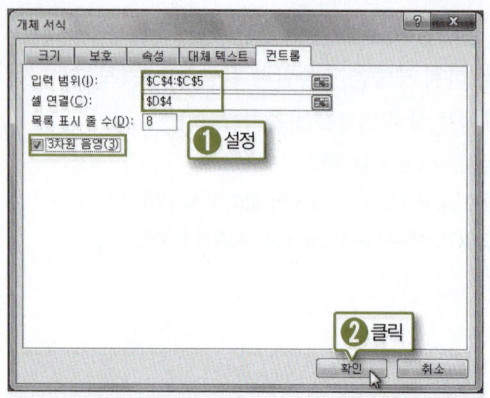

16 개체 서식 대화상자가 표시됩니다.
① 다음과 값이 옵션 값을 지정
② 〈확인〉 버튼을 클릭합니다.

> 입력 범위 : $C$4:$C$5
> 셀 연결 : $D$4
> 3차원 음영 : 체크

TIP ... 콤보 상자 컨트롤의 설정 값 이해하기

삽입한 콤보 상자 컨트롤에서 상위, 하위 값을 선택할 예정입니다. 입력 범위 항목은 콤보 상자 컨트롤에 표시할 값이 위치한 범위이며, 셀 연결 항목은 콤보 상자 컨트롤에서 선택한 값을 반환할 셀입니다. 이때, 선택된 값은 값 그대로(상위 또는 하위) 반환되지 않고, 몇 번째 값이 선택됐는지 인덱스 번호(1, 2)가 반환됩니다. 3차원 음영 항목은 컨트롤에 3D 효과를 주기 위한 것으로 시각적인 효과를 줄 때 사용합니다.

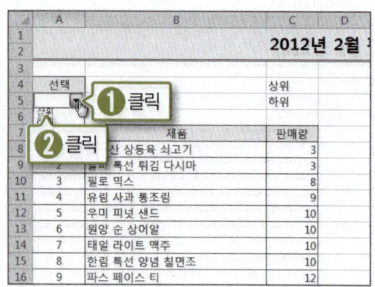

17 콤보 상자 컨트롤의 옵션 단추를 클릭하면 C4:C5 범위에 입력된 값이 목록으로 표시됩니다.
① **콤보 상자** 컨트롤의 **옵션** 단추를 클릭
② 목록 값 중에서 **상위** 항목을 선택합니다.

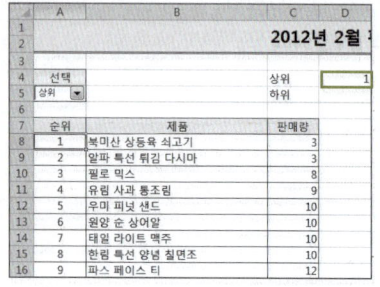

18 콤보 상자 컨트롤과 연결된 D4셀에 1값이 나타납니다. 만약 콤보 상자 컨트롤에서 하위 항목을 선택하면 D4셀 값이 2로 변경됩니다. 이처럼 콤보 상자 컨트롤은 연결된 셀에 목록에서 선택한 값의 인덱스 번호를 반환해 줍니다.

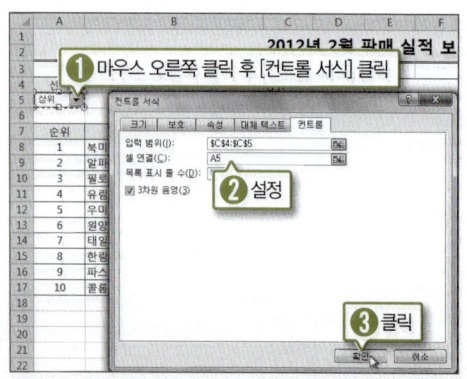

19 콤보 상자 컨트롤과 연결된 셀을 변경하겠습니다.
① **콤보 상자** 컨트롤을 마우스 오른쪽 버튼으로 클릭한 후 **컨트롤 서식** 명령을 클릭
② 컨트롤 서식 대화상자에서 셀 연결 항목을 **A5**셀로 설정
③ 〈확인〉 버튼을 클릭합니다.

이 작업을 끝내면, D4셀의 값은 이제 필요가 없으므로 Delete 키를 눌러 삭제합니다.

> **TIP ... 콤보 상자 컨트롤과 연결된 셀을 바꾸는 이유**
>
> 처음에 콤보 상자 컨트롤과 연결된 셀을 D4셀로 지정한 것은 콤보 상자 컨트롤에서 값을 선택할 때, 연결된 셀에 어떤 값이 나타나는지 설명하기 위한 것이었습니다. 보통 콤보 상자 컨트롤과 연결된 셀은 콤보 상자 컨트롤 뒤에 숨겨서 깔끔한 서식을 유지합니다. 그래서 이번에도 콤보 상자 컨트롤과 연결된 셀 위치를 콤보 상자 컨트롤 뒤로 변경한 것입니다.

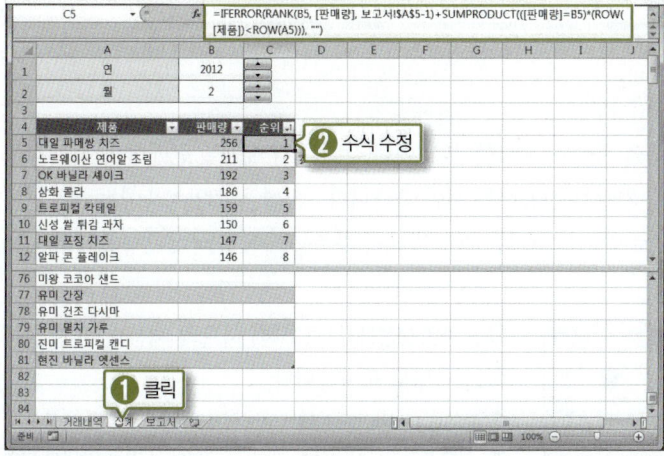

20 [집계] 시트에서 C열의 순위를 구하는 수식을 콤보 상자 컨트롤과 연계되도록 수정합니다.

① [집계] 시트 탭을 클릭
② **C5**셀을 선택하고, 수식을 다음과 같이 수정합니다.

=IFERROR(RANK(B5, [판매량], 보고서!$A$5-1)+SUMPRODUCT(([판매량]=B5)*(ROW([제품])<ROW(A5))), "")

수식 설명 =IFERROR(RANK(B5, [판매량], 보고서!$A$5-1)+SUMPRODUCT(([판매량]=B5)*(ROW([제품])<ROW(A5))), " ")

이번 수식에서 수정한 부분은 RANK 함수의 3번째 인수입니다. RANK 함수의 3번째 인수를 0으로 지정하면 큰 순서로 순위를 구하고, 1로 지정하면 작은 순서로 순위를 구합니다. 그러므로 이런 특성을 이용해, [보고서] 시트의 콤보 상자 컨트롤과 연동되어 순위가 구해지도록 콤보 상자 컨트롤과 연결된 셀([보고서] 시트의 A5셀)의 값에서 1을 빼는 식으로 RANK 함수의 3번째 인수를 구성했습니다.

콤보 상자 컨트롤에서 상위 항목을 선택하면 보고서 시트의 A5셀은 1이 되므로 RANK 함수의 3번째 인수는 1에서 1을 뺀 0값이 지정되어 큰 값 순으로 순위를 구합니다. 반대로 하위 항목을 선택하면 [보고서] 시트의 A5셀의 값은 2가 되므로 RANK 함수의 3번째 인수는 1이 되어 작은 값 순으로 순위를 구하게 됩니다.

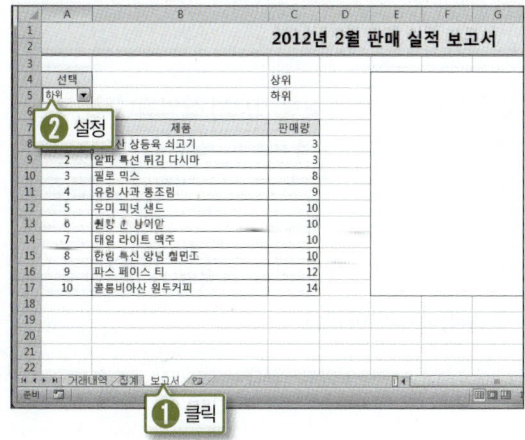

21 수정된 수식이 제대로 계산되는지 확인해 보겠습니다.

① [보고서] 시트 탭을 클릭
② **콤보 상자** 컨트롤의 옵션 값을 **하위**로 설정하여 판매량이 적은 순으로 제품이 표시되는지 확인합니다.

TIP 반대의 경우도 테스트해 결과를 확인합니다.

Section 04 판매량 순위를 차트로 표시하기

▶ 묶은 가로 막대형 ▶ 데이터 레이블 ▶ 차트 제목

상위 또는 하위 순위에 따라 추출된 제품 목록을 차트로 표시합니다. 이런 작업은 각 제품별 판매량이 어느 정도인지 비교하는 것이므로, 차트 중에서 막대형 차트를 사용하는 것이 좋습니다. 또한 차트의 X축에는 제품명이 표시되어야 하는데, 제품명이 길기 때문에 세로 막대형 보다는 가로 막대형 차트를 사용하는 것이 좋습니다.

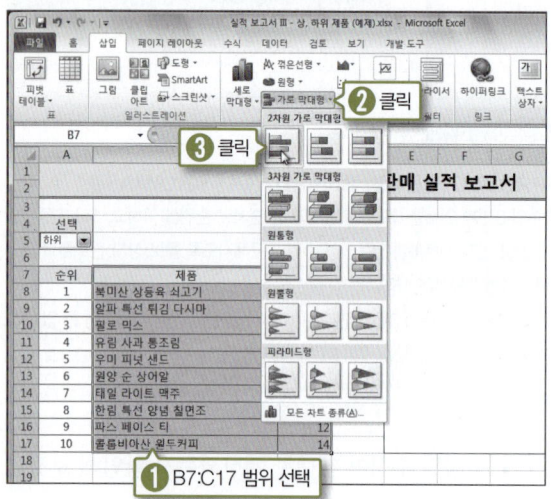

01 차트 생성하기 [보고서] 시트의 제품별 판매량 목록을 차트로 표시합니다.

① B7:C17 범위를 선택
② 리본 메뉴의 [삽입] 탭 – [차트] 그룹에서 **가로 막대형** 단추를 클릭
③ 2차원 가로 막대형 목록에서 왼쪽 위에 있는 **묶은 가로 막대형** 차트를 클릭합니다.

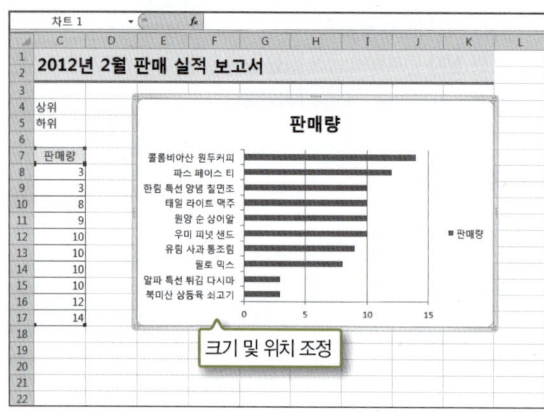

02 선택한 가로 막대형 차트가 삽입됩니다. 테두리를 드래그하여 왼쪽 위를 **E4**셀에 맞추고 크기 조절점을 드래그하여 차트가 **E4:K17** 범위에 맞도록 크기를 조정합니다.

위치를 이동하거나 크기를 조정할 때 Alt 키를 누르면 작업이 수월합니다.

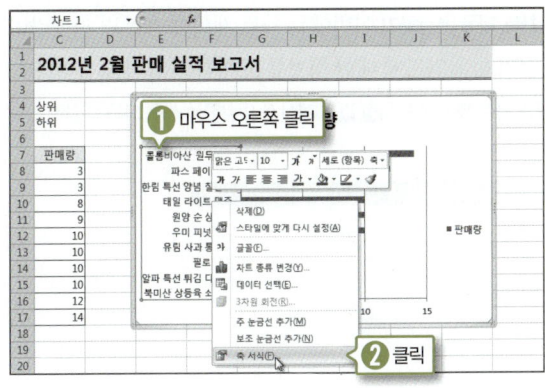

03 가로 막대 그래프 정렬하기 현재 제품별 판매량은 작은 순으로 표시되므로 차트도 판매량이 작은 순으로 표시되어야 합니다. 하지만 판매량이 큰 제품이 위쪽에 표시됩니다. 이 문제를 해결하는 작업을 진행합니다.

① 차트의 **X축 레이블**에서 마우스 오른쪽 버튼을 클릭
② **축 서식** 명령을 클릭합니다(X축 레이블을 더블 클릭해도 됩니다).

> **TIP ... 가로 막대 차트의 X축과 Y축**
> 가로 막대 차트를 사용할 때는 X축과 Y축이 표시되는 방향이 기본 차트와 다르므로 주의해야 합니다. 가로 막대 차트는 X축이 Y축 방향에 표시되므로, 이번 작업은 세로 방향 축(X축)을 대상으로 진행합니다. 참고로 엑셀 2003 버전과 2010 버전에서는 차트의 서식 대화상자를 호출하는 방법으로 단축 메뉴를 사용하는 방법과 차트의 영역을 더블 클릭하는 방법을 모두 사용할 수 있지만, 엑셀 2007 버전에서는 차트 영역을 더블 클릭하는 방법을 사용할 수 없습니다.

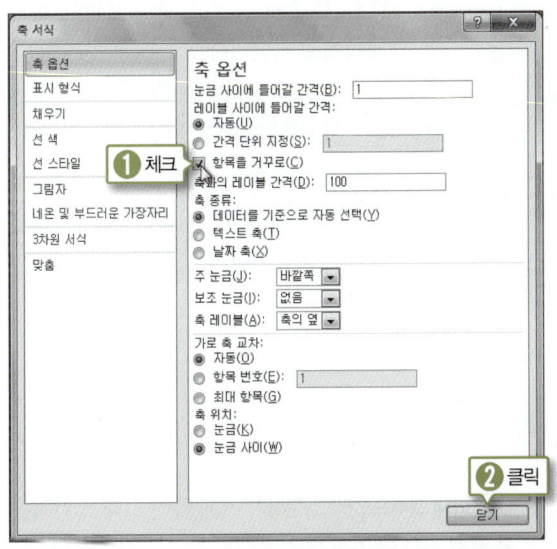

04

① 축 서식 대화상자가 표시되면 [축 옵션] 범주의 **항목을 거꾸로** 옵션에 체크
② 〈닫기〉 버튼을 클릭합니다.

이렇게 하면, X축과 Y축이 교차되는 위치가 반대로 되어 막대 그래프의 표시 순서가 변경됩니다.

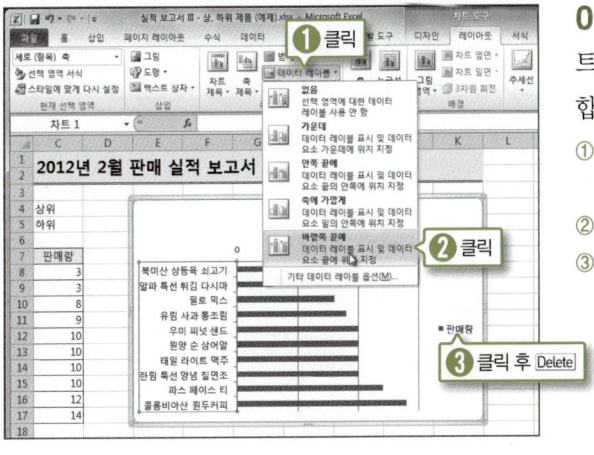

05 데이터 레이블 표시하고 범례 삭제하기 이번에는 차트에 판매량 값이 나타나도록 데이터 레이블을 추가합니다.

① 차트가 선택된 상태에서 리본 메뉴의 [레이아웃] 탭 – [레이블] 그룹에서 **데이터 레이블** 단추를 클릭
② **바깥쪽 끝에** 명령을 클릭
③ 차트에서 **범례**를 선택하고, Delete 키를 눌러 삭제합니다.

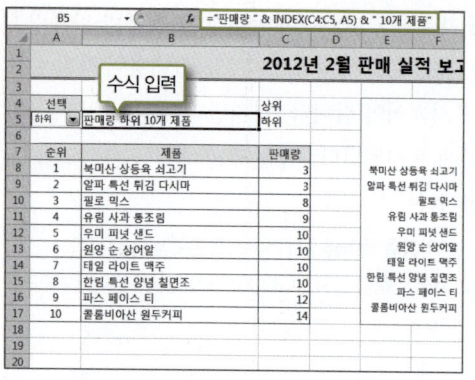

06 차트 제목 변경하기 이번에는 차트 제목에 제품별 판매량이 상위인지 하위인지에 대한 정보를 표시하는 작업을 합니다.

B5셀에 차트 제목에 표시할 값을 계산하기 위한 수식을 다음과 같이 입력합니다.

=" 판매량 " & INDEX(C4:C5, A5) & " 10개 제품"

수식 설명 =" 판매량 " & INDEX(C4:C5, A5) & " 10개 제품"
이번 수식은 콤보 상자 컨트롤의 선택 값을 참조해, 차트 제목에 표시하기 위한 것입니다. 연결한 문자열 가운데에 INDEX 함수를 사용한 부분은 C4:C5 범위(콤보 상자 컨트롤에 표시할 값이 입력된 범위)에서 A5셀(콤보 상자에서 선택한 값의 인덱스 번호가 입력되는 셀)의 값 번호에 해당하는 셀의 값을 참조하기 위한 것입니다. 예를 들어 콤보 상자 컨트롤에서 상위를 선택하면 A5셀의 값은 1이 되므로 INDEX 함수의 결과는 C4:C5 범위 내 1번째 셀의 값을 반환합니다. 이 값은 상위 값으로 콤보 상자의 선택 값을 정확하게 반환하는 겁니다. 이렇게 콤보 상자 컨트롤에서 선택한 값을 직접 참조할 때, INDEX 함수를 사용합니다.

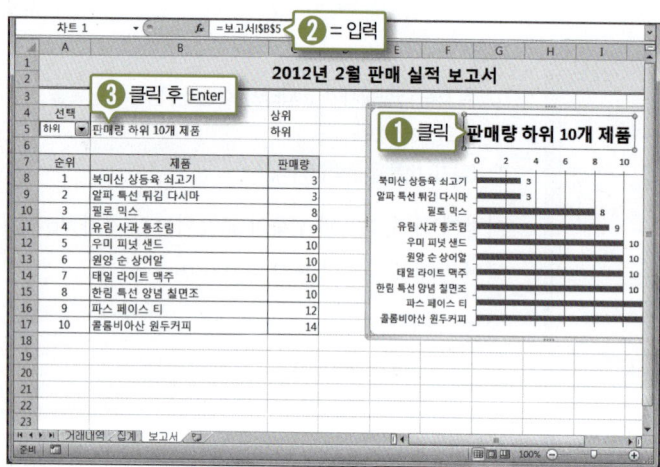

07 B5셀에 작성된 수식 결과를 차트 제목에 표시합니다.

① 차트에서 **차트 제목**을 선택
② **수식 입력줄**을 선택한 다음, 등호(=)를 입력
③ **B5**셀을 선택하고, Enter 키를 누릅니다.

차트 제목에 B5셀의 결과 값이 그대로 연동되어 표시됩니다.

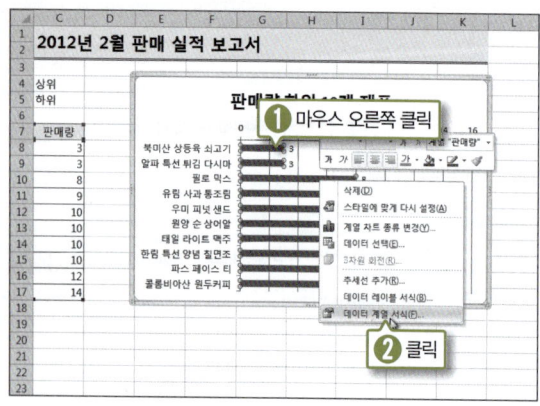

08 막대 그래프 간격 조정하기 이제 막대 그래프 간격을 조정해 차트의 가독성을 높이는 작업을 진행합니다.

① 차트의 **막대 그래프**를 마우스 오른쪽 버튼으로 클릭
② **데이터 계열 서식** 명령을 클릭합니다(막대 그래프를 더블 클릭해도 됩니다).

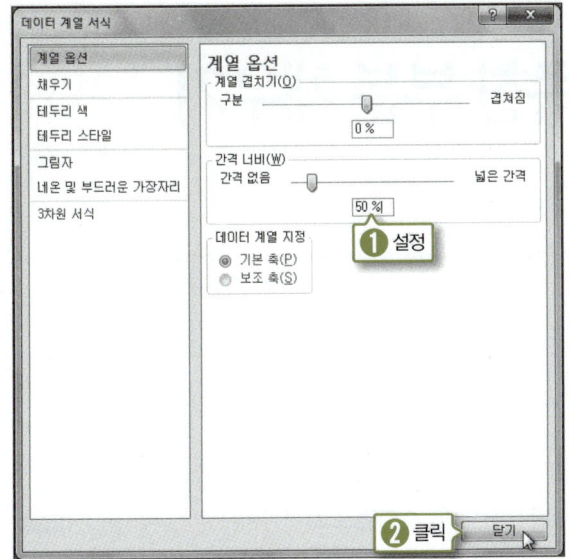

09 데이터 계열 서식 대화상자가 표시됩니다.
① [계열 옵션] 범주에서 간격 너비 옵션 값을 **50%**로 조정
② 〈닫기〉 버튼을 클릭합니다.

간격 너비 옵션 값을 조정하면 막대 그래프 간의 간격이 좁아지며, 막대 그래프가 커지는 효과가 있습니다.

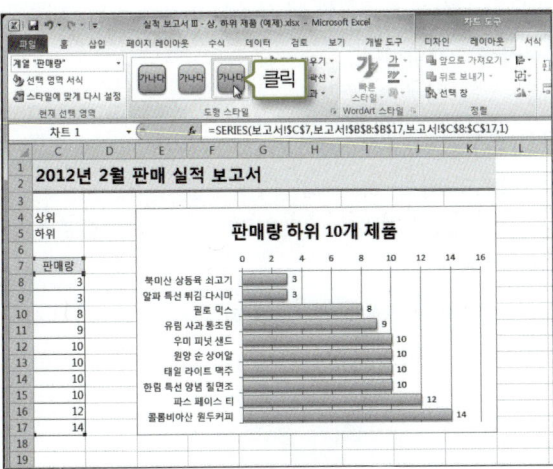

10 막대 그래프 서식 지정하기
막대 그래프가 선택된 상태에서 리본 메뉴의 [서식] 탭 – [도형 스타일] 그룹에서 **빠른 스타일** 갤러리에 있는 스타일 서식을 선택해 적용합니다.

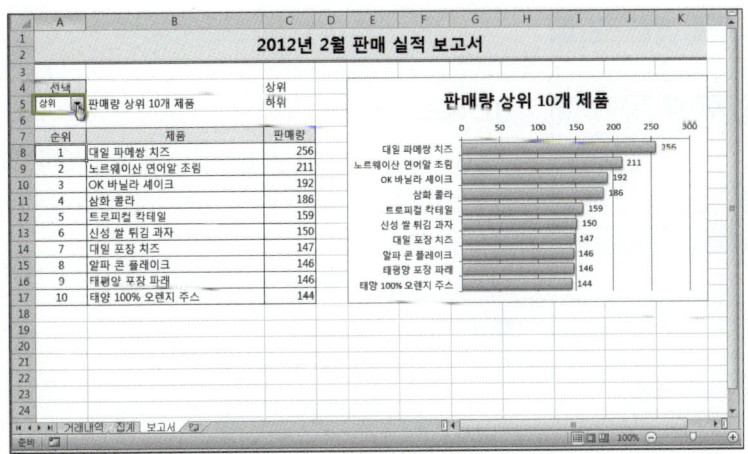

11 보고서 연동 확인하기 마지막으로 콤보 상자 컨트롤과 제대로 연동되는지 확인합니다.

A5셀의 **콤보 상자** 컨트롤의 값을 **상위**로 설정한 다음 차트를 확인합니다.

B5셀과 C4:C5 범위 내 값은 노출될 필요가 없습니다. 그러므로 선택하고 글꼴 색을 흰색으로 변경하는 작업을 추가로 진행합니다.

Section 05 매크로로 부족한 부분 채우기

▶ 매크로 기록   ▶ 매크로 지정

이전 과정까지의 작업만으로도 판매량 상위(또는 하위) 10개 제품을 추출하는 데 어려움이 없습니다. 하지만 이번 자동화 서식에는 다음과 같은 아쉬움이 남습니다.

첫째, [거래내역] 시트의 새 제품이 거래될 때, [집계] 시트에 해당 제품을 새로 등록해야 하고,

둘째, [집계] 시트의 표에는 그 달에 판매되지 않은 제품도 표시되며, 순위별로 보기 위해서는 항상 정렬 작업을 진행해야 합니다.

이런 아쉬움은 함수만으로 자동화하기 어렵습니다. 그러므로 서식을 자동화할 때 사용했던 고급 필터, 자동 필터, 정렬 등의 기능을 매크로로 기록해 사용하는 방법을 추가로 소개합니다.

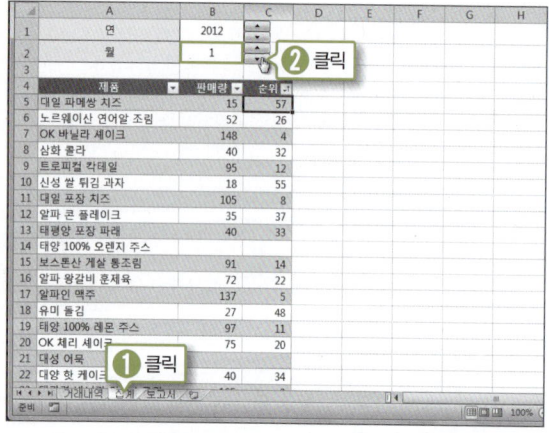

01 집계표 문제 이해하기
① 문제를 확인하기 위해 [집계] 시트 탭을 클릭
② C2셀에 위치한 **스핀 단추** 컨트롤을 조정해 **1월**로 변경합니다.

그러면 이전에 순위별로 정렬해 놓은 표가 다시 섞이면서, 순위가 없는 제품도 표시되는 것을 확인할 수 있습니다.

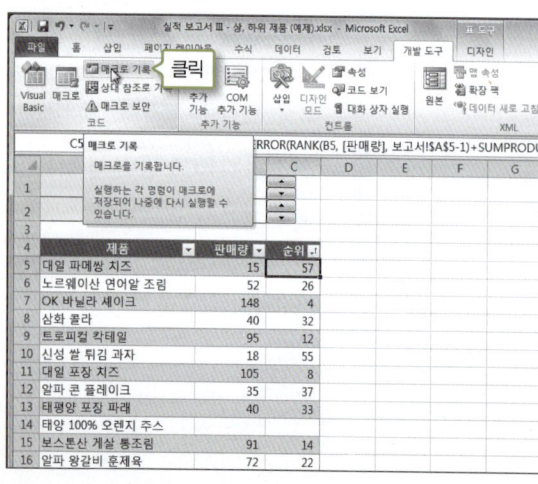

02 매크로 기록하기 [거래내역] 시트에서 제품을 가져오고, 판매되지 않은 제품을 숨기며, 순위별로 정렬하는 일련의 과정을 매크로 기록기로 기록하는 작업을 진행합니다.

리본 메뉴의 [개발 도구] 탭 – [코드] 그룹에서 **매크로 기록** 단추 를 클릭합니다.

03

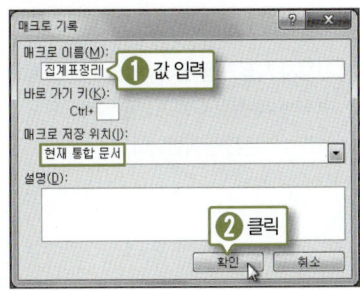

① 매크로 기록 대화상자가 표시되면 매크로 이름 옵션을 다음과 같이 입력
② 〈확인〉 버튼을 클릭합니다.

> 집계표정리

TIP ... 매크로 저장 위치
사용자에 따라 매크로 저장 위치가 [개인용 매크로 통합 문서]로 변경되어 있을 수 있는데, 반드시 [현재 통합 문서]로 설정합니다.

04 이제부터 진행하는 모든 동작이 매크로로 기록됩니다. 처음 할 일은 [거래내역] 시트에서 판매된 제품 데이터를 추출해 오는 작업입니다.

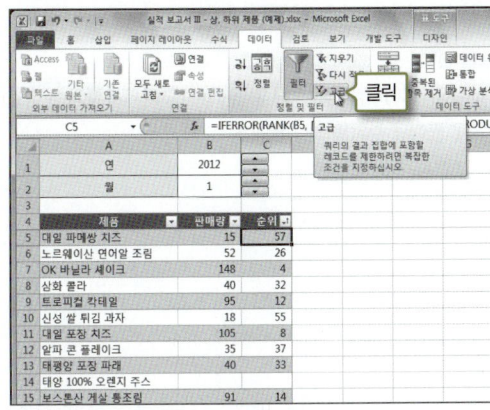

리본 메뉴의 [데이터] 탭 – [정렬 및 필터] 그룹에서 **고급** 단추 를 클릭해 고급 필터를 실행합니다.

05

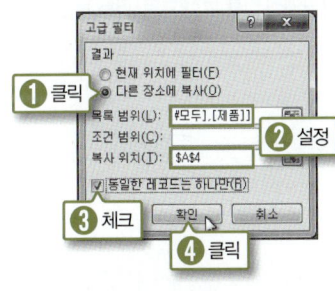

① 고급 필터 대화상자가 표시되면 결과 항목에서 **다른 장소에 복사** 옵션을 선택
② 다음 각 항목을 설정
③ **동일한 레코드는 하나만** 옵션에 체크
④ 〈확인〉 버튼을 클릭합니다.

목록 범위 : 거래내역![#모두],[제품]
복사 위치 : A4

06 이어서 판매되지 않은 제품을 숨기는 작업을 진행합니다. 이 작업은 자동 필터를 이용합니다.

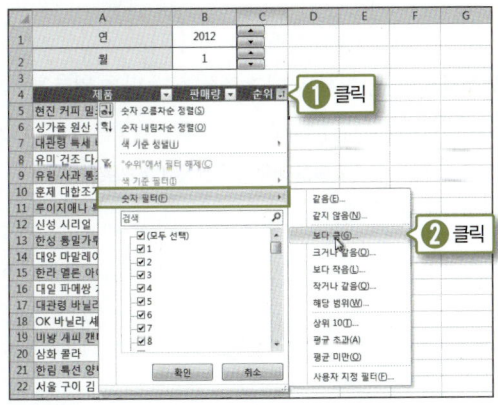

① **C4셀의 옵션** 단추를 클릭
② **숫자 필터>보다 큼** 명령을 클릭합니다.

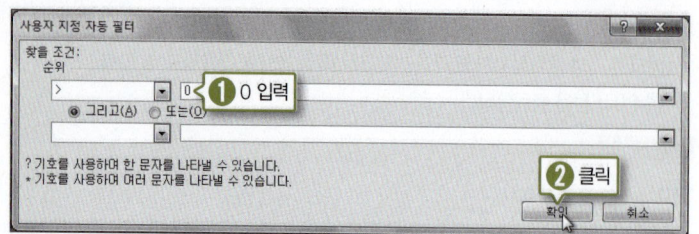

07 매크로 기록하기
① 사용자 지정 자동 필터 대화상자가 표시되면 두 번째 콤보 상자에 **0**을 입력
② 〈확인〉 버튼을 클릭합니다.

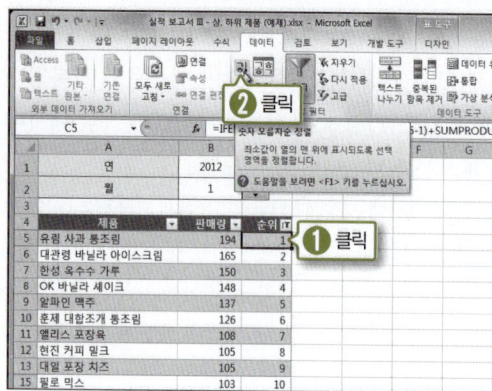

08 판매되지 않은 제품은 자동 필터에 의해 숨겨집니다. 이제 순위별 정렬 작업을 진행합니다.
① **C5**셀을 선택
② 리본 메뉴의 [데이터] 탭 – [정렬 및 필터] 그룹에서 **오름차순 정렬** 단추를 클릭해 순위를 정렬합니다.

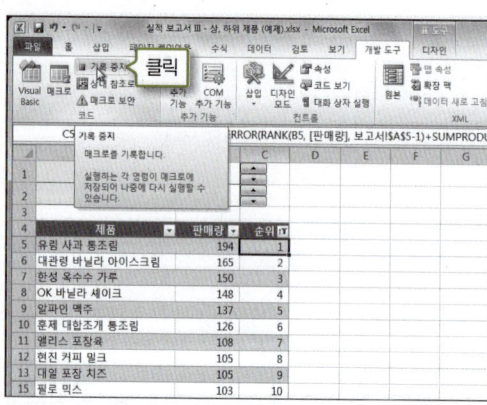

09 모든 작업을 마친 후에는 매크로 기록을 중지합니다.
리본 메뉴의 [개발 도구] 탭 – [코드] 그룹에서 **기록 중지** 단추를 클릭해 매크로 기록을 완료합니다.

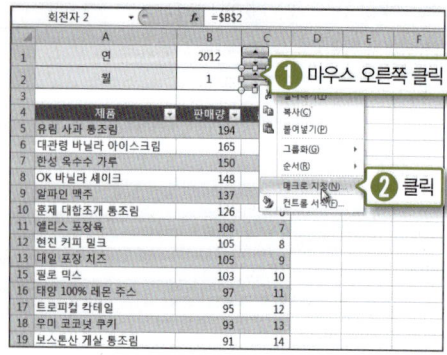

10 매크로 연결하기 이제, 기록된 매크로를 스핀 단추 컨트롤에 연결합니다.
① **C2**셀에 삽입된 **스핀 단추** 컨트롤을 마우스 오른쪽 버튼으로 클릭
② **매크로 지정** 명령을 클릭합니다.

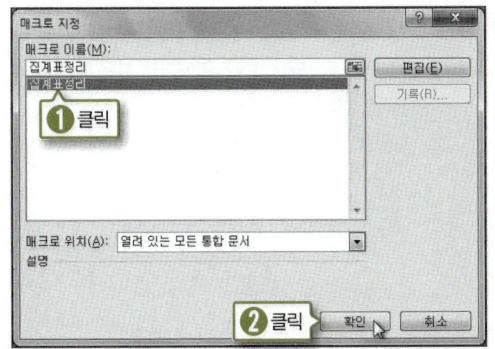

11

① 매크로 지정 대화상자가 표시되면 **집계표정리** 매크로(3번 과정에서 작성한 매크로 이름)를 선택

② 〈확인〉 버튼을 클릭합니다.

이렇게 하면 C2셀의 스핀 단추 컨트롤을 조작(월을 변경)할 때마다 연결된 매크로가 실행됩니다.

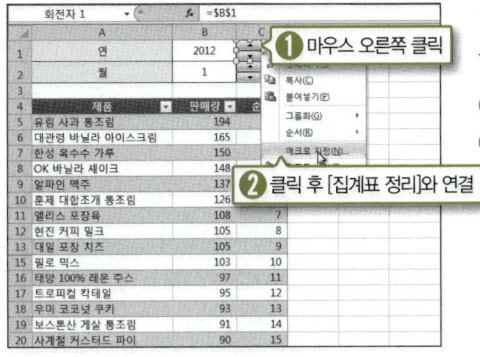

12 동일한 작업을 C1셀에 삽입된 스핀 단추 컨트롤에서도 진행합니다.

① C1셀에 삽입된 **스핀 단추** 컨트롤을 마우스 오른쪽 버튼으로 클릭

② **매크로 지정** 명령을 클릭한 후 11번 과정을 참고해 **집계표정리** 매크로와 연결합니다.

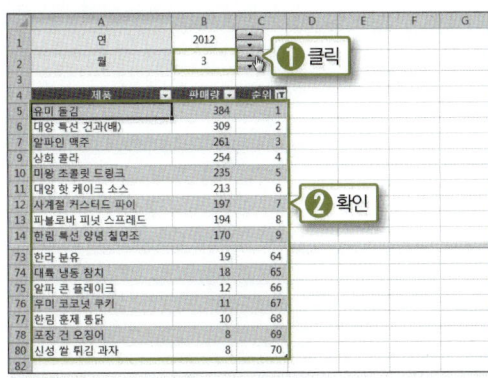

13 매크로 동작 이해하기 스핀 단추 컨트롤을 조작해 제대로 동작하는지 확인합니다.

① C2셀의 **스핀 단추** 컨트롤을 이용해 B2셀의 월 값을 3월로 변경

② 그림과 같이 아래쪽 표에 판매된 제품만 순위별로 표시됩니다.

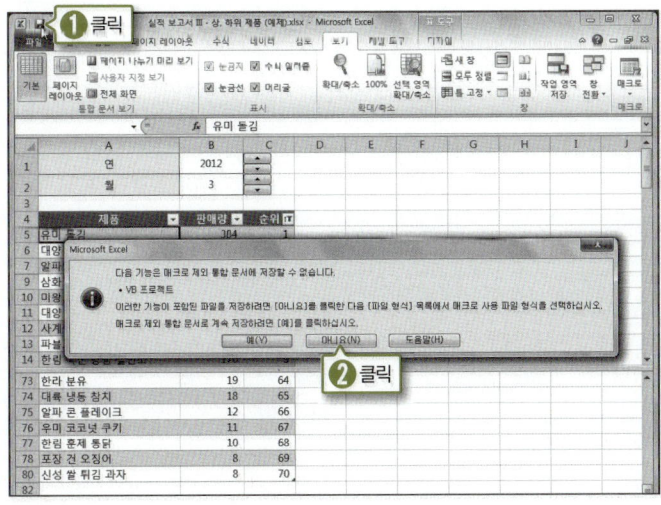

14 매크로 파일에 저장하기 연결된 매크로를 계속해서 사용하려면 파일을 매크로 사용 통합 문서로 저장해야 합니다.

① **빠른 실행** 도구 모음에서 **저장** 단추를 클릭

② 그림과 같은 경고 메시지 창이 표시되면 기록한 매크로를 포함해 저장하기 위해 〈아니오〉 버튼을 클릭합니다.

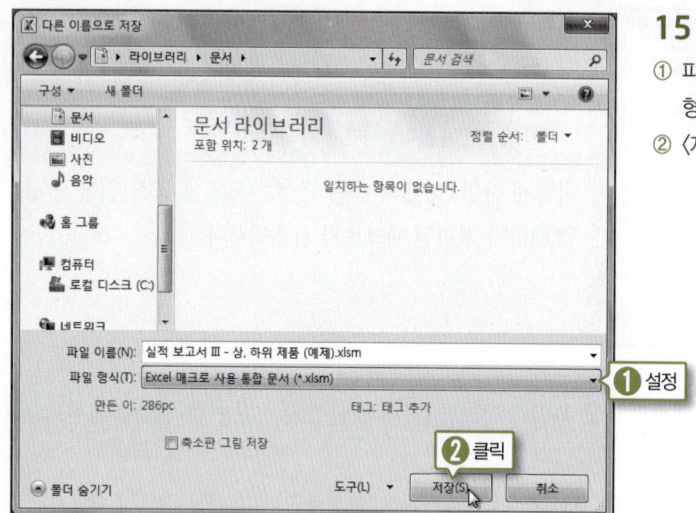

15 다른 이름으로 저장 대화상자가 열립니다.
① 파일 형식 옵션에서 **Excel 매크로 사용 통합 문서** 형식을 선택
② 〈저장〉 버튼을 클릭합니다.

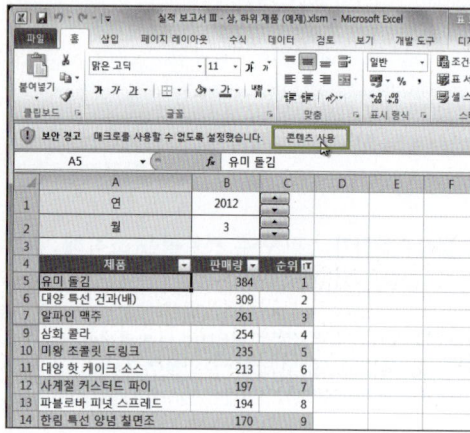

16 매크로 저장된 파일 열기 파일을 닫고, 다시 열면 수식 입력줄 위에 보안 경고 메시지 줄이 표시됩니다. 〈콘텐츠 사용〉 버튼을 클릭하면 신뢰할 수 있는 문서로 분류돼 이후 매크로를 정상적으로 사용할 수 있습니다.

Project 05.
재고 관리

재고 관리는 제품의 입출고 현황을 관리하는 사람들에게 유용한 서식입니다. 보통 재고 관리를 어렵게 생각하는 경향이 있는데, 입출고 내역을 빠짐 없이 기록할 수만 있다면 그렇게 어렵지 않습니다. 여기서는 입출고 내역을 통해 재고를 관리하고, 필요한 발주 물량을 한눈에 파악할 수 있는 재고 관리 서식을 만들어 보겠습니다.

미리보기

- 완성 파일 ⊙ : 재고관리.xlsx • 예제 파일 ⊙ : 재고관리 (예제).xlsx

제품

	A	B	C	D	E	F	G	H	I
1	공급업체	제품	이월	입고	출고	반품	손실	재고	발주여부
2	대양 농산 ㈜	대양 특선 건과(배)	60	920	758	48	14	160	
3	델타 무역 ㈜	싱가폴 원산 옥수수	45	1,180	1,042	30	17	136	
4	서울 무역 ㈜	서울 구이 김	63	920	871	44	29	39	발주 대상
5	신성 곡물 ㈜	신성 시리얼	78	1,030	798	35	25	250	
6	신성 곡물 ㈜	신성 쌀 튀김 과자	80	701	505	39	17	220	
7	알파 식품 ㈜	알파 특선 튀김 다시마	53	980	824	31	20	158	
8	알파 식품 ㈜	알파 콘 플레이크	54	1,140	700	46	16	432	
9	유림 농산 ㈜	유림 사과 통조림	35	771	724	13	12	57	발주 대상
10	유림 농산 ㈜	필로 믹스	73	1,116	897	28	35	229	
11	유미 식품 ㈜	유미 건조 다시마	65	950	871	23	19	102	
12	한성 제분 ㈜	한성 옥수수 가루	36	1,370	926	17	19	444	
13	한성 제분 ㈜	한성 통밀가루	45	860	683	21	15	186	

> 제품 목록에서 개별 제품의 입출고 현황을 집계해 재고를 계산, 관리합니다. 그런 다음, 재고가 일정 개수 밑으로 떨어진 제품을 대상으로 발주 대상임을 표시합니다.

입출고 내역

	A	B	C	D	E	F
1	제품	수량	구분	날짜	연도	월
2	대양 특선 건과(배)	60	이월	2012-01-01	2012	1월
3	유미 건조 다시마	65	이월	2012-01-01	2012	1월
4	신성 시리얼	78	이월	2012-01-01	2012	1월
5	신성 쌀 튀김 과자	80	이월	2012-01-01	2012	1월
6	알파 특선 튀김 다시마	53	이월	2012-01-01	2012	1월
7	싱가폴 원산 옥수수	45	이월	2012-01-01	2012	1월
8	유림 사과 통조림	35	이월	2012-01-01	2012	1월
9	필로 믹스	73	이월	2012-01-01	2012	1월
10	한성 옥수수 가루	36	이월	2012-01-01	2012	1월
1102	필로 믹스	46	입고	2012-12-29	2012	12월
1103	유림 사과 통조림	31	입고	2012-12-30	2012	12월
1104	한성 통밀가루	1	반품	2012-12-30	2012	12월
1105	신성 쌀 튀김 과자	3	반품	2012-12-30	2012	12월
1106	신성 쌀 튀김 과자	16	출고	2012-12-31	2012	12월
1107	한성 통밀가루	16	출고	2012-12-31	2012	12월
1108	신성 쌀 튀김 과자	21	입고	2012-12-31	2012	12월

> 제품의 입출고 현황을 발생 건별로 그림과 같이 기록해야 합니다. 제품명(또는 제품 코드), 수량, 구분, 날짜(필요에 따라 시간까지) 항목은 필수 항목으로 반드시 입력돼야 합니다. 그리고 입출고 현황을 분석하기 위해 날짜 열에서 연과 월 값을 분리합니다.

Project Review

입출고 현황

입고, 출고, 반품, 손실 현황을 선택할 수 있도록 합니다.

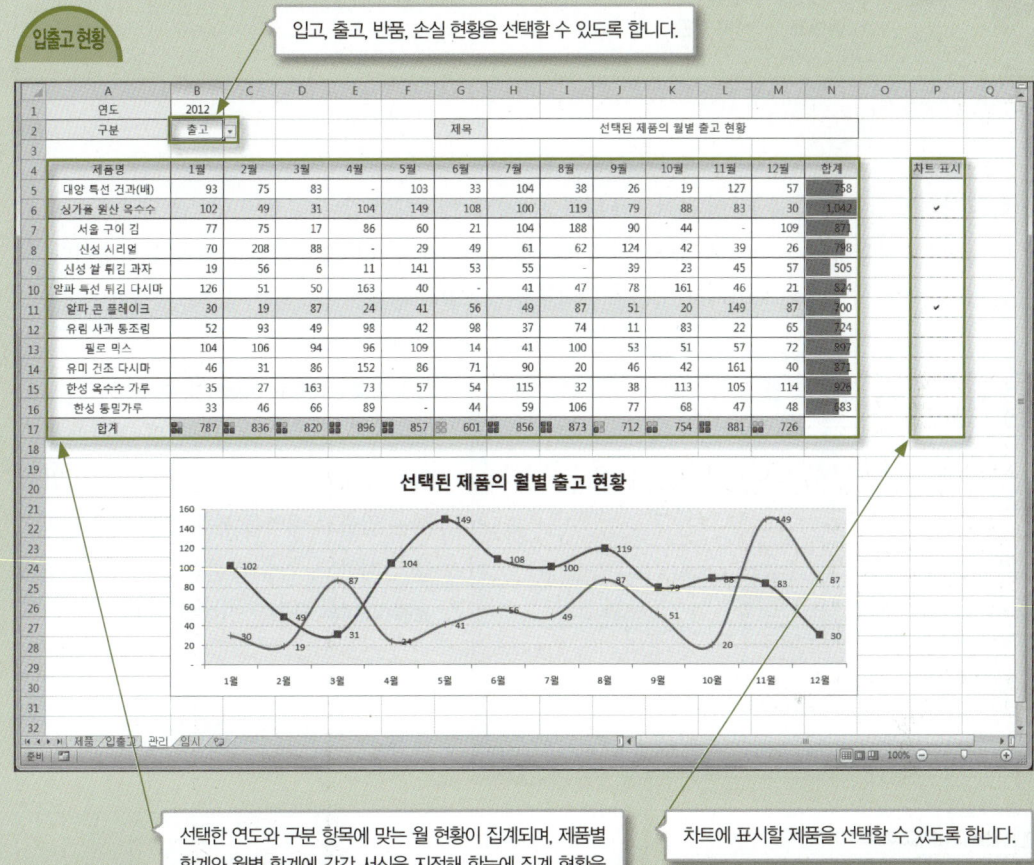

선택한 연도와 구분 항목에 맞는 월 현황이 집계되며, 제품별 합계와 월별 합계에 각각 서식을 지정해 한눈에 집계 현황을 파악할 수 있도록 합니다.

차트에 표시할 제품을 선택할 수 있도록 합니다.

Section 01 입출고 내역 관리하기

▶ 엑셀 표 ▶ 표 이름

재고 관리를 하려면 필연적으로 제품이 들어오고 나가는 사항을 정리해야 합니다. 이런 내역을 담고 있는 표를 입출고 내역표라고 부릅니다. 그러므로 입출고 내역표는 재고 관리에서 가장 중요한 표라고 할 수 있습니다. 이번에는 입출고 내역 표의 구성을 확인하고, 입출고 내역표를 엑셀 표로 변환해 관리하는 작업을 진행합니다.

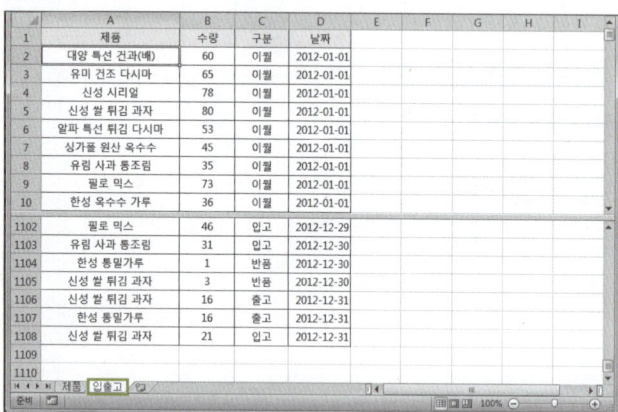

01 입출고 내역표 이해하기 예제 파일을 열고 [입출고] 시트 탭을 클릭하면 그림과 같은 입출고 내역을 확인할 수 있습니다. 이번 예제는 입출고 내역을 통해 개별 제품의 재고를 집계하고, 입출고 현황을 분석하는 집계표를 만드는 작업을 진행합니다.

> **TIP ... 입출고 내역표 이해하기**
> 입출고 내역표는 제품, 수량, 구분, 날짜 열로 구성됩니다. 흔히, 입고와 출고 내역을 따로 구분하는 경우가 많은데, 그럴 경우 여러 표를 참조해 재고를 집계해야 하므로 불편합니다. 그러므로 같은 종류의 데이터는 하나의 표에서 구분 열을 이용해 분류하는 것이 편리합니다.

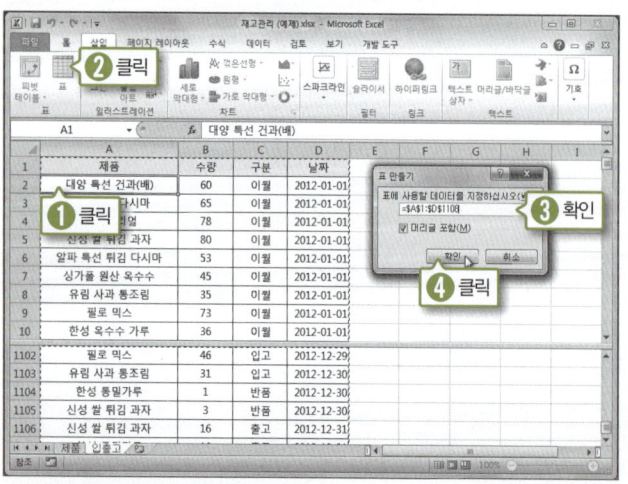

02 엑셀 표로 변환하기 입출고 내역표를 엑셀 표로 변환하는 작업을 진행합니다.

① 표 내부의 임의의 셀(A2셀)을 선택
② 리본 메뉴의 [삽입] 탭 – [표] 그룹에서 **표** 단추를 클릭
③ 표 만들기 대화상자에서 표 범위(A1:D1108)가 맞는지 확인
④ 〈확인〉 버튼을 클릭합니다.

> **TIP ... 엑셀 표 변환 단축키**
> 리본 메뉴를 이용하지 않고 단축키를 이용해 엑셀 표로 변환할 수 있습니다. 표 내부의 셀 하나를 선택하거나, 표 전체 범위를 선택하고 Ctrl+L 키를 누릅니다.

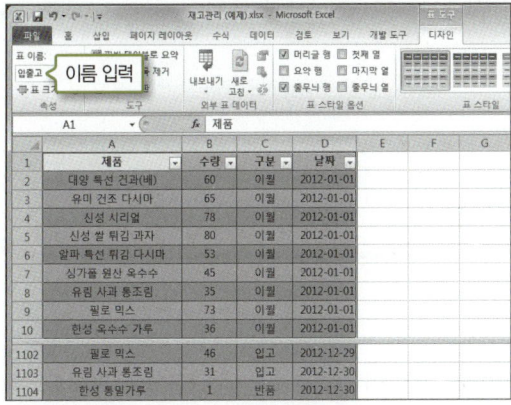

03

엑셀 표 이름을 정의하기 위해 리본 메뉴의 [디자인] 탭 – [속성] 그룹에서 **표 이름** 입력란에 다음 이름을 입력합니다. 리본 메뉴에 [디자인] 탭이 보이지 않으면, 엑셀 표 범위 내 셀을 선택하면 됩니다.

입출고

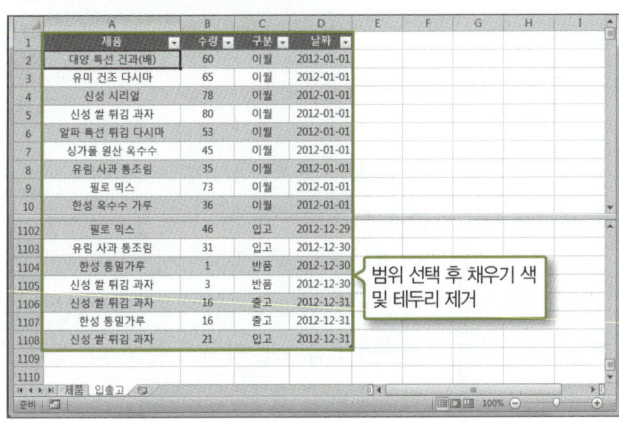

04 표 스타일 변경하기
변환된 엑셀 표의 스타일을 제대로 적용하기 위해 엑셀 표 서식을 제거합니다.

엑셀 표 전체 범위를 선택하고, 리본 메뉴의 [홈] 탭 – [글꼴] 그룹에서 다음 명령을 실행합니다.

채우기 색 : 채우기 없음
테두리 : 테두리 없음

Section 02 재고 관리하기

▶ 엑셀 표 확장　▶ 쉼표 스타일　▶ 조건부 서식

엑셀 표로 변환한 입출고 표를 집계해 개별 제품의 재고를 확인합니다. 이 작업은 관리의 편의성을 위해 별도의 시트를 추가하지 않고 [제품] 시트의 표에 열을 추가한 후 계산합니다. 별도의 표를 구성해 작업하는 것도 좋지만, 그러기 위해서는 [제품] 시트에서 재고를 구할 표를 추출해야 합니다. 그러므로 열만 추가한 후 계산하는 방법이 단순하면서도 효율적입니다.

01 제품 시트 확인하기 예제 파일에서 [제품] 시트 탭을 클릭해 제품 표를 확인합니다.

이 표는 개별 공급 업체에서 구입한 제품 목록입니다. 공급 업체와 제품명이 각 열에 입력되어 있습니다. 이 표를 엑셀 표로 변환한 다음, 재고를 집계하는 작업을 진행합니다.

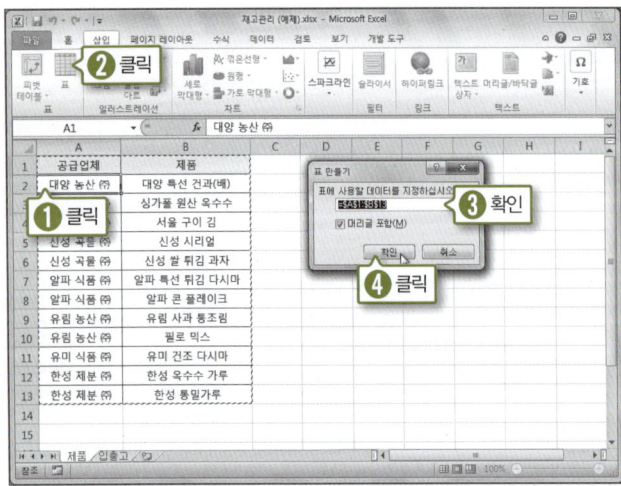

02 엑셀 표로 변환하기
① 표 내부의 임의의 셀(A2셀)을 선택
② 리본 메뉴의 [삽입] 탭 – [표] 그룹에서 **표** 단추를 클릭
③ 표 만들기 대화상자가 표시되면 범위(A1:B13)를 확인
④ 〈확인〉 버튼을 클릭해 엑셀 표로 변환합니다.

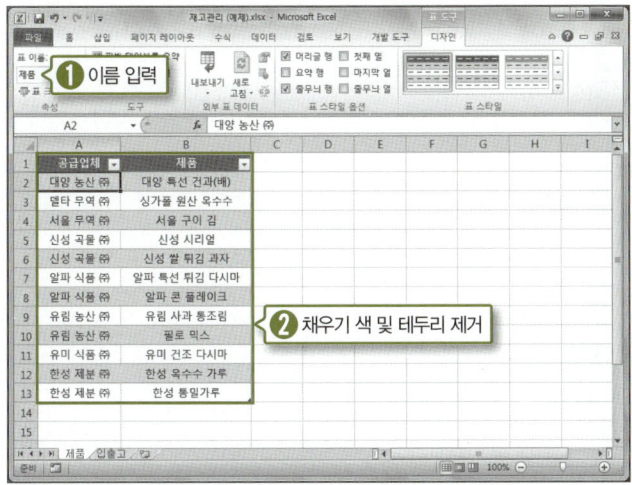

03

① 리본 메뉴의 [디자인] 탭 – [속성] 그룹에서 **표 이름** 입력란을 다음과 같이 수정

② 표 스타일을 제대로 표시하기 위해 채우기 색과 테두리를 모두 없음으로 설정합니다.

제품

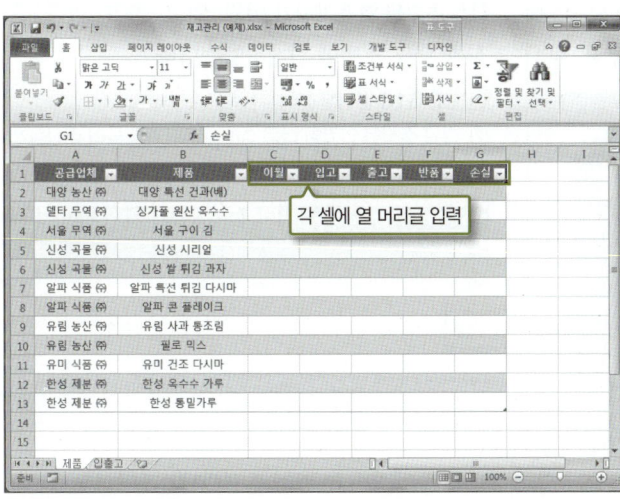

04 엑셀 표에 열 추가하기 재고를 계산하려면 이월됐거나 입고, 출고된 내역이 필요합니다. 해당 내역을 먼저 집계하기 위해 그림과 같은 열을 순서대로 추가합니다.

다음 각 셀에 열 머리글을 입력하면 엑셀 표에 자동으로 열이 추가됩니다.

C1	D1	E1	F1	G1
이월	입고	출고	반품	손실

TIP ... 엑셀 표가 자동으로 확장되지 않을 때 해결 방법

열 머리글을 입력했는데도 엑셀 표가 자동으로 확장되지 않는다면 아래와 같이 엑셀의 옵션을 수정합니다.

① 리본 메뉴의 [파일] 탭 – [옵션] 명령 을 클릭합니다.

② Excel 옵션 대화상자에서 [언어 교정] 범주를 선택하고 〈자동 고침 옵션〉 버튼을 클릭합니다.

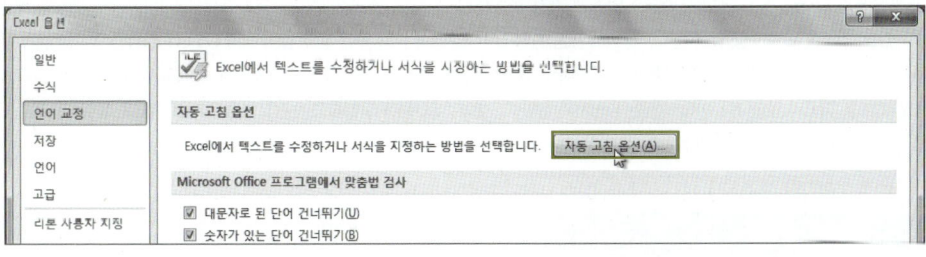

③ 자동 고침 대화상자에서 [입력할 때 자동 서식] 탭을 클릭하고 [표에 새 행 및 열 포함] 옵션에 체크한 다음 〈확인〉 버튼을 클릭합니다.

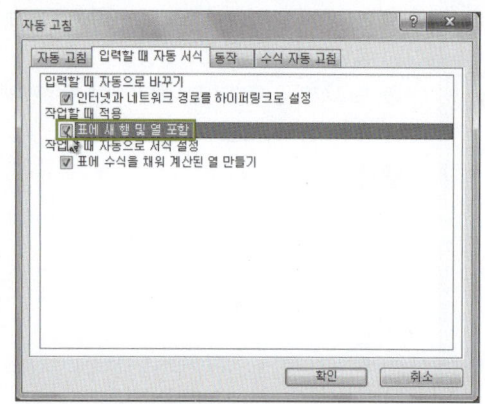

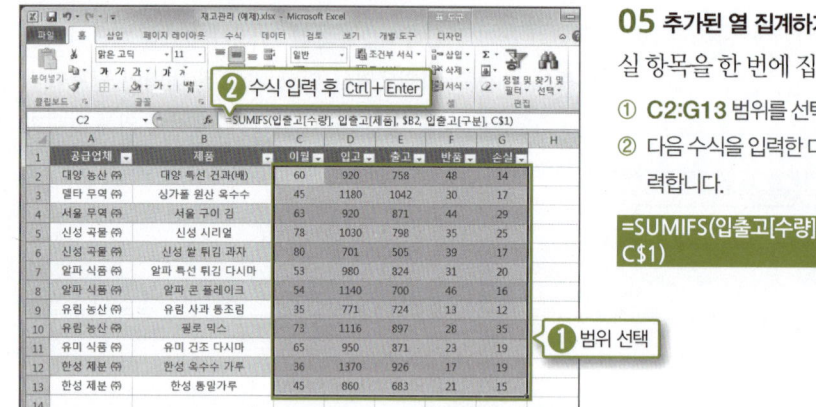

05 추가된 열 집계하기 이월, 입고, 출고, 반품, 손실 항목을 한 번에 집계하겠습니다.

① C2:G13 범위를 선택

② 다음 수식을 입력한 다음 Ctrl+Enter 키를 눌러 수식을 입력합니다.

=SUMIFS(입출고[수량], 입출고[제품], $B2, 입출고[구분], C$1)

수식 설명 =SUMIFS(입출고[수량], 입출고[제품], $B2, 입출고[구분], C$1)

각 제품별로 재고를 계산하기 위해, [입출고] 엑셀 표의 구분 열에 입력된 항목별로 집계하는 작업을 먼저 진행했습니다. 이번과 같이 한 번에 작성하지 않고 다음과 같이 열별로 수식을 입력해도 됩니다.

- C2 : =SUMIFS(입출고[수량], 입출고[제품], $B$2, 입출고[구분], $C$1)
- D2 : =SUMIFS(입출고[수량], 입출고[제품], $B$2, 입출고[구분], $D$1)
- E2 : =SUMIFS(입출고[수량], 입출고[제품], $B$2, 입출고[구분], $E$1)
- F2 : =SUMIFS(입출고[수량], 입출고[제품], $B$2, 입출고[구분], $F$1)
- G2 : =SUMIFS(입출고[수량], 입출고[제품], $B$2, 입출고[구분], $G$1)

위 수식을 보면, 모두 [입출고] 엑셀 표의 수량 열을 집계하기 위해 제품 열의 값이 B2셀과 같고, 구분 열의 값이 각각 C1:G1 범위의 열 머리글과 같은지 판단하는 구조로 이뤄져 있습니다. 이번 과정에서 위처럼 열별로 하나씩 수식을 작성하지 않고 한 번에 입력한 이유를 이해하기 위해서는 평상시 입력하는 방법대로 수식을 입력해 볼 필요가 있습니다. 아래 그림은 평상시와 같이 C2셀에 **=SUMIFS(입출고[수량], 입출고[제품], $B2, 입출고[구분], C$1)** 와 같은 수식을 입력한 다음, 채우기 핸들을 이용해 복사한 결과입니다.

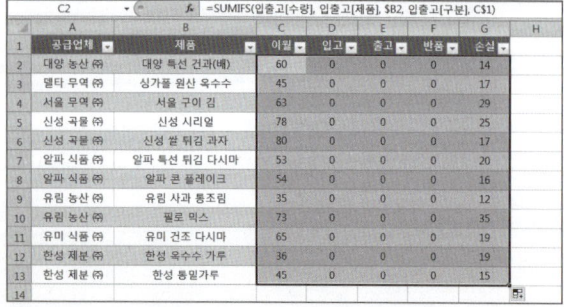

앞선 그림에서 확인할 수 있듯이, C열과 G열은 제대로 집계되지만 나머지 입고, 출고, 반품 등은 0 값이 반환됩니다. 문제의 원인을 파악하기 위해 D2셀을 선택하고 수식을 확인하면 **=SUMIFS(입출고[구분], 입출고[수량], $B2, 입출고[날짜], G$1)**과 같습니다.

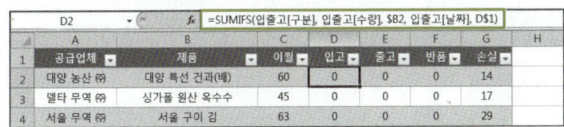

위 수식에서 확인할 수 있듯이 참조 범위가 달라진 것을 확인할 수 있습니다. 이것은 엑셀 표의 구조적 참조를 사용할 때 발생하는 문제로, 수식을 드래그한 방향으로 참조 열의 위치가 자동으로 달라집니다. 즉, C2셀의 수식에서 수량 열을 참조해도 열 방향인 G열 쪽으로 드래그해 복사하면, D2셀의 수식은 **=SUMIFS(입출고[구분], 입출고[수량], $B2, 입출고[날짜], D$1)**로 변경됩니다. 즉, [입출고] 엑셀 표의 수량 열의 합계를 구해야 하는데, 구분 열의 합계를 구하는 수식으로 변경됩니다. [입출고] 엑셀 표를 다시 확인해 보면, 구분 열은 수량 열의 오른쪽에 있는 것을 확인할 수 있습니다. 그러므로 엑셀 표의 구조적 참조를 이용할 때, 참조 위치가 변경되지 않도록 하려면, 5번 과정에서 수식을 입력한 것처럼 전체 범위(C2:G13)를 선택하고 수식을 작성한 다음, Ctrl + Enter 키를 눌러 수식을 입력해야 합니다.

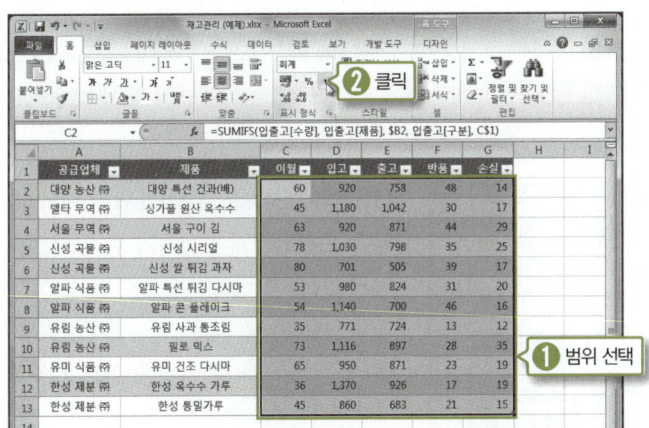

06 집계된 결과의 가독성을 높이겠습니다.
① **C2:G13** 범위를 선택
② 리본 메뉴의 [홈] 탭 – [표시 형식] 그룹에서 **쉼표 스타일** 단추를 클릭해 천 단위 구분 기호가 표시되도록 합니다.

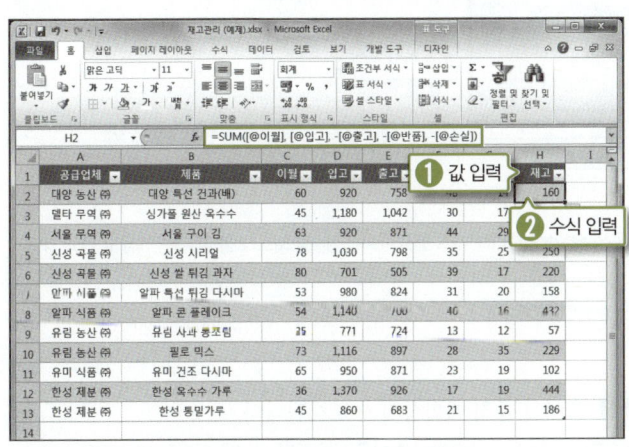

07 재고 열 추가하고 계산하기 입출고 내역을 정리한 후에는 재고를 계산합니다.
① **H1** 셀에 **재고**를 입력해 열을 추가
② **H2**셀에 다음 수식을 입력합니다.

=SUM([@이월], [@입고], -[@출고], -[@반품], -[@손실])

수식 설명 **=SUM([@이월], [@입고], -[@출고], -[@반품], -[@손실])**
이번 수식은 C:G 열에 집계된 값을 계산해 재고를 계산하는 수식입니다. 재고는 들어온 것 중에서 나가고 남은 개수를 계산하면 되므로 이월과 입고된 수량은 더하고, 출고, 반품, 손실된 수량은 뺍니다. 이 설명 그대로 수식을 구성하면 다음과 같습니다.
=C2+D2-E2-F2-G2
위 수식을 엑셀 표의 구조적 참조를 사용하도록 변경한 것이 이번 수식이며, SUM 함수를 사용해 처리했습니다. 이렇게 하나씩 나열하는 것이 불편하다면, 콜론(:) 연산자를 이용해 다음과 같은 수식을 사용할 수 있습니다.
=SUM([@이월]:[@입고], -[@출고]:[@손실])
단, 위 수식은 범위 연산을 하므로 일반 수식으로는 처리하지 못합니다. 그러므로 Ctrl + Shift + Enter 키를 눌러 수식을 입력해야 정확한 결과가 반환됩니다.

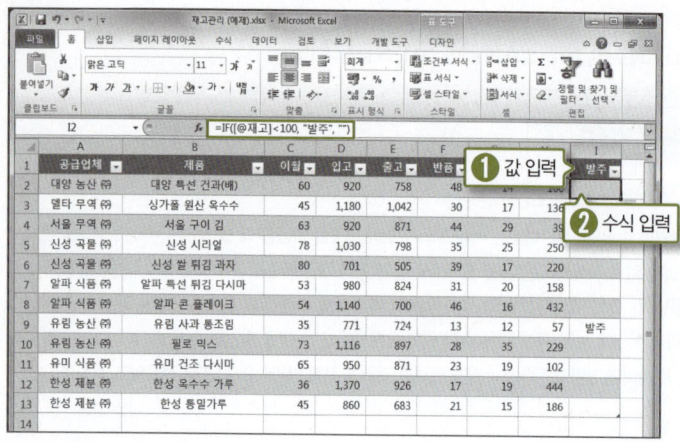

08 발주 열 추가하고 대상 표시하기 이번에는 재고가 100개 미만으로 떨어지는 제품의 발주 여부를 표시하기 위해, 발주 열을 추가합니다.

① I1셀에 **발주**를 입력해 열을 추가
② I2셀에 다음 수식을 입력합니다.

=IF([@재고]<100, "발주", "")

수식 설명 =IF([@재고]<100, "발주", "")
재고 관리는 비용을 절감할 목적으로 작업합니다. 발주 기준은 회사에 따라 다르지만, 해당 기준에 따른 값을 표시해 주는 열이 있다면 표를 보기에도 편리할 겁니다. 이번에 작성한 수식은 단순하지만 재고 수량이 100개 미만인 경우를 표시하기 위한 것으로 이렇게 수식을 이용해 값을 계산하도록 하면, 언제든 자동 필터로 발주 대상 제품을 확인할 수 있습니다.

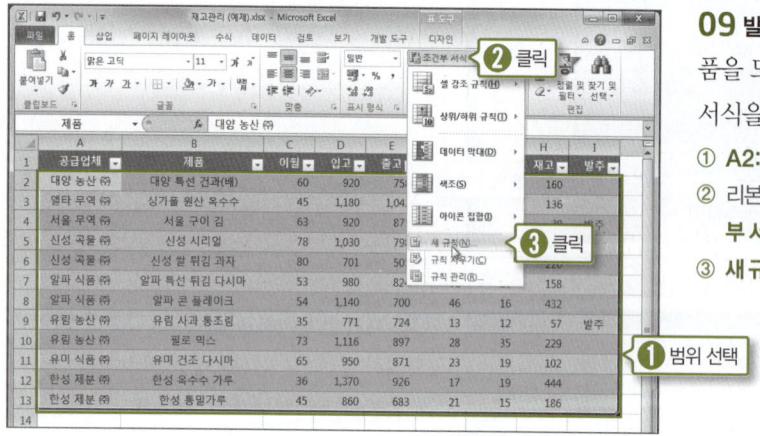

09 발주 대상 제품 구분하기 발주 대상 제품을 도드라지게 구분하기 위해 조건부 서식을 이용합니다.

① A2:I13 범위를 선택
② 리본 메뉴의 [홈] 탭 – [스타일] 그룹에서 **조건부 서식** 단추를 클릭
③ **새 규칙** 명령을 클릭합니다.

TIP ... 엑셀 표의 데이터 범위를 빠르게 선택하기

엑셀 표로 변환한 후에 단축키를 사용하면 필요한 범위를 빠르게 선택할 수 있습니다. 제목 행을 제외한 범위를 빠르게 선택하려면 엑셀 표 내의 임의의 셀을 선택한 상태에서 Ctrl+A키를 누릅니다.
만약, 표의 제목 행까지 선택하려면 Ctrl+A키를 두 번 연속으로 누르면 됩니다.

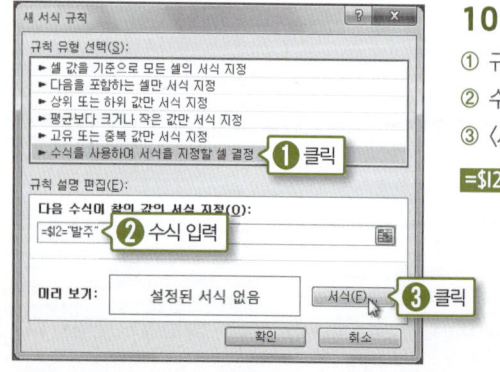

10 새 서식 규칙 대화상자가 표시됩니다.

① 규칙 유형 선택 목록에서 **수식을 사용하여 서식을 지정할 셀 결정**을 선택
② 수식 입력란에 다음과 같은 수식을 입력
③ 〈서식〉 버튼을 클릭합니다.

=$I2="발주"

수식 설명 =$I2="발주"

조건부 서식의 조건을 수식으로 지정하는 것이 어렵다면 다음 2가지 규칙을 이해하면 됩니다.

첫째, 선택된 데이터 범위의 첫 번째 셀에서 수식을 구성한다고 생각합니다. 예를 들어, 이번 작업에서는 A2:I13 범위를 선택하고 작업했으므로 A2셀에서 수식을 작성한다고 생각하고, 나머지 셀은 수식을 복사해 사용한다고 생각합니다.

둘째, 수식 조건은 항상 TRUE, FALSE를 반환하는 논리식이어야 합니다.

이번에 처리할 작업은 발주 대상 제품에 서식을 지정하는 것입니다. 그러므로 I열의 값이 "발주"인 경우를 조건식으로 구성하면 됩니다. 또한 선택한 범위의 다른 셀은 수식을 복사해 사용한다고 했으므로 I2셀의 열 주소는 변경되지 않도록 혼합참조 방식으로 수식을 구성하면 됩니다.

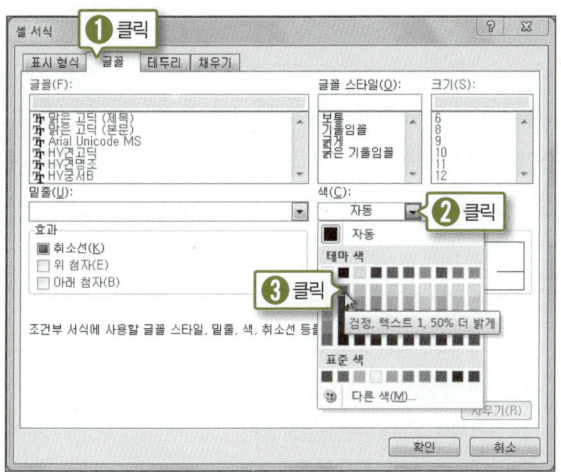

11 셀 서식 대화상자가 표시되면 글꼴 색을 조금 흐린 검정으로 변경합니다.

① [글꼴] 탭을 클릭
② 색 항목의 **옵션** 단추를 클릭
③ 색상표에서 **검정, 텍스트 1, 50% 더 밝게**를 선택합니다 (사용자에 따라 다른 색을 선택해도 됩니다).

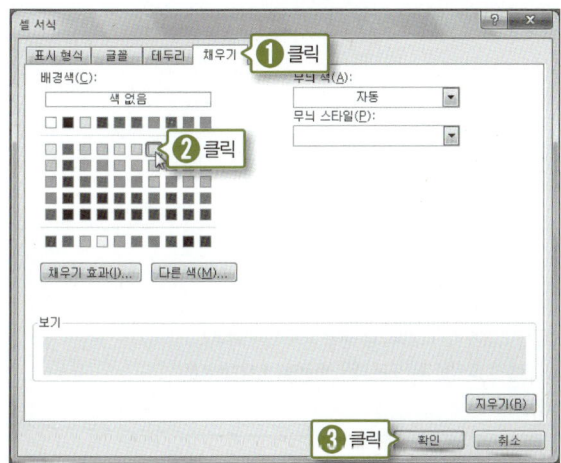

12
① 배경색도 변경하기 위해 [채우기] 탭을 클릭
② 색상표에서 원하는 색을 선택
③ 〈확인〉 버튼을 클릭합니다. 새 서식 규칙 대화상자에서도 〈확인〉 버튼을 클릭합니다.

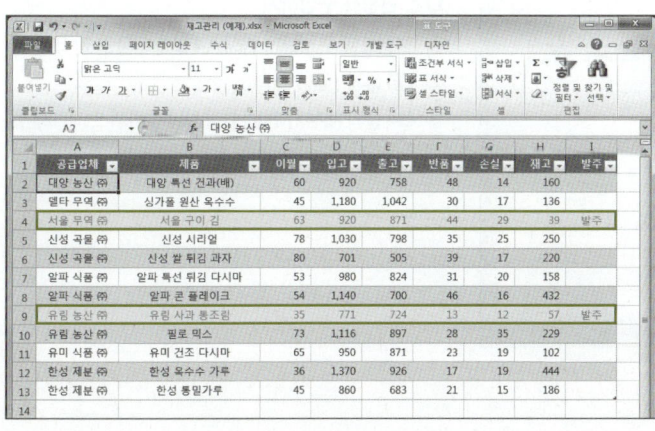

13 그림과 같이 발주 대상 제품의 행에 조건부 서식으로 지정한 셀 서식이 적용됩니다. 이런 방식은 많은 데이터에서 특정 조건에 맞는 데이터를 표시할 때 자주 사용합니다.

Section 03 입출고 현황 분석하기

▶ 데이터 유효성 검사　▶ 조건부 서식　▶ 아이콘 집합

[입출고] 엑셀 표의 데이터를 집계해 입고, 출고, 반품, 손실 현황을 제품과 월별로 확인할 수 있는 입출고 현황 표를 만들어 입출고 내역을 월별로 분석할 수 있도록 작업합니다. 데이터가 누적되는 표를 관리할 때는 이처럼 보고 싶은 방식으로 데이터를 집계할 수 있는 표를 만들면 빠르게 데이터를 확인할 수 있어 편리합니다.

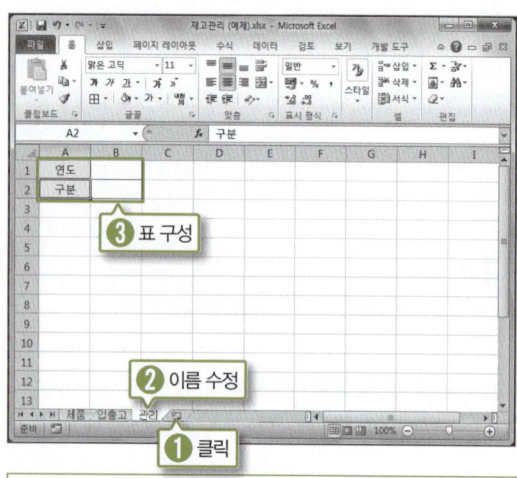

01 새 시트 추가하고 표 구성하기 입출고 현황표는 지정된 형식이 있는 표가 아닙니다. 그러므로 새 워크시트를 삽입해 입출고 현황표를 구성해야 합니다.

① **워크시트 삽입** 단추 를 클릭
② 새로운 워크시트 이름을 **관리**로 변경
③ 그림을 참고해 표를 구성합니다.

TIP … 예제와 동일한 표 구성 방법

아래 순서를 참고해 작업합니다.
① 요약할 입출고 내역의 연도와 입고, 출고 등을 선택할 열 머리글을 A1셀과 A2셀에 각각 "연도"와 "구분"으로 입력합니다.
② A1:B2 범위를 선택하고, 리본 메뉴의 [홈] 탭 – [글꼴] 그룹에서 [테두리] 단추를 클릭한 후 [모든 테두리] 를 적용합니다.
③ A1:A2 범위를 선택하고, [채우기 색] 단추를 클릭한 후 원하는 색을 적용합니다

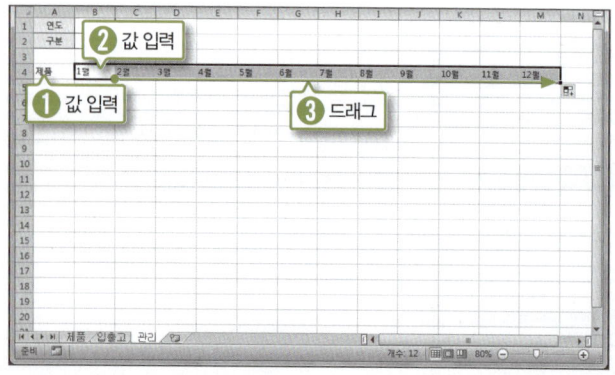

02 현황표 구성하기

① 현황표를 구성하기 위해 **A4**셀에 **제품**을 입력
② **B4**셀에 **1월**을 입력
③ **B4**셀의 **채우기 핸들** 을 **M4**셀까지 드래그해 월 이름을 모두 채워 넣습니다.

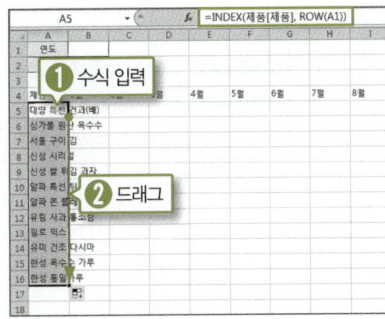

03 제품명은 [제품] 시트에서 참조하여 사용합니다.
① A5셀에 다음 수식을 입력
② A5셀의 채우기 핸들을 A16셀까지 드래그합니다.
=INDEX(제품[제품], ROW(A1))

수식 설명 =INDEX(제품[제품], ROW(A1))
현황표의 제품명은 [제품] 시트에서 참조해 오는데, 엑셀 표의 구조적 참조를 이용하기 위해 INDEX 함수를 사용합니다. 이때 INDEX 함수의 2번째 인수는 ROW(A1)로 구성해, 행 방향으로 수식을 복사할 때 1,2,3,…과 같은 값이 반환되어 [제품] 엑셀 표의 제품 열의 값을 하나씩 참조하도록 구성합니다. 이 수식을 복사할 때 제품이 존재하지 않는다면 #N/A 오류가 반환되므로 오류 값이 반환되지 않도록 하려면 IFERROR 함수를 사용해 다음과 같이 구성할 수 있습니다.

=IFERROR(INDEX(제품[제품], ROW(A1)), " ")

그러면 제품이 존재하지 않는 경우, 공백 문자(" ")가 반환되어 편리합니다.

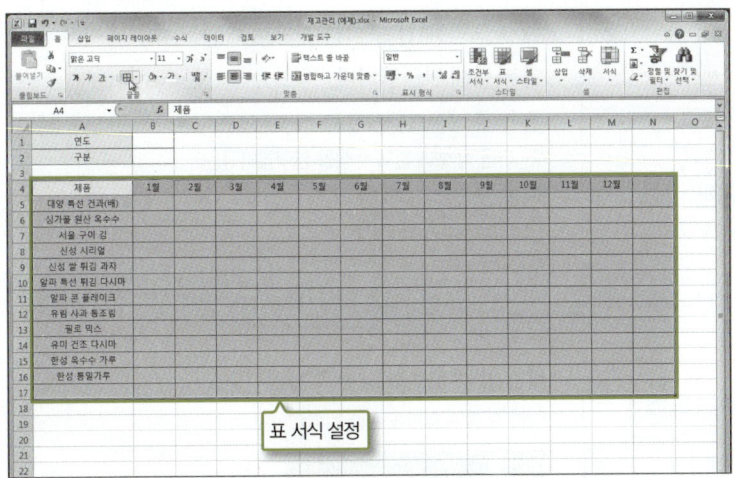

04
A4:N17 범위를 선택하고 표 서식을 지정해 입출고 현황을 집계할 표를 완성합니다.

TIP ... 예제와 동일한 표 서식 구성 방법

아래 과정을 참고해 작업하면 예제와 동일한 표 서식을 구성할 수 있습니다.
① 워크시트의 열 주소 부분에서 A열과 B열의 열 구분선을 더블 클릭해 A열 너비를 자동으로 조정합니다.
② A4:N4 범위를 선택하고, 리본 메뉴의 [홈] 탭 – [글꼴] 그룹에서 [채우기 색] 단추를 클릭해 채우기 색을 지정합니다.
③ A4:N17 범위를 선택하고, 리본 메뉴의 [홈] 탭 – [글꼴] 그룹에서 [테두리] 단추를 클릭한 후 [모든 테두리]를 선택해 테두리 설정 작업을 진행합니다(N4셀과 A17셀에 "합계"를 입력할 예정입니다).
④ 리본 메뉴의 [홈] 탭 – [글꼴] 그룹에서 [가운데 맞춤] 단추를 클릭해 표의 데이터를 가운데로 정렬합니다.

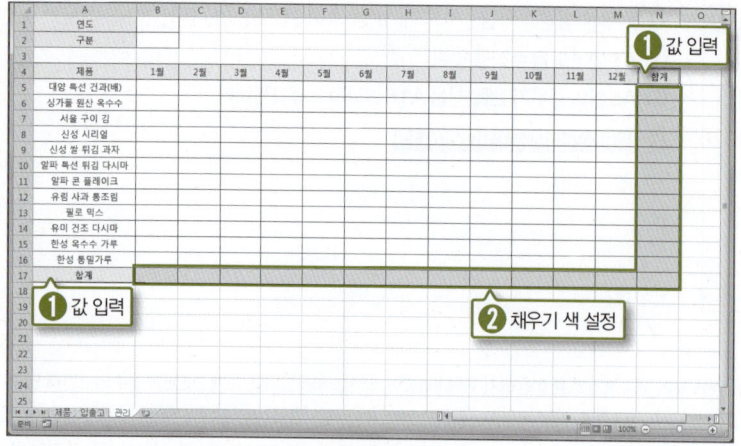

05

① N4셀과 A17셀에 각각 **합계**를 입력
② **B17:N17** 범위와 **N5:N16** 범위에는 각각 원하는 채우기 색을 지정합니다.

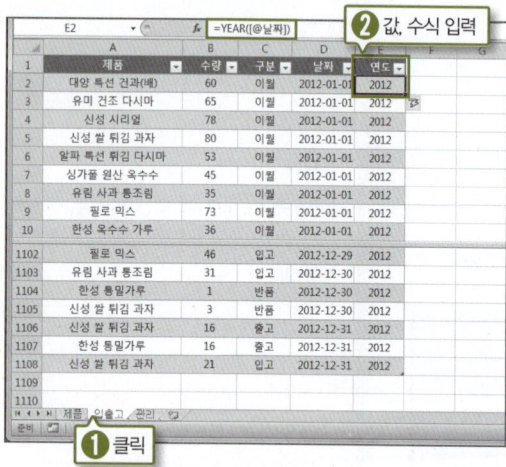

06 입출고 표에 연도, 월 열 추가하기 이제 [관리] 시트의 표 레이아웃 구성이 끝났으므로, 입출고 표에 연도와 월 값을 갖는 열을 추가해야 합니다. 연도와 월 값을 미리 구해 놓으면 배열 수식을 사용하지 않고서도 데이터 집계가 가능해 편리합니다.

① [입출고] 시트 탭을 클릭
② 다음 각 셀에 값과 수식을 입력합니다.

E1 : 연도
E2 : =YEAR([@날짜])

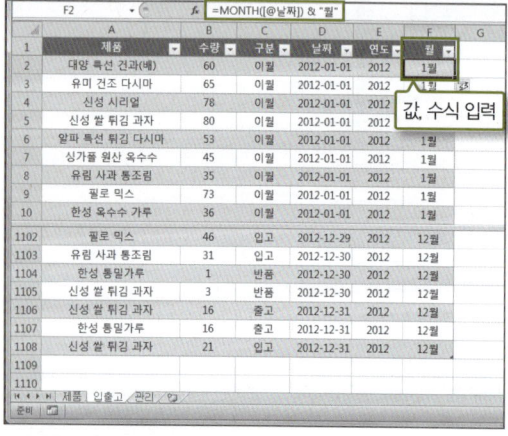

07 이번에는 월 값을 계산합니다.
다음 각 셀에 값과 수식을 입력합니다.

F1 : 월
F2 : =MONTH([@날짜]) & "월"

수식 설명 =MONTH([@날짜]) & "월"

6번 과정에서 작성한 수식은 숫자 값인 연도만 표시했지만, 7번 과정에서 작성한 수식에서는 단위까지 표시하도록 구성했습니다. 이는 [관리] 시트의 현황표의 구성과 연관이 있습니다. [관리] 시트에서 연도는 위쪽의 B1셀에서 선택하도록 하지만, 월은 B4:M4 범위에서 단위와 함께 입력되었기 때문에 이번 역시 같은 값이 반환되도록 수식을 구성한 것입니다.

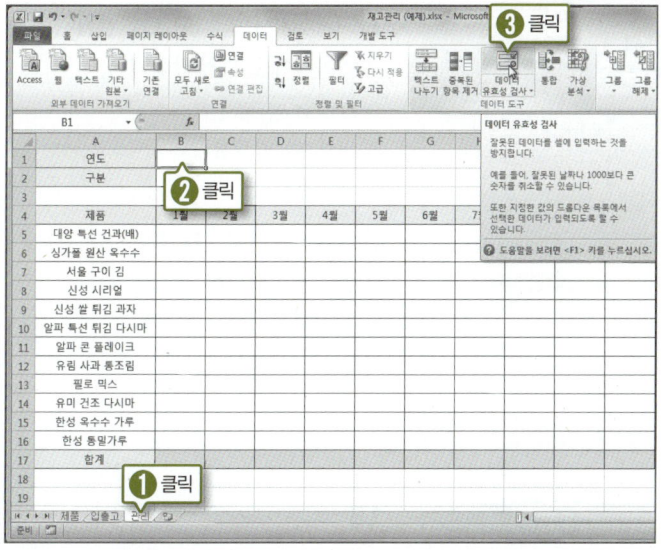

08 연도 선택 목록 구성하기 다시 [관리] 시트로 돌아와 B1:B2 범위의 연도와 구분 값을 목록에서 선택할 수 있도록 구성합니다.

① [관리] 시트 탭을 클릭
② **B1**셀을 선택
③ 리본 메뉴의 [데이터] 탭 – [데이터 도구] 그룹에서 **데이터 유효성 검사** 단추를 클릭합니다.

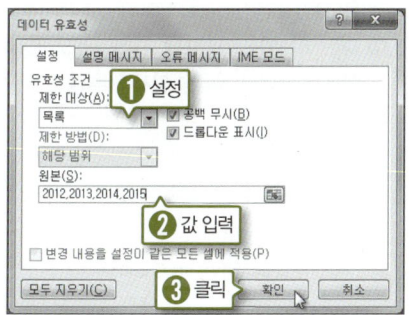

09
① 데이터 유효성 대화상자가 표시되면 [설정] 탭에서 제한 대상 옵션을 **목록**으로 설정
② 원본 입력란에 그림과 같이 쉼표(,) 구분 문자를 사용해 목록에서 선택할 연도를 입력
③ 〈확인〉 버튼을 클릭합니다.

2012,2013,2014,2015

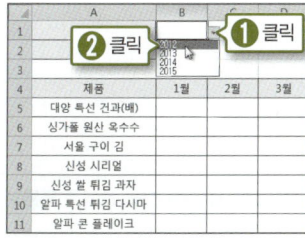

10 연도 선택하기 이제 B1셀을 선택하면 목록 상자가 표시됩니다.
① **B1**셀의 **옵션** 단추를 클릭
② 목록에서 **2012**를 선택합니다.

11 구분 선택 목록 구성하기 이번에는 B2셀의 구분 항목을 목록에서 선택 가능하도록 작업합니다. 구분 항목에 표시할 값은 [제품] 시트에서 재고 계산할 때 입력한 적이 있으니 그 값을 참조해 사용합니다. 단, 유효성 검사에서 다른 워크시트의 범위를 참조할 수는 없기 때문에 해당 범위를 이름으로 정의하는 작업을 먼저 진행해야 합니다.

[제품] 시트 탭을 클릭합니다.

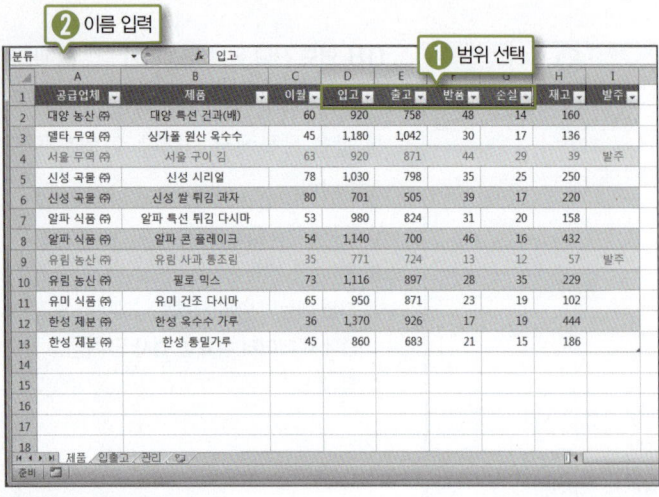

12 [제품] 시트의 D1:G1 범위의 값이 구분 목록에 표시될 값입니다.

① D1:G1 범위를 선택

② **이름 상자**에 **분류**라고 입력하고 Enter 키를 누릅니다.

선택된 범위(D1:G1)가 [분류]라는 이름으로 정의됩니다.

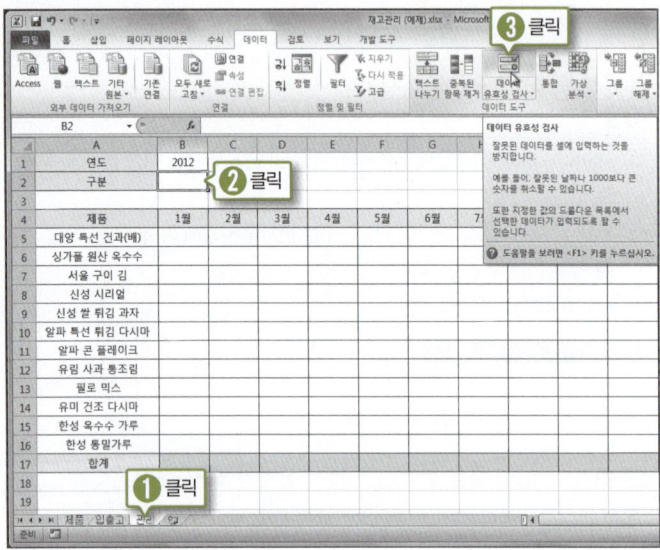

13

① [관리] 시트 탭을 클릭

② B2셀을 선택

③ 리본 메뉴의 [데이터] 탭 – [데이터 도구] 그룹에서 **데이터 유효성 검사** 단추를 클릭합니다.

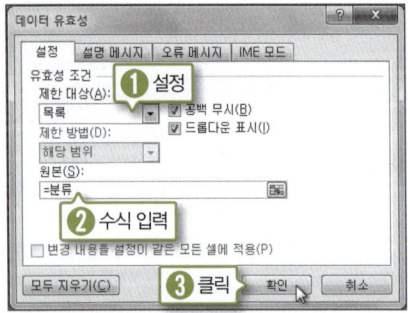

14

① 데이터 유효성 대화상자가 표시되면 [설정] 탭에서 제한 대상 옵션을 **목록**으로 설정

② 원본 입력란에 다음과 같은 수식을 입력

③ 〈확인〉 버튼을 클릭합니다.

=분류

TIP … 유효성 검사에서 목록을 사용할 때 이름 범위를 참조하는 방법

14번 과정과 같이 제한 대상을 [목록]으로 설정한 경우, 다른 워크시트의 데이터 범위를 참조하려면 이름을 정의한 후 사용해야 합니다. 이때, 원본 입력란에 정의된 이름을 사용하려면, 반드시 등호(=)을 먼저 입력한 다음 이름을 입력해야 합니다. 등호(=)을 생략하면, "분류"라는 단순 텍스트 값이 되지만, 등호(=)로 시작하면 참조 수식이 되어 분류라고 정의된 이름이 참조하는 범위의 값을 목록에 표시해 줍니다.

15 구분 선택하기 이제 B2셀을 선택하고 옵션 단추를 클릭하면 [분류]라고 이름 정의된 [제품] 시트의 D1:G1 범위 내 값이 목록에 표시됩니다.
B1셀의 옵션 목록에서 **입고**를 선택합니다.

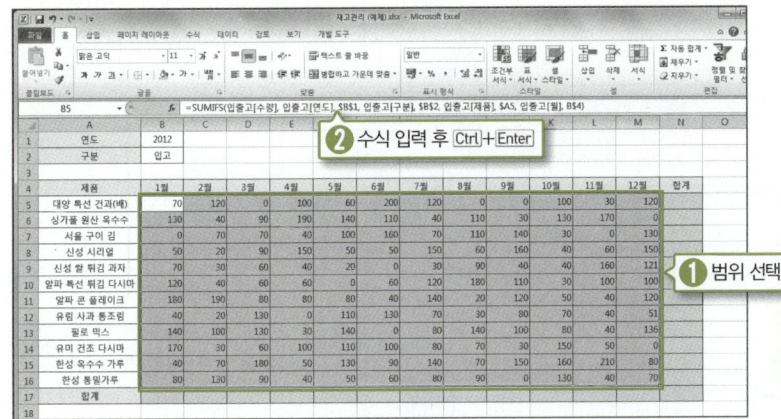

16 수량 집계하기 이제 B1:B2 범위에 선택된 2012년의 입고 조건에 해당하는 각 제품의 월별 수량을 집계합니다.

① B5:M16 범위를 선택
② 다음 수식을 작성한 다음, Ctrl + Enter 키를 눌러 수식을 입력합니다.

=SUMIFS(입출고[수량], 입출고[연도], $B$1, 입출고[구분], $B$2, 입출고[제품], $A5, 입출고[월], B$4)

수식 설명 =SUMIFS(입출고[수량], 입출고[연도], $B$1, 입출고[구분], $B$2, 입출고[제품], $A5, 입출고[월], B$4)

[제품] 시트에서 재고를 계산하기 위해 [입출고] 엑셀 표의 구분 열의 항목별 값을 집계했던 수식을 이해하고 있다면 이번 수식은 쉽게 이해할 수 있습니다. 참고로 이번 수식에서 B5:M16 범위를 모두 선택해 작업한 것은 재고를 계산할 때와 마찬가지로 엑셀 표의 구조적 참조 위치가 변경되지 않도록 하기 위함입니다. 설명이 잘 이해되지 않는 분은 **Project5>Section2**에서 5번 과정을 다시 한 번 확인해 보세요.

이번 수식은 제품의 월별 입고 수량을 확인하기 위한 것이므로 SUMIFS 함수를 사용했습니다. 수량을 집계하기 위한 조건이 B1셀의 연도, B2셀의 구분, A5셀의 제품, B4셀의 월, 총 4가지이므로 이 조건을 하나씩 모두 연결하면 다음과 같은 조건이 구성됩니다.

- 입출고[연도] = $B$1 → [입출고] 표의 연도 열의 값 중 B1셀의 값과 같고,
- 입출고[구분] = $B$2 → [입출고] 표의 구분 열의 값 중 B2셀의 값과 같고,
- 입출고[제품] = $A5 → [입출고] 표의 제품 열의 값 중 A5셀의 값과 같고,
- 입출고[월] = B$4 → [입출고] 표의 월 열의 값 중 B4셀의 값과 같은 경우

조건을 정리했다면, 집계해야 할 [입출고] 표의 수량 열을 SUMIFS 함수의 1번째 인수로 구성하고 나머지를 순서대로 SUMIFS 함수의 인수로 전달하면 이번 수식이 구성됩니다. 이런 식의 수식을 작성할 때 제일 중요한 것은 셀을 참조하는 방식입니다. B1, B2셀은 수식이 복사돼도 위치가 변경되지 않도록 절대참조로, A5, B4셀은 수식이 복사될 때 열 또는 행 주소가 변경되지 않도록 혼합참조로 설정하는 것에 주의합니다.

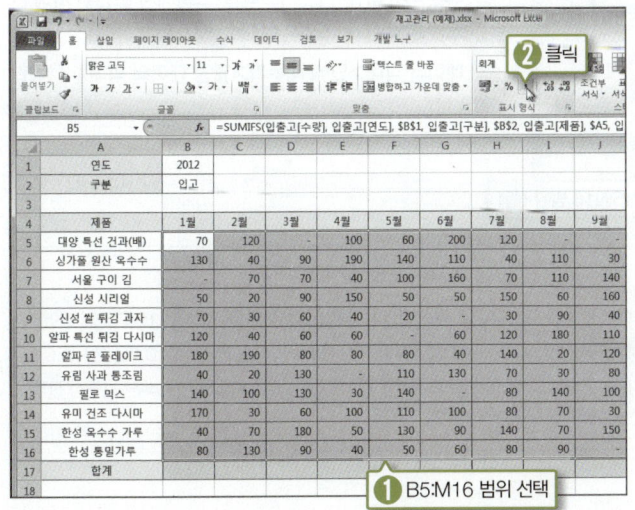

17 이제 수식으로 집계된 결과의 가독성을 높이는 작업을 진행합니다.

① B5:M16 범위를 선택
② 리본 메뉴의 [홈] 탭 – [글꼴] 그룹에서 **쉼표 스타일** 단추를 클릭해 천 단위 구분 기호가 표시되도록 구성합니다.

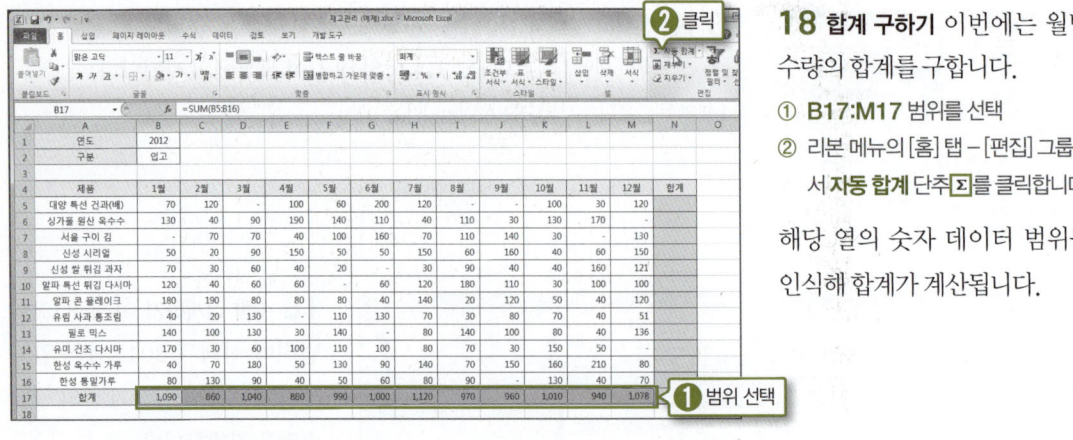

18 합계 구하기 이번에는 월별 수량의 합계를 구합니다.

① **B17:M17** 범위를 선택
② 리본 메뉴의 [홈] 탭 – [편집] 그룹에서 **자동 합계** 단추 Σ 를 클릭합니다.

해당 열의 숫자 데이터 범위를 인식해 합계가 계산됩니다.

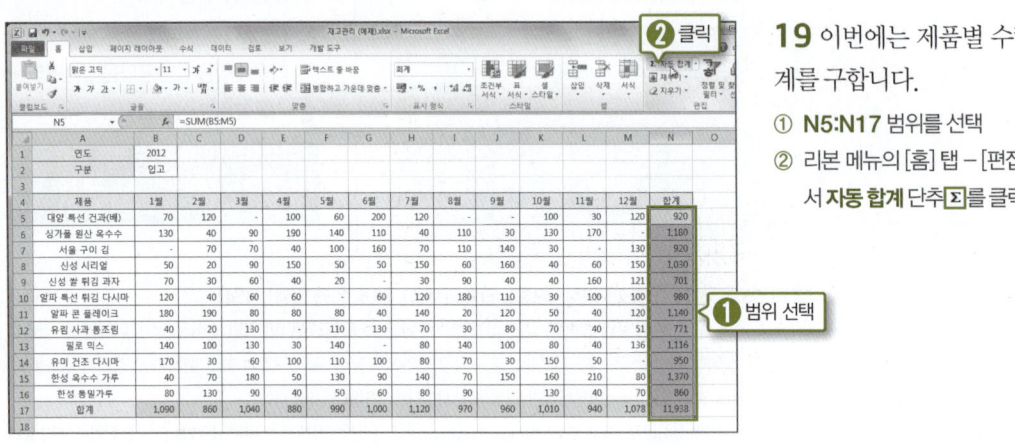

19 이번에는 제품별 수량의 합계를 구합니다.

① **N5:N17** 범위를 선택
② 리본 메뉴의 [홈] 탭 – [편집] 그룹에서 **자동 합계** 단추 Σ 를 클릭합니다.

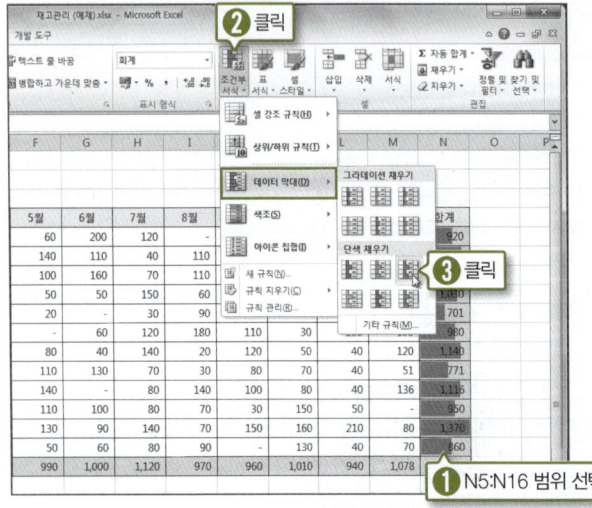

20 제품별 합계에 막대 표시하기 대략적인 표 구성은 끝났지만, 표의 숫자가 많아 18~19번 과정에서 구한 합계 값이 한눈에 들어오지는 않습니다. 그러므로 조건부 서식 기능을 이용해 숫자 값의 크기를 한눈에 파악할 수 있도록 작업합니다.

① **N5:N16** 범위를 선택
② 리본 메뉴의 [홈] 탭 – [스타일] 그룹에서 **조건부 서식** 단추를 클릭
③ **데이터 막대>단색 채우기>빨강 데이터 막대**를 클릭합니다.

> **TIP ... 조건부 서식의 데이터 막대 서식**
>
> 데이터 막대 서식은 값의 크기를 그래프 형식으로 표시해 주므로 값을 비교하는 용도로 적합합니다. 엑셀 2007 버전과 엑셀 2010 버전의 데이터 막대는 같은 방식으로 표시되는 것 같아도 엑셀 2007 버전에서는 최소값~최대값 구간으로 데이터 막대를 표시하지만, 엑셀 2010 버전에서는 0~최대값 구간으로 데이터 막대를 표시합니다. 엑셀 2010 버전의 데이터 막대 서식이 차트와 유사한 방식입니다. 물론 엑셀 2007 버전도 [규칙 관리] 명령을 이용해 데이터 막대 서식의 규칙을 바꾸면 됩니다.

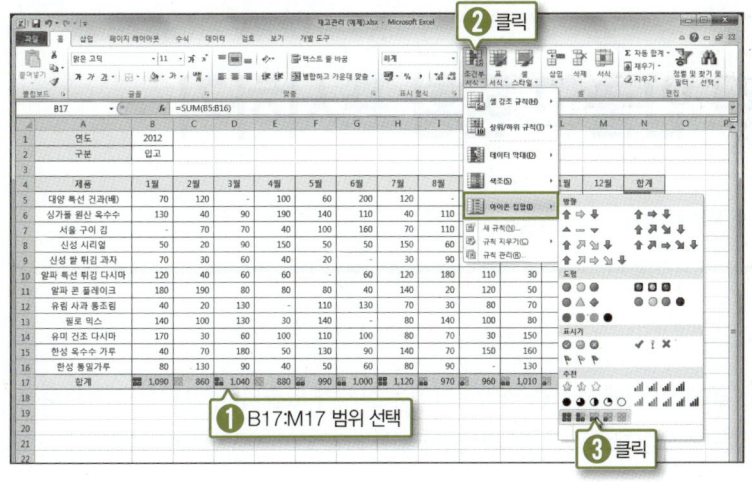

21 월별 합계에 아이콘 표시하기 이번에는 17행의 합계 행에 아이콘 집합 기능을 이용해 값의 크기를 표시합니다.

① **B17:M17** 범위를 선택
② 리본 메뉴의 [홈] 탭 – [스타일] 그룹에서 **조건부 서식** 단추를 클릭
③ **아이콘 집합>상자 5개**를 클릭합니다(사용자에 따라 다른 항목을 선택해도 됩니다).

TIP … 조건부 서식의 아이콘 집합 서식

조건부 서식의 아이콘 집합 서식 역시 값을 설명하는 용도로 적합합니다. [아이콘 집합] 하위 목록은 보통 3~5개로 구성됩니다. 값 왼쪽에 선택한 아이콘이 표시되는데, 아이콘이 표시되는 규칙은 다음과 같습니다.

범위 값의 구간을 백분율로 구분한 다음, 아이콘 집합의 아이콘 개수로 나눠 표시합니다. 이번에 선택한 [상자 5개]를 예로 들면 아래 표와 같습니다.

구간	아이콘
80% <= x <= 100%	
60% <= x < 80%	
40% <= x < 60%	
20% <= x < 40%	
0% <= x < 20%	

위의 표에서 제시한 규칙은 사용자에 따라 변경할 수 있습니다. 규칙을 변경하려면 리본 메뉴의 [홈] 탭 – [스타일] 그룹에서 [조건부 서식] 단추를 클릭한 다음 [규칙 관리] 명령을 클릭합니다. 조건부 서식 규칙 관리자 대화상자에서 아이콘 집합 규칙을 선택하고 〈규칙 편집〉 버튼을 클릭하면 됩니다.

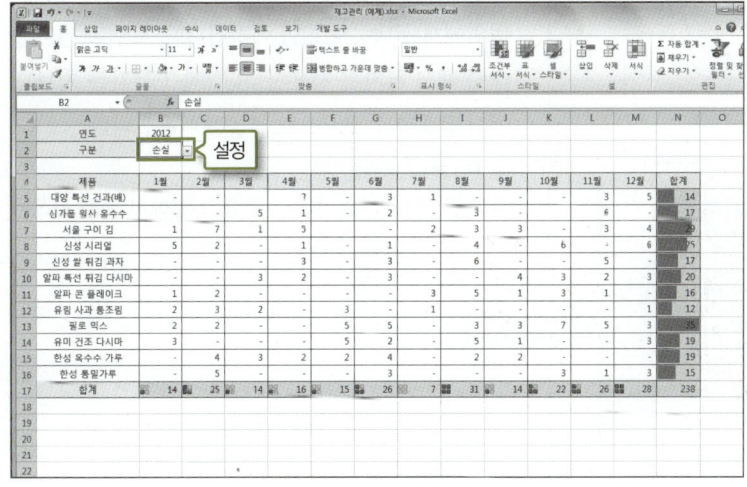

22 구분 항목 변경해 연동 확인하기
이제 B2셀의 구분 값을 변경해, 현황표의 집계 결과가 제대로 바뀌는지 확인합니다.

B2셀의 **옵션** 단추를 클릭하여 B2셀의 값을 **손실**로 설정합니다.

현황표에서 자동으로 월별 손실 수를 집계해 줍니다.

Section 04 차트로 입출고 현황 표시하기

▶ 체크 문자 ▶ Webdings ▶ 꺾은선형 차트

입출고 현황을 집계한 표는 보기에는 좋지만, 전체 흐름을 파악하기에는 한계가 있습니다. 그러므로 차트로 표현하는 작업을 진행합니다. 이 때, 모든 제품을 차트로 표현하면 오히려 복잡해 보이므로 선택한 제품만 차트에 표시되도록 구성하는 작업을 진행합니다.

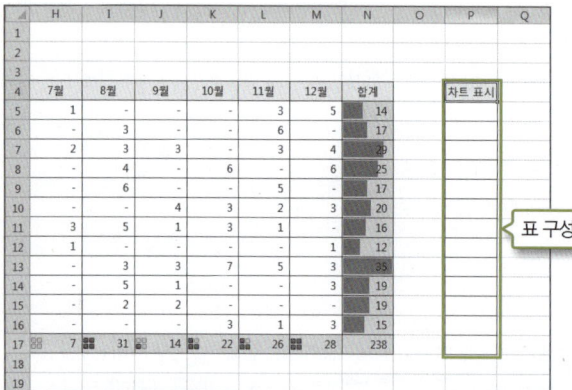

01 제품 차트 표시 열 만들기 왼쪽의 집계표와 동일한 서식으로 차트에 표시할 제품을 선택할 수 있는 표를 구성합니다.

차트에 표시할 제품을 선택할 수 있도록 집계표 오른쪽 **P4:P17** 범위에 차트 표시 열을 추가합니다.

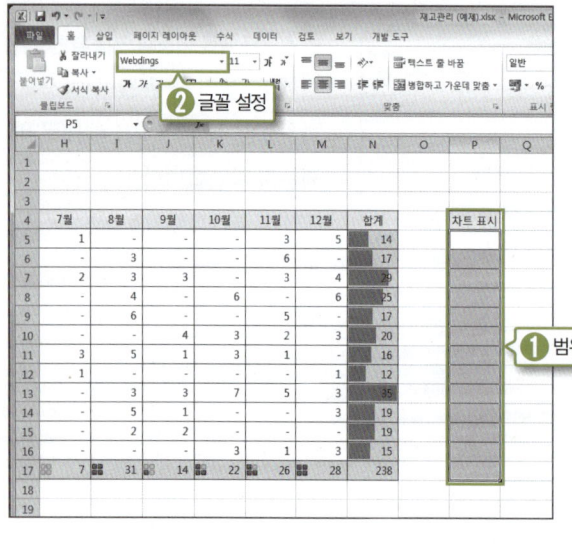

02 체크 문자 사용하기 차트에 표시할 제품을 P5:P17 범위에서 선택하도록 할 예정입니다. 확인란 컨트롤 대신 체크 문자를 사용합니다. 체크 문자는 키보드에서 선택할 수 없으므로 글꼴을 이용합니다.

① P5:P17 범위를 선택
② 리본 메뉴의 [홈] 탭 – [글꼴] 그룹에서 **글꼴** 옵션을 **Webdings**로 설정합니다.

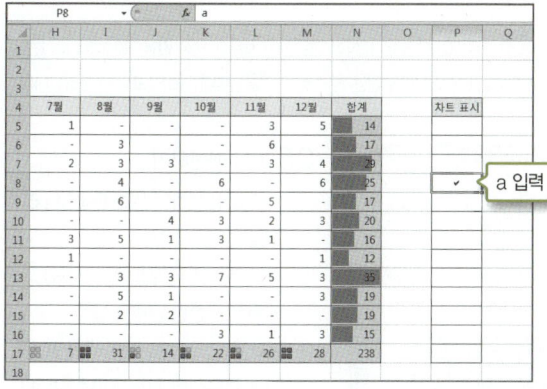

03 이제 P5:P17 범위에서 소문자 a를 입력하면 체크 표시가 나타납니다.

해당 문자가 나타나는지 확인하기 위해 **P8**셀에 소문자 **a**를 입력합니다.

TIP ... Webdings 글꼴

Webdings 글꼴은 특수 문자로 구성된 글꼴입니다. 즉, 다양한 특수 문자를 표현할 수 있는 글꼴이기 때문에 이 글꼴을 사용하는 셀 범위에 소문자 a를 입력하면 그림과 같은 체크 표시(✓) 문자가 나타납니다. 이 방법을 사용해 선택 위치를 표시하면, 양식 컨트롤을 사용하지 않고서도 원하는 결과를 얻을 수 있습니다. 이외에도 Webdings 글꼴에는 다양한 특수 문자가 포함되어 있습니다. 예를 들어, 소문자 i를 입력하면 ⓘ 문자가 나타납니다. P5:P17 범위에서 이외의 영문자를 입력해 결과를 확인해 봅니다.

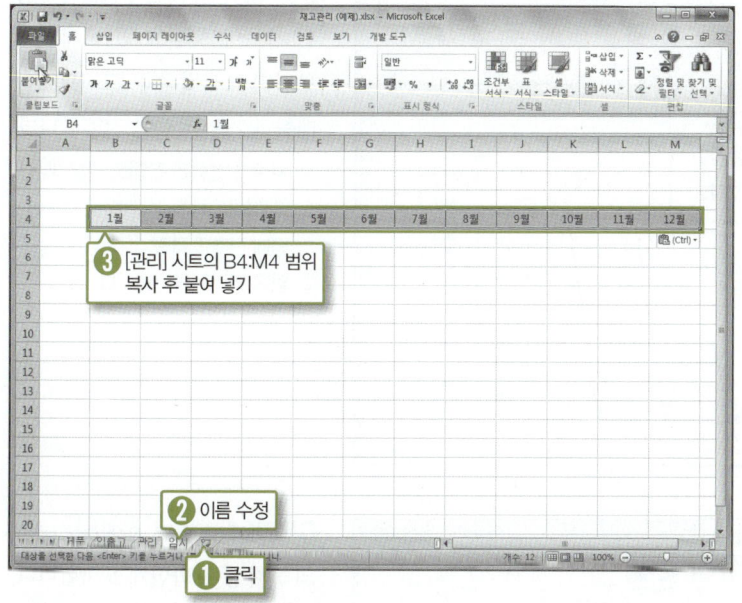

04 차트에서 사용할 표 구성하기 이제 P5:P17 범위에서 선택한 행의 제품만 차트에 표시하는 작업을 진행합니다. 같은 워크시트에서 작업하면 너무 복잡하므로 새 워크시트를 삽입해 작업합니다.

① **워크시트 삽입** 단추 를 클릭
② 추가한 워크시트의 이름을 **임시**로 변경
③ [관리] 시트의 **B4:M4** 범위를 복사 (Ctrl+C) 한 다음 [임시] 시트의 **B4** 셀에 붙여 넣습니다.

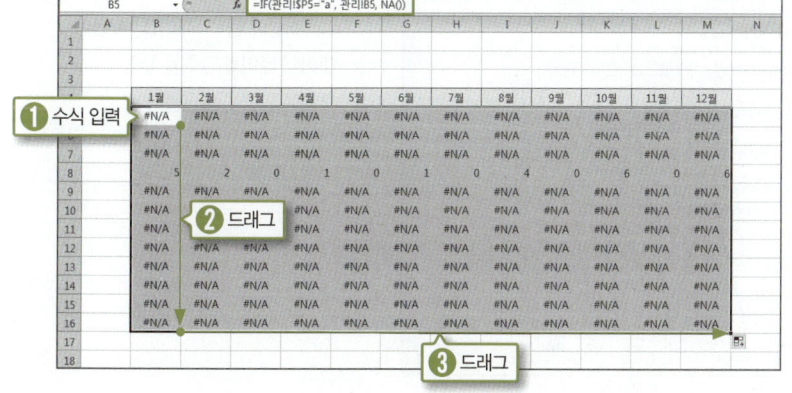

05 선택한 행의 값만 [임시] 시트의 표에 표시하는 작업을 진행합니다.

① **B5**셀을 선택하고, 다음 수식을 입력
② **B5**셀의 **채우기 핸들**을 **B16**셀 까지 드래그해 수식을 복사
③ **B16**셀의 **채우기 핸들**을 **M16** 셀까지 드래그합니다.

=IF(관리!$P5="a", 관리!B5, NA())

수식 설명 =IF(관리!$P5="a", 관리!B5, NA( ))

이번 수식에서 사용한 NA 함수는 #N/A 오류 값을 반환하는 단순 함수입니다. 이 함수를 사용한 것은 생성할 꺾은선형 차트가 오류 값을 표시하지 못하는 점을 이용하기 위함입니다. 이런 식으로 수식을 구성하면 관리 시트의 P5:P17 범위에서 값이 a일 때만 같은 행의 집계 값을 [임시] 시트의 표에서 참조합니다.

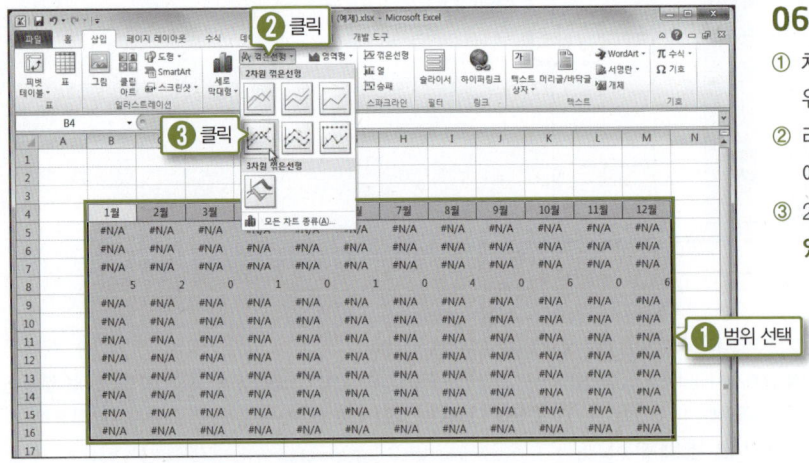

06 차트 생성하기
① 차트를 생성하기 위해 **B4:M16** 범위를 선택
② 리본 메뉴의 [삽입] 탭 – [차트] 그룹에서 **꺾은선형** 단추를 클릭
③ 2차원 꺾은선형 목록에서 **표식이 있는 꺾은선형** 차트를 클릭합니다.

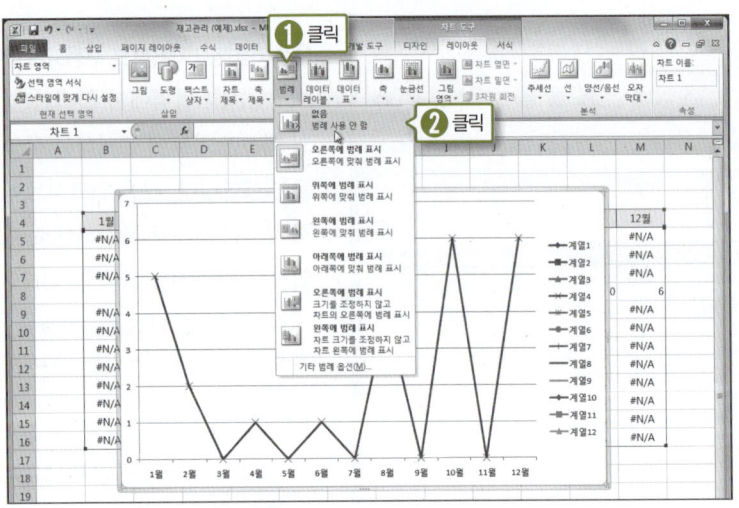

07 꺾은선형 차트 구성하기 생성된 차트에는 필요 없는 계열 정보까지 표시됩니다. 그러므로 범례를 숨기는 작업을 진행합니다.
① 차트가 선택된 상태로 리본 메뉴의 [레이아웃] 탭 – [레이블] 그룹에서 **범례** 단추를 클릭
② **없음** 명령을 클릭합니다.

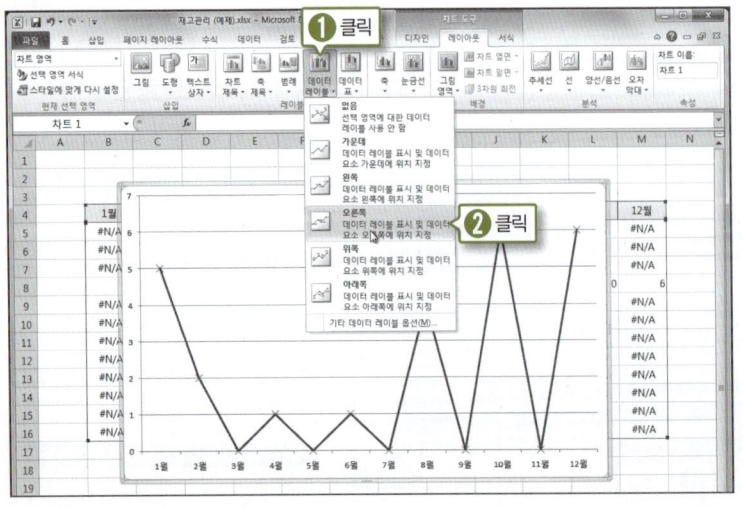

08 범례를 숨긴 후에는 그래프의 숫자 값을 화면에 표시합니다.
① 차트가 선택된 상태로 리본 메뉴의 [레이아웃] 탭 – [레이블] 그룹에서 **데이터 레이블** 단추를 클릭
② **오른쪽** 명령을 클릭합니다.

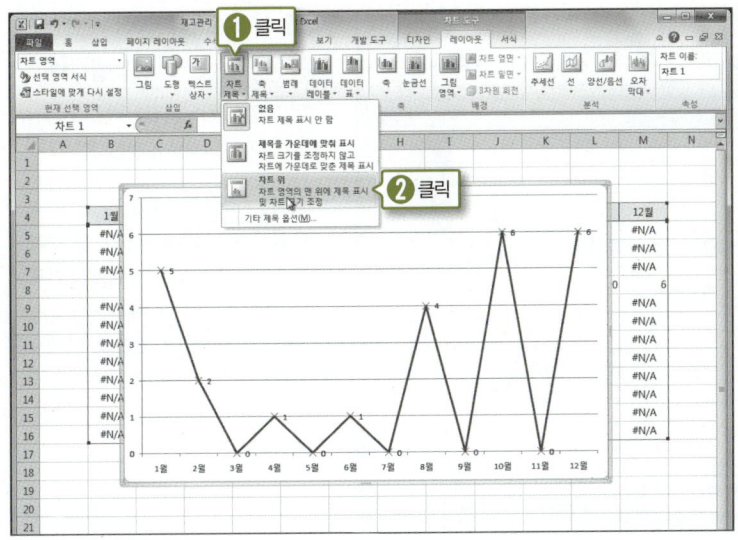

09 이번에는 차트 제목을 표시합니다.
① 리본 메뉴의 [레이아웃] 탭 – [레이블] 그룹에서 **차트 제목** 단추를 클릭
② **차트 위** 명령을 클릭합니다.

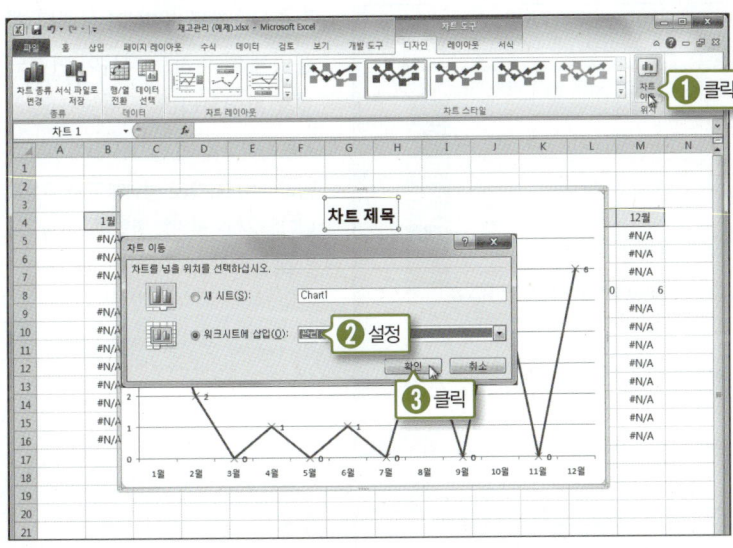

10 차트 제목이 표시되면, 차트의 구성은 어느 정도 마무리됐습니다. 이제 차트를 [관리] 시트로 이동합니다.
① 차트가 선택된 상태로 리본 메뉴의 [디자인] 탭 – [위치] 그룹에서 **차트 이동** 단추를 클릭
② 차트 이동 대화상자가 표시되면 **워크시트에 삽입** 옵션에서 [관리] 시트를 선택
③ 〈확인〉 버튼을 클릭합니다.

TIP ... 차트 이동 대화상자에서 선택 작업

차트 이동 대화상자는 차트를 다른 워크시트로 이동할 때 사용합니다. [워크시트에 삽입] 옵션은 다른 워크시트로 이동할 때 사용하므로 콤보 상자에서 이동할 시트([관리] 시트)를 선택하고 〈확인〉 버튼을 클릭합니다.

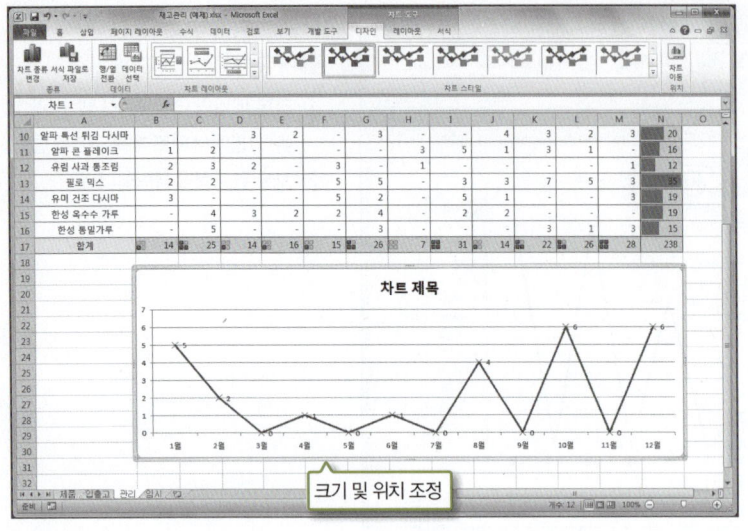

11 자동으로 [관리] 시트로 이동하면서 차트도 이동됩니다.

그림과 같이 차트를 **B19:N30** 범위에 맞게 크기와 위치를 조정합니다.

TIP ... 차트의 크기 조정

차트를 원하는 범위에 딱 맞게 삽입하려면, 차트의 왼쪽 위 모서리를 이동할 첫 번째 셀의 왼쪽 위에 맞춥니다. 이때, Alt 키를 누른 상태에서 이동하면 보다 쉽게 모서리에 맞출 수 있습니다. 그런 다음, Alt 키를 누른 상태에서 오른쪽 아래 모서리를 드래그해 크기를 조정합니다.

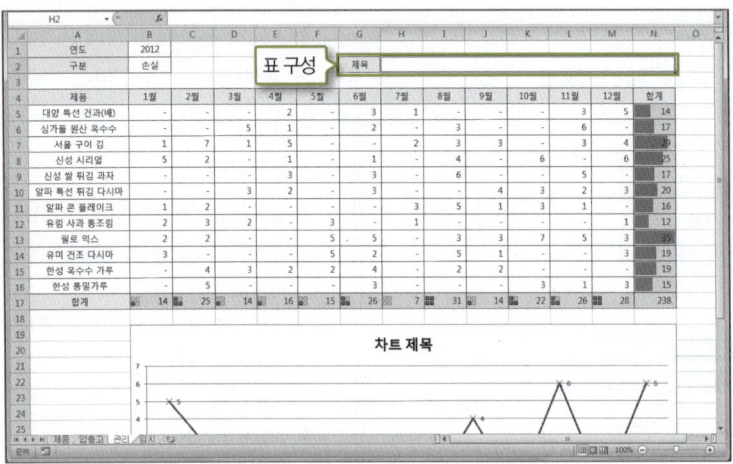

12 차트 제목 변경하기 선택된 제품명에 따라 차트 제목이 변경되도록 작업합니다.

차트 제목을 수식으로 계산하기 위해 그림과 같이 **G2:N2** 범위에 표를 구성합니다(H2:N2 범위를 병합 기능으로 합칩니다).

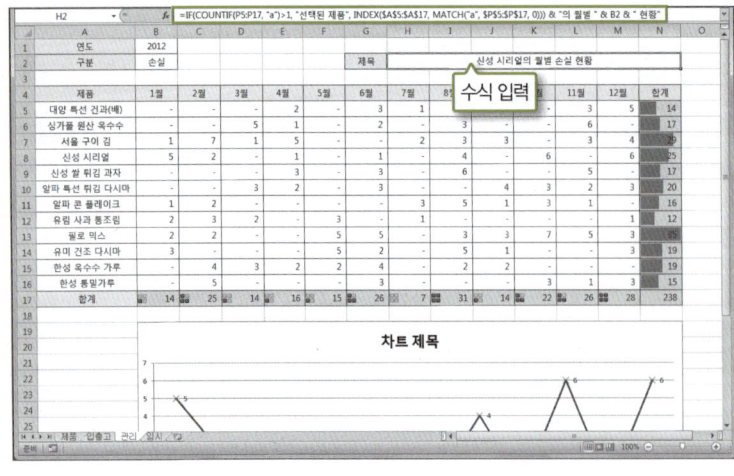

13

H2:N2 병합 셀에 다음과 같은 수식을 입력해 차트 제목으로 사용할 값을 구합니다.

=IF(COUNTIF(P5:P17, "a")>1, "선택된 제품", INDEX($A$5:$A$17, MATCH("a", $P$5:$P$17, 0))) & "의 월별 " & B2 & " 현황"

수식 설명 =IF(COUNTIF(P5:P17, "a"))1, "선택된 제품", INDEX($A$5:$A$17, MATCH("a", $P$5:$P$17, 0))) & "의 월별 " & B2 & " 현황"

이번 수식은 차트 제목으로 사용할 값을 구하기 위한 것으로 크게 두 부분으로 나눌 수 있습니다.

첫 번째는 제품명을 표시하기 위한 부분으로 IF 함수를 사용합니다. 선택된 제품이 하나일 때는 제품명을, 둘 이상일 때는 제품명 대신 "선택된 제품"으로 표시합니다.

=IF(COUNTIF(P5:P17, "a"))1, "선택된 제품", INDEX($A$5:$A$17, MATCH("a", $P$5:$P$17, 0))

즉, 선택된 제품이 몇 개인지 세기 위해 COUNTIF(P5:P17, "a")를 사용해 이 개수가 1을 초과하면(선택한 제품이 둘 이상이면) "선택된 제품" 문자열을 표시하고, 아니면 선택한 제품명을 참조해 오기 위해 INDEX, MATCH 함수를 중첩해 사용합니다.

두 번째는 무슨 집계 결과인지 표시하기 위해 제품명과 연결하는 아래 수식입니다.

& "의 월별 " & B2 & " 현황"

즉, B2셀의 구분 항목 값을 차트 제목에 표시하기 위한 부분으로 & 연산자는 CONCATENATE 함수로 대체할 수 있습니다.

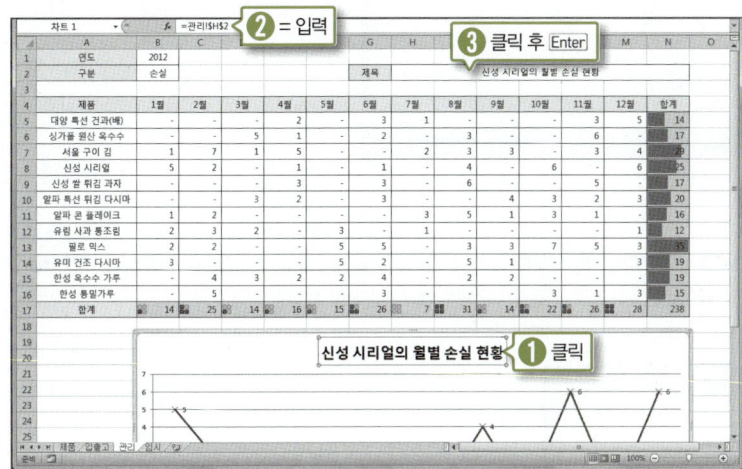

14 H2:N2 병합 셀에 계산된 수식을 차트 제목에 표시합니다.
① 차트에서 **차트 제목** 영역을 선택
② **수식 입력줄**에 등호(=)를 입력
③ H2:N2 병합 셀을 선택하고, Enter 키를 누릅니다.

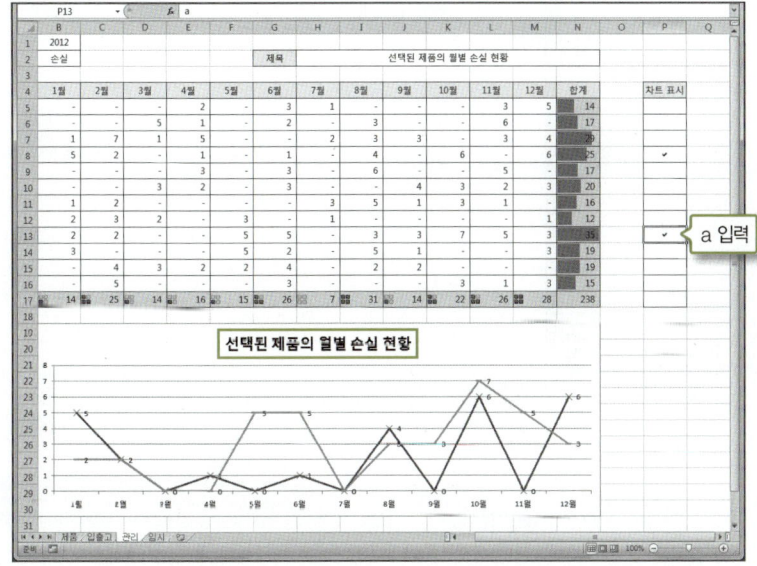

15 **차트 연동 확인하기** 이제 표와 차트가 제대로 연동되는지 확인합니다.
P13셀에 소문자 **a**를 입력합니다.
선택된 제품의 월별 손실 추이가 꺾은선 그래프로 표시되고, 차트 제목이 그림과 같이 변경되면 제대로 연동되는 것입니다.

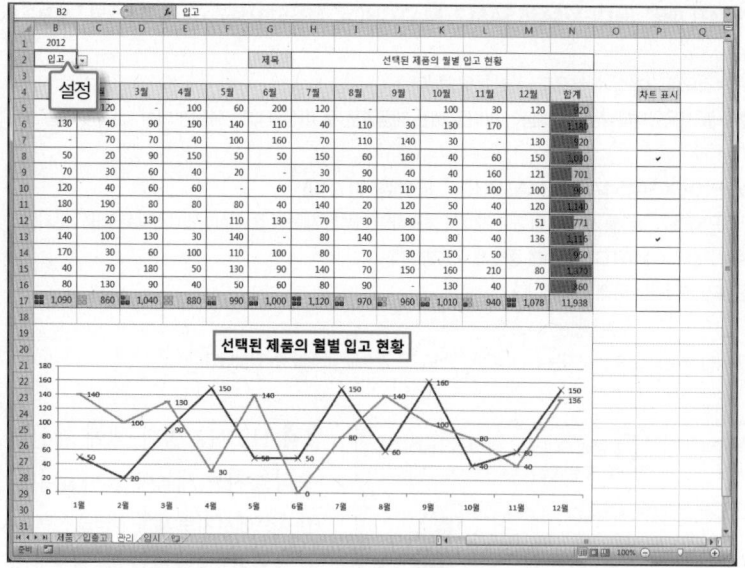

16
마지막으로 **B2**셀의 구분 값을 **입고**로 변경합니다.

표의 집계 결과와 차트의 그래프가 모두 변경되어야 합니다.

TIP ... 선 그래프 완만하게 표시하기

선 그래프를 완만하게 표시하려면 차트의 선 그래프를 선택한 다음 마우스 오른쪽 버튼을 클릭하고 [데이터 계열 서식] 명령을 클릭합니다. 그런 다음 데이터 계열 서식 대화상자가 표시되면 [선 스타일] 범주를 선택하고, [완만한 선] 확인란에 체크합니다. 이 작업은 표시되는 선 그래프마다 각각 진행해야 합니다.

Project 06.
근태 관리

직원들의 출퇴근 관리는 인사 업무에서 중요한 항목 중의 하나로, 보통 근태 관리라고 합니다. 근태 관리는 쉽다면 쉽고, 어렵다면 어려운데, 가장 어려운 점은 월별 근태 관리를 시각적으로 표현하는 방법입니다. 그렇기 때문에 회사마다 다양한 근태 관리 서식을 활용하고 있습니다. 이런 업무는 대부분 담당자들이 일일이 수작업으로 처리하고 있는데, 효율성이 떨어집니다. 그러므로 이번에 소개하는 근태 관리 서식을 이용해 업무를 자동화하기 바랍니다.

미리 보기

- 완성 파일 ⊙ : 근태관리.xlsx · 예제 파일 ⊙ : 근태관리 (예제).xlsx

직원

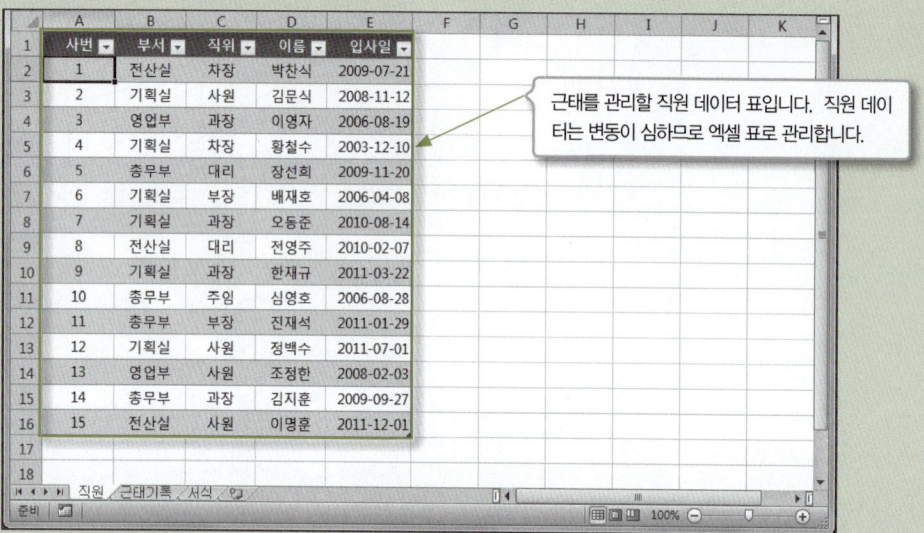

근태를 관리할 직원 데이터 표입니다. 직원 데이터는 변동이 심하므로 엑셀 표로 관리합니다.

근태내역

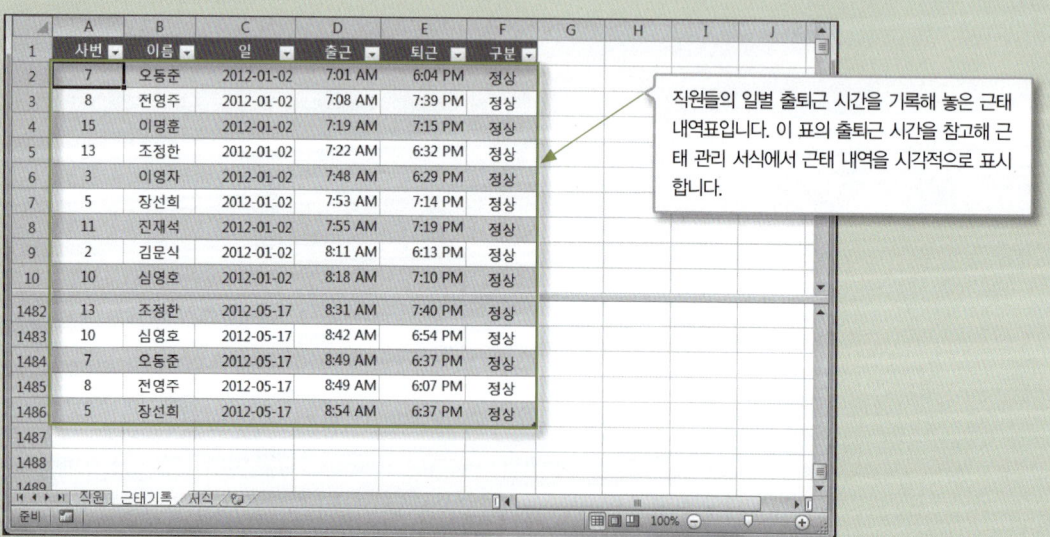

직원들의 일별 출퇴근 시간을 기록해 놓은 근태내역표입니다. 이 표의 출퇴근 시간을 참고해 근태 관리 서식에서 근태 내역을 시각적으로 표시합니다.

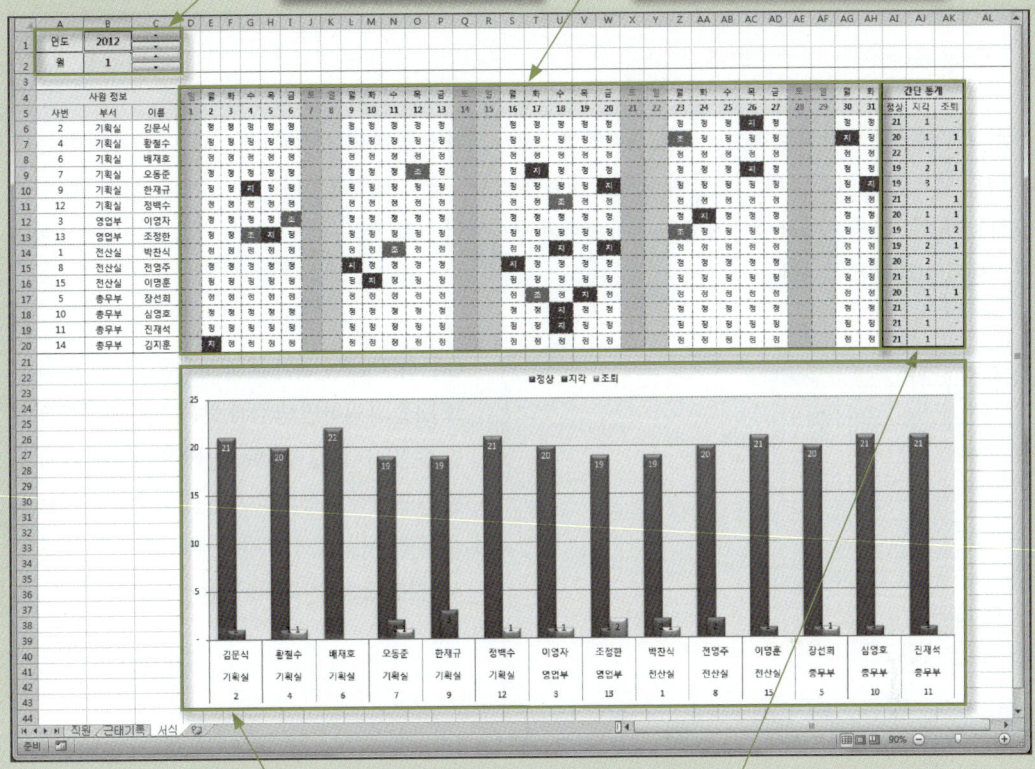

- 연도와 월을 스핀 단추 컨트롤을 이용해 조정합니다.
- 달력을 이용해 주말을 표시하고 평일의 근태 현황을 간단하게 표시합니다.
- 차트를 이용해 개별 직원의 근태 관리 현황을 시각적으로 표시합니다.
- 월 근태 현황을 간단하게 요약하는 표를 달력 오른쪽에 표시합니다.

Section 01 근태 내역 관리하기

▶ 엑셀 표   ▶ 날짜/시간 입력 단축키

근태 관리 업무를 자동화하기 위해서는 근태 관리에 필요한 2개의 표를 제대로 관리해야 합니다. 2개의 표는 직원 데이터를 갖고 있는 직원 표와 직원들의 출퇴근 내역이 기록된 근태 내역표입니다. 이 2개의 표는 근태 관리 업무를 자동화하는 데 중요하기 때문에 표의 열이 어떻게 구성되어 있고, 어떤 식으로 데이터가 기록되어 있어야 하는지 제대로 이해해야 합니다.

01 직원 표 확인하기 예제 파일을 열고 [직원] 시트 탭을 클릭하면 그림과 같은 직원 명부를 확인할 수 있습니다. 이 표는 근태 관리 서식에서 직원을 표시하는 용도로 사용합니다. 그러므로 근태 관리 서식에서 표시하려는 값(예를 들면 부서, 직위 등)이 기록되어 있어야 합니다.

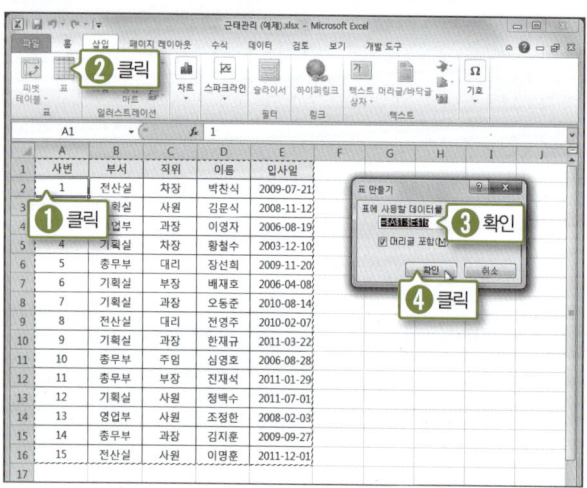

02 직원 표를 엑셀 표로 변환 직원 표에 기록되는 직원은 상황에 따라 변동될 수 있으므로 엑셀 표로 변환해 관리합니다.

① 표 내부의 임의의 셀(A2셀)을 선택
② 리본 메뉴의 [삽입] 탭 – [표] 그룹에서 **표** 단추를 클릭
③ 표 만들기 대화상자의 범위(A1:E16)를 확인
④ 〈확인〉 버튼을 클릭해 엑셀 표로 변환합니다.

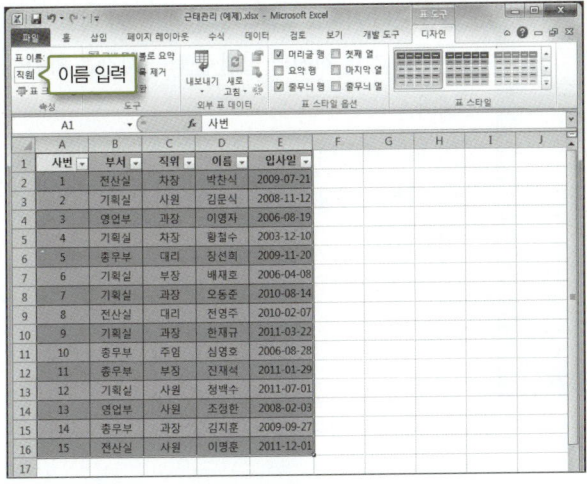

03 변환된 엑셀 표의 이름을 변경합니다.

리본 메뉴의 [디자인] 탭 – [속성] 그룹에서 **표 이름** 입력란에 다음과 같이 입력합니다.

직원

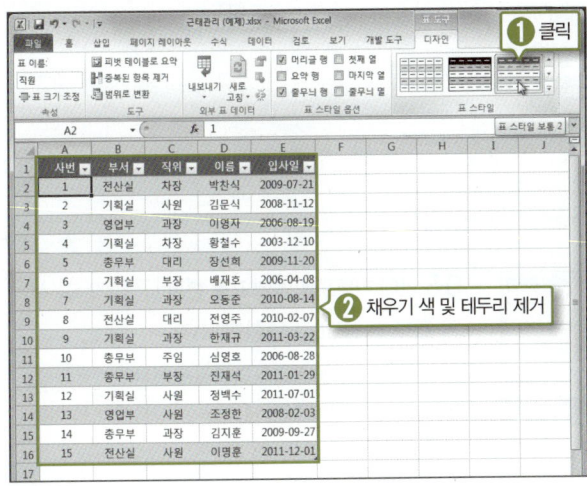

04 엑셀 표를 깔끔하게 표시하는 작업을 진행합니다.

① 리본 메뉴의 [디자인] 탭 – [표 스타일] 그룹에서 **빠른 스타일 갤러리**에서 원하는 표 스타일을 선택
② 리본 메뉴의 [홈] 탭 – [글꼴] 그룹에서 기존 표 서식을 지웁니다.

TIP ... 기존 표 서식 지우기

아래 방법을 따라 하면 예제와 동일하게 기존 표 서식을 지울 수 있습니다.
① 엑셀 표 전체 범위를 선택하고, 리본 메뉴의 [홈] 탭 – [글꼴] 그룹에서 [채우기 색]을 [채우기 없음]으로 설정합니다.
② 계속해서 [글꼴] 그룹에서 [테두리]를 [테두리 없음]으로 설정합니다.

05 근태 기록표 확인하기 [근태기록] 시트 탭을 클릭해 개별 직원의 일별 출퇴근 시간을 확인합니다.

이 표의 데이터처럼 각 직원의 출근과 퇴근 시간이 기록되어 있어야 근태 관리 서식을 만들 수 있습니다.

> **TIP … [근태기록] 시트의 구성**
>
> 카드를 사용하여 출퇴근 시간을 기록하는 회사가 아니라면(아르바이트 인원 포함) 개별 직원의 출퇴근 시간을 기록하는 것은 생각처럼 쉬운 일이 아닙니다. 이 경우, 사번을 직접 입력해야 하지만 이름은 다음과 같은 수식을 이용해 [직원] 시트의 표에서 참조해 올 수 있습니다.
>
> **B2 : =VLOOKUP(A2, 직원, 4, FALSE)**
>
> 그리고 출퇴근 날짜와 시간은 단축키를 이용해 쉽게 기록할 수 있으니 참고합니다.
>
> – 오늘 날짜 : Ctrl + ;
> – 현재 시간 : Ctrl + Shift + ;
> – 오늘 날짜와 현재 시간 : Ctrl + ; Space Bar Ctrl + Shift + ;

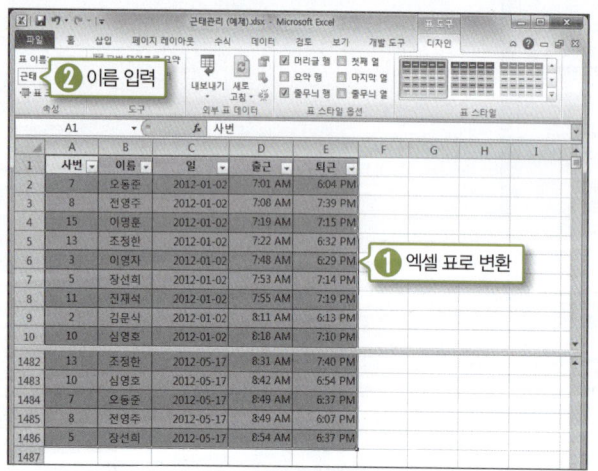

06 근태 기록표를 엑셀 표로 변환 [근태기록] 시트의 표도 엑셀 표로 변환합니다.
① 2~3번 과정을 참고해 엑셀 표로 변환
② 리본 메뉴의 [디자인] 탭 – [속성] 그룹에서 **표 이름** 입력란을 다음과 같이 수정합니다.

근태

07 근태 현황을 수식으로 계산 변환된 엑셀 표에 근태 현황(정상 출근, 지각, 조퇴 등)을 표시하는 작업을 진행합니다. 이런 값은 출근과 퇴근 시간을 가지고 계산해야 합니다.

표 오른쪽 빈 열인 **F1** 셀에 다음 값을 입력합니다.

구분

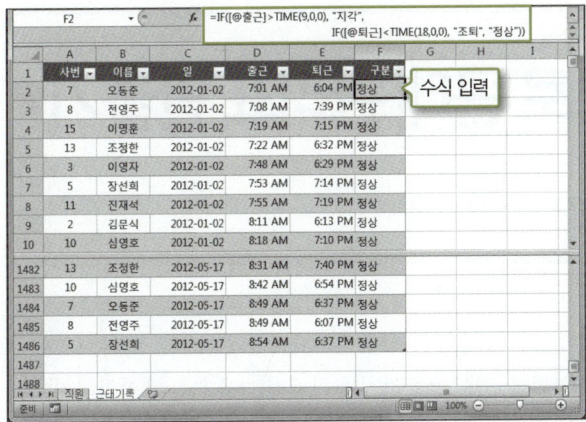

08 출근 시간이 9시를 넘었다면 지각, 퇴근 시간이 6시 이전이면 조퇴, 나머지는 모두 정상으로 표시합니다.

F2셀을 선택하고, 다음 수식을 입력합니다.

=IF([@출근] > TIME(9,0,0), "지각", IF([@퇴근] < TIME(18,0,0), "조퇴", "정상"))

수식 설명 =IF([@출근] > TIME(9,0,0), "지각", IF([@퇴근] < TIME(18,0,0), "조퇴", "정상"))

이렇게 간단한 판단 작업에서는 IF 함수를 중첩해 사용하는 것이 일반적입니다. 다만 비교할 값이 시간이기 때문에 정해진 시간 값을 반환하는 TIME 함수를 함께 사용하는 것이 좋습니다. 이번 수식에서 사용한 조건은 다음 두 가지입니다.

- 출근 시간이 오전 9시를 초과했는지 여부 : [@출근]〉TIME(9,0,0)
- 퇴근 시간이 오후 6시 미만인지 여부 : [@퇴근]〈TIME(18,0,0)

이렇게 2개의 조건을 각각의 IF 함수에 사용해 결과를 반환받습니다. 단, 이번 수식에서는 지각한 직원이 조퇴까지 한 경우 지각이 우선해 표시됩니다. 조퇴를 지각에 우선해 표시하려면 수식을 다음과 같이 수정해야 합니다.

=IF([@퇴근]〈TIME(18,0,0), "조퇴", IF([@출근]〉TIME(9,0,0), "지각", "정상"))

참고로 위 그림에서 수식 입력줄에 입력된 수식을 보면, 수식을 구분해 작성한 것을 확인할 수 있습니다. 이런 수식 작성은 함수 내에서 다른 함수를 사용하는 것을 보기 좋게 표현하기 위한 방식으로 수식 입력줄을 아래로 넓혀 작성합니다. 줄을 바꿀 때는 셀에서와 마찬가지로 [Alt]+[Enter] 키를 누르면 됩니다.

Section 02 만년 달력으로 근태 관리표 만들기

▶ 스핀 단추 ▶ 조건부 서식 우선순위 ▶ 셀 강조 규칙

근태 기록표는 직원의 출퇴근 시간 및 근태 현황을 파악할 수 있어 유용하지만 근태 내역을 한눈에 파악하기에는 어려움이 있습니다. 그러므로 월별로 근태 현황을 한눈에 표시하는 서식을 작성하게 됩니다. 이번 과정에서는 만년 달력을 만들어 근태 현황을 시각적으로 표시하는 근태 관리표를 만드는 작업을 진행합니다.

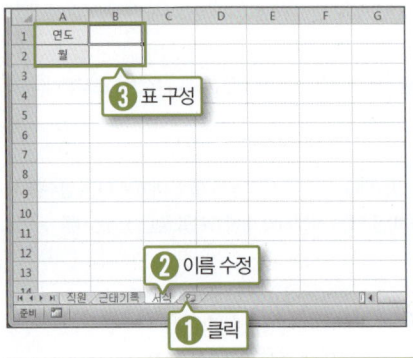

01 새 시트 삽입하고, 표 구성하기

① 근태 관리 서식을 만들기 위해 **워크시트 삽입** 단추 를 클릭해 새 워크시트를 삽입

② 워크시트 이름을 다음과 같이 변경

③ 그림을 참고해 연도와 월을 조정할 표를 구성합니다.

서식

TIP ... 그림과 동일한 표 작성하기

만년 달력을 이용해 근태 관리표를 만들려면 연도와 월을 조정할 수 있어야 합니다. 그러므로 연도와 월 값을 컨트롤로 수정하기 위한 표를 구성한 것입니다. 다음 각 셀에 머리글 값을 입력한 다음, A1:B2 범위에 표 서식을 적용합니다.

A1 : 연도

A2 : 월

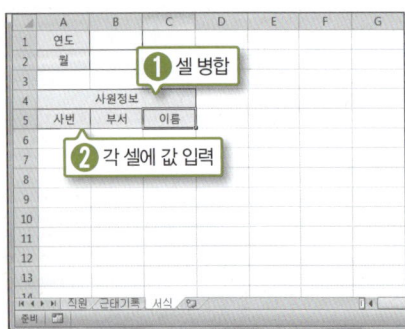

02 사원 정보 참조하기 구성한 표 아래에 직원 정보를 표시할 열을 구성합니다.

① A4:C4 범위를 병합

② 다음 각 셀에 머리글 값을 입력합니다.

A4:C4	A5	B5	C5
사원정보	사번	부서	이름

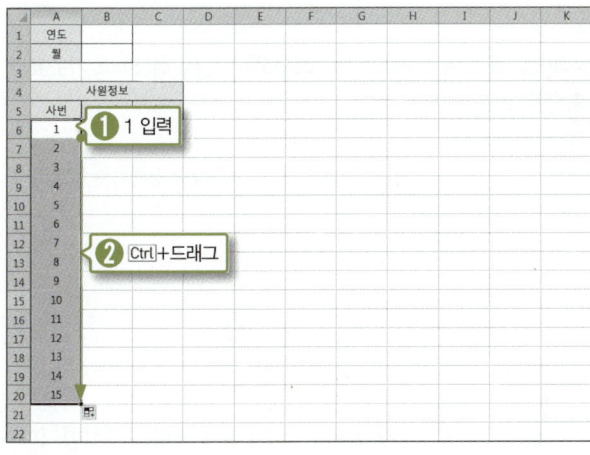

03 먼저 사번을 입력합니다. 사번은 [직원] 시트에 1, 2, 3, … 과 같은 일련번호 방식으로 입력되어 있으므로, A6:A20 범위에 일련번호를 입력해 넣습니다.

① **A6**셀에 **1**을 입력
② Ctrl 키를 누른 상태에서 **A6**셀의 **채우기 핸들**을 **A20**셀까지 드래그해서 일련번호를 입력합니다.

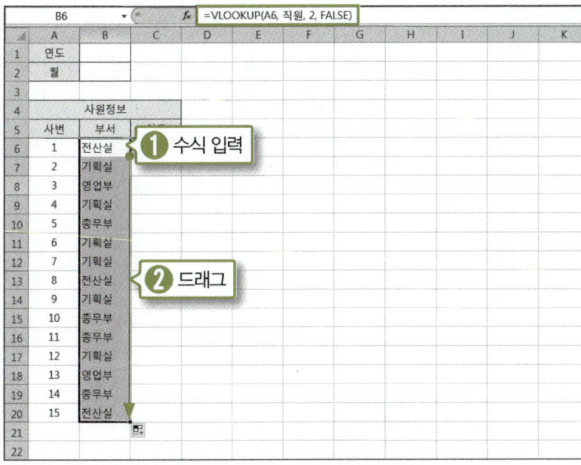

04 입력된 사번으로 [직원] 시트에서 부서명을 참조해 옵니다.

① **B6**셀에 다음과 같은 수식을 입력
② **B6**셀의 **채우기 핸들**을 **B20**셀까지 드래그합니다.

=VLOOKUP(A6, 직원, 2, FALSE)

수식 설명 **=VLOOKUP(A6, 직원, 2, FALSE)**
이번 수식은 직원으로 명명된 엑셀 표의 값을 참조해 옵니다. [직원] 시트의 직원 명부를 엑셀 표로 변환해 놓았고, [직원] 엑셀 표는 사번 열이 맨 왼쪽에 있으므로 [직원] 엑셀 표의 값을 참조하기 위해 VLOOKUP 함수를 사용했습니다. 이번 수식은 A열에 입력된 사번을 [직원] 엑셀 표에서 찾아 2번째 열의 값을 참조하는 수식으로, VLOOKUP 함수의 4번째 인수가 찾을 값의 정확한 위치를 찾는 FALSE 값을 사용하고 있다는 점에 주의합니다. 만약 [직원] 엑셀 표의 사번이 첫 번째 열에 입력되어 있지 않다면 INDEX, MATCH 함수를 사용하여 다음과 같은 수식을 사용해야 합니다.
=INDEX(직원[부서], MATCH(A6, 직원[사번], 0))

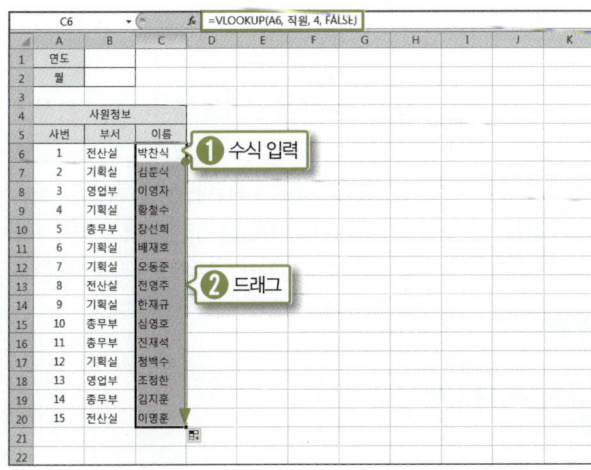

05 부서명을 참조하는 것과 동일한 방법으로 이름을 참조하는 작업을 진행합니다.

① **C6**셀을 선택하고, 다음과 같은 수식을 입력
② **C6**셀의 **채우기 핸들**을 **C20**셀까지 드래그해 수식을 복사합니다.

=VLOOKUP(A6, 직원, 4, FALSE)

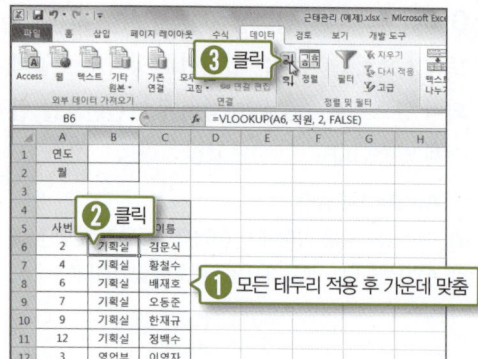

06

① 직원 정보를 모두 가져왔으므로 **모든 테두리** ⊞를 설정하고, **가운데 맞춤** ≡을 적용

② **B6**셀을 선택

③ 리본 메뉴의 [데이터] 탭 – [정렬 및 필터] 그룹에서 **오름차순 정렬** 단추 ↓를 클릭합니다.

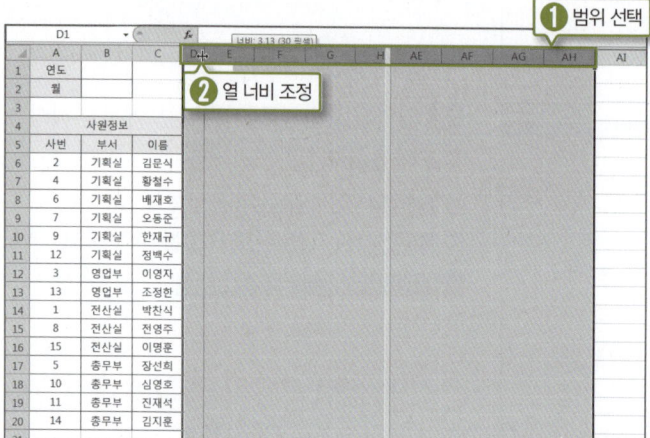

07 달력 구성하기 이제 달력을 구성합니다.

① **D:AH** 열의 열 머리글을 선택(한 달의 최대 일 수는 31일이므로 31개의 열을 선택)

② **D**열과 **E**열의 **열 구분선**을 왼쪽으로 드래그해 열 너비를 **30픽셀**로 조정합니다.

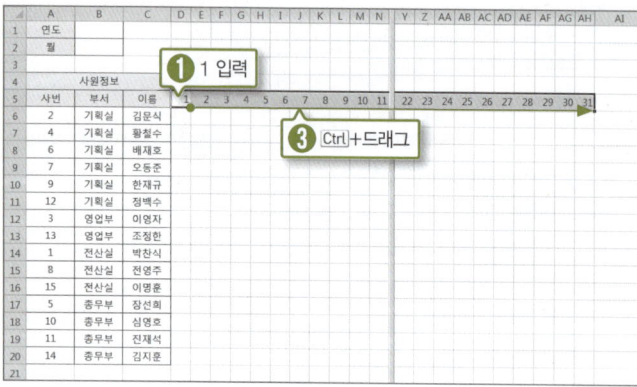

08

① **D5**셀을 선택하고, 숫자 **1**을 입력

② Ctrl 키를 누른 상태에서 **D5**셀의 **채우기 핸들** ⊞을 **AH5**셀까지 드래그해서 1~31까지의 숫자를 입력합니다. 이렇게 하면 달력의 일 값이 모두 입력됩니다.

연도와 월은 각각 B1셀과 B2셀에서 조정할 예정입니다.

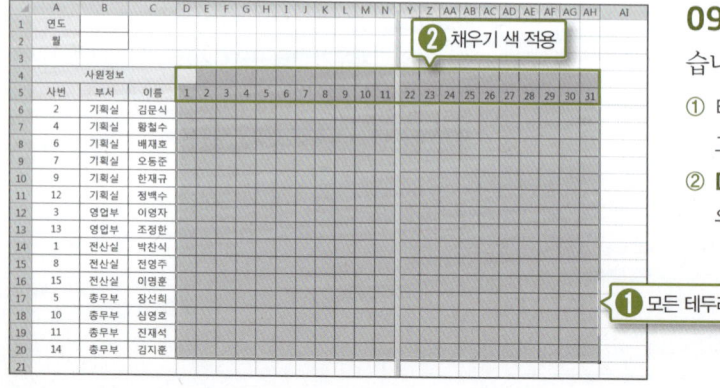

09 근태 관리 서식의 레이아웃이 완성됐습니다.

① 테두리 설정을 위해 **D4:AH20** 범위를 선택하고, **모든 테두리** ⊞를 적용([홈] 탭 – [글꼴] 그룹)

② **D4:AH5** 범위에는 **A4:C5** 범위에 적용한 채우기 색과 동일한 색을 적용합니다.

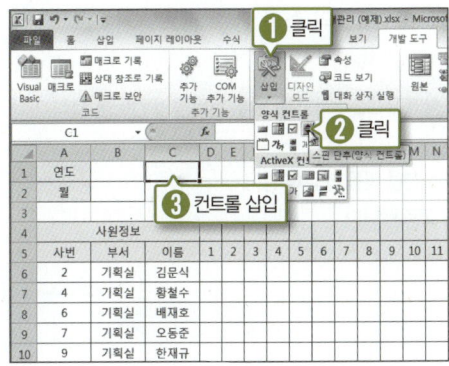

10 연도, 월 컨트롤로 조정하기 이제 스핀 단추 컨트롤을 삽입해 연도와 월을 조정하는 작업을 진행합니다.

① 리본 메뉴의 [개발 도구] 탭 – [컨트롤] 그룹에서 **삽입** 단추를 클릭
② 양식 컨트롤 목록에서 **스핀 단추** 컨트롤을 클릭
③ Alt 키를 누르고 드래그해서 **C1**셀에 맞춰 컨트롤을 삽입합니다.

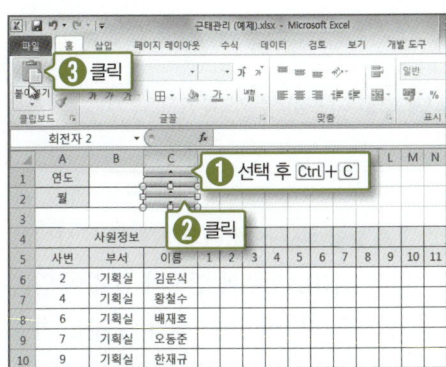

11

① 10번 과정에서 추가한 **스핀 단추** 컨트롤을 복사(Ctrl + C)
② **C2**셀을 선택
③ 리본 메뉴의 [홈] 탭 – [클립보드] 그룹에서 **붙여넣기** 단추를 클릭해 붙여 넣습니다.

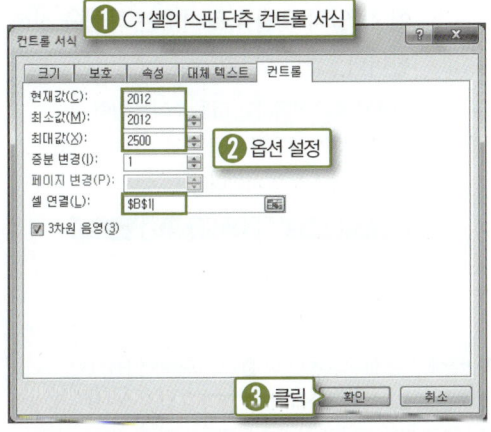

12

① **C1**셀에 삽입한 **스핀 단추** 컨트롤을 마우스 오른쪽 버튼으로 클릭한 후 단축 메뉴에서 **컨트롤 서식** 명령을 클릭하여 컨트롤 서식 대화상자를 호출
② [컨트롤] 탭의 옵션을 다음과 같이 설정
③ 〈확인〉 버튼을 클릭합니다.

현재값 : 2012 / 최소값 : 2012
최대값 : 2500 / 셀 연결 : $B$1

TIP ... 스핀 단추 컨트롤 설정 값 이해하기

C1셀에 삽입한 스핀 단추 컨트롤은 B1셀의 연도를 조정하는 역할을 합니다. 그러므로 근태 내역 데이터에 맞는 연도 값을 설정해야 합니다. 연도의 구간은 최소값, 최대값 옵션에서 각각 설정하는데, 이번과 같이 최소값을 2012로, 최대값을 2500으로 설정하면, 2012년부터 2500년까지를 대상으로 연도를 조정할 수 있습니다. 참고로 현재값 옵션은 셀 연결 옵션에서 지정한 B1셀에 현재 표시할 값을 의미합니다.

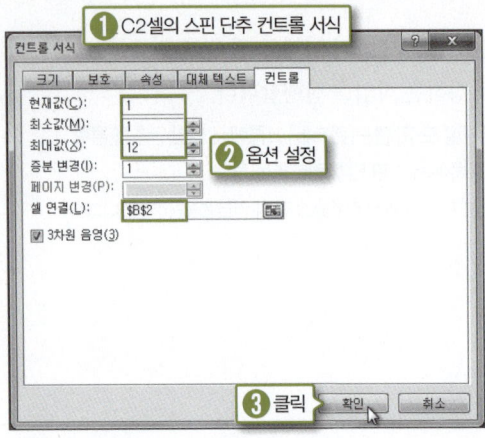

13 같은 방법으로 C2셀의 스핀 단추 컨트롤의 설정 작업을 진행합니다.

① 12번 과정을 참고해 **C2**셀의 **스핀 단추** 컨트롤의 컨트롤 서식 대화상자를 호출
② [컨트롤] 탭의 옵션을 다음과 같이 설정
③ 〈확인〉 버튼을 클릭합니다.

현재값 : 1
최소값 : 1
최대값 : 12
셀 연결 : $B$2

TIP ... 스핀 단추 컨트롤 설정 값 이해하기

C2셀에 삽입한 스핀 단추 컨트롤은 B2셀의 월을 조정하는 역할을 합니다. 그러므로 1월에서 12월까지 조정할 수 있도록 최소값과 최대값 옵션을 조정하고, 셀 연결 옵션에서 지정한 B2셀에 1월을 의미하는 1을 표시하도록 설정했습니다.

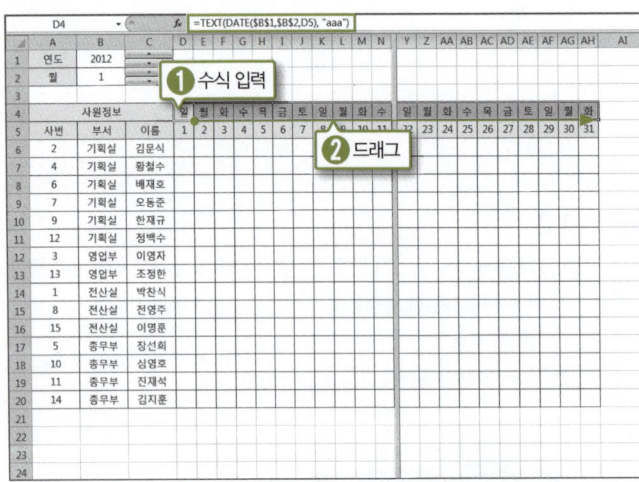

14 요일 계산 스핀 단추 컨트롤을 삽입하면서 B1:B2 범위에 연도와 월 값이 입력되었습니다. 여기에 5행의 일 값을 연결하면 날짜 값을 완성할 수 있습니다. 4행에 각 일의 요일을 표시하는 작업을 진행합니다.

① **D4**셀을 선택하고, 다음 수식을 입력
② **D4**셀의 **채우기 핸들**을 **AH4**셀까지 드래그해 수식을 복사합니다.

=TEXT(DATE($B$1, $B$2, D5), "aaa")

수식 설명 =TEXT(DATE($B$1, $B$2, D5), "aaa")

이번 수식에서 사용한 DATE 함수는 연, 월, 일 값을 인수로 받아 날짜 일련번호를 반환해 주는 함수입니다. 이 함수를 이용하면 B1, B2, 그리고 D5:AH5 범위에 입력된 값을 받아 날짜 값을 완성할 수 있습니다. 이때, 각각의 값이 입력된 셀 참조 방법에 주의합니다. 연과 월 값을 갖는 B1, B2셀은 수식을 복사해도 참조 위치가 변하지 않도록 절대참조 방식을, 일 값을 갖는 D5셀은 수식을 열 방향으로 복사할 때 참조 위치가 변해야 하므로 상대참조 방식을 사용합니다. 이렇게 날짜 일련번호를 DATE 함수로 반환받은 다음, TEXT 함수를 이용해 aaa 서식 코드를 해당 날짜에 적용하면 월~일과 같은 요일 값을 반환받을 수 있습니다. TEXT 함수에서 사용할 수 있는 서식 코드는 **부록 1 TEXT 함수의 서식 코드**를 참고합니다.

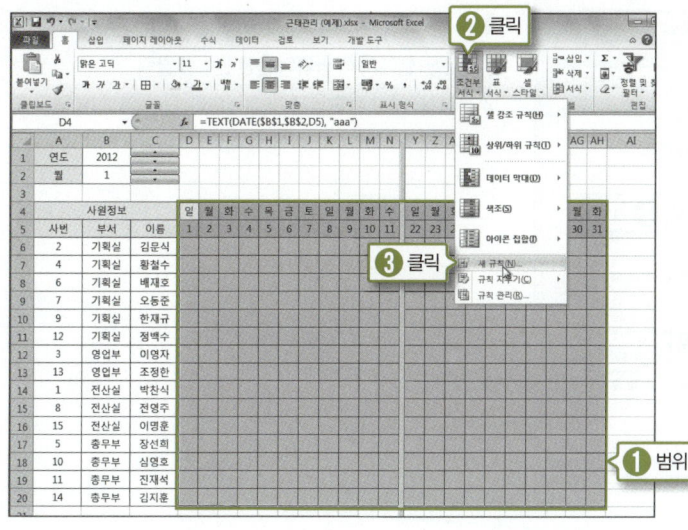

15 주말 표시하기 달력의 날짜를 보기 좋게 구성하려면 토, 일요일(주말) 날짜에 별도의 서식을 적용하는 것이 좋습니다. 토, 일은 B1, B2셀에서 선택된 연도와 월에 따라 위치가 달라지므로 조건부 서식을 이용합니다.

① 서식을 적용할 **D4:AH20** 범위를 선택
② 리본 메뉴의 [홈] 탭 – [스타일] 그룹에서 **조건부 서식** 단추를 클릭
③ **새 규칙** 명령을 클릭합니다.

TIP ... 조건부 서식

조건부 서식은 다양한 조건을 이용해 조건에 맞는 셀에 사용자가 지정한 서식을 표시하는 기능입니다. 자동화 서식에서 필요한 위치에만 원하는 서식을 적용할 때 자주 사용하는 기능입니다.

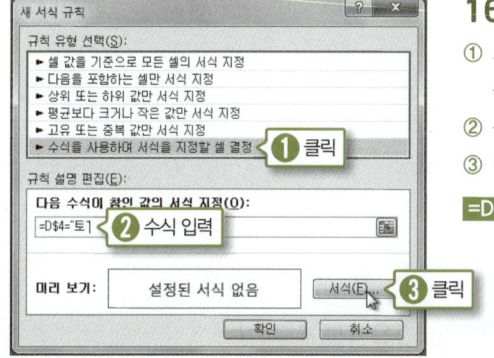

16

① 새 서식 규칙 대화상자가 표시되면 **수식을 사용하여 서식을 지정할 셀 결정** 규칙을 선택
② 규칙 설명 편집의 입력란에 다음 수식을 입력
③ 〈서식〉 버튼을 클릭합니다.

=D$4="토"

수식 설명 =D$4="토"

조건부 서식에서 수식을 사용해 조건을 지정할 때는 다음 3가지 규칙을 지켜야 합니다.
첫째, 선택된 범위의 왼쪽 위 첫 번째 셀(이번 예제에서는 D4셀)을 기준으로 수식을 작성합니다.
둘째, 수식의 결과는 반드시 TRUE, FALSE를 반환해야 합니다(TRUE 값을 반환하는 셀에 지정한 서식이 나타납니다).
셋째, 조건을 만족하는 동일한 열에 같은 서식을 적용하려면 행 주소 앞에 $(절대참조 기호)를 지정하고, 조건을 만족하는 동일한 행에 같은 서식을 적용할 때는 열 주소 앞에 $를 지정합니다.
위 규칙에 따라 주말 요일의 열에 서식이 지정되도록 요일 값이 계산된 4행의 값을 기준으로 조건을 구성합니다. 이번에 작성한 조건은 4행의 값이 토요일인지 여부를 판단하는 조건식입니다.
즉, 선택된 범위의 첫 번째 셀이 D4셀이므로 D4셀의 값이 "토"요일 인지를 묻는 조건식을 구성한 것입니다.
이때 같은 열에 동일한 서식을 지정하기 위해 행 주소를 절대참조 기호를 사용해 고정한 것이 이번 조건입니다.

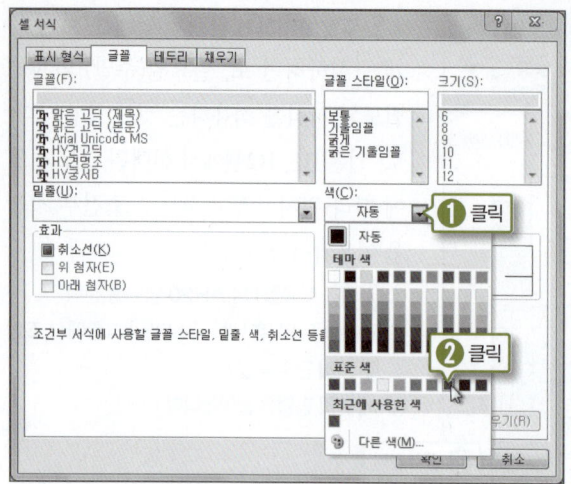

17 셀 서식 대화상자가 표시됩니다.
① [글꼴] 탭에서 **색** 항목의 **옵션** 단추를 클릭
② 색상표에서 **파랑**을 선택합니다(다른 색을 선택해도 됩니다).

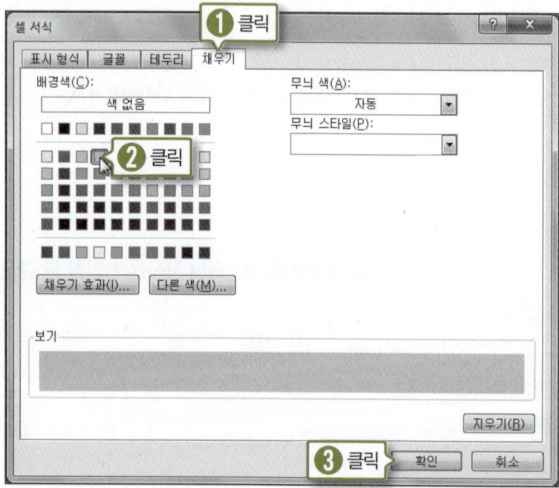

18 계속해서 채우기 색을 지정합니다.
① [채우기] 탭을 클릭
② 색상표에서 **4열 2행**에 위치한 색을 선택
③ 〈확인〉 버튼을 클릭해 대화상자를 닫습니다. 모든 설정을 끝냈으므로 새 서식 규칙 대화상자에서도 〈확인〉 버튼을 클릭해 닫습니다.

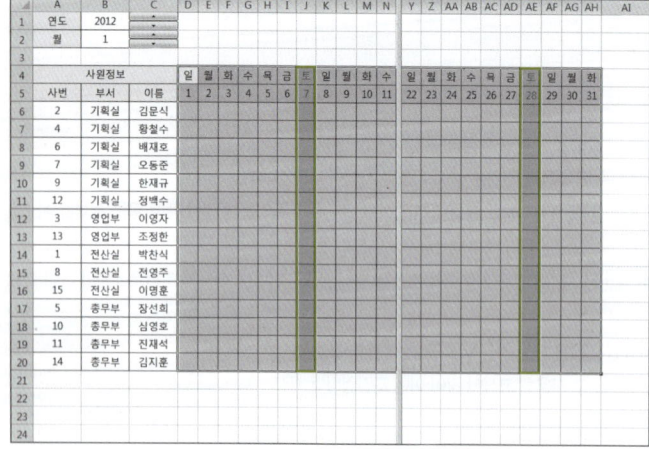

19 주말 표시하기 토요일 날짜 열 범위에 조건부 서식에서 지정한 서식이 적용된 것을 확인할 수 있습니다.

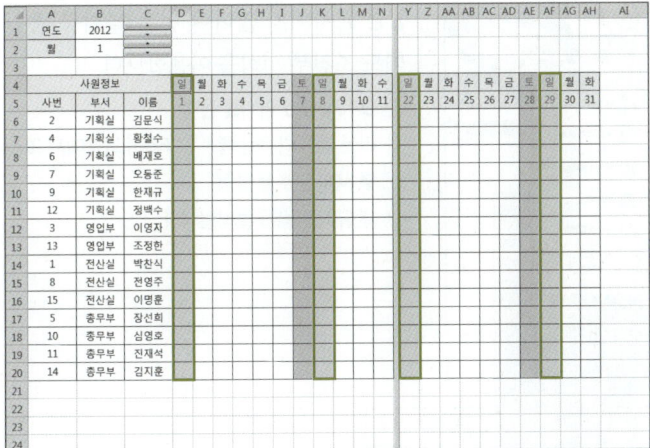

20

16~19번 과정을 참고해 일요일 날짜에 그림과 같은 서식을 적용합니다. 이때, 조건부 서식의 수식 조건은 다음과 같이 작성합니다.

=D$4="일"

TIP ... 조건부 서식의 설정 방법

일요일 서식을 지정하는 방법은 토요일 서식을 지정하는 방법과 동일합니다. 수식 조건은 이번 과정에서 설명한 수식을 사용하고, 셀 서식 대화상자에서 다음과 같은 2개의 서식을 설정합니다.
① [글꼴] 탭에서 색 옵션의 색상을 빨강으로 설정합니다.
② [채우기] 탭에서 색상표의 6열 2행의 색을 선택합니다.

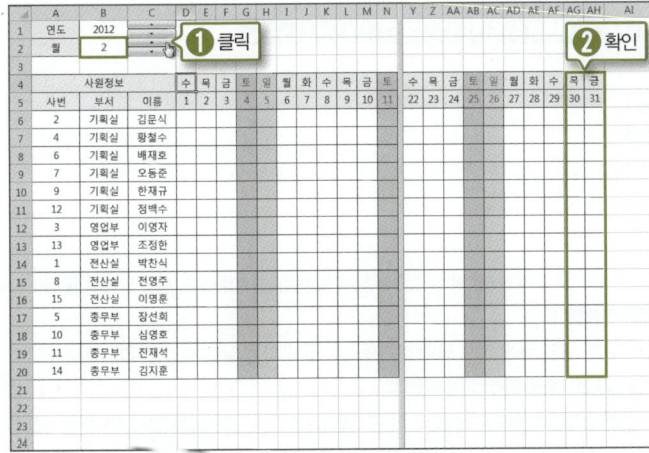

21 불필요한 날짜 숨기기
조건부 서식을 설정했으므로, 월을 변경할 때 변경된 날짜의 토, 일 서식이 제대로 설정되는지 확인합니다.

① **C2**셀의 **스핀 단추** 컨트롤에서 **증가** 단추를 클릭해 **B2**셀의 월 값을 **2**(월)로 변경
② 토, 일요일 서식은 제대로 설정되지만, **AG:AH** 열을 보면 2월에는 없는 30, 31일이 표시됩니다.

TIP ... 달력

달력의 날짜는 매월이 28일~31일까지 다양하게 변경되는데, 서식에서는 항상 31일까지 표시되므로 달력이 잘못된 것으로 인식될 수 있습니다. 그러므로 불필요하게 표시되는 날짜 부분을 숨겨야 합니다. 참고로 2012년은 윤년이기 때문에 2월이 29일까지 표시됩니다.

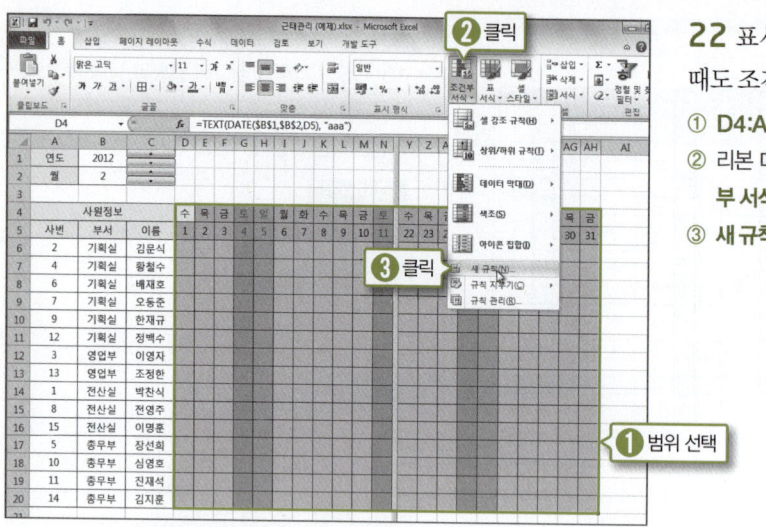

22 표시되지 않아야 하는 날짜를 숨길 때도 조건부 서식을 이용합니다.

① D4:AH20 범위를 선택
② 리본 메뉴의 [홈] 탭 – [스타일] 그룹에서 **조건부 서식** 단추를 클릭
③ **새 규칙** 명령을 클릭합니다.

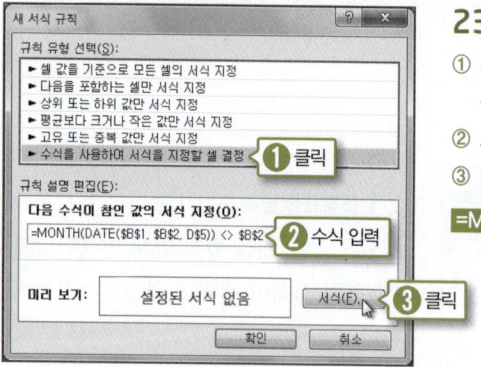

23
① 새 서식 규칙 대화상자가 표시되면 **수식을 사용하여 서식을 지정할 셀 결정** 규칙을 선택
② 조건 입력란에 다음과 같이 수식을 입력
③ 〈서식〉 버튼을 클릭합니다.

=MONTH(DATE($B$1, $B$2, D$5)) <> $B$2

TIP ... 조건부 서식의 수식 조건 설명

서식에서 표시되지 말아야 할 날짜인지를 알려면 B1, B2셀의 연도와 월, 그리고 5행의 일 값으로 날짜 일련번호를 반환받고, 해당 날짜의 월 값이 B2셀의 월 값과 같은지 판단한 후 다른 날짜 값을 숨기는 작업을 진행합니다.

날짜 일련번호를 반환받을 때 DATE 함수를 사용하는데, 인수가 해당 월에 없는 날짜면 자동으로 월이 다음 달로 변경됩니다. 예를 들어 **=DATE(2012, 2, 31)**과 같이 2월에 없는 일 값인 31이 전달되면 **2012-03-02**이 반환됩니다.

그러므로 DATE 함수로 계산된 날짜 값을 MONTH 함수를 사용해 월 값을 반환받고, B2셀과 다른지 확인하면 선택한 달에 표시될 여부를 판단할 수 있습니다. 이렇게 구분된 날짜의 글꼴과 채우기 색을 모두 흰색으로 변경하면, 마치 해당 날짜 부분이 입력되지 않은 것처럼 처리할 수 있습니다.

이 수식에서 가장 중요한 부분은 연, 월, 일을 참조하는 방식입니다. B1, B2셀은 각각 연도와 월 값으로 참조 위치가 변경되면 안되므로 절대참조 방식을, 일 값을 참조하는 D5셀은 같은 열에 동일한 서식을 적용하도록 하기 위해 행 주소인 5 앞에 $(절대참조 기호)를 사용한 혼합참조 방식을 사용합니다.

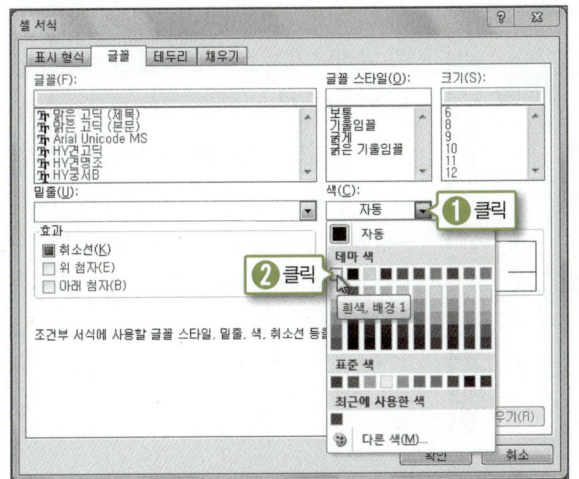

24
① 셀 서식 대화상자가 표시되면 [글꼴] 탭에서 색 항목의 **옵션** 단추를 클릭
② 색상표에서 **흰색**을 선택합니다.

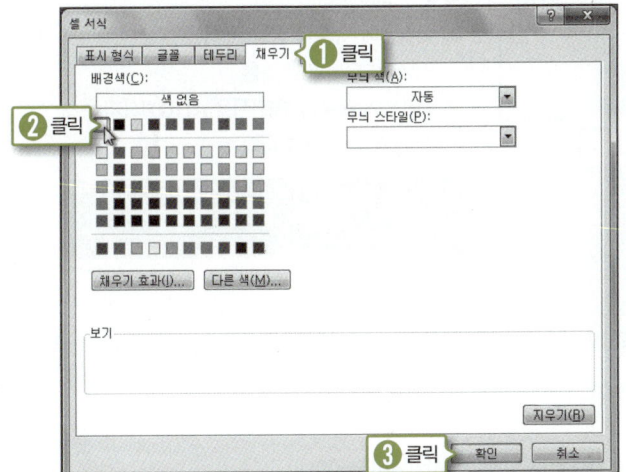

25
① [채우기] 탭을 클릭
② 배경색의 색상표에서 **흰색**을 선택
③ 〈확인〉 버튼을 클릭합니다. 새 서식 규칙 대화상자도 〈확인〉 버튼을 클릭해 닫으면 조건부 서식이 적용됩니다.

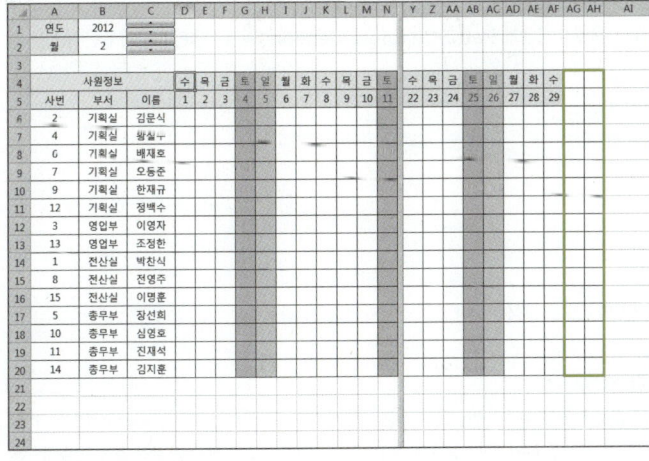

26 29일 이후의 날짜(2012년이 아니라면 28일 이후의 날짜)가 표시되지 않는 것처럼 보입니다. 이 방법은 값 자체를 없애지는 못합니다. 하지만 보이지 않도록 할 수 있어 자동화 시식을 만들 때 자주 사용합니다.

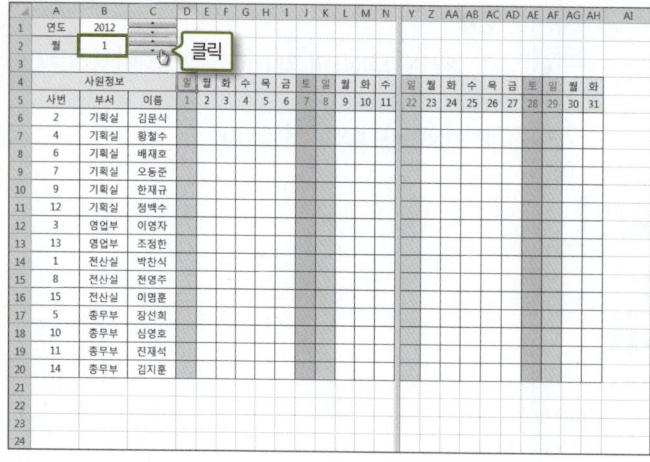

27 근태 현황 참조하기 주말에 해당하는 서식 지정과 불필요한 날짜를 표시하지 않는 작업이 끝났으므로 직원의 근태 현황을 [근태기록] 시트에서 참조해 오는 작업을 합니다.

근태 기록은 1월 데이터부터 존재하므로, **C2**셀의 **스핀 단추** 컨트롤의 **감소** 단추를 클릭해 월을 **1월**로 다시 변경합니다.

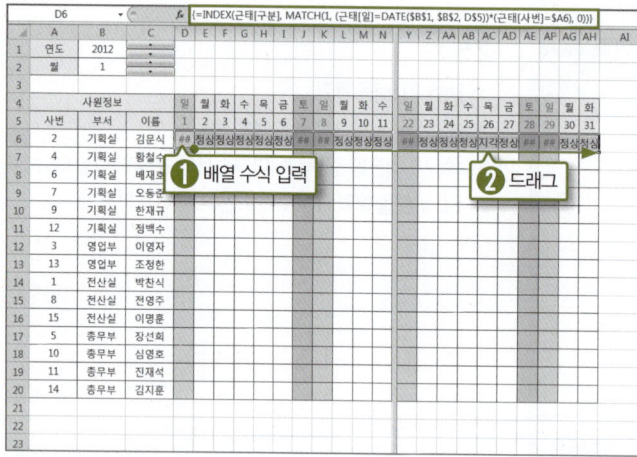

28

① **D6**셀에 다음과 같은 수식을 작성하고 Ctrl + Shift + Enter 키를 누름

② **D6**셀의 **채우기 핸들**을 **AH6**셀까지 드래그 해서 수식을 복사합니다.

=INDEX(근태[구분], MATCH(1, (근태[일]=DATE($B$1, $B$2, D$5))*(근태[사번]=$A6), 0))

수식 설명 {=INDEX(근태[구분], MATCH(1, (근태[일]=DATE($B$1, $B$2, D$5))*(근태[사번]=$A6), 0))}

이 수식은 [근태기록] 시트의 [근태] 엑셀 표에 기록된 구분 열의 근태 현황을 참조해 오기 위한 수식입니다. 이때, 참조 조건은 두 가지로 사번이 같고, 근무 일과 B1, B2, D5:AH5 범위의 연, 월, 일이 가리키는 날짜가 같아야 합니다.

이렇게 조건이 둘 이상일 때 값을 참조하기 위해서는 배열 수식을 사용해야 하는데, **Part2〉Chapter5〉Section5**에서 설명한 다음과 같은 수식을 사용합니다.

=INDEX(참조 범위, MATCH(1, (조건식1)*(조건식2)*…, 0))

위 수식은 배열 수식이므로, Ctrl + Shift + Enter 키를 눌러 입력해야 합니다.

이번 수식을 위의 수식 구성에 적용하면 다음과 같습니다.

- **참조 범위 : 근태[구분]**
  → [근태] 엑셀 표의 구분 열의 값을 참조합니다.
- **조건식1 : 근태[일]=DATE($B$1,$B$2, D$5)**
  → [근태] 엑셀 표의 일 열의 값과 B1, B2, D5셀의 연, 월, 일 값으로 구성된 날짜 값이 같은지 판단합니다.
- **조건식2 : 근태[사번]=$A6**
  → [근태] 엑셀 표의 사번 열의 값과 A6셀의 값이 같은지 판단합니다.

위 조건식1과 조건식2는 모두 TRUE, FALSE에 해당하는 논리값을 반환합니다. 논리값으로 곱셈 연산을 하면 두 조건이 모두 만족하는 위치에 1 값 (=TRUE*TRUE)이 반환됩니다. 그러므로 1이 처음으로 반환되는 위치를 MATCH 함수로 찾고, 같은 위치에 있는 참조 범위의 값을 반환하도록 INDEX 함수를 구성한 것입니다.

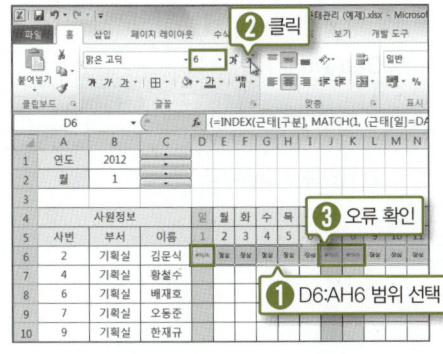

29 28번 과정에서 작성한 수식에서 반환된 값 중에 ###로 표시되는 셀이 있으므로 글꼴 크기를 줄여 반환된 값을 확인합니다.

① **D6:AH6** 범위를 선택
② 리본 메뉴의 [홈] 탭 – [글꼴] 그룹에서 **글꼴 크기 작게** 단추를 여러 번 클릭해 **글꼴 크기**를 **6**으로 조정
③ **D6**, **J6**, **K6**셀 등에서 확인할 수 있듯이 주말에 #N/A 오류가 반환됩니다.

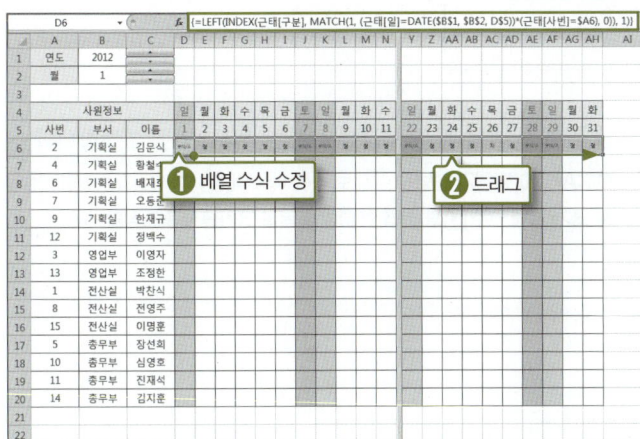

30 반환된 근태 현황 값에서 첫 번째 문자만 반환하도록 수식을 수정합니다.

① **D6**셀의 수식을 다음과 같이 수정(배열 수식이므로 Ctrl+Shift+Enter 키로 입력)
② **D6**셀의 **채우기 핸들**을 **AH6**셀까지 드래그해 복사합니다.

=LEFT(INDEX(근태[구분], MATCH(1, (근태[일]=DATE($B$1,$B$2,D$5))*(근태[사번]=$A6), 0)), 1)

수식 설명 {=LEFT(INDEX(근태[구분], MATCH(1, (근태[일]=DATE($B$1,$B$2,D$5))*(근태[사번]=$A6), 0)), 1)}
이번 수식은 28번 과정에서 사용한 수식에서 반환하는 값을 간결하게 표시하기 위해 왼쪽 첫 번째 문자만 잘라내는 수식으로, LEFT 함수를 사용했습니다. 이번 수식을 간단하게 보면 다음과 같은 구성입니다.
=LEFT(기존 수식, 1)

31 이번에는 #N/A 오류 값을 공백 문자(" ")로 대체하는 작업을 진행합니다.

① **D6**셀의 수식을 다음과 같이 수정 Ctrl+Shift+Enter 키로 입력
② **D6**셀의 **채우기 핸들**을 **AH6**셀까지 드래그해 수식을 복사합니다.

=IFERROR(LEFT(INDEX(근태[구분]), MATCH(1, (근태[일]=DATE($B$1, $B$2, D$5))*(근태[사번]=$A6), 0)), 1),"")

수식 설명 {=IFERROR(LEFT(INDEX(근태[구분], MATCH(1, (근태[일]=DATE($B$1, $B$2, D$5))*(근태[사번]=$A6), 0)), 1), " ")}
28번 과정에서 작성한 수식에 #N/A 오류 값이 반환되는 이유는 MATCH 함수에서 지정한 조건을 만족하는 값이 없기 때문입니다. 즉, [근태] 엑셀 표에서 참조할 값이 존재하지 않는 경우입니다. 이런 경우에 IFERROR 함수를 사용해 오류 값을 지정한 값으로 변경할 수 있습니다. 이번 수식은 28 ~ 30번 과정에서 사용한 수식에서 오류 값을 반환하는 경우를 공백 문자(" ")로 바꾸기 위한 것입니다.
=IFERROR(수식, " ")

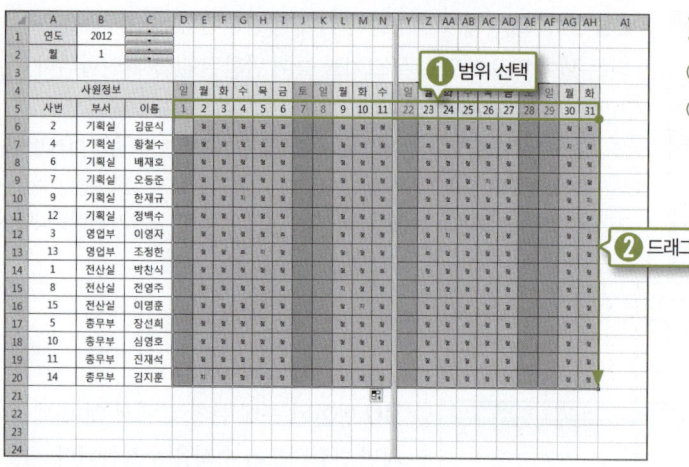

32 이제 전체 서식에 수식을 사용합니다.
① D6:AH6 범위를 선택
② AH6셀의 **채우기 핸들**을 AH20셀까지 드래그해 수식을 복사합니다. 그림과 같은 결과를 확인할 수 있습니다.

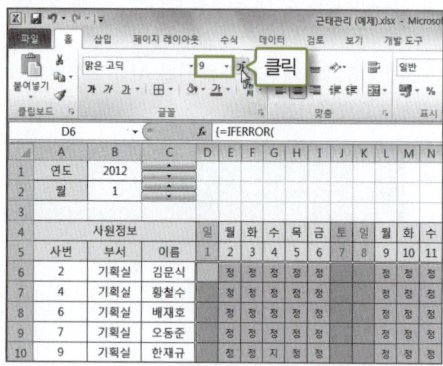

33 #N/A 오류 값을 처리했으므로 글꼴 크기를 조정합니다.
D6:AH20 범위가 선택된 상태로 리본 메뉴의 [홈] 탭 – [글꼴] 그룹에서 **글꼴 크기 크게** 단추를 여러 번 클릭해 글꼴 크기를 9로 조정합니다.

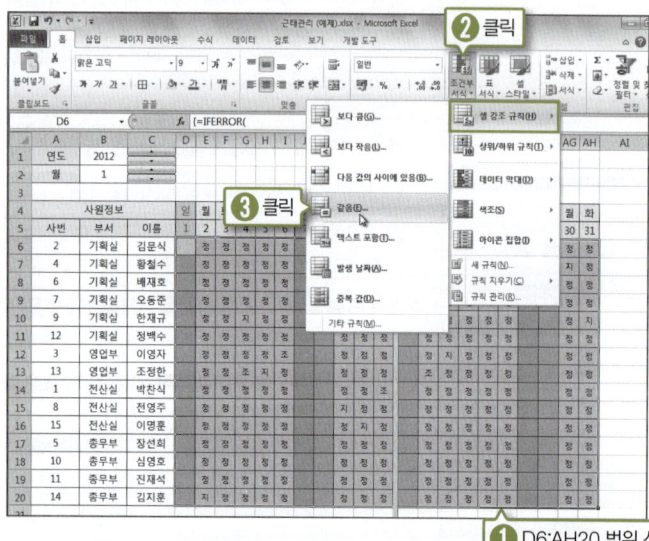

34 근태 현황 시각화하기 서식에 표시된 근태 현황은 정확하게 표시되지만, 어떤 상태인지 확인하기 어렵습니다. 그러므로 조건부 서식을 이용해 지각과 조퇴와 같이 신경 써야 하는 셀에만 서식을 적용합니다.
① D6:AH20 범위를 선택
② 리본 메뉴의 [홈] 탭 – [스타일] 그룹에서 **조건부 서식** 단추를 클릭
③ **셀 강조 규칙>같음** 명령을 클릭합니다.

TIP ... 조건부 서식의 적용 개수

조건부 서식은 엑셀 2003 버전에서는 3개까지 적용할 수 있었지만, 엑셀 2007 버전부터는 메모리가 허용하는 범위까지 추가할 수 있습니다. 지정한 조건부 서식 중 여러 조건에 만족하는 경우에는 조건부 서식 규칙 관리 대화상자에서 우선순위를 조정할 수 있습니다. 조건부 서식의 우선순위를 조정하는 작업은 38~41번 과정을 참고합니다.

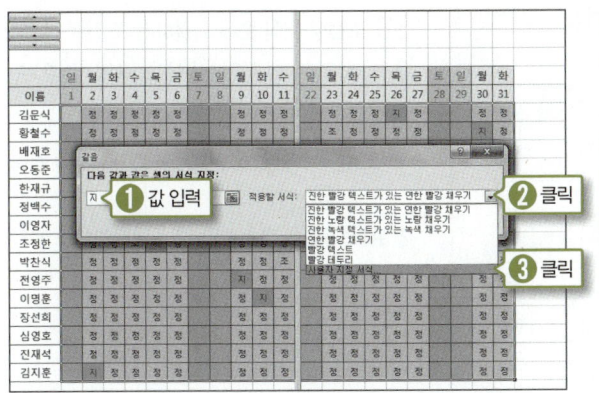

35

① 같음 대화상자가 표시되면 왼쪽 입력란에 지각을 의미하는 다음 값을 입력
② 오른쪽 콤보 상자에서 **옵션** 단추를 클릭
③ **사용자 지정** 서식을 클릭합니다.

지

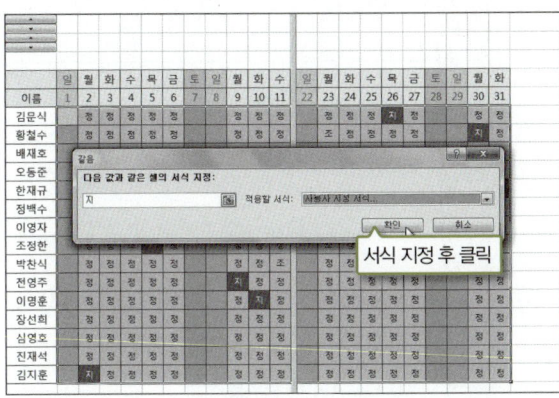

36

셀 서식 대화상자가 표시되면 원하는 서식을 지정하고 〈확인〉 버튼을 클릭합니다. 그림과 같이 지정한 서식의 미리 보기 효과가 표에 표시됩니다.

> **TIP … 조건부 서식의 서식 지정**
>
> 예제에서는 다음과 같은 2개의 서식을 지정했습니다.
> ① 셀 서식 대화상자의 [글꼴] 탭에서 색을 [흰색], 글꼴 스타일을 [굵게]로 설정합니다.
> ② [채우기] 탭의 색상표에서 6열 1행의 색을 선택합니다.

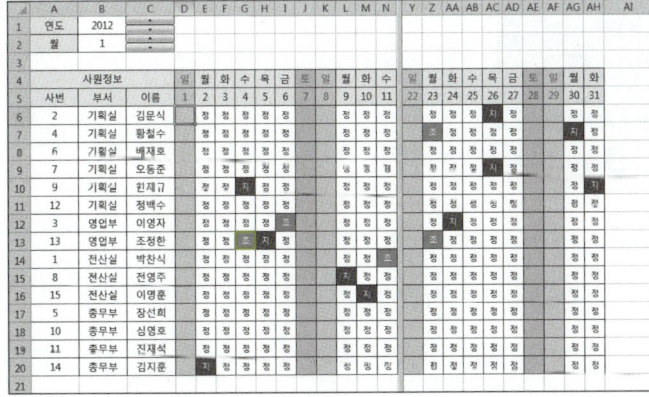

37

34~36번 과정을 참고해 조퇴를 의미하는 **조** 값을 가진 셀에도 조건부 서식으로 원하는 서식을 적용합니다. 그림과 같은 결과를 얻을 수 있습니다.

> **TIP … 조건부 서식의 서식 지정**
>
> 조퇴에 적용된 조건부 서식의 설정 값은 다음과 같습니다.
> ① 셀 서식 대화상자의 [글꼴] 탭에서 색을 [흰색], 글꼴 스타일을 [굵게]로 설정합니다.
> ② [채우기] 탭의 색상표에서 7열 1행의 색을 선택합니다.

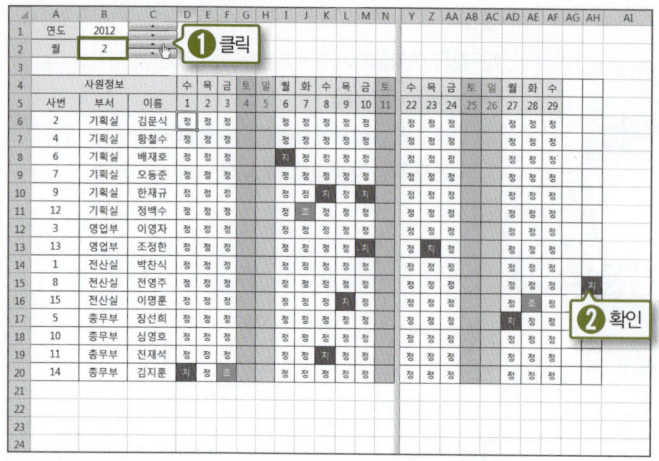

38 조건부 서식 문제 해결하기 조건부 서식을 이용하면 깔끔한 서식을 꾸밀 수 있습니다. 하지만 주의해야 할 점도 있습니다.

① **C2**셀의 **스핀 단추** 컨트롤의 **증가** 단추를 클릭해 **2월**로 변경
② **AH15**셀을 확인하면 없는 날짜인데도 지각 표시가 나타납니다.

TIP ... 여러 개의 조건부 서식을 적용할 때의 문제점

동일한 범위에 여러 개의 조건부 서식을 적용할 때는 반드시 우선순위에 주의해야 합니다. 조건부 서식은 나중에 적용한 서식이 우선 적용됩니다. 그러므로 셀에 입력된 값이 여러 개의 조건부 서식 조건을 동시에 만족할 경우에는 원치 않는 서식이 먼저 나타날 수 있습니다. 그러므로 조건부 서식 조건의 적용 순서를 조정해 줄 필요가 있습니다.

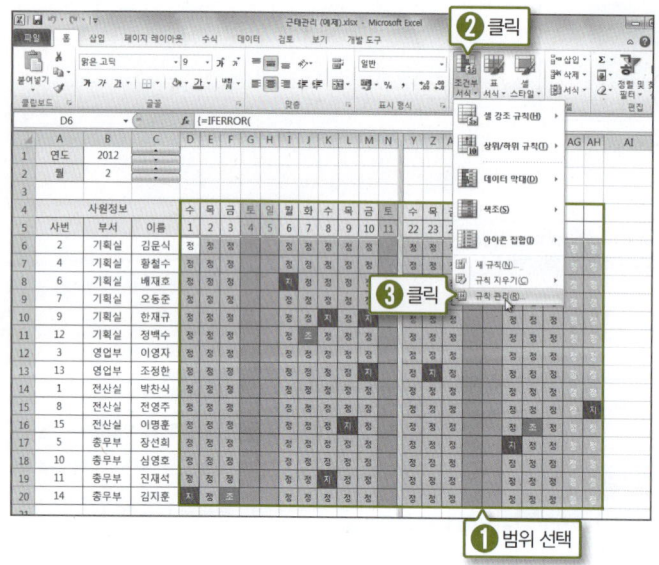

39 D6:AH20 범위에 적용된 조건부 서식의 순서를 조정하겠습니다.

① **D6:AH20** 범위를 선택
② 리본 메뉴의 [홈] 탭 – [스타일] 그룹에서 **조건부 서식** 단추를 클릭
③ **규칙 관리** 명령을 클릭합니다.

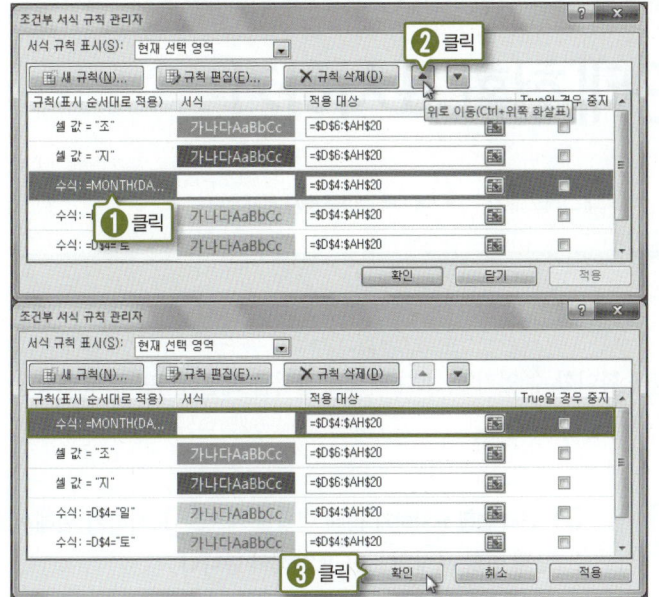

40

① 조건부 서식 규칙 관리자 대화상자가 표시되면 3번째에 위치한 서식 조건(월이 다른 경우 날짜를 표시하는 않는 서식 조건)을 선택
② 〈위로 이동〉 버튼을 2번 클릭해 선택한 조건을 맨 위로 이동
③ 〈확인〉 버튼을 클릭해 대화상자를 닫습니다.

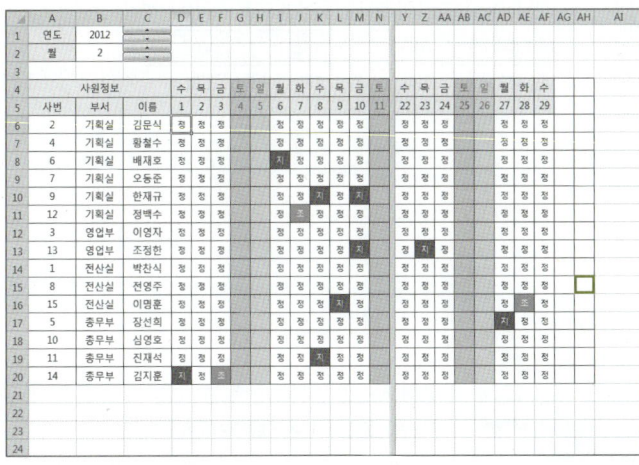

41 이렇게 하면 조건부 서식의 우선순위가 변경됩니다. AH15셀에 표시되던 조건부 서식도 이제는 나타나지 않습니다.

Section 03 차트로 근태 현황 표시하기

▶ 묶은 세로 막대형 차트 ▶ 막대 그래프 교차 ▶ 데이터 레이블 숫자 서식 코드

근태 현황 서식만으로도 각 직원의 근태 현황을 확인할 수 있지만, 보다 빠르게 결과를 확인하려면 근태 현황을 요약하고, 요약한 결과를 차트로 나타내는 것이 좋습니다.

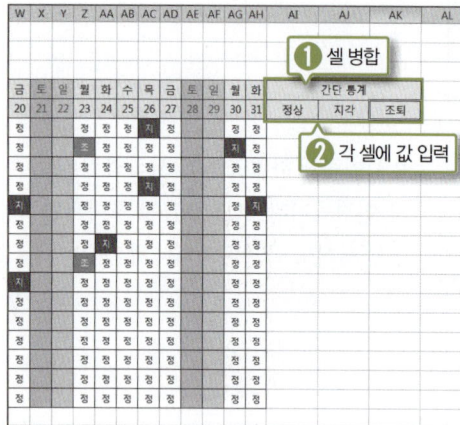

01 근태 현황 요약하기 근태 현황을 차트로 표시하기 위해서는 근태 현황 서식의 값을 요약해야 합니다.

① **AI4:AK4** 범위를 병합

② **AI5:AK5** 범위의 각 셀에 다음과 같은 값을 입력합니다.

AI:AK4	AI5	AJ5	AK5
간단 통계	정상	지각	조퇴

02

① **AI4:AK20** 범위를 선택하고, 리본 메뉴의 [홈] 탭 – [글꼴] 그룹에서 **모든 테두리** 를 적용

② 열 너비를 자동 조절하기 위해 **AI:AK** 열을 선택

③ **AI**열과 **AJ**열의 **열 구분선**을 마우스로 더블 클릭합니다.

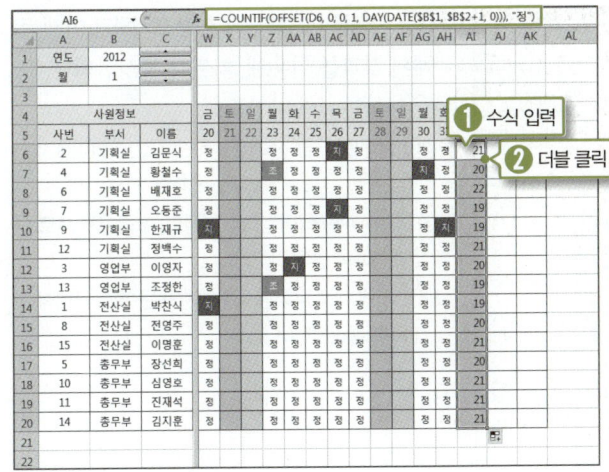

03 정상 근무한 날짜를 세어 표시합니다.

① AI6셀에 다음과 같은 수식을 입력
② AI6셀의 **채우기 핸들**을 더블 클릭해 수식을 복사합니다.

=COUNTIF(OFFSET(D6, 0, 0, 1, DAY(DATE($B$1, $B$2+1, 0))), "정")

수식 설명 =COUNTIF(OFFSET(D6, 0, 0, 1, DAY(DATE($B$1, $B$2+1, 0))), "정")

근태 현황 서식에서 정상 출근 일수를 세려면 달력에서 "정" 값을 반환하는 셀을 세면 됩니다. 셀 값이 "정"인 셀을 세는 것이므로 COUNTIF 함수를 사용해 처리합니다. 여기서 중요한 것은 참조할 범위입니다.

1월의 경우는 D6:AH6 범위에서 셀 개수를 세면 되지만, 2월의 경우에는 D6:AJ6 범위에서 셀 개수를 세야 합니다. 이렇게 월별로 대상 범위가 변동되므로 다음과 같이 OFFSET 함수를 사용해 범위를 지정한 것입니다.

OFFSET(D6, 0, 0, 1, DAY(DATE($B$1, $B$2+1, 0)))

범위를 지정하기 위해 사용한 OFFSET 함수의 인수는 5개로 왼쪽부터 순서대로 기준 위치, 행 방향 이동할 셀 개수, 열 방향 이동할 셀 개수, 행 방향 포함할 셀 개수, 열 방향 이동할 셀 개수입니다. 그러므로 이번에 사용된 OFFSET 함수는 D6셀에서 행 방향, 열 방향으로는 이동하지 말고, 행 방향으로 하나의 셀만 포함하며, 열 방향으로 DAY(DATE($B$1, $B$2+1, 0)) 개수만큼 셀을 포함한 범위를 반환하라는 의미입니다.

여기서 DAY(DATE($B$1, $B$2+1, 0))가 반환하는 숫자에 대해서도 알아야 합니다.

**DATE($B$1, $B$2+1, 0)**은 B1셀의 연도와 B2셀의 월의 마지막 날짜를 반환해 줍니다. 이번 수식에서 B1셀은 2012이고, B2셀은 1이므로 2012년 1월의 마지막 날짜 값을 반환합니다. 즉, 2012-1-31을 반환합니다. 그러므로 DAY 함수를 사용하면 날짜 값에서 일 값인 31만 반환받습니다. 이것은 B1, B2셀에서 각각 선택한 연도와 월의 일 수만큼의 값이 DAY(DATE($B$1, $B$2+1, 0)) 수식에서 반환되는 것을 의미하므로, OFFSET 함수는 항상 선택한 월 개수만큼의 범위만 선택하게 된다는 것을 의미합니다.

OFFSET 함수를 사용한 부분을 COUNTIF 함수에 전달하면 매월의 날짜 범위에서 "정" 값이 반환된 셀 개수만을 반환하게 됩니다.

=COUNTIF(OFFSET 부분, "정")

04 이번에는 지각과 조퇴 횟수를 구합니다.

① AJ6셀과 AK6셀에 다음 수식을 입력한 후 AJ6:AK6 범위를 선택
② AK6셀의 **채우기 핸들**을 AK20셀까지 드래그해 수식을 복사합니다.

AJ6 : =COUNTIF(OFFSET(D6, 0, 0, 1, DAY(DATE($B$1, $B$2+1, 0))), "지")
AK6 : =COUNTIF(OFFSET(D6, 0, 0, 1, DAY(DATE($B$1, $B$2+1, 0))), "조")

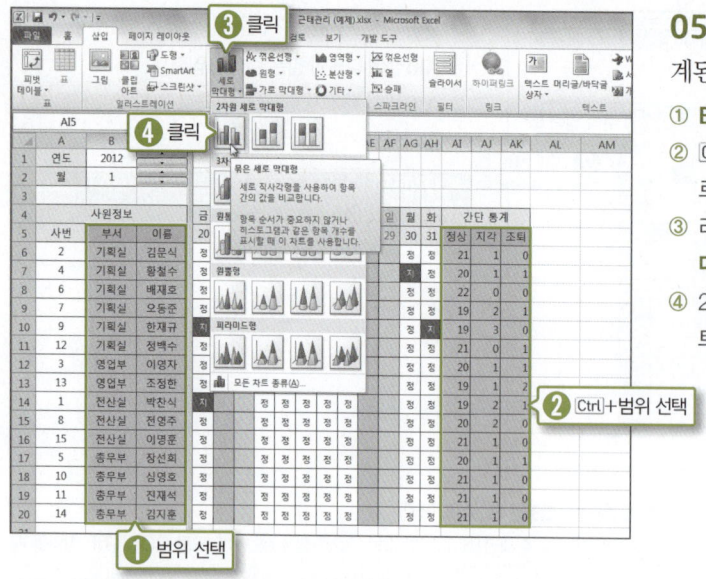

05 차트를 이용해 근태 현황 표시하기 이제 집계된 결과를 이용해, 차트를 생성합니다.

① B5:C20 범위를 선택
② Ctrl 키를 누른 상태에서 AI5:AK20 범위를 추가로 선택
③ 리본 메뉴의 [삽입] 탭 - [차트] 그룹에서 **세로 막대형** 단추를 클릭
④ 2차원 세로 막대형 목록에서 **묶은 세로 막대형** 차트를 클릭합니다.

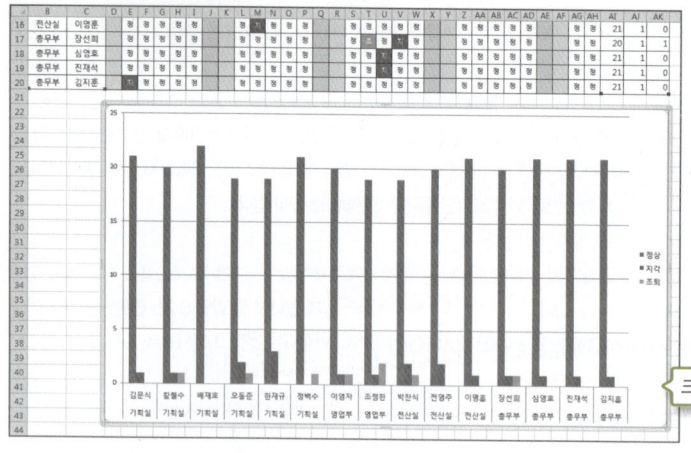

06

삽입한 차트를 D22:AK43 범위에 맞게 크기를 조정하고 배치합니다.

차트를 선택한 후 Alt 키를 누르고 왼쪽 위와 오른쪽 아래 모서리를 드래그하면 크기 조절이 수월합니다.

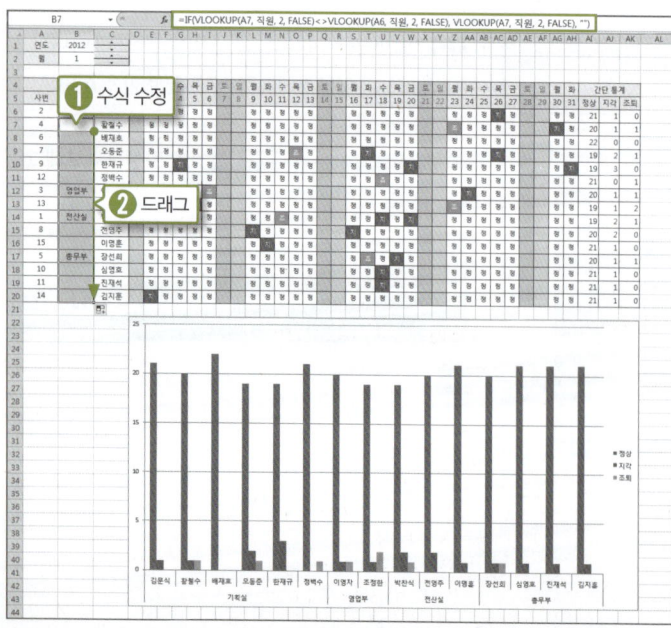

07 부서별로 그룹 표시하기 차트의 X축 레이블에 표시되는 부서명이 한 번만 나오도록 하려면 원본 표의 부서 표시 방법을 변경해야 합니다.

① B7셀을 선택하고, 수식을 다음과 같이 수정
② B7셀의 **채우기 핸들**을 B20셀까지 드래그해 수식을 복사합니다.

=IF(VLOOKUP(A7, 직원, 2, FALSE)<>VLOOKUP(A6, 직원, 2, FALSE), VLOOKUP(A7, 직원, 2, FALSE), "")

수식 설명 =IF(VLOOKUP(A7, 직원, 2, FALSE)<>VLOOKUP(A6, 직원, 2, FALSE), VLOOKUP(A7, 직원, 2, FALSE), " ")
B6:B20 범위에는 사번을 이용해 [직원] 엑셀 표에서 부서명을 참조하는 수식이 입력되어 있습니다.
=VLOOKUP(A6, 직원, 2, FALSE)
이런 참조 수식을 사용할 때 동일한 부서명을 표시하지 않으려면 두 번째 부서명 부분의 수식을 수정해야 합니다. 그러므로 B7셀의 수식을 수정합니다. IF 함수를 사용해 바로 위 사번의 부서와 다르면 부서명을 참조해 오고, 그렇지 않으면 공백 문자(" ")를 반환하도록 구성했습니다.
=IF(VLOOKUP(A7, 직원, 2, FALSE)<>VLOOKUP(A6, 직원, 2, FALSE),

참(부서가 다른 경우) → VLOOKUP(A7, 직원, 2, FALSE),
거짓(부서가 같은 경우) → "")

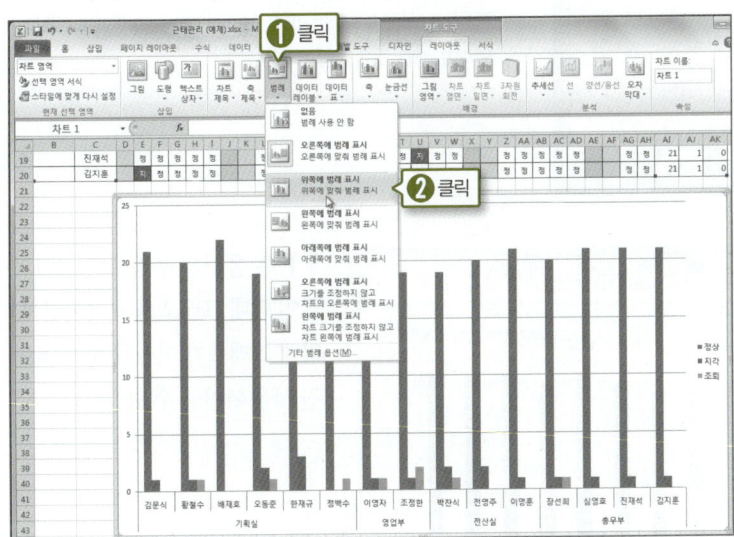

08 차트 위에 범례 표시하기 차트의 범례가 차트 위쪽에 표시되도록 수정합니다.

① 차트가 선택된 상태에서 리본 메뉴의 [레이아웃] 탭 – [레이블] 그룹에서 **범례** 단추를 클릭
② **위쪽에 범례 표시** 명령을 클릭합니다.

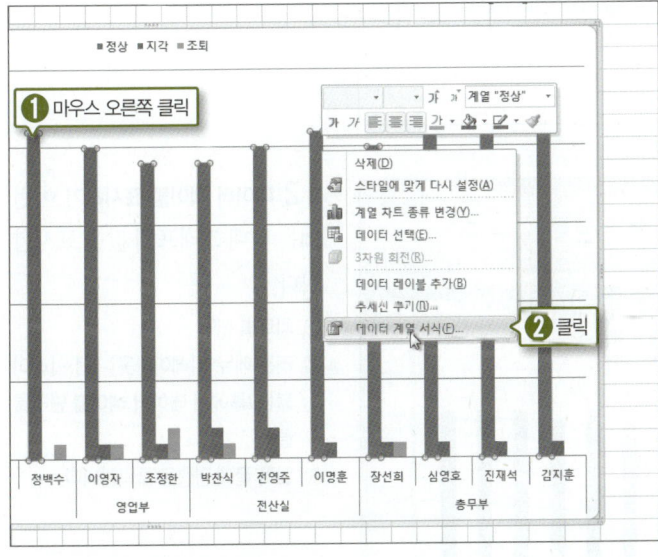

09 막대 그래프 교차시키기 이제 차트의 각 막대 그래프를 교차해서 표시하도록 설정을 변경합니다.

① 차트에서 **정상 계열** 막대 그래프를 선택하고, 마우스 오른쪽 버튼을 클릭
② **데이터 계열 서식** 명령을 클릭합니다.

TIP ... 막대 그래프를 교차시키는 이유

이번 세로 막대 그래프처럼 특정 계열의 값이 없으면 막대 그래프 사이에 이가 빠진 듯한 모습이 연출됩니다. 이럴 때, 막대 그래프가 연결된 것을 표현하기 위해 막대 그래프의 일부를 교차시킵니다.

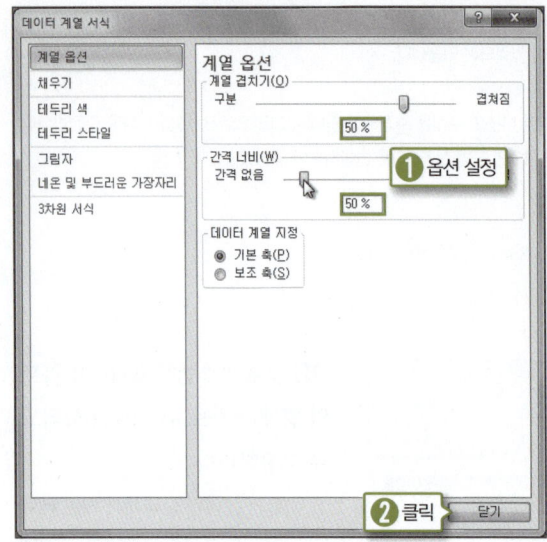

10 데이터 계열 서식 대화상자가 표시됩니다.
① [계열 옵션] 범주에서 계열 겹치기 옵션과 간격 너비 옵션을 각각 **50%**로 조정
② 〈닫기〉 버튼을 클릭합니다.

TIP ... 데이터 계열 서식 옵션 이해하기
이번에 설정한 2가지 옵션은 다음과 같습니다.
- 계열 겹치기 : 막대 그래프는 하나의 계열이므로 계열 겹치기 옵션을 0%에서 50%로 조정하면 막대 그래프가 절반씩 겹쳐 표시됩니다.
- 간격 너비 : X축 항목별로 표시되는 막대 그래프의 간격을 조정하는 옵션으로, 이 값을 줄이면 막대 그래프의 간격이 줄어 막대 그래프가 넓게 표시되는 효과를 얻습니다.

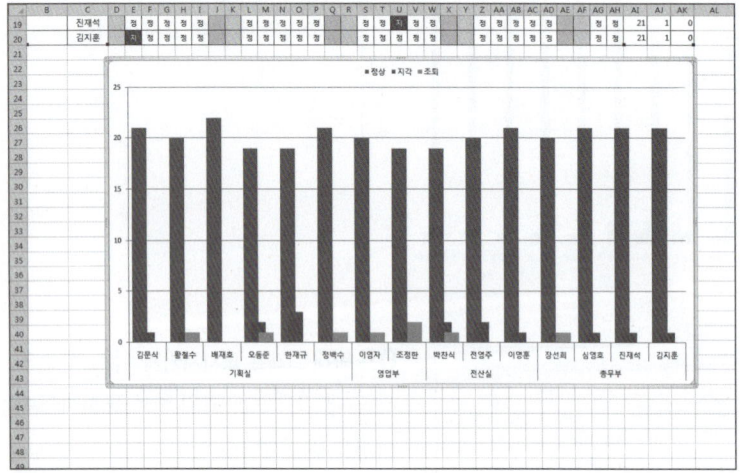

11 두 옵션을 조정하면 그림과 같이 막대 그래프가 교차하면서, 막대 그래프가 이전에 비해 굵어진 것을 확인할 수 있습니다.

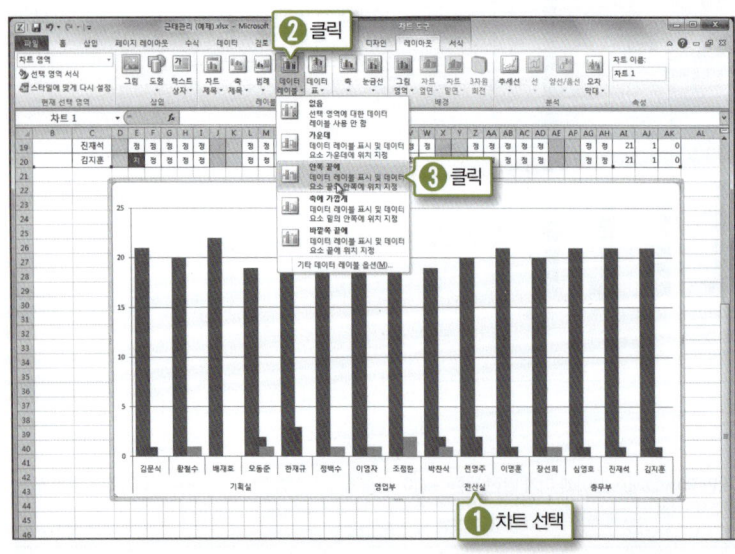

12 데이터 레이블 표시하기 이번에는 막대 그래프의 값을 표시합니다.
① 차트를 선택
② 리본 메뉴의 [레이아웃] 탭-[레이블] 그룹에서 **데이터 레이블** 단추를 클릭
③ **안쪽 끝에** 명령을 클릭합니다.

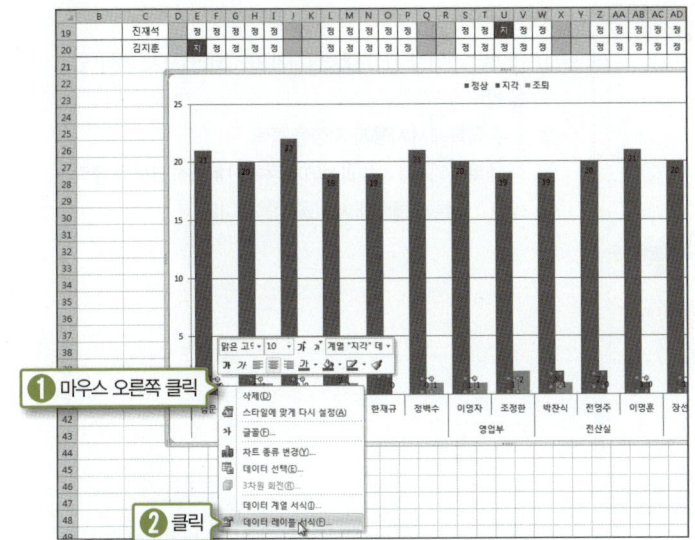

13 그러면 막대 그래프의 끝에 값이 표시됩니다. 막대 그래프가 표시되지 않는 지각, 조퇴 계열의 일부는 0 값이 나타납니다. 이 값을 숨기는 작업을 진행합니다.

① **지각 계열**(빨간색 막대 그래프)의 데이터 레이블을 선택한 다음, 마우스 오른쪽 버튼을 클릭
② **데이터 레이블 서식** 명령을 클릭합니다.

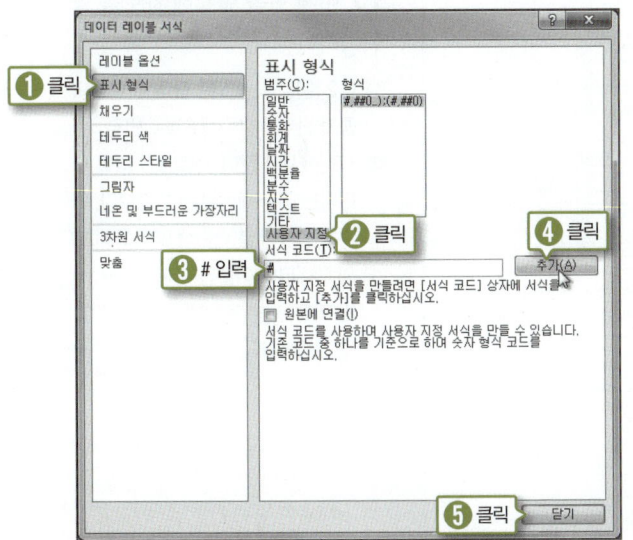

14 데이터 레이블 서식 대화상자가 표시됩니다.

① [표시 형식] 범주를 클릭
② 범주 목록에서 **사용자 지정**을 클릭
③ 서식 코드 입력란에 다음과 같은 서식 코드를 입력
④ 〈추가〉 버튼을 클릭합니다.
⑤ 〈닫기〉 버튼을 클릭해서 대화상자를 닫습니다.

TIP … 숫자 서식 코드

#은 숫자를 표시하는 서식 코드 중의 하나로, 숫자 값이 0인 경우에는 값을 표시하지 않는 특성이 있습니다. 그러므로 이번 작업과 같이 0 값을 숨기는 용도로 적합합니다.

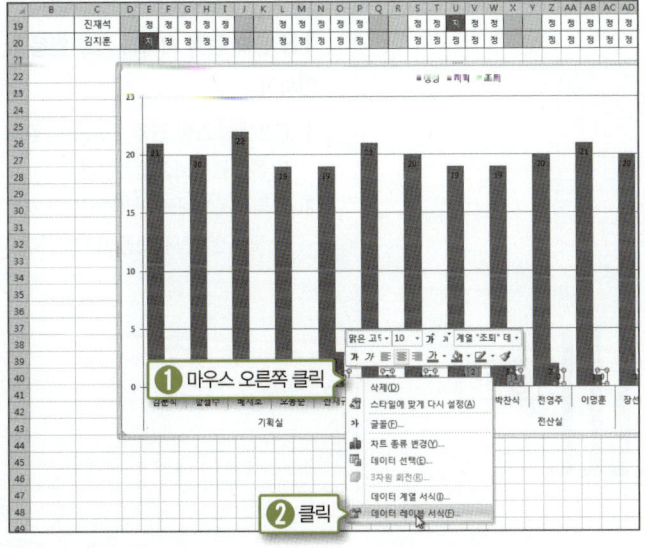

15
① 이번에는 **조퇴 계열**(녹색 막대 그래프)의 데이터 레이블을 선택하고, 마우스 오른쪽 버튼을 클릭
② **데이터 레이블 서식** 명령을 클릭합니다.

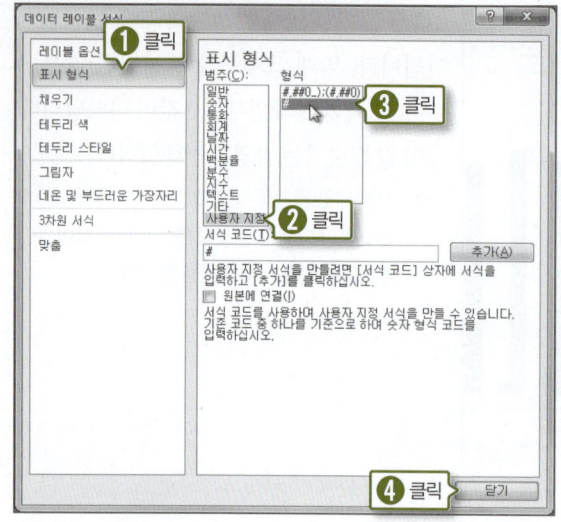

16

① 데이터 레이블 서식 대화상자가 표시되면 [표시 형식] 범주를 클릭

② 범주 목록에서 **사용자 지정**을 클릭

③ 형식 목록에서 14번 과정에서 등록한 **#** 서식 코드를 클릭

④ 〈닫기〉 버튼을 클릭해 서식을 적용합니다.

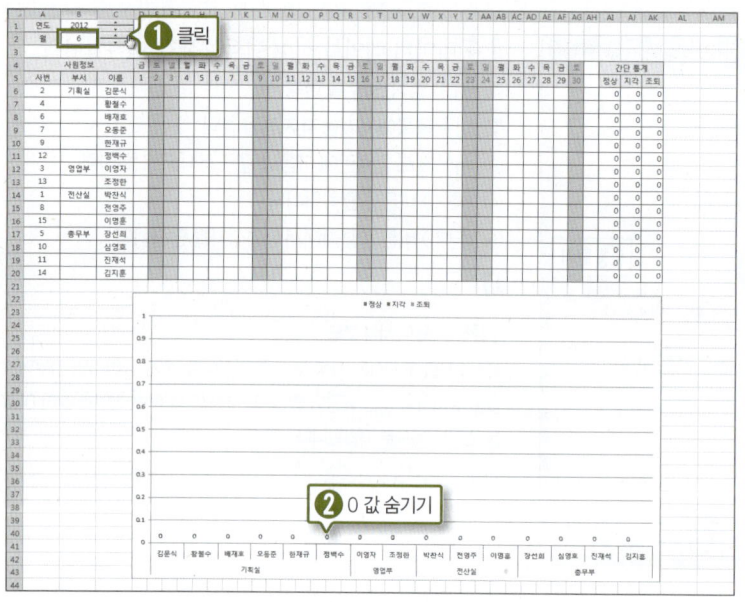

17 이제 월을 변경해 차트를 확인합니다.

① **C2**셀에 있는 **스핀 단추** 컨트롤의 **증가** 단추를 클릭해 **6**월로 변경

② 그림에서와 같이 차트에 0 값이 나타나는 것을 확인할 수 있습니다. 이것은 **정상 계열**(파란색 막대 그래프)의 데이터 레이블입니다. 15 ~ 16번 과정을 참고해 0을 숨기는 작업을 진행합니다.

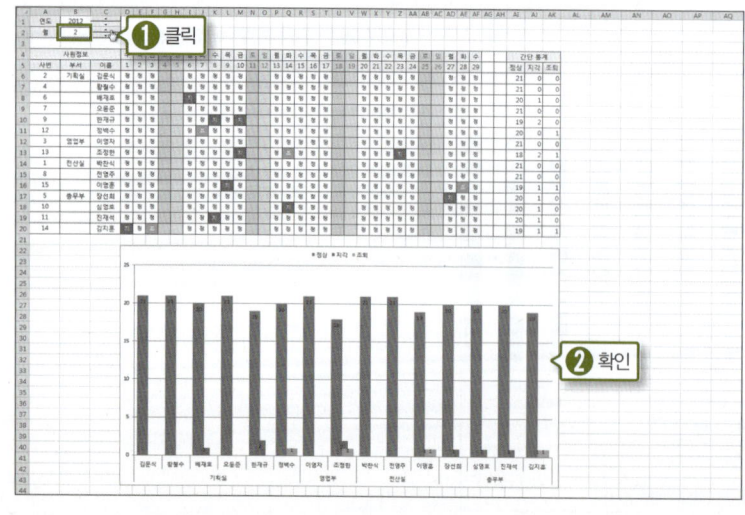

18 근태 현황 서식과 차트 연동 확인하기

① **C2**셀의 **스핀 단추** 컨트롤의 **감소** 단추를 클릭해 **2**월로 변경

② 그림과 같이 근태 현황 서식과 차트가 모두 2월의 결과를 표시합니다.

Project 07.
라벨 인쇄

고객 명단을 이용해 라벨 인쇄용 서식을 만들거나, 연수원 등에서 사용할 명찰 서식을 만들어야 한다면 이번 프로젝트가 도움이 될 것입니다. 고객 명단과 같이 행 방향 (아래쪽)으로 누적되는 데이터를 라벨과 같은 동일한 서식에 연속적으로 표시할 때 수식을 이용할 수 있습니다. 수식을 이용하는 방법을 어렵게 생각하지 않고, 방법만 이해한다면 간단하게 해결할 수 있습니다. 이번 프로젝트에서는 OFFSET 함수를 이용해 반복되는 서식에서 데이터를 참조하는 방법에 대해 설명합니다.

미리보기

- 완성 파일 ⊙ : 라벨 인쇄.xlsx
- 예제 파일 ⊙ : 라벨 인쇄 (예제).xlsx

우편번호

	A	B	C	D	E	F	G	H	I	J	K	L	M
1	우편번호	일련번호	시도	시군구	읍면동	리	번지,시작	번지,끝	아파트/건물명	동,시작	동,끝	주소	
2	210-821	001	강원	강릉시	강동면	모전리						강원 강릉시 강동면 모전리	
3	210-822	001	강원	강릉시	강동면	산성우리						강원 강릉시 강동면 산성우리	
4	210-821	021	강원	강릉시	강동면	상시동리						강원 강릉시 강동면 상시동리	
5	210-822	021	강원	강릉시	강동면	심곡리						강원 강릉시 강동면 심곡리	
6	210-824	031	강원	강릉시	강동면	안인리						강원 강릉시 강동면 안인리	
7	210-824	041	강원	강릉시	강동면	안인진리						강원 강릉시 강동면 안인진리	
8	210-821	031	강원	강릉시	강동면	언별리						강원 강릉시 강동면 언별리	
9	210-824	001	강원	강릉시	강동면	임곡리						강원 강릉시 강동면 임곡리	
10	210-824	011	강원	강릉시	강동면	정동진1리						강원 강릉시 강동면 정동진1리	
11	210-822	031	강원	강릉시	강동면	정동진2리						강원 강릉시 강동면 정동진2리	
12	210-822	041	강원	강릉시	강동면	정동진3리						강원 강릉시 강동면 정동진3리	
13	210-824	021	강원	강릉시	강동면	정동진리						강원 강릉시 강동면 정동진리	
14	210-823	021	강원	강릉시	강동면	해경동리						강원 강릉시 강동면 해경동리	
15	210-820		강원	강릉시	강동면							강원 강릉시 강동면	
52409	380-040	001	충북	충주시	충인동							충북 충주시 충인동	
52410	380-762	002	충북	충주시	칠금동							충북 충주시 칠금동	
52411	380-762	012	충북	충주시	칠금동				부영1차아파트			충북 충주시 칠금동 부영1차아파트	
52412	380-964	001	충북	충주시	칠금동				부영2차아파트			충북 충주시 칠금동 부영2차아파트	
52413	380-220	001	충북	충주시	칠금동		1	500				충북 충주시 칠금동 1~500	
52414	380-965	001	충북	충주시	칠금동		501	1500				충북 충주시 칠금동 501~1500	
52415	380-777	012	충북	충주시	칠금동							충북 충주시 칠금동	
52416	380-777	022	충북	충주시	칠금동				코오롱통신아파트	101	107	충북 충주시 칠금동 코오롱통신아파트 (101~107동)	
52417	380-776	012	충북	충주시	칠금동				코오롱통신아파트	201	207	충북 충주시 칠금동 코오롱통신아파트 (201~207동)	
52418	380-160	001	충북	충주시	풍동				현대아파트	101	106	충북 충주시 칠금동 현대아파트 (101~106동)	
52419	380-783	012	충북	충주시	호암동							충북 충주시 풍동	
52420	380-130	001	충북	충주시	호암동				세영더존아파트	101	107	충북 충주시 호암동 세영더존아파트 (101~107동)	
52421	380-967	001	충북	충주시	호암동							충북 충주시 호암동	
52422	380-966	001	충북	충주시	호암동		201	1000				충북 충주시 호암동 201~1000	
52423	380-763	002	충북	충주시	호암동		1	200				충북 충주시 호암동 1~200	
52424	380-600	006	충북	충주시					세경아파트			충북 충주시 호암동 세경아파트	
52425									충주우체국사서함			충북 충주시 충주우체국사서함	
52426													

> 우편번호는 변동이 심하므로, 인터넷 우체국 사이트에서 관련한 최신 파일을 다운로드받아 불필요한 열을 삭제합니다.

고객 명단

	A	B	C	D	E	F	G
1	회사명	담당자	직위	우편번호	주소	우편번호용 주소	
2	신영상사	한석규	사원	742-170	경북 상주시 가장동 78-3	경북 상주시 가장동	
3	원창㈜	황영순	대표이사	137-060	서울 서초구 방배동 883-11	서울 서초구 방배동	
4	동광 통상	조자룡	대표이사	157-280	서울 강서구 내발산동 318-15	서울 강서구 내발산동	
5	경성 트레이딩	구재석	사원	406-110	인천 연수구 연수동 208-16	인천 연수구 연수동	
6	정금 상사	최영희	과장	302-160	대전 서구 도마동 110-6	대전 서구 도마동	
7	협우 상사	손미선	대리	120-121	서울 서대문구 남가좌1동 189-13	서울 서대문구 남가좌1동	
8	베네디스 유통	장선희	과장	150-043	서울 영등포구 당산동3가 16-32	서울 영등포구 당산동3가	
9	삼화 상사	정영일	대표이사	614-103	부산 부산진구 당감3동 611-3	부산 부산진구 당감3동	
10	서주 무역	문익현	대표이사	140-150	서울 용산구 갈월동 116-7	서울 용산구 갈월동	
11	태강 교역	문흥미	과장	604-030	부산 사하구 신평동 701-29	부산 사하구 신평동	
12	월드 링크	이강주	사원	621-060	경남 김해시 구산동 17-111	경남 김해시 구산동	
13	혜성 백화점	박광준	사원	135-280	서울 강남구 대치동 315-11	서울 강남구 대치동	
14	진주 백화점	홍성주	과장	405-233	인천 남구 간석3동 270-8	인천 남구 간석3동	
15	동남 상사	강태준	대표이사	135-100	서울 강남구 청담동 115-1	서울 강남구 청담동	
16	대진 상사	천용만	대리	139-240	서울 노원구 공릉동 178-8	서울 노원구 공릉동	
17	ITM㈜	남궁억선	차장	423-050	경기 광명시 소하동 11-3	경기 광명시 소하동	
18	극동 무역	강민수	과장	138-220	서울 송파구 잠실동 220-15	서울 송파구 잠실동	
19	양정 물산	주진국	사원	134-030	서울 강동구 성내동 143-35	서울 강동구 성내동	
20	성신 교역㈜	성병재	차장	314-130	충남 공주시 무릉동 171-3	충남 공주시 무릉동	
21							
22							

> 우편번호를 참조해 올 수 있도록 전체 주소에서 우편번호용 주소를 잘라냅니다.

> 잘라낸 우편번호용 주소를 이용해 [우편번호] 표에서 우편번호를 참조해 옵니다.

Project Review

레이블

	742-170				614-103		
	경북 상주시 가장동 78-3				부산 부산진구 당감3동 611-3		
	신영상사 ㈜				삼화 상사		
	한석규	사원			정영일	대표이사	

	137-060				140-150		
	서울 서초구 방배동 883-11				서울 용산구 갈월동 116-7		
	원창 ㈜				서주 무역		
	황영순	대표이사			문익한	대표이사	

	157-280				604-030		
	서울 강서구 내발산동 318-15				부산 사하구 신평동 701-29		
	동광 통상 ㈜				태강 교역 ㈜		
	조자룡	대표이사			문흥미	과장	

	406-110				621-060		
	인천 연수구 연수동 208-16				경남 김해시 구산동 17-111		
	경성 트레이딩 ㈜				월드 링크 ㈜		
	구재석	사원			이강주	사원	

	302-160				135-280		
	대전 서구 도마동 110-6				서울 강남구 대치동 315-11		
	정금 상사 ㈜				혜성 백화점 ㈜		
	최영희	과장			박광준	사원	

> 고객 명단의 데이터를 지정한 라벨 서식에 순서대로 표시합니다.
> 이런 작업은 명찰 등을 작업할 때에도 유용하게 사용할 수 있습니다.

Section 01 고객 명단 정리하기

▶ 우편번호 정리   ▶ 찾기 및 바꾸기

라벨 인쇄 작업에서 가장 번거로운 일이 고객 주소와 우편번호를 매칭시키는 작업입니다. 인터넷을 검색하면 이런 작업에 유용한 공개 프로그램이 많이 있지만, 데이터가 어떻게 정리되어 있는지에 따라 원하는 결과를 얻지 못할 때도 있습니다. 이번 작업에서는 라벨 인쇄를 할 수 있도록 고객 데이터를 효과적으로 정리하는 방법에 대해 설명합니다.

01 우편번호 데이터 확인하기 예제 파일을 열고 [우편번호] 시트 탭을 클릭하면 그림과 같은 우편번호 데이터를 확인할 수 있습니다.

TIP … 우편번호 엑셀 파일 다운로드
최신 우편번호가 기록된 엑셀 파일은 인터넷 우체국 사이트(http://www.epost.go.kr)에서 다운로드받을 수 있습니다. 로그인 창 아래 있는 [우편번호 검색] 링크를 클릭한 다음 우편번호 데이터를 받으면 됩니다.

02 고객 데이터 확인하기 [고객] 시트 탭을 클릭해 라벨에 표시할 고객 데이터를 확인합니다. D열의 주소를 이용해 [우편번호] 시트의 우편번호를 참조해 올 예정입니다.

03 우편번호용 주소 열 추가하기 우편번호를 참조하기 위해서는 D열의 전체 주소에서 우편번호용 주소를 분리해야 합니다.

표의 오른쪽 빈 열인 **E**열에 그림과 같이 **우편번호용 주소** 열을 추가합니다.

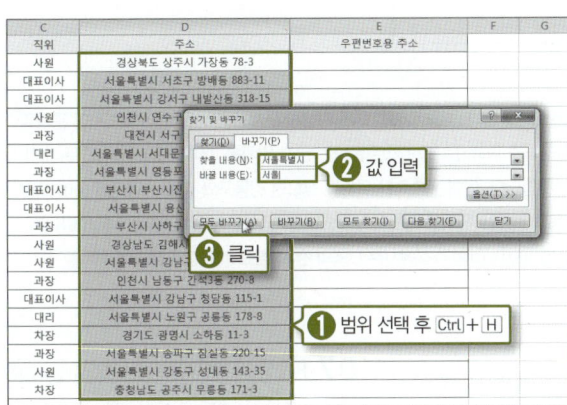

04 주소 수정하기 주소를 [우편번호] 시트의 형식에 맞게 수정하는 작업을 진행합니다.

① D2:D20 범위를 선택하고, Ctrl+H키(바꾸기)를 누릅니다.
② 찾을 내용과 바꿀 내용을 다음과 같이 구성
③ 〈모두 바꾸기〉 버튼을 클릭합니다.

찾을 내용 : 서울특별시 / 바꿀 내용 : 서울

TIP ... 주소를 수정하는 이유

우편번호용 주소를 잘라내기 이전에 D열의 주소에서 확인해야 하는 것은 시/도명입니다. 1번 과정에서 살펴본 우편번호용 테이블에는 시/도명이 서울, 인천과 같이 2자리 문자로 표시되어 있습니다. 그러므로 [고객] 시트의 데이터에 있는 시/도명을 2자리 문자로 표시하는 작업이 필요합니다. 4번 과정을 반복해서 다른 시/도명도 2자리 문자로 수정합니다.

찾을 내용	바꿀 내용	찾을 내용	바꿀 내용
경상북도	경북	경상남도	경남
인천시	인천	경기도	경기
대전시	대전	충청남도	충남
부산시	부산		

05

4번 과정을 모두 처리하면, 그림과 같이 시/도명이 모두 2자리 문자로 표시됩니다. 이 작업은 손이 많이 가는 번거로운 작업이므로 이런 수정 사항이 잦다면, 매크로로 기록해 필요할 때 실행시키는 방법을 사용하는 것이 좋습니다.

06 우편번호용 주소 잘라내기 이제 우편번호용 주소(읍/면/동)를 잘라냅니다.

① E2셀을 선택하고, 다음 수식을 입력
② E2셀의 **채우기 핸들**을 E20셀까지 드래그해 수식을 복사합니다.

=FIND("동 ", D2)

수식 설명 =FIND("동 ", D2)
FIND 함수는 전체 문자열에서 찾을 문자(열)이 몇 번째에 있는지 찾아 주는 함수입니다. 찾을 문자가 2개 이상의 문자로 구성된 경우에는 해당 문자열이 위치한 첫 번째 문자 위치를 반환해 줍니다. 이번에는 읍/면/동 주소까지 잘라내기 위해, 동 또는 가로 끝나는 문자 위치를 파악하려고 합니다. 두 개의 서로 다른 문자 위치를 한 번에 파악할 수 없으므로 먼저 동의 위치를 파악한 것입니다. 이때 동으로만 위치를 찾으면 강동구와 같이 지역명에 동이 포함된 경우에는 정확한 위치를 찾을 수 없다는 문제가 있습니다. 그러므로 읍/면/동이 끝나는 위치를 정확하게 찾으려면, 찾을 문자(열) 인수로 "동"이 아니라, 문자 다음에 항상 입력되는 공백 문자(" ")를 포함해 "동 "을 지정해야 합니다. 그러므로 이번 수식에서는 D열의 전체 주소에서 "동 " 문자열 위치를 찾아 첫 번째 문자인 "동"이 몇 번째에 나타나는지 위치 값을 반환합니다.

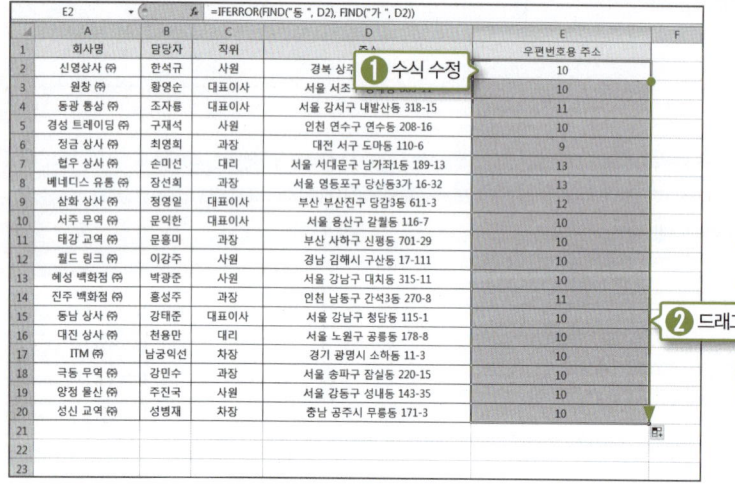

07 E8셀의 #VALUE! 오류는 D8셀의 주소가 "동 "으로 끝나는 주소가 아니기 때문입니다. 주소가 "동 " 이외에도 "가 "로 끝나는 경우가 있으므로 수식을 수정합니다.

① E2셀의 수식을 다음과 같이 수정
② E2셀의 **채우기 핸들**을 E20셀까지 드래그해 복사합니다.

=IFERROR(FIND("동 ", D2), FIND("가 ", D2))

수식 설명 =IFERROR(FIND("동 ", D2), FIND("가 ", D2))
IFERROR 함수는 첫 번째 인수에서 오류가 반환될 때, 두 번째 인수를 반환하는 함수로 엑셀 2007 버전부터 추가된 함수입니다. 6번 과정에서 사용한 수식은 "동 " 문자열의 위치를 D열의 주소에서 찾는 것이므로 "동 "으로 끝나는 주소가 없다면 #VALUE! 오류가 반환됩니다. 그러므로 IFERROR 함수를 사용해 "동 "이 아니라 "가 "로 끝나는 주소의 위치를 찾도록 수식을 수정해야 합니다. 만약 "가 "로 끝나는 주소 이외에도 "읍 "으로 끝나는 위치를 추가하려면 다음과 같이 IFERROR 함수를 중첩해서 수식을 수정합니다.

=IFERROR(IFERROR(FIND("동 ", D2), FIND("가 ", D2)), FIND("읍 ", D2))

엑셀 2003 이하 버전에서 사용하려면 이번 수식을 다음과 같이 수정해야 합니다.

=IF(ISERROR(FIND("동 ", D2)), FIND("가 ", D2), FIND("동 ", D2))

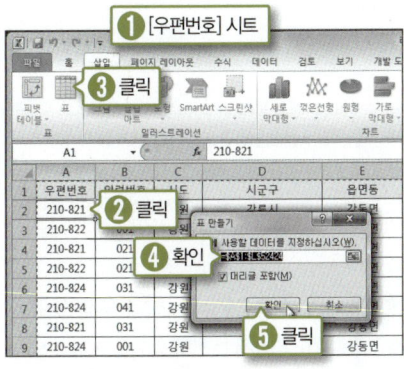

08 FIND 함수로 위치를 모두 찾았으므로 LEFT 함수를 사용해 우편번호용 주소를 잘라냅니다.

① E2셀의 수식을 다음과 같이 수정
② E2셀의 채우기 핸들을 E20셀까지 드래그해 수식을 복사합니다.

=LEFT(D2, IFERROR(FIND("동 ", D2), FIND("가", D2)))

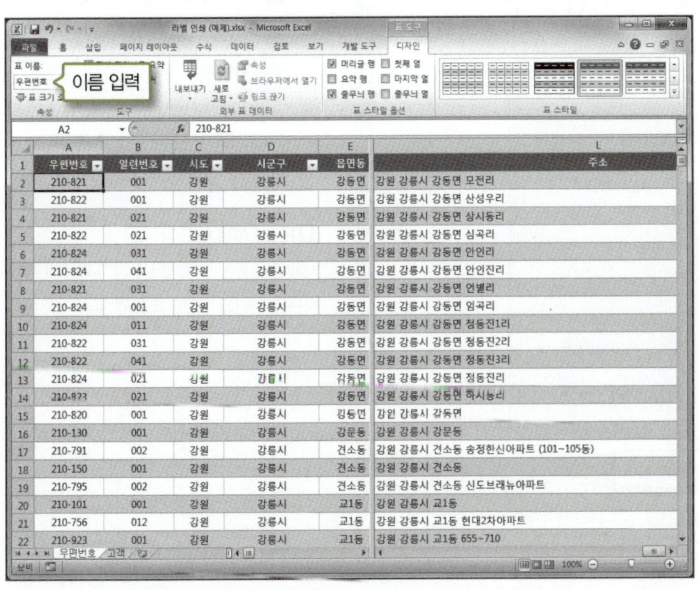

09 엑셀 표로 변환 이후 작업의 편의성을 위해 [우편번호] 시트에서 엑셀 표로 변환하는 작업을 진행합니다.

① [우편번호] 시트 탭을 클릭
② A2셀을 선택
③ 리본 메뉴의 [삽입] 탭 – [표] 그룹에서 표 단추를 클릭
④ 표 만들기 대화상자에서 참조 주소(A1:L52424)를 확인
⑤ 〈확인〉 버튼을 클릭합니다.

10 엑셀 표로 변환한 후 엑셀 표의 이름을 정의합니다.

리본 메뉴의 [디자인] 탭 – [속성] 그룹에서 표 이름 입력란에 다음과 같은 이름을 입력한 후 Enter 키를 누릅니다.

우편번호

TIP ... 엑셀 표 스타일 깔끔하게 유지하기

엑셀 표로 변환하면 기존 표 서식 위에 엑셀 표 스타일이 나타나므로 깔끔하지가 않습니다. 그러므로 엑셀 표 스타일을 온전히 확인하려면 반드시 기존 표 서식을 삭제해야 합니다. 표 전체 범위를 선택하고, 리본 메뉴의 [홈] 탭 – [글꼴] 그룹에서 [채우기 없음], [테두리 없음] 명령을 실행합니다.

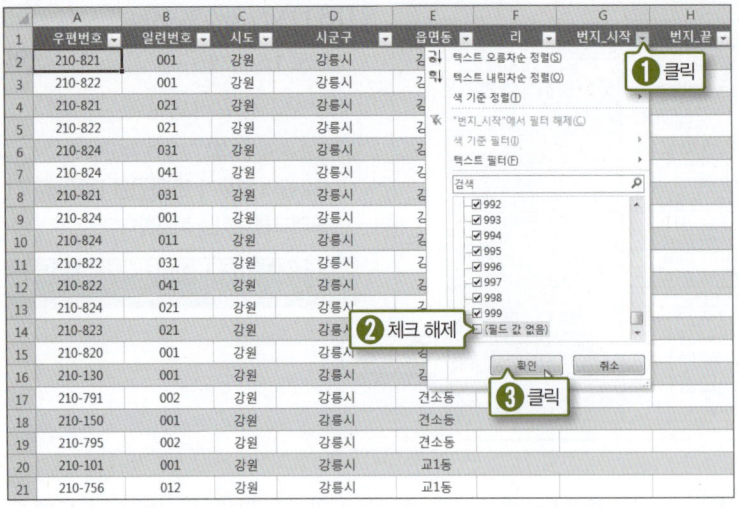

11 번지로 구분된 우편번호 제거 우편번호를 검색할 때, 번지 정보를 인식해 값을 참조해 오기는 쉽지 않습니다. 그러므로 사용하지 않을 번지 데이터를 갖는 우편번호는 삭제합니다.

① G1셀의 **옵션** 단추를 클릭
② 필터 목록에서 (**필드 값 없음**) 항목의 체크 표시를 해제
③ 〈확인〉 버튼을 클릭합니다.

TIP ... 번지가 입력된 우편번호를 삭제하는 이유

현재 우편번호는 주소와 번지로 세분화되어 선택하게 되어 있습니다. 하지만 수식만으로 번지까지 확인해 우편번호를 참조하기는 쉽지 않습니다. 그러므로 해당 주소의 대표 우편번호(번지를 제외한 동 우편번호)를 참조하는 것이 편리합니다. 이렇게 해도 우편물을 발송하는 데는 아무런 문제가 없습니다. 잘못된 우편번호를 참조할 가능성을 배제하고, 참조 작업의 효율을 높이기 위해 미리 번지로 구분된 우편번호 주소를 모두 삭제하는 것입니다.

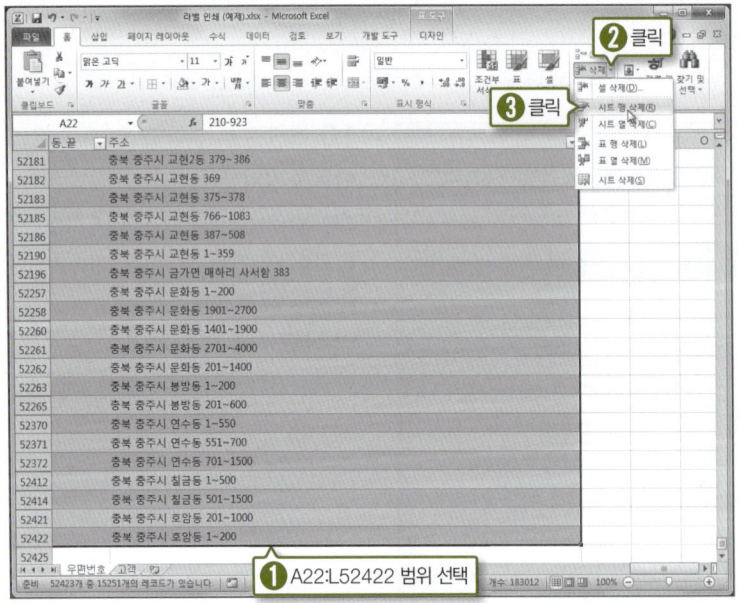

12 추출된 데이터를 삭제합니다.

① 추출된 데이터 범위인 **A22:L52422**를 선택(범위를 쉽게 선택하려면 A22셀을 선택하고, Ctrl+A 키를 누릅니다).
② 리본 메뉴의 [홈] 탭 - [셀] 그룹에서 **삭제** 단추의 **옵션** 단추를 클릭
③ **시트 행 삭제** 명령을 클릭합니다.

TIP ... 삭제 시간

삭제할 우편번호 데이터가 많기 때문에 삭제하는데 약간의 시간이 소요됩니다.

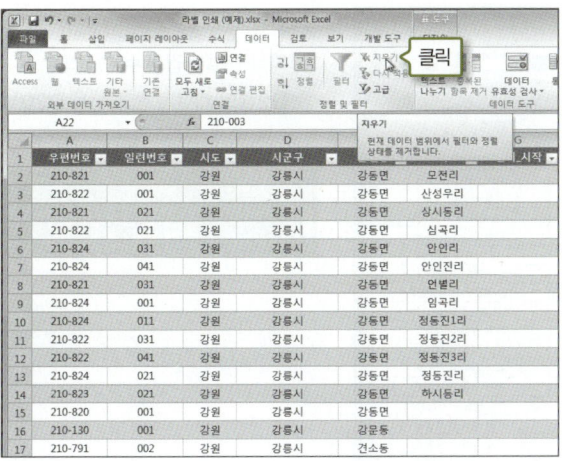

13 추출된 우편번호 데이터가 모두 삭제되면, 필터 조건을 해제(전체 데이터를 확인)해야 합니다.

리본 메뉴의 [데이터] 탭 – [정렬 및 필터] 그룹에서 **지우기** 단추를 클릭합니다.

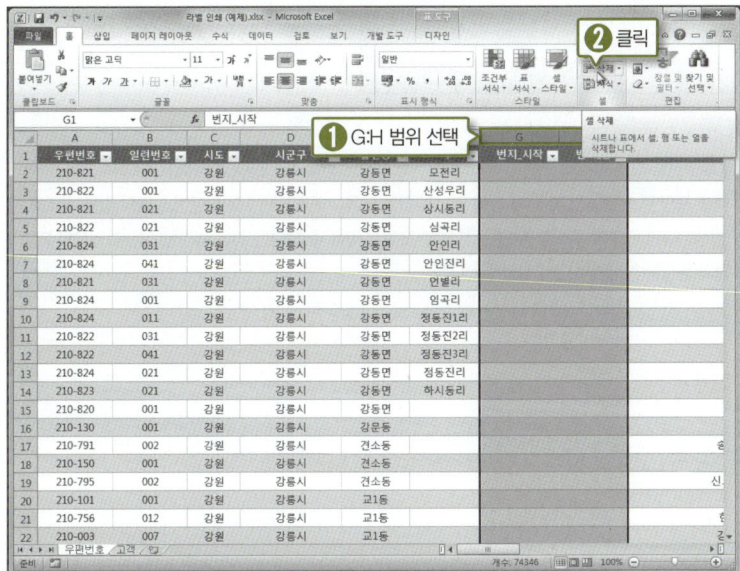

14 이제 G:H(번지) 열이 필요 없으므로 삭제합니다.

① 워크시트 위에 있는 **G:H** 열 머리글을 선택

② 리본 메뉴의 [홈] 탭 – [셀] 그룹에서 **삭제** 단추를 클릭합니다.

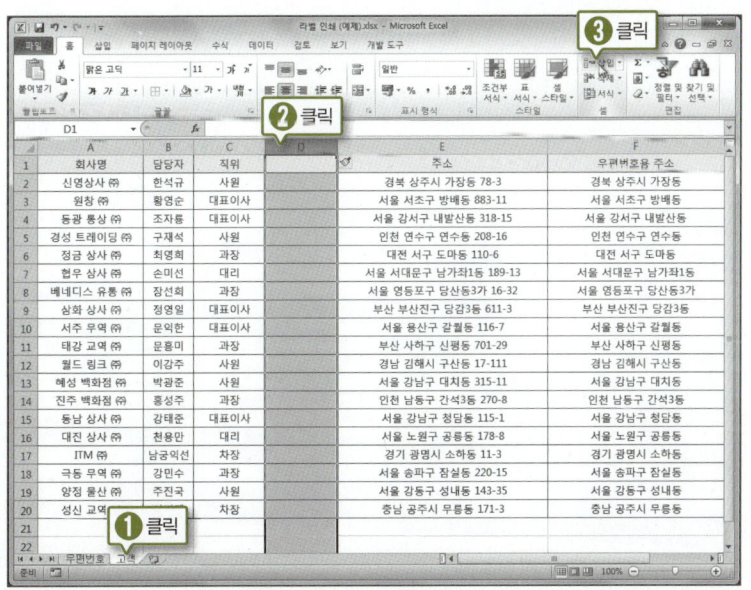

15 우편번호 참조해 오기 우편번호 테이블의 정리 작업이 끝났으므로 고객 명단에 우편번호를 추가합니다.

① [고객] 시트 탭을 클릭

② **D**열을 선택

③ 리본 메뉴의 [홈] 탭 – [셀] 그룹에서 **삽입** 단추를 클릭해 빈 열을 하나 추가합니다.

16

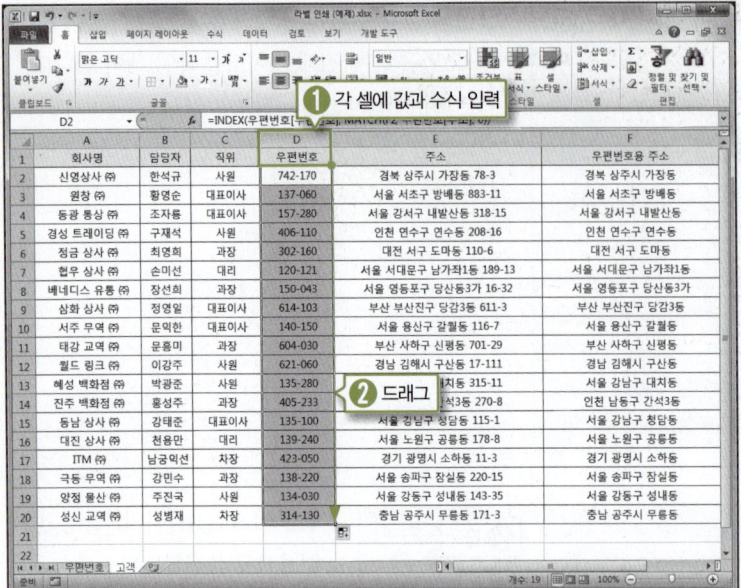

① 다음 각 셀에 값과 수식을 입력
② D2셀의 **채우기 핸들**을 D20셀까지 드래그해 수식을 복사합니다.

D1 : 우편번호
D2 : =INDEX(우편번호[우편번호], MATCH(F2, 우편번호[주소], 0))

수식 설명 =INDEX(우편번호[우편번호], MATCH(F2, 우편번호[주소], 0))

F열에 잘라 놓은 주소를 이용해 [우편번호] 시트에서 우편번호 값을 참조해 오는 수식입니다. 수식 구성은 전형적인 INDEX, MATCH 함수 조합입니다. MATCH 함수를 사용해, F열의 주소를 [우편번호] 엑셀 표의 주소 열에서 몇 번째 행에 있는지 찾은 다음, INDEX 함수로 우편번호 열의 값을 참조해 온 것입니다. 만약 이 수식을 사용할 때 #N/A! 오류가 발생한다면, F열의 주소를 [우편번호] 엑셀 표에서 찾을 수 없다는 것을 의미합니다. 그러므로 F열의 우편번호용 주소 형식이 [우편번호] 엑셀 표의 주소 열과 동일한 형식인지 다시 확인해 봅니다.

Section 02 레이블 인쇄 마법사 추가 기능으로 라벨 인쇄하기

▶ 테이블 인쇄 마법사 ▶ 인쇄 ▶ 라벨 용지 ▶ 편지 병합

엑셀 추가 기능 중에는 레이블 인쇄 마법사 추가 기능이 있습니다. 이 기능을 이용하면 라벨 인쇄 작업이 쉬워집니다. 이 기능은 엑셀 2007 버전부터 추가된 것으로 단순한 라벨 인쇄에는 이 기능을 이용하는 것이 좋고, 좀 더 다양한 명찰 인쇄 등의 작업이 필요하다면, 이후에 설명하는 수식 이용 방법을 사용하는 것이 좋습니다.

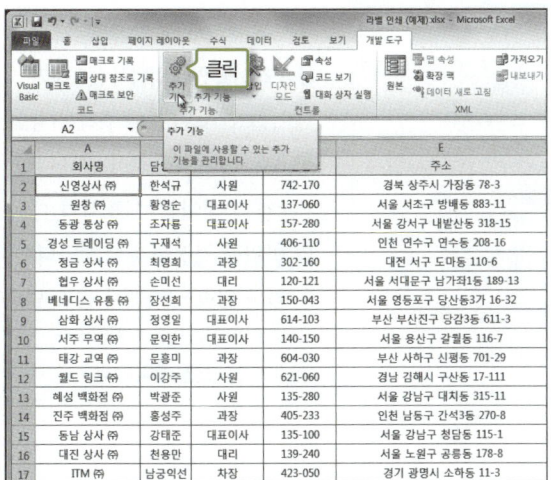

01 레이블 인쇄 마법사 추가 기능 설치

레이블 인쇄 마법사 추가 기능을 설치하기 위해 리본 메뉴의 [개발 도구] 탭 – [추가 기능] 그룹에서 **추가 기능** 단추를 클릭합니다.

> **TIP …** 엑셀 2007 버전에서의 명령 위치
> 엑셀 2007 버전에서는 [개발 도구] 탭에 [추가 기능] 단추가 없습니다. 그러므로 엑셀 2007에서는 Excel 옵션에서 [추가 기능] 범주를 선택한 후 〈이동〉 버튼을 클릭해야 합니다. 참고로 [개발 도구] 탭이 표시되지 않는다면 Excel 옵션 창에서 [리본 사용자 지정] 범주를 선택하고, 오른쪽 리본 메뉴 목록에서 [개발 도구] 탭 확인란에 체크합니다.

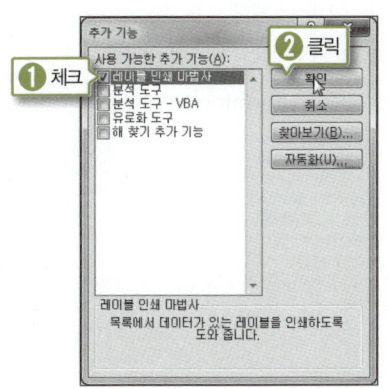

02 추가 기능 대화상자가 표시됩니다.
① **레이블 인쇄 마법사** 추가 기능에 체크
② 〈확인〉 버튼을 클릭합니다.

> **TIP …** 오피스 설치 CD 요청
> 사용자가 오피스를 설치할 당시의 구성에 따라 〈확인〉 버튼을 클릭했을 때 오피스 설치 CD를 요청하는 경우가 있습니다. 그런 경우는 초기 설치 때 [레이블 인쇄 마법사]를 생략한 경우로, 오피스 설치 CD를 넣어 추가로 설치해야 합니다.

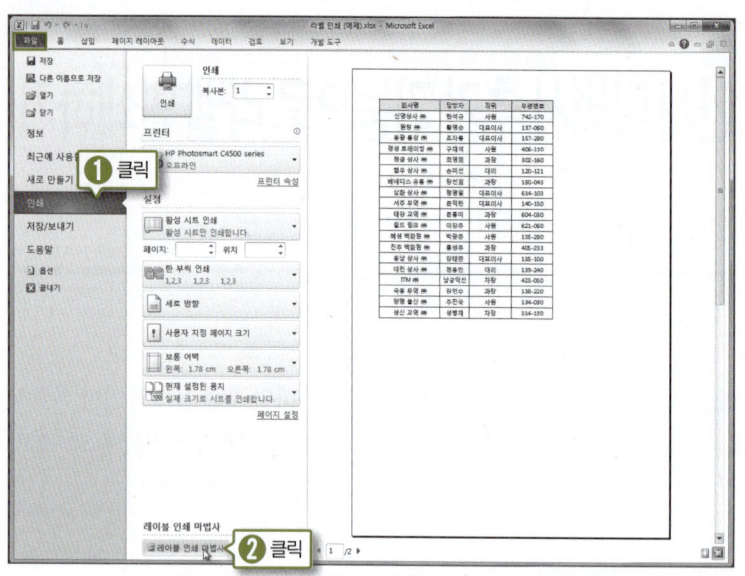

03 레이블 인쇄 마법사 기능 실행

레이블 인쇄 마법사 명령은 [인쇄] 명령에 포함되어 있습니다.

① 리본 메뉴의 [파일] 탭에서 **인쇄** 명령을 클릭
② 화면 아래 있는 〈레이블 인쇄 마법사〉 버튼을 클릭합니다.

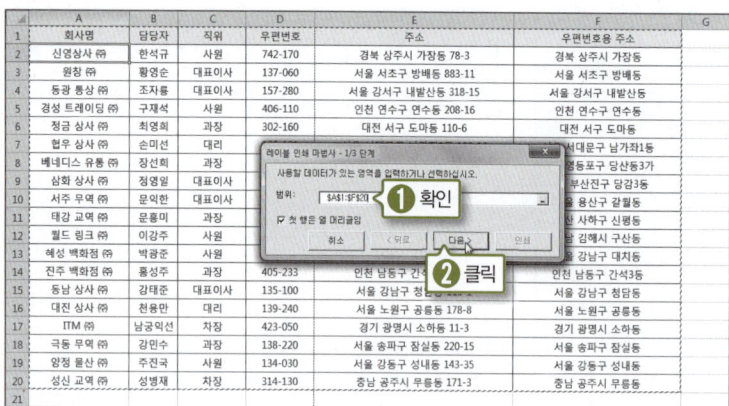

04 레이블 인쇄 마법사 설정하기

레이블 인쇄 마법사 추가 기능은 총 3단계로 구성되어 있습니다. 1단계는 레이블에 표시할 데이터 범위를 지정하는 단계입니다.

① 범위 입력 상자에서 참조 범위 (A1:F20)가 맞는지 확인
② 〈다음〉 버튼을 클릭합니다.

TIP ... 대상 범위 인식

표 내부의 셀을 하나 선택하고 실행했다면 레이블 인쇄 마법사 대화상자의 1단계에서 A1:F20 범위의 주소가 자동으로 설정됩니다. 만약, 범위가 제대로 설정되지 않았다면 범위: 입력란을 클릭한 후 마우스로 A1:F20 범위를 선택하면 됩니다.

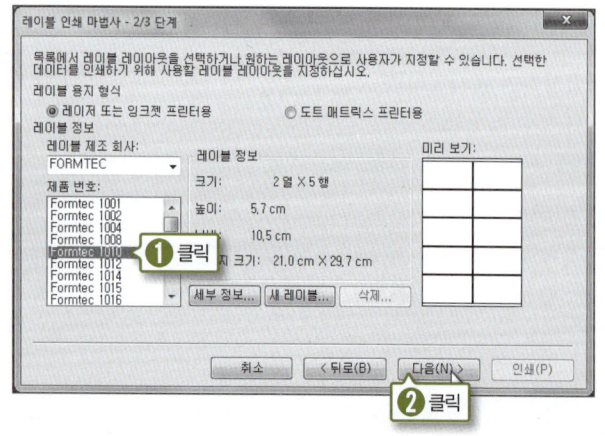

05

2단계는 갖고 있는 라벨 제품 정보를 선택하는 단계입니다. 이번 예제에서는 Formtec 사의 1010번 제품을 갖고 있다고 가정합니다.

① 그림과 제품 번호 목록에서 **Formtec 1010**을 클릭
② 〈다음〉 버튼을 클릭합니다.

TIP ... 라벨 용지 선택

라벨 용지를 구매한 후 제품의 겉포장을 확인하면 제조 회사나 제품 번호를 쉽게 파악할 수 있습니다. 만약 마법사에서 선택할 수 없는 제조사라면 5번 과정의 대화상자에서 〈새 레이블〉 버튼을 클릭해 갖고 있는 라벨 서식을 새로 등록하면 됩니다.

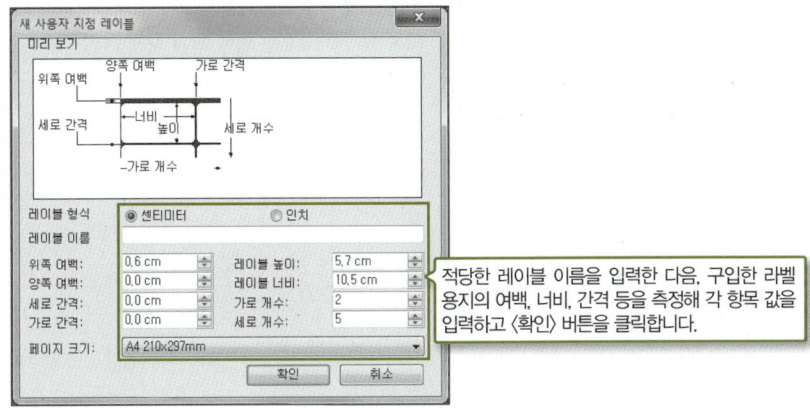

적당한 레이블 이름을 입력한 다음, 구입한 라벨 용지의 여백, 너비, 간격 등을 측정해 각 항목 값을 입력하고 〈확인〉 버튼을 클릭합니다.

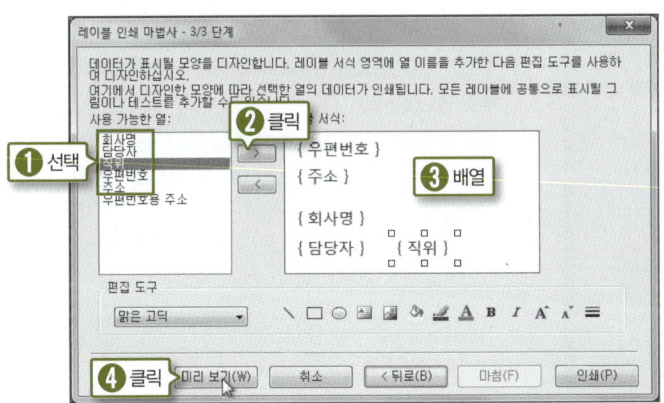

06 마법사 3단계에서는 라벨 용지에 데이터를 어떻게 표시할지 구성하는 단계입니다. 사용 가능한 열: 목록에서 표의 열 머리글을 모두 확인할 수 있습니다.

① 사용 가능한 열: 목록에서 **우편번호, 주소, 회사명, 담당자, 직위**를 선택
② 〈추가〉 버튼 󰁔 을 클릭
③ 레이블 서식: 목록에서 그림과 같이 각 항목을 배열
④ 결과를 확인하기 위해 〈미리 보기〉 버튼을 클릭합니다.

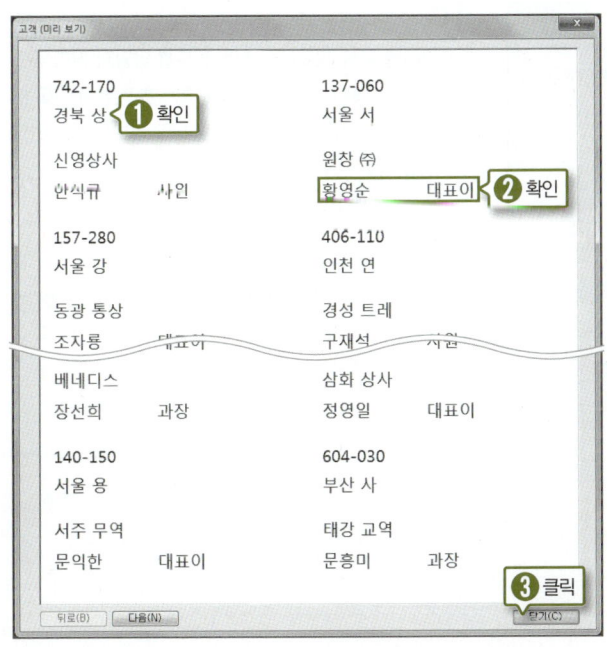

07 그림과 같이 미리 보기 대화상자가 표시됩니다. 미리 보기 대화상자에서 잘못된 부분을 찾아 3단계의 라벨 구성을 수정해야 합니다.

① 주소가 잘리는 문제
② 직위가 이름하고 너무 떨어져 있고, 모두 표시되지 않는 문제를 확인
③ 〈닫기〉 버튼을 클릭해 미리 보기 창을 닫습니다.

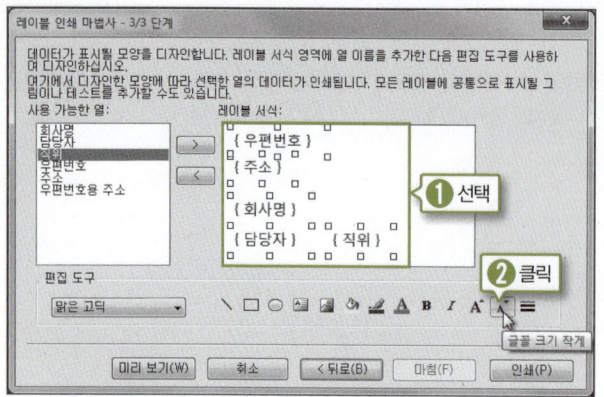

08 먼저 라벨 구성에서 글꼴 크기를 줄여 한 번에 많은 데이터가 표시되도록 설정합니다.

① 레이블 서식: 목록에서 **우편번호, 주소, 회사명, 담당자, 직위**를 모두 선택
② 목록 상자 아래 있는 **글꼴 크기 작게** 단추를 한 번 클릭해 글꼴 크기를 줄입니다.

TIP ... 여러 항목을 빠르게 선택하는 방법

레이블 서식: 목록에 있는 여러 항목을 빠르게 선택하려면 목록 상자 오른쪽 위 모서리 부분에서 왼쪽 아래 모서리 부분으로 드래그합니다. 빈 영역을 드래그해서 모든 항목을 선택하는 방법이 불편하다면 Shift 키를 누른 상태에서 항목을 하나씩 클릭해도 됩니다.

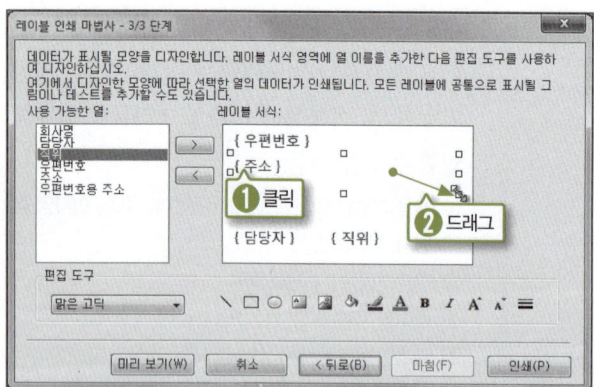

09

① 주소가 모두 표시될 수 있도록 레이블 서식: 목록에서 **주소** 필드를 선택
② 테두리 오른쪽 아래 있는 **크기 조정 핸들**을 오른쪽 끝까지 드래그해 그림과 같이 텍스트 상자의 너비를 넓힙니다.

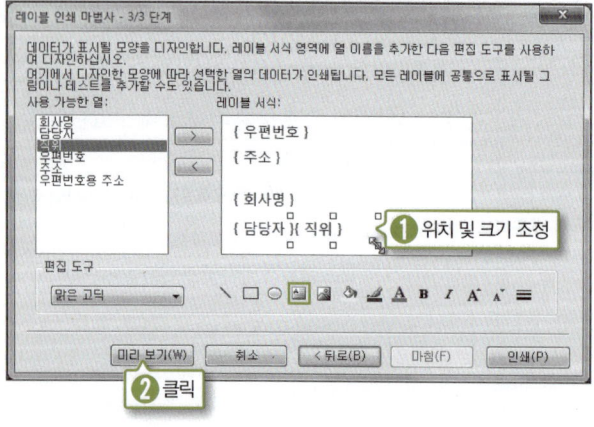

10

① 레이블 서식: 목록에서 **직위 필드**를 **담당자** 필드 옆으로 드래그해 위치를 조정하고 **크기 조정 핸들**을 오른쪽으로 드래그해 내용이 모두 표시되도록 너비를 조정
② 〈미리 보기〉 버튼을 클릭해 결과를 다시 확인합니다.

TIP ... 특별한 문구 넣기

레이블 서식: 목록 아래에 있는 [텍스트 상자] 단추를 클릭하고, 레이블 서식: 목록의 원하는 위치에 삽입한 다음, "귀하"와 같이 문자열을 추가할 수 있습니다.

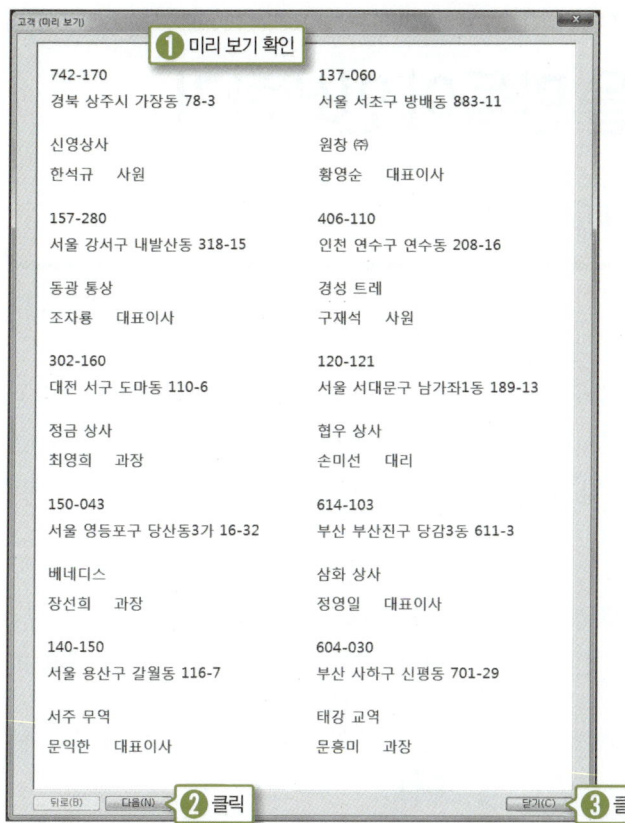

11

① 미리 보기 대화상자가 열리면 모든 데이터가 제대로 표시되는지 확인
② 데이터가 많으면 〈다음〉 버튼을 클릭해 다음 페이지도 확인
③ 문제가 없으면 〈닫기〉 버튼을 클릭합니다.

여전히 부족한 부분이 있다면 레이블 인쇄 마법사 3단계에서 다시 수정하면 됩니다.

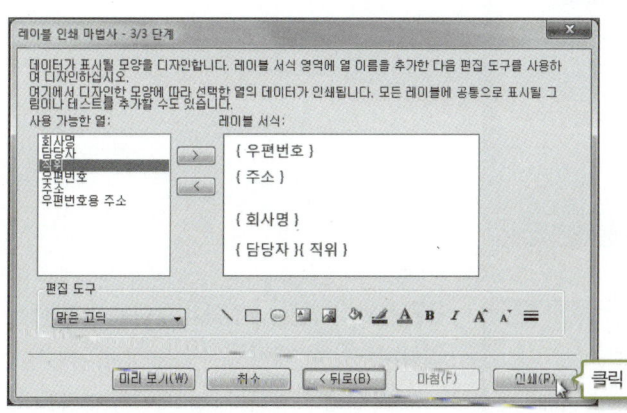

12 미리 보기 대화상자에서 문제가 없다면 마법사를 종료하고 인쇄합니다.

이 마법사는 인쇄 기능만 제공하므로 갖고 있는 라벨 용지를 프린터에 넣은 다음, 〈인쇄〉 버튼을 클릭합니다.

TIP ... 레이블 인쇄 마법사 추가 기능과 워드의 편지 병합 기능

레이블 인쇄 마법사 추가 기능은 MS 워드의 편지 병합 기능과 유사합니다. 하지만 레이블 인쇄 마법사 기능보다는 워드의 편지 병합 기능의 성능이 우수합니다. 그러므로 간단한 라벨 인쇄 작업은 레이블 인쇄 마법사 추가 기능으로 해결하고, 다양한 작업이 필요한 경우라면 워드의 편지 병합 기능을 이용하는 것이 좋습니다.

Section 03 라벨 서식을 만들어 인쇄하기

▶ 인쇄 미리 보기   ▶ 페이지 설정   ▶ 여백 설정

이번에는 수식을 이용해 라벨 서식을 구성하는 작업을 진행합니다. 수식을 이용하면 레이블 인쇄 마법사 추가 기능을 이용할 때보다 다양한 구성으로 자유롭게 꾸밀 수 있습니다. 단, 사용자가 일일이 수식을 이용해 데이터가 표시되도록 구성해야 한다는 단점이 있습니다. 이번 실습을 통해 수식을 이용한 라벨 서식 인쇄 방법을 제대로 이해할 수 있습니다.

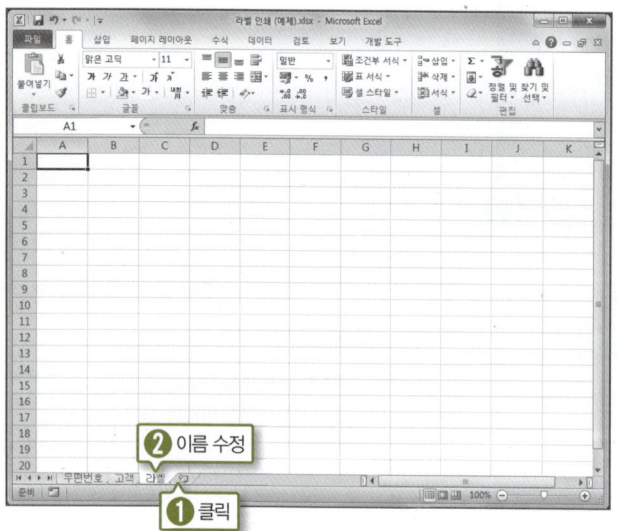

01 라벨 워크시트 추가하기
① 새 워크시트에 라벨 서식을 만들기 위해 **워크시트 추가** 단추 를 클릭
② 추가한 워크시트의 이름을 다음과 같이 수정합니다.

라벨

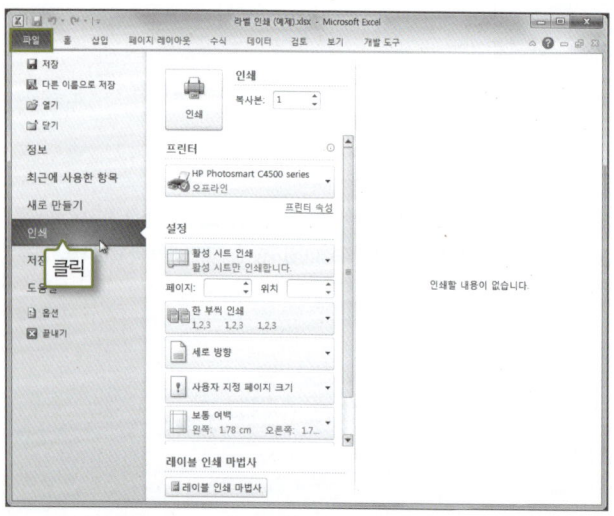

02 한 페이지 분량 확인하기 서식을 만들 때는 워크시트의 한 페이지 분량을 정확하게 파악하고 작업해야 합니다. 한 페이지 분량을 확인하려면 인쇄 미리 보기 기능을 이용하는 것이 좋습니다.

리본 메뉴의 [파일] 탭에서 **인쇄** 메뉴를 클릭합니다.

> **TIP ...** 인쇄 미리 보기
>
> 엑셀 2010 버전부터는 인쇄 미리 보기 기능이 리본 메뉴의 [파일] 탭 [인쇄] 메뉴의 백스테이지(Backstage) 보기 화면에 표시됩니다. 인쇄 미리 보기 기능을 이용하는 방법 이외에도 엑셀의 보기 모드를 이용해서 한 페이지 분량을 확인할 수 있습니다. 리본 메뉴의 [보기] 탭 – [통합 문서 보기] 그룹에서 [페이지 레이아웃] 명령을 클릭하면 워드처럼 워크시트 화면을 페이지 단위로 표시할 수 있습니다.

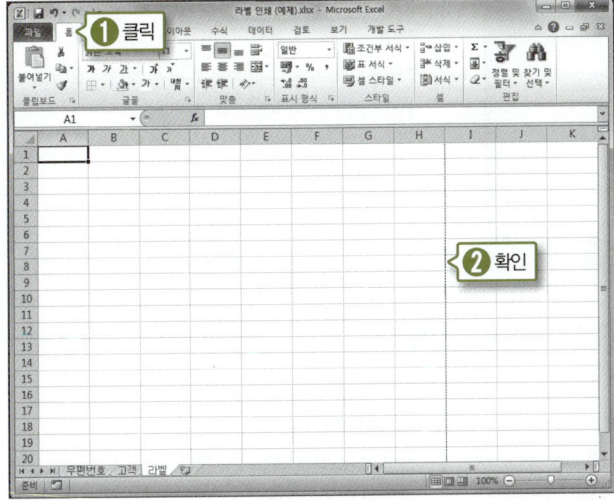

03

① 리본 메뉴에서 [홈] 탭을 클릭
② 백스테이지 화면이 닫히면서, 워크시트 화면에 페이지 구분선이 점선으로 표시됩니다(아래쪽으로 화면을 스크롤하면 43행과 44행 사이에도 페이지 구분선이 나타납니다).

TIP ... 페이지 구분선의 위치

페이지 구분선은 한 페이지에 표시될 영역으로 사용자의 프린터 설정과 용지 설정 그리고 워크시트의 글꼴 스타일에 따라 변경됩니다.

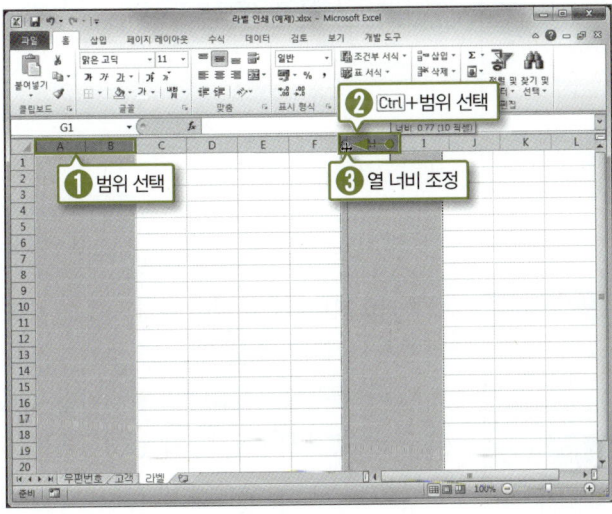

04 라벨 서식 구성하기 한 페이지 분량을 확인했으므로 라벨 서식을 구성합니다. 라벨 하나에 열 4개를 사용하고, 외곽 2개 열은 여백으로 사용하도록 구성합니다.

① A:B 열 머리글을 선택
② Ctrl 키를 누른 상태에서 G:H 열 머리글을 추가로 선택
③ G열과 H열의 열 구분선을 왼쪽으로 드래그해 선택한 열의 너비를 10픽셀로 조정합니다.

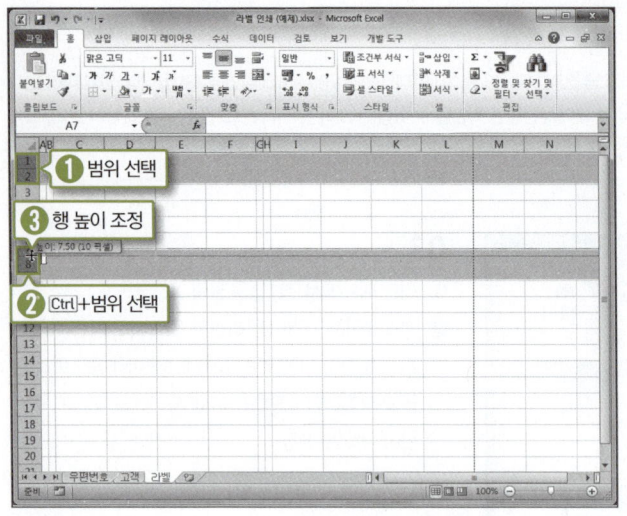

05 라벨 하나에는 우편번호, 주소, 회사명, 이름, 직위 등의 데이터를 4줄로 표시해야 합니다. 그러므로 행도 4행을 본문으로 사용하고, 위, 아래 2행씩을 여백으로 사용합니다.

① 1:2 행 머리글을 선택
② Ctrl 키를 누른 상태에서 7:8행 머리글을 추가로 선택
③ 7행과 8행의 **행 구분선**을 위로 드래그해 행 높이를 10픽셀로 조정합니다.

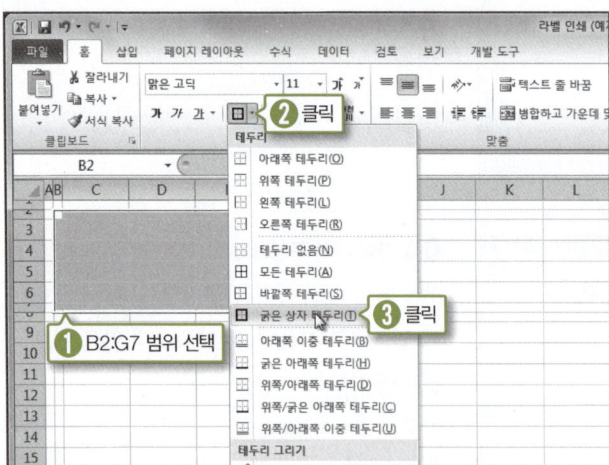

06 이제 하나의 라벨 범위에 테두리를 설정해 표시합니다.

① B2:G7 범위를 선택
② 리본 메뉴의 [홈] 탭 – [글꼴] 그룹에서 **테두리** 단추의 **옵션** 단추를 클릭
③ **굵은 상자 테두리** 명령을 클릭해 적용합니다.

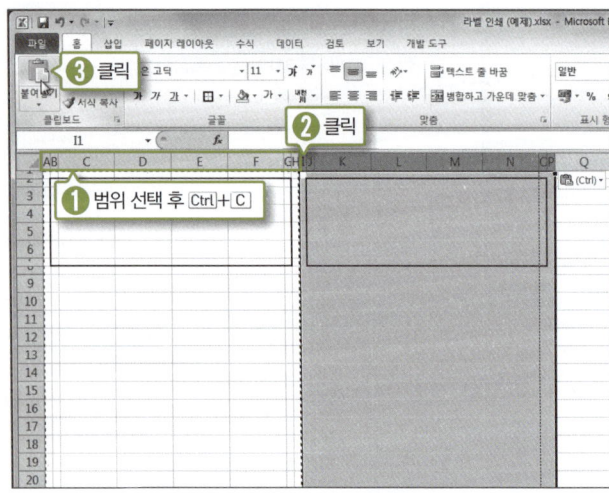

07 라벨 복사하기 한 페이지 가로에 두 개의 라벨을 표시하기 위해, B2:G7 범위의 라벨 서식을 오른쪽에 복사합니다. 열 너비를 그대로 유지하면서 복사하기 위해 열 전체를 복사합니다.

① A:H 열 머리글을 선택하고, 복사(Ctrl+C)
② I열을 선택
③ 리본 메뉴의 [홈] 탭 – [클립보드] 그룹에서 **붙여넣기** 단추를 클릭합니다.

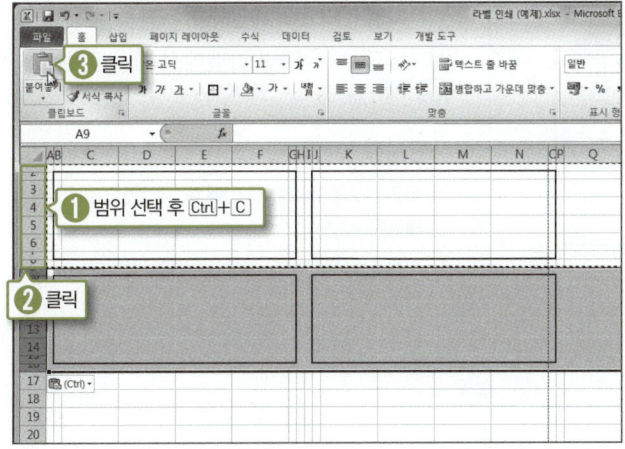

08 이번에는 아래쪽으로 행 높이를 유지하면서 라벨을 복사합니다.

① 1:8 행 머리글을 선택하고, 복사(Ctrl+C)
② 9행을 선택
③ 리본 메뉴의 [홈] 탭 – [클립보드] 그룹에서 **붙여넣기** 단추를 클릭합니다.

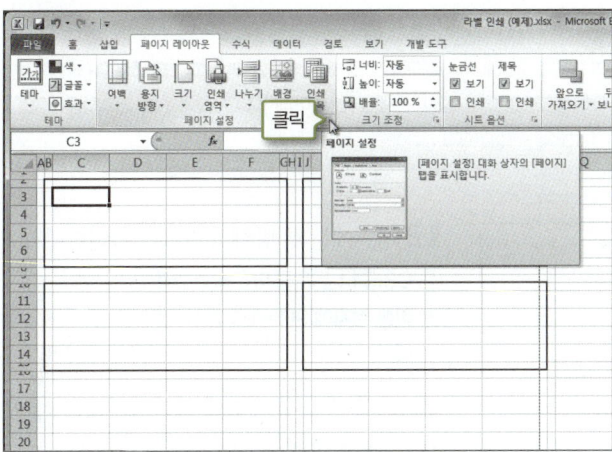

09 라벨을 한 페이지에 맞추기 7번 과정에서 복사한 라벨이 가로 페이지 구분선을 넘어갔으므로 여백을 조정해 라벨 서식이 한 페이지에 표시되도록 합니다.

리본 메뉴의 [페이지 레이아웃] 탭 – [페이지 설정] 그룹에서 **대화상자 표시** 단추를 클릭합니다.

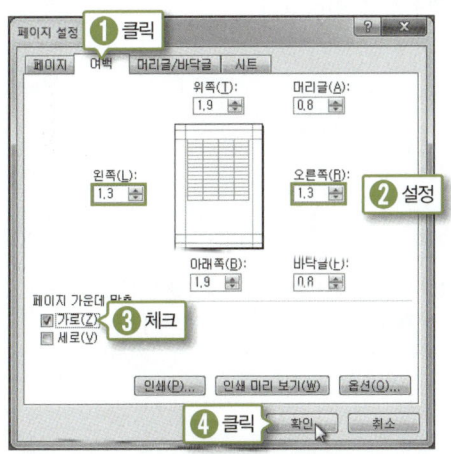

10 페이지 설정 대화상자가 표시됩니다.

① [여백] 탭을 클릭
② **왼쪽**과 **오른쪽** 여백을 각각 **1.3**으로 조정
③ 페이지 가운데 맞춤 항목에서 **가로** 옵션의 확인란을 체크
④ 〈확인〉 버튼을 클릭합니다.

TIP … 페이지 설정 대화상자의 옵션

왼쪽 여백과 오른쪽 여백의 값을 줄이는 것은 실제 데이터가 표시되는 가로 영역을 넓히는 효과가 있습니다. 이것은 9번 과정에서 확인했듯이 라벨 서식이 페이지 구분선을 넘어 표시되고 있기 때문에 여백을 줄여, 한 페이지에 좀 더 많은 열이 표시되도록 설정한 것입니다. 그리고 페이지 가운데 맞춤 항목의 [가로] 확인란을 체크하면 인쇄할 라벨이 페이지의 가운데로 표시되므로 좀 더 깔끔하게 서식이 표시되는 효과가 있습니다.

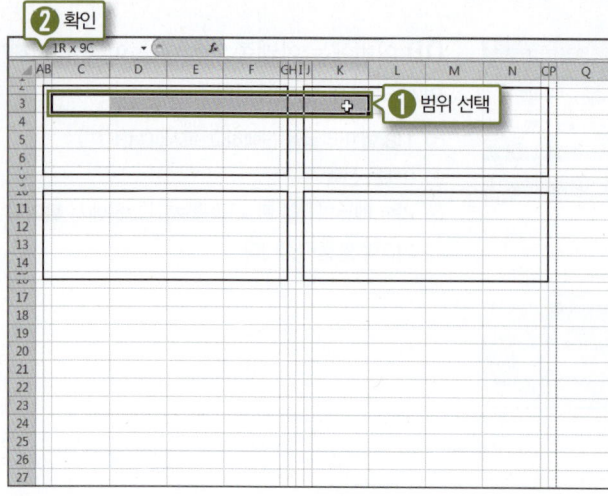

11 라벨 간의 간격 확인하기 수식을 이용해 라벨 서식을 만들려면 라벨에서 다음 라벨까지의 간격(셀 개수)을 확인하는 작업이 매우 중요합니다.

① 우편번호를 표시할 첫 번째 셀 위치인 **C3:K3** 범위를 마우스로 드래그해 선택
② **이름 상자**에서 **1R×9C** 값을 확인합니다.

> **TIP ... 라벨과 라벨 사이의 가로 간격 확인**
>
> 이름 상자에 표시되는 1R×9C는 선택된 범위가 1개의 행(Row)과 9개의 열(Column)로 구성된다는 것을 의미합니다. 그러므로 첫 번째 라벨에서 우편번호를 표시할 C3셀에서 열 방향의 다음 라벨의 첫 번째 셀인 K3셀까지 총 9개의 셀이 존재한다는 의미입니다. C3셀에서 K3셀로 이동하려면 오른쪽으로 8번 이동해야 합니다(이것으로 8이 열 방향 라벨의 간격임을 알 수 있습니다).

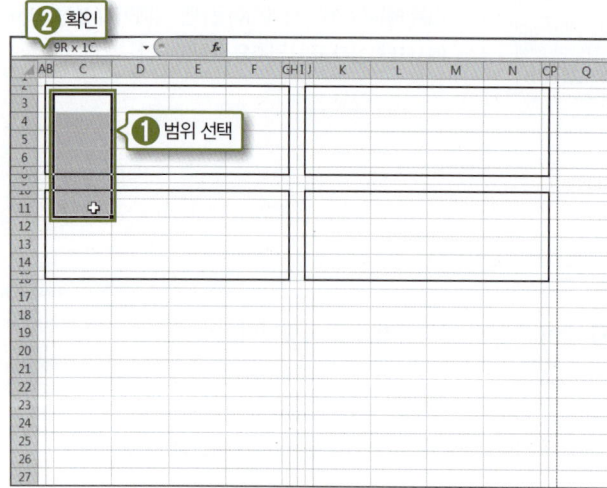

12 이번에는 행 방향의 간격을 확인합니다.
① **C3:C11** 범위를 마우스로 선택
② **이름 상자**에 **9R×1C** 값이 나타나는 것을 확인합니다.

그러므로 행 방향의 라벨 역시 첫 번째 라벨에서 두 번째 라벨까지의 간격이 8이라는 것을 확인할 수 있습니다.

> **TIP ... 라벨과 라벨 사이의 세로 거리 확인**
>
> 첫 번째 라벨과 행(아래) 방향의 두 번째 라벨 간의 간격 역시 9개의 행이 있으므로 두 라벨 사이의 간격은 8입니다. 이런 간격을 파악하는 것은 수식을 이용해 라벨과 같은 반복적인 서식을 표시하는 작업을 할 때 굉장히 중요한 정보이므로 잘 기억해 놓길 바랍니다.

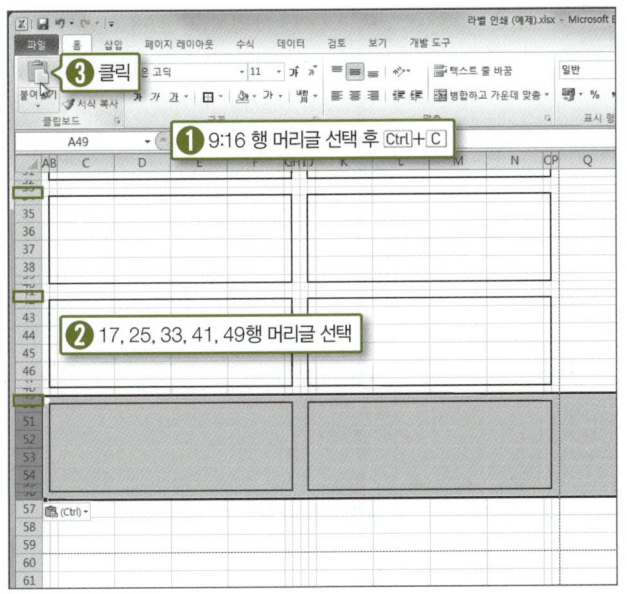

13 한 페이지에 꽉 차게 라벨 복사하기 한 페이지 분량에 맞게 라벨을 복사합니다.

① 9:16 행 머리글을 선택하고, 복사(Ctrl+C)
② 17행, 25행, 33행, 41행, 49행의 머리글을 선택
③ 리본 메뉴의 [홈] 탭 – [클립보드] 그룹에서 **붙여넣기** 단추를 클릭합니다.

TIP ... 라벨을 어디까지 복사하는 것이 좋을까?
13번 과정의 그림을 보면 페이지 구분선을 넘기지 않는 선까지 라벨을 복사했습니다. 이렇게 한 후 페이지의 상/하 여백을 좀 더 넓게 수정해 한 페이지를 맞춥니다. 만약 페이지 구분선을 약간 넘기는 정도라면, 페이지의 상/하 여백을 줄여 한 페이지에 맞추는 작업을 진행합니다.

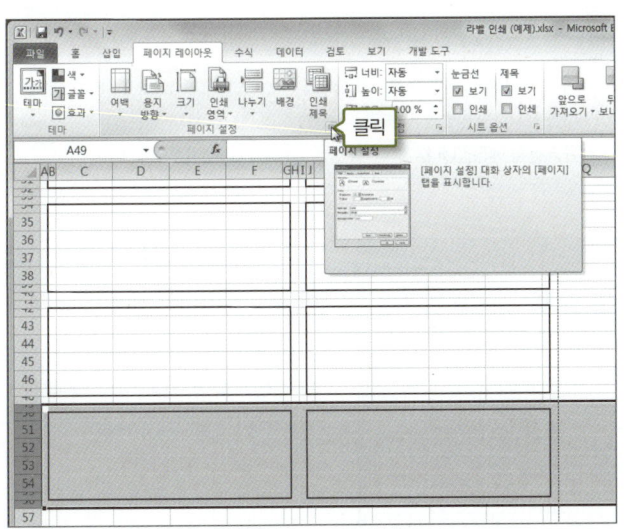

14 한 페이지에 맞게 여백 조정하기 라벨을 복사하는 작업을 마친 다음, 페이지 아래쪽 빈 영역이 보기 싫다면 페이지 설정 대화상자를 호출해 여백을 조정합니다.

리본 메뉴의 [페이지 레이아웃] 탭 – [페이지 설정] 그룹에서 **대화상자 표시** 단추를 클릭합니다.

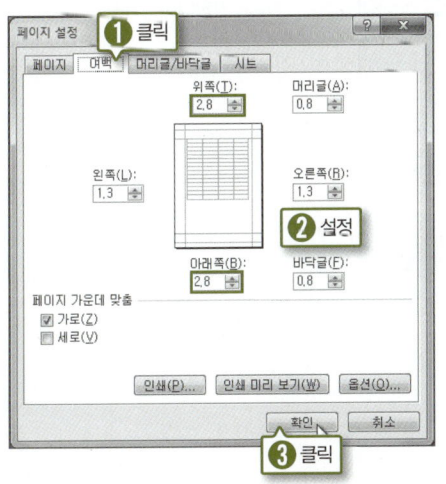

15 한 페이지에 맞게 여백 조정하기
① 페이지 설정 대화상자가 표시되면 [여백] 탭을 클릭
② **위쪽**과 **아래쪽** 여백을 각각 **2.8**로 조정
③ 〈확인〉 버튼을 클릭합니다.

TIP ... 여백 설정
이 설정은 사용자 PC마다 다를 수 있습니다. 그러므로 위쪽과 아래쪽 여백을 조금씩 조정하면서 한 페이지에 딱 낫는지 확인합니다. 페이지 아래쪽 빈 영역이 표시되는 것이 불편하지 않다면, 여백 조정 작업을 생략해도 됩니다.

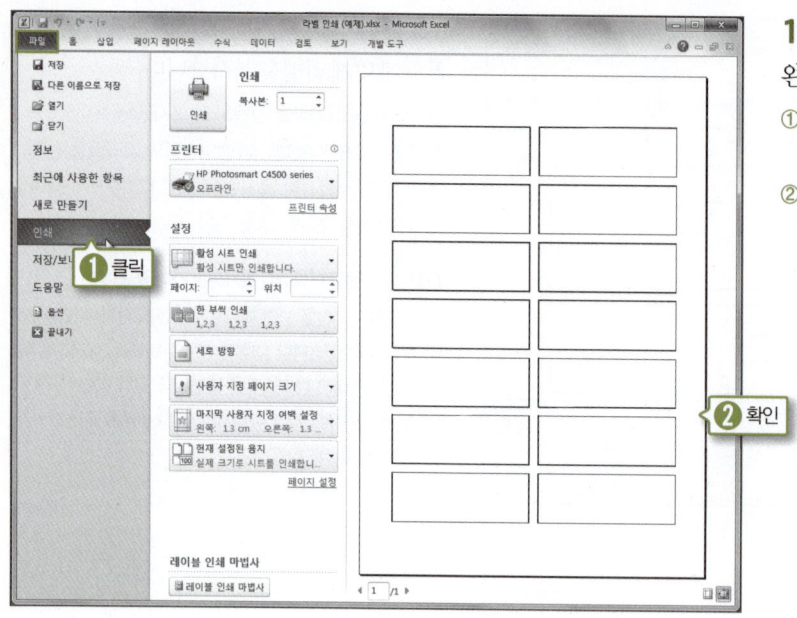

16 이제 미리 보기 화면을 통해 완성된 서식을 확인합니다.

① 리본 메뉴의 [파일] 탭에서 **인쇄** 메뉴를 클릭
② 미리 보기 화면에서 2×7 라벨 서식을 확인할 수 있습니다.

TIP … 서식에서 라벨 표시 순서

수식을 이용해 라벨 인쇄 작업을 처리할 때는 서식을 구성하는 것만큼이나 데이터를 표시하는 순서가 중요합니다. 이번 라벨 서식은 먼저 첫 번째 열(왼쪽)의 라벨에 데이터를 표시하고, 두 번째 열(오른쪽)의 라벨에 데이터를 표시하는 방법을 사용합니다. 그런 다음, 한 페이지를 넘는 경우에는 아래쪽 페이지를 이용하지 않고, 오른쪽 Q열에 라벨 서식을 추가하는 방법을 사용할 예정입니다.

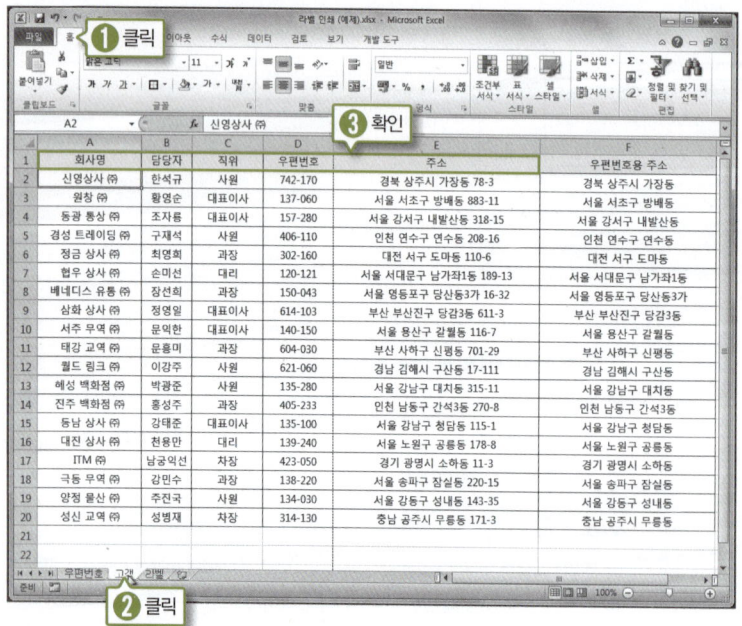

17 고객 명단 다시 확인하기 이제 라벨에 데이터를 표시하는 작업을 진행합니다.

① 리본 메뉴에서 [홈] 탭을 클릭해, 백스테이지 보기 화면을 종료
② [고객] 시트 탭을 클릭
③ 라벨에 표시될 우편번호, 주소, 회사명, 담당자, 직위 열이 어느 열에 있는지 확인합니다.

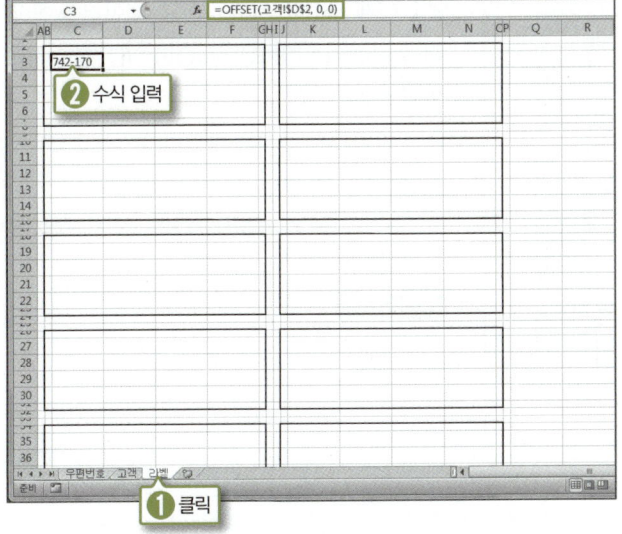

18 라벨에 우편번호 표시하기

① [라벨] 시트 탭을 클릭

② 첫 번째 라벨에 우편번호를 표시하기 위해 C3셀에 다음 수식을 입력합니다.

=OFFSET(고객!$D$2, 0, 0)

수식 설명 **=OFFSET(고객!$D$2, 0, 0)**
[고객] 시트의 데이터를 참조하는데 =D2와 같은 편한 방법을 사용하지 않고, OFFSET 함수를 사용한 것은 수식을 복사할 때 참조 위치를 원하는 규칙에 의해 변화시키기 위한 것입니다. OFFSET 함수는 기준 위치에서 행 방향이나 열 방향으로 이동한 셀 위치를 참조할 수 있습니다. 그러므로 라벨과 같이 반복적으로 내용을 표시해야 하는 서식에서 사용하면 효율적입니다. 이번 수식의 OFFSET 함수 구성을 보면, D2셀에서 행 방향으로 0칸, 열 방향으로 0칸 이동하라는 의미이므로 D2셀을 참조합니다. OFFSET 함수는 **Part2〉Chapter5〉Section6**을 참고합니다.

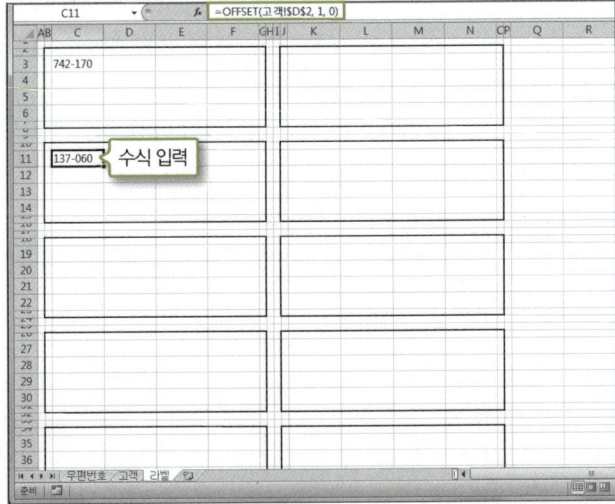

19 두 번째 라벨에 우편번호를 참조해 오는 수식을 작성합니다.

C11셀을 선택하고, 다음 수식을 입력합니다.

=OFFSET(고객!$D$2, 1, 0)

수식 설명 **=OFFSET(고객!$D$2, 1, 0)**
이번 수식은 18번 과정에서 사용한 OFFSET 함수의 2번째 인수만 다릅니다. 이렇게 하면 [고객] 시트의 D2셀에서 행 방향으로 1칸 이동하란 의미가 되므로 D3셀의 값을 참조합니다. 이렇게 행 방향(아래쪽) 라벨은 기준 셀[고객] 시트의 D2셀)에서 행 방향으로 0, 1, 2, …, 6번째 값을 순서대로 표시합니다.

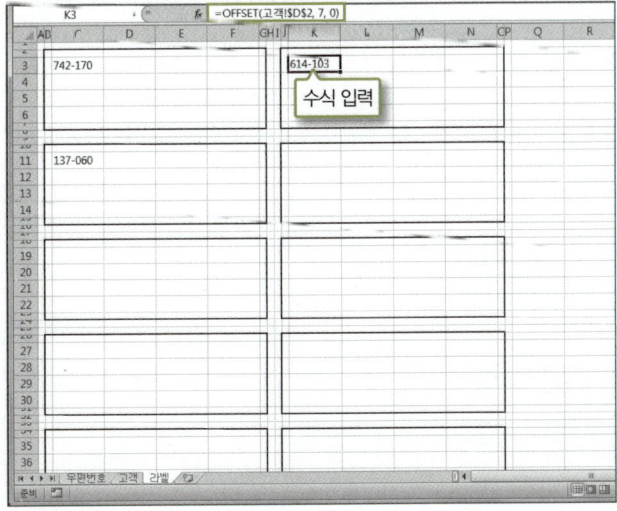

20 이번에는 두 번째 열의 첫 번째 라벨에 우편번호를 표시합니다.

K3셀을 선택하고, 다음 수식을 입력합니다.

=OFFSET(고객!$D$2, 7, 0)

수식 설명 **=OFFSET(고객!$D$2, 7, 0)**
이번에 만든 라벨 서식은 2×7 구성이므로, 서식의 각 열에는 7개의 라벨이 있습니다. 그러므로 두 번째 열의 첫 번째 라벨은 [고객] 시트의 D2셀에서 행 방향으로 7번째 값을 참조해야 합니다. 왼쪽 열은 [고객] 시트의 D2셀에서 0,1,2,…,6번째 값을 참조해야 하므로, 오른쪽 열의 경우는 7,8,9,…,13번째 값을 참조해 오면 됩니다.

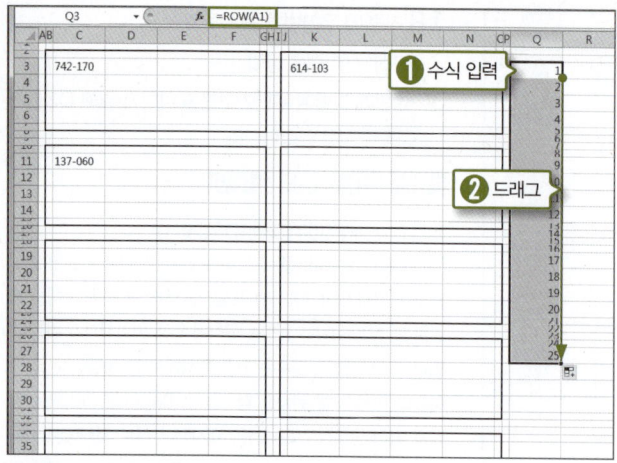

21 이제 라벨이 어떤 식으로 데이터를 참조해야 하는지 알았으므로 OFFSET 함수의 2번째 인수에 넣을 0, 1, 2, … 와 같은 일련번호를 반환하는 수식을 만듭니다.

① **Q3**셀에 다음 수식을 입력
② **Q3**셀의 **채우기 핸들**을 **Q27**셀까지 드래그해 수식을 복사합니다.

=ROW(A1)

수식 설명 **=ROW(A1)**
ROW 함수는 인수로 전달된 셀의 행 주소를 반환하는 함수로, 행 방향으로 수식을 복사할 때 1,2,3,… 과 같은 일련번호를 반환받고 싶을 때 사용합니다. 이번 수식에서 ROW 함수의 인수로 A1셀이 전달됐으므로 Q3셀에는 1이 반환되고, 행 방향으로 수식을 복사하면 순서대로 1,2,3,… 과 같은 일련번호가 표시됩니다.

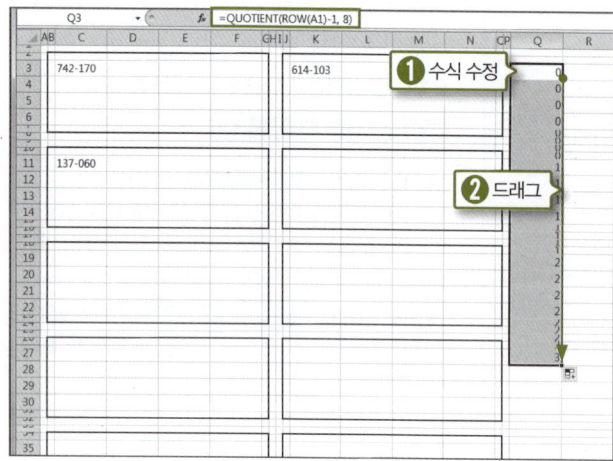

22 앞에서 확인했듯이 행 방향 라벨 간의 간격은 8입니다. 그러므로 ROW 함수로 구한 일련번호를 8번에 한 번씩 바뀌는 일련번호로 변경해야 합니다.

① **Q3**셀의 수식을 다음과 같이 수정
② **Q3**셀의 **채우기 핸들**을 **Q27**셀까지 드래그해 복사합니다.

=QUOTIENT(ROW(A1)-1, 8)

수식 설명 **=QUOTIENT(ROW(A1)-1, 8)**
QUOTIENT 함수는 나눗셈에서 몫을 구하는 함수입니다. 이번 수식과 같이 ROW 함수로 반환받은 일련번호를 8로 나눈 몫을 구하면, 일정 간격으로 반복되는 일련번호를 얻을 수 있습니다. 이번 수식에서 가장 중요한 부분은 ROW(A1) 함수의 결과에서 1을 빼는 것입니다. 1을 빼는 이유는 동일한 간격의 일련번호를 얻기 위함입니다. 1~8까지의 숫자를 QUOTIENT 함수를 이용해 8로 나누면 1~7은 0을, 8은 1을 몫으로 반환합니다. 이렇게 하면 8개씩 동일한 일련번호가 나오지 않으므로 일련번호가 0부터 시작되도록 ROW 함수 결과에서 1을 빼는 겁니다. 잘 이해되지 않는다면 이번 수식에서 1을 빼는 연산을 생략하고 결과를 확인해 보기 바랍니다. QUOTIENT 함수를 사용한 이 수식은 INT 함수(실수에서 소수점 이하 값을 버리고 정수를 반환하는 함수)를 이용한 다음 수식으로 대체할 수 있습니다.
=INT((ROW(A1)-1)/8)

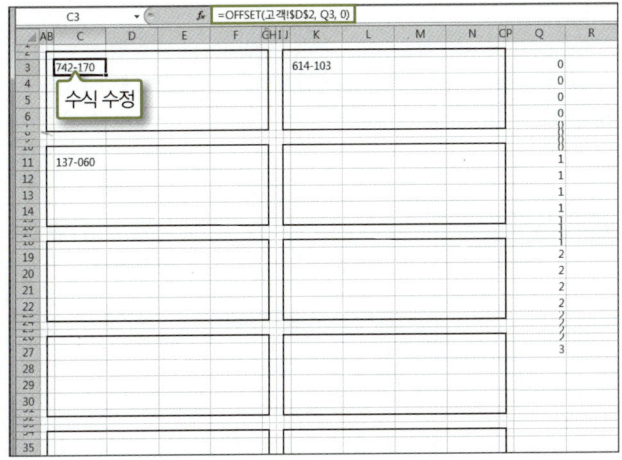

23 이제 Q열에 작성해 놓은 수식을 이용하도록 OFFSET 함수의 수식을 고칩니다.

C3셀을 선택하고, 수식을 다음과 같이 수정합니다.

`=OFFSET(고객!$D$2, Q3, 0)`

수식 설명 `=OFFSET(고객!$D$2, Q3, 0)`

OFFSET 함수의 2번째 인수는 [고객] 시트의 D2셀에서 행 방향(아래쪽)으로 몇 칸 이동할지 여부입니다. Q열에는 8칸 간격으로 0,1,2,3,…과 같은 일련번호가 반환되므로 우편번호를 참조하는 OFFSET 함수에서 해당 값을 이용하면 라벨처럼 일정한 간격이 떨어진 위치에 데이터를 순서대로 참조할 수 있게 됩니다.

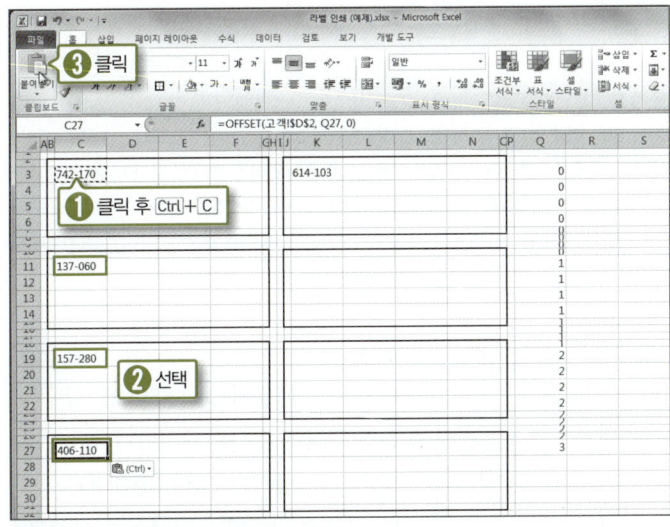

24 제대로 우편번호를 참조해 올 수 있는지 확인하기 위해 C3셀의 수식을 복사해 다른 위치로 붙여 넣고, 결과를 확인합니다.

① C3셀을 선택하고, 복사(Ctrl+C)
② C11, C19, C27셀을 순서대로 선택
③ 리본 메뉴의 [홈] 탭 – [클립보드] 그룹에서 **붙여넣기** 단추를 클릭합니다.

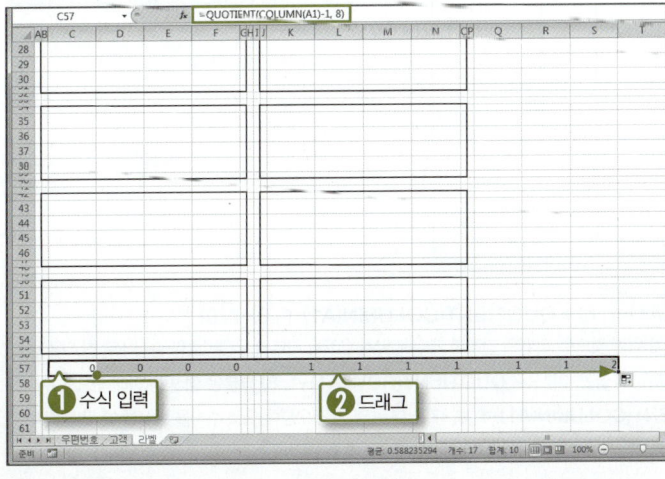

25 이번에는 열 방향으로 수식을 복사할 때 7, 8, 9, … 순으로 일련번호가 변경되도록 수식을 작성합니다.

① C57셀을 선택하고, 다음 수식을 입력
② C57셀의 **채우기 핸들**을 S57셀까지 드래그해 수식을 복사합니다.

`=QUOTIENT(COLUMN(A1)-1, 8)`

수식 설명 =QUOTIENT(COLUMN(A1)-1, 8)

왼쪽 열의 라벨과 오른쪽 열의 라벨 사이의 간격도 8이므로 이번에도 일련번호를 8로 나눈 몫을 구하는 작업을 진행합니다. 단, 열 방향으로 수식을 복사해야 하므로, ROW 함수 대신 COLUMN 함수를 사용했습니다. COLUMN 함수는 인수로 전달한 셀의 열 번호를 숫자로 반환해 줍니다. 그러므로 =COLUMN(A1) 수식을 사용하면 열 방향(오른쪽)으로 수식을 복사할 때 1,2,3,… 과 같은 일련번호가 반환됩니다. 그 외에는 앞에서 ROW 함수를 이용했던 것과 동일한 수식이므로 자세한 설명은 생략합니다.

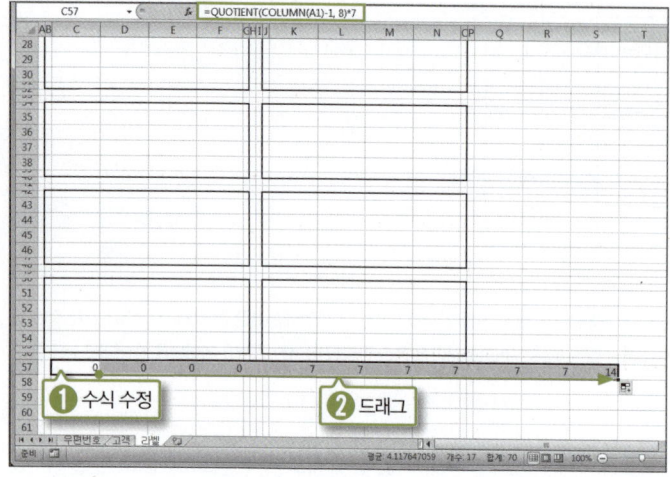

26 열 방향의 경우 첫 번째 열의 라벨에서는 이동할 셀이 7씩 증가해야 합니다. 그러므로 25번 과정의 수식에 7을 곱한 결과를 구합니다.

① C57셀의 수식을 다음과 같이 수정
② C57셀의 채우기 핸들을 S57셀까지 드래그해 복사합니다.

=QUOTIENT(COLUMN(A1)-1, 8)*7

수식 설명 =QUOTIENT(COLUMN(A1)-1, 8)*7

왼쪽 열의 라벨은 D2셀에서 행 방향으로 0,1,2,…,6번째 값을 참조하고, 오른쪽 열의 라벨은 D2셀에서 7,8,9,…,13번째 값을 참조해야 합니다. 그러므로 22번 과정에서 작성한 수식 =QUOTIENT(ROW(A1)-1, 8)은 항상 0,1,2,…,6까지의 숫자를 반환하도록 구성했습니다. 하지만 오른쪽 열에는 7,8,9,… 와 같이 일련번호가 이어 증가해야 하므로, 22번 과정의 수식에서 항상 7이 더해지고, 오른쪽으로 추가 열이 구성되면, 14가 더해지도록 하기 위해, 8 간격으로 떨어진 위치에 0, 7, 14, … 와 같이 값이 변경되도록 수식 =QUOTIENT(COLUMN(A1)-1, 8)*7을 구성한 것입니다. 그러므로 이 두 가지 수식을 더하면, 첫 번째 라벨 위치에서는 0,1,2,…,6 값을, 두 번째 열의 라벨에서는 7,8,9,…,13 값을, 세 번째 열이 있으면 14,15,16,…,20번째의 값을 얻을 수 있습니다.

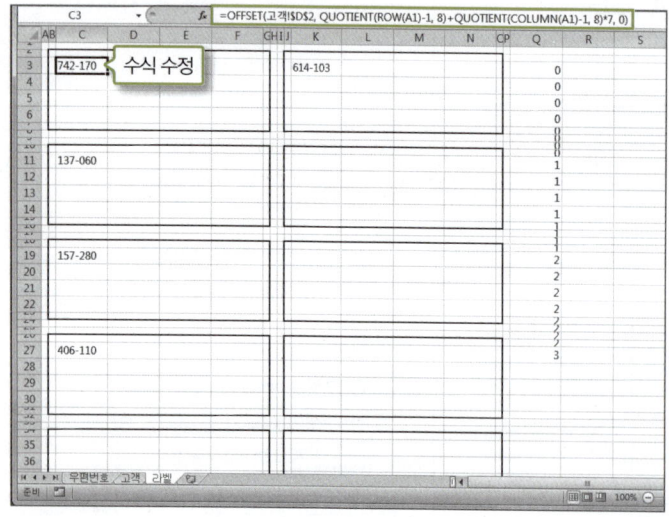

27 이제 우편번호를 참조해 오는 OFFSET 함수에 QUOTIENT 함수 부분을 결합해 수식을 완성합니다.

C3셀의 수식을 다음과 같이 수정합니다.

=OFFSET(고객!$D$2, QUOTIENT (ROW(A1)-1, 8)+QUOTIENT(COLUMN(A1)-1,8)*7,0)

수식 설명 =OFFSET(고객!$D$2, QUOTIENT(ROW(A1)-1, 8) + QUOTIENT(COLUMN(A1)-1, 8)*7, 0)

이번 수식은 라벨 서식에서 [고객] 시트의 우편번호를 참조하기 위한 것으로, 라벨의 간격과 개수에 맞춰, [고객] 시트의 우편번호를 순서대로 참조해 올 수 있도록 구성했습니다. OFFSET 함수의 2번째 인수 부분이 제일 복잡한 부분으로 **QUOTIENT(ROW(A1)-1, 8)** 부분은 행 방향(아래쪽)으로 수식을 복사할 때 라벨이 바뀌면 1씩 증가된 값을, 그리고 **QUOTIENT(COLUMN(A1)-1, 8)*7** 부분은 열 방향(오른쪽)으로 수식을 복사할 때, 라벨이 바뀌면 7씩 증가된 값을 반환합니다. 이 두 값을 더하면 라벨 서식의 2×7 라벨 위치에 [고객] 시트의 우편번호를 순서대로 참조할 수 있게 됩니다.

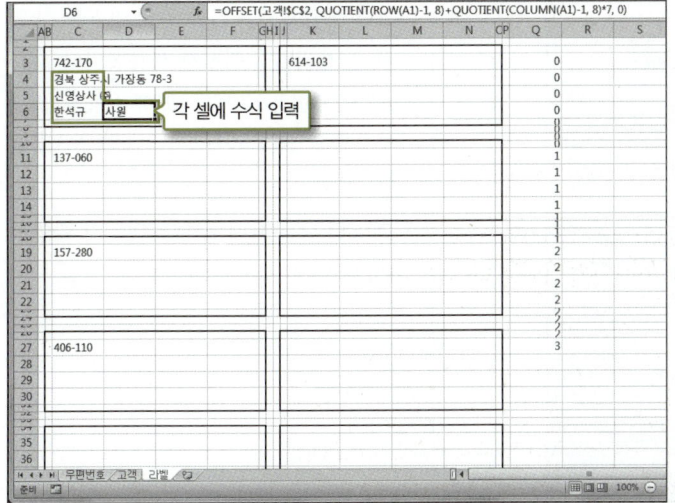

28 첫 번째 라벨에 데이터 모두 표시하기

이제 첫 번째 라벨의 값을 구성하기 위해 **C4, C5, C6, D6**셀에 다음과 같은 수식을 입력합니다.

수식은 27번 과정의 수식과 유사하고, OFFSET 함수의 1번째 참조 위치만 다릅니다.

```
C4 : =OFFSET(고객!$E$2, QUOTIENT(ROW(A1)-1, 8) + QUOTIENT(COLUMN(A1)-1, 8)*7, 0)
C5 : =OFFSET(고객!$A$2, QUOTIENT(ROW(A1)-1, 8) + QUOTIENT(COLUMN(A1)-1, 8)*7, 0)
C6 : =OFFSET(고객!$B$2, QUOTIENT(ROW(A1)-1, 8) + QUOTIENT(COLUMN(A1)-1, 8)*7, 0)
D6 : =OFFSET(고객!$C$2, QUOTIENT(ROW(A1)-1, 8) + QUOTIENT(COLUMN(A1)-1, 8)*7, 0)
```

수식 설명

수식은 기본적으로 27번 과정에서 작성한 수식과 동일합니다. 각각 주소, 회사명, 담당자, 직위 등의 값을 참조하도록 OFFSET 함수의 1번째 인수 부분의 시작 셀 위치만 변경한 것입니다. 이렇게 하면 첫 번째 라벨을 복사할 때마다 정확하게 [고객] 시트의 데이터를 순서대로 참조할 수 있습니다.

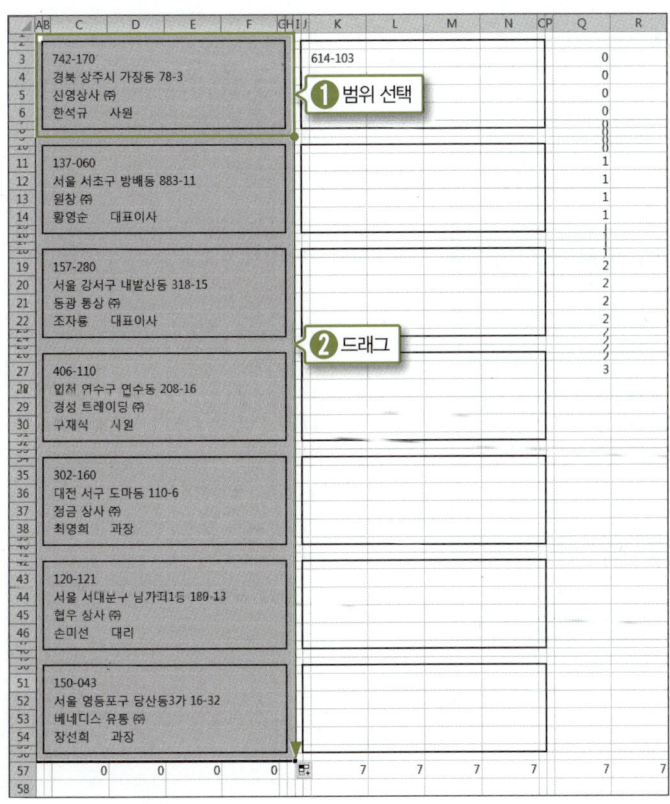

29 라벨 복사하기
이제 첫 번째 라벨의 수식을 복사해 결과를 확인합니다.

① 첫 번째 라벨 범위인 **A1:H8** 범위를 선택
② **H8**셀의 **채우기 핸들**을 H56셀까지 드래그해 수식을 복사합니다.

이렇게 하면 그림과 같이 [고객] 시트의 데이터를 순서대로 참조해 옵니다.

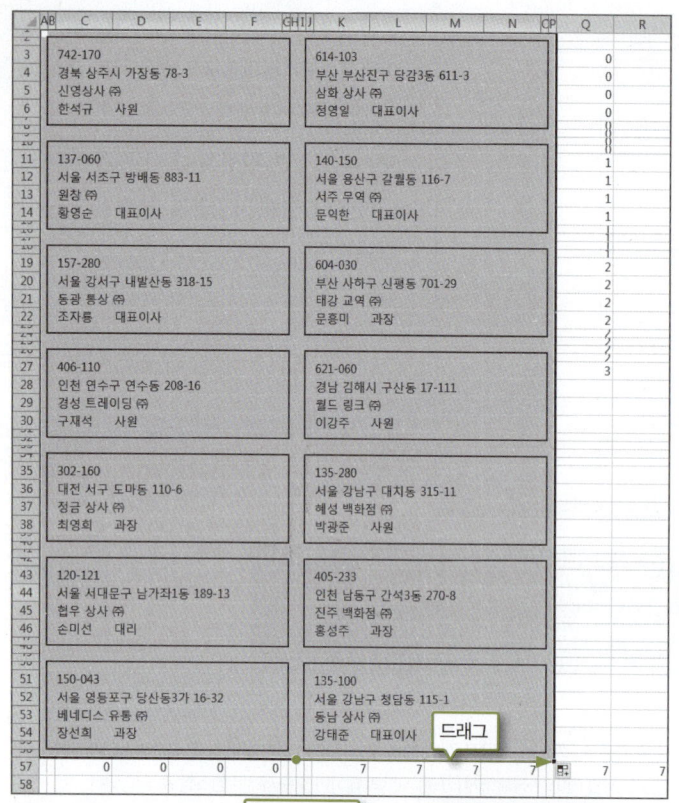

30 계속해서 오른쪽 열의 라벨도 첫 번째 열의 라벨을 복사해 사용합니다.

A1:H56 범위가 선택된 상태에서 **H56**셀의 **채우기 핸들**을 **P56**셀까지 드래그해 수식을 복사합니다.

데이터가 순서대로 참조됐는지 확인하려면 [고객] 시트를 확인해 봅니다.

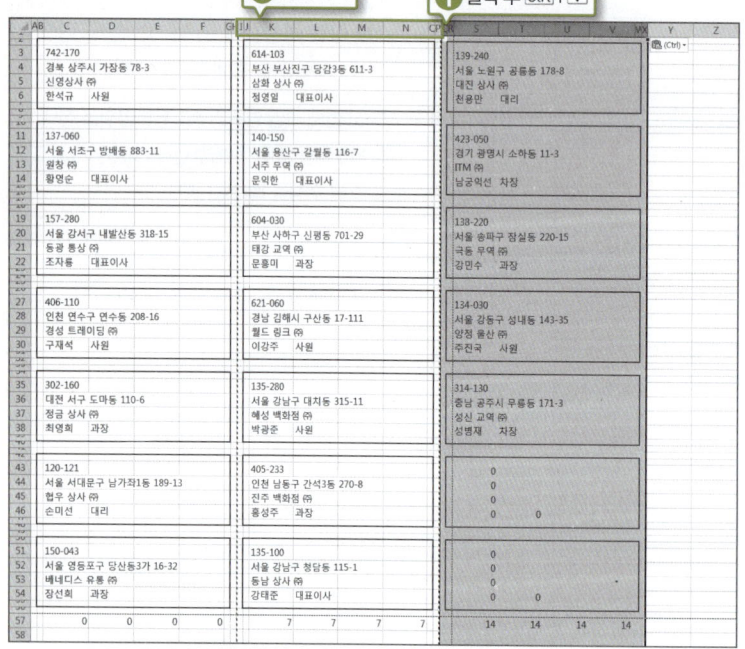

31 두 번째 열의 라벨까지 모두 채운 후에는 오른쪽에 세 번째 라벨 열을 추가합니다. 열 너비를 동일하게 복사한 후 붙여 넣습니다.

① I:P 열 머리글을 선택한 다음 복사 (Ctrl+C)

② Q열을 선택한 다음 붙여 넣기(Ctrl+V)

TIP ... 라벨의 마지막 위치 확인하기

라벨에 더는 가져올 데이터가 없으면, 라벨에 0 값이 반환됩니다. 즉, [고객] 시트의 데이터가 이제는 존재하지 않는다는 걸 의미합니다.

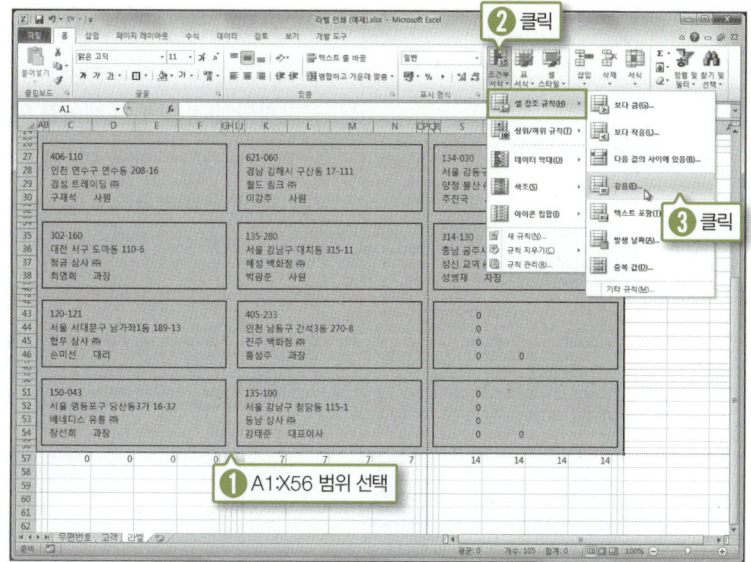

32 라벨의 0 값 숨기기 마지막 2개의 라벨에 0 값이 표시되므로 해당 라벨을 삭제하거나, 0 값을 숨겨야 합니다. 삭제 작업은 마우스로 해당 위치를 드래그해서 선택한 후 삭제하면 됩니다. 여기서는 0 값을 숨기는 방법에 대해 설명합니다.

① **A1:X56** 범위를 선택
② 리본 메뉴의 [홈] 탭 – [스타일] 그룹에서 **조건부 서식** 단추를 클릭
③ **셀 강조 규칙>같음** 명령을 클릭합니다.

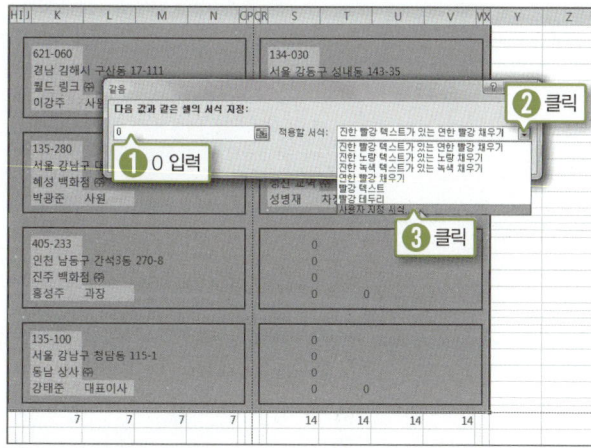

33
① 같음 대화상자가 표시되면 왼쪽 입력 상자에 **0**을 입력
② 오른쪽 콤보 상자에서 **옵션** 단추를 클릭
③ **사용자 지정 서식** 명령을 클릭합니다.

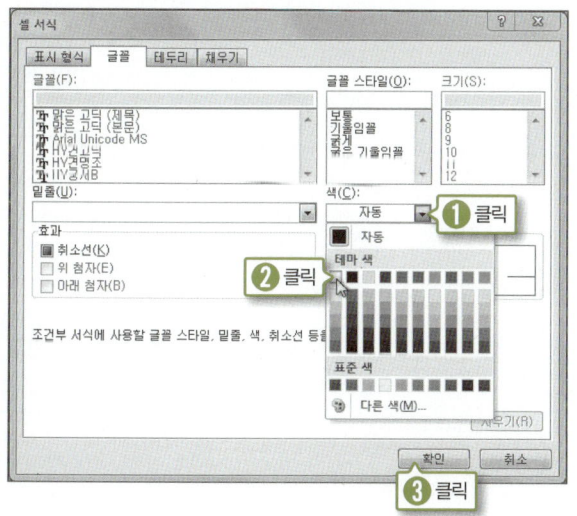

34
① 셀 서식 대화상자가 표시되면 [글꼴] 탭에서 **색 옵션** 단추를 클릭
② 색상표에서 **흰색**을 클릭해서 선택
③ 〈확인〉 버튼을 클릭합니다. 조건부 서식 대화상자에서도 〈확인〉 버튼을 클릭해 닫으면, 서식이 적용됩니다.

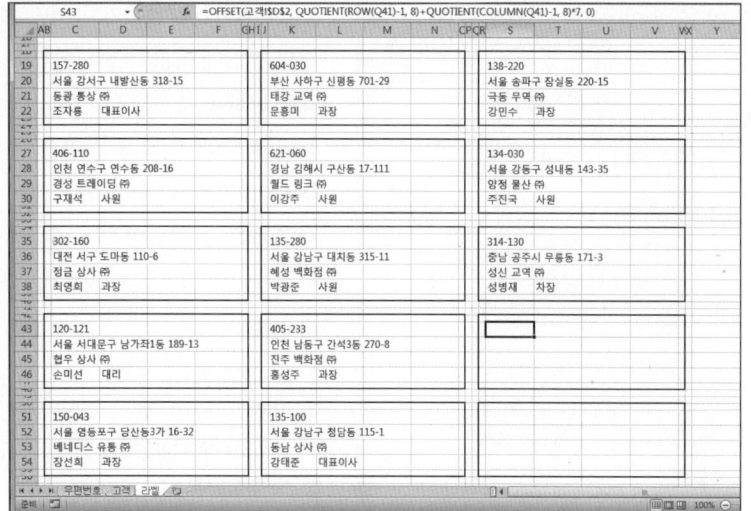

35 완성된 라벨 서식 확인하기

라벨 서식이 완성되었습니다. 지금까지의 과정을 보면 레이블 인쇄 마법사 추가 기능을 이용하는 작업에 비해 복잡하다는 것을 알 수 있습니다. 과정은 복잡하지만 이런 방법을 통해 유사 작업에서 얼마든지 수식으로 자동화할 수 있습니다.

Project 08.
급여명세서

급여명세서는 직원들의 급여 내역을 보기 좋게 구성한 서식입니다. 보통 월말에 인쇄하거나 메일을 발송합니다. 수식으로 메일을 발송할 수는 없지만, 인쇄된 결과를 얻을 수는 있습니다. 이런 자동화 방법은 라벨 인쇄 때와 동일한 방식이지만, 급여명세서 서식은 라벨처럼 간단한 구조가 아니므로 좀 더 다양한 수식 작성 능력이 필요합니다.

미 리 보 기

- **완성 파일** ⊙ : 급여명세서.xlsx **예제 파일** ⊙ : 급여명세서(예제).xlsx

급여 대장

급여 대장은 직원들의 급여 내역을 계산한 표로 급여명세서에 표시할 모든 항목을 담고 있어야 합니다. 급여 내역 데이터를 효율적으로 관리하기 위해 엑셀 표로 변환해 관리하며, 이 표의 데이터는 급여명세서에 모두 나타나게 되므로, 매월 급여를 지급할 직원 데이터만 갖고 있어야 합니다.

근로소득 간이세액표

직원들의 급여에서 근로소득세(이전에 갑근세라고 부르던 세금인데, 갑근세는 내국인을 대상으로 하는 갑종 근로소득세의 줄임말입니다. 현재는 간단하게 근로소득세라고 부릅니다)를 계산하기 위해 참조하는 근로소득 간이세액표입니다. 이 표는 국세청(http://www.nts.go.kr)에서 다운로드받을 수 있으며, 수식 계산을 위해 수정해 놓은 것으로 2012년에 다운로드받은 것입니다. 매년 국세청에서 위 자료를 다운로드받아 사용해야 합니다.

Project Review

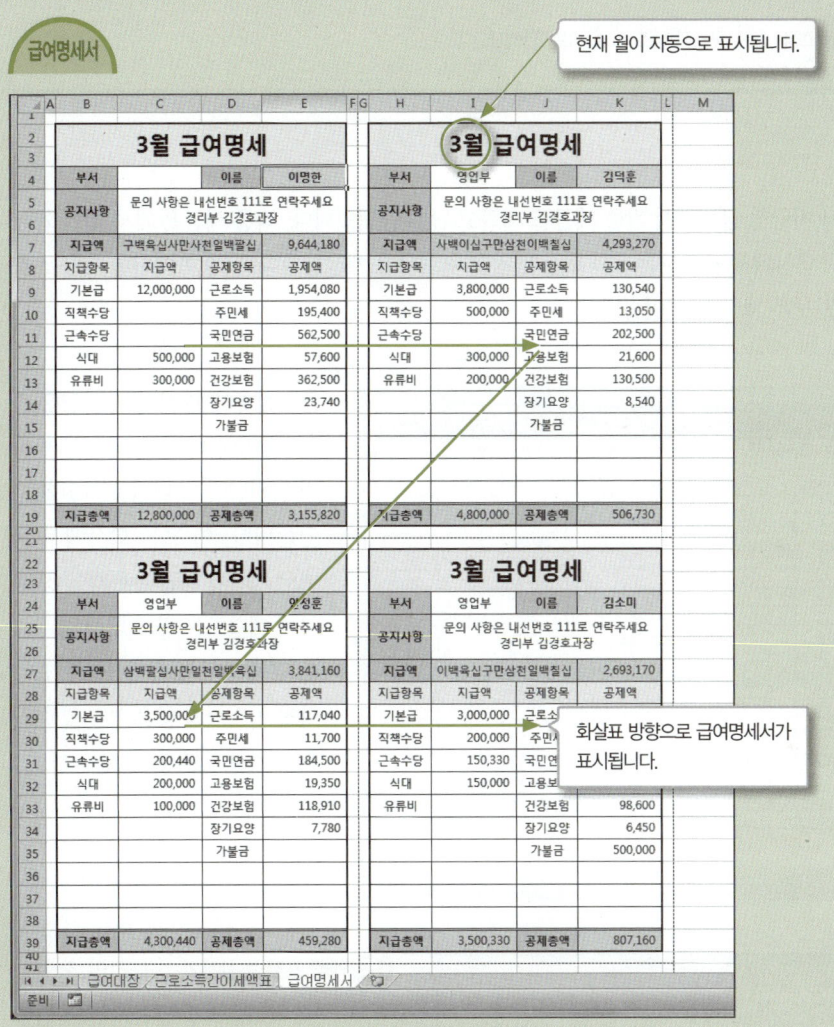

[급여대장] 시트의 전체 직원 수만큼 급여명세서를 반복해 표시하며, 서식은 사용자에 따라 수정해 사용할 수 있습니다.

Section 01 급여 대장 완성하기

▶ 틀 고정   ▶ 구조적 참조   ▶ 이름 관리자

직원의 월 급여는 회사에서 지급할 금액에서 각종 세금을 제하고 남은 금액입니다. 각종 세금은 과세 대상 급여에서 일정 비율을 떼거나 국세청에서 발표하는 세액표 등을 참고해 세금을 계산합니다. 이렇게 계산한 세금을 빼면 개별 직원의 급여 내역을 모두 계산할 수 있습니다.

01 예제 이해하기 예제 파일을 열고 [급여대장] 시트 탭을 클릭하면 직원별 급여 내역을 확인할 수 있습니다. 이 표는 회사에서 급여로 지급할 지급 항목과 각종 세금에 해당하는 공제 대상 항목으로 구성되어 있습니다. 이 표에 아직 입력되지 않은 부분을 수식으로 계산해 완성하겠습니다.

02 엑셀 표로 변환하기 효율적인 작업을 위해, 표를 엑셀 표로 변환하는 작업을 진행합니다. 단, 표의 1행은 2행의 머리글을 보기 좋게 하기 위해 그룹으로 표시한 부분이므로 엑셀 표 변환 범위에서 제외합니다.

① **A2:V22** 범위를 선택
② 리본 메뉴의 [삽입] 탭 – [표] 그룹에서 **표** 단추를 클릭합니다.

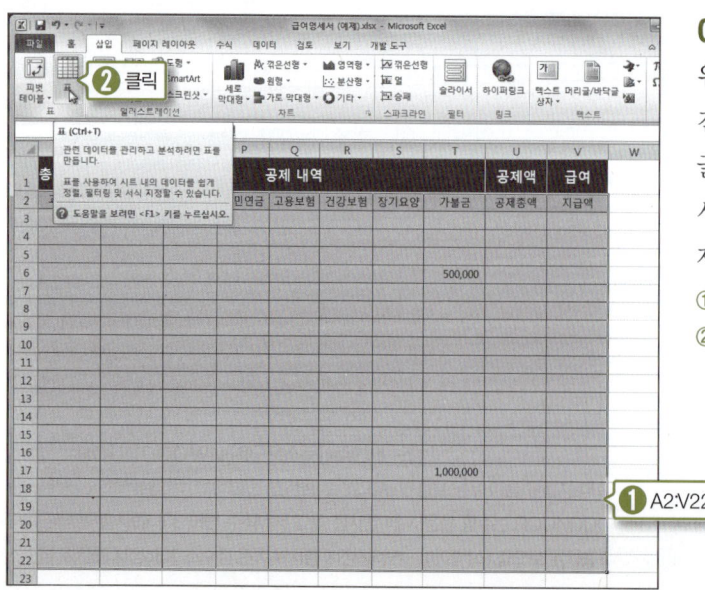

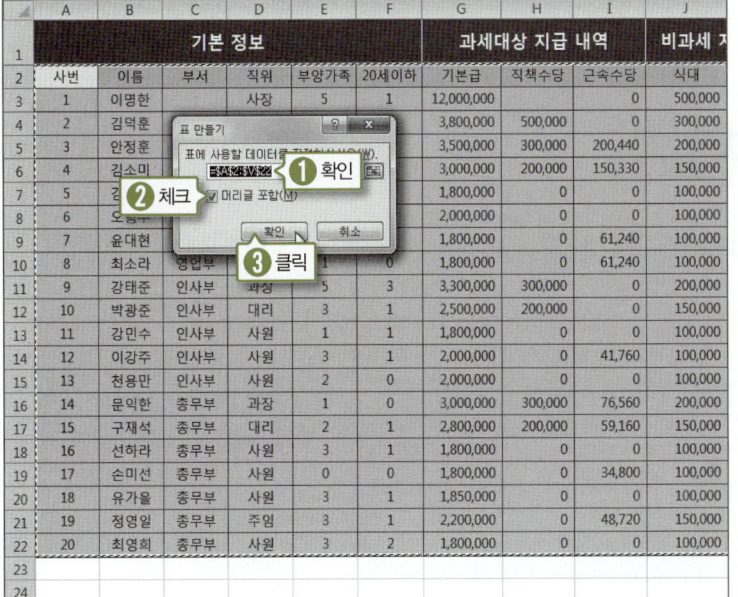

03

① 표 만들기 대화상자에서 선택한 범위인 **A2:V22** 범위가 제대로 지정됐는지 확인
② **머리글 포함** 옵션이 체크된 상태인지 확인
③ 〈확인〉 버튼을 클릭해 엑셀 표로 변환합니다.

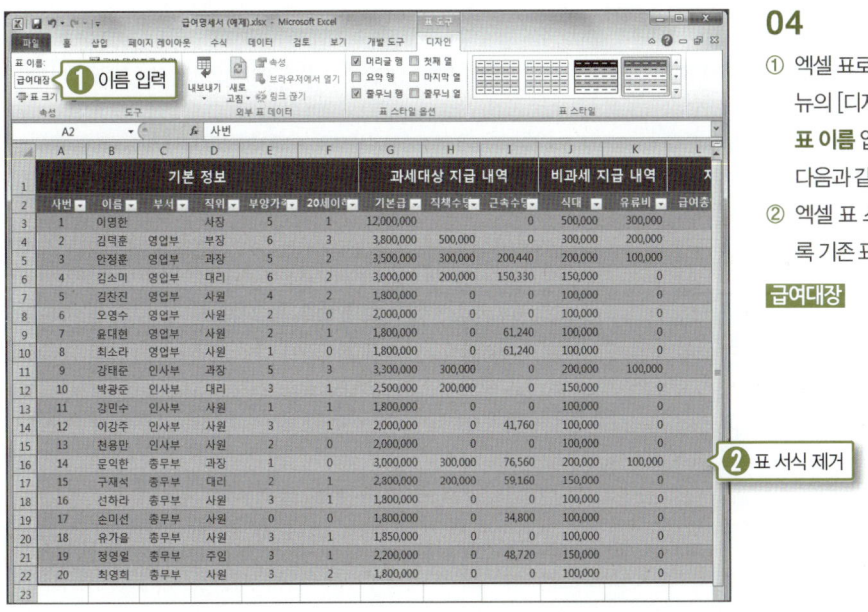

04

① 엑셀 표로 변환한 다음에는 리본 메뉴의 [디자인] 탭 – [속성] 그룹에서 **표 이름** 입력 상자에 엑셀 표 이름을 다음과 같이 수정
② 엑셀 표 스타일이 제대로 표시되도록 기존 표 서식을 삭제합니다.

`급여대장`

TIP ... 기존 표 서식 삭제하기

A2:V22 범위가 선택된 상태로 리본 메뉴의 [홈] 탭 – [글꼴] 그룹에서 [채우기 없음] 명령과 [테두리 없음] 명령을 실행합니다. 그런 다음, 취향에 따라 [디자인] 탭 – [표 스타일] 그룹의 [빠른 갤러리]에서 원하는 엑셀 표 스타일을 적용해도 됩니다.

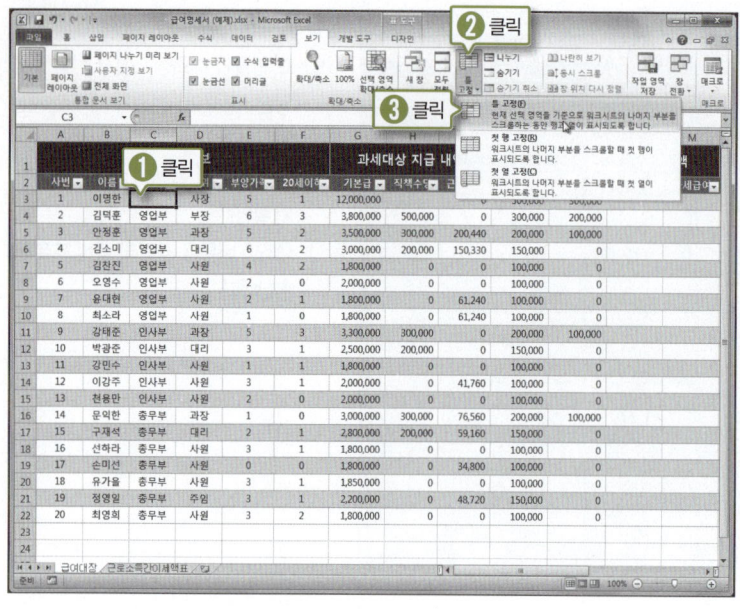

05 틀 고정해 표 쉽게 관리하기 [급여대장] 표는 열이 많아 오른쪽으로 길게 표시됩니다. 한눈에 전체 항목을 확인하기가 쉽지 않으므로 틀 고정 기능을 이용해, 앞 2열(A:B열)만 고정한 후 작업합니다.

① **C3**셀을 선택
② 리본 메뉴의 [보기] 탭 – [창] 그룹에서 **틀 고정** 단추를 클릭
③ **틀 고정** 명령을 클릭합니다.

TIP ... 틀 고정 기능을 이용하는 방법

표가 오른쪽 또는 아래쪽으로 길게 늘어지는 상태라면 꼭 확인할 필요가 있는 열 또는 행을 고정한 후 작업하면 편리합니다. 이번 [급여대장] 표는 직원의 기본 정보와 지급 항목, 공제 항목으로 구분해 볼 수 있습니다. 이중에서 직원의 정보를 담고 있는 왼쪽의 열이 중요한데, 전체 항목을 다 보면, 너무 많은 열을 고정해야 하므로 사번과 이름만 확인할 수 있도록 A:B 열을 고정한 것입니다. 또한 1:2 행에 머리글(열의 제목)이 입력되어 있으므로, 1:2 행도 고정합니다. 이렇게 A:B 열과 1:2 행을 고정하려면 고정할 열의 오른쪽 열(C열)과 2행의 바로 아래 행(3행)의 첫 번째 셀(C3)을 선택한 상태에서 틀 고정 명령을 실행하면 됩니다. 선택한 셀(C3)의 왼쪽과 위쪽 테두리를 중심으로 틀 고정 구분선이 표시되고, 화면을 오른쪽이나 아래쪽으로 스크롤해도 A:B 열과 1:2 행의 값은 항상 화면에 표시됩니다.

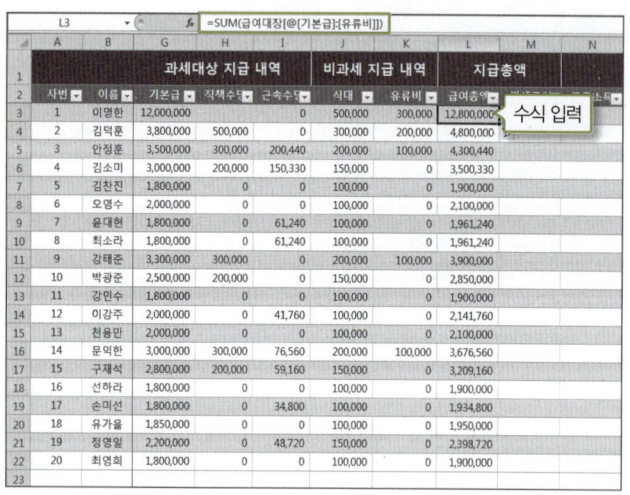

06 급여 총액 계산하기 이제 작업 준비는 끝났으므로 급여 대장을 완성합니다. 먼저 L열에서 급여 총액을 계산합니다.

L3셀을 선택하고, 다음 수식을 입력합니다.

=SUM(급여대장[@[기본급]:[유류비]])

TIP ... 구조적 참조 방식 이해하기

이번 수식에서 사용한 엑셀의 구조적 참조 방식은 [급여대장] 엑셀 표의 기본급 열부터 유류비 열까지의 범위를 참조하란 의미입니다. 여기서 @ 기호를 사용했으므로 같은 행의 데이터로만 제한한 것입니다. 셀 주소를 이용해 표시하면 다음과 같은 수식이 됩니다.

=SUM(G3:K3)

언뜻 보면 위 수식이 간단해 보이지만, 구조적 참조 방식을 이해하고 있다면, 이번에 작성한 수식이 더 쉽습니다. 이때, 주의할 점은 구조적 참조는 마우스를 사용해 범위를 드래그할 때와 직접 입력할 때의 구문을 조금 다르게 구성할 수 있다는 점입니다. 마우스로 범위를 드래그할 때는 엑셀 표 이름

이 사용되지만, 원래 구조적 참조는 표 내부에서 다른 열을 참조하고자 할 때 엑셀 표 이름을 생략할 수 있습니다. 그러므로 이번 수식을 다음과 같이 입력해도 동일한 결과를 반환합니다.

=SUM([@기본급]:[@유류비])

두 방법은 동일한 결과를 반환하므로 편한 방식을 선택해 사용하면 됩니다.

07 과세 급여 계산하기 과세 급여는 급여 총액에서 과세 대상 급여를 의미합니다.

과세 급여를 계산하기 위해 **M3**셀을 선택하고 다음 수식을 입력합니다.

=SUM(급여대장[@[기본급]:[근속수당]]) +IF([@식대]<100000, 0, [@식대]-100000)+IF([@유류비]<200000, 0, [@유류비]-200000)

수식 설명 =SUM(급여대장[@[기본급]:[근속수당]])+IF([@식대]<100000, 0, [@식대]-100000)+IF([@유류비]<200000, 0, [@유류비]-200000)

과세 급여는 각종 세금 계산의 기준이 되는 급여 항목입니다. 기본급, 상여금, 직책수당, 월차수당, 연차수당, 연장수당, 보건수당 등이 과세 대상이며, 식대(10만 원까지), 육아수당, 유류비(20만 원까지) 등이 비과세 대상입니다. 그러므로 과세 급여는 과세 대상 전체 항목에 비과세 대상 항목 중에서 식대 10만 원을 제한 금액, 유류비는 20만 원을 제한 금액을 더해 구합니다(이런 규칙은 달라질 수 있습니다). 그러므로, 이번 수식에서 확인할 수 있듯이 과세 대상인 G열부터 I열까지의 금액을 먼저 더합니다.

=SUM(급여대장[@[기본급]:[근속수당]])

그런 다음, 식대 항목의 과세 부분을 계산하기 위해 IF 함수를 사용해 10만 원 이상인 부분을 계산해 더합니다.

+IF([@식대]<100000, 0, [@식대]-100000)

마지막으로 유류비 항목의 과세 부분을 계산하기 위해 IF 함수를 사용해 20만 원 이상인 부분을 계산해 더합니다.

+IF([@유류비]<200000, 0, [@유류비]-200000)

08 7번 과정에서 과세 급여를 계산하기 위한 수식은 다음과 같은 수식으로 대체될 수 있습니다.

M3셀의 수식을 다음과 같이 수정합니다.

=SUM(급여대장[@[기본급]:[근속수당]])+MAX([@식대]-100000, 0)+MAX([@유류비]-200000, 0)

수식 설명 =SUM(급여대장[@[기본급]:[근속수당]])+MAX([@식대]-100000, 0)+MAX([@유류비]-200000, 0)

이번 수식은 7번 과정의 수식과 유사합니다. 다른 점은 IF 함수 대신 MAX 함수를 사용했다는 점입니다.

7번 과정에서 IF 함수를 사용한 수식 =IF([@식대]<100000, 0, [@식대]-100000) 형태로 [@식대] 항목이 10만 원 미만이면 0을 반환하고, 그 이상이면 [@식대] 항목에서 10만 원을 뺀 값을 반환하는 수식입니다. 이것을 좀 더 간결하게 표시하기 위해 MAX 함수를 사용해 [@식대] 항목에서 10만 원을 뺀 값과 0 중 더 큰 값을 반환하도록 변경했습니다. 즉, [@식대] 항목이 10만 원보다 작으면 빼기 연산이니 음수가 반환되므로 0을 반환하고, 그렇지 않으면 [@식대] 항목에서 10만 원을 뺀 값을 반환합니다. 이런 수식에서 MAX 함수를 사용하면 IF 함수를 사용한 계산 식보다 간단한 수식을 작성할 수 있어 편리합니다. 유류비 역시 같은 방법으로 계산한 것입니다.

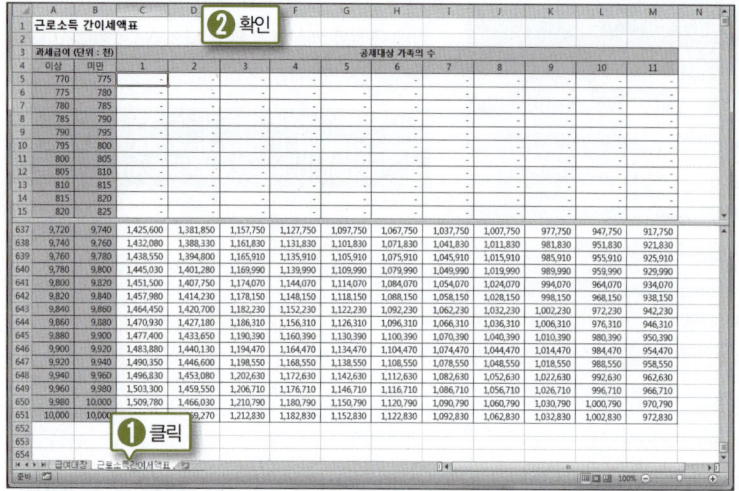

09 근로소득 간이세액표 확인하기

이번에는 근로소득세를 계산합니다.

① 근로소득세를 계산하기 위해 [근로소득간이세액표] 시트 탭을 클릭
② 국세청에서 배포하는 근로소득 간이세액표의 구성을 확인합니다.

> **TIP ... 근로소득 간이세액표 이해하기**
>
> 근로소득 간이세액표는 근로소득세를 계산할 때 참조하는 표로 통계청(http://www.nts.go.kr)에서 배포합니다. 근로소득세는 과세 급여와 부양가족 수(20세 이하 자녀 수)에 따라 차등 적용되는데, 과세 급여는 근로소득 간이세액표의 A:B 열의 구간에서 찾으면 됩니다. 다만, 과세 급여가 1,000만 원 이상일 때는 다음과 같은 계산 식을 적용합니다.
>
> ● 1,000만 원 초과 2,800만 원 이하
>
>   1,000만 원까지의 근로소득세 + 1,000만 원 초과 금액 * 95% * 35%
>
> ● 2,800만 원 초과
>
>   1,000만 원까지의 근로소득세 + 598.5만 원 + 2,800만 원 초과 금액 * 95% * 38%
>
> 부양가족 수는 다음과 같은 기준에 따라 계산된 값으로 찾으면 됩니다.
>
> ● 20세 이하 자녀의 수가 2명까지는 아래와 같이 계산
>
>   공제 대상 가족 수 = 실제 공제 대상 가족 수 + 1
>
> ● 20세 이하 자녀의 수가 3명부터는 아래와 같이 계산
>
>   공제 대상 가족 수 = 실제 공제 대상 가족 수 + (20세 이하 자녀 – 1)

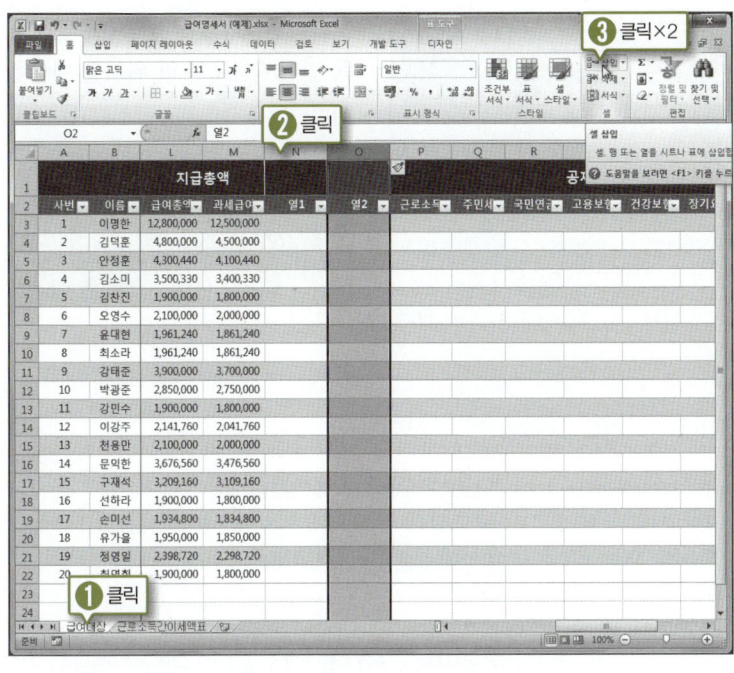

10 근로소득세 참조하기 이제 [급여대장] 시트로 다시 이동해, 근로소득세를 참조하기 위한 수식을 작성합니다.

① [급여대장] 시트 탭을 클릭
② 참조해 올 근로소득세의 행, 열 위치를 계산하기 위해 **N**열 머리글을 선택
③ 리본 메뉴의 [홈] 탭 – [셀] 그룹에서 **삽입** 단추를 **두 번** 클릭하여 빈 열을 두 개 삽입합니다.

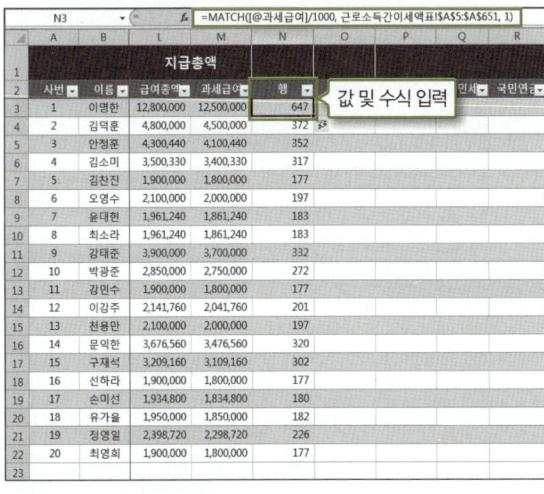

11 삽입한 N열에 참조할 근로소득세 행 위치를 계산합니다. 행 위치는 M열의 과세 급여로 찾으면 됩니다.

다음 각 셀에 값과 수식을 입력합니다.

N2 : 행
N3 : =MATCH([@과세급여]/1000, 근로소득간이세액표!$A$5:$A$651, 1)

● **수식 설명** =MATCH([@과세급여]/1000, 근로소득간이세액표!$A$5:$A$651, 1)

근로소득 간이세액표의 A:B 열에는 과세 기준이 되는 급여가 구간별로, 천 단위로 기록되어 있습니다. 급여는 오름차순으로 정렬되어 있으므로 VLOOKUP 함수나 MATCH 함수를 이용하면 개별 직원의 과세 급여 위치를 파악할 수 있습니다. VLOOKUP 함수는 값을 참조해 오는 함수이고, MATCH 함수는 값의 위치를 찾는 함수이므로 이번 수식에서는 MATCH 함수를 사용해 과세 급여의 위치를 찾습니다. MATCH 함수의 각 인수는 다음과 같습니다.

● **찾을 값 : [@과세급여]/1000**

[@과세급여] 금액을 1000으로 나눈 값(근로소득 간이세액표의 금액과 동일하게 천 단위로 조정하는 작업)을 찾습니다.

● **범위 : 근로소득간이세액표!$A$5:$A$651**

찾을 값이 급여(과세 급여)이므로 [근로소득간이세액표] 시트의 A열이나 B열에서 값을 찾아야 합니다. 그런데, 찾기 옵션이 1이므로 오름차순으로 정렬된 표의 최소값 구간에서 값을 찾아야 하므로, 범위는 [근로소득간이세액표] 시트의 A5:A651 범위가 됩니다.

● **찾기 옵션 : 1**

이 옵션이 1이면 오름차순으로 정렬된 표에서 구간에 속한 값을 찾게 됩니다.

이렇게 찾은 위치는 [근로소득간이세액표] 시트에서 A5:A651 범위입니다. 그러므로 워크시트의 행 위치로 판단하려면 반환된 값에 4를 더해야 합니다(A5셀부터 시작이며, A5셀의 위치를 찾았으면 1을 반환하므로 행 번호를 맞춰 생각하려면 4를 더해야 합니다).

12 이번에는 부양가족 수로 근로소득 간이세액표의 열 위치를 계산합니다.

다음 각 셀에 값과 수식을 입력합니다.

O2 : 열
O3 : =MATCH([@부양가족]+[@20세이하]-IF([@20세이하]>1, 1, 0), 근로소득간이세액표!$C$4:$M$4, 0)

수식 설명 =MATCH([@부양가족]+[@20세이하]-IF([@20세이하]>1, 1, 0), 근로소득간이세액표!$C$4:$M$4, 0)

이번 수식은 E:F 열에 있는 부양가족 수로 근로소득 간이세액표에서 참조할 근로소득세의 열 위치를 찾기 위한 것입니다. 부양가족 수는 E열의 전체 부양가족 수(본인 포함)와 F열의 20세 이하 부양가족 수를 이용해 계산하는 데 계산 방법은 9번 과정의 [TIP]을 참고합니다.

이번에 사용한 MATCH 함수의 각 인수에 대한 설명은 다음과 같습니다.

● **찾을 값** : [@부양가족]+[@20세이하]-IF([@20세이하]>1, 1, 0)

부양가족 수에 20세 이하 자녀의 수가 두 명 이상인 경우에 1을 뺀 수만큼 더하면 공제 대상 가족의 수를 구할 수 있습니다. 그러므로 E열의 부양가족에서 F열의 20세 이하 수를 더한 다음, 20세 이하의 값이 1보다 크면(두 명 이상이면) 1을 빼도록 수식을 구성했습니다.

● **범위** : 근로소득간이세액표!$C$4:$M$4

찾을 값을 근로소득 간이세액표의 C4:M4 범위에서 찾습니다. 수식은 복사해 사용하므로 범위가 변경되지 않도록 절대참조 방식을 사용합니다.

● **찾기 옵션** : 0

찾기 옵션이 0이면 범위에서 찾을 값과 정확하게 일치하는 첫 번째 값의 위치를 찾습니다.

이렇게 MATCH 함수로 위치를 찾으면, N열에서 찾은 위치와 함께 근로소득세를 참조할 수 있습니다.

13 12번 과정에서 작성한 수식에서 부양가족 수를 계산하는 MATCH 함수의 1번째 인수 부분을 좀 더 간결하게 수정할 수 있습니다.

O3셀의 수식을 다음과 같이 수정합니다.

=MATCH([@부양가족]+[@20세이하]-([@20세이하]>1), 근로소득간이세액표!$C$4:$M$4, 0)

수식 설명 =MATCH([@부양가족]+[@20세이하]-([@20세이하]>1), 근로소득간이세액표!$C$4:$M$4, 0)

이번에 작성한 수식은 12번 과정에서 작성한 수식에서 MATCH 함수의 첫 번째 인수를 다음과 같이 고친 것입니다.

[@부양가족]+[@20세이하]-IF([@20세이하]>1, 1, 0) → [@부양가족]+[@20세이하]-([@20세이하]>1)

위 수식에서 확인할 수 있듯이, 20세 이하 자녀의 수가 1을 초과할 때 1을 빼는 부분이 변경된 것입니다. IF 함수를 사용하지 않고 조건 부분만 남겨 뒀는데, 이렇게 하면 TRUE, FALSE 값이 반환됩니다.

TRUE, FALSE 값은 논리값이지만 연산에서는 각각 1, 0과 동일한 값이 됩니다. 그러므로 [@20세이하]>1 조건식이 맞으면(20세 이하 자녀가 둘이면) 1, 틀리면 0과 동일한 결과를 반환합니다. 12번 과정에서 작성한 수식을 그대로 사용해도 되지만, 이렇게 수식을 수정해서 사용하면 논리값 연산에 대해서도 이해할 수 있게 됩니다.

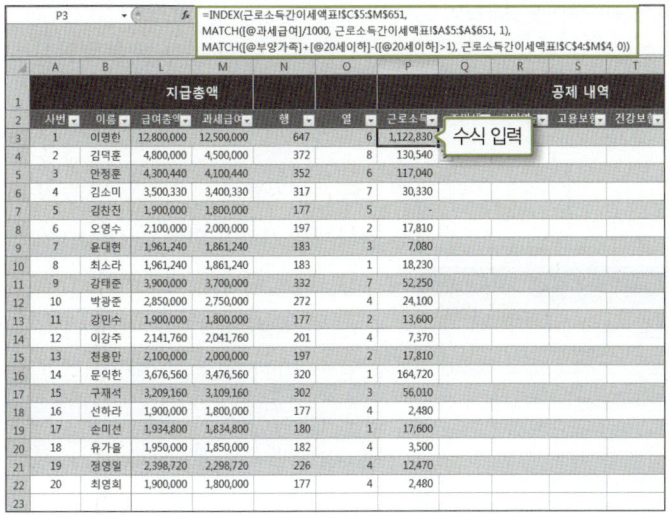

14 N:O 열에서 각각 참조할 근로소득세의 행과 열 위치를 파악했으므로 INDEX 함수를 사용해 근로소득세를 참조해 옵니다.

P3셀에 다음과 같은 수식을 입력합니다.

=INDEX(근로소득간이세액표!$C$5:$M$651, MATCH([@과세급여]/1000, 근로소득간이세액표!$A$5:$A$651, 1), MATCH([@부양가족]+[@20세이하]-([@20세이하]>1), 근로소득간이세액표!$C$4:$M$4, 0))

수식 설명 =INDEX(근로소득간이세액표!$C$5:$M$651, MATCH([@과세급여]/1000, 근로소득간이세액표!$A$5:$A$651, 1), MATCH([@부양가족]+[@20세이하]-([@20세이하]>1), 근로소득간이세액표!$C$4:$M$4, 0))

이번 수식은 복잡해 보여도, INDEX 함수의 2번째, 3번째 인수로 12~13번 과정에서 설명한 MATCH 함수를 가져와 그대로 사용한 것입니다. 그러므로 다음 수식과 동일합니다.

=INDEX(근로소득간이세액표!$C$5:$V$651, [@행], [@열])

다만, 위와 같이 사용하려면 N:O 열을 지속적으로 유지해야 합니다. 두 열을 더는 사용하지 않기 위해 N:O 열의 수식을 INDEX 함수와 결합해 사용한 것이 이번 수식입니다.

INDEX 함수의 1번째 인수는 참조하려는 값 범위이므로, [근로소득간이세액표] 시트의 C5:M651 범위를 지정한 것입니다.

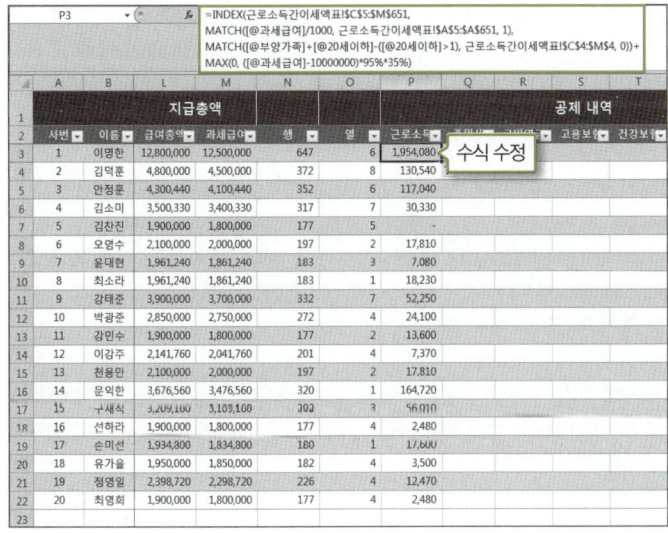

15 이제 1,000만 원 이상의 급여를 받는 사람의 근로소득세를 계산할 수 있도록 수식을 수정합니다.

P3셀의 수식 뒤에 다음과 같이 MAX 함수를 사용한 부분을 추가합니다.

=INDEX(근로소득간이세액표!$C$5:$M$651, MATCH([@과세급여]/1000, 근로소득간이세액표!$A$5:$A$651, 1), MATCH([@부양가족]+[@20세이하]-([@20세이하]>1), 근로소득간이세액표!$C$4:$M$4, 0))+MAX(0, ([@과세급여]-10000000)*95%*35%)

수식 설명

근로소득 간이세액표를 보면 근로소득세는 1,000만 원까지만 참조할 수 있으며 1,000만 원 이상의 소득 대상자는 별도의 계산 식을 이용해 근로소득세를 계산해야 합니다(자세한 것은 9번 과정의 [TIP]을 다시 확인합니다).

이번 수식은 급여가 1,000만 원을 초과하면서 2,800만 원 이하인 대상자의 근로소득세를 계산하기 위한 것으로, MAX 함수를 이용한 계산 식을 추가했습니다. 추가된 부분만 보면 다음과 같습니다.

+MAX(0, ([@과세급여]-10000000)*95%*35%)

과세 급여가 1,000만 원을 초과하고 2,800만 원 이하인 경우에는 1,000만 원까지는 근로소득 간이세액표의 근로소득세를, 초과 금액은 95%와 35%를 곱한 금액을 더해 계산합니다. 그러므로 과세 급여에서 1,000만 원을 제한 다음(초과 급여) 95%와 35%를 연속해 곱한 금액과 0의 최대값을 구해 기존 근로소득세 참조 부분에 더합니다. 이렇게 하면 1,000만 원이 넘지 않는 급여 대상자는 MAX 함수의 반환 값이 항상 0이 되며, 1,000만 원이 넘는 경우에만 초과 급여의 95%와 35%를 곱한 금액을 근로소득세에 더하게 됩니다. 추가한 MAX 함수 부분을 IF 함수를 이용해 처리한다면 다음과 같은 수식이 됩니다.

+IF([@과세급여]>10000000, ([@과세급여]-10000000)*95%*35%, 0)

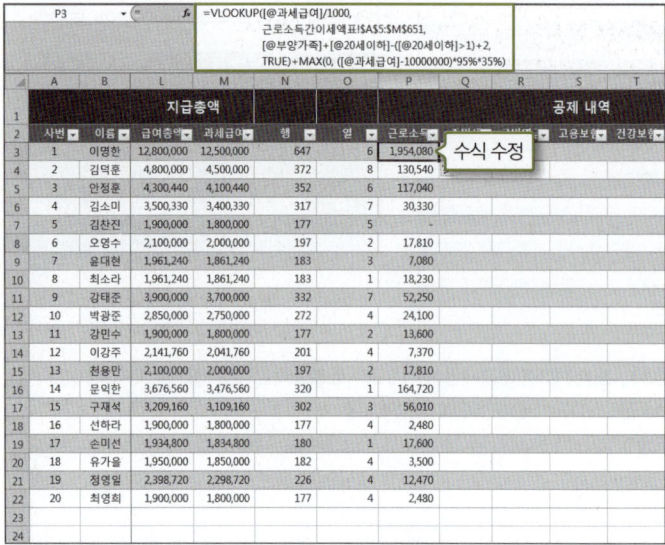

16 근로소득세 계산 부분을 좀 더 간결하게 표시하기 위해 VLOOKUP 함수를 사용합니다.

P3셀의 수식을 다음과 같이 수정합니다.

=VLOOKUP([@과세급여]/1000, 근로소득간이세액표!$A$5:$M$651, [@부양가족]+[@20세이하]-([@20세이하]>1)+2, TRUE)+MAX(0, ([@과세급여]-10000000)*95%*35%)

수식 설명 =VLOOKUP([@과세급여]/1000, 근로소득간이세액표!$A$5:$M$651, [@부양가족]+[@20세이하]-([@20세이하]>1)+2, TRUE)+MAX(0, ([@과세급여]-10000000)*95%*35%)

이번 수식은 INDEX, MATCH 함수 조합을 VLOOKUP 함수로 대체한 것으로, 수식의 결과는 기존 수식과 동일합니다. 수식 전체를 보면 VLOOKUP 함수 부분과 MAX 함수 부분을 더하는 수식인데, MAX 함수 부분은 기존과 동일하므로 VLOOKUP 함수 부분만 이해하면 됩니다.

VLOOKUP 함수의 구성은 다음과 같습니다.

● **찾을 값 : [@과세급여]/1000**

표 범위의 왼쪽 열에서 찾을 값으로 과세 급여를 천 단위로 조정한 값입니다.

● **표 : 근로소득간이세액표!$A$5:$M$651**

근로소득세는 [근로소득간이세액표] 시트의 A5:M651 범위의 왼쪽 첫 번째 열에서 찾을 값을 찾은 다음, 열 번호 위치의 값을 참조합니다.

● **열 번호 : [@부양가족]+[@20세이하]-([@20세이하]>1)+2**

기본적으로 부양가족 수를 계산하는 방법은 INDEX, MATCH 함수 때와 동일합니다. 다만, 맨 마지막에 2를 더하는 부분이 기존 수식과 다른 점인데, 이것은 표 범위가 달라졌기 때문입니다. INDEX 함수 때는 C5:M651 범위에서 부양가족 수 위치를 찾았지만 VLOOKUP 함수는 A5:M651 범위에서 찾고 있으므로 찾은 위치보다 2열 오른쪽 위치에 있는 근로소득세를 참조해야 합니다.

● **찾기 옵션 : TRUE**

MATCH 함수와 동일하게 VLOOKUP 함수 역시 오름차순으로 정렬된 구간에서 과세 급여 위치를 찾아야 하므로 찾기 옵션은 TRUE여야 합니다.

이번 수식에서 확인할 수 있듯이 VLOOKUP 함수는 INDEX, MATCH 함수의 역할을 모두 수행할 수 있는 함수이기 때문에 찾을 값이 왼쪽 첫 번째 열에 있다면 INDEX, MATCH 함수를 사용할 때보다 간결한 수식 작성이 가능합니다.

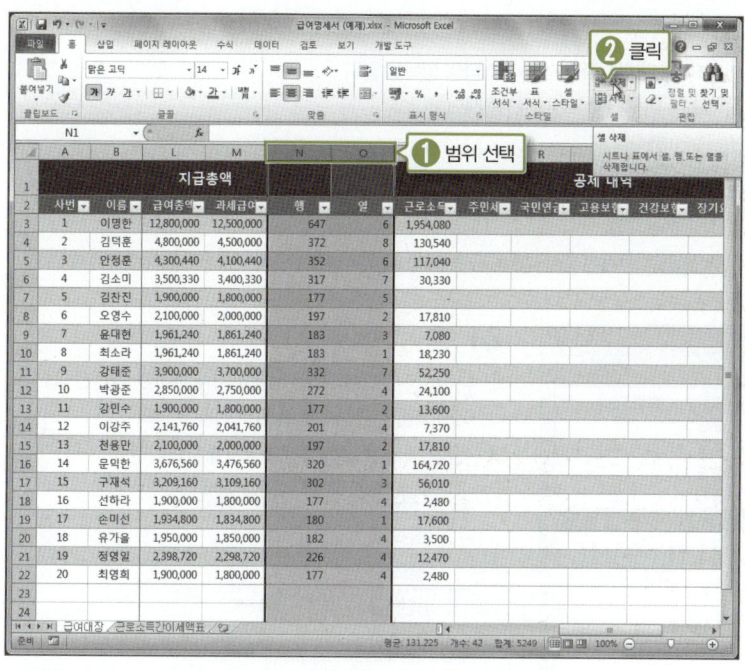

17 이제 N:O 열은 필요 없으므로 삭제합니다.

① N:O 열 머리글을 선택
② 리본 메뉴의 [홈] 탭 – [셀] 그룹에서 **삭제** 단추를 클릭해 열을 삭제합니다.

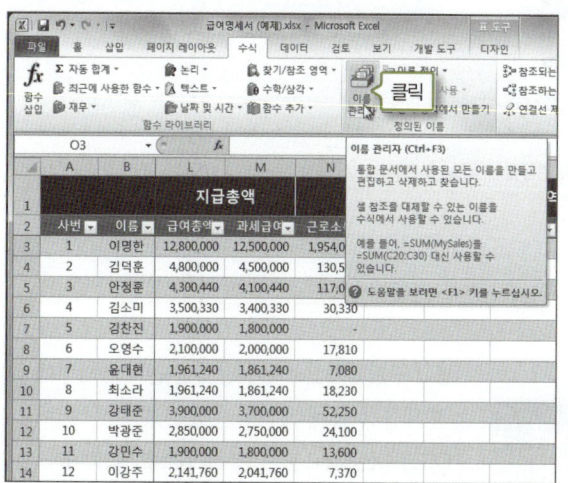

18 세금 계산 관련 이름 정의하기 이제 나머지 세금 관련 공제 항목을 계산합니다. 근로소득세를 제외한 나머지 공제 항목은 대부분 특정 비율에 의해 계산하면 되는데, 이 비율이 자주 변경되므로 이름으로 정의해 놓고 사용합니다.

여러 개의 이름을 정의하기 위해 리본 메뉴의 [수식] 탭 – [정의된 이름] 그룹에서 **이름 관리자** 단추를 클릭합니다.

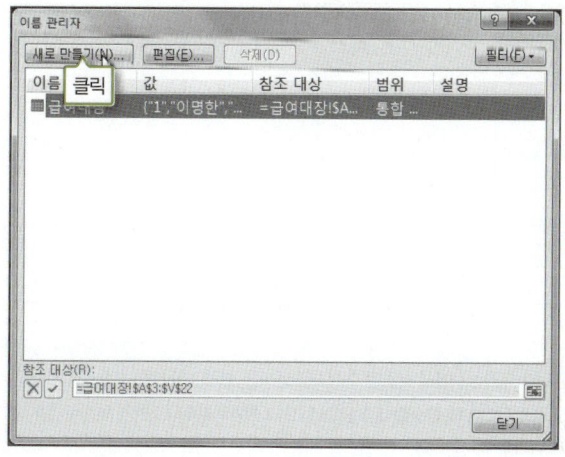

19 이름 관리자 대화상자는 정의된 이름을 관리하거나 새 이름을 등록할 때 사용합니다.

이름 목록에서 처음에 만들었던 엑셀 표 이름을 확인할 수 있습니다. 〈새로 만들기〉 버튼을 클릭합니다.

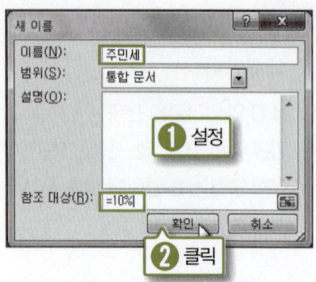

20

① 새 이름 대화상자가 나타나면 다음 항목을 입력
② 〈확인〉 버튼을 클릭해 이름을 정의합니다.

이름 : 주민세
참조 대상 : =10%

TIP ... 세율 설명
주민세는 근로소득세에 일정 비율을 곱해 구하는데, 이 비율은 변동될 수 있으므로 확인 후 등록합니다.

21

① 나머지 세금도 비율을 등록하기 위해 19~20번 과정과 아래 표를 참고해 그림과 같이 이름을 정의
② 〈닫기〉 버튼을 클릭해 대화상자를 닫습니다.

이름	참조 대상
건강보험	=2.9%
고용보험	=0.45%
국민연금	=4.5%
장기요양	=6.55%

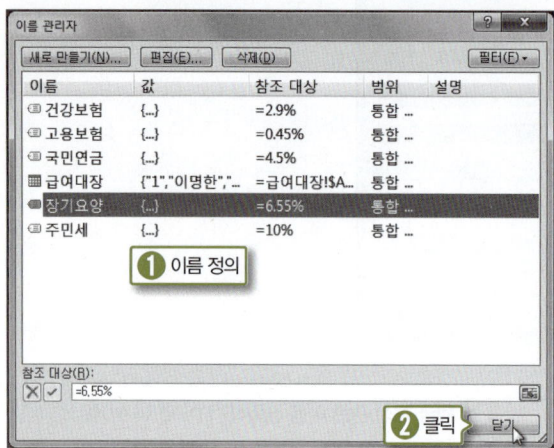

TIP ... 세율 설명
등록한 세율에 대한 설명은 다음 내용을 참고하며, 이 비율은 필요에 따라 변동될 수 있습니다. 그러므로 등록 전 확인이 필요합니다.
- 국민연금과 건강보험은 과세 급여에서 일정 비율을 곱해 계산합니다.
- 고용보험은 급여 총액에서 일정 비율을 곱해 계산합니다.
- 장기요양보험은 건강보험에서 일정 비율을 곱해 계산합니다.

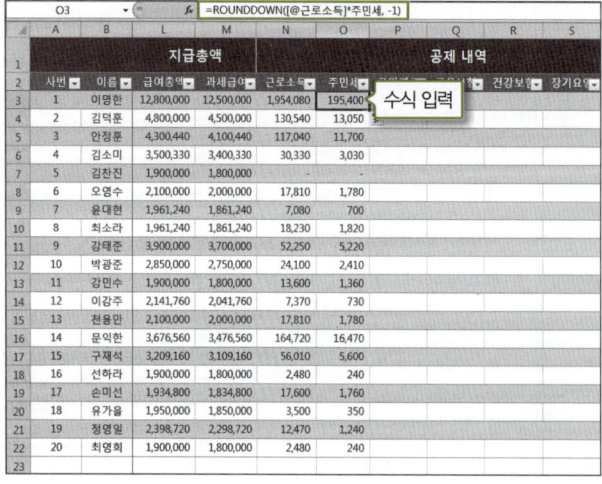

22 주민세 계산하기 주민세는 근로소득세에 일정 세율을 곱해 계산합니다.

O3셀을 선택하고, 다음 수식을 입력해 계산합니다.

=ROUNDDOWN([@근로소득]*주민세, -1)

수식 설명 =ROUNDDOWN([@근로소득]*주민세, -1)
주민세는 근로소득세의 10%(비율은 변경될 수 있으며, 변경될 경우 이름 관리자 대화상자에서 비율만 수정하면 올바른 결과가 표시됩니다) 금액에서 십 단위 금액을 절사합니다. 이번 수식에서 값을 절사할 때 사용한 함수는 ROUNDDOWN 함수입니다. ROUNDDOWN 함수의 2번째 인수로 절사할 소수점 위치를 지정하며, 소수점 왼쪽 위치를 지정하려면 −(마이너스) 값으로 위치를 표시합니다.

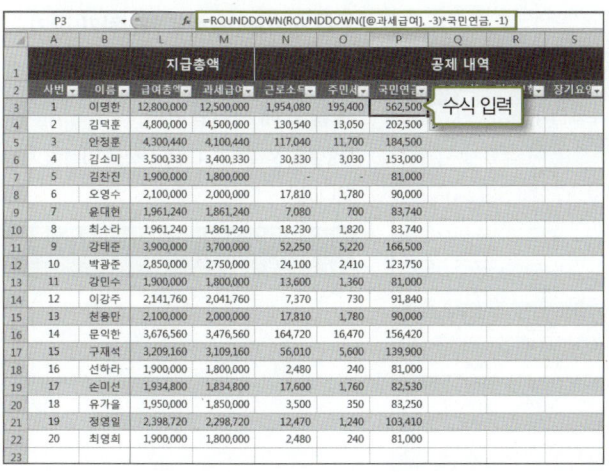

23 국민연금 계산하기 국민연금은 과세 급여에 일정 비율을 곱해서 구합니다.

P3셀을 선택하고, 다음 수식을 입력해 계산합니다.

`=ROUNDDOWN(ROUNDDOWN([@과세급여], -3)*국민연금, -1)`

수식 설명 `=ROUNDDOWN(ROUNDDOWN([@과세급여], -3)*국민연금, -1)`

국민연금은 과세 급여를 천 단위 아래에서 절사한 다음, 일정 비율을 곱해 계산합니다. 현재는 4.5% 수준이지만, 추후 변경될 경우 21번 과정에서 수정하거나 이름 관리자 대화상자에서 [국민연금] 이름에 할당된 비율을 수정합니다. 먼저 과세급여에서 천 단위 미만 금액을 절사하기 위해 `ROUNDDOWN([@과세급여], -3)` 수식을 사용합니다. 그런 다음, [국민연금] 이름으로 정의된 비율을 곱한 금액에 십 단위 미만 금액을 절사하기 위해 ROUNDDOWN 함수를 중첩해서 수식을 작성합니다.

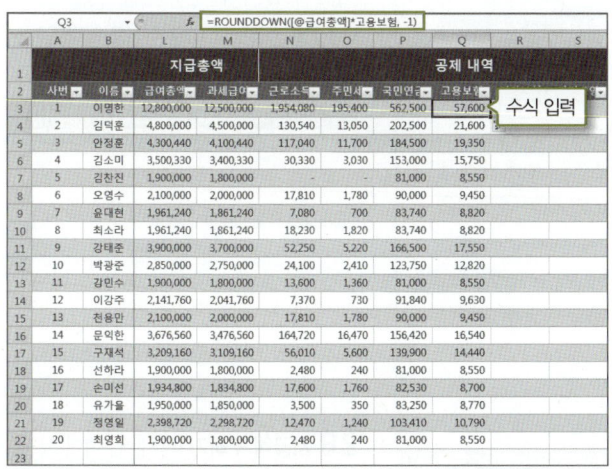

24 고용보험료 계산하기 고용보험료는 과세 급여가 아니라 급여 총액에서 일정 비율을 곱해 계산합니다. 계산하는 방법은 이전과 동일합니다.

Q3셀에 다음과 같은 수식을 입력합니다.

`=ROUNDDOWN([@급여총액]*고용보험, -1)`

수식 설명 `=ROUNDDOWN([@급여총액]*고용보험, -1)`

고용보험료는 다른 공제 항목과는 달리 과세 급여가 아니라 급여 총액에서 일정 비율을 곱해 계산합니다. 계산된 값은 이전과 마찬가지로 십 단위 미만을 절사합니다.

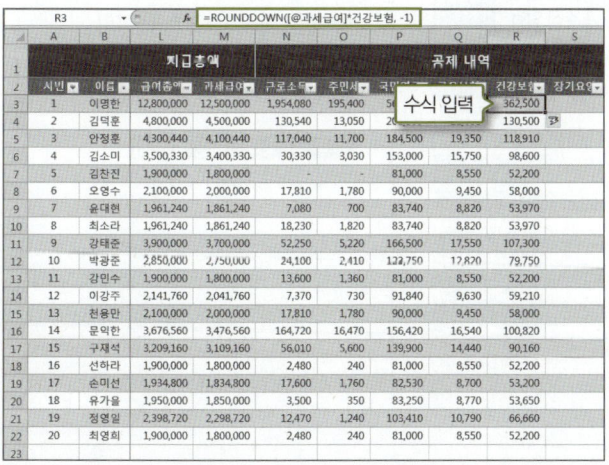

25 건강보험료 계산하기 건강보험료는 과세 급여에서 일정 비율을 곱해 계산합니다.

R3셀을 선택하고, 다음 수식을 입력해 계산합니다.

`=ROUNDDOWN([@과세급여]*건강보험, -1)`

수식 설명 `=ROUNDDOWN([@과세급여]*건강보험, -1)`

건강보험료 역시 과세 급여에서 일정 비율을 곱해 계산합니다. 다만, 건강보험료는 매년 연봉의 1/12 금액에 일정 비율을 곱하고, 그 금액을 1년 동안 건강보험료로 지불하기 때문에 중간에 급여가 올라도 건강보험료가 바로 상승하거나 감소하지 않는 특징을 갖습니다.

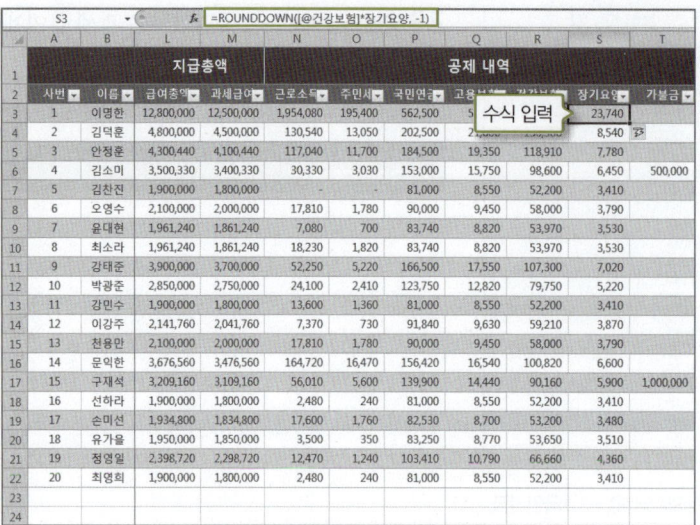

26 장기요양보험료 계산하기 장기요양보험료는 건강보험료에서 일정 비율을 곱해 계산합니다.

S3셀을 선택하고, 다음 수식을 입력해 계산합니다.

=ROUNDDOWN([@건강보험]*장기요양, -1)

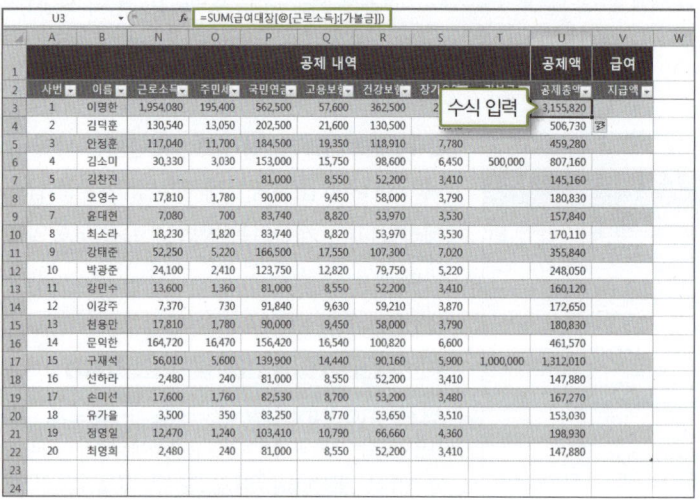

27 공제 총액 구하기 이제 모든 공제 항목의 계산이 끝났으므로 공제 총액을 구합니다.

U3셀을 선택하고, 다음 수식을 입력해 계산합니다.

=SUM(급여대장[@[근로소득]:[가불금]])

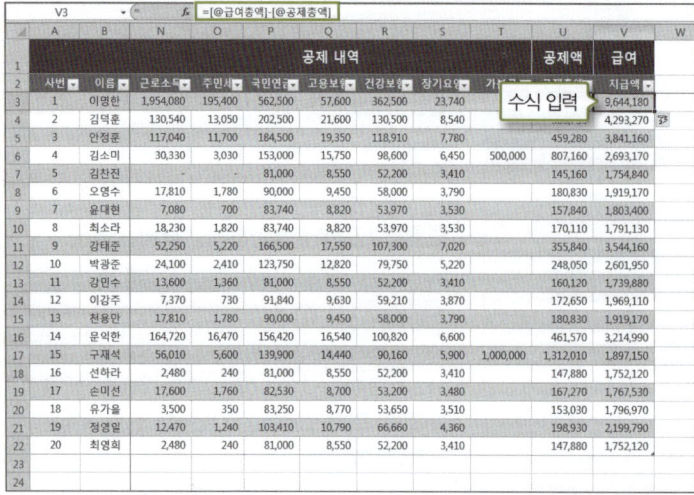

28 지급액 구하기 과세 급여에서 공제 총액을 빼면 개인에게 지급할 월 급여를 계산할 수 있습니다.

V3셀을 선택하고, 다음 수식을 입력해 계산합니다.

=[@급여총액]-[@공제총액]

Section 02 급여명세서 서식 만들기

▶ 선택하여 붙여넣기 ▶ 서식 복사 ▶ 페이지 설정 ▶ 인쇄 영역

급여 대장의 각 항목을 모두 계산한 후에는 급여명세서 서식을 만들어 계산된 항목을 보기 좋게 나열합니다. 급여명세서 서식은 여러 명의 것을 한 번에 표시해야 하는데, 하나의 서식을 반복해서 출력할 수 있는 방법은 없습니다. 그러므로 직원 수에 맞게 서식을 복사해 나열하는 방법을 사용합니다. 이 방법은 라벨 인쇄 자동화 작업과 유사하지만 좀 더 복잡합니다. 라벨 인쇄 자동화 작업과 비교하면서 서식을 완성합니다.

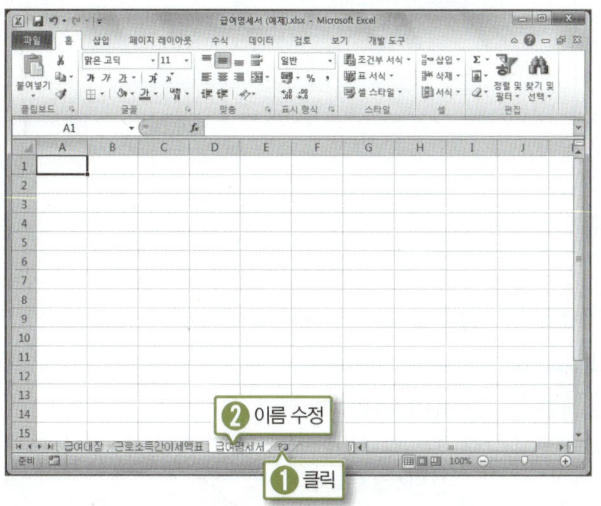

01 급여명세서 서식 추가하기 급여명세서 서식을 구성하기 위해 새 워크시트를 삽입합니다.

① **워크시트 삽입** 단추를 클릭해, 빈 워크시트를 삽입
② 워크시트 이름을 다음과 같이 수정합니다.
  급여명세서

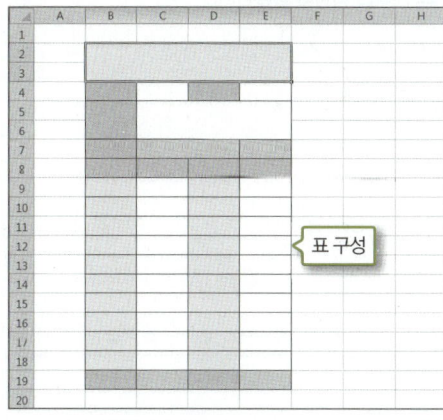

02 급여명세서 서식 레이아웃 설정하기 급여명세서 서식을 완성하기 위해, 급여명세서 서식을 먼저 구성합니다.

그림과 아래 [TIP]을 참고해, 급여명세서 서식을 구성하기 위한 표 작업을 진행합니다.

TIP … 급여명세서 서식 구성하기
다음 순서로 작업합니다.
① B2:E3, B5:B6, C5:E6, C7:D7 범위를 각각 선택한 후 리본 메뉴의 [홈] 탭 – [맞춤] 그룹에서 [병합하고 가운데 맞춤] 단추를 클릭합니다.
② B2:E19 범위를 선택한 후 리본 메뉴의 [홈] 탭 – [글꼴] 그룹에서 [테두리] 단추를 클릭하고 [모든 테두리] 명령을 클릭합니다.
③ 채우기 색은 그림을 참고해 적당한 색을 지정합니다.

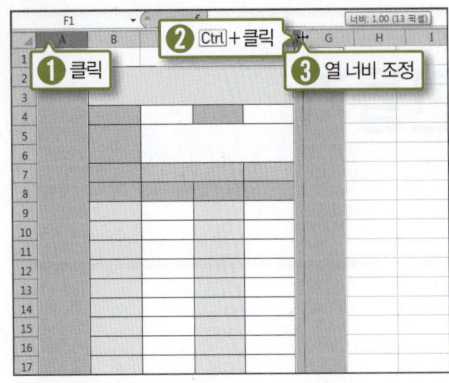

03 급여명세서의 왼쪽(A열)과 오른쪽(F열) 열, 그리고 1행과 15행은 급여명세서 서식의 여백에 해당합니다. 먼저 A열과 F열의 열 너비를 적당하게 줄입니다.

① **A열**을 선택
② Ctrl 키를 누른 상태에서 **F열**을 선택
③ **F열**과 **G열** 사이의 **열 구분선**을 왼쪽으로 드래그해서 열 너비를 **13픽셀**로 조정합니다.

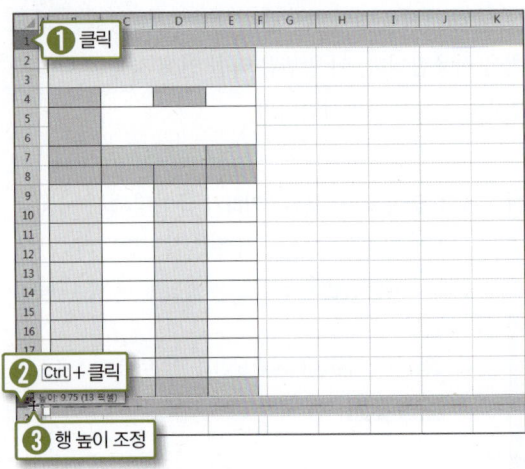

04 이번에는 1행과 15행의 행 높이를 조정합니다.

① **1행**을 선택
② Ctrl 키를 누른 상태에서 **20행**을 선택
③ **20행**과 **21행** 사이의 **행 구분선**을 위로 드래그해서 행 높이도 **13픽셀**로 조정합니다.

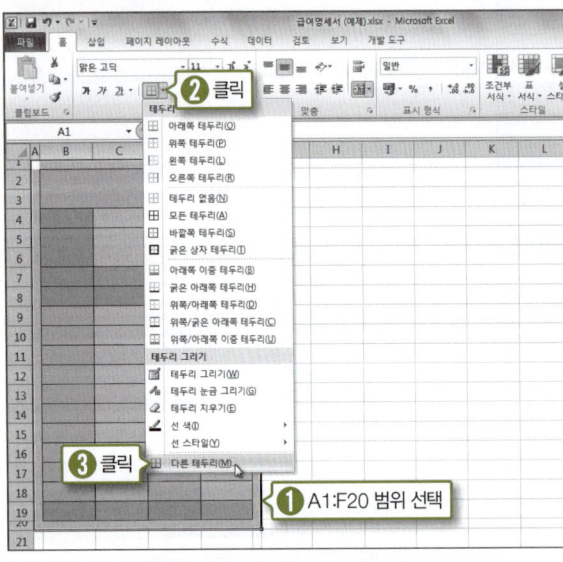

05 계속해서 서식의 바깥쪽 테두리에 점선(절단선)을 표시합니다.

① **A1:F20** 범위를 선택
② 리본 메뉴의 [홈] 탭 – [글꼴] 그룹에서 **테두리** 단추의 **옵션** 단추를 클릭
③ **다른 테두리** 명령을 클릭합니다.

TIP ... 셀 서식 대화상자를 빠르게 호출하는 방법

셀 테두리를 변경하는 작업은 셀 서식 대화상자를 이용합니다. 5번 과정에서 설명한 것처럼 리본 메뉴를 이용해도 되지만, 범위를 선택한 다음 Ctrl + 1 키를 눌러 셀 서식 대화상자를 호출한 다음 [테두리] 탭을 클릭해도 됩니다.

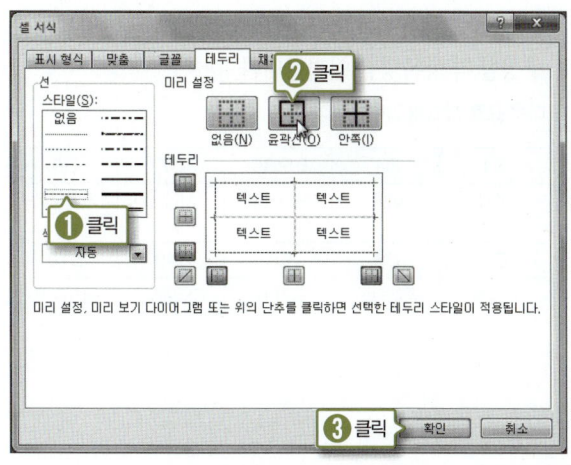

06 셀 서식 대화상자가 표시됩니다.

① [테두리] 탭에서 선 스타일 목록의 1열 6행에 위치한 **점선** 스타일을 선택

② 미리 설정 항목에서 **윤곽선** 단추를 클릭해 점선을 선택 범위의 바깥쪽 테두리에 적용

③ 〈확인〉 버튼을 클릭해 테두리 설정을 적용합니다.

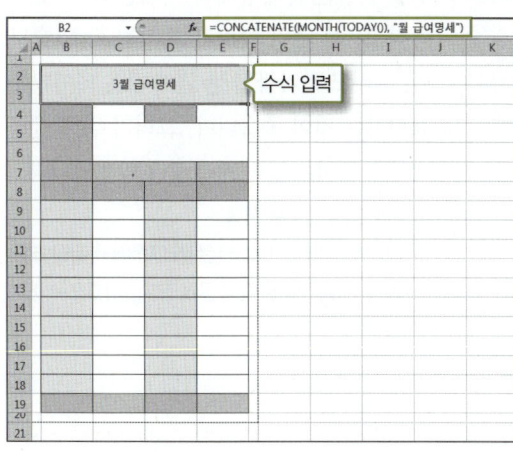

07 급여명세서 제목 구성하기 급여명세서 위쪽 B2:E3 병합 셀에 급여명세서의 제목을 입력합니다. 제목을 "X월 급여명세서"라고 표시하기 위해 수식을 사용합니다.

B2:E3 병합 셀에 다음 수식을 입력합니다.

=CONCATENATE(MONTH(TODAY()), "월 급여명세")

수식 설명 **=CONCATENATE(MONTH(TODAY( )), "월 급여명세")**

이번 수식은 급여명세서 서식 위쪽에 "X월 급여명세서"와 같은 형태로, 항상 현재 월을 표시하기 위한 것입니다. TODAY 함수로 오늘 날짜를 반환받은 다음, MONTH 함수를 사용해 오늘 날짜에서 월 부분만 반환받습니다. 여기에 "월 급여명세서" 문자열과 연결해 표시하기 위해 CONCATENATE 함수를 사용했습니다. CONCATENATE 함수가 익숙하지 않다면 & 연산자를 이용해 다음과 같이 수식을 수정합니다.

=MONTH(TODAY( )) & "월 급여명세"

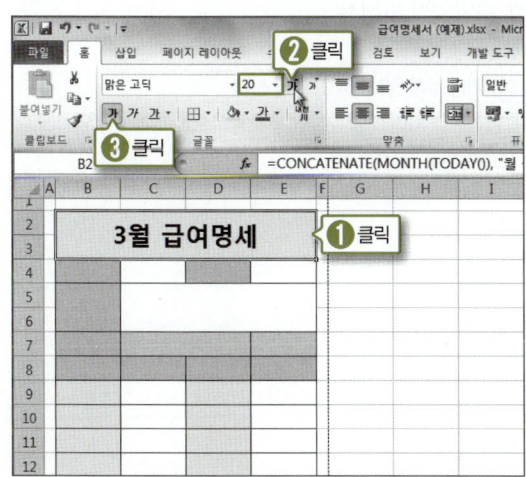

08 제목은 다른 항목과는 달리 조금 크게 표시해 주는 것이 좋습니다.

① **B2:E3** 병합 셀을 선택

② 리본 메뉴의 [홈] 탭 – [글꼴] 그룹에서 **글꼴 크기 크게** 단추를 여러 번 클릭해 글꼴 크기를 20으로 설정

③ [홈] 탭 – [글꼴] 그룹에서 **굵게** 단추를 클릭해 글꼴 스타일을 변경합니다.

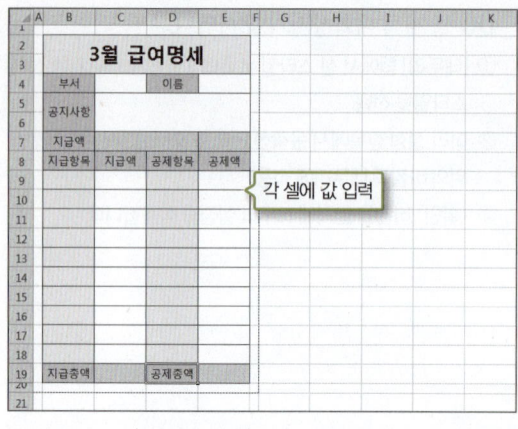

09 급여명세서 항목 머리글 입력하기 이제 급여명세서를 구성할 각 항목명을 입력합니다.

다음 표를 참고해 입력합니다.

B4	D4	B5:B6	B7	B8
부서	이름	공지사항	지급액	지급항목

C8	D8	E8	B19	D19
지급액	공제항목	공제액	지급총액	공제총액

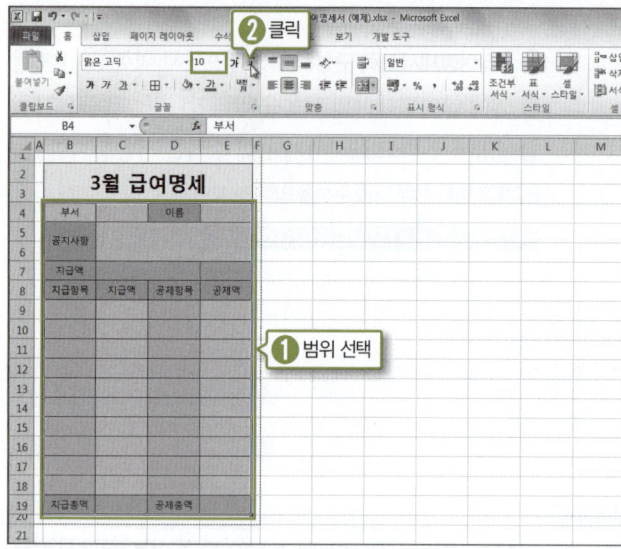

10 구성한 급여명세서 서식은 작은 편에 속하고, 큰 단위 숫자가 표시될 수 있습니다. 그러므로 가급적 한 셀에 많은 데이터를 표시하는 것이 좋습니다. 그러기 위해 글꼴 크기를 줄이는 것이 가장 좋은 방법입니다.

① B4:E19 범위를 선택
② 리본 메뉴의 [홈] 탭 – [글꼴] 그룹에서 **글꼴 크기 작게** 단추를 클릭해 글꼴 크기를 10으로 조정합니다.

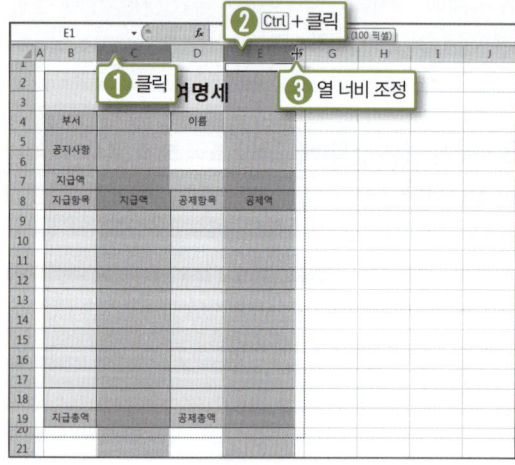

11 급여명세서 서식 레이아웃 수정하기 C9:C18 범위와 E9:E19 범위에는 금액을 표시해야 하므로 열 너비를 넓게 조정해야 합니다.

① C열을 선택
② Ctrl 키를 누른 상태에서 E열을 선택
③ E열과 F열 사이의 **열 구분선**을 오른쪽으로 드래그해 열 너비를 100픽셀로 조정합니다.

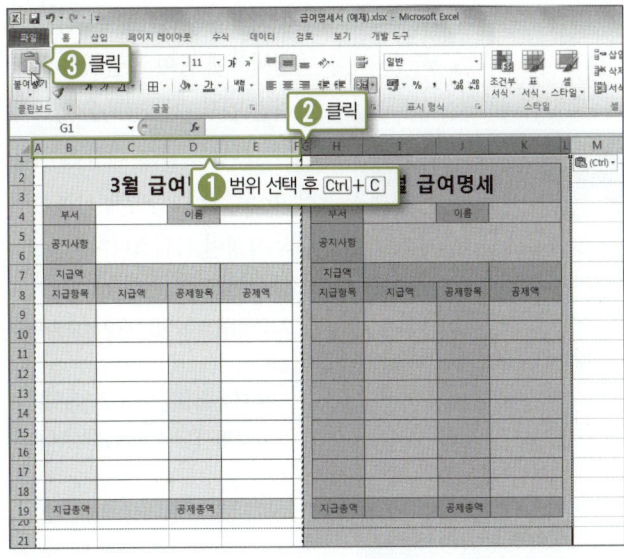

12 급여명세서 서식 복사하기 이제 급여명세서 서식에 개별 직원의 급여 내역을 표시해야 합니다. 그러기 위해서는 표시할 다른 서식과의 거리가 얼마나 되는지 확인해야 합니다.

① 오른쪽에 서식을 하나 복사하기 위해 **A:F** 열 머리글을 선택하고, 복사(Ctrl+C)
② **G열**을 선택
③ 리본 메뉴의 [홈] 탭 – [클립보드] 그룹에서 **붙여넣기** 단추를 클릭합니다.

> **TIP ... 열을 통째로 복사하는 이유와 두 서식 간의 간격**
>
> 조정된 열 너비를 복사된 곳에서도 그대로 유지하기 위해서는 열 전체를 선택하고 복사해야 합니다. 이렇게 추가한 서식과 기존 서식과의 셀 간격은 OFFSET 함수를 사용할 때 중요한 정보가 됩니다. 왼쪽 서식(B:E 열)과 오른쪽 서식(H:K 열)에서 동일한 부서를 표시하는 셀이 각각 C4셀과 I4셀로, 두 셀은 서로 6칸 떨어져 있습니다. 그러므로 두 서식 간의 간격은 6입니다.

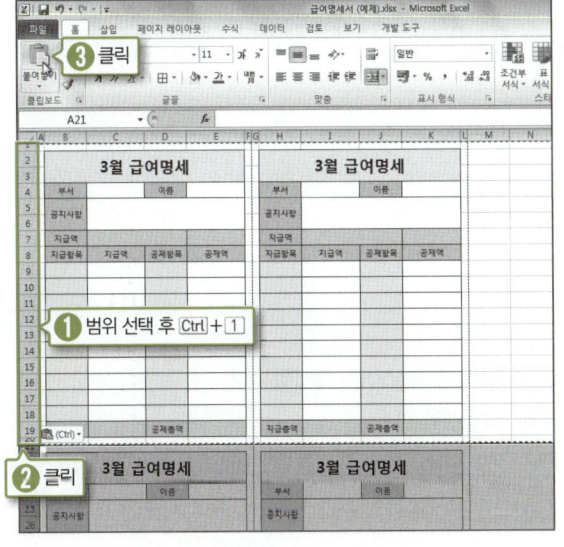

13 아래쪽에도 서식을 복사합니다.
① **1:20** 행 머리글을 선택하고, 복사(Ctrl+C)
② **21행**을 선택
③ 리본 메뉴의 [홈] 탭 – [클립보드] 그룹에서 **붙여넣기** 단추를 클릭합니다.

> **TIP ... 행을 통째로 복사하는 이유와 두 서식 간의 간격**
>
> 조정된 행 너비를 그대로 유지하기 위해서는 행 전체를 선택하고 복사해야 합니다. 아래 방향으로 복사된 서식 간의 간격은 이전과 마찬가지로 첫 번째 부서를 표시하는 셀의 간격을 확인하면 됩니다. 각각 C4셀과 C24셀입니다. 이것으로 아래 방향으로는 20칸 떨어져 있는 것을 확인할 수 있으므로, 두 서식의 간격은 20입니다. 정리하면 급여명세서 서식에서 열 방향(오른쪽) 서식의 간격은 6이고, 행 방향(아래쪽) 서식의 간격은 20입니다.

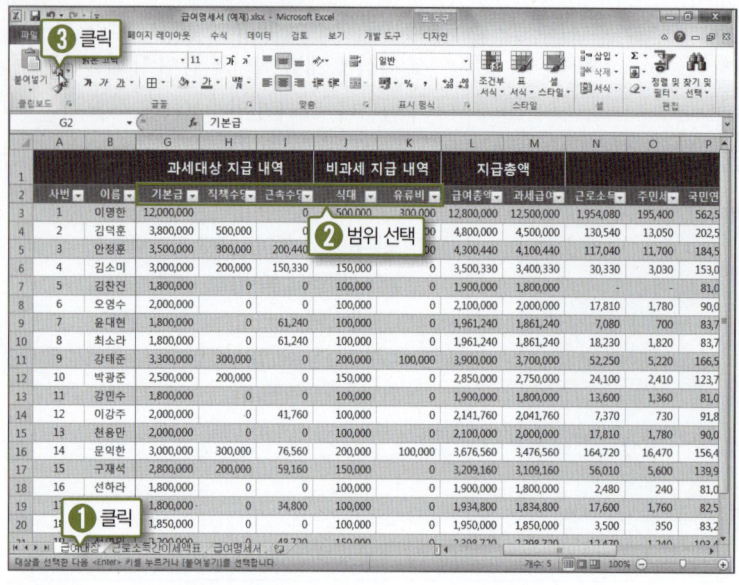

14 지급 항목 레이블 복사하기 급여명세서에 급여 지급액을 표시하려면 먼저 지급 항목을 입력해 둬야 합니다. 급여 대장에 사용한 머리글과 동일하게 사용하면 수식 작성이 쉬워집니다.

① [급여대장] 시트 탭을 클릭
② 지급 항목명이 있는 **G2:K2** 범위를 선택
③ 리본 메뉴의 [홈] 탭 – [클립보드] 그룹에서 **복사** 단추를 클릭합니다.

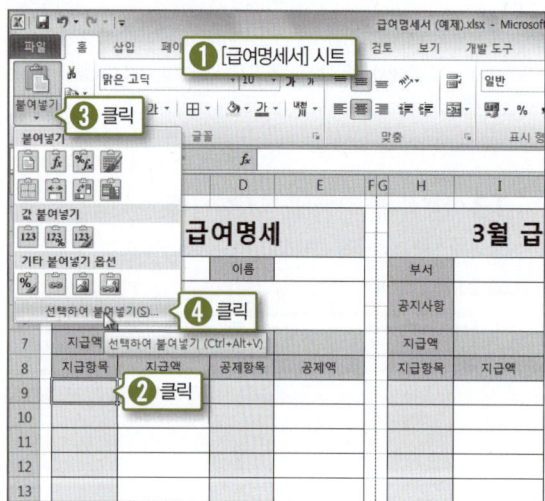

15
① [급여명세서] 시트 탭을 클릭
② 복사한 데이터를 붙여 넣을 첫 번째 셀인 **B9**셀을 선택
③ 리본 메뉴의 [홈] 탭 – [클립보드] 그룹에서 **붙여넣기** 단추의 **옵션** 단추를 클릭
④ **선택하여 붙여넣기** 명령을 클릭합니다.

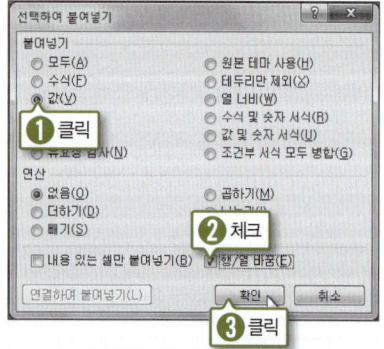

16 선택하여 붙여넣기 대화상자가 표시됩니다.
① 붙여넣기 항목에서 **값** 옵션을 선택
② **행/열 바꿈** 확인란에 체크
③ 〈확인〉 버튼을 클릭합니다.

TIP ... 선택하여 붙여넣기 대화상자의 선택 값 이해하기

[행/열 바꿈] 확인란을 체크한 것은 열 방향(오른쪽)으로 기록된 값을 행 방향(아래쪽)으로 붙여 넣기 위함입니다. 또한 [값] 옵션을 선택하면, 급여 대장에서 적용된 서식은 제외하고, 입력된 값만 붙여 넣을 수 있습니다.

17 그림과 같이 15번 과정에서 복사한 열 머리글이 급여명세서 서식에 표시됩니다.

18 공제 항목 레이블 복사하기
14~17번 과정과 동일한 방법으로 [급여대장] 시트의 **N2:T2** 범위를 복사한 후 [급여명세서] 시트의 **D9:D15** 범위에 붙여 넣습니다.

19 급여명세서 서식 표시 순서 이해하기 급여명세서 서식을 어떤 순서로 표시하는지에 따라 수식을 다르게 입력해야 합니다. 이번에는 왼쪽→오른쪽→다음 왼쪽→다음 오른쪽 순(그림의 화살표 방향 참고)으로 급여 대장의 내역이 표시되도록 수식을 작성합니다.

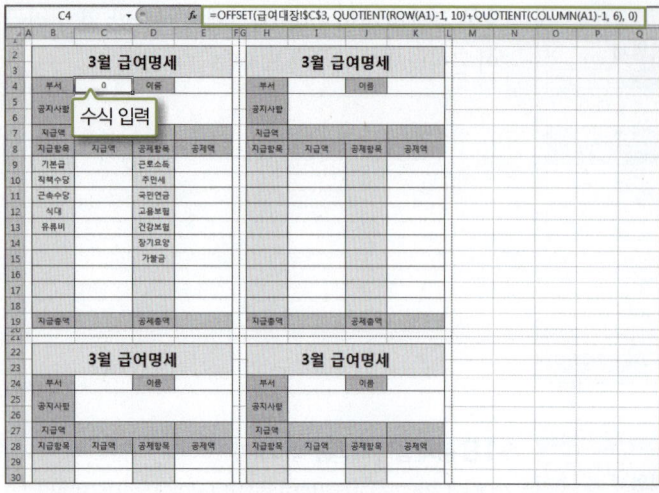

20 부서 참조하기 첫 번째 급여명세서 서식의 부서명을 [급여대장] 엑셀 표에서 참조해 옵니다.

C4셀을 선택하고, 다음 수식을 입력합니다.

=OFFSET(급여대장!$C$3, QUOTIENT(ROW(A1)-1, 10)+QUOTIENT(COLUMN(A1)-1, 6), 0)

수식 설명 =OFFSET(급여대장!$C$3, QUOTIENT(ROW(A1)-1, 10)+QUOTIENT(COLUMN(A1)-1, 6), 0)

급여명세서 서식은 19번 과정의 그림에서 설명했듯이, 왼쪽에서 오른쪽 방향으로 데이터를 표시하며 그 다음은 아래에서 왼쪽 서식에 데이터를 표시합니다. 그러므로 OFFSET 함수를 사용할 때는 기준 위치(급여 대장 서식에서 부서가 나타나는 첫 번째 위치로 [급여대장] 시트의 C3셀을 의미)에서 다음과 같은 방식으로 아래쪽 데이터를 참조하도록 수식을 구성해야 합니다.

0	1
2	3
4	5
…	…

급여명세서는 왼쪽과 오른쪽 서식의 간격이 6이며, 위와 아래 간격은 20입니다. 그러므로 왼쪽에서 오른쪽 서식으로 이동할 때는 QUOTIENT(COLUMN(A1)-1, 6)과 같은 수식을 사용해 0, 1과 같은 값이 반환되도록 하며, 위에서 아래쪽 서식으로 이동할 때는 0, 2, 4, … 와 같이 변경되도록 QUOTIENT(ROW(A1)-1, 10)과 같은 수식을 사용합니다. 참고로 =QUOTIENT(ROW(A1)-1, 20)*2와 같이 구성해도 동일한 결과를 얻을 수 있습니다. 이렇게 하면 QUOTIENT(ROW(A1)-1, 10)+QUOTIENT(COLUMN(A1)-1, 6) 부분은 다음과 같은 수식 연산이 되어, 위에서 참조해야 하는 순서의 값을 반환합니다.

0+0	0+1
2+0	2+1
4+0	4+1
…	…

이렇게 일정 간격으로 떨어진 위치로 데이터를 순서대로 참조할 때 사용하는 QUOTIENT 함수 사용 방법은 **Project 07 라벨 인쇄** 자동화 서식을 작업할 때 자세하게 설명했습니다. 아직 이해가 되지 않는다면, 라벨 위치로 데이터를 참조할 때 사용했던 방법을 다시 참고해 봅니다.

21 20번 과정의 수식에서 0 값이 반환되는데, [급여대장] 시트에서 첫 번째 직원의 부서가 존재하지 않기 때문입니다. 제대로 부서를 참조하는지 확인해 보겠습니다.

① C4셀을 선택하고, 복사(Ctrl+C)
② I4, C24, I24셀을 각각 선택한 후 붙여 넣기(Ctrl+V) 작업을 진행합니다.

급여 대장에 입력된 순서로 부서가 표시됩니다.

22 이름 참조하기 이름을 참조해 오는 수식 역시 20번 과정의 수식에서 첫 번째 셀 주소만 변경하면 됩니다.

E4셀을 선택하고, 다음 수식을 입력합니다.

=OFFSET(급여대장!$B$3, QUOTIENT(ROW(A1)-1, 10)+QUOTIENT(COLUMN(A1)-1, 6),0)

수식 설명 =OFFSET(급여대장!$B$3, QUOTIENT(ROW(A1)-1, 10)+QUOTIENT(COLUMN(A1)-1, 6), 0)

이 수식은 20번 과정의 수식과 동일합니다. 단 OFFSET 함수의 시작 위치가 [급여대장] 시트의 C3셀에서 B3셀로 변경된 것뿐입니다. 그러므로 자세한 설명은 20번 과정의 [수식 설명]을 참고합니다.

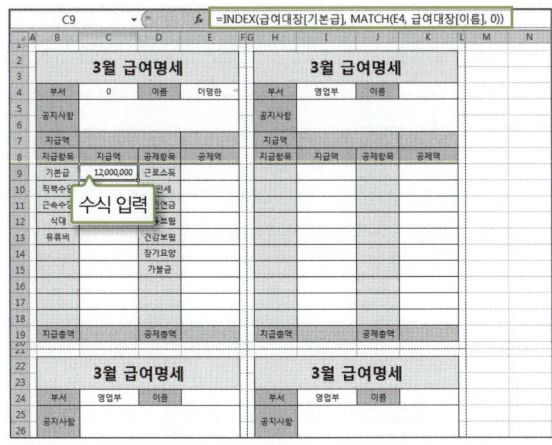

23 지급 항목 참조하기 이번에는 개별 직원의 이름이 고유하다는 전제로 E4셀의 이름으로 각 지급 항목의 값을 급여 대장에서 참조해 옵니다.

C9셀을 선택하고, 다음 수식을 입력합니다.

=INDEX(급여대장[기본급], MATCH(E4, 급여대장[이름], 0))

수식 설명 =INDEX(급여대장[기본급], MATCH(E4, 급여대장[이름], 0))

이 수식은 앞에서 사용했던 다음 수식을 그대로 사용해도 됩니다.

=OFFSET(급여대장!$G$3, QUOTIENT(ROW(A1)-1, 10)+QUOTIENT(COLUMN(A1)-1, 6), 0)

하지만 E4셀의 이름이 고유하다면, 지급 항목이나 공제 항목은 이번에 사용한 것과 같이 INDEX, MATCH 함수를 사용할 수 있습니다. 만약 이름이 중복될 수 있다면, 사번과 같이 고유한 값을 참조한 다음, 그 값을 이용해 참조합니다. 이번 수식은 [급여대장] 엑셀 표에서 기본급 열의 값을 참조하는데, 조건은 E4셀의 값을 [급여대장] 엑셀 표의 이름 열에서 찾은 위치와 동일한 행에 있는 값이란 의미를 갖습니다.

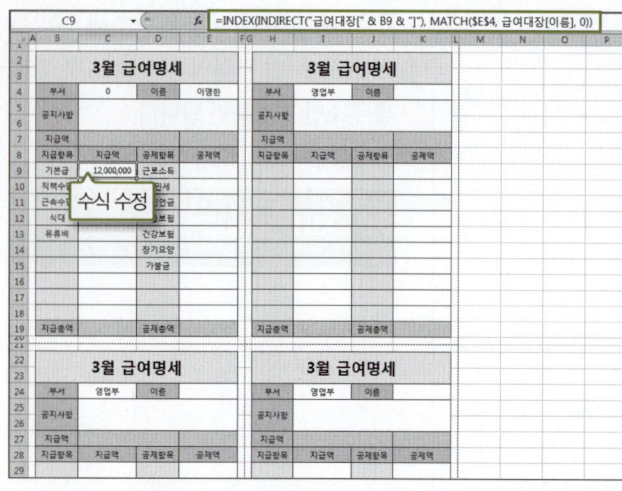

24 23번 과정에서 사용한 수식은 제대로 동작하지만 다른 지급 항목의 값을 참조하려면 INDEX 함수의 1번째 인수를 항상 수정해야 합니다. 그러지 않고 수식을 복사해 사용하기 위해 수식을 수정합니다.

C9셀을 선택하고, 다음 수식을 입력합니다.

=INDEX(INDIRECT("급여대장[" & B9 & "]"), MATCH($E$4, 급여대장[이름], 0))

수식 설명 =INDEX(INDIRECT("급여대장[" & B9 & "]"), MATCH($E$4, 급여대장[이름], 0))

23번 과정에서 사용한 수식은 다음과 같습니다.

=INDEX(급여대장[기본급], MATCH(E4, 급여대장[이름], 0))

위 수식과 동일하게 직책 수당을 참조해 오려면 다음과 같은 수식이 되어야 합니다.

=INDEX(급여대장[직책수당], MATCH(E4, 급여대장[이름], 0))

또한 근속 수당은 다음과 같습니다.

=INDEX(급여대장[근속수당], MATCH(E4, 급여대장[이름], 0))

작성된 수식들을 보면 INDEX 함수의 1번째 인수 부분이 매번 변경됩니다. 이것은 참조할 값을 갖는 열이 매번 달라지기 때문입니다. 이처럼 수식을 작성하면 모든 지급 항목, 공제 항목의 값을 참조해 오기 위해 수식을 매번 작성해야 합니다.

수식을 작성할 때 B열의 지급 항목 머리글(B9:B13)을 참조해 매번 다른 열의 값을 참조해 오도록 구성하려면 다음과 같이 수식을 구성하면 됩니다.

"급여대장[" & B9 & "]"

하지만 위와 같이 하면 값을 참조해 오는 범위로 인식되지 않고, 단순 문자열이 됩니다. 그러므로 위 수식의 결과가 범위를 참조할 수 있도록 INDIRECT 함수를 사용한 것입니다.

INDIRECT("급여대장[" & B9 & "]")

마지막으로 수식을 복사할 때 MATCH 함수의 1번째 인수인 E4셀의 위치가 변경되지 않도록 절대참조 방식으로 수식을 수정했습니다.

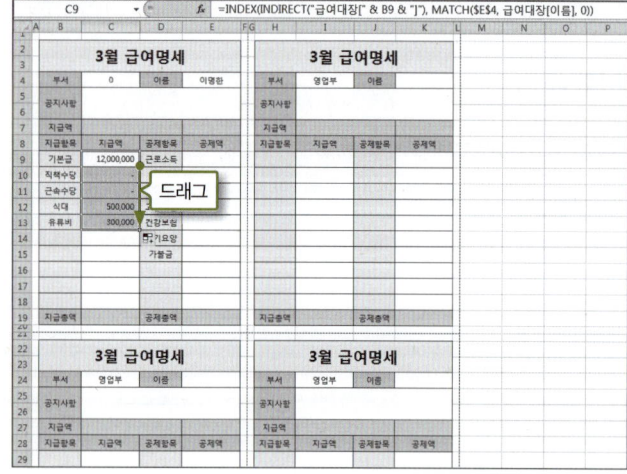

25 24번 과정에서 수정한 수식이 제대로 된 결과를 반환하는지 확인합니다.

C9셀의 **채우기 핸들**을 C13셀까지 드래그해 결과를 확인합니다.

> **TIP ...** 지급 항목이 늘어날 때를 대비한 수식 수정 방법 이해하기
>
> 이번과 같이 지급 항목이 정확하게 입력된 위치까지 수식을 복사하면 별 문제가 없지만, 지급 항목이 존재하지 않는 C14, C15셀까지 수식을 복사하면 #N/A 오류가 반환됩니다. 이런 문제를 모두 해결하기 위해서는 다음과 같이 수식을 수정할 필요가 있습니다.
>
> =IFERROR(INDEX(INDIRECT("급여대장[" & B9 & "]"), MATCH($E$4, 급여대장[이름], 0)), 0)
>
> 이렇게 하면 #N/A 오류 대신 0 값이 반환되는데, 뒤에서 0 값을 숨기는 작업을 할 것이기 때문에 이것이 큰 문제가 되지는 않습니다. 참고로 0 대신 공백 문자(" ")를 반환하도록 위 수식을 수정해도 괜찮습니다.

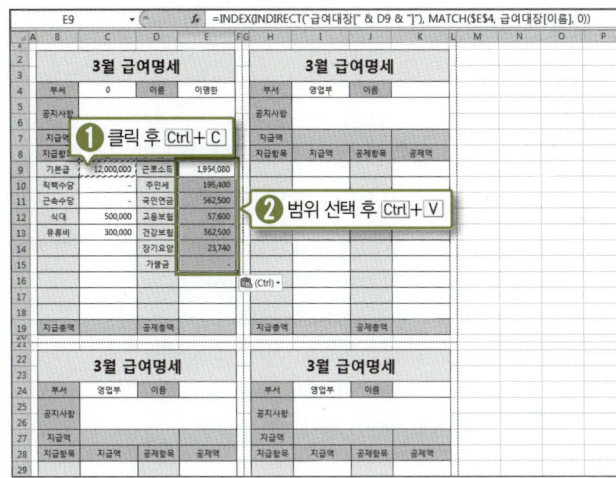

26 공제 항목 참조하기 E열의 공제액을 참조해 오는 작업 역시 지급 항목의 값을 참조해 오는 작업과 동일합니다. 그러므로 기존 수식을 복사해 사용합니다.

① C9셀을 선택하고, 복사(Ctrl + C)

② E9:E15 범위를 선택하고, 붙여 넣기(Ctrl + V) 하면 공제액에 해당하는 값을 참조해 옵니다.

> **TIP ...** 수식 복사하기
>
> 일반적으로 연속된 범위(예를 들면 A1:A10)에 수식을 복사할 때는 자동 채우기 기능을 이용합니다. 이번 서식과 같이 떨어진 위치(C9와 E9:E15 범위)에도 동일한 수식을 복사해 사용할 수 있습니다. 이렇게 수식을 복사해 사용하면, 상대참조 방식으로 참조한 셀 주소(B9)는 자동으로 위치가 변경되며, 절대참조 방식으로 참조한 셀 주소($E$4)는 그대로 유지됩니다. 참고로 엑셀 표의 구조적 참조 방식 역시 절대참조 방식과 유사하기 때문에 위치가 변하지 않습니다. 이렇게 수식을 복사해 사용하면 다시 수식을 입력하지 않아도 되기 때문에 동일한 형식의 표에서 사용하면 편리합니다.

27 지급 총액과 공제 총액 계산하기 이제 지급 항목과 공제 항목의 값을 모두 참조했으므로 지급 항목의 총액과 공제 항목의 총액을 계산합니다.

C19셀과 E19셀에 다음과 같은 수식을 입력합니다.

C19 : =SUM(C9:C18)
E19 : =SUM(E9:E18)

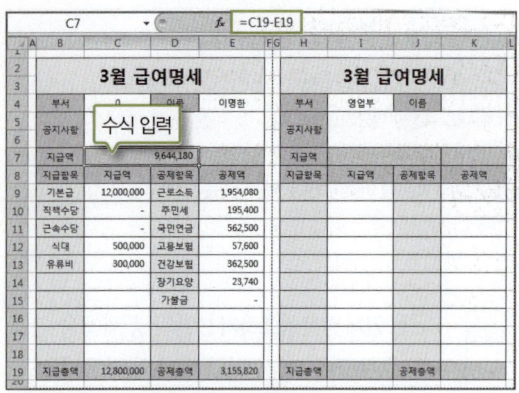

28 월 급여 계산하기 지급 총액과 공제 총액을 계산했다면, 월 급여(지급액)를 계산할 수 있습니다.

C7:D7 병합 셀을 선택하고, 다음과 같은 수식을 입력합니다.

`=C19-E19`

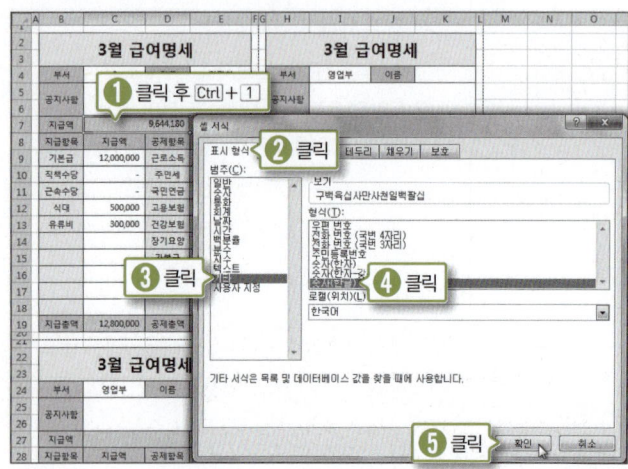

29 28번 과정에서 계산된 월 급여를 한글로 표시하는 작업을 진행합니다.

① **C7:D7** 병합 셀을 선택하고, Ctrl + 1 키를 눌러 셀 서식 대화상자를 표시
② [표시 형식] 탭을 클릭
③ 범주 목록에서 **기타** 항목을 클릭
④ 형식 목록에서 **숫자(한글)**을 클릭
⑤ 〈확인〉 버튼을 클릭합니다.

> **TIP ···** 셀 서식을 이용하지 않고 함수를 사용하는 방법
>
> 셀 서식을 이용하지 않고, 수식을 이용해 숫자를 한글로 표시할 수 있습니다. NUMBERSTRING 함수를 사용해 C7:D7 병합 셀의 수식을 다음과 같이 수정하면 됩니다.
>
> `=NUMBERSTRING(C19-E19, 1)`
>
> 만약, 한자로 표시하려면 셀 서식 대화상자의 형식 목록에서 [숫자(한자-갖은자)]를 선택하거나, NUMBERSTRING 함수를 사용해 2번째 인수 값을 2로 변경하면 됩니다.

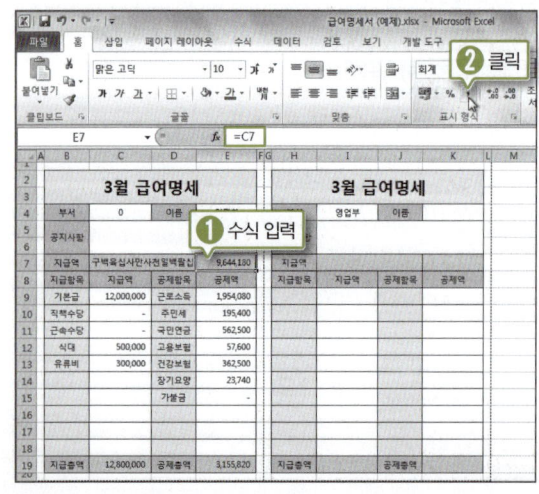

30 E7셀에 C7:D7 병합 셀의 값을 숫자로 표시하기 위해 다시 참조합니다.

① **E7**셀을 선택하고, 다음 수식을 입력합니다.
② 리본 메뉴의 [홈] 탭 – [표시 형식] 그룹에서 **쉼표 스타일** 단추를 클릭합니다.

`=C7`

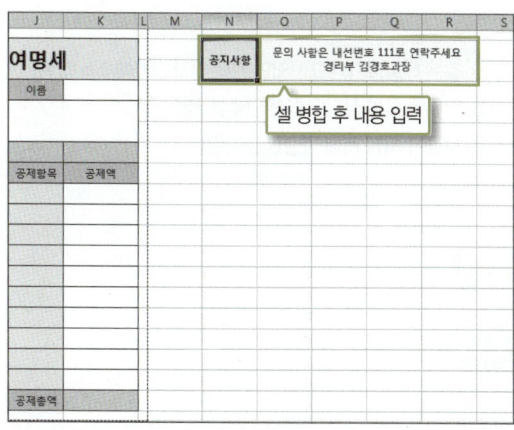

31 공지사항 입력하기 전체 급여명세서 서식에 입력될 공지사항 부분을 별도로 구성합니다.

N2:N3 범위와 **O2:R3** 범위를 각각 병합한 후 머리글과 공지 내용을 간단하게 입력합니다. 공지 내용을 입력할 때, 행을 바꾸려면 Alt + Enter 키를 누른 다음 입력합니다.

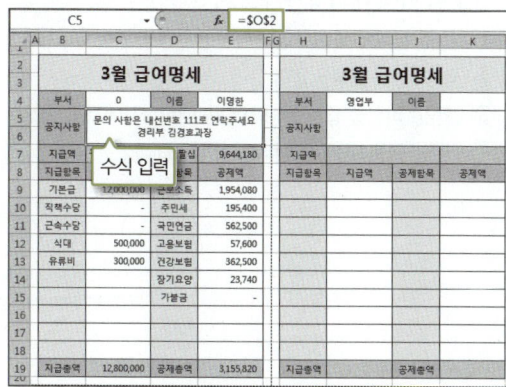

32 이제 31번 과정에서 작성한 공지사항을 급여명세서로 참조해 옵니다.

C5:E6 병합 셀을 선택한 다음, 아래와 같은 수식을 입력합니다. 절대참조를 사용한 것은 복사한 서식에서도 동일한 위치를 참조하기 위함입니다.

=$O$2

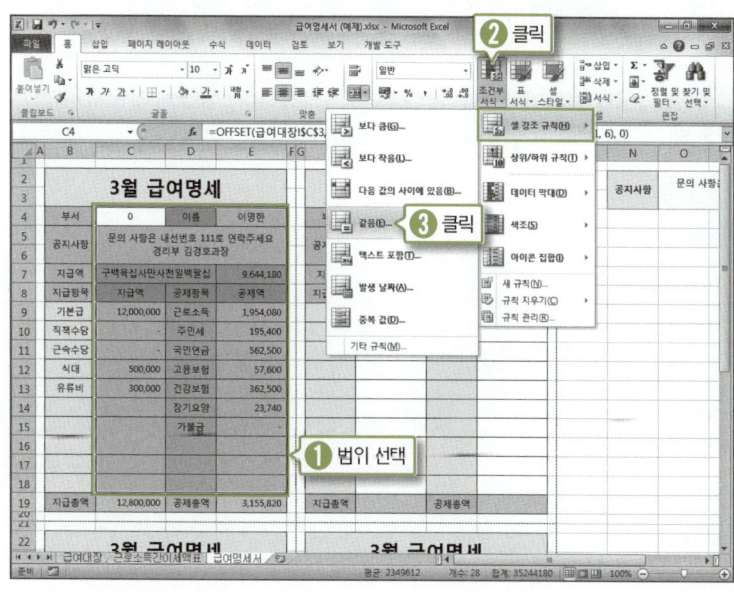

33 불필요한 0 값 숨기기 전체 급여명세서 서식에서 필요 없이 표시되는 0 값을 숨기는 작업을 진행합니다.

① **C4:E18** 범위를 선택
② 리본 메뉴의 [홈] 탭 – [스타일] 그룹에서 **조건부 서식** 단추를 클릭
③ **셀 강조 규칙>같음** 명령을 클릭합니다.

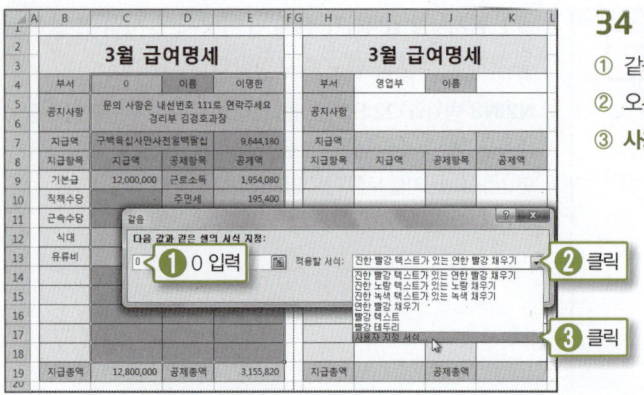

34
① 같음 대화상자가 표시되면 왼쪽 입력 상자에 **0**을 입력
② 오른쪽 콤보 상자의 **옵션** 단추를 클릭
③ **사용자 지정 서식** 명령을 클릭합니다.

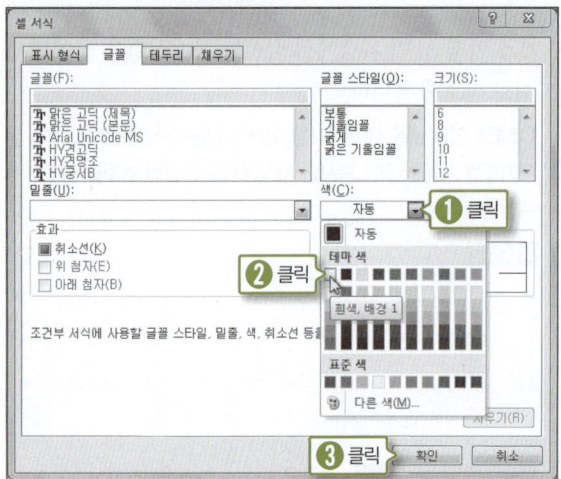

35 셀 서식 대화상자가 표시됩니다.
① [글꼴] 탭에서 색 콤보 상자의 **옵션** 단추를 클릭
② 색상표에서 **흰색**을 클릭
③ 〈확인〉 버튼을 클릭합니다. 같음 대화상자에서도 〈확인〉 버튼을 클릭하면 지정한 서식이 적용됩니다.

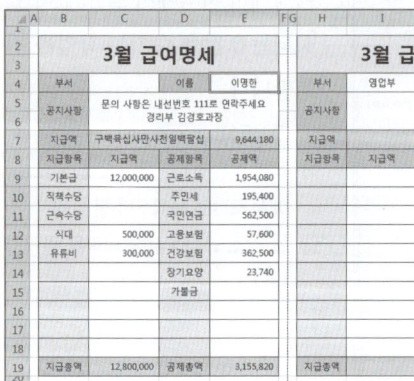

36 그림과 같이 0 값이 모두 가려집니다. 이렇게 구성하면 깔끔하고, 보기 좋은 서식이 완성됩니다.

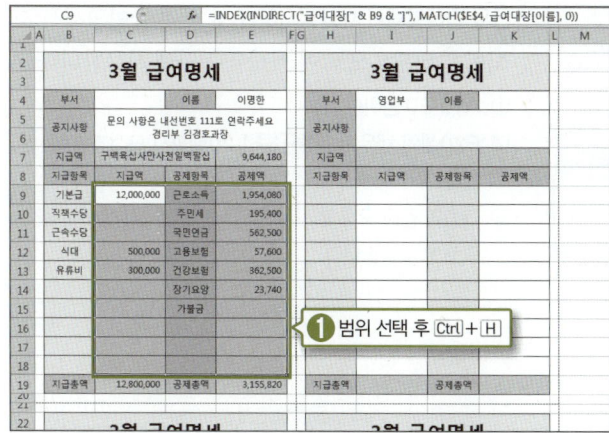

37 참조 방식 변경하기 서식을 복사해 사용하려면 지급 항목과 공제 항목을 참조할 때 사용한 수식에서 E4셀을 참조하는 부분을 절대참조에서 상대참조로 변경해야 합니다. 그래야만, 각 급여명세서의 지급 항목과 공제 항목이 제대로 참조됩니다.

① **C9:E18** 범위를 선택한 다음 Ctrl+H 키를 눌러 찾기 및 바꾸기 대화상자를 호출
② 찾을 내용에 **$**를 입력하고, 바꿀 내용을 비움
③ 〈모두 바꾸기〉 버튼을 클릭해 참조 방식을 변경합니다.

> **TIP** ... 바꾸기 기능을 이용해 참조 방식 변경하기
>
> 바꿀 내용에 아무것도 입력하지 않으면 찾을 내용의 값을 찾아 삭제합니다. 절대참조는 셀 주소에 $ 기호가 표시되므로 이렇게 하면 절대참조 방식이 상대참조로 변경됩니다.

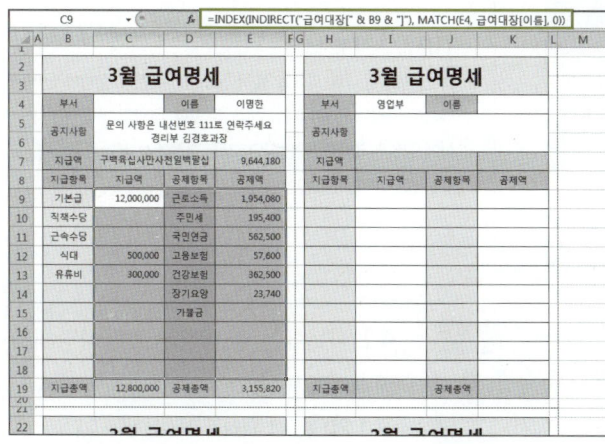

38 수식의 결과는 변화가 없습니다. 단, 수식 입력줄을 보면 MATCH 함수의 1번째 인수 부분이 절대참조에서 상대참조로 바뀐 것을 확인할 수 있습니다.

39 급여명세서 서식 복사하기 첫 번째 급여명세서 서식이 완성됐으므로 이 서식을 복사해 사용합니다.

① **A1:F20** 범위를 선택
② F20셀의 **채우기 핸들**을 L20셀까지 드래그해 복사합니다.
③ 그림과 같은 오류 메시지 창이 나타나면 〈확인〉 버튼을 클릭해 창을 닫습니다.

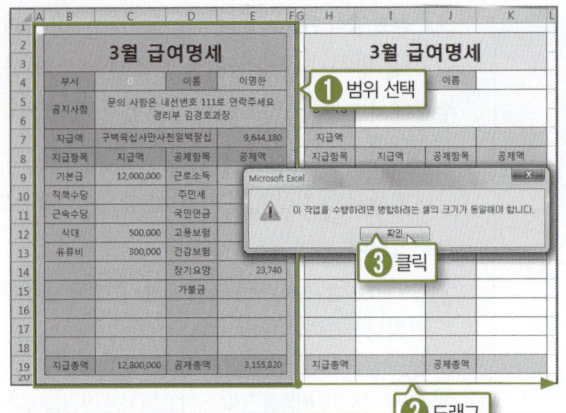

TIP … 오류 메시지 창이 나타나는 이유

이번 서식과 같이, 서식 내부에 병합된 셀이 존재하면 다른 병합된 셀이 위치한 곳으로 자동 채우기 기능을 이용해 값이나 수식을 복사할 수 없습니다. 자동 채우기 기능을 이용해 수식을 복사하려면, 먼저 복사될 서식의 병합을 해제해야 합니다.

40 오류 메시지가 나타나지 않도록 하려면 열 전체를 복사해 붙여 넣으면 됩니다.

① **A:F** 열 머리글을 선택하고, 복사(Ctrl+C)
② G열을 선택
③ 리본 메뉴의 [홈] 탭 – [클립보드] 그룹에서 **붙여넣기** 단추를 클릭합니다. 아무런 문제 없이 서식이 복사됩니다.

TIP … 서식 복사

열 전체를 복사해 서식을 붙여 넣으면, 두 번째 직원의 급여명세서가 나타나야 합니다. 만약 두 번째 직원의 급여명세서 서식에 잘못된 값이 나타난다면, 기존 과정에서 빼놓고 진행한 부분은 없는지 다시 확인합니다.

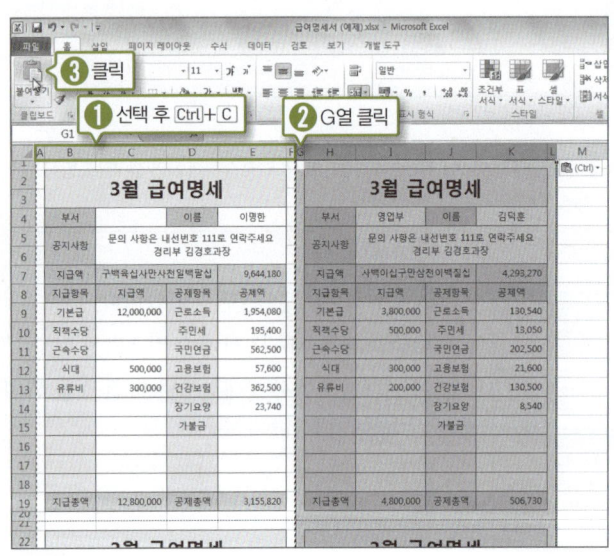

41 이번에는 행 방향으로 급여명세서를 복사합니다.

① **1:20** 행을 선택하고, 복사(Ctrl+C)
② 21행을 선택
③ 리본 메뉴의 [홈] 탭 – [클립보드] 그룹에서 **붙여넣기** 단추를 클릭합니다.

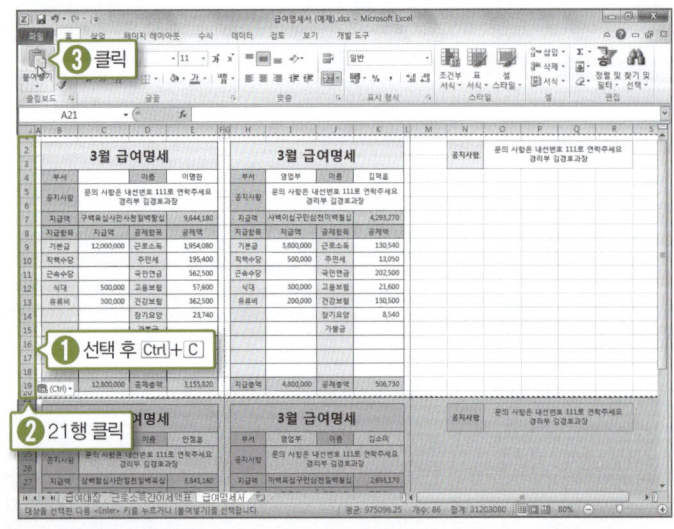

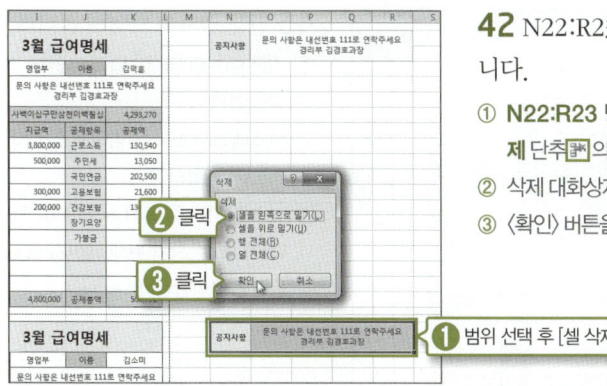

42 N22:R23 범위의 공지사항 부분은 필요 없으므로 삭제합니다.

① **N22:R23** 병합 셀을 선택한 후 리본 메뉴의 [홈] 탭 – [셀] 그룹에서 **삭제** 단추의 **옵션** 단추를 클릭한 후 **셀 삭제** 명령을 클릭
② 삭제 대화상자가 표시되면 **셀을 왼쪽으로 밀기**를 선택
③ 〈확인〉 버튼을 클릭합니다.

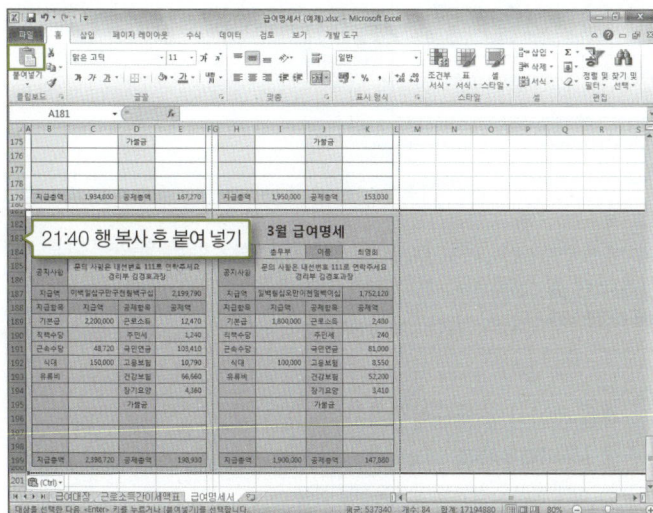

43 계속해서 아래쪽으로 급여명세서 서식을 복사합니다.

21:40 행을 선택하고, 복사한 후 **41**행, **61**행, **81**행, **101**행, …, **181**행을 순서대로 선택하고, 리본 메뉴의 [홈] 탭 – [클립보드] 그룹에서 **붙여넣기** 단추를 클릭해 서식을 복사합니다.

TIP … 두 번째 서식을 복사해 붙여 넣는 이유

1:20 행의 서식을 복사하면, 41~42번 과정에서 확인할 수 있듯이 공지사항을 입력하는 부분까지 복사됩니다. 그러므로 42번 과정에서 공지사항을 없앤 21:40 행에 있는 두 번째 서식을 복사해 붙여 넣는 작업을 진행합니다. 서식을 붙여 넣을 때 마지막 위치는 마지막 직원(최영희)이 표시되는 순간으로 확인하거나, #N/A 오류가 반환되는 순간으로 확인합니다. 추가로 표시된 서식은 해당 범위를 선택해 삭제합니다.

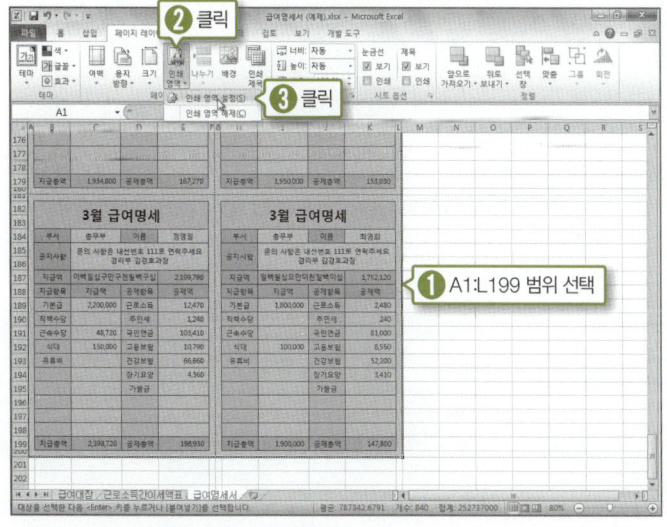

44 급여명세서 인쇄 관련 설정하기 N2:R3 범위에는 공지사항을 입력하는 부분이 있으므로 인쇄될 때 해당 범위가 나타나지 않도록 인쇄 영역을 설정해야 합니다.

① **A1:L199** 범위를 선택
② 리본 메뉴의 [페이지 레이아웃] 탭 – [페이지 설정] 그룹에서 **인쇄 영역** 단추를 클릭
③ **인쇄 영역 설정** 명령을 클릭합니다(이렇게 하면 선택된 범위만 인쇄됩니다).

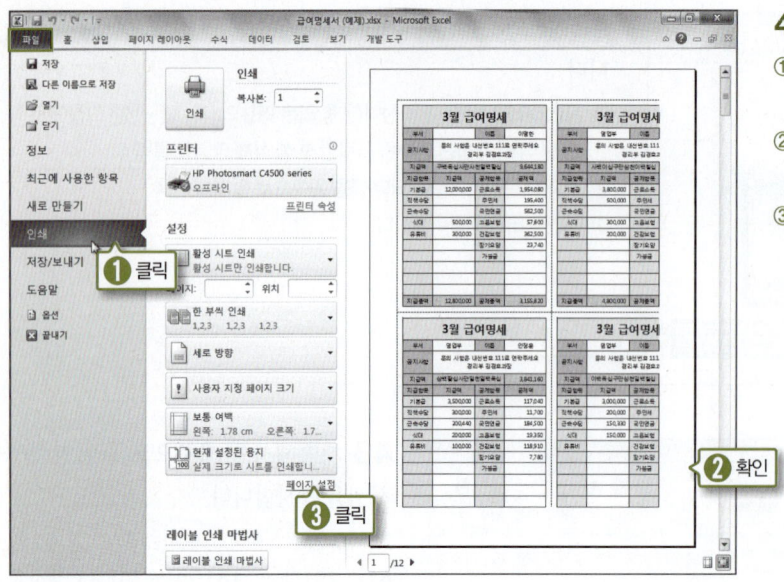

45 인쇄 결과를 확인해 봅니다.
① 리본 메뉴의 [파일] 탭에서 **인쇄** 명령을 클릭
② 백스테이지 보기 영역에서 인쇄 미리 보기를 확인
③ 한 페이지에 두 열의 서식이 제대로 나타나도록 하기 위해 **페이지 설정** 링크를 클릭합니다.

TIP ... 페이지 설정 작업이 필요한 이유

인쇄 미리 보기 화면을 보면, 2번째 열의 급여명세서 서식 중 오른쪽 부분이 일부 잘리고, 2번째 행의 급여명세서 서식 중 아래쪽 일부분이 잘리는 것을 확인할 수 있습니다. 이럴 때는 행 높이나 열 너비를 조정하는 방법을 사용해도 되지만, 인쇄할 페이지의 여백을 조정하는 방법을 사용하는 것이 간단합니다. 그러므로 페이지 설정 대화상자를 호출해 여백을 조정합니다.

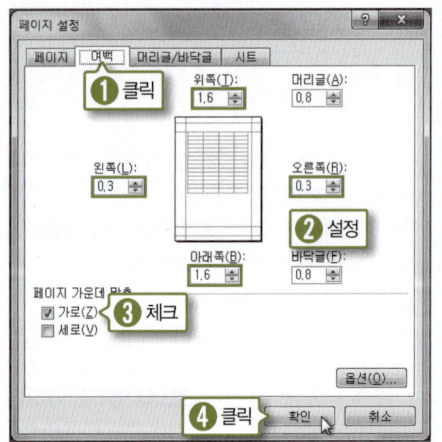

46 페이지 설정 대화상자가 표시됩니다.
① [여백] 탭을 클릭
② 아래 항목을 참고해 여백 옵션을 설정
③ 페이지 가운데 맞춤 항목에서 **가로** 옵션에 체크
④ 〈확인〉 버튼을 클릭합니다.

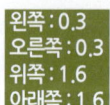
왼쪽 : 0.3
오른쪽 : 0.3
위쪽 : 1.6
아래쪽 : 1.6

TIP ... 여백 설정 및 인쇄

여백은 사용자의 PC와 연결된 프린터에 따라 다를 수 있습니다. 그러므로, 여백 설정을 완료한 후에는 미리 보기 화면에서 잘리는 부분이 없는지 확인합니다. 이상이 있으면 45~46번 과정을 참고하여 여백을 다시 조정합니다. 한 페이지에 맞게 정확하게 표시되면 〈인쇄〉 버튼을 클릭해 출력할 수 있습니다.

Project 09.
견적서

견적서는 발생할 거래에 대한 제반 내역을 기록하는 서식으로 회사 간의 매매 계약의 기본 서류입니다. 견적서에 있는 내용은 거래가 완전히 성립되기 전 상태이기 때문에 최종 계약이 체결되기 전까지는 수정될 수 있습니다. 이러한 특징이 잘 반영되도록 견적서 서식을 자동화해 보겠습니다.

미리 보기

• 완성 파일 ⊙ : 견적서.xlsx   • 예제 파일 ⊙ : 견적서 (예제).xlsx, 견적서 서식.xlsx

고객

	A	B	C	D	E	F	G	H	I	J
1	회사명	가나다	담당자	직위	전화번호	팩스번호	사업자등록번호		가나다	
2	신영상사 ㈜	사	한석규	영업 사원	(051)575-5776	(051)575-5876	005-62-08515		가	
3	원창 ㈜	아	황영순	대표 이사	(02)681-6889	(02)681-6869	002-22-08595		나	
4	동광 통상 ㈜	다	조자룡	대표 이사	(02)989-9889	(02)989-9489	004-37-02912		다	
5	경성 트레이딩	가	구재석	영업 사원	(031)376-4568	(031)376-4768	001-92-08443		라	
6	정금 상사 ㈜	자	최영희	영업 과장	(041)592-3778	(041)592-3878	002-50-08958		마	
7	협우 상사 ㈜	하	손미선	영업 사원	(02)211-1234	(02)211-1834	005-04-08209		바	
8	베네디스 유통 ㈜	바	장선희	마케팅 2과장	(02)411-2954	(02)411-2054	002-23-05954		사	
9	삼화 상사 ㈜	사	정영일	대표 이사	(051)354-1945	(051)354-1925	001-04-06181		아	
10	서주 무역 ㈜	사	문익한	대표 이사	(02)497-4896	(02)497-4596	006-79-01788		자	
11	태강 교역 ㈜	타	문흥미	경리 과장	(051)445-9483	(051)445-9473	006-77-03807		차	
12	월드 링크 ㈜	아	이강주	영업 사원	(051)342-3333	(051)342-3303	002-28-05282		카	
13	혜성 백화점 ㈜	하	박광준	영업 사원	(02)843-4486	(02)843-4481	005-09-08192		타	
14	진주 백화점 ㈜	자	홍성주	마케팅 1과장	(031)445-3687	(031)445-3467	005-71-01690		파	
15	동남 상사 ㈜	다	강태준	대표 이사	(02)334-5897	(02)334-5807	002-27-06132		하	
16	대진 상사 ㈜	다	천용만	영업 사원	(02)878-9174	(02)878-9274	004-04-08004			
17	극동 무역 ㈜	가	김민수	영업 과장	(02)978-1984	(02)978-1914	005-02-06171			
18	양정 물산 ㈜	아	주진국	대표 이사	(02)444-2971	(02)444-2271	003-35-03968			
19	성신 교역 ㈜	사	성병재	영업 사원	(041)487-4971	(041)487-4971	001-56-05301			

견적서를 요청하거나 기존 거래가 있는 고객 업체 정보를 기록합니다. 그런 다음, 엑셀 표로 변환해 추가로 데이터를 등록해도 다른 위치에서 값을 참조하기 쉽도록 합니다. 또한 견적을 작성할 때 가나다와 같은 인덱스 값을 이용해 회사명을 나열해서 선택할 수 있도록 B열과 같이 인덱스 값을 추가합니다.

제품

	A	B	C	D
1	제품명	분류	공급업체	단가
2	노르웨이산 연어알 조림	해산물	서울 무역 ㈜	19,400
3	대륙 냉동 참치	해산물	대륙 교역 ㈜	40,000
4	대양 마말레이드	과자류	미미 제과 ㈜	47,300
5	대양 특선 건과(배)	가공 식품	대양 농산 ㈜	18,100
6	대양 특선 딸기 소스	조미료	대양 농산 ㈜	24,400
7	대양 특선 블루베리 잼	조미료	대양 농산 ㈜	14,600
8	대양 핫 케이크 소스	과자류	미미 제과 ㈜	6,200
9	북미산 상등육 쇠고기	육류	서울 무역 ㈜	54,200
10	삼화 콜라	음료	삼화 음료 ㈜	2,700
23	유미 건조 다시마	가공 식품	유미 식품 ㈜	14,100
24	유미 돌김	해산물	유미 식품 ㈜	3,400
25	태양 100% 레몬 주스	음료	태양 식품 ㈜	11,900
26	태양 100% 오렌지 주스	유제품	서울 무역 ㈜	10,300
27	태양 체리 시럽	조미료	태양 식품 ㈜	5,800
28	태평양 포장 파래	해산물	태평양 수산 ㈜	15,600
29	파블로바 피넛 스프레드	과자류	대륙 교역 ㈜	10,400
30	현진 바닐라 엣센스	유제품	현진 식품 ㈜	22,700
31	현진 커피 밀크	유제품	현진 식품 ㈜	11,200

판매하는 모든 제품을 기록합니다. 다른 곳에서 제품을 쉽게 참조해 갈 수 있도록 엑셀 표로 변환합니다.

Project Review

견적

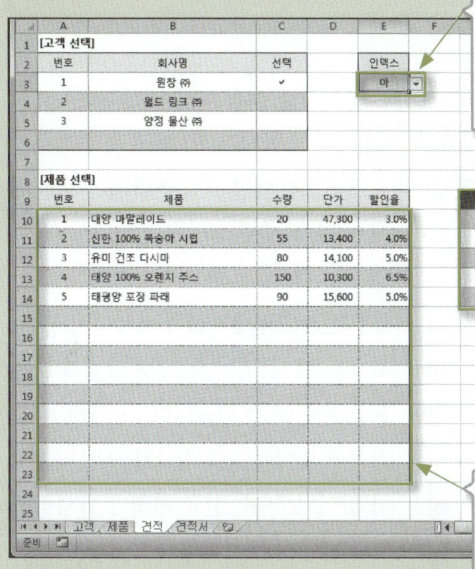

E3셀에 선택된 인덱스 값에 따라 [고객] 시트의 명단이 B3:B6 범위에 표시됩니다. C열에 체크 표시를 하면 해당 업체 정보가 견적서에 자동으로 나타납니다.

제품 판매 수량에 따라 적용할 할인율을 기록해 놓습니다. 견적서에 표시되는 판매액은 이곳에 기록된 할인율을 적용해 계산됩니다.

판매할 제품과 수량을 기록합니다. 제품은 목록에서 선택하며, 수량은 직접 입력합니다. 그러면 단가와 할인율이 자동 계산됩니다.

견적서

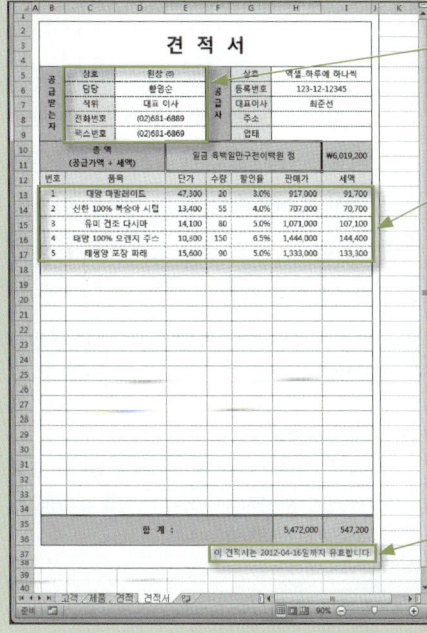

[견적] 시트에서 선택한 고객 정보가 이곳에 나타납니다. 이 값은 모두 [고객] 시트에서 참조하게 됩니다.

[견적] 시트에서 작성한 구매 제품 목록의 값이 견적서에 나타나게 됩니다. 판매가는 단가*수량*(1-할인율)로 구해지며, 천 단위 미만은 버립니다.

견적서의 유효 기간이 표시됩니다.

Section 01 견적서 작성에 필요한 표 준비하기

▶ 인덱스 ▶ 엑셀 표

견적서를 구성하려면 견적서를 받을 고객 정보와 거래 내역이 기재된 표가 있어야 합니다. 이 두 표는 견적서를 구성하는 데 핵심적인 역할을 하며, 데이터가 수시로 추가될 수 있습니다. 그러므로 엑셀 표로 변환해 추가된 데이터를 다른 시트에서 편리하게 참조할 수 있도록 준비합니다.

01 [고객] 시트 확인하기 예제 파일을 열고, [고객] 시트를 클릭하면 그림과 같은 표를 확인할 수 있습니다. 이 곳에는 견적서에 표시될 고객 정보가 모두 기록되어 있어야 하며, 신규 거래가 발생하면 바로 해당 표에 기록해야 합니다.

02 회사명을 인덱스로 분류하기 견적서를 작성을 할 때, 고객이 많으면 목록에서 선택하기 어렵습니다. 그러므로 회사명을 가, 나, 다,… 와 같은 인덱스로 분류하는 것이 좋습니다.

그림을 참고해 **H1:H15** 범위에 가, 나, 다,… 값을 입력합니다.

TIP … 표 구성하기
H1셀에 "가나다"라는 열 머리글을 입력한 다음 H2:H15 범위에 순서대로 가, 나, 다, …를 입력합니다.

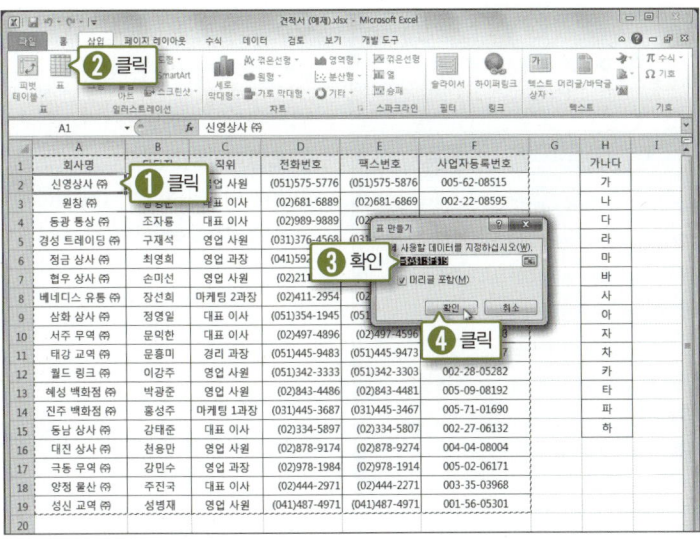

03 왼쪽의 고객 정보가 입력된 표를 엑셀 표로 변환합니다.

① 표 내부의 셀(A2셀)을 선택
② 리본 메뉴의 [삽입] 탭 – [표] 그룹에서 **표** 단추를 클릭
③ 표 만들기 대화상자가 표시되면 변환할 범위(A1:F19)를 확인
④ 〈확인〉 버튼을 클릭합니다.

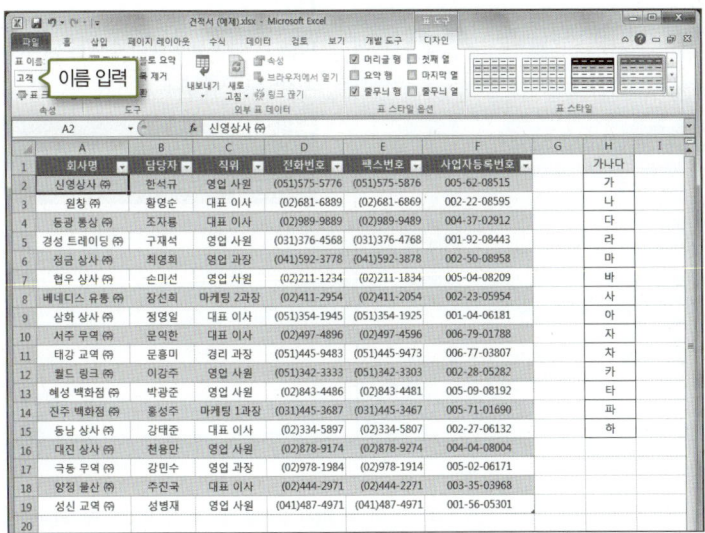

04 엑셀 표로 변환한 다음, 엑셀 표 이름을 수정합니다.

리본 메뉴의 [디자인] 탭 – [속성] 그룹에서 **표 이름** 입력란을 다음과 같이 수정합니다.

> 고객

TIP ... 엑셀 표 스타일 적용하기
엑셀 표 스타일을 온전하게 표시하려면 기존 표 서식(테두리, 채우기 색 등)을 지워 줍니다.

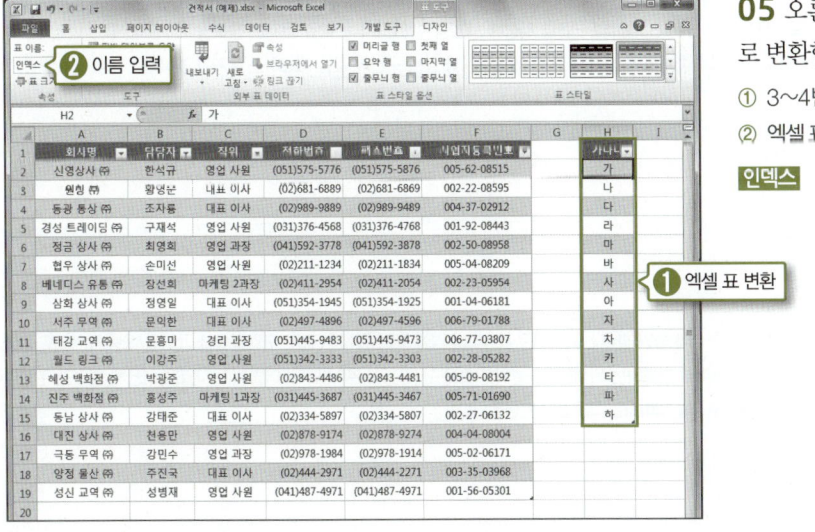

05 오른쪽에 입력한 표도 엑셀 표로 변환합니다.

① 3~4번 과정을 참고해 엑셀 표로 변환
② 엑셀 표 이름을 다음과 같이 수정합니다.

> 인덱스

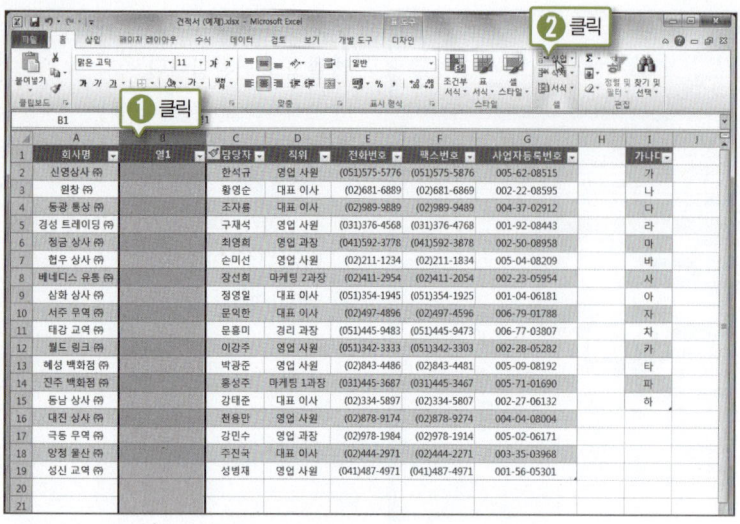

06 이제 왼쪽 [고객] 표에 열을 하나 추가해 가, 나, 다, … 와 같은 인덱스 값을 참조합니다.

① B열 머리글을 선택
② 리본 메뉴의 [홈] 탭 – [셀] 그룹에서 **삽입** 단추를 클릭합니다.

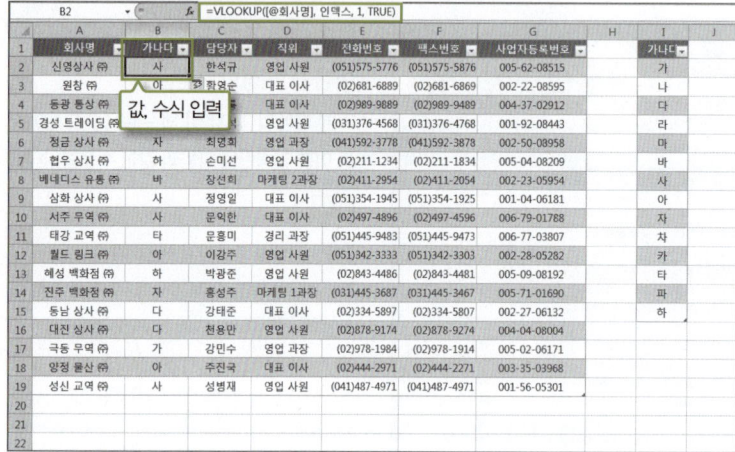

07

다음 각 셀에 머리글과 수식을 입력해, 회사명을 분류합니다.

B1 : 가나다
B2 : =VLOOKUP([@회사명], 인덱스, 1, TRUE)

수식 설명 =VLOOKUP([@회사명], 인덱스, 1, TRUE)

이번 수식은 A열의 회사명을 [인덱스] 엑셀 표에서 찾아, 찾은 위치의 값을 그대로 참조해 옵니다. 이 수식에서 주의할 점은 VLOOKUP 함수의 4번째 인수 값이 TRUE라는 점입니다. VLOOKUP 함수의 4번째 인수가 TRUE면 특정 구간 안의 값을 참조해 올 수 있습니다. 구간은 A~B 사이의 값을 의미하는데, 보통 텍스트 문자는 숫자가 아니므로 구간을 지정할 수 없다고 생각할 수도 있습니다. 하지만, 컴퓨터에서 사용하는 모든 문자는 글꼴에 등록되어 있으며, 동시에 코드 값이 지정되므로 숫자와 같이 A~B 사이의 구간을 지정해 사용할 수 있습니다. 한글 문자는 등록될 때 가, 각, 갂, …, 나, 낙, 낚, …, 다, 닥, 닦, … 순으로 등록됩니다. 그러므로 [인덱스] 엑셀 표에 입력된 값은 각각 다음과 같은 구간의 값을 대표하는 문자가 됩니다.

구간	최솟값
가 ~ 깧	가
나 ~ 닣	나
다 ~ 떻	다
…	…
하 ~ 힣	하

위 표는 구간별 값을 참조할 때 사용하는 참조표의 구성과 동일합니다. 그러므로 [인덱스] 엑셀 표에 입력된 값은 구간별 최솟값이며, 오름차순으로 정렬되어 있습니다. 즉, B2셀에 입력된 수식에서 [@회사명]이 참조하는 위치는 A2셀의 값으로 "신영상사 ㈜"입니다. 이렇게 문자열을 이용해 찾으면 문자열의 첫 번째 문자가 속한 구간을 찾게 되므로 사~씷 구간을 의미하는 "사"값이 반환됩니다.

08 [제품] 시트 확인하기 이번에는 [제품] 시트 탭을 클릭해 표를 확인합니다. 판매하는 제품이 기록되는 이 표에서 A열과 D열의 제품명과 단가는 반드시 입력되어야 하는 항목이며, 필요에 따라 재고 수량이 입력되어야 합니다.

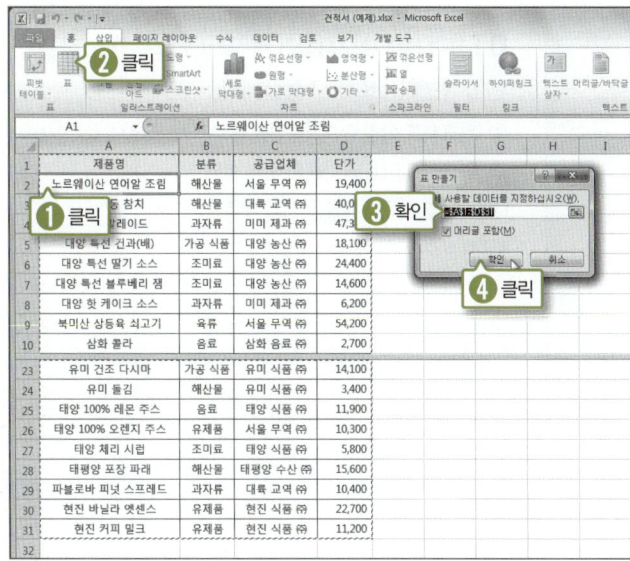

09 엑셀 표로 변환하기 회사에서 판매하는 제품 역시 시간이 지나면 변경되므로 엑셀 표로 변환해 관리하는 것이 좋습니다.

① 표 내부의 셀(A2셀)을 선택
② 리본 메뉴의 [삽입] 탭 – [표] 그룹에서 **표** 단추를 클릭
③ 표 만들기 대화상자가 표시되면 변환할 범위(A1:D31)를 확인
④ 〈확인〉 버튼을 클릭합니다.

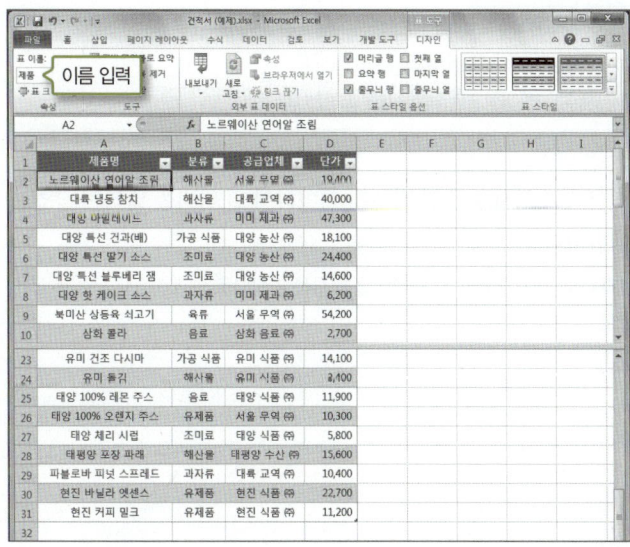

10 엑셀 표로 변환한 다음, 표 이름을 변경합니다.

리본 메뉴의 [디자인] 탭 – [속성] 그룹에서 **표 이름** 입력란을 다음 이름으로 수정합니다.

제품

Section 02 견적서 입력 표 준비하기

▶ 열 구분선　▶ 유효성 검사　▶ Webdings

견적서 구성에 필요한 표는 모두 확인했으므로, 견적서에 표시할 값을 별도의 워크시트에 입력하는 작업을 진행합니다. 견적서에 직접 입력해도 되지만, 매번 견적서를 지우는 작업이 반복되는 단점이 있으므로, 별도의 시트를 구성해 작업하는 것이 좋습니다.

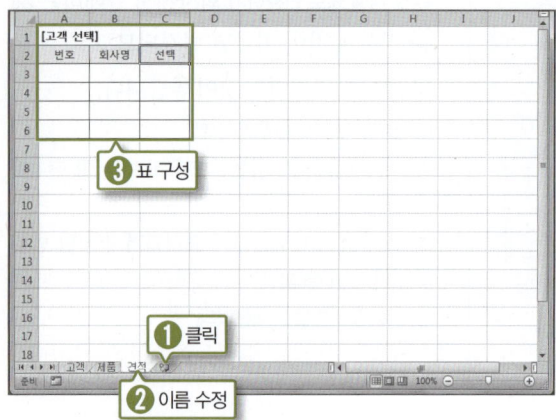

01 고객 선택 표 구성하기 견적서에 표시할 고객을 선택할 수 있는 표를 구성합니다.

① **워크시트 삽입** 단추 를 클릭해 새 워크시트를 추가
② 워크시트 이름을 다음과 같이 변경
③ 그림을 참고해 표를 구성합니다.

견적

TIP ... 표 구성하기

아래를 참고해 작업합니다.

① 다음 각 셀에 값을 입력합니다.

A1	A2	B2	C2
[고객 선택]	번호	회사명	선택

② A2:C6 범위를 선택하고, 리본 메뉴의 [홈] 탭 – [글꼴] 그룹에서 [테두리>모든 테두리] 명령을 적용합니다.
③ A2:C2 범위를 선택하고, 리본 메뉴의 [홈] 탭 – [글꼴] 그룹에서 [채우기 색] 명령으로 적당한 색을 지정합니다.

02 고객의 회사명이 긴 경우에 대비하여 열 너비를 넓히는 작업을 진행합니다.

B열과 C열 사이에 있는 **열 구분선**을 오른쪽 방향으로 드래그해 열 너비를 240 픽셀로 조정합니다.

03 인덱스를 사용해 고객 목록 표시하기 고객을 선택하기 쉽도록 가, 나, 다,…와 같은 인덱스 값을 선택하기 위한 표를 구성합니다.

① E2셀에 다음 머리글을 입력
② 그림을 참고해 **E2:E3** 범위를 표로 구성합니다.

인덱스

TIP … E2:E3 범위에 표를 구성하는 이유

B3:B6 범위에 고객 회사명을 표시하고, 그 중에서 견적서를 발송할 회사를 선택할 예정입니다. 이때 E3셀에서 가,나,다,…와 같은 인덱스 값을 선택하면 선택한 이름으로 시작하는 고객 회사명만 B3:B6 범위에 표시됩니다. 이처럼 인덱스 값을 선택하기 위해 E2:E3 범위에 표를 구성한 것입니다. 참고로 E3셀에는 유효성 검사의 목록 기능을 이용해 가,나,다,…와 같은 인덱스 값을 선택하도록 작업합니다.

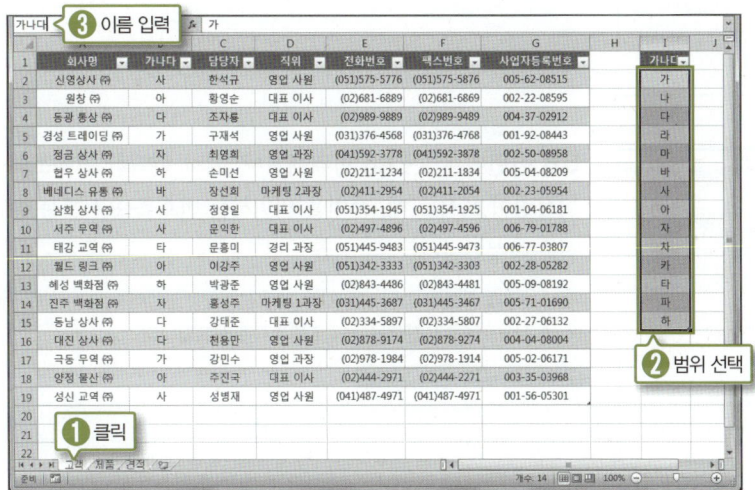

04 유효성 검사는 다른 워크시트의 범위를 참조하지 못하므로 참조할 범위를 이름으로 정의해야 합니다.

① [고객] 시트 탭을 클릭
② I2:I15 범위를 선택
③ **이름 상자**에 다음 이름을 입력하고 Enter 키를 누릅니다.

가나다

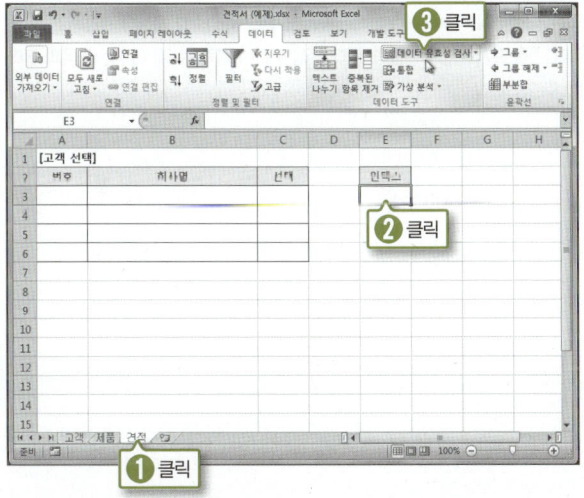

05

① 다시 [견적] 시트 탭을 클릭
② E3셀을 선택
③ 리본 메뉴의 [데이터] 탭 − [데이터 도구] 그룹에서 **데이터 유효성 검사** 단추를 클릭합니다.

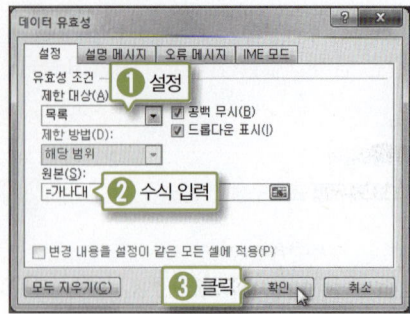

06 데이터 유효성 대화상자가 표시됩니다.
① [설정] 탭의 제한 대상 옵션을 **목록**으로 설정
② 원본 입력 상자에 4번 과정에서 정의한 이름을 다음과 같이 입력
③ 〈확인〉 버튼을 클릭합니다.

=가나다

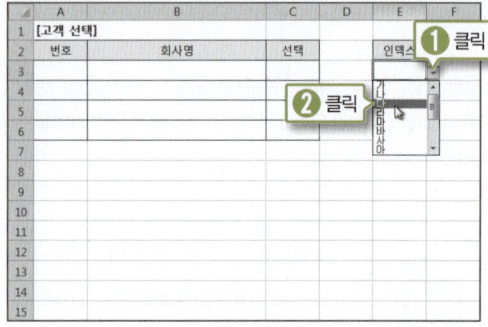

07 E3셀의 오른쪽에 옵션 단추가 나타납니다.
① E3셀의 **옵션** 단추를 클릭
② 4번 과정에서 이름 정의한 인덱스 값 중에서 **다** 항목을 선택합니다.

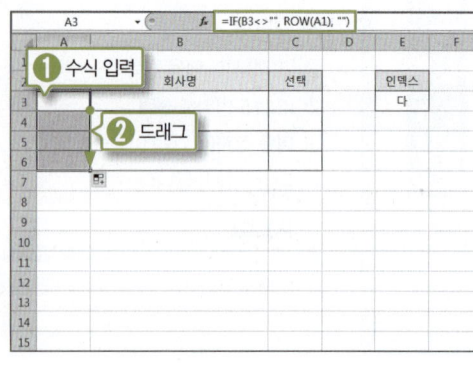

08 이번에는 B3:B6 범위에 E3셀에서 선택한 인덱스의 회사명이 표시될 때, 순번을 의미하는 번호를 표시하는 수식을 작성합니다.
① A3셀을 선택하고, 다음 수식을 입력
② A3셀의 **채우기 핸들**을 A6셀까지 드래그합니다.

=IF(B3<>"", ROW(A1), "")

수식 설명 =IF(B3<>" ", ROW(A1), " ")
이번 수식은 B3:B6 범위의 회사명과 연동해 번호를 표시하기 위한 것으로 B3셀의 값이 공백 문자(" ")가 아니면 ROW 함수를 사용해 A1, A2, A3의 행 번호(1,2,3,…)를 표시하고, 공백 문자(" ")면 A3:A6 범위에도 공백 문자(" ")를 표시하는 수식입니다. 다른 셀에 값이 입력됐는지 여부는 다음과 같이 LEN 함수를 사용해 셀에 입력된 문자의 개수를 확인하는 식으로도 파악할 수 있습니다.

LEN(B3)>0

위 조건식을 사용하면 이번 수식을 다음과 같이 수정할 수 있습니다.
=IF(LEN(B3)>0, ROW(A1), " ")

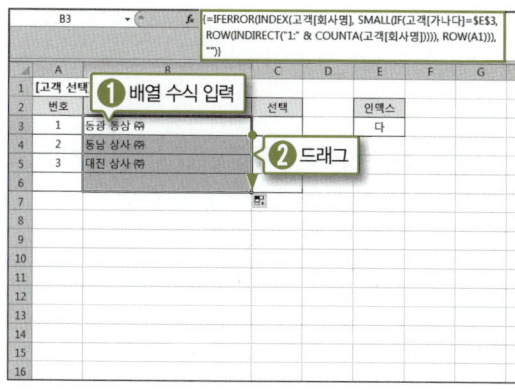

09 E3셀에서 선택한 인덱스에 해당하는 고객명을 B3:B6 범위에 표시합니다.

① B3셀에 다음 수식을 입력하고 Ctrl+Shift+Enter 키를 눌러 입력
② B3셀의 **채우기 핸들**을 B6셀까지 드래그합니다.

=IFERROR(INDEX(고객[회사명], SMALL(IF(고객[가나다]=$E$3, ROW(INDIRECT("1:" & COUNTA(고객[회사명])))), ROW(A1))), "")

수식 설명 {=IFERROR(INDEX(고객[회사명], SMALL(IF(고객[가나다]=$E$3, ROW(INDIRECT("1:" & COUNTA(고객[회사명])))), ROW(A1))), " ")}

이번 수식은 E3셀에서 선택한 인덱스 값인 "다"에 해당하는 고객 회사명을 순서대로 참조해 옵니다. 원래 이런 작업은 고급 필터를 이용하는 것이 정석입니다만 이번과 같이 참조해 올 값이 많지 않을 때는 수식을 이용할 수 있습니다. 수식은 다음과 같은 과정으로 계산됩니다.

① ROW(INDIRECT("1:" & COUNTA(고객[회사명])))

[고객] 엑셀 표의 회사명 열에 입력된 셀 개수만큼의 일련번호(1,2,3,…)를 INDIRECT와 ROW함수로 반환받습니다. 1부터 n까지의 일련번호를 얻을 때 쓰는 대표적인 수식입니다.

② IF(고객[가나다]=$E$3, ❶)

[고객] 엑셀 표의 가나다 열에서 E3셀의 값과 같은 위치의 일련번호만 IF 함수를 사용해 반환합니다.

③ SMALL(❷, ROW(A1))

반환된 일련번호 중에서 1,2,3… 번째 작은 값을 반환합니다. 이렇게 하면, 조건에 맞는 값 위치가 순서대로 반환됩니다.

④ INDEX(고객[회사명], ❸)

[고객] 엑셀 표의 회사명 열에서 ❸에서 반환된 행 위치의 값을 반환합니다.

⑤ IFERROR(❹, " ")

❹번 수식에서 에러가 발생하면, 더는 참조해 올 값이 없다는 의미이므로 공백 문자(" ")를 반환합니다.

이번 수식은 배열 수식이다 보니 수식이 좀 복잡합니다. 다른 작업에서 이런 작업이 필요하다면 **고객[회사명]**이나 **고객[가나다]**와 같은 구조적 참조 부분만 수정하면 됩니다. 이해가 잘 되지 않으면 공식처럼 사용하는 것이 좋습니다.

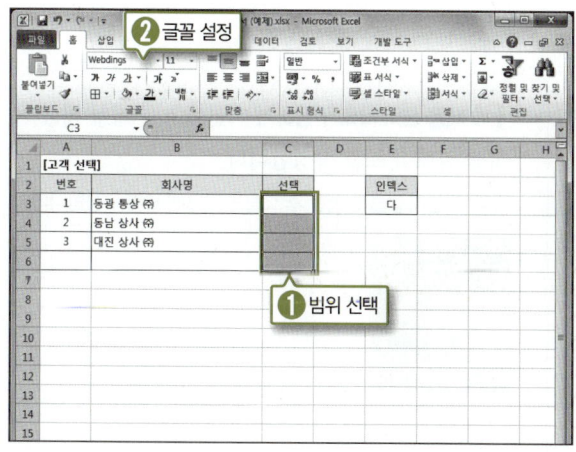

10 견적서에 표시할 고객 선택하기 B3:B6 범위에 표시되는 고객 중 하나를 선택할 수 있도록 C3:C6 범위에 체크 값을 입력합니다.

① C3:C6 범위를 선택
② 리본 메뉴의 [홈] 탭 – [글꼴] 그룹에서 **글꼴** 상자를 **Webdings** 글꼴로 설정합니다.

TIP ... Webdings 폰트

Webdings 폰트는 Wingdings 폰트와 더불어 특수 문자를 사용할 수 있는 윈도우의 대표적인 폰트입니다. 특히 Webdings 폰트의 경우 이번과 같은 체크 문자를 손쉽게 입력할 수 있어 자주 사용되는 폰트입니다.

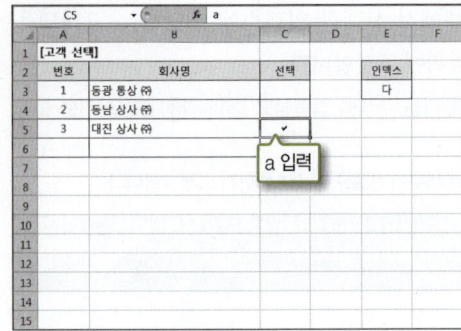

11

테스트를 위해 C5셀에 소문자 a를 입력하여 그림과 같이 체크 문자☑를 표시합니다.

이 방법을 이용해 표시된 고객 목록에서 견적서에 표시할 고객 하나를 선택할 수 있습니다.

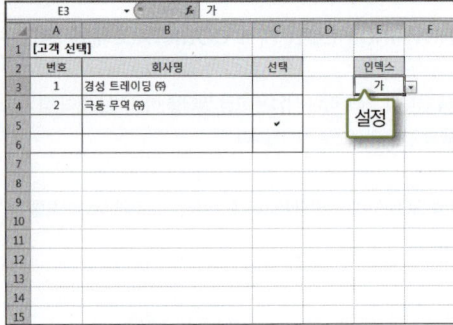

12

E3셀에서 직접 입력하거나 **옵션** 단추▼를 클릭해 값을 **가**로 수정합니다.

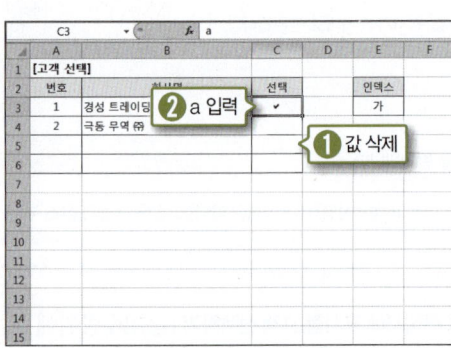

13 변경된 고객 목록에서 하나를 선택합니다.

① C5셀을 선택하고, Delete 키를 눌러 값을 지움
② C3셀에 소문자 a를 입력합니다.

완전 자동화는 아니지만 고객을 선택하는 작업은 이런 방식으로 진행합니다.

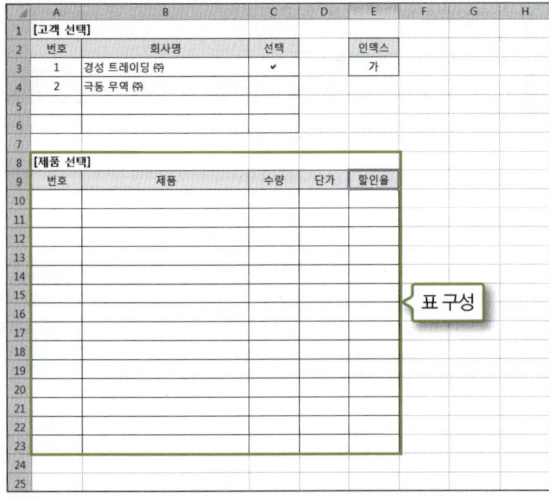
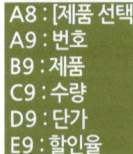

14 제품 선택 목록 구성하기
이번에는 구매할 제품 목록을 입력할 표를 작성합니다.

다음 각 셀에 값을 입력한 후 그림을 참고해 표를 구성합니다.

A8 : [제품 선택]
A9 : 번호
B9 : 제품
C9 : 수량
D9 : 단가
E9 : 할인율

TIP ... 표 이해하기

이번에 구성한 표는 견적서의 제품 목록에 표시될 제품 구성을 입력할 표입니다. B열과 C열의 제품과 수량 열은 직접 입력하지만, 나머지는 수식을 이용해 다른 시트에서 참조해 오거나 계산합니다. B열의 제품 열은 [제품] 시트의 표에서 값을 선택하도록 구성합니다.

15 구매 제품 번호 표시하기 먼저 A10:A23 범위에 제품을 선택할 일련번호가 표시되도록 합니다.

① **A10**셀을 선택하고, 다음 수식을 입력
② **A10**셀의 **채우기 핸들**을 **A23**셀까지 드래그합니다.

=IF(LEN(B10)>0, ROW(A1), "")

수식 설명 =IF(LEN(B10)>0, ROW(A1), " ")
견적서에 표시할 제품(주문 제품)을 선택하면 A10:A23 범위에 1,2,3,…과 같은 일련번호가 순서대로 표시되도록 LEN 함수를 사용해 입력 여부를 판단합니다. LEN 함수 대신 다음과 같이 앞에서 설명한 공백 문자(" ") 여부를 판단하는 수식으로 변경해도 됩니다.
=IF(B10<>" ", ROW(A1), " ")

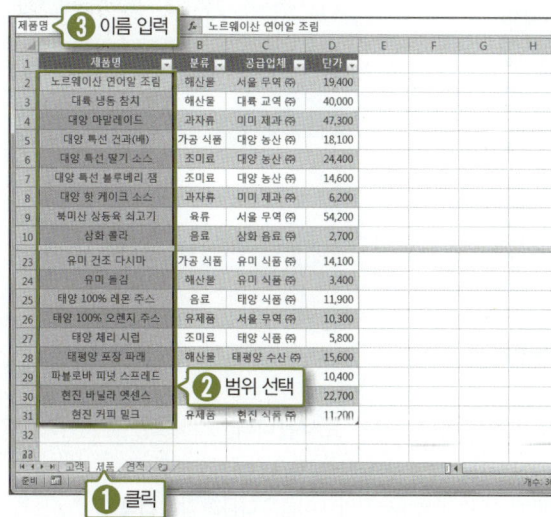

16 구매 제품 목록에서 선택하기 B10:B23 범위에 제품명은 [제품] 시트의 표에 입력된 값을 선택하도록 합니다. 유효성 검사가 다른 시트의 범위를 참조하지 못하므로 참조 범위를 이름으로 정의합니다.

① [제품] 시트 탭을 클릭
② A2:A31 범위를 선택
③ **이름 상자**에 다음 이름을 입력하고 Enter 키를 누릅니다.

제품명

TIP ... 엑셀 표 범위를 이름으로 정의하기

엑셀 표의 특정 열을 이름으로 정의한 다음, 리본 메뉴의 [수식] 탭 – [정의된 이름] 그룹에서 [이름 관리자] 단추를 클릭합니다. 다음과 같은 이름 관리자 대화상자가 표시되는데, 목록에서 [제품명]을 선택한 후 참조 대상 입력 상자를 확인하면 다음과 같은 수식을 확인할 수 있습니다.
=제품[제품명]

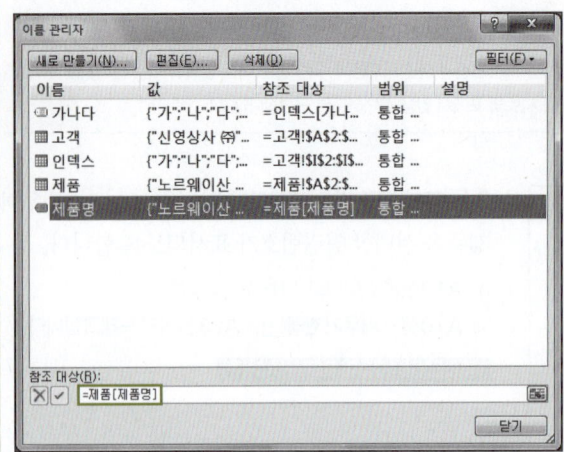

이렇게 엑셀 표 범위를 이름으로 정의하면 엑셀 표의 구조적 참조를 사용합니다. 이런 특징은 선택된 범위에 데이터가 추가될 경우, 추가한 데이터가 자동으로 정의된 이름 범위로 잡힌다는 것을 의미합니다. 유효성 검사에서 바로 엑셀 표의 구조적 참조를 사용하면 어떨까라고 생각할 수 있지만, 유효성 검사는 엑셀 표의 구조적 참조 방식을 사용할 수 없습니다. 그러므로 유효성 검사에서 인식 가능한 이름을 사용하는 것입니다. 엑셀 표의 구조적 참조를 사용할 수 없는 상황이라면 다음과 같은 수식을 이름으로 정의해 사용하면 됩니다.

=OFFSET($A$2, 0, 0, COUNTA($A:$A)–1)

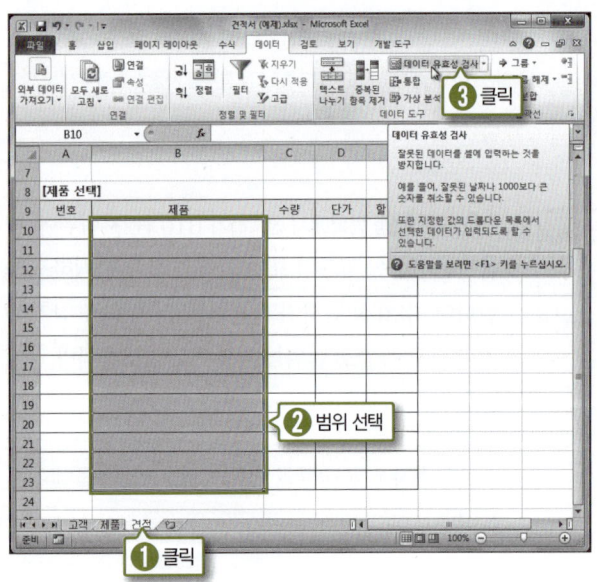

17

① 다시 [견적] 시트 탭을 클릭
② **B10:B23** 범위를 선택
③ 리본 메뉴의 [데이터] 탭 – [데이터 도구] 그룹에서 **데이터 유효성 검사** 단추를 클릭합니다.

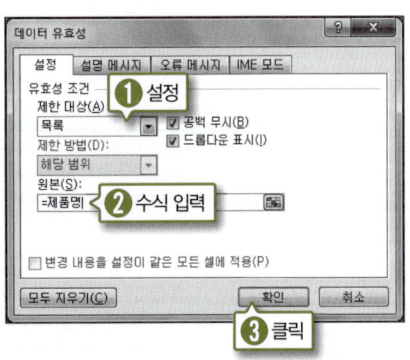

18 데이터 유효성 대화상자가 표시됩니다.

① [설정] 탭의 제한 대상 콤보 상자에서 **목록**을 선택
② 원본 입력란에 16번 과정에서 정의한 이름을 다음과 같이 입력
③ 〈확인〉 버튼을 클릭합니다.

=제품명

19 유효성 검사 기능을 적용해 목록에서 제품을 선택하도록 설정했습니다. 이제 제품을 하나 선택하여 입력합니다.

① B10셀을 선택한 후 셀 오른쪽의 **옵션** 단추 ▼를 클릭
② 목록에서 2번째에 있는 **대륙 냉동 참치** 항목을 선택합니다.

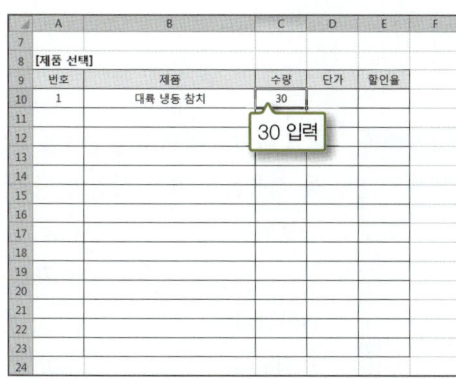

20 수량 입력하기 수량은 직접 입력해야 합니다.
C10셀을 선택하고, 다음과 같이 초기 수량을 입력합니다.
30

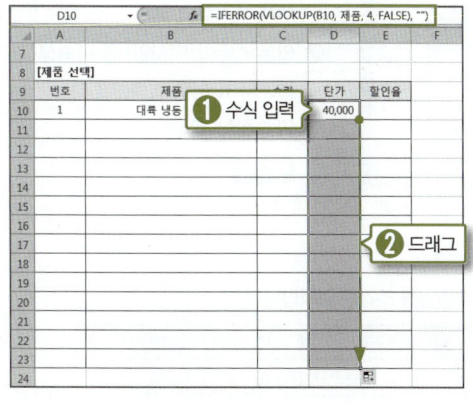

21 단가 참조하기 단가는 [제품] 시트에 정의된 [제품] 엑셀 표에서 참조합니다.
① D10셀을 선택하고, 다음 수식을 입력
② D10셀의 **채우기 핸들** ┼을 D23셀까지 드래그합니다.
=IFERROR(VLOOKUP(B10, 제품, 4, FALSE), "")

수식 설명 ==IFERROR(VLOOKUP(B10, 제품, 4, FALSE), " ")

이번 수식은 B10셀에 선택된 제품명을 이용해 [제품] 엑셀 표에서 단가를 참조해 오는 수식입니다. [제품] 엑셀 표는 첫 번째 열이 제품명 열입니다. 그러므로 엑셀 표 이름으로 VLOOKUP 함수를 사용해 단가를 참조해 오는 것이 가능합니다. VLOOKUP 함수는 표의 왼쪽 첫 번째 열에서 1번째 인수로 지정한 값을 찾으므로 표 구성이 다르다면 다음과 같이 INDEX, MATCH 함수를 사용해야 합니다.
=INDEX(제품[단가], MATCH(B10, 제품[제품명], 0))

단가를 참조해 오는 작업은 VLOOKUP 함수만으로 가능하지만, 제품을 선택하지 않은 경우에는 #N/A 오류가 발생할 수 있으므로 오류가 발생할 경우 공백 문자를 반환하도록 IFERROR 함수를 추가로 사용합니다.

IFERROR 함수는 수식에서 오류가 발생할 경우 반환할 값을 2번째 인수로 지정하는 함수입니다. 그러므로 이번 수식은 VLOOKUP 함수에서 오류가 발생할 때 공백 문자(" ")를 반환하라는 의미가 됩니다.

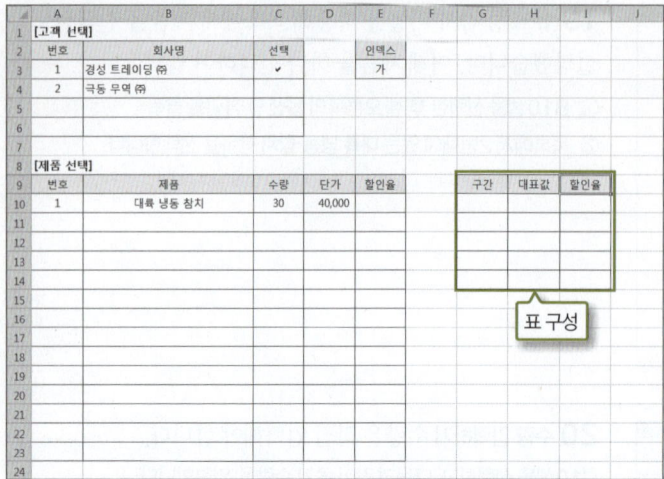

22 할인율 표 구성해 참조하기 이번에는 할인율을 판매 수량에 따라 차등 적용하는 작업을 진행합니다.

다음 각 셀에 값을 입력한 후 그림을 참고해 **G9:I14** 범위에 표를 구성합니다.

G9 : 구간
H9 : 대표값
I9 : 할인율

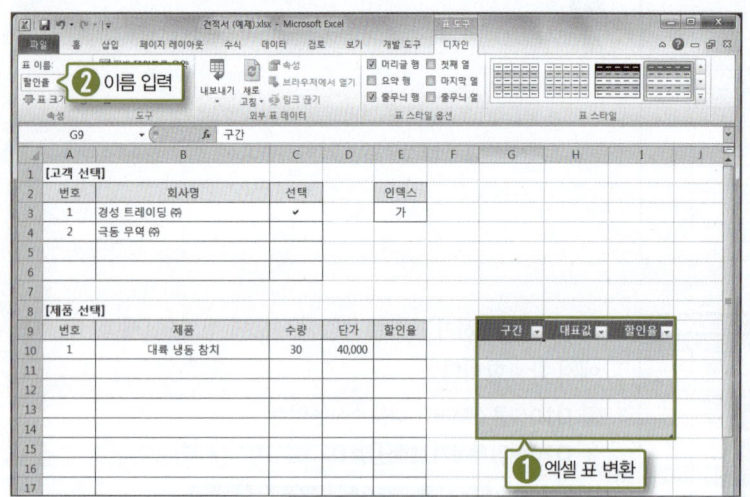

23 판매 수량별로 할인율을 차등 적용하는 표는 상황에 따라 구분되는 값이 더 늘거나 줄 수 있습니다. 그러므로 엑셀 표로 변환합니다.

① 리본 메뉴의 [삽입] 탭 – [표] 그룹에서 **표** 단추를 클릭하여 **G9:I14** 범위를 엑셀 표로 변환

② 리본 메뉴의 [디자인] 탭 – [속성] 그룹에서 **표 이름** 입력란을 다음과 같이 수정합니다.

할인율

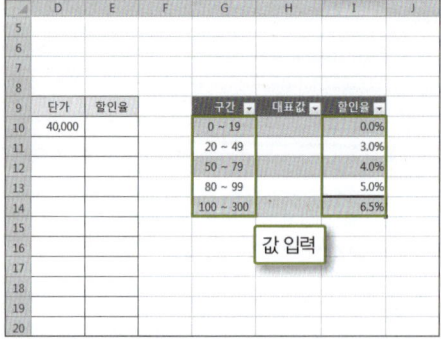

24

다음과 같이 각 셀에 할인율 조건을 입력합니다.

셀	값	셀	값
G10	0 ~ 19	I10	0.0%
G11	20 ~ 49	I11	3.0%
G12	50 ~ 79	I12	4.0%
G13	80 ~ 99	I13	5.0%
G14	100 ~ 300	I14	6.5%

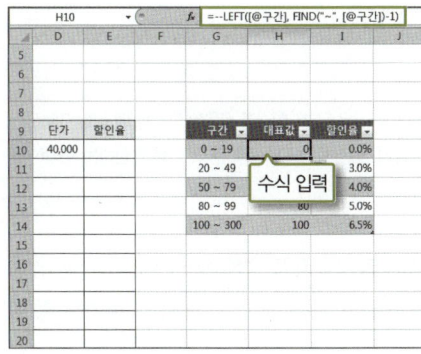

25 G10:G14 범위에 입력된 값은 오름차순으로 입력되어 있으므로 구간의 최소값을 대표 값으로 입력해 두어야 VLOOKUP 함수에서 할인율을 참조할 수 있습니다.

H10셀을 선택하고, 다음 수식을 입력합니다.

`=--LEFT([@구간], FIND("~", [@구간])-1)`

수식 설명 `=--LEFT([@구간], FIND("~", [@구간])-1)`

G10:G14 범위에 입력된 값은 최소값~최대값과 같은 형식이므로 최소값 부분만 잘라내어 구간의 대표 값으로 사용합니다. 그러므로 값의 왼쪽 부분을 잘라내는 LEFT 함수를 사용해 ~ 문자 바로 전까지 잘라냅니다. 이렇게 LEFT 함수로 잘라낸 값은 텍스트 형식입니다. 이번 수식은 LEFT 함수로 잘라낸 값을 숫자 형식으로 변환하기 위해 함수 앞에 마이너스(-) 기호를 두 번 입력한 것입니다. 이렇게 하면 -1을 두 번 곱하는 것과 같으므로 텍스트 형식의 숫자 값을 제대로 된 숫자 형식으로 변환할 수 있습니다.

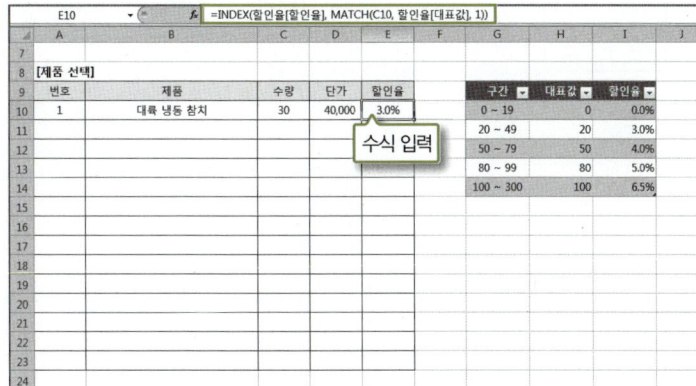

26 이제 할인율 값을 오른쪽 표에서 참조해 옵니다.

E10셀에 다음 수식을 입력합니다.

`=INDEX(할인율[할인율], MATCH(C10, 할인율[대표값], 1))`

수식 설명 `=INDEX(할인율[할인율], MATCH(C10, 할인율[대표값], 1))`

참조 함수인 VLOOKUP과 INDEX, MATCH 함수는 각각 구간별로 정리된 표에서 값을 참조할 수 있습니다. 둘다 오름차순으로 정렬된 표에서 값을 참조할 수 있지만 찾을 값 위치(대표 값)가 표의 중간에 입력되어 있으므로 INDEX, MATCH 함수를 사용해야 합니다. 또한 구간별로 정리된 표에서 값을 참조할 때는 MATCH 함수의 마지막 인수가 1이어야 합니다. 그러므로 이번 수식은 MATCH 함수를 사용해 구간의 대표 값이 입력된 [할인율] 엑셀 표의 대표값 열에서 C10셀의 수량 값을 찾고, 찾은 행 위치의 [할인율] 표에서 할인율 열의 값을 INDEX 함수로 참조하는 것입니다.

27 C10:C23 범위에 수량이 입력되어 있지 않으면 27번 과정에서 입력한 수식은 오류 값을 반환합니다. 이 문제를 해결하기 위해 수식을 수정합니다.

① **E10**셀의 수식을 다음과 같이 수정
② **E10**셀의 **채우기 핸들**을 **E23**셀까지 드래그합니다.

`=IF(LEN(C10)>0, INDEX(할인율[할인율], MATCH(C10, 할인율[대표값], 1)), "")`

수식 설명 =IF(LEN(C10)>0, INDEX(할인율[할인율], MATCH(C10, 할인율[대표값], 1)), " ")

이번 수식은 복잡해 보이지만 26번 과정의 수식을 아래와 같이 수정한 것입니다.

=IF(LEN(C10)>0, 참조, " ")

위 수식에서 참조 부분이 26번 과정에서 작성한 INDEX, MATCH 함수 부분입니다. 그러므로 위 수식은 LEN 함수를 사용해 C10셀에 값이 입력됐는 지를 확인한 다음, 입력된 경우에만 INDEX, MATCH 함수를 사용해 할인율을 참조해 오고, 그렇지 않은 경우에는 공백 문자(" ")를 반환하는 수식이 됩니다.

	A	B	C	D	E	F	G
1	[고객 선택]						
2	번호	회사명	선택		인덱스		
3	1	경성 트레이딩 ㈜	✔		가		
4	2	극동 무역 ㈜					
5							
6							
7							
8	[제품 선택]						
9	번호	제품	수량	단가	할인율		구간
10	1	대륙 냉동 참치	30	40,000	3.0%		0 ~ 19
11	2	신한 100% 복숭아 시럽	55	13,400	4.0%		20 ~ 49
12	3	유미 건조 다시마	80	14,100	5.0%		50 ~ 79
13	4	태양 100% 오렌지 주스	150	10,300	6.5%		80 ~ 99
14	5	태평양 포장 파래	10	15,600	0.0%		100 ~ 300
15							
16			값 입력				
17							
18							
19							

28 견적서에 표시할 제품 구성하기 표가 이미 완성됐으므로 테스트를 위해 몇 개의 제품을 추가로 등록해 봅니다.

B11:C14 범위의 제품과 수량 값만 입력하면 나머지 열의 값은 자동으로 계산되는 것을 확인할 수 있습니다.

Section 03 견적서 서식 가져와 사용하기

▶ 시트 복사   ▶ 조건부 서식   ▶ 셀 강조 규칙

[견적] 시트에 구성한 2개의 표에는 견적서 서식 작성에 필요한 모든 정보가 담겨 있습니다. 그러므로 제공된 견적서 서식을 불러온 후 작업 중인 파일로 복사하고, [견적] 시트에 입력한 데이터를 참조해 와서 견적서 서식을 완성하는 작업을 진행합니다. 견적서 서식은 대부분 비슷한 구성이므로 제공된 예제 말고 다른 서식 파일을 사용해도 동일한 결과를 얻을 수 있을 것입니다.

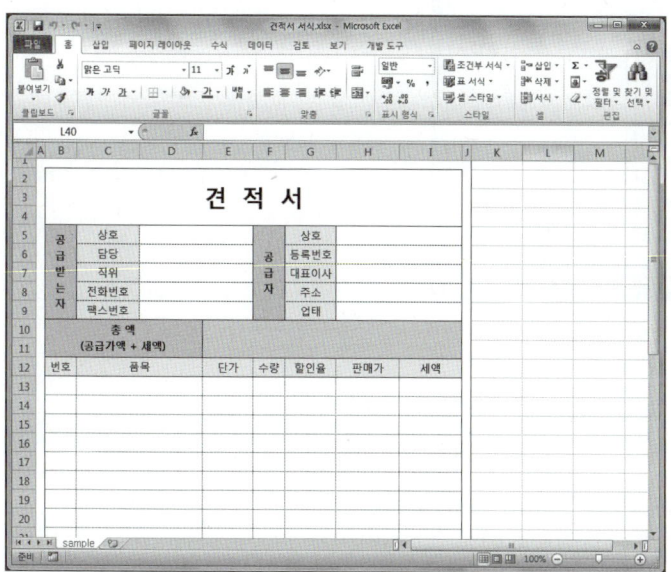

01 견적서 서식 가져오기 예제 파일 중에서 [견적서 서식.xlsx] 파일을 열면 그림과 같은 견적서 서식을 확인할 수 있습니다. 이 서식을 [견적서 (예제).xlsx] 파일로 옮긴 후 [견적] 시트에 작성된 값과 연결합니다.

TIP … 열려 있어야 하는 파일
견적서 서식을 복사해 사용하기 위해 [시트 복사] 명령을 이용할 예정입니다. 그러므로 이 작업을 진행할 때, [견적서 서식.xlsx] 파일과 앞서 작성한 예제 파일인 [견적서 (예제).xlsx] 파일이 모두 열려 있어야 합니다.

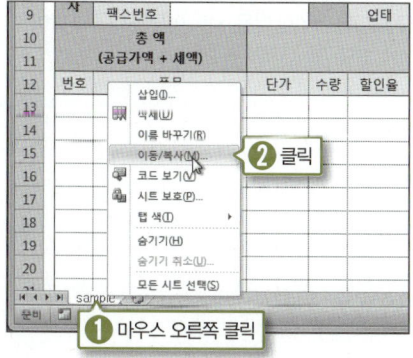

02 시트 복사 명령을 이용해 워크시트 전체를 기존 예제 파일에 복사합니다.
① [sample] 시트 탭에서 마우스 오른쪽 버튼을 클릭
② 단축 메뉴에서 **이동/복사** 명령을 클릭합니다.

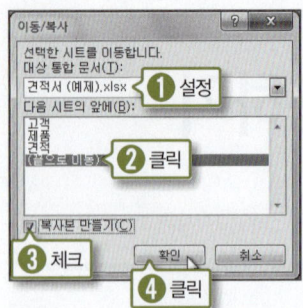

03 이동/복사 대화상자가 표시됩니다.
① 대상 통합 문서 콤보 상자에서 **견적서 (예제).xlsx** 파일을 선택
② 다음 시트의 앞에 목록에서 (**끝으로 이동**) 항목을 선택
③ **복사본 만들기** 확인란에 체크
④ 〈확인〉 버튼을 클릭하면 시트가 복사됩니다.

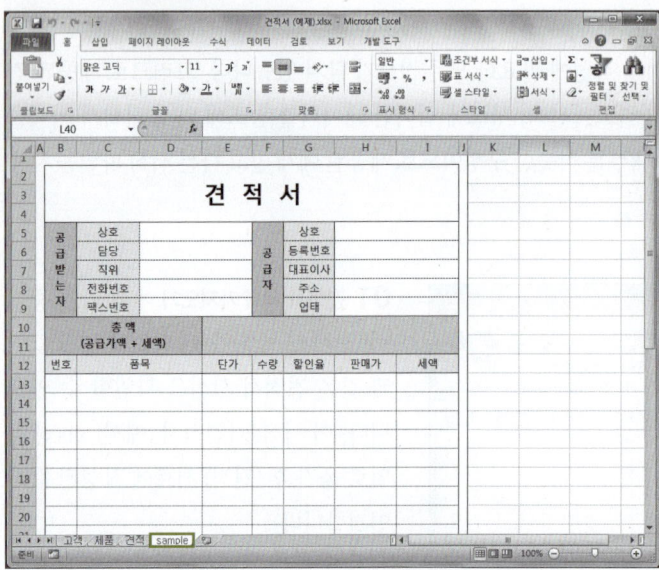

04 [견적서 (예제).xlsx] 파일이 나타나며 그림과 같이 [sample] 시트 탭이 복사된 것을 확인할 수 있습니다.
복사된 견적서 서식에서 수식을 사용해 [견적] 시트의 값과 [고객] 시트의 값을 참조해 오겠습니다.

TIP ... 견적서 서식 구성

① 공급받는자
상호는 [견적] 시트에서 체크된 고객을 참조해 오고, 나머지 항목은 상호를 이용해 [고객] 시트의 표에서 참조해 옵니다.

② 견적 내용
[견적] 시트에 작성된 내용을 참조해 와 표시하고, 판매가, 세액 등은 참조해 온 항목을 이용해 계산합니다.

05 복사된 시트의 이름을 변경합니다.
[sample] 시트 탭을 더블 클릭한 다음, 시트 이름을 다음과 같이 수정합니다.

견적서

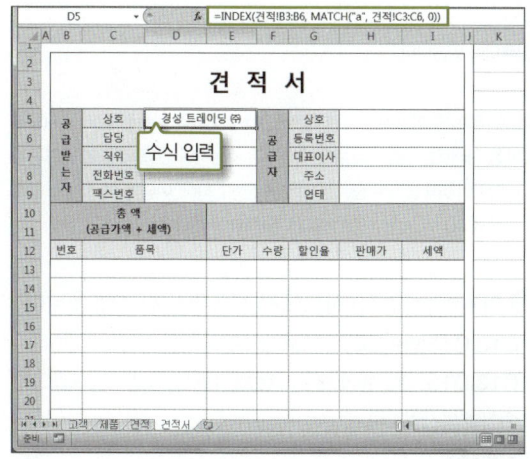

06 공급받는자 부분 구성하기 이제 견적서를 구성합니다. 먼저 상호를 [견적] 시트에서 참조해 옵니다.

D5:E5 병합 셀을 선택하고, 다음 수식을 입력합니다.

=INDEX(견적!B3:B6, MATCH("a", 견적!C3:C6, 0))

수식 설명 =INDEX(견적!B3:B6, MATCH("a", 견적!C3:C6, 0))
견적서는 [견적] 시트의 B3:B6 범위에 표시된 업체 중에서 C3:C6 범위에 체크 문자가 입력된 회사에 발송합니다. 그러므로 INDEX 함수와 MATCH 함수를 사용해 [견적] 시트의 C3:C6 범위에서 첫 번째 소문자 "a" 가 입력된 위치의 회사명(B3:B6)을 참조해 오면 됩니다.

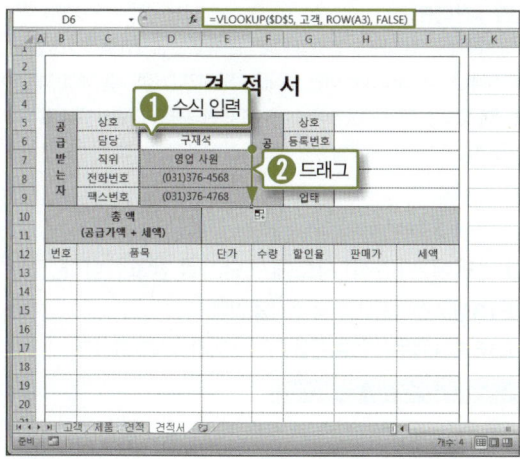

07 상호를 참조해 왔으므로 나머지 항목은 [고객] 시트의 [고객] 엑셀 표에서 참조해 오면 됩니다.

① **D6:E6** 병합 셀을 선택하고, 다음 수식을 입력
② **D6:E6** 병합 셀의 **채우기 핸들**을 E9셀까지 드래그합니다.

=VLOOKUP($D$5, 고객, ROW(A3), FALSE)

수식 설명 =VLOOKUP($D$5, 고객, ROW(A3), FALSE)
[고객] 시트를 확인해 보면 회사명, 가나다, 담당자, 직위, 전화번호, 팩스번호 순으로 표가 구성되어 있습니다. 이처럼 견적서 서식의 항목과 순서가 일치하므로 VLOOKUP 함수의 3번째 인수가 3, 4, 5, 6과 같이 변하면 됩니다. 그러므로 수식을 아래(행) 방향으로 복사할 때 3, 4, 5, 6과 같은 값을 반환하도록 VLOOKUP 함수의 3번째 인수를 ROW(A3)으로 구성했습니다. 만약 수식을 복사해 사용하지 않고, 하나씩 입력하면 다음과 같습니다.

- D6:E6 : =VLOOKUP(D5, 고객, 3, FALSE)
- D7:E7 : =VLOOKUP(D5, 고객, 4, FALSE)
- D8:E8 : =VLOOKUP(D5, 고객, 5, FALSE)
- D9:E9 : =VLOOKUP(D5, 고객, 6, FALSE)

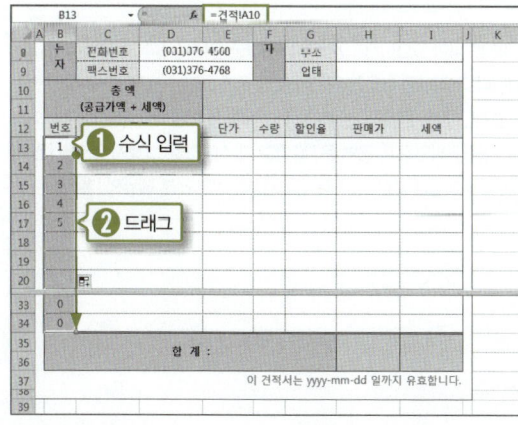

08 제품 목록 부분 구성하기 이번에는 B13:B34 범위에 일련번호를 입력합니다. [견적] 시트에 일련번호를 넣는 수식이 있으므로 참조해 사용하면 됩니다.

① **B13**셀을 선택하고, 다음 수식을 입력
② **B13**셀의 **채우기 핸들**을 B34셀까지 드래그합니다.

=견적!A10

수식 설명 =견적!A10

[견적] 시트의 A10:A23 범위에는 다음과 같이 일련번호를 계산해 넣는 수식이 입력되어 있습니다.
=IF(LEN(B10)>0, ROW(A1), " ")

그러므로 반환된 결과를 보면 A13:A17 범위에는 1~5 사이의 값이 표시되지만, A18:A26 범위에는 공백 문자(" ")가 반환되어 아무런 값도 표시되지 않습니다. 또한 A27:A34 범위에는 0 값이 반환되는데, 이는 [견적] 시트에서 A24셀 아래로는 일련번호를 입력하도록 구성하여 빈 셀의 값을 참조하기 때문에 발생하는 현상입니다. 참고로 엑셀은 빈 셀을 참조하면 0 값이 반환하며, 0 값은 이후에 별도로 숨기는 작업을 진행합니다. 이렇게 여러 개의 값이 반환되는 것을 방지하려면 [견적] 시트의 10:23 행에 입력하는 제품 목록 범위를 견적서 서식에 맞춰 10:31행까지 확장해야 합니다.

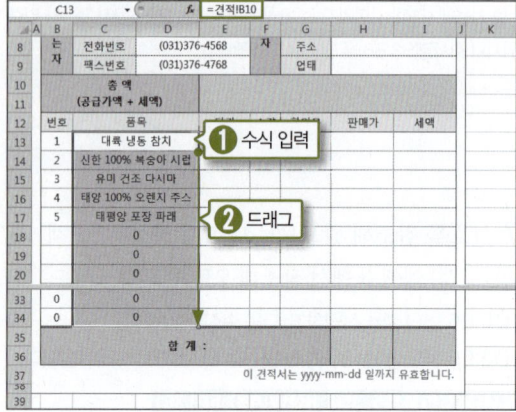

09 이번에는 [견적] 시트에서 제품명을 참조해 옵니다.
① C13:D13 병합 셀을 선택하고, 다음 수식을 입력
② C13:D13 병합 셀의 **채우기 핸들**을 D34셀까지 드래그해 수식을 복사합니다.

=견적!B10

수식 설명 =견적!B10

[견적] 시트에서 B10:B23 범위의 제품명은 유효성 검사의 목록 기능을 이용해 선택합니다. 그러므로 이번 수식을 사용하면 [견적] 시트에서 제품이 선택되어 있으면 해당 제품명이 순서대로 반환되지만, 그렇지 않으면 0이 반환됩니다.

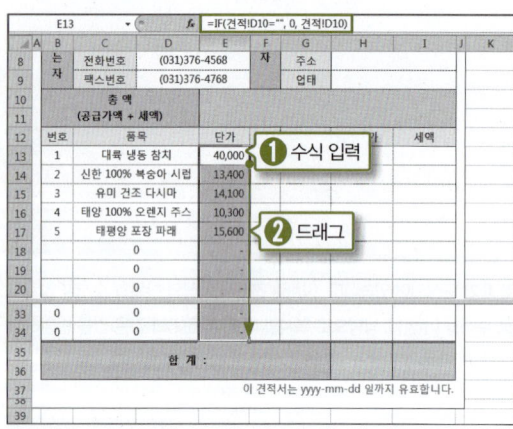

10 이번에는 [견적] 시트에서 단가를 참조합니다.
① E13셀을 선택하고, 다음 수식을 입력
② E13셀의 **채우기 핸들**을 E34셀까지 드래그합니다.

=IF(견적!D10="", 0, 견적!D10)

수식 설명 =IF(견적!D10=" ", 0, 견적!D10)

이번 수식은 [견적] 시트의 단가를 참조해 오기 위한 것입니다. 이 수식을 이해하려면 [견적] 시트의 D10:D23 범위에 입력된 수식을 먼저 이해해야 합니다. [견적] 시트에 입력된 수식은 다음과 같습니다.
=IFERROR(VLOOKUP(B10, 제품, 4, FALSE), " ")

위 수식은 단가를 참조해 오지 못할 때 #N/A 오류 값 대신 공백 문자(" ")를 반환하도록 되어 있습니다. 그러므로 이 값을 그대로 참조해 오면 안됩니다. H13:H34 범위는 단가, 수량, 할인율, 3개의 열 값을 참고해 계산해야 하기 때문입니다. 그러므로 참조할 위치의 값이 공백 문자(" ")일 때는 0 값이 반환 되도록 수식을 구성할 필요가 있습니다. 0 값은 계산해 봐야 0이 반환되므로 상관 없지만 공백 문자(" ")는 #VALUE! 오류가 반환되기 때문입니다. 그러므로 값을 견적서 서식으로 참조해 올 때, 참조할 값이 공백 문자(" ")인지 IF 함수를 사용해 확인하고, 공백 문자(" ")일 때는 0 값을, 그렇지 않으면 [견적] 시트의 D10:D23 범위에 있는 단가를 참조합니다. 값을 모두 참조한 다음, 10번 과정의 그림과 같이 숫자 서식을 지정하려면 리본 메뉴의 [홈] 탭 – [표시 형식] 그룹에서 [쉼표 스타일] 단추를 클릭하면 됩니다.

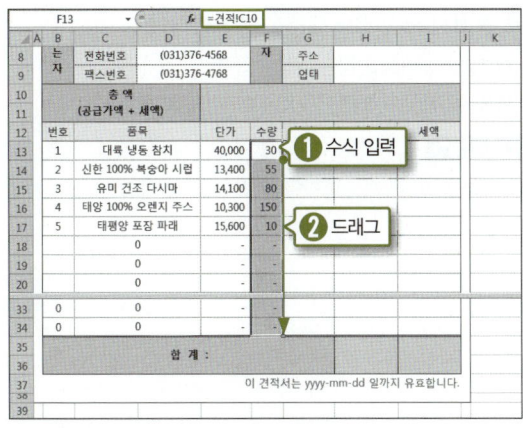

11 이번에는 [견적] 시트에서 수량 값을 참조해 옵니다.
① **F13**셀을 선택한 다음, 수식을 입력
② **F13**셀의 **채우기 핸들**을 **F34**셀까지 드래그합니다.

=견적!C10

수식 설명 **=견적!C10**

[견적] 시트의 C10:C23 범위에는 사용자가 직접 값을 입력합니다. 그러므로 입력한 값이 없다면 0 값이 반환되기 때문에 그냥 값을 순서대로 참조해 오면 됩니다.

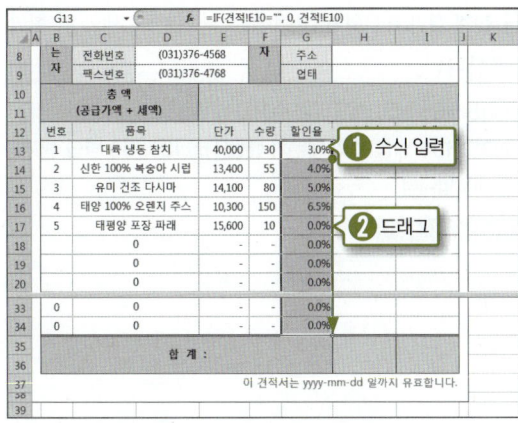

12 이번에는 [견적] 시트에서 할인율을 참조해 옵니다.
① **G13**셀을 선택하고, 다음 수식을 입력
② **G13**셀의 **채우기 핸들**을 **G34**셀까지 드래그합니다.

=IF(견적!E10="", 0, 견적!E10)

수식 설명 **=IF(견적!E10=" ", 0, 견적!E10)**

이번 수식 역시 10번 과정의 수식과 동일한 이유로 참조한 값이 공백 문자(" ")일 때 0 값이 반환되도록 작성했습니다. 백분율 스타일은 참조 작업만으로는 적용되지 않으므로 참조 작업이 끝난 다음, 아래 두 가지 작업을 진행해야 그림과 동일하게 표시됩니다.

● [홈] 탭 – [표시 형식] 그룹에서 [백분율 스타일] 단추를 클릭
● 같은 그룹에서 [자릿수 늘림] 단추를 클릭

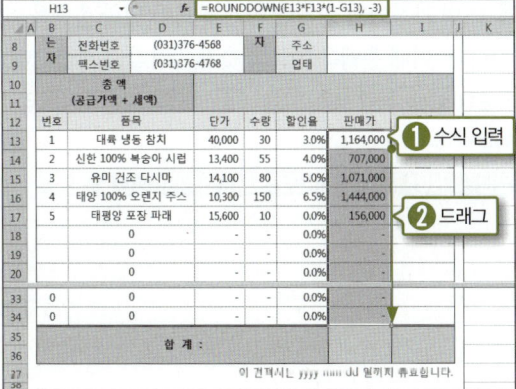

13 모든 값을 참조해 왔으므로 판매가를 계산합니다.
① **H13**셀에 다음 수식을 입력
② **H13**셀의 **채우기 핸들**을 **H34**셀까지 드래그합니다.

=ROUNDDOWN(E13*F13*(1-G13), -3)

수식 설명 **=ROUNDDOWN(E13*F13*(1–G13), –3)**
판매가 계산은 다음과 같은 계산 식을 사용합니다.

=단가*수량*(100%–할인율)

100%와 1은 동일하므로 수식에서는 1을 사용했습니다. 또한 위의 수식으로 계산하면 원 단위까지 숫자가 반환되므로 천 단위에서 절사(버림)하기 위해 ROUNDDOWN 함수를 추가로 사용했습니다. 다른 기준을 적용하려면 ROUNDDOWN 함수를 ROUND(반올림), ROUNDUP(올림) 함수로 수정하면 됩니다.

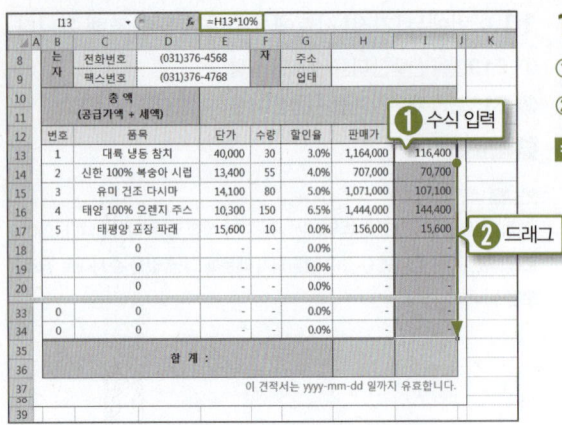

14 견적서 서식에서 세액을 계산합니다.
① I13셀을 선택하고, 다음 수식을 입력
② I13셀의 **채우기 핸들**을 I34셀까지 드래그합니다.
=H13*10%

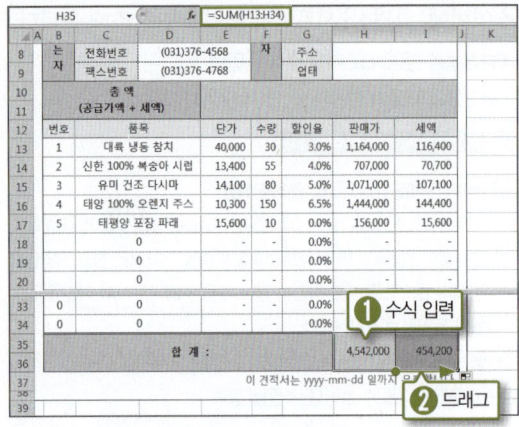

15 집계 결과 표시하기 이번에는 판매가와 세액의 합계를 구합니다.
① H35:H36 병합 셀에 다음 수식을 입력
② H35:H36 병합 셀의 **채우기 핸들**을 I35:I36 병합 셀까지 드래그합니다.
=SUM(H13:H34)

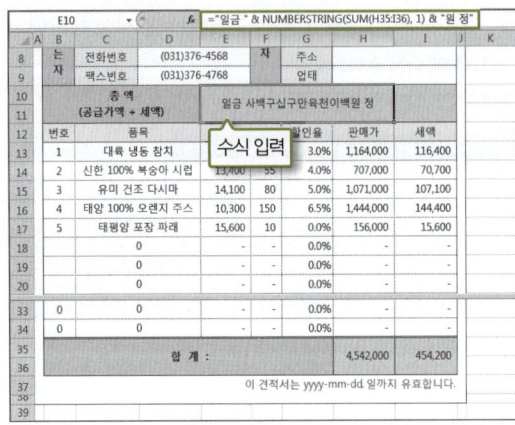

16 15번 과정에서 집계한 합계를 모두 더한 총액을 계산합니다. 이때 총액은 한글과 숫자로 각각 표시합니다.
먼저 **E10:H11** 병합 셀을 선택한 다음, 아래와 같은 수식을 입력해 넣습니다.
="일금 " & NUMBERSTRING(SUM(H35:I36), 1) & "원 정"

<u>수식 설명</u> ="일금 " & NUMBERSTRING(SUM(H35:I36), 1) & "원 정"
이번 수식은 다음과 같은 순서로 이해합니다.
① SUM(H35:I36)
　　총액을 구합니다.
② NUMBERSTRING(❶, 1)
　　❶ 값을 한글로 변환합니다.
③ "일금 " & ❷? & "원 정"
　　❷ 값의 앞뒤에 "일금 "과 "원 정"을 연결합니다.

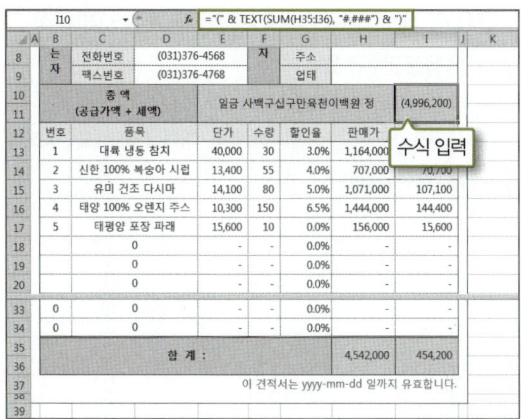

17 이번에는 숫자로 총액을 표시합니다.

I10:I11 병합 셀을 선택하고, 다음 수식을 입력합니다.

=" (" & TEXT(SUM(H35:I36), "#,###") & ")"

수식 설명 ="(" & TEXT(SUM(H35:I36), "#,###") & ")"

이번 수식은 다음과 같은 순서로 이해합니다.

① SUM(H35:I36)
   총액을 구합니다.
② TEXT(❶, "#,###")
   ❶ 값에 천 단위 구분 기호를 삽입해 표시합니다.
③ "(" & ❷ & ")"
   ❷ 값의 앞 뒤로 괄호를 삽입합니다.

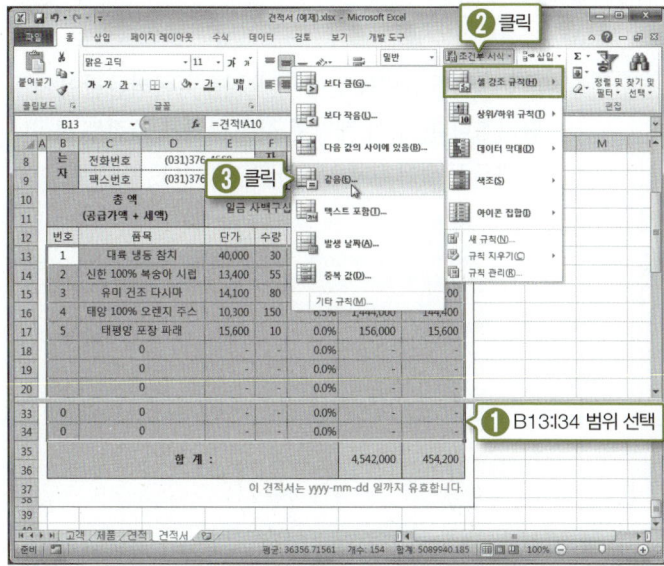

18 0 값 숨기기 이제 견적서에 표시된 불필요한 0 값을 숨기는 작업을 진행합니다. 0 값을 숨기는 작업은 조건부 서식을 이용합니다.

① **B13:I34** 범위를 선택
② 리본 메뉴의 [홈] 탭 – [스타일] 그룹에서 **조건부 서식** 단추를 클릭
③ **셀 강조 규칙>같음** 메뉴를 클릭합니다.

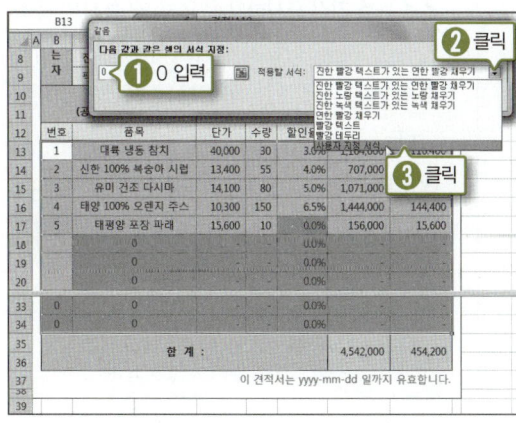

19
① 같음 대화상자에서 왼쪽 입력 상자의 값을 **0**으로 수정
② 적용할 서식 콤보 상자의 **옵션** 단추를 클릭
③ 목록에서 **사용자 지정 서식…** 명령을 클릭합니다.

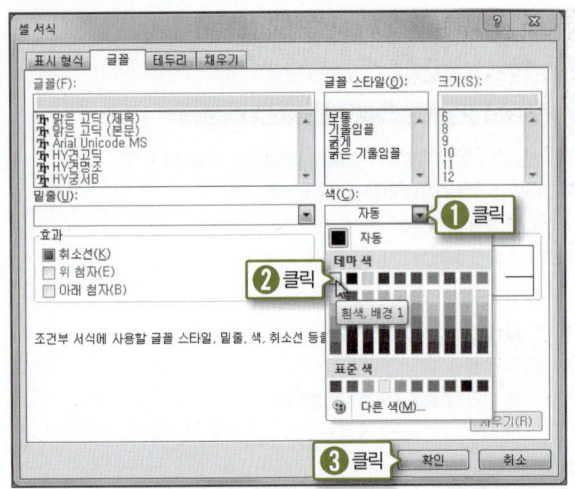

20 셀 서식 대화상자의 [글꼴] 탭이 표시됩니다.
① **색 옵션** 단추를 클릭
② 색상표에서 **흰색, 배경 1**을 선택
③ 〈확인〉 버튼을 클릭합니다. 같음 대화상자도 〈확인〉 버튼을 클릭해 닫습니다.

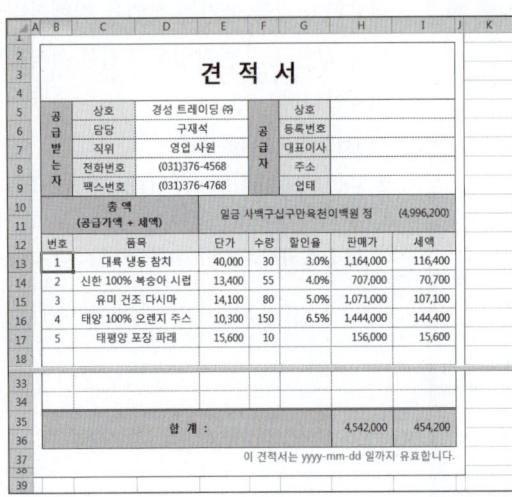

21 그러면 그림과 같이 구매 제품 목록의 0 값이 모두 숨겨집니다. 값이 제거된 것은 아니고 조건부 서식에 의해 글꼴 색이 흰색으로 바뀐 것입니다.

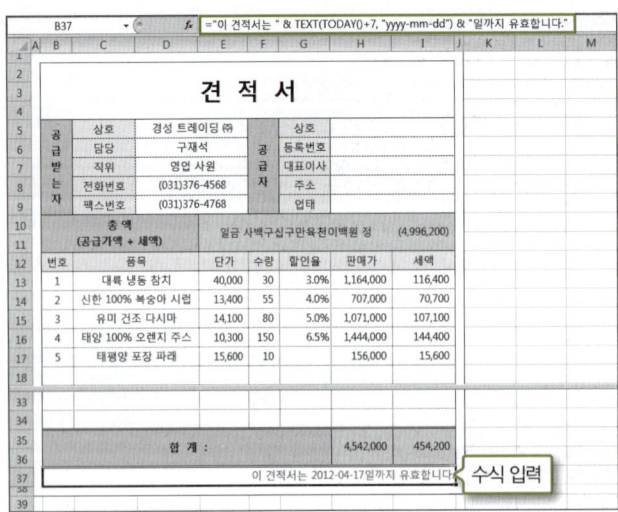

22 유효 기간 표시하기 끝으로 견적서의 유효 기간이 자동으로 표시되도록, 견적서 아래쪽의 글을 수식으로 변경하는 작업을 진행합니다.

B37:I37 병합 셀을 클릭하고, 다음 수식을 입력합니다.

="이 견적서는 " & TEXT(TODAY()+7, "yyyy-mm-dd") & "일까지 유효합니다."

수식 설명 ="이 견적서는 " & TEXT(TODAY()+7, "yyyy-mm-dd") & "일까지 유효합니다."
날짜 계산(**TODAY( )+7**)을 텍스트 값이 반환되는 수식에서 사용하면 원하는 날짜 값(예를 들면, 2012-01-01)이 표시되지 않고 날짜 일련번호 값(예를 들면, 40,909)이 표시됩니다. 그러므로 TEXT 함수를 사용해 **TODAY( )+7**의 결과를 날짜 형식으로 변환해 주는 작업이 필요합니다.

Section 04 견적서 메일로 발송하기

▶ 빠른 실행 도구 모음   ▶ 전자 메일로 보내기

완성된 견적서를 고객에게 메일로 전달하는 작업을 진행합니다. 견적서 시트를 첨부 파일로 보내려면 현재 파일을 PDF로 저장하는 것이 좋습니다. 그렇지 않다면 메일 본문에 넣어 보내는 방법을 사용합니다. 엑셀에서 특정 시트를 메일 본문으로 지정한 후 메일을 발송하려면 전자 메일로 보내기 기능을 이용합니다. 이 기능은 감춰져 있기 때문에 사용하려면 먼저 등록을 해야 합니다. 빠른 실행 도구 모음에 해당 기능을 추가한 다음, 견적서를 메일 본문으로 지정한 후 메일을 발송해 봅니다.

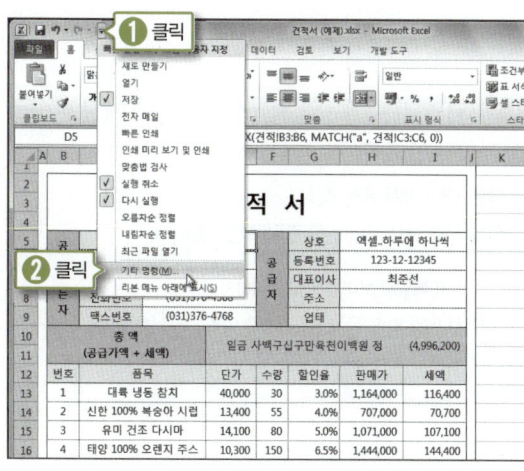

01 전자 메일로 보내기 기능 등록하기 리본 메뉴에 존재하지 않는 [전자 메일로 보내기] 명령을 빠른 실행 도구 모음에 등록하는 작업을 진행합니다.

① 빠른 실행 도구 모음의 **옵션** 단추▼(빠른 실행 도구 모음 사용자 지정)를 클릭
② **기타 명령**을 클릭합니다.

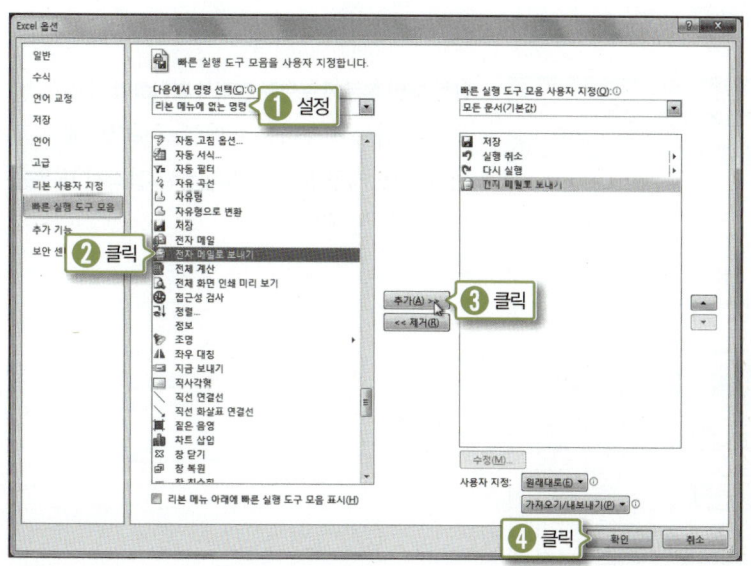

02 Excel 옵션 대화상자가 표시됩니다.

① 다음에서 명령 선택 콤보 상자를 **리본 메뉴에 없는 명령**으로 설정
② 하위 명령 목록에서 **전자 메일로 보내기** 항목을 선택
③ 〈추가〉 버튼을 클릭
④ 〈확인〉 버튼을 클릭합니다.

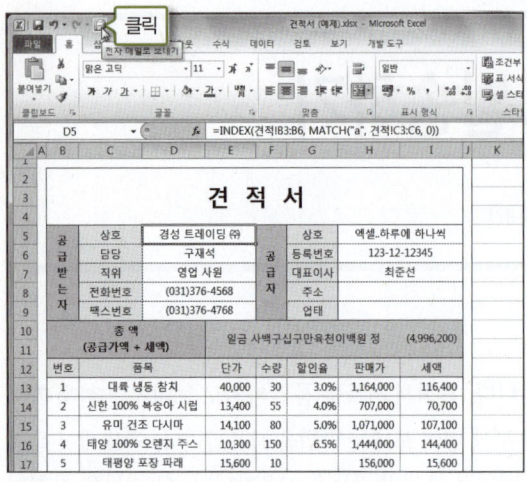

03 견적서를 본문으로 메일 발송하기 이제 빠른 실행 도구 모음에서 전자 메일로 보내기 단추를 확인할 수 있습니다.

전자 메일로 보내기 단추를 클릭합니다.

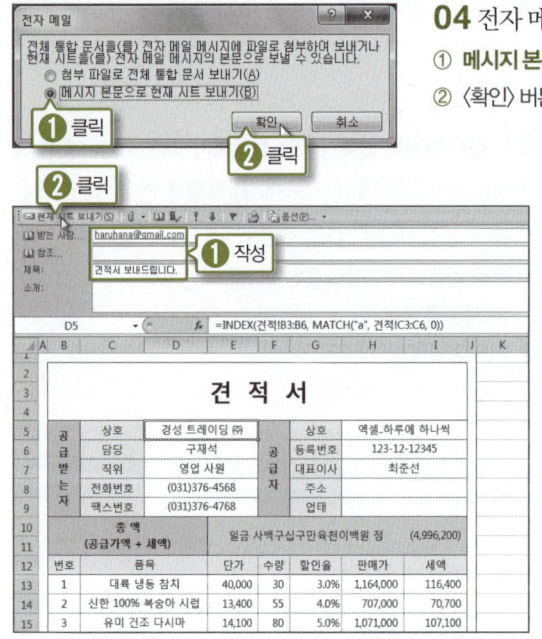

04 전자 메일 대화상자가 표시됩니다.
① **메시지 본문으로 현재 시트 보내기**를 선택
② 〈확인〉 버튼을 클릭합니다.

05 그러면 리본 메뉴와 워크시트 사이에 메일 발송을 할 수 있는 인터페이스가 나타납니다.
① **받는 사람, 제목** 등을 작성
② **현재 시트 보내기** 단추를 클릭해 발송합니다.

TIP ... 전자 메일로 보내기 명령 이해하기
이 명령에서 메일 발송은 아웃룩 개체를 이용하므로, 아웃룩에 사용자 메일 계정이 먼저 등록되어 있어야 합니다.

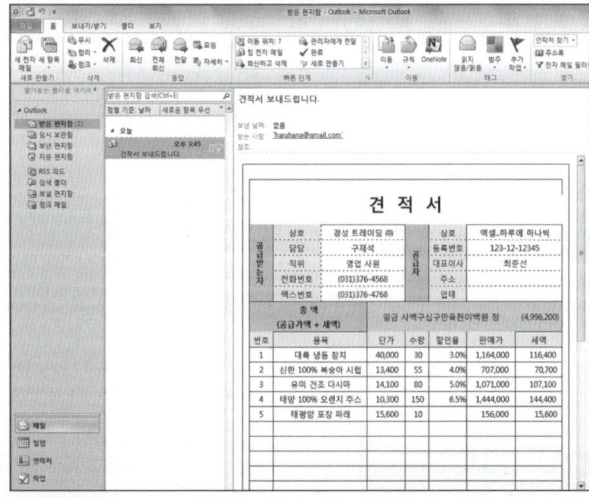

06 메일 본문에 포함된 견적서 확인하기 메일을 받은 사용자는 사용하는 이메일 프로그램에서 그림과 같이 메일 본문으로 작성된 견적서 내용을 확인할 수 있게 됩니다.

Project 10.
설문지

설문지는 여러 가지 사항에 대한 의견을 취합할 목적으로 작성합니다. 설문지 서식에는 집계 기능까지 포함하여 작성하는 데 많은 시간이 걸리지만, 적절하게 구성할 수만 있다면 설문 결과를 빠르게 요약할 수 있습니다. 편리한 설문 조사를 위한 설문지 서식 자동화 방법에 대해 알아봅니다.

미리보기

• 완성 파일 : 설문지.xlsx • 예제 파일 : 설문지(예제).xlsx, 설문지 통계(예제).xlsx

직원

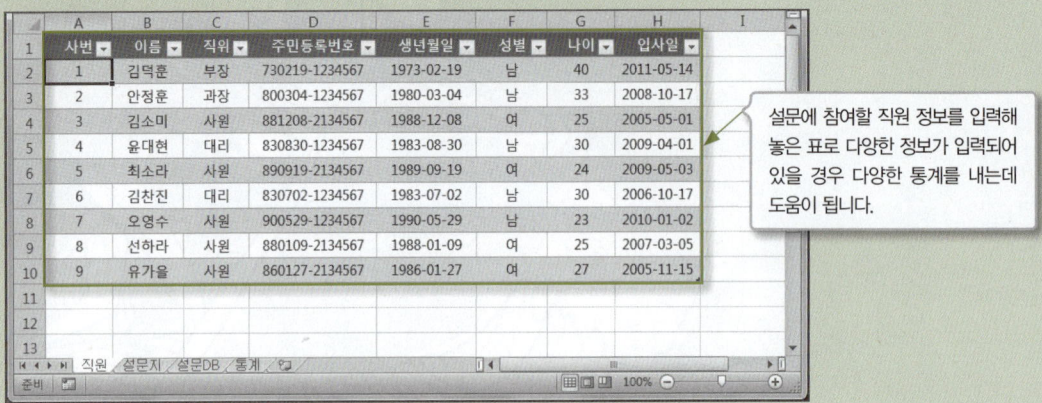

설문에 참여할 직원 정보를 입력해 놓은 표로 다양한 정보가 입력되어 있을 경우 다양한 통계를 내는데 도움이 됩니다.

설문지

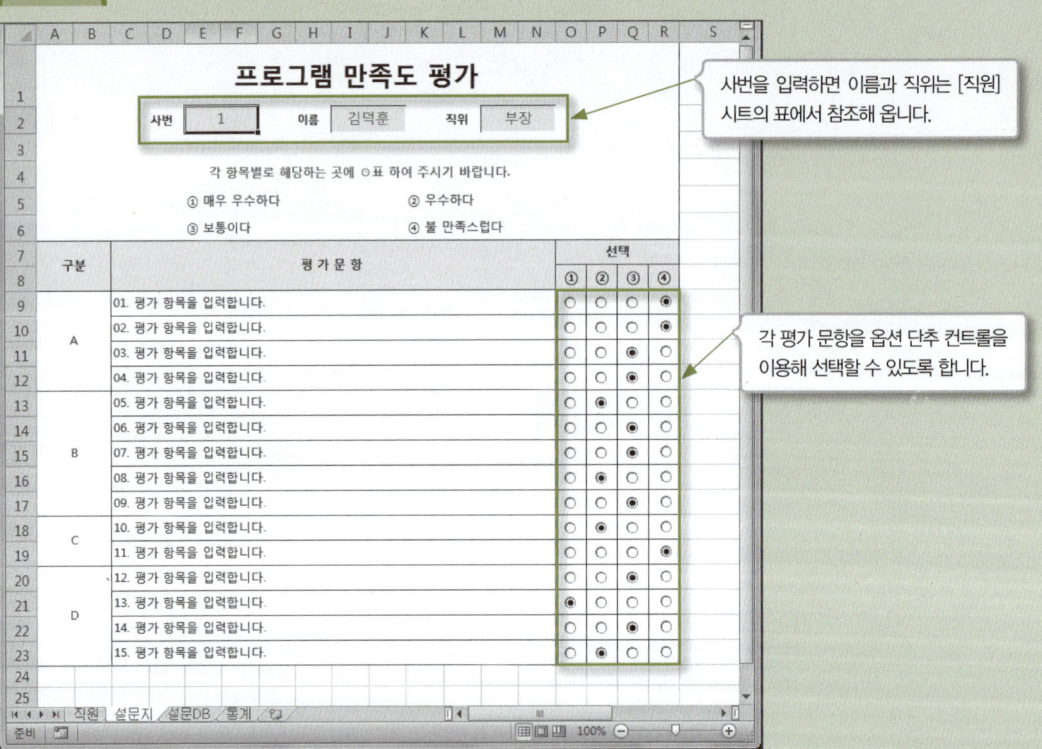

사번을 입력하면 이름과 직위는 [직원] 시트의 표에서 참조해 옵니다.

각 평가 문항을 옵션 단추 컨트롤을 이용해 선택할 수 있도록 합니다.

Project Review

설문 답변

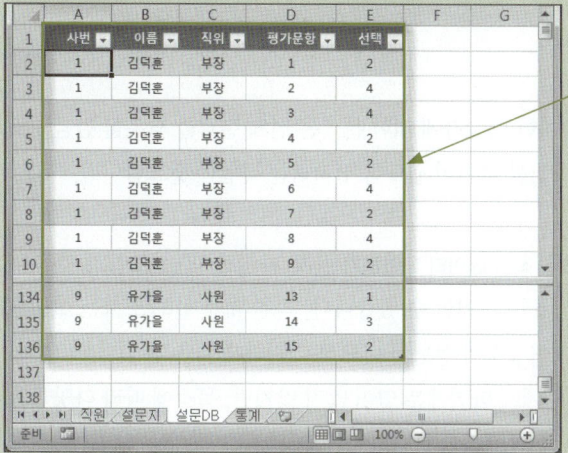

설문지 서식에 입력된 내용을 테이블 형식으로 정리해 놓은 표로, 설문지 통계는 이 표의 데이터를 참고해 작업합니다.

집계

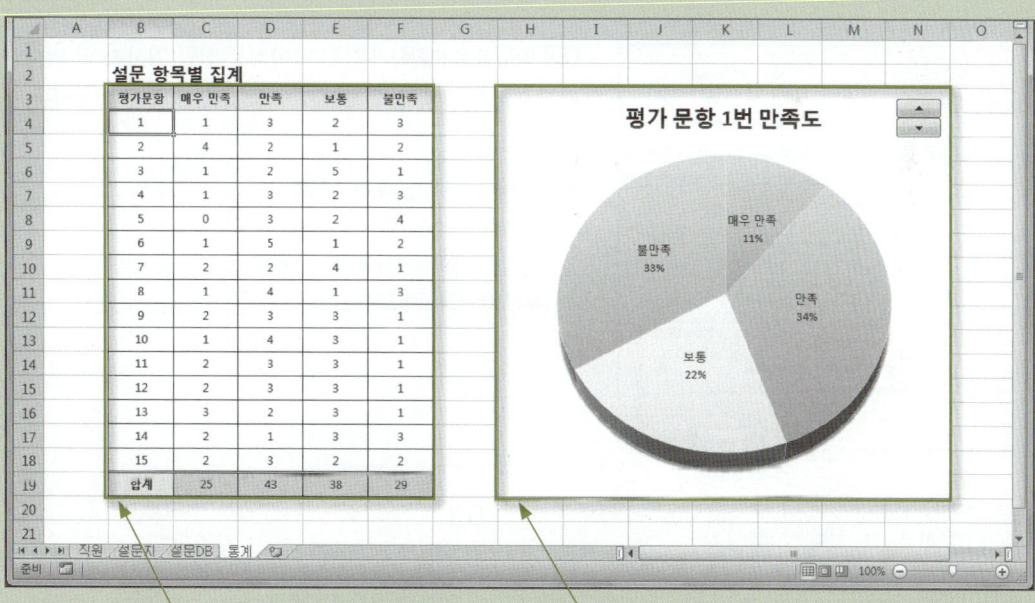

설문지 문항별 선택 비율을 집계합니다.

차트 오른쪽 위의 스핀 단추 컨트롤을 이용해 문항별 답변 선택 비율을 원형 차트로 표시합니다.

Section 01 설문 참가자 데이터 정리하기

▶ 엑셀 표 ▶ 표시 형식

설문지를 배포하고 취합하는 과정에서 설문 조사에 참여한 대상자에 대한 분석은 전체 결과를 좌우할 만큼 중요한 역할을 합니다. 그러므로 설문에 참여한 대상자 데이터를 분석이 쉽도록 정리하는 작업이 필요합니다.

01 직원 데이터 확인하기 예제 파일을 열면 그림과 같은 직원 표를 확인할 수 있습니다. 직원 대상 설문 조사는 설문 참가 대상자의 정보를 비교적 수월하게 얻을 수 있어 편리합니다. 예제 파일에는 열이 많지 않지만, 목적에 따라 다양한 열이 추가되어야 합니다.

02 엑셀 표로 변환하기 직원 데이터는 신규 입사자 및 퇴사자 발생으로 변동될 수 있으므로 엑셀 표로 변환해 사용하는 것이 좋습니다.

① 표 내부의 셀(A2셀)을 하나 선택
② 리본 메뉴의 [삽입] 탭 - [표] 그룹에서 **표** 단추를 클릭
③ 표 만들기 대화상자가 표시되면, 범위(A1:E10)를 확인
④ 〈확인〉 버튼을 클릭합니다.

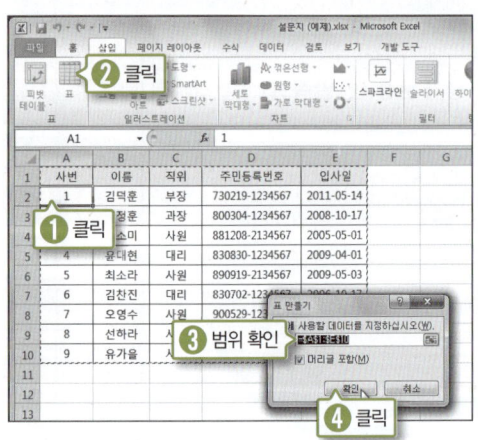

03
① 엑셀 표로 변환한 다음, 리본 메뉴의 [디자인] 탭 - [속성] 그룹에서 **표 이름**을 다음과 같이 수정
② 엑셀 표 스타일을 깔끔하게 표시하기 위해 표 전체 범위의 테두리와 채우기 색을 없앱니다.

직원

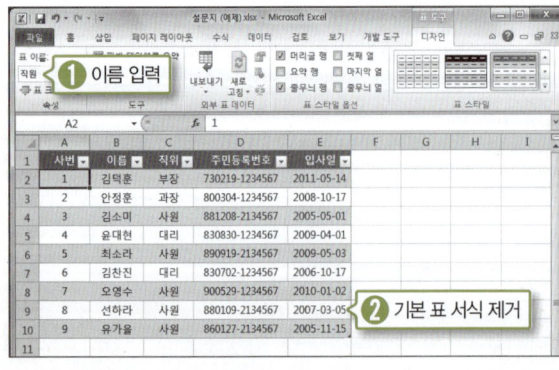

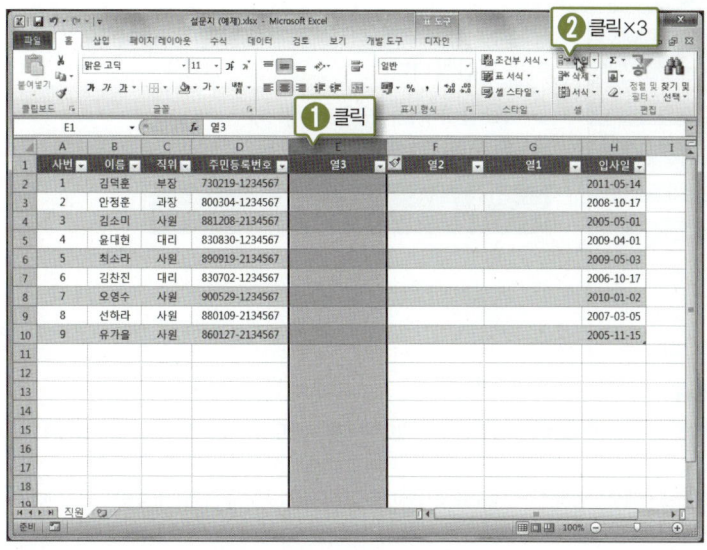

04 빈 열 추가해 분석 항목 추가하기 [직원] 표에 생년월일, 나이, 성별 등의 계산 열을 추가합니다.

① **E**열을 선택
② 리본 메뉴의 [홈] 탭 – [셀] 그룹에서 **삽입** 단추를 3회 클릭합니다.

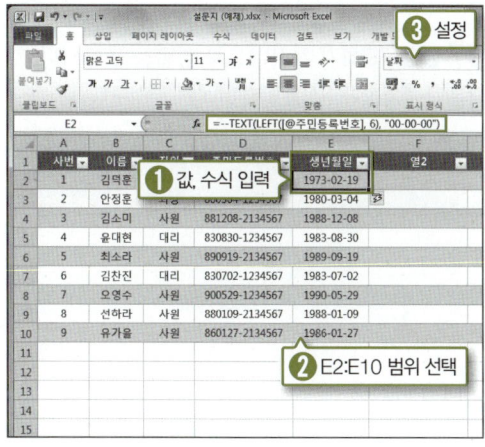

05 생년월일 계산해 넣기 주민등록번호에서 생년월일을 계산해 넣습니다.

① 다음 각 셀에 값과 수식을 입력
② E2:E10 범위를 선택
③ 리본 메뉴의 [홈] 탭 – [표시 형식] 그룹에서 표시 형식 콤보 상자를 **간단한 날짜**로 설정합니다.

E1 : 생년월일
E2 : =--TEXT(LEFT([@주민등록번호], 6), "00-00-00")

수식 설명 =--TEXT(LEFT([@주민등록번호], 6), "00-00-00")
이번 수식은 다음과 같은 순서로 계산됩니다.

① LEFT([@주민등록번호], 6)
　주민등록번호의 앞 6자리가 생년월일이므로 주민등록번호 열의 같은 행에 입력된 셀 값에서 앞 6자리 문자를 잘라냅니다.

② TEXT(❶, "00-00-00")
　잘라낸 값을 00-00-00와 같은 날짜 형식으로 변환합니다.

③ --❷
　TEXT 함수로 반환된 결과는 아직 올바른 날짜 일련번호가 아니라, YY-MM-DD 형태의 텍스트 값입니다. 이 값을 올바른 날짜 일련번호로 변환하기 위해 앞에 마이너스(-)를 2번 연속해 삽입합니다. 이렇게 하면 -1을 두 번 곱한 결과가 되어 올바른 날짜 일련번호로 변환됩니다.

이번 수식이 어렵다면 DATE 함수를 사용한 다음과 같은 수식을 사용해도 됩니다.
=DATE(LEFT([@주민등록번호], 2), MID([@주민등록번호], 3, 2), MID([@주민등록번호], 5, 2))

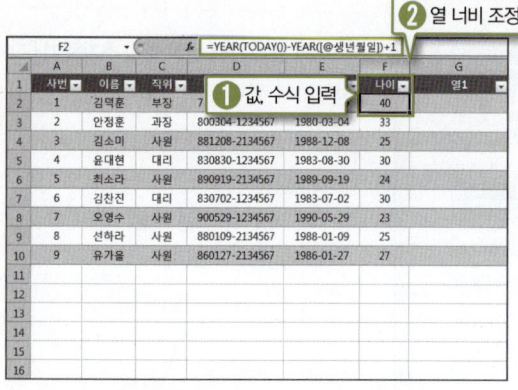

06 나이 계산해 넣기 E열에 계산된 생년월일을 참고해 나이를 계산합니다.

① 다음 각 셀에 값과 수식을 입력
② 열 너비를 적절하게 조정합니다.

F1 : 나이
F2 : =YEAR(TODAY())-YEAR([@생년월일])+1

수식 설명 =YEAR(TODAY())-YEAR([@생년월일])+1

이번 수식은 나이를 계산하기 위한 것으로, 예제를 실행하는 날짜에 따라 결과가 그림과 다를 수 있습니다. 나이는 다음과 같은 계산 식으로 구합니다.

=올해 연도-출생 연도+1

이번 수식은 위 계산 식을 함수로 계산한 것으로, 만약 설문 조사에서 연령대별로 만족도를 조사해야 한다면 다음과 같은 수식으로 수정할 수 있습니다.

=LEFT(YEAR(TODAY())-YEAR([@생년월일])+1, 1) & "0대"

연령대별 통계는 설문지 조사에서 많이 사용하는 방식입니다.

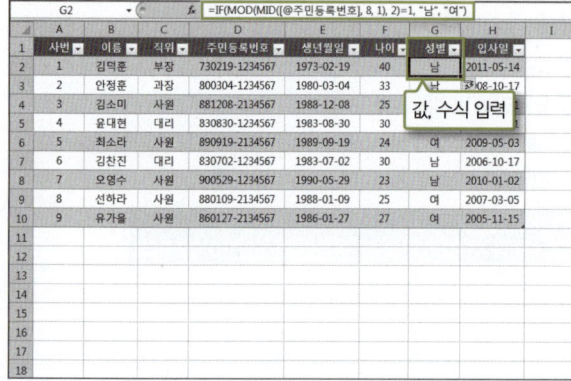

07 성별 구분하기 마지막으로 성별을 구합니다.

다음 각 셀에 값과 수식을 입력합니다.

G1 : 성별
G2 : =IF(MOD(MID([@주민등록번호], 8, 1), 2)=1, "남", "여")

수식 설명 =IF(MOD(MID([@주민등록번호], 8, 1), 2)=1, "남", "여")

이번 수식은 다음과 같은 순서로 계산됩니다.

① MID([@주민등록번호], 8, 1)

　주민등록번호 8번째 자리에서 성별을 구분할 수 있으므로, MID 함수를 사용해 잘라냅니다.

② MOD(❶, 2)=1

　잘라낸 값을 2로 나눠 1이 반환되는지 확인합니다. 1이 반환되면 잘라낸 값이 홀수라는 것을 의미하며, 아닌 경우에는 짝수입니다.

③ IF(❷, "남", "여")

　❷ 판단 결과가 TRUE면 "남"을 반환하고, 아니면 "여"를 반환합니다. 즉, ❶에서 잘라낸 값이 홀수이면 "남", 짝수이면 "여"를 반환하는 수식입니다.

Section 02 설문지 만들기

▶ 테두리   ▶ 특수 문자   ▶ 옵션 단추   ▶ 그룹 상자

설문지는 목적에 따라 여러 종류(OX, 사지선다, 단답형 등)가 존재하지만, 여기서는 가장 일반적으로 사용되는 사지선다 설문지를 만듭니다. 설문지를 구성하는 방법에 정답은 없지만, 설문지 결과를 테이블 형식으로 정리하는 방법은 모두 동일합니다.

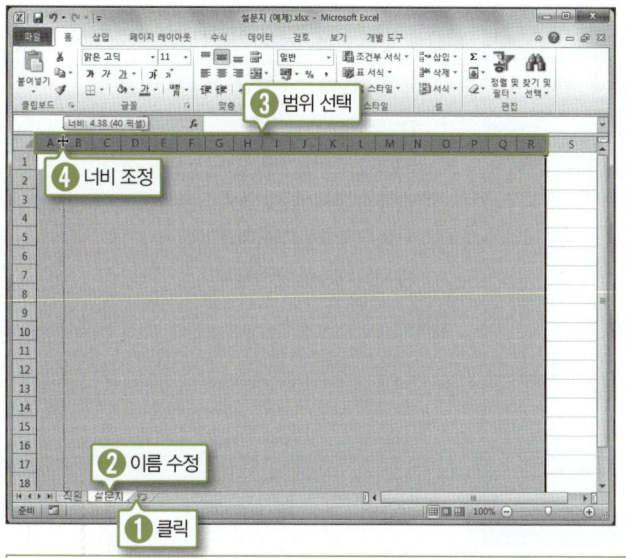

01 레이아웃 구성하기

① 설문지를 구성하기 위해 **워크시트 삽입** 단추를 클릭해 새 워크시트를 추가
② 워크시트 이름을 다음과 같이 변경
③ **A:R** 열을 선택
④ **A**열과 **B**열 사이의 열 **구분선**을 40픽셀로 조정합니다

설문지

TIP ... 열 너비를 조정하는 이유
설문지와 같은 서식을 구성할 때는 서로 다른 열 너비를 갖는 표가 하나의 워크시트에 구성되어야 합니다. 이런 경우 열 너비를 미리 줄여 놓고 넓은 열을 사용할 때는 병합 기능을 이용합니다. 이렇게 하면 깔끔한 서식을 구성할 수 있습니다.

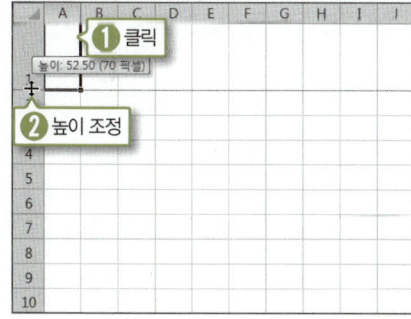

02 제목 입력하기 설문지 제목을 맨 위에 입력하기 위해 1행의 행 높이를 조절합니다.
① **A1**셀을 선택
② **1**행과 **2**행의 **행 구분선**을 아래로 드래그해 행 높이를 **70**픽셀에 맞춥니다.

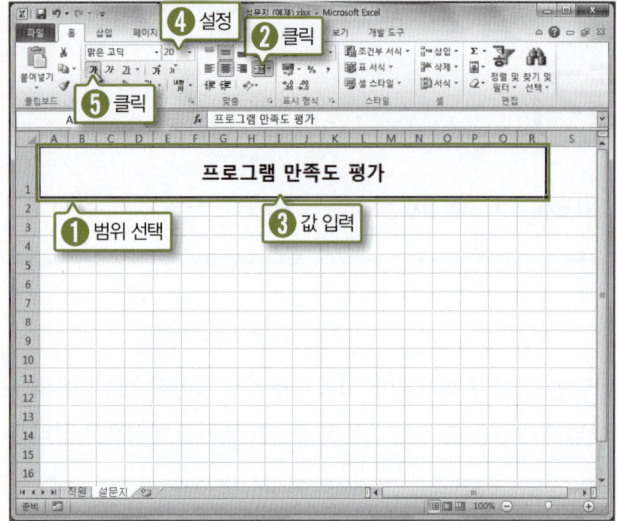

03

① A1:R1 범위를 선택
② 리본 메뉴의 [홈] 탭 – [맞춤] 그룹에서 **병합하고 가운데 맞춤** 단추를 클릭해 병합
③ A1:R1 병합 셀에 다음 값을 입력
④ 리본 메뉴의 [홈] 탭 – [글꼴] 그룹에서 **글꼴 크기**를 20으로 설정
⑤ 계속해서 같은 그룹의 **굵게** 단추를 클릭해 글꼴 서식을 변경합니다.

프로그램 만족도 평가

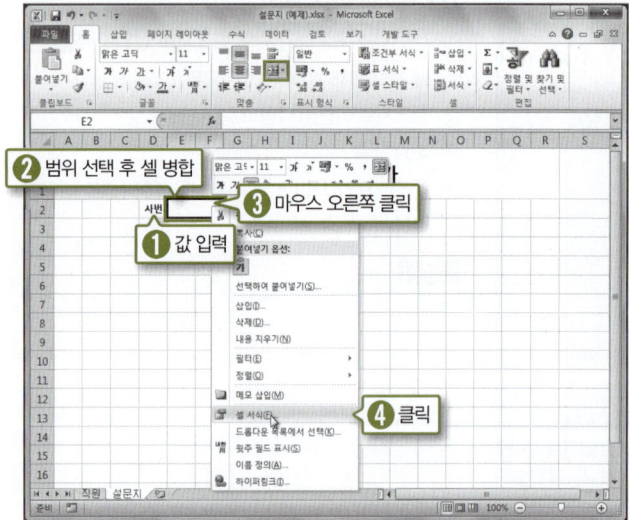

04 입력 항목 구성하기
설문지를 작성할 직원 정보 입력란을 구성합니다.

① D2셀에 다음 값을 입력
② E2:F2 범위를 **병합**
③ 입력 상자 서식을 지정하기 위해 **E2:F2 병합** 셀에서 마우스 오른쪽 버튼을 클릭
④ **셀 서식** 메뉴를 클릭합니다.

사번

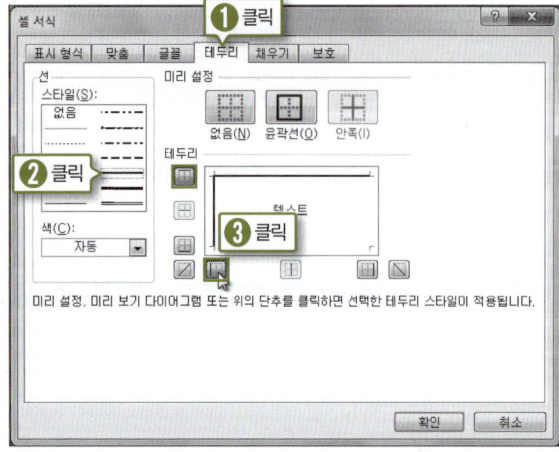

05

① 셀 서식 대화상자가 표시되면 [테두리] 탭을 클릭
② 선 스타일 목록에서 2열 5행에 있는 **굵은 실선**을 선택
③ 테두리 영역에서 **위쪽** 단추와 **왼쪽** 단추를 클릭해 셀 위쪽과 왼쪽에만 테두리를 설정합니다.

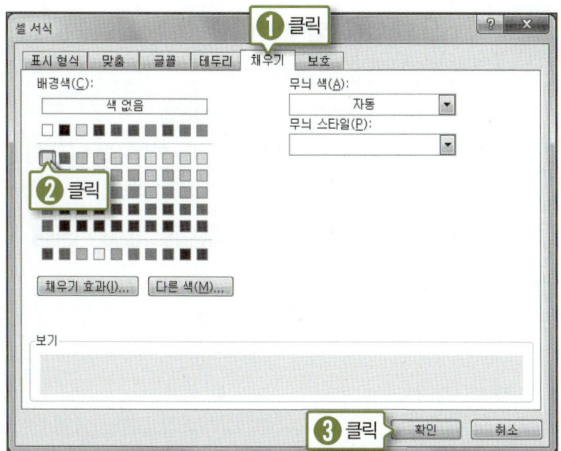

06

① 이어서 [채우기] 탭을 클릭
② 색상표에서 1열 2행에 위치한 **흰색, 배경 1, 5% 더 어둡게** 색상을 클릭
③ 〈확인〉 버튼을 클릭해 서식 지정을 종료합니다.

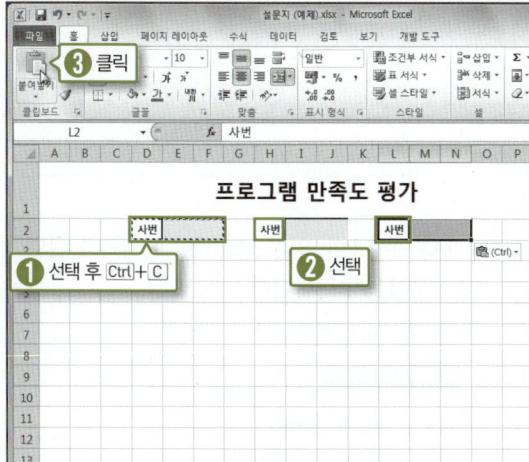

07 완성된 입력 상자 서식을 복사해 사용합니다.

① **D2:F2** 범위를 선택하고, 복사(Ctrl+C)
② **H2**셀과 **L2**셀을 각각 선택
③ 리본 메뉴의 [홈] 탭 – [클립보드] 그룹에서 **붙여넣기** 단추를 클릭합니다.

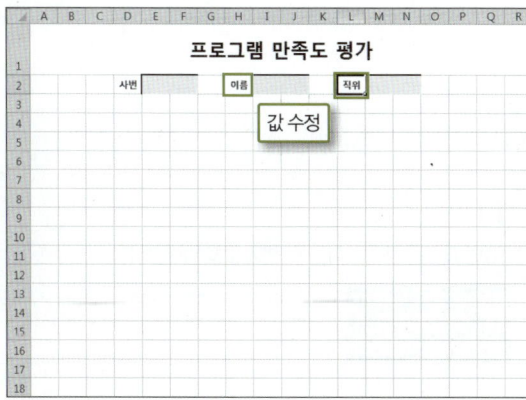

08 복사된 입력 상자의 머리글을 수정합니다.

다음 각 셀의 값을 수정합니다.

H2 : 이름
L2 : 직위

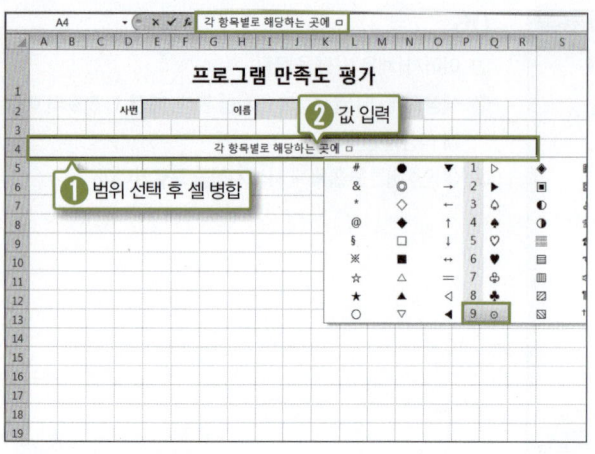

09 안내 부분 입력하기 설문지 문항에 대한 전체 안내 문장을 입력합니다.

① A4:R4 범위를 선택한 후 **병합**
② 다음 문장을 입력한 후 리본 메뉴의 [홈] 탭 – [글꼴] 그룹에서 원하는 글꼴 서식을 적용합니다.

각 항목별로 해당하는 곳에 ⊙표 하여 주시기 바랍니다.

TIP ... ⊙ 문자 입력하기

입력할 문장에 ⊙는 특수 문자로, 다음과 같은 과정을 통해 입력할 수 있습니다.
① 한글 자음 ㅁ을 입력한 다음, 한자 키를 누릅니다.
② 특수 문자가 표시되면 Tab 키를 눌러 목록을 펼치고, 4번째 열의 마지막 문자를 클릭합니다.
이처럼 특수 문자를 입력하려면 한글 자음을 입력한 다음, 한자 키를 누르면 됩니다.

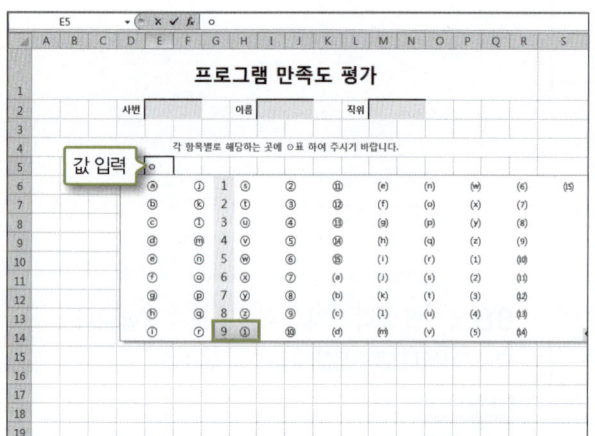

10 이제 1번, 2번, 3번, 4번의 의미를 설명하는 문장을 입력합니다.

E5셀에 다음 내용을 입력

①매우 만족하다

TIP ... 원 문자 입력하기

입력할 문장에 포함된 원 문자 역시 특수 문자의 하나로, 9번 과정의 설명과 동일한 방법으로 입력합니다. 차이점은 자음 ㅁ을 입력하는 대신 ㅇ을 입력한 후 한자 키를 누르고, 전체 목록에서 3열 마지막 문자를 선택하는 것입니다.

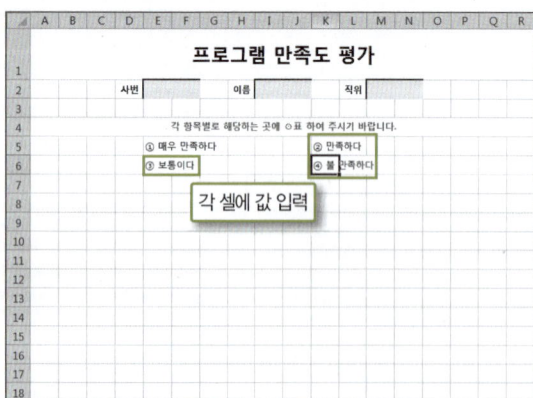

11
10번 과정을 참고해 다음 각 셀에 값을 입력합니다.

K5 : ② 만족하다
E6 : ③ 보통이다
K6 : ④ 불 만족하다

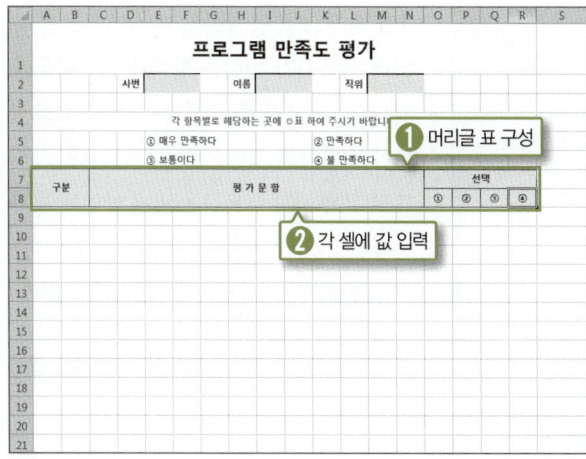

12 평가 문항 및 입력 방법 구성하기

① 그림을 참고해 **A7:R8** 범위에 머리글을 입력할 표를 구성

② 다음 각 셀(병합 셀)에 머리글을 입력합니다.

A7:B8 : 구분
C7:N8 : 평가 문항
O7:R7 : 선택
O8 : ①   P8 : ②
Q8 : ③   R8 : ④

TIP ... 머리글 표 서식

머리글 표 서식은 사용자의 취향이므로 채우기 색과 테두리를 자유롭게 설정합니다.

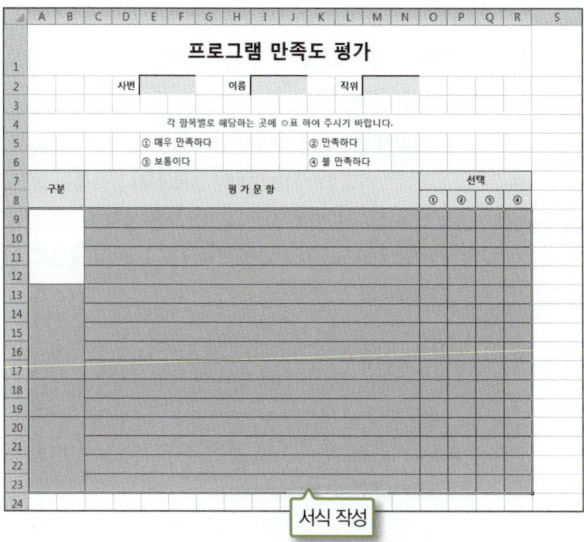

13

평가 문항을 구성할 때는 유사한 문항별로 그룹을 지정한 후 1번부터 n번까지로 구성합니다. 이번 예제는 간략하게 4개 그룹, 15개 문항의 설문지 구성입니다.

그림과 [TIP]를 참고해 문항 서식을 작성합니다.

TIP ... 표 본문 서식

그림과 동일하게 설정하려면 다음을 참고합니다.

① A9:B12, A13:B17, A18:B19, A20:B23 범위를 각각 선택하고, 병합합니다.

② C9:N9 범위를 병합하고, C9:N9 병합 셀의 채우기 핸들을 23행까지 드래그합니다.

③ A9:R23 범위를 선택하고 리본 메뉴의 [홈] 탭 – [글꼴] 그룹에서 [모든 테두리] 명령을 설정합니다.

14

C9:N23 범위에 평가 문항을 입력해 넣습니다.

이 작업을 할 때, 9행부터 1번 문항이 된다는 점을 기억합니다.

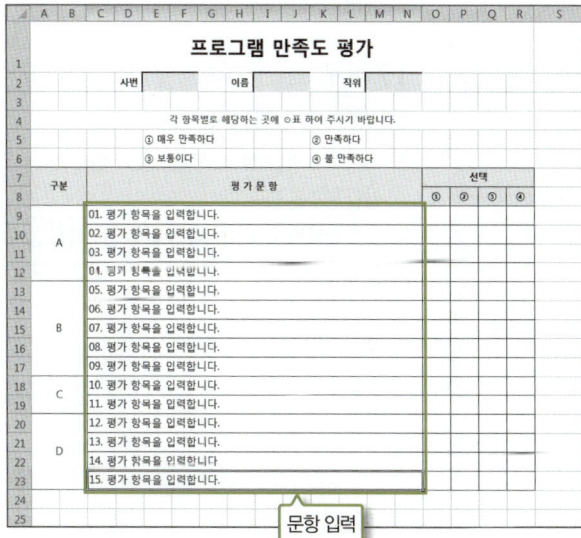

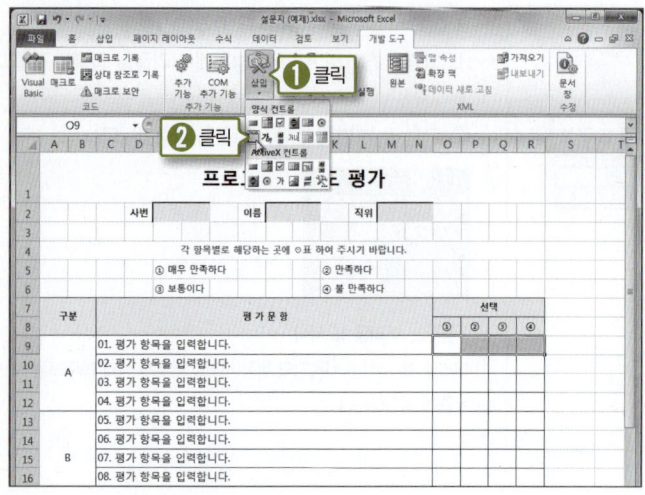

15 이제 O:R 열에 옵션 단추 컨트롤을 삽입해 사용자가 원하는 항목을 선택하도록 합니다. 옵션 단추 컨트롤은 전체 워크시트에서 하나의 그룹으로 동작합니다. 그러므로 그룹 상자 컨트롤을 먼저 삽입해 평가 문항별로 옵션 단추를 사용하도록 합니다.

① 리본 메뉴의 [개발 도구] 탭 - [컨트롤] 그룹에서 **삽입** 단추를 클릭
② 양식 컨트롤 목록에서 **그룹 상자** 컨트롤을 클릭합니다.

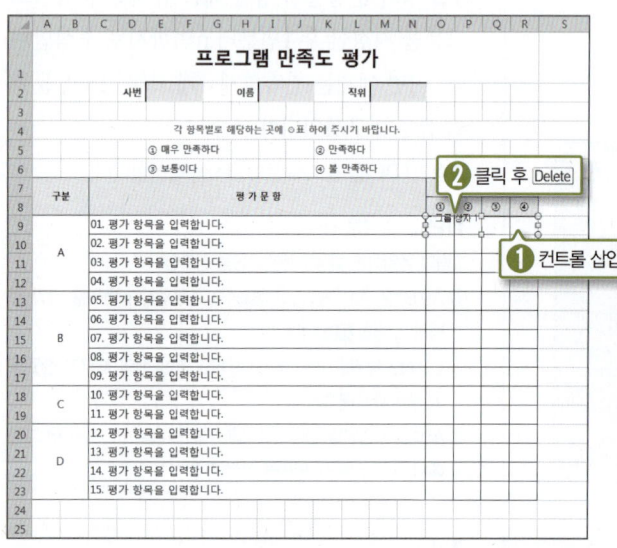

16 선택한 그룹 상자 컨트롤을 O9:R9 범위에 삽입합니다.

① 정확한 범위에 삽입하기 위해 Alt 키를 누른 상태에서 드래그하여 **O9:R9** 범위에 **그룹 상자** 컨트롤을 삽입
② 그룹 상자 컨트롤에 표시되는 **그룹 상자 1** 레이블은 필요 없으므로 레이블을 클릭한 후 Delete 키를 눌러 삭제합니다.

TIP … 그룹 상자 컨트롤의 레이블 지우기
그룹 상자 컨트롤의 레이블 부분(컨트롤에 표시되는 [그룹 상자 1]과 같은 문자열 부분)을 선택하기가 쉽지 않다면 그룹 상자 컨트롤을 마우스 오른쪽 버튼으로 클릭한 다음 [텍스트 편집] 메뉴를 클릭해서 선택한 후 삭제합니다.

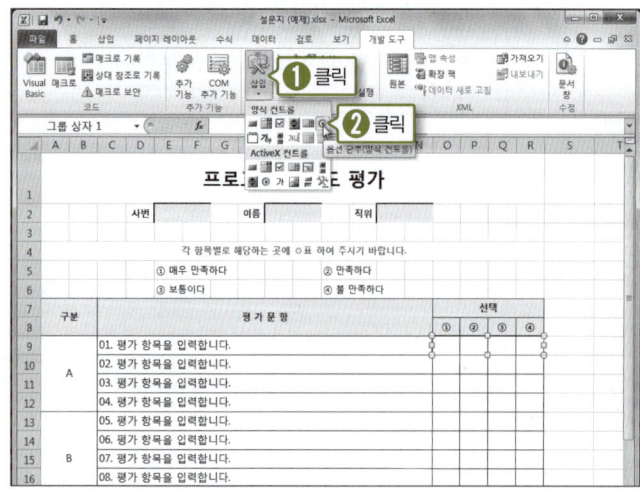

17 이제 그룹 상자 컨트롤 안에 옵션 단추 컨트롤을 삽입합니다.

① 리본 메뉴의 [개발 도구] 탭 - [컨트롤] 그룹에서 **삽입** 단추를 클릭
② 양식 컨트롤 목록에서 **옵션 단추** 컨트롤을 클릭합니다.

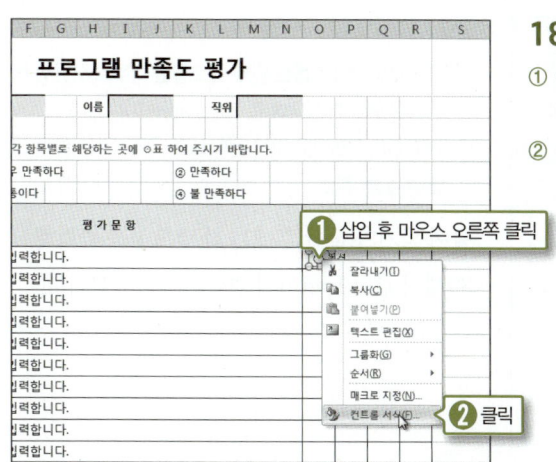

18
① **옵션 단추** 컨트롤을 O9셀 안에 삽입(옵션 단추 컨트롤이 O9셀을 벗어나지 않도록 주의)한 후 마우스 오른쪽 버튼으로 클릭
② **컨트롤 서식** 명령을 클릭합니다.

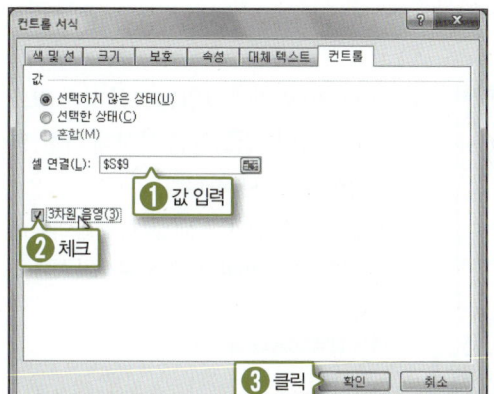

19
① 컨트롤 서식 대화상자가 표시되면 셀 연결 입력 상자에 다음과 같이 입력
② **3차원 음영** 옵션에 체크
③ 〈확인〉 버튼을 클릭합니다.

$S$9

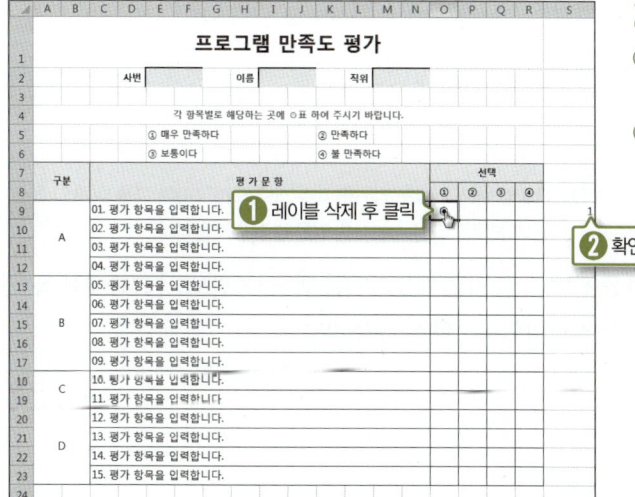

20
① O9셀에 삽입된 **옵션 단추** 컨트롤의 레이블(옵션 단추 2)을 삭제한 후 클릭
② 그림과 같이 **S9**셀에 **1** 값이 나타나면 제대로 설정된 것입니다.

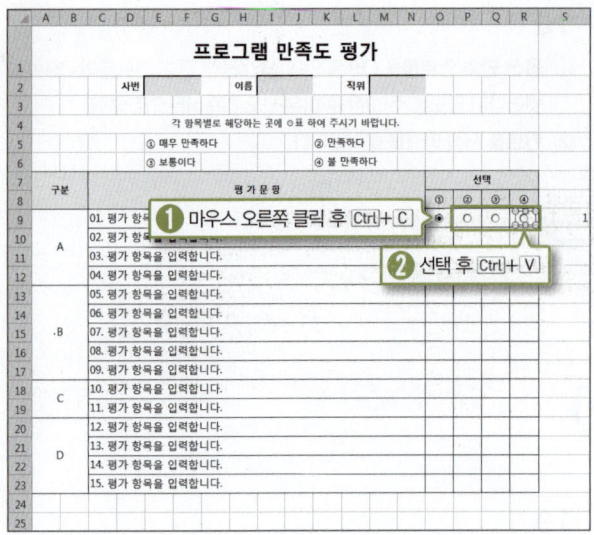

21

① O9셀에 삽입된 **옵션 단추** 컨트롤을 마우스 오른쪽 버튼으로 클릭해 선택하고, 복사(Ctrl+C)

② P9, Q9, R9셀을 각각 선택하고, Ctrl+V 키를 눌러 붙여 넣습니다.

붙여 넣기가 끝난 후에는 각 컨트롤을 클릭해서 S9셀의 값이 1~4까지 변하는지 확인합니다.

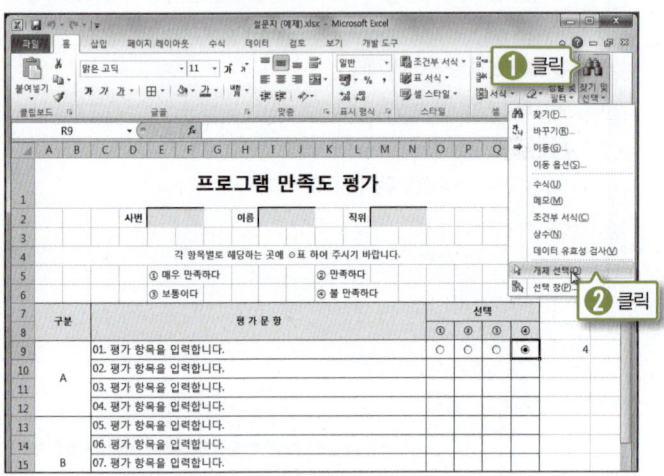

22 O9:R9 범위에 삽입된 그룹 상자 컨트롤과 옵션 단추 컨트롤을 복사해 다른 평가 문항에서도 사용합니다.

① 전체 컨트롤을 한 번에 선택하기 위해, 리본 메뉴의 [홈] 탭 – [편집] 그룹에서 **찾기 및 선택** 단추를 클릭

② **개체 선택** 명령을 클릭합니다.

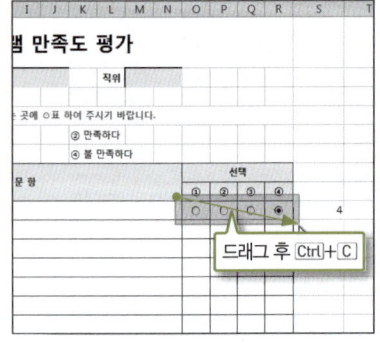

23

그림과 같이 O9:R9 범위보다 넓은 범위를 마우스로 드래그하여 **그룹 상자**와 **옵션 단추** 컨트롤을 한 번에 선택한 다음, Ctrl+C 키를 눌러 복사합니다.

컨트롤을 선택한 후 리본 메뉴의 [홈] 탭 – [클립보드] 그룹에서 복사 단추를 클릭해도 복사할 수 있습니다.

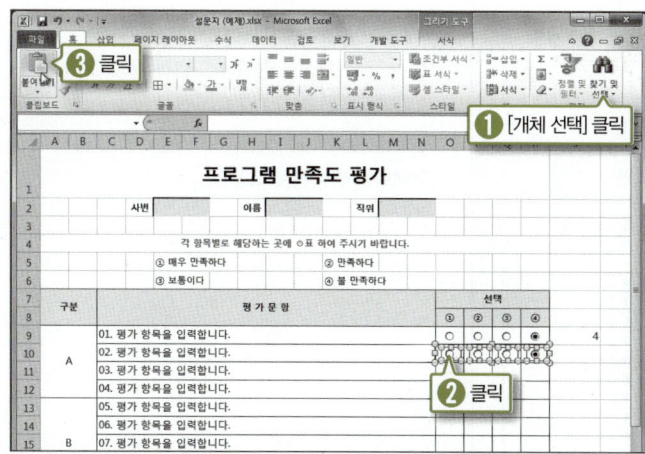

24

① 리본 메뉴의 [홈] 탭 – [편집] 그룹에서 **찾기 및 선택** 단추를 클릭하고 **개체 선택** 명령을 클릭해 선택 모드를 해제

② O10셀을 선택

③ 리본 메뉴의 [홈] 탭 – [클립보드] 그룹에서 **붙여넣기** 단추를 클릭합니다.

그림과 같이 한 번에 그룹 상자와 옵션 단추 컨트롤이 삽입됩니다.

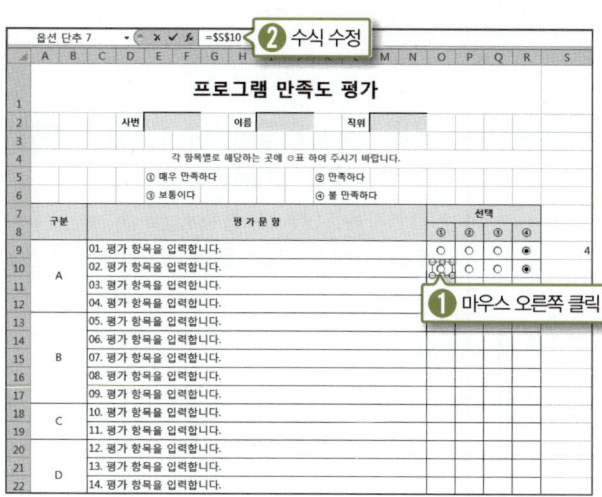

25 컨트롤은 한 번에 복사해 넣었지만 컨트롤과 연결된 셀은 여전히 S9셀이므로 옵션 단추 컨트롤과 연결된 셀을 변경합니다.

① O10셀의 옵션 단추 컨트롤을 마우스 오른쪽 버튼을 클릭해 선택

② **수식 입력줄**의 수식을 다음과 같이 수정합니다.

=$S$10

TIP ... 옵션 단추 컨트롤과 셀 연결

[그룹 상자] 내의 [옵션 단추] 컨트롤은 모두 하나의 셀과 연결됩니다. 그러므로 컨트롤과 연결된 셀을 수정할 때는 그룹 상자 내에 있는 하나의 [옵션 단추] 컨트롤만 수정하면 됩니다. 특히 셀 연결만 수정하려면 컨트롤 서식 대화상자를 호출할 필요 없이, 컨트롤을 선택한 후 수식 입력줄에서 셀 주소만 변경하면 됩니다.

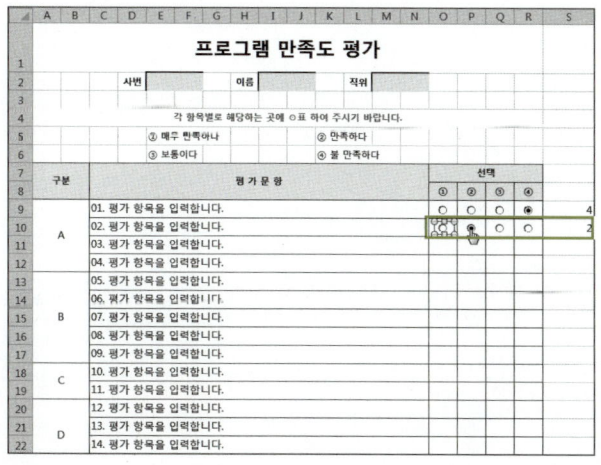

26 이제 O10:R10 범위의 옵션 단추 컨트롤을 선택해 보면 O9:R9 범위의 옵션 단추 컨트롤과 별개로 선택할 수 있음을 확인할 수 있습니다.

O10:R10 범위 내 **옵션 단추** 컨트롤을 선택하면 **S10**셀의 값이 1~4로 변경되어야 합니다.

27 22~26번 과정을 참고해 그림과 같이 **O11:R23** 범위에도 **그룹 상자** 컨트롤과 **옵션 단추** 컨트롤을 복사해 넣고, 각각 셀 연결 위치를 **S11:S23** 범위 내 같은 행의 셀로 변경합니다.

28 실제 모든 옵션 단추 컨트롤을 선택할 수 있는지 테스트합니다.

각 열의 **옵션 단추** 컨트롤 순서대로 클릭하면서 **S9:S23** 범위에 1~4 값이 올바르게 표시되는지 확인합니다.

Section 03 설문지 DB 만들기

▶ 값 붙여넣기

설문지 양식은 보기에는 좋지만 집계를 하기에는 용이하지 않습니다. 그러므로 설문지 양식의 입력 값을 편리하게 집계할 수 있도록 새로운 표를 구성해 입력 값을 전달합니다. 설문지는 동시에 여러 개가 배포되므로 한 곳에 취합하여 집계하는 방법에 대해 설명합니다.

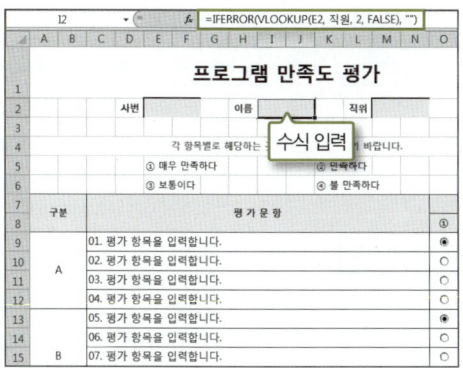

01 입력 항목 최소화하기 설문지 작성 부분에서 입력을 최소화할 수 있도록 E2:F2 병합 셀의 사번을 입력하면 나머지 이름과 직위를 [직원] 시트의 엑셀 표에서 참조해 오도록 합니다.

먼저 **I2:J2** 병합 셀을 선택하고, 다음과 같은 수식을 입력합니다.

=IFERROR(VLOOKUP(E2, 직원, 2, FALSE), " ")

수식 설명 **=IFERROR(VLOOKUP(E2, 직원, 2, FALSE), " ")**
이번 수식은 VLOOKUP 함수를 사용해 E2(정확하게 얘기하면 E2:F2 병합 셀)의 값을 [직원] 엑셀 표의 1번째 열에서 정확하게 일치하는 첫 번째 위치를 찾아, 같은 행에 위치한 2번째 열의 값을 반환하는 수식입니다. VLOOKUP 함수는 E2:F2 병합 셀에 잘못된 사번이 입력되거나, 아무런 값이 입력되지 않을 때 #N/A! 오류를 반환하므로 이런 오류가 발생할 경우, 공백 문자(" ")가 반환되도록 IFERROR 함수를 추가로 사용한 것입니다.

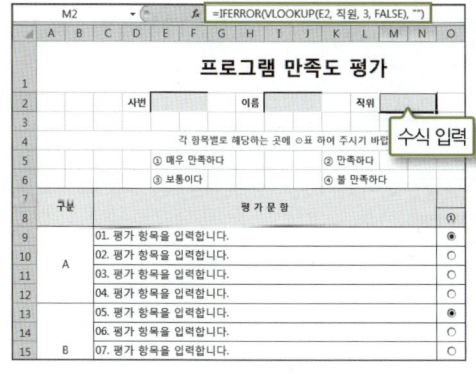

02
이번에는 **M2:N2** 병합 셀을 선택하고, 다음 수식을 입력합니다.

=IFERROR(VLOOKUP(E2, 직원, 3, FALSE), " ")

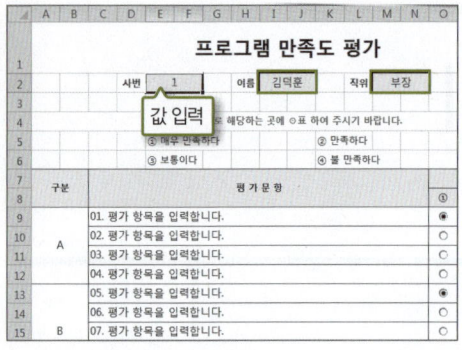

03 1~2번 과정에서 입력한 수식이 제대로 된 결과를 반환하는지 확인합니다.

E2:F2 범위에 1~9 사이의 숫자를 입력하면 [직원] 엑셀 표의 이름과 직위가 I2:J2, M2:N2 병합 셀에 나타나는 것을 확인할 수 있습니다.

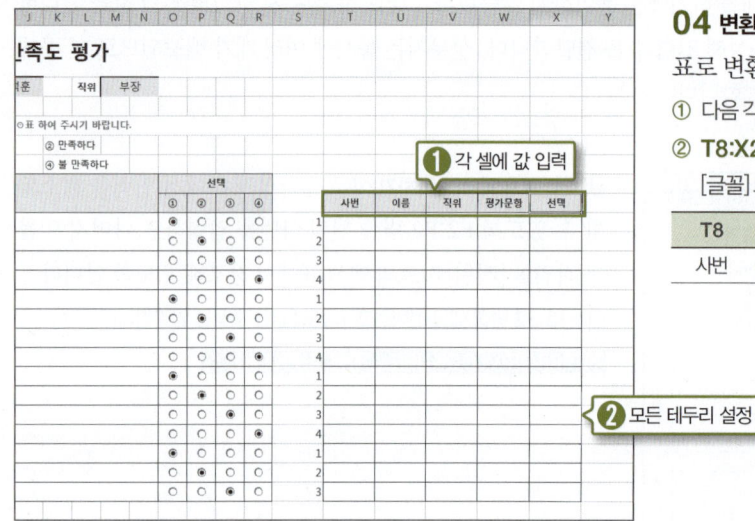

04 변환 표 구성하기 이제 설문지를 별도의 표로 변환합니다.

① 다음 각 셀에 머리글을 입력

② T8:X23 범위를 선택한 후 리본 메뉴의 [홈] 탭 – [글꼴] 그룹에서 [모든 테두리]를 설정합니다.

T8	U8	V8	W8	X8
사번	이름	직위	평가문항	선택

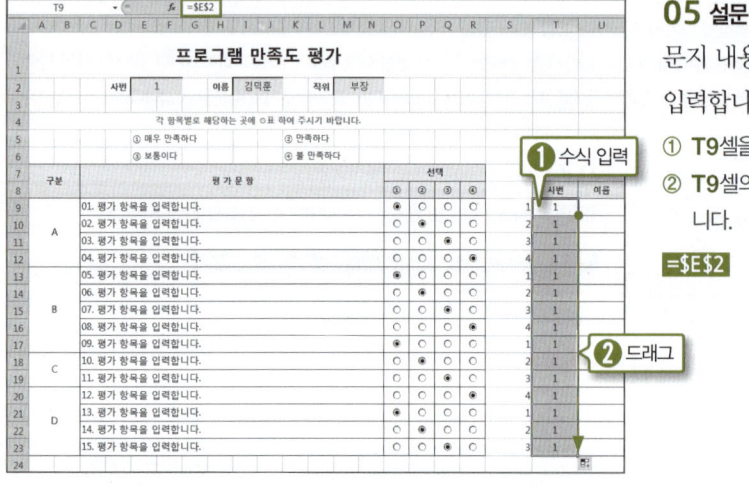

05 설문 결과 변환 표에 넣기 구성한 표에 설문지 내용을 정리해 넣습니다. 먼저 사번을 입력합니다.

① T9셀을 선택하고, 다음 수식을 입력

② T9셀의 **채우기 핸들**을 T23셀까지 드래그합니다.

=$E$2

수식 설명 =$E$2

이번 수식 결과로 모두 동일한 사번이 반환됩니다. 이번 예제에서는 평가 문항이 15개이므로 사번도 15번 입력되어야 합니다. 그래야만, 수식이나 엑셀 기능을 이용해 데이터를 집계할 때 설문지의 평가 문항을 누가 작성한 것인지 알 수 있기 때문입니다. 이런 방식이 비효율적으로 보일 수 있지만 오히려 효율적인 집계 작업을 위한 것입니다. 설문지의 결과를 정리하는 방식에 익숙해지면 이번 과정을 이해할 수 있을 것입니다.

06

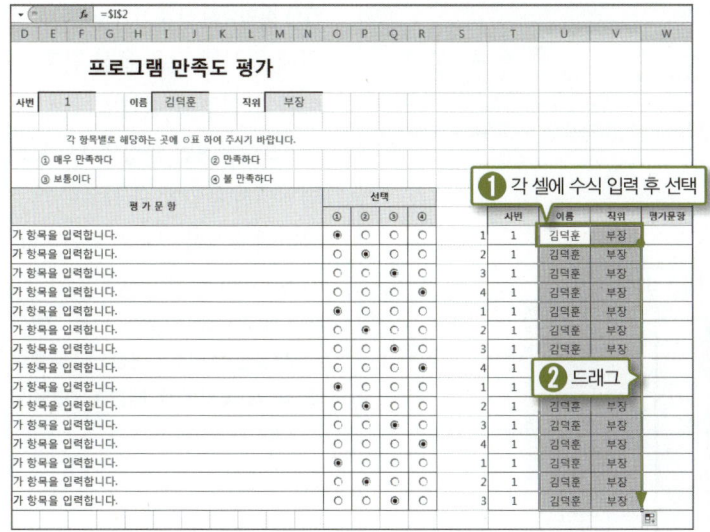

① 다음 각 셀에 수식을 입력한 후 **U9:V9** 범위를 선택

② **V9**셀의 **채우기 핸들**을 **V23**셀까지 드래그합니다.

`U9 : =$I$2`
`V9 : =$M$2`

TIP ... 이름과 직위 표시

설문 결과를 반환하는 표에 이름과 직위는 들어가지 않아도 됩니다. 설문 결과를 집계하거나 분석할 때 사번만 있으면 [직원] 엑셀 표에서 나머지 값을 참조해 올 수 있기 때문입니다. 하지만 이번 예제에서는 별도로 참조할 일이 없기 때문에 과정을 보여주기 위해 임의로 이름과 직위 항목을 참조했습니다.

07

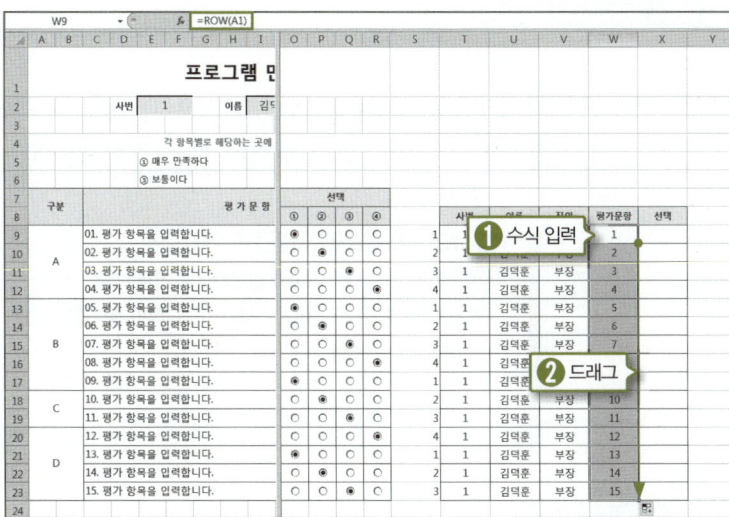

07 이번에는 평가문항 열의 번호를 입력합니다. 순서대로 1, 2, 3, …과 같은 일련번호가 반환되면 됩니다.

① **W9**셀을 선택하고, 다음 수식을 입력

② **W9**셀의 **채우기 핸들**을 **W23**셀까지 드래그합니다.

`=ROW(A1)`

08

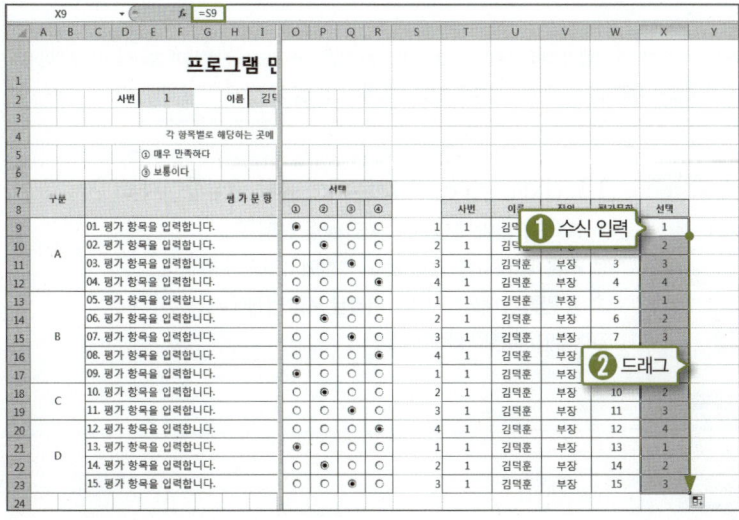

08 마지막으로 설문지 평가 문항별 선택 값을 X열로 참조해 옵니다.

① **X9**셀을 선택하고, 다음 수식을 입력

② **X9**셀의 **채우기 핸들**을 **X23**셀까지 드래그합니다.

`=S9`

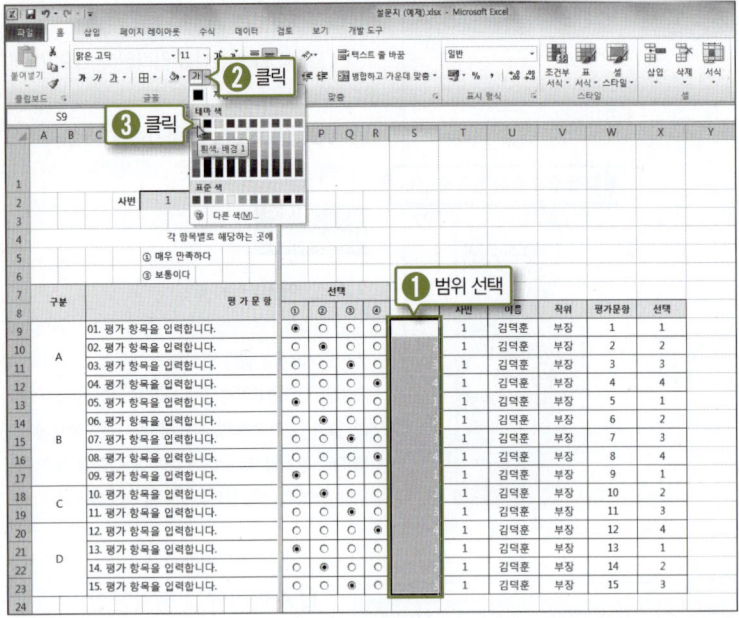

09 불필요한 값 숨기기 S9:S23 범위에 표시된 값은 옵션 단추 컨트롤과 연결된 결과입니다. 이제 그 값을 8번 과정의 X9:X23 범위에서 확인할 수 있으니 더는 화면에 표시할 필요가 없습니다.

① S9:S23 범위를 선택
② 리본 메뉴의 [홈] 탭 – [글꼴] 그룹에서 **글꼴 색** 단추의 **옵션** 단추를 클릭
③ 색상표에서 **흰색, 배경 1**을 클릭합니다.

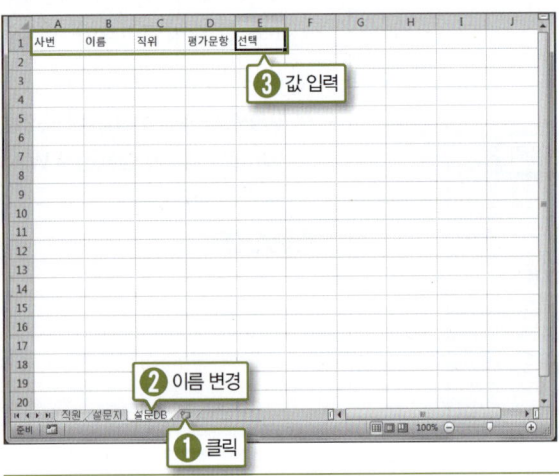

10 설문 데이터베이스 만들기 설문지는 한두 개가 아니므로 모든 설문지의 변환 테이블을 한 곳에 모아야 합니다.

① **워크시트 삽입** 단추 를 클릭
② 추가된 워크시트 이름을 **설문DB**로 변경
③ A1:E1 범위에 순서대로 **사번, 이름, 직위, 평가문항, 선택** 머리글을 입력합니다.

> **TIP ... 변환 표의 데이터를 한 곳에 취합하기**
> 변환 표의 데이터를 한 곳에 합치는 작업은 수식으로 처리하기가 어렵기 때문에 복사한 후 붙여 넣는 작업을 반복해서 진행해야 합니다. 이 작업이 불편하기는 하지만 설문지 데이터를 취합하기 위해 꼭 필요한 작업이므로 설명한대로 데이터를 취합하는 방식을 잘 기억해 두길 바랍니다.

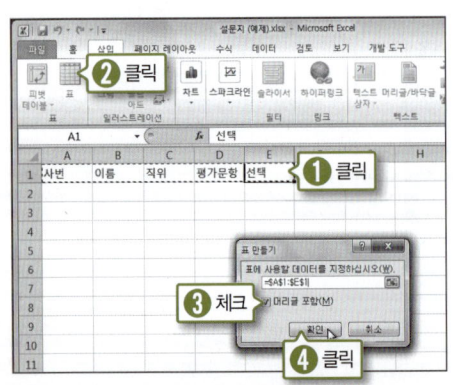

11 입력된 머리글을 갖는 엑셀 표를 생성합니다.

① A1:E1 범위 내 임의의 셀(E1셀)을 선택
② 리본 메뉴의 [삽입] 탭 – [표] 그룹에서 **표** 단추를 클릭
③ 표 만들기 대화상자에서 **머리글 포함** 옵션에 체크
④ 〈확인〉 버튼을 클릭합니다.

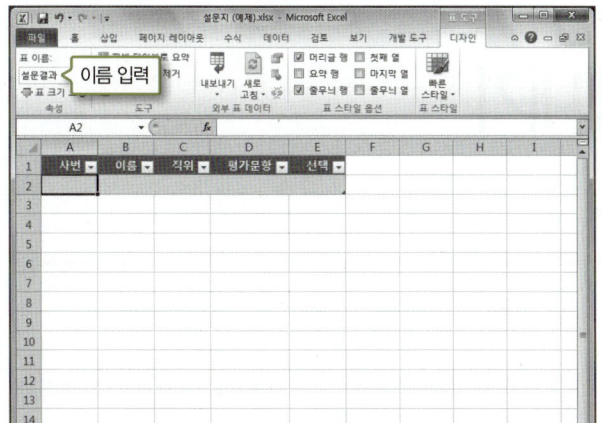

12

엑셀 표로 변환 후 리본 메뉴의 [디자인] 탭 – [속성] 그룹에서 **표 이름** 입력란을 다음과 같이 수정합니다.

설문결과

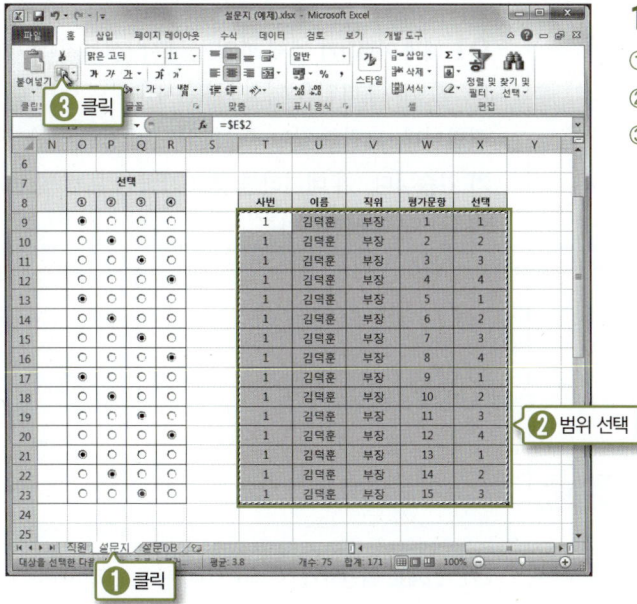

13

① [설문지] 시트 탭을 클릭
② **T9:X23** 범위를 선택
③ 리본 메뉴의 [홈] 탭 – [클립보드] 그룹에서 **복사** 단추를 클릭해 복사합니다.

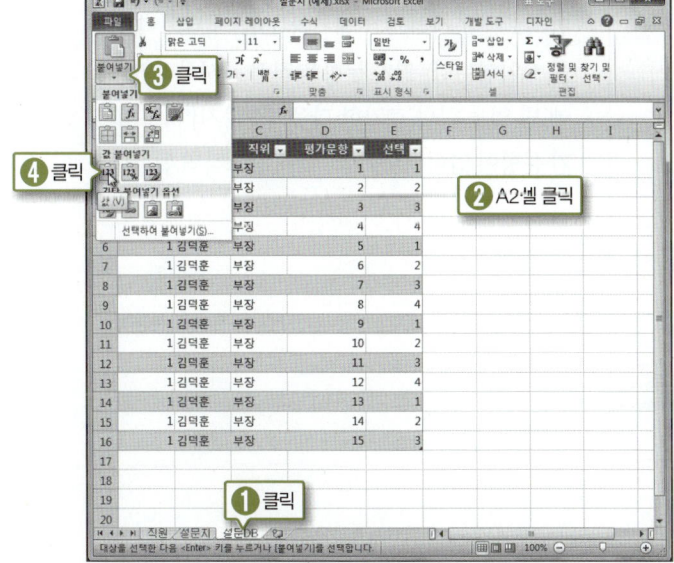

14

① [설문DB] 시트 탭을 클릭
② A2셀을 선택
③ 리본 메뉴의 [홈] 탭 – [클립보드] 그룹에서 **붙여넣기** 단추의 **옵션** 단추를 클릭
④ 값 붙여넣기 목록에서 **값** 명령을 클릭해 값만 붙여 넣습니다.

[설문지] 시트의 표는 수식을 이용해 다른 위치의 값을 참조해 완성했습니다. 그러므로 값만 붙여 넣어야만 원하는 데이터가 나타납니다.

TIP ... 추가 설문 데이터 붙여 넣기
추가로 조사한 설문 데이터가 존재하면 13번 과정과 같이 복사한 후, A17셀을 선택해 붙여 넣는 작업을 진행합니다. 엑셀 표이므로 자동으로 범위가 확장됩니다.

Section 03 설문지 DB 만들기 • 519

Section 04 설문지 통계내기

▶ 원형 차트   ▶ 스핀 단추 컨트롤

설문 조사 결과를 [설문DB] 시트에 모두 모았다면, 설문 조사 결과를 간략하게 정리합니다. 여기서는 항목별 선택 건수를 구하고, 이를 원형 차트로 표시해 보겠습니다.

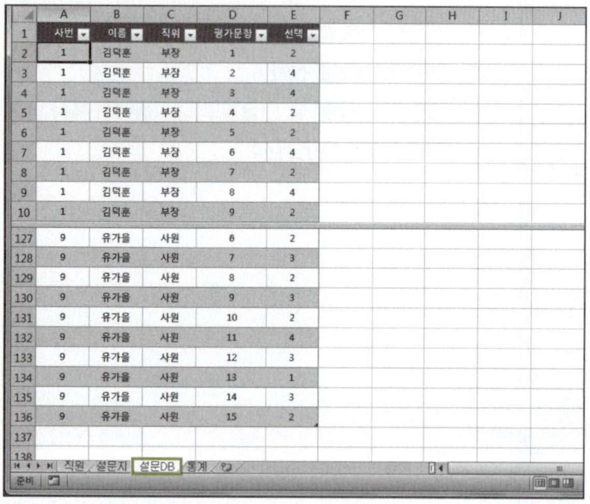

01 예제 이해하기 예제 파일 중에서 [설문지 통계(예제).xlsx] 파일을 열고 [설문DB] 시트 탭을 클릭합니다. 그림과 같이 총 9명의 설문 결과 데이터가 있습니다. 이 데이터를 갖고 간략한 통계 및 결과 차트를 구현합니다.

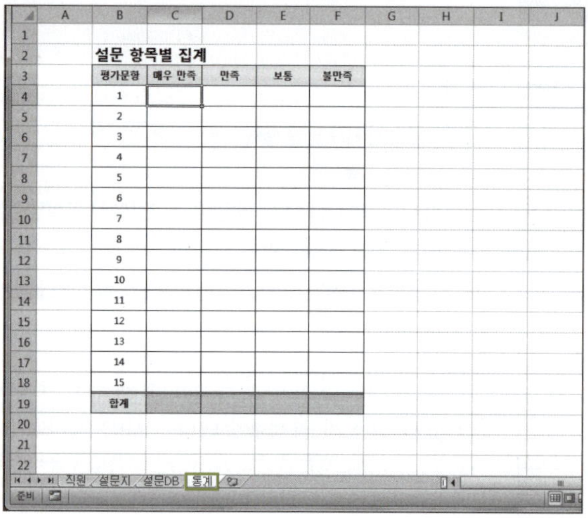

02 집계표 확인하기 [통계] 시트 탭를 클릭하면 그림과 같은 표를 확인할 수 있습니다. 평가 문항별 만족도를 조사하기 위해 [설문DB] 시트의 데이터를 요약합니다. 평가 문항을 직접 표시하려면 C열에 빈 열을 하나 추가한 다음, [설문지] 시트의 평가 문항이 입력된 C9셀의 값을 참조하면 됩니다.

520 • Project 10 설문지

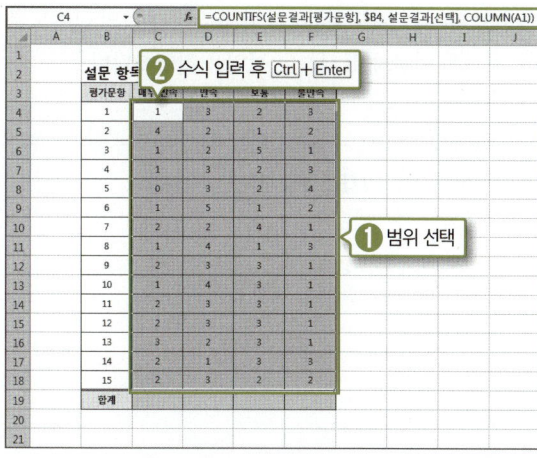

03 평가 문항별 건수 집계하기 [설문DB] 시트의 표는 [설문결과] 엑셀 표로 변환한 상태입니다. 문항별 선택 개수를 집계하겠습니다.

① C4:F18 범위를 선택
② 다음 수식을 작성한 후 Ctrl + Enter 키를 눌러 입력합니다.

=COUNTIFS(설문결과[평가문항], $B4, 설문결과[선택], COLUMN(A1))

수식 설명 =COUNTIFS(설문결과[평가문항], $B4, 설문결과[선택], COLUMN(A1))

COUNTIFS 함수는 다중 조건(2개 이상의 조건)의 건수를 구할 때 사용하는 함수입니다. 이번 수식의 조건은 다음과 같습니다.

- 설문결과[평가문항] = $B4

  [설문결과] 엑셀 표에서 평가문항 열의 값이 B4셀의 값과 동일해야 합니다. B4셀을 참조할 때 $B4와 같이 열 주소만 고정했으므로 D, E, F열 쪽으로 수식을 복사할 때는 셀 주소가 바뀌지 않지만, C5, C6, C7,… 과 같이 행 쪽으로 복사할 때는 셀 주소가 변경됩니다.

- 설문결과[선택] = COLUMN(A1)

  [설문결과] 엑셀 표에서 선택 열에는 몇 번 항목(❶,❷,❸,❹)을 선택했는지 숫자 값이 입력되어 있습니다. 이 값은 1,2,3,4와 같이 입력되어 있으므로 수식을 열 방향으로 복사할 때 1,2,3,4와 같은 일련번호가 반환되도록 COLUMN 함수를 사용했습니다.

C4:F18 범위를 선택하고 수식을 입력한 것은 C4셀에서 수식을 입력한 후 수식을 복사할 때 엑셀 표의 구조적 참조 위치가 변경되기 때문입니다. 잘 이해가 되지 않는다면 C4셀에 이번 수식을 입력하고 채우기 핸들을 드래그해 수식을 복사해 보기 바랍니다.

04 만족도별 건수 합계를 구합니다.
① C19셀을 선택하고, 다음 수식을 입력
② C19셀의 채우기 핸들을 F19셀까지 드래그해 수식을 복사합니다.

=SUM(C4:C18)

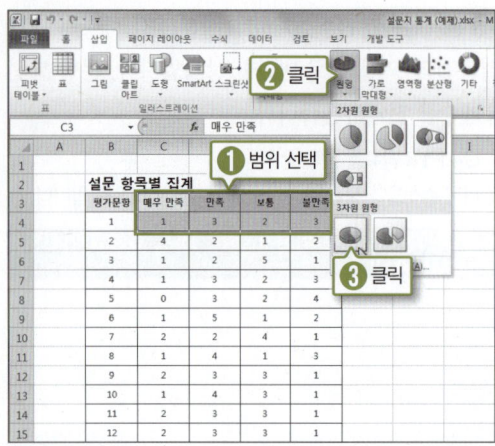

05 원형 차트로 만족도 표시하기 이제 집계된 표의 만족도를 원형 차트를 사용해 표시하는 작업을 진행합니다.

① **C3:F4** 범위를 선택
② 리본 메뉴의 [삽입] 탭 – [차트] 그룹에서 **원형** 단추를 클릭
③ 3차원 원형 그룹의 **3차원 원형** 차트를 클릭합니다.

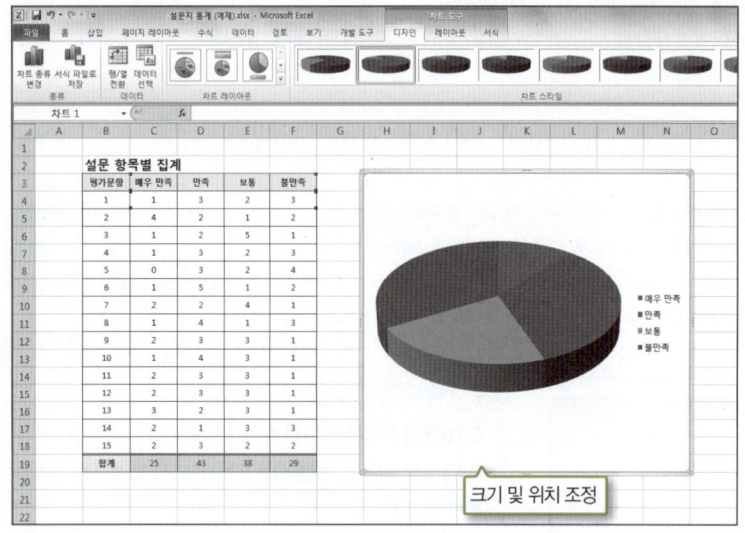

06
생성된 차트를 그림과 같이 **H3:N19** 범위에 맞게 크기와 위치를 조절합니다.

크기를 조절할 때는 Alt 키를 누른 상태에서 드래그합니다.

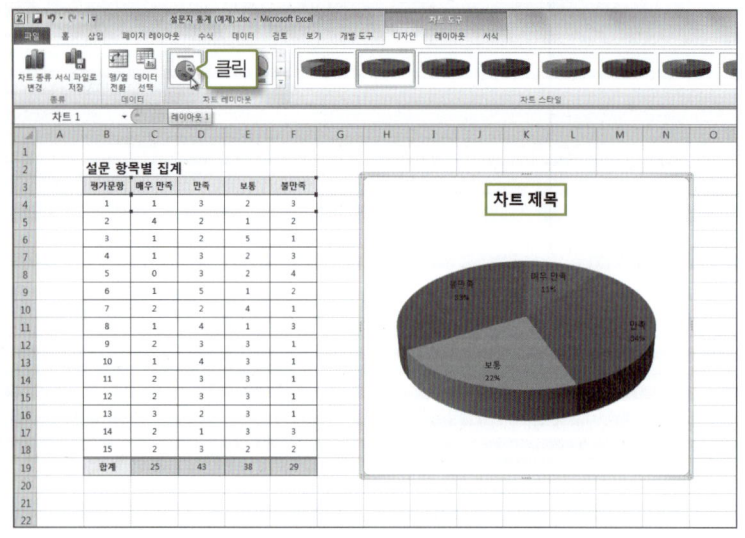

07 차트 구성을 빠르게 변경하겠습니다.

차트가 선택된 상태에서 리본 메뉴의 [디자인] 탭 – [차트 레이아웃] 그룹에서 **빠른 갤러리**에 있는 **레이아웃 1**을 클릭해 적용합니다.

차트 위쪽에 제목이 표시되며, 원형 조각별로 항목명과 비율이 표시됩니다.

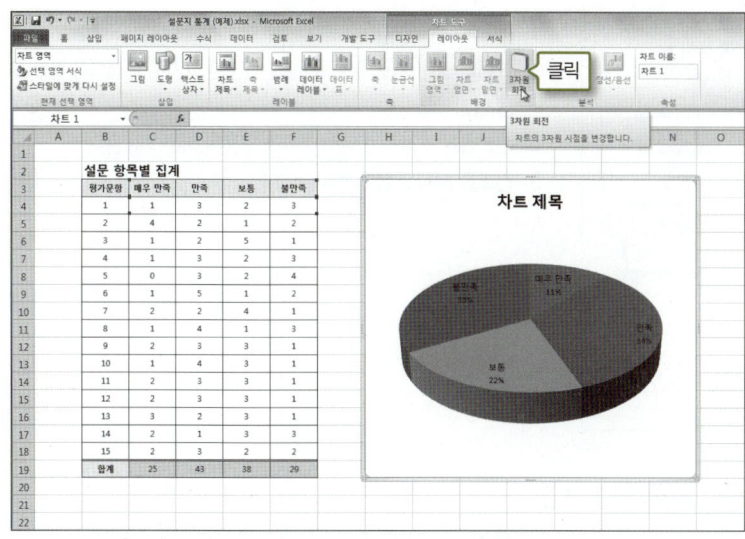

08 3차원 원형 차트는 원 그래프가 너무 누워 있어 보기에 불편합니다. 좀 더 2차원 차트처럼 평면에 가깝게 표시하는 작업을 진행합니다.

차트가 선택된 상태에서 리본 메뉴의 [레이아웃] 탭 – [배경] 그룹에서 **3차원 회전** 단추를 클릭합니다.

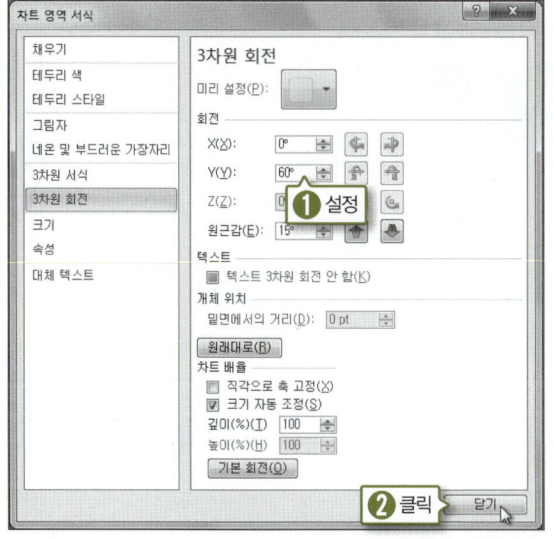

09
① 차트 영역 서식 대화상자가 표시되면 회전 항목에서 Y 옵션 값을 **60**으로 설정
② 〈닫기〉 버튼을 클릭합니다.

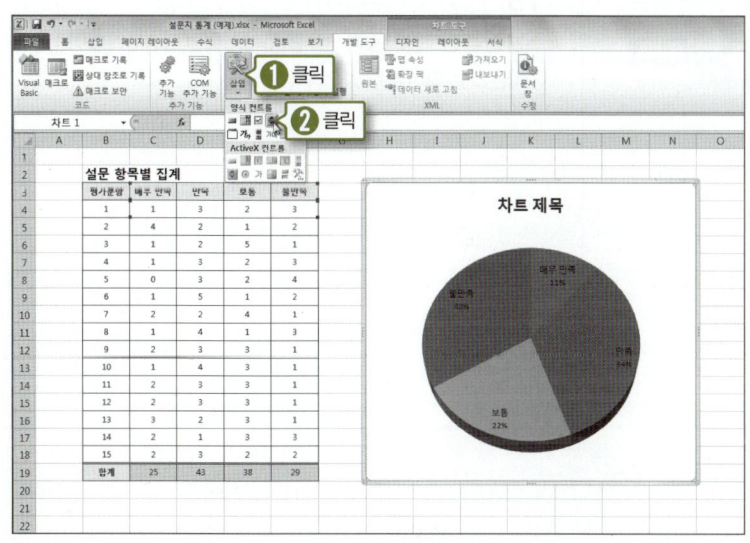

10 이제, 스핀 단추 컨트롤을 차트에 추가해 평가 문항별 만족도를 선택하도록 작업합니다.
① 리본 메뉴의 [개발 도구] 탭 – [컨트롤] 그룹에서 **삽입** 단추를 클릭
② 양식 컨트롤 그룹에서 **스핀 단추 컨트롤**을 클릭합니다.

Section 04 설문지 통계내기 • **523**

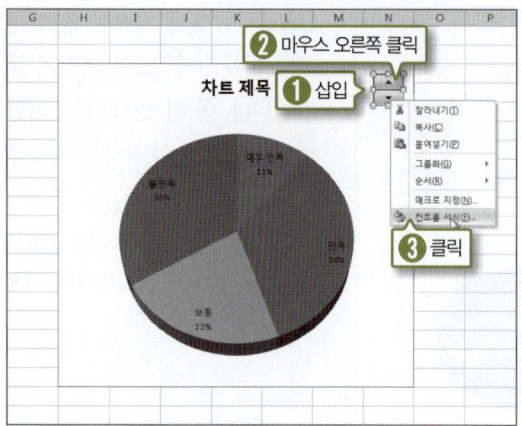

11

① 그림과 같이 차트 오른쪽 위에 적당한 크기로 드래그해 컨트롤을 삽입
② 컨트롤을 조작하기 위해 마우스 오른쪽 버튼으로 클릭
③ **컨트롤 서식** 명령을 클릭합니다.

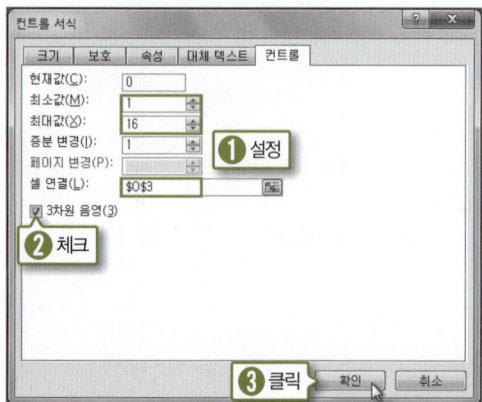

12

① 컨트롤 서식 대화상자가 표시되면 다음 옵션 항목을 설정
② **3차원 음영**에 체크
③ 〈확인〉 버튼을 클릭합니다.

> 최소값 : 1
> 최대값 : 16
> 셀 연결 : $O$3

TIP ... 컨트롤 서식 설정 이해하기

이번 컨트롤은 평가 문항 1~15번 항목의 만족도와 C19:F19 범위의 전체 집계 결과 중에서 표시할 값을 선택할 때 사용합니다. 그러므로 스핀 단추 컨트롤로 조정할 값은 모두 1~16까지의 숫자이며, 이것을 최소, 최대값으로 설정합니다. 그리고 스핀 단추 컨트롤을 조정할 때의 값은 차트 바로 오른쪽인 O3셀에 나타나도록 합니다.

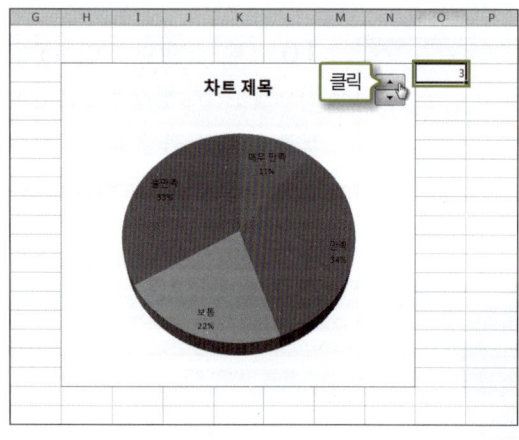

13

스핀 단추 컨트롤의 **증가** 단추를 클릭해 보면, O3셀의 값이 1씩 증가하는 것을 확인할 수 있습니다.

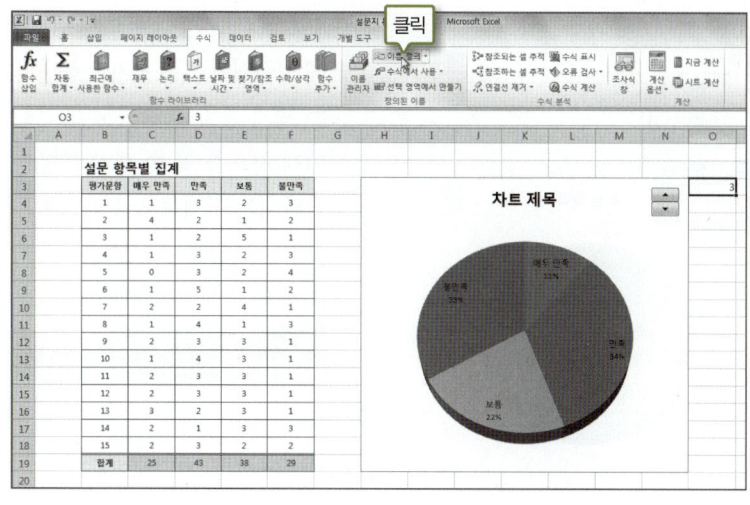

14 O3셀에 반환된 값을 이용해 차트의 원본 범위를 조정합니다. 먼저 참조할 대상 범위를 이름으로 정의합니다.

리본 메뉴의 [수식] 탭 – [정의된 이름] 그룹에서 **이름 정의** 단추를 클릭합니다.

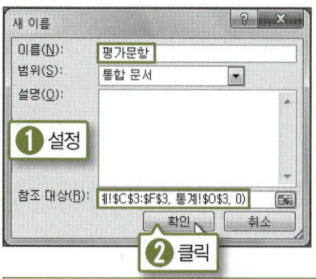

15
① 새 이름 대화상자가 표시되면 다음과 같이 이름을 정의
② 〈확인〉 버튼을 클릭합니다.

> 이름 : 평가문항
> 참조 대상 : =OFFSET(통계!$C$3:$F$3, 통계!$O$3, 0)

TIP ... 정의된 이름 이해하기

스핀 단추 컨트롤로 차트를 조정하려면 스핀 단추 컨트롤과 연결된 O3셀의 결과에 따라 차트의 대상 범위가 변경되면 됩니다. 차트는 C3:F4 범위를 선택해 만들었는데, 원형 그래프에 표시되는 부분은 C4:F4 범위입니다. 그러므로 이 범위가 변경되도록 OFFSET 함수를 사용한 것입니다. OFFSET 함수의 구성은 다음과 같습니다.

- 기준 위치 : 통계!$C$3:$F$3
- 행 방향으로 이동할 셀 개수 : 통계!$O$3
- 열 방향으로 이동할 셀 개수 : 0

즉, 이번에 정의한 이름은 [통계] 시트의 C3:F3 범위에서 O3셀의 결과에 따라 C3:F3 범위가 행 방향으로 이동하라는 의미입니다. 이렇게 정의된 이름을 차트의 원본 범위로 지정해 차트가 스핀 단추 컨트롤에 의해 변경되도록 합니다.

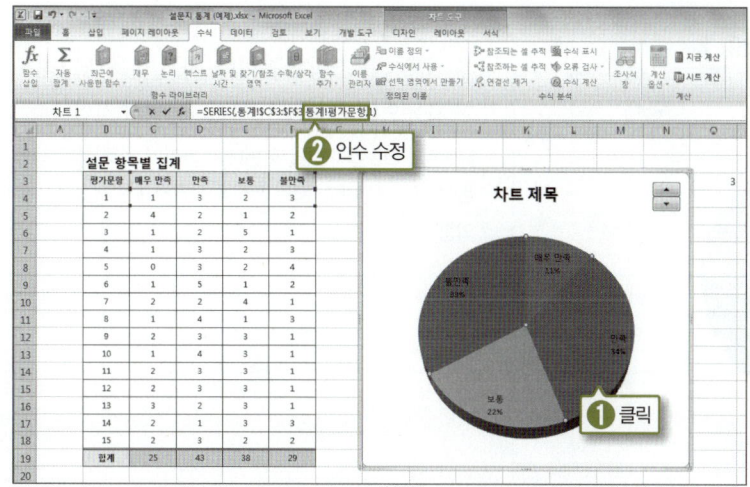

16 정의된 이름을 차트에 반영하는 작업을 진행합니다.
① 차트에서 원 그래프를 선택
② **수식 입력줄**에서 SERIES 함수의 3번째 인수를 다음과 같이 수정하고 Enter 키를 누릅니다.

> 통계!평가문항

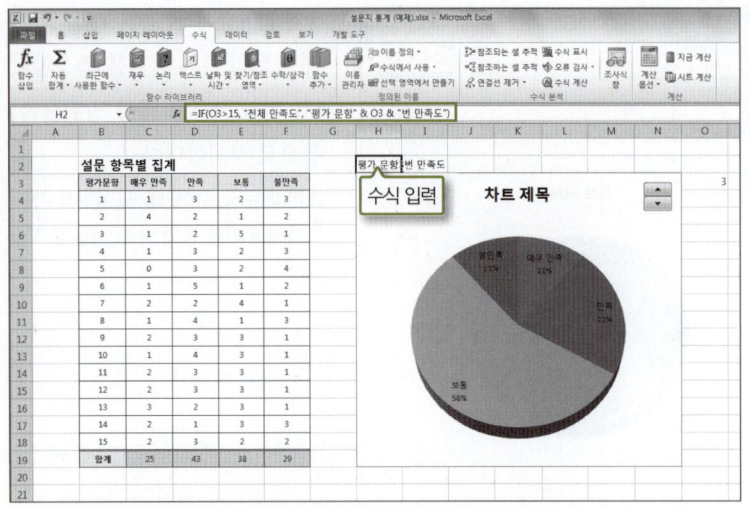

17 차트의 대상 범위는 O3셀에 입력되어 있는 숫자에 해당하는 평가 문항의 만족도입니다. 이제 차트가 몇 번 평가 문항을 나타내는지 제목으로 표시하는 작업을 진행합니다.

H2셀에 다음 수식을 입력합니다.

=IF(O3>15, "전체 만족도", "평가 문항 " & O3 & "번 만족도")

수식 설명 =IF(O3>15, "전체 만족도", "평가 문항 " & O3 & "번 만족도")
이번 수식은 스핀 단추 컨트롤과 연결된 O3셀의 값이 15를 초과하는지 여부에 따라 서로 다른 문자열을 화면에 표시하는 역할을 합니다. 15를 초과하면 O3셀의 값이 16이라는 것이므로, "전체 만족도" 문자열을 H2셀에 표시하며, 그렇지 않으면 "평가 문항 "과 "번 만족도" 사이에 O3셀 값을 표시해 몇 번째 평가 문항의 만족도인지 표시합니다.

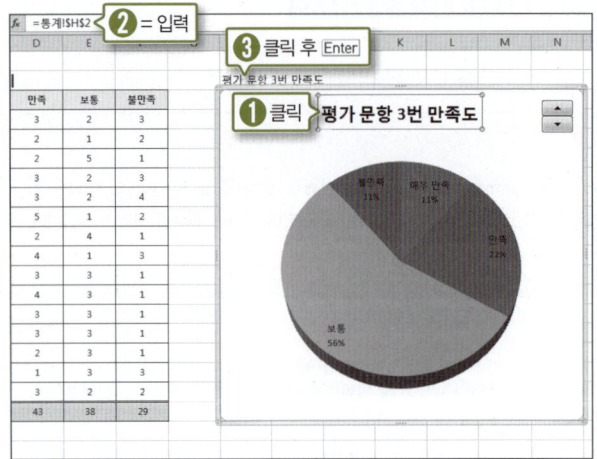

18 차트 제목에 H2셀의 결과를 표시합니다.
① **차트 제목**을 선택
② **수식 입력줄**에 등호(=)를 입력
③ **H2**셀을 선택하고, Enter 키를 누릅니다.

차트 제목에 수식의 결과로 H2셀의 값이 표시됩니다.

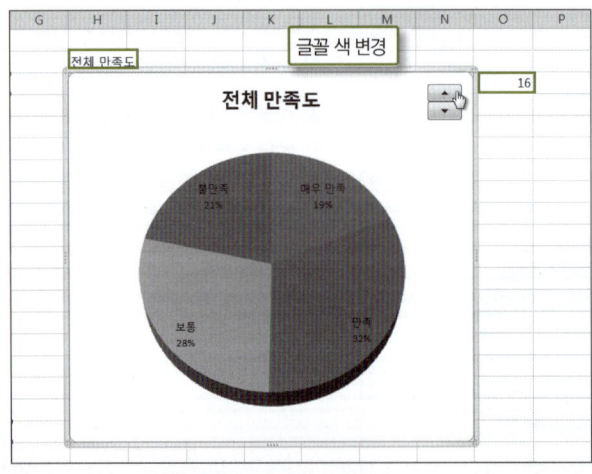

19 제대로 작동하는지 확인하기 위해 스핀 단추 컨트롤을 조정해 봅니다. 차트 제목과 그래프가 자동으로 변경되면 제대로 설정한 것입니다.

H2셀과 **O3**셀의 값을 화면에서 가리기 위해 글꼴 색을 **흰색**으로 변경하고, 차트 서식을 적당하게 변경하여 마무리합니다.

부록

부록 1. TEXT 함수의 서식 코드

부록 2. 차트의 각 부분 명칭

부록 3. 한글 자음에 할당된 특수 문자표

부록 1 TEXT 함수의 서식 코드

TEXT 함수에서 사용하는 서식 코드는 다양한 숫자, 날짜, 시간 값을 원하는 형식으로 변환하는 데 사용하며, 셀 서식 대화상자에서 사용하는 숫자 서식 코드와 동일합니다.

숫자와 통화

서식 코드	설명	예제
0	일반 숫자 표시	1234
0.00	소수점 2자리까지 표시	1234.00
₩0	통화 표시	₩1234
#,##0	천 단위 구분기호 표시	1,234
#,	원 단위 수를 천 단위 수로 변환 표시	1234000 → 1234
#,##0,	위와 동일, 천 단위 구분 기호를 추가로 표시	1234000 → 1,234
#,,	원 단위 수를 백만 단위 수로 변환 표시	1234000000 → 1234
#,##0,,	위와 동일, 천 단위 구분 기호를 추가로 표시	1234000000 → 1,234
[DBNUM1]	숫자를 한자로 표시	1234 → 一千二百三十四
[DBNUM2]	숫자를 금액(한자)으로 표시	1234 → 壹阡貳百參拾四
[DBNUM3]	단위는 한자, 금액은 숫자로 표시	1234 → 千2百3十4
[DBNUM4]	숫자를 한글로 표시	1234 → 일천이백삼십사

분수

서식 코드	설명	예제
#?/?	소수점 자리를 한 자릿수 분모로 표시	10.12 → 10 1/8
#?/??	소수점 자리를 두 자릿수 분모로 표시	10.12 → 10 3/25
#?/4	분모를 4로 표시	10.12 → 10
#?/16	분모를 16으로 표시	10.12 → 10 2/16
#?/100	분모를 100으로 표시	10.12 → 10 12/100

날짜와 시간

서식 코드	설명	예제 2009-01-01 23:38:41
yy	년(00–99)	09
yyyy	년(1900–9999)	2009
m	월(1–12)	1

mm	월(01-12)	01
mmm	월(Jan-Dec)	Jan
mmmm	월(January-December)	January
mmmmm	월(J-D)	J
d	일(1-31)	1
dd	일(01-31)	01
ddd	일(Sun-Sat)	Thu
dddd	일(Sunday-Saturday)	Thursday
aaa	일(일-토)	목
aaaa	일(일요일-토요일)	목요일
h	시(0-23)	23
hh	시(00-23)	23
m	분(0-59)	38
mm	분(00-59)	38
s	초(0-59)	41
ss	초(00-59)	41
AM/PM	12시간제 표시	PM
[ ]	시, 분, 초의 표시 제한 없앰 [h]는 시 제한(0-23) 초과 표시 가능 [m]는 분 제한(0-59)을 초과 표시 가능 [s]는 초 제한(0-59)을 초과 표시 가능	
hh:mm:ss.000	1/000 초 표시	

백분율

서식 코드	설명	예제
0%	숫자를 백분율로 표시	0.1 → 10%

위에서 설명한 서식 코드는 셀 서식과 TEXT 함수의 서식 코드 인수에 공통적으로 적용될 수 있는 서식 코드입니다. 셀 서식에는 위 서식 코드 외에도 별도로 사용할 수 있는 서식 코드가 존재하는데, 해당 코드는 텍스트 값을 입력한 셀에 적용할 수 있는 서식 코드입니다.

텍스트

서식 코드	설명	예제
@	원문	
"■"@	원문 앞에 "■"와 같은 글 머리글을 표시	
*	뒤에 따라오는 문자를 셀 크기만큼 반복 표시	

부록 2 차트의 각 부분 명칭

차트는 몇 개의 개별 요소의 집합으로 이루어져 있습니다. 책에서 차트 관련 내용을 실습하면서 설명하는 내용이 어떤 것인지 정확하게 이해하기 위해서는 각 요소를 지칭하는 용어에 익숙해져야 합니다.

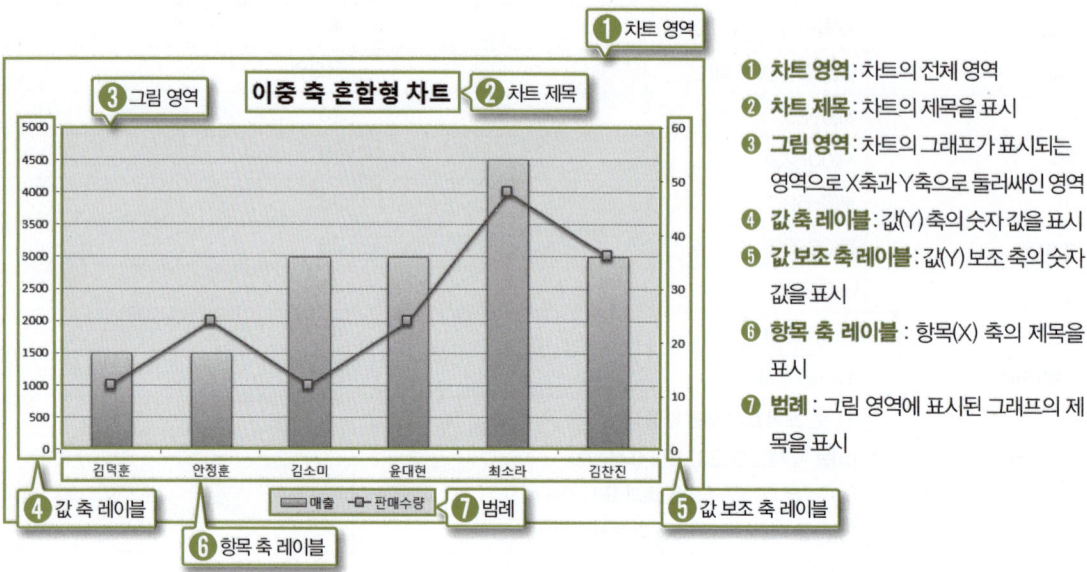

❶ **차트 영역**: 차트의 전체 영역
❷ **차트 제목**: 차트의 제목을 표시
❸ **그림 영역**: 차트의 그래프가 표시되는 영역으로 X축과 Y축으로 둘러싸인 영역
❹ **값 축 레이블**: 값(Y)축의 숫자 값을 표시
❺ **값 보조 축 레이블**: 값(Y) 보조 축의 숫자 값을 표시
❻ **항목 축 레이블**: 항목(X) 축의 제목을 표시
❼ **범례**: 그림 영역에 표시된 그래프의 제목을 표시

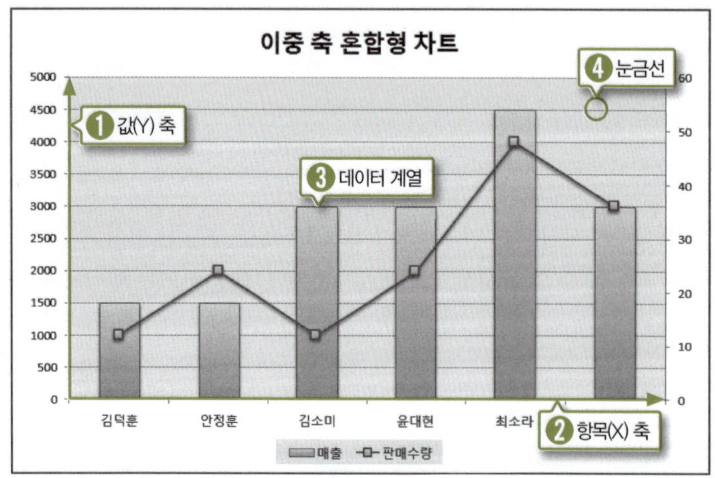

❶ **값(Y) 축**: 차트의 숫자 값을 표시하는 축으로 Y축이라고도 합니다. Y축은 그림 영역 왼쪽과 오른쪽에 각각 표시할 수 있으며, 계열은 두 축 중 하나를 선택할 수 있습니다. 왼쪽이 기본 축, 오른쪽을 보조 축이라고 합니다.
❷ **항목(X) 축**: 차트의 항목을 표시하는 축으로 X축이라고도 합니다. X축은 그림 영역 아래 쪽과 위쪽에 각각 표시할 수 있습니다. 아래 쪽에 표시되는 축을 기본 축, 위에 표시되는 축을 보조 축이라고 합니다.
❸ **데이터 계열(또는 계열)**: 데이터 계열(계열)은 막대 그래프 또는 꺾은선형 그래프와 같이 차트에 시각적으로 표시되는 부분입니다.
❹ **눈금선**: 축의 눈금을 길게 이어주는 선을 의미합니다.

부록 3 한글 자음에 할당된 특수 문자표

다음은 각 한글 자음을 입력한 뒤에 [한자]키를 누르면 볼 수 있는 특수 문자 목록입니다.

[ㄱ : 문장 부호]

1		^	…	~	¿
2	!		¨	ˇ	:
3	'	ˉ		˝	
4	,	∣	̣	˚	
5	.		˙	ˆ	
6	/	、	∥	˓	
7	:	˚		˘	
8	;	˛	˜		
9	?			¡	«

[ㄲ : 라틴어]

1	Æ	Ŧ	ǀ	
2	Đ	Ŋ	ł	
3	Ħ	æ	ø	
4	IJ	đ	œ	
5	Ŀ	ð	ß	
6	Ł	ħ	þ	
7	Ø	ı		
8	Œ	ij	ŋ	
9	Þ	ĸ	ŉ	«

[ㄴ : 괄호]

1	"	"	」
2	(	『	『
3	)	〔	』
4	[	〕	【
5	]	〈	】
6	{	〉	
7	}	《	
8		》	
9		「	«

[ㄷ : 수학 기호]

1	+	≤	∂	∵	∪	∅
2	−	≥	∇	∫	∩	∑
3	<	∞	≡	∬	∧	∏
4	=	∴	≒	∈	∨	
5	>	♂	≪	∋	¬	
6	±	♀	≫	⊆	⇒	
7	×	∠	√	⊇	⇔	
8	÷	⊥	∽	⊂	∀	
9	≠		∝	⊃	∃	«

[ㄸ : 일본어]

1	ぁ	お	こ	ぜ	づ	の	ぷ	む	ら	を
2	あ	か	ご	そ	て	は	ぺ	め	り	ん
3	ぃ	が	さ	ぞ	で	ば	べ	も	る	
4	い	き	ざ	た	と	ぱ	ほ	ゃ	れ	
5	ぅ	ぎ	し	だ	ど	ひ	ぼ	や	ろ	
6	う	く	じ	ち	な	び	ぽ	ゅ	ゎ	
7	え	ぐ	す	ぢ	に	ぴ	ま	ゆ	わ	
8	ぇ	け	ず	っ	ぬ	ふ	み	ょ	ゐ	
9	お	げ	せ	つ	ね	ぶ	み	よ	ゑ	«

[ㄹ : 단위]

1	$	£	ℓ	µm	µg	ps	MV	mW	kΩ	rad/s	Bq
2	%	¥	kℓ	mm	mg	ns	pA	kW	MΩ	sr	Gy
3	₩	¤	cc	cm	kg	µs	nA	MW	pF	Pa	Sv
4	F	°F	mm³	km	kt	ms	µA	Hz	nF	kPa	C/㎏
5	″	‰	cm³	mm²	cal	pV	mA	kHz	µF	MPa	
6	′	€	m³	cm²	kcal	nV	kA	MHz	mol	GPa	
7	℃	µℓ	km³	m²	dB	µV	pW	GHz	cd	Wb	
8	Å	mℓ	fm	km²	m/s	mV	nW	THz	rad	lm	
9	¢	dℓ	nm	ha	m/s²	kV	µW	Ω	rad/s²	lx	«

[ㅁ : 그림 문자]

1	#	●	▼	▷	◆	▦	‡	♪	®
2	&	◎	→	▶	■	⊠	↕	☏	a
3	*	◇	←	♤	◐	♨	↗	☞	º
4	@	◆	↑	♠	◑	☏	↙	№	⊕
5	§	□	↓	♡	▤	☎	↖	㏇	
6	※	■	↔	♥	▥	☜	↘	™	
7	☆	△	=	♧	▦	☞	♭	a.m.	
8	★	▲	◁	♣	▨	☝	♩	p.m.	
9	○	▽	◀	⊙	▧	†	♪	TEL	«

[ㅂ : 연결선]

1	─	┴	┬	├	┘	┴	┼
2	│	┼	┤	┬	└	┴	┼
3	┌	─	┴	┤	┌	┼	┼
4	┐	│	┼	┼	┬	┼	┼
5	┘	│	├	┼	┴	┼	┼
6	└	┘	┬	┐	┬	┼	
7	├	┘	┬	┐	┬	┼	
8	┬	└	┤	┤	├	┼	
9	┤	├	┼	┘	┴	┼	«

[ㅃ : 일본어]

1	ァ	オ	コ	ゼ	ツ	ノ	ブ	ム	ラ	ヲ
2	ア	カ	ゴ	ソ	テ	ハ	ヘ	メ	リ	ン
3	ィ	ガ	サ	ゾ	デ	バ	ベ	モ	ル	ヴ
4	イ	キ	ザ	タ	ト	パ	ペ	ャ	レ	ヵ
5	ゥ	ギ	シ	ダ	ド	ヒ	ホ	ヤ	ロ	ケ
6	ウ	ク	ジ	チ	ナ	ビ	ボ	ュ	ヮ	
7	ェ	グ	ス	ヂ	ニ	ピ	ポ	ユ	ワ	
8	エ	ケ	ズ	ッ	ヌ	フ	マ	ョ	ヰ	
9	ォ	ゲ	セ	ツ	ネ	ブ	ミ	ヨ	ヱ	«

[ㅅ : 한글 자음의 원, 괄호 문자]

1	㉠	㉨	㉰	㉴	㈊	㈎	㈜
2	㉡	㉩	㉱	㈀	㈋	㈏	㈝
3	㉢	㉪	㉲	㈁	㈌	㈐	
4	㉣	㉫	㉳	㈂	㈍	㈑	
5	㉤	㉬	㉵	㈃	㈎	㈒	
6	㉥	㉭	㉶	㈄	㈏	㈓	
7	㉦	㉮	㉷	㈅	㈐	㈔	
8	㉧	㉯	㉸	㈆	㈑	㈕	
9	㉨	㉰	㉹	㈇	㈒		«

[ㅆ : 러시아 알파벳]

1	А	И	С	Ъ	г	л	ф	э
2	Б	Й	Т	Ы	д	м	х	ю
3	В	К	У	Ь	е	н	ц	я
4	Г	Л	Ф	Э	ё	о	ч	
5	Д	М	Х	Ю	ж	п	ш	
6	Е	Н	Ц	Я	з	р	щ	
7	Ё	О	Ч	а	и	с	ъ	
8	Ж	П	Ш	б	й	т	ы	
9	З	Р	Щ	в	к	у	ь	«

[ㅇ : 알파벳과 숫자의 원, 괄호문자]

1	ⓐ	ⓙ	ⓢ	②	⑪	(e)	(n)	(w)	(6)	⒂
2	ⓑ	ⓚ	ⓣ	③	⑫	(f)	(o)	(x)	(7)	
3	ⓒ	ⓛ	ⓤ	④	⑬	(g)	(p)	(y)	(8)	
4	ⓓ	ⓜ	ⓥ	⑤	⑭	(h)	(q)	(z)	(9)	
5	ⓔ	ⓝ	ⓦ	⑥	⑮	(i)	(r)	(1)	⑽	
6	ⓕ	ⓞ	ⓧ	⑦	(a)	(j)	(s)	(2)	⑾	
7	ⓖ	ⓟ	ⓨ	⑧	(b)	(k)	(t)	(3)	⑿	
8	ⓗ	ⓠ	ⓩ	⑨	(c)	(l)	(u)	(4)	⒀	
9	ⓘ	ⓡ	①	⑩	(d)	(m)	(v)	(5)	⒁	«

[ㅈ : 숫자 문자]

1	0	9	ix	Ⅷ
2	1	i	x	Ⅸ
3	2	ii	Ⅰ	Ⅹ
4	3	iii	Ⅱ	
5	4	iv	Ⅲ	
6	5	v	Ⅳ	
7	6	vi	Ⅴ	
8	7	vii	Ⅵ	
9	8	viii	Ⅶ	«

[ㅊ : 분수와 첨자]

1	½	¹		
2	⅓	²		
3	⅔	³		
4	¼	⁴		
5	¾	ⁿ		
6	⅛	₁		
7	⅜	₂		
8	⅝	₃		
9	⅞	₄		«

[ㅋ : 한글]

1	ㄱ	ㄹㅌ	ㅃ	ㅌ	ㅕ	ㅖ
2	ㄲ	ㄹㅍ	ㅆ	ㅍ	ㅖ	ㅚ
3	ㄳ	ㄹㅎ	ㅅ	ㅎ	ㅗ	ㅠ
4	ㄴ	ㄹㅅ	ㅆ	ㅏ	ㅘ	ㅡ
5	ㄵ	ㄹㅌ	ㅇ	ㅐ	ㅙ	ㅢ
6	ㄶ	ㄹㅍ	ㅈ	ㅑ	ㅚ	ㅣ
7	ㄷ	ㄹㅎ	ㅉ	ㅒ	ㅛ	
8	ㄸ	ㅁ	ㅊ	ㅓ	ㅜ	
9	ㄹ	ㅂ	ㅋ	ㅔ	ㅝ	«

[ㅌ : 한글 옛 문자]

1	ㅥ	ㅳ	ㅶ	ㆀ	ㆉ
2	ㅦ	ㅴ	ㅸ	ㆁ	ㆊ
3	ㅧ	ㅵ	ㅹ	ㅿ	ㆋ
4	ㅨ	ㅶ	ㅺ	ㅿ	ㆌ
5	ㄾ	ㄵ	ㅻ	ㆄ	·
6	ㄿ	ㅽ	ㅼ	ㆅ	ㆎ
7	ㅀ	ㅽ	ㅽ	ㆆ	
8	ㅄ	ㅾ	ㅾ	ㆇ	
9	ㅀ	ㅿ	ㅿ	ㆈ	«

[ㅍ : 알파벳]

1	A	J	S	b	k	t
2	B	K	T	c	l	u
3	C	L	U	d	m	v
4	D	M	V	e	n	w
5	E	N	W	f	o	x
6	F	O	X	g	p	y
7	G	P	Y	h	q	z
8	H	Q	Z	i	r	
9	I	R	a	j	s	«

[ㅎ : 그리스 문자]

1	Α	Κ	Τ	δ	ν	χ
2	Β	Λ	Υ	ε	ξ	ψ
3	Γ	Μ	Φ	ζ	ο	ω
4	Δ	Ν	Χ	η	π	
5	Ε	Ξ	Ψ	θ	ρ	
6	Ζ	Ο	Ω	ι	σ	
7	Η	Π	α	κ	τ	
8	Θ	Ρ	β	λ	υ	
9	Ι	Σ	γ	μ	φ	«

찾아보기

ㄱ

가로 막대 차트 343
가로 막대형 342
같음 435
개발 도구 탭 246
거래 내역 324
건강보험료 451
견적서 060
계산된 열 271
고급 필터 328
고용보험료 451
구조적 참조 057, 244, 329, 442
국민연금 451
규칙 관리 398
그룹 상자 510
근로소득세 445
꺾은선형 284, 372

ㄴ

나눗셈 114
나이 504
날짜 132
날짜 일련번호 018
내림 226
누적 세로 막대형 차트 260

ㄷ

다른 장소에 복사 328
다중 조건 183
달력 301
데이터 관리 324
데이터 레이블 343
데이터 막대 308, 368
데이터 유효성 검사 315, 365
데이터 형식 015

ㄹ

레이블 인쇄 마법사 417

ㅁ

매크로 기록 346
매크로 연결 348
매크로 저장 위치 347
매크로 지정 349
매크로 함수 124
머리글/바닥글 216
목표값 찾기 060, 061

ㅂ

바꾸기 467
반기 160
반복 계산 134
반올림 226
발주 360
배수 226
배열 수식 034, 183
백스테이지 423, 470
범례 343
보안 경고 025
보조 축 262, 287
복사본 만들기 490
분기 161
비교 연산자 026
빠른 실행 497

ㅅ

사선 274
사용자 지정 서식 435
산술 연산자 026
삽입 325
상대참조 044

상자 5개 369
색조 280
선택하여 붙여넣기 458
성별 504
세로 막대형 312, 402
셀 강조 규칙 396
수식 014
수식 계산 050
수식 입력줄 038
순위 106
순환 참조 134
숨기기 117
스크롤 막대 275
스핀 단추 246, 295, 328, 387, 523
시간 132
시트 복사 489

ㅇ

아이콘 집합 280, 369
앰퍼샌드 083
엑셀 버전 213
엑셀 표 056, 241, 324, 354
여백 425
연결 169
연결 목록 220
연결 연산자 026
연산자 026
영역형 차트 252
오류 값 030
오류 검사 311
오름차순 정렬 333
올림 226
옵션 단추 510
와일드카드 문자 075
완만한 선 376

우편번호 410
워크시트명 214
원형 차트 522
윗주 문자 083
유효 기간 496
유효성 검사 220, 315, 479
이름 483
이름 관리자 449
이름 상자 053
이름 정의 053
인덱스 474

ㅈ
자동 고침 357
자동 필터 117, 230
장기요양보험료 452
재고 359
전자 메일 498
절대참조 044
조건부 서식 299, 360, 368, 389, 435
주민세 450
증감률 278
짝수 202

ㅊ
차트 제목 285, 344, 526
참조 022
참조 연산자 026
체크 문자 370
추가 기능 417

ㅋ
콤보 상자 339

ㅌ
틀 고정 442

ㅍ
파일 경로 214
파일명 215
페이지 구분선 423

페이지 설정 425
평균 100
표 스타일 242, 331
표시 형식 325

ㅎ
하이퍼링크 223
함수 014
함수 마법사 041
합계 095
행/열 바꿈 458
혼합참조 044
혼합형 차트 284
홀수 202

A
AGGREGATE 121
AND 067
AVERAGE 100
AVERAGEIF 100
AVERAGEIFS 100

C
CEILING 226
CELL 211
CHOOSE 070
COLUMN 185, 431
CONCATENATE 083, 455
COUNT 090
COUNTA 090, 481
COUNTBLANK 090
COUNTIF 090, 106, 257, 374, 401
COUNTIFS 090, 106, 521

D
DATE 140, 248, 297, 388
DATEDIF 150
DATEVALUE 136
DAVERAGE 195
DAY 140, 401
DCOUNT 190

DCOUNTA 190
DGET 198
DMAX 198
DMIN 198
DSUM 195

E
EDATE 141
EOMONTH 141
Excel 매크로 사용 통합 문서 124, 350

F
FIND 075, 412
FLOOR 226
FORECAST 129

G
GET.CELL 124
GET.DOCUMENT 216

H
HLOOKUP 175
HOUR 147, 157, 163
HYPERLINK 223

I
IF 064, 248
IFERROR 064, 279, 283, 305, 395, 412, 481, 485, 515
INDEX 178, 336, 374, 394, 416, 487
INDIRECT 220, 462, 481
INFO 211, 212
INT 110
ISERROR 064
ISEVEN 202
ISODD 202

L
LARGE 103
LEFT 072, 395, 413, 487, 503
LEN 075, 483, 488

LOOKUP 171

M

MATCH 178, 336, 374, 394, 416, 445, 487
MAX 103
MID 072
MIN 103
MINUTE 147, 157, 163
MOD 114
MONTH 140, 248
MROUND 226

N

NA 288
NETWORKDAYS 151
NETWORKDAYS.INTL 151
NOT 067
NOW 132
NUMBERSTRING 080, 464, 494

O

OFFSET 185, 316, 429, 460, 484, 525
OR 067

P

PERCENTRANK 230
PHONETIC 083
PRODUCT 097

Q

QUOTIENT 114, 161, 430

R

RAND 235
RANDBETWEEN 235
RANK 106, 332
RANK.AVG 106
RANK.EQ 106
REPT 206
RIGHT 072

ROUND 110, 226
ROUNDDOWN 110, 450
ROUNDUP 110
ROW 185, 297, 335, 430, 480

S

SEARCH 075
SECOND 147, 163
SERIES 317
SMALL 103, 481
SUBSTITUTE 078
SUBTOTAL 117
SUM 095
SUMIF 095, 250, 297
SUMIFS 095, 278, 288, 332, 358, 367
SUMPRODUCT 093, 095, 109, 116

T

TEXT 080, 207, 388, 503
TIME 147, 383
TIMEVALUE 136
TODAY 132, 455
TRANSPOSE 186
TRUNC 110

V

VALUE 088
VLOOKUP 171, 305, 402, 448, 476, 491, 515

W

Webdings 370, 481
WEEKDAY 141, 303
WEEKNUM 159
WON 080
WORKDAY 151
WORKDAY.INTL 151

Y

YEAR 140

기호

#DIV/0! 031
#N/A 031, 336
#NAME? 031
#NULL! 032
#NUM! 032
#REF! 033
#VALUE! 032